Uni-Taschenbücher 1671

UTB
FÜR WISSEN
SCHAFT

Eine Arbeitsgemeinschaft der Verlage

Wilhelm Fink Verlag München
Gustav Fischer Verlag Jena und Stuttgart
Francke Verlag Tübingen
Paul Haupt Verlag Bern · Stuttgart · Wien
Hüthig Verlagsgemeinschaft
Decker & Müller GmbH Heidelberg
Leske Verlag + Budrich GmbH Opladen
J. C. B. Mohr (Paul Siebeck) Tübingen
Quelle & Meyer Heidelberg · Wiesbaden
Ernst Reinhardt Verlag München und Basel
F. K. Schattauer Verlag Stuttgart · New York
Ferdinand Schöningh Verlag Paderborn · München · Wien · Zürich
Eugen Ulmer Verlag Stuttgart
Vandenhoeck & Ruprecht in Göttingen und Zürich

Bernhard Irrgang

Christliche Umweltethik

Eine Einführung

Ernst Reinhardt Verlag München Basel

Dr. phil. Dr. theol. Bernhard Irrgang, Akad. Rat a. Z., Ludwig Maximilians-Universität München, Theologische Fakultät, Institut für Moraltheologie, Mitherausgeber der Zeitschrift "Forum für interdisziplinäre Forschung".

Die Deutsche Bibliothek – CIP-Einheitsaufnahme

Irrgang, Bernhard:
Christliche Umweltethik : eine Einführung / Bernhard Irrgang.
– München ; Basel : Reinhardt, 1992
  (UTB für Wissenschaft : Uni-Taschenbücher ; 1671)
  ISBN 3-497-01256-4
NE: UTB für Wissenschaft / Uni-Taschenbücher

Vorwort

Umweltethik ist praktisch motiviert, sie wird häufig in der politischen Diskussion bemüht. In diesem Zusammenhang taucht immer wieder der Anthropozentrismusvorwurf auf. Er wird meist leichthin erhoben, ohne daß genau definiert wird, wogegen er sich richtet. Doch auf diese Weise wird man der Brisanz des Themas nicht gerecht. Denn das damit bezeichnete Problem führt – ernsthaft betrachtet – an den Nerv unseres menschlichen Selbst- und Naturverständnisses sowie ins Zentrum der Leistungsfähigkeit philosophischer und theologischer Ethik. Da Fragen grundsätzlicher Art in der Umweltethikdiskussion meist ausgeblendet bleiben, werden in der gesellschaftlichen Debatte nicht selten außengesteuerte, normative Lösungen gefordert, ohne zu berücksichtigen, was Ethik leisten kann und was nicht. So wirft die ökologische Krise Grundlagenprobleme in der Ethik auf – die meisten nicht neu –, die sich nicht en passant bewältigen lassen. Wir können sie ignorieren, vielleicht sogar mit momentanem und pragmatischem Erfolg. Doch ungeklärte Grundlagenprobleme lösen sich nicht durch Nichtbeachtung. Sie kehren wieder in Form von Inkonsistenzen, Dilemmata, Paradoxien und Argumentationsfehlern bei der Begründung der eigenen Position.

Für die Umweltethik ist der Begriff der Anthropozentrik in seiner Bedeutungsvielfalt ein derartiges Grundlagenproblem. Daher führt diese Arbeit in die christliche Umweltethik anhand des Begriffes "Anthropozentrik" ein. Sie plädiert unter Einbeziehung der grundlegenden Position aus der philosophischen ökologischen Ethik für eine personal ausgerichtete ökologisch orientierte theologische Ehtik, die die Folgen menschlichen Handelns auf die Natur in der Grundhaltung eines Ethos ökologisch orientierter Humanität bewertet und zum Maßstab für die sittliche Bewertung unserer Entscheidungen heranzieht.

Für die kritische Durchsicht des Manuskriptes wie für mannigfaltige Anregungen bin ich meiner Frau Susanne und den Herren Stephan Feldhaus, DDr. Peter Fonk, Prof. Dr. Bernhard Fraling, Prof. Dr. Johannes Gründel und Dr. Christian Schröer sehr verbunden.

B. I.

Inhalt

Einleitung: Theologische Ethik angesichts der ökologischen Krise

Die bedrängenden Probleme einer zunehmenden Verschmutzung des Bodens, des Wassers und der Atmosphäre als Folge von Industrialisierung, medizinisch-technischem Fortschritt und Bevölkerungsexplosion sowie der drohende Zusammenbruch einer Reihe von lebenswichtigen ökologischen Kreisläufen haben vielfältige Bemühungen auf den verschiedensten Ebenen hervorgerufen, um dem der Erde und der Menschheit drohenden Kollaps doch noch zu entgehen. Die Diagnose ist nicht neu. Bereits Ludwig Klages hat sie 1913 prägnant formuliert: "Eine Verwüstungsorgie ohnegleichen hat die Menschheit ergriffen, die 'Zivilisation' trägt die Züge entfesselter Mordsucht, und die Fülle der Erde verdorrt vor ihrem giftigen Anhauch. So also sehen die Früchte des 'Fortschritts' aus!"[1] Klages verbindet mit der Diagnose eine Wertung und eine Schuldzuweisung. Technischer Zivilisation wird als Quasi-Subjekt anthropomorphisierend das Attribut Mordsucht unterstellt. Ihr muß ins Gewissen geredet werden. Bußprediger sind gefragt. Aber auch Untergangspropheten und neue Heilsbringer haben Konjuktur.

Vielleicht in deren Windschatten erfreut sich eine lange vernachlässigte akademische Disziplin neuer Beliebtheit, die Ethik. Sie braucht sich nach der "Rehabilitation der praktischen Philosophie" über mangelnde Aufmerksamkeit nicht zu beklagen. Auch die Moraltheologie sieht sich veranlaßt, über den Tellerrand der überlieferten Individualethik zu sehen und Konzepte zu entwickeln, die die globalen Konsequenzen der Bedrohung berücksichtigen. Die Erwartungen an Ethiken philosophischer rund theologischer Provenienz sind hoch. Ein neues Denken, ein anderes Verhältnis zur Natur, ein alternatives Menschenbild, Umkehr und Abkehr vom neuzeitlichen Weg der Rationalität und eines an der Ökonomie ausgerichteten Planes und Entscheidens, dies alles wird gefordert. Es geht um moralische Grenzziehungen, um kategorische Verbote und um Schuldzuweisungen. Die Ethik solle endlich sagen, was verboten sei und was zur Rettung der Menschheit und der Natur befolgt werden müsse. Trotz komplexer Probleme haben zudem die Weisungen konkret, klar, eindeutig und einfach zugleich zu sein. Angesichts derartiger Ansprüche erscheint die Frage berechtigt, ob sich hinter diesem Wunsch nicht die "Angst vor der Freiheit"[2] verbirgt. Die eigene Gewissensnot und der Entscheidungsdruck wird auf die Autorität, den Experten, hier den Ethiker abgewälzt. Doch müssen nicht alle gesellschaftlichen Erwartungen berechtigt und erfüllbar sein. Denn der Ethiker ist weder Bußprediger noch ein Prophet. Er muß auch nicht auf alle Fragen klare Antworten geben können.

Nicht gerade selten wünschen sich ökologisch engagierte Christen ein derartiges Rollenverständnis vom Moraltheologen. Offene Ohren findet eine Ideologisierung des Christentums zu Umweltschutz-Zwecken, so als ob die Bewahrung aller Lebewesen und der gesamten Schöpfung das einzige oder doch vordringlichste Ziel des christlichen Glaubens sei. Aber selbst bei der Rettung vor der ökologischen Krise heiligt der gute Zweck nicht alle Mittel. Denn im chistlichen Sinn ist Heil nicht erreicht, wenn die Schöpfung vor dem

Zugriff des Menschen gerettet ist. Ein neuer Glaube an die Natur oder die Schöpfung kann das Christliche verfehlen, wenn er dem Pantheismus Vorschub leistet. Derart kritische Einwände gegen eine neue Schöpfungs-Religion oder Naturfrömmigkeit werden nicht gerne zur Kenntnis genommen. Vielmehr ist man sehr schnell mit dem Anthropozentrismus-Vorwurf bei der Hand, um die personale und subjektzentrierte Ausrichtung der Ethik in der jüdisch-christlichen Tradition für die Fehlentwicklung der technologischen Zivilisation verantwortlich zu machen.

Die bedeutsame Rolle von praktischen, an der Erhaltung der Natur interessierten Bedürfnissen in diesem Diskurs über die globale Krise, zu dem die Umweltethik immer wieder bemüht wird, darf nicht geleugnet werden. Schließlich soll zumindest in einem ersten Schritt das Ökosystem Erde vor nicht mehr verkraftbaren Überbelastungen bewahrt werden. Doch ist es hinzunehmen, wenn praktisch motiviert vom Ethiker übernatürliche Einsichten verlangt werden, um die verfahrene Situation in den Griff zu bekommen und steuern zu können? Ist die Instrumentalisierung der Ethik durch Wirtschaft, Industrie und Politik einerseits, aber auch durch die Ökologie-Bewegung zu rechtfertigen?

Gemäß Bruno Schüller hat der Moraltheologe insbesondere bei sehr kontroversen Bewertungen nicht die Aufgabe eines prophetischen Bußpredigers zu übernehmen. Es fehlt den Vertretern dieses Faches entgegen den üblichen Vorwürfen nicht an Mut, die Dinge ehrlich beim Namen zu nennen. Vielmehr besteht der Mangel darin, die Probleme wirklich als das zu erkennen, was sie sind.[3] Der Ethiker verfügt über kein zusätzliches oder übernatürliches Wissen in Sachfragen, das er anderen voraus hat und das es ihm erlauben würde, endgültige Grenzziehungen vornehmen zu können.

Welche Rolle kann dann der philosophischen oder theologischen Ethik im Diskurs über die ökologische Krise begründetermaßen zufallen? Nach Bruno Schüller besteht die Aufgabe der Moraltheologie darin, den Blick auf systematische Fehler zu lenken, die wir sonst leicht übersehen.[4] Die Rollenzuweisung erfolgt also über die Methode. Die Gefahr einer Ideologisierung christlicher Umweltethik wird also nur zu vermeiden sein, wenn sich Problembewußtsein mit Methodenbewußtsein verbindet. So läßt sich eine ökologisch orientierte theologische Ethik etablieren. Zur Ortsbestimmung einer christlichen Umweltethik und zur Klärung ihrer Möglichkeiten sind daher einige Unterscheidungen einzuführen und zu berücksichtigen. Fundamental ist die Differenzierung von Moral, Ethos und Ethik.

Der Begriff der *Moral* stammt von dem lateinischen Wort "mos" (Sitte) ab und bezeichnet die gelebte Überzeugung einer Gesellschaft oder Gemeinschaft, also das, was faktisch als sittlich verpflichtend angesehen wird. Sie umfaßt Güter und Pflichten, die das Zusammenleben einer Gemeinschaft garantieren. Als akademische Disziplin ist sie also Sittlichkeitslehre, jedenfalls ohne Begründungsambitionen.

Moral wird vermittelt durch Tradition und Erziehung. Probleme innerhalb der Moral treten erst bei Wertkonflikten auf. Moral ist sehr stark am menschlichen Verhalten und seinen Regelstrukturen orientiert und in charakteristischer Weise mehrdeutig, nämlich zum einen konstativ-beschreibend, zum anderen präskriptiv-wertend. Dies ist keine neue Schwierigkeit. Sie tritt bereits in den römisch-stoischen Quellen auf.[5]

Ethos – abgeleitet vom griechischen Wort "ethos" (Verhalten, Sitte) – meint eine spezifische sittliche Lebensform, die von Grundhaltungen und einer gewissen praktischen Rationalität geprägt ist. Ethos bezeichnet also die sittliche Einstellung eines Menschen, einen Typus von Sittlichkeit oder sozialethisch Lebensformen von gesellschaftlichen Gruppen oder Berufsständen, wobei eine spezifisch akzentuierte Werthaltung im Mittelpunkt steht.[6] Es kennzeichnet die besondere Art und Haltung eines Menschen, seine Überzeugungen, Gepflogenheiten und Verhaltensweisen, die in der angeborenen Naturlage zu Vernunft und Freiheit begründet sind, aber durch Gewohnheit, Übung und Anpassung gemäß dem Herkommen ausgebildet und gefestigt werden können.

Von beiden zu unterscheiden ist die *Ethik* als wissenschaftliche Reflexion auf Moral und Ethos mit dem Ziel, Verhaltensvorschriften, sittliche Verpflichtungen und Handlungsregeln für Entscheidungen argumentativ auszuweisen und zu rechtfertigen. Während das Wort "Ethos" der griechischen Alltagssprache entlehnt ist, ist der Begriff Ethik ein Kunstwort, geprägt von Aristoteles.[7] Er bezeichnet mit dem Wort "ethische Theorie",[8] kurz mit "Ethik"[9] die Wissenschaft, die das Problem reflektiert, welches von Sokrates und Platon in der Auseinandersetzung mit der Sophistik aufgeworfen wurde. Es besteht darin, daß die Legitimierung der Sitte und die Rechtfertigung der Institutionen der griechischen Polis durch die Herkunft von den Vätern, also durch Tradition, nicht mehr trägt bzw. befolgt wird und fragwürdig geworden ist. Ethik beschäftigt sich daher mit dem Maß sittlicher Normierung, der Normgebung und ihrer Rechtfertigung. Sie reflektiert die Art und Weise ihrer Begründung. Nicht Normen und Weisungen zählt sie auf. Vielmehr muß sie für den Prozeß der Normgebung und -festlegung ihrerseits Kriterien angeben können. Sittliche Überzeugungen gehören in die beiden ersten Bereiche; Gegenstand der Ethik ist die argumentative Rechtfertigung des Verpflichtungscharakters von Sollenssätzen auch für andere. Sie ist zudem die Lehre von Vernunft und Freiheit, von Norm und Gewissen im Hinblick auf die sittliche Grundhaltung eines Menschen.

Ethik kann daher unter zwei sehr unterschiedlichen Perspektiven betrieben werden. Sie läßt sich zum einen als Reflexion von Moral und Ethos, zum anderen als systematische Untersuchung ihrer eigenen Voraussetzungen und ihrer Möglichkeit verstehen. Letzere Aufgabe fällt der Metaethik zu. Das Geschäft der Ethik ist daher durchaus schwierig. Der riskierte Status des Ethikers impliziert die Gefahr, daß dieser in die Rolle eines Bußpredigers verfällt. Diese Gefährdung wird verschärft durch die Krise von Moral, Ethos und Ethik. Diese hat am prägnantesten Max Weber mit seiner These über die Werturteilsfreiheit der positiven Wissenschaften formuliert.[10] Da nach Weber über Ziele und Werte nicht rational diskutiert werden kann, kann man nur die letzten Wertaxiome der anderen feststellen und hinnehmen. Damit aber wird die von Weber an oben zitierter Stelle propagierte Entscheidung für Verantwortungsethik und gegen Gesinnungsethik irrational. Umfassende Toleranz oder "Überzeugung" durch Macht oder Gewalt sind die Folge. Aber nicht nur die Ethik ist in die Krise geraten, sondern auch Moral und Ethos. Die Weltkriege und die Lage der Weltwirtschaft haben durch umfangreiche Migrationen vielfältig sittliche Überzeugungen und Lebensformen zerstört. Auch unsere Industrie-Zivilisation fördert nicht gerade Moralität oder das Ethos. Zudem schafft Technik ständig Handlungsbereiche, für die sich eine Moral oder ein Ethos noch nicht herausbilden konnten.

Ethik ist in dieser Situation dringlich gefordert, zugleich wird allenthalben davon ausgegangen, sie sei nicht möglich. Eine derartige Einstellung vertritt der Emotivismus, die Grundhaltung in Fragen der Sittlichkeit unserer Tage.[11] Er akzeptiert eine Pluralität unterschiedlichster Lebenshaltungen oder individueller Willen, ohne zu fragen, ob sie sittlich berechtigt sind oder nicht. Allenfalls wird versucht, mit der manipulativen Art des moralischen Instrumentalismus den anderen zu beeinflussen. An die Stelle praktischer Vernunft tritt strategische Rationalität zur Durchsetzung eigener Machtansprüche. Die Diskussion um die Postmoderne verschärft die Krise praktischer Vernunft, denn diese weist Totalitätsansprüche von Rationalitätskonzepten und Wissenschaften zurück. Damit wird der rational und argumentativ vorgehenden Wissenschaft insgesamt nur ein begrenzter Wert zugebilligt.[12] Angesichts dieser vielfältigen Angriffe auf die Ethik muß ihre Möglichkeit ausgewiesen werden. Dies geschieht in der Metaethik.

Der engere Begriff von *Metaethik* beschränkt diese auf die Analyse der moralischen Sprache, insbesondere auf die Trennung von beschreibend-deskriptiven und normativ-vorschreibenden und verpflichtenden Sätzen. Der weitere Begriff versteht unter ihr jede Reflexion über die Methoden der Ethik.[13] Sie muß klären, ob normative Ethik überhaupt möglich ist. Hierzu analysiert sie das Humesche Gesetz, die grundsätzliche, intuitiv einleuchtende Unterscheidung von Sein und Sollen zumindest unter methodischer Rücksicht sowie den "naturalistischen Fehlschluß" von George Edward Moore, der eine Ableitung von normativen aus deskriptiven Sätzen untersagt. Hier zeigt sich eine Schwierigkeit in der Begründung normativer Ethik. Ethikbegründung muß Moralität oder Sittlichkeit bereits voraussetzen.

Theologische Ethik ist in keiner besseren Lage als die philosophische. Sie sollte die Antwort geben auf die Krise der Moral, des Ethos und der Ethik. Daher folgen die hier vorgeschlagenen Überlegungen den Ansätzen zu einer theologischen Ethik bei Alfons Auer,[14] Bruno Schüller,[15] Franz Böckle,[16] Klaus Demmer,[17] Wilhelm Korff[18] und Johannes Gründel.[19] Theologische Ethik integriert die Bemühungen der Metaethik und reflektiert ihren eigenen methodischen Standort unter Anerkennung von Rechtfertigungsverpflichtungen. Sie wendet sich an den modernen Menschen, der eine begründete Entscheidung über sein Leben fällen möchte. Daher ist für das Welthandeln des Menschen, zu dem die Umwelt gehört, die Autonomie des Sittlichen maßgebend. Diese besagt nach Alfons Auer im christlichen Sinn die Hinordnung der natürlichen Sittlichkeit auf das Heilshandeln Gottes. So verstanden gründet theologische Ethik in einer reflektierten Erfahrung und in der Vernunft.

Theologische Ethik ist also nicht Paränese, Mahnrede oder Bußpredigt, sondern ethische Argumentation, auch wenn sich die Mahnrede im NT, insbesondere bei Paulus häufig findet.[20] Um die charakteristischen Merkmale der Paränese herausarbeiten zu können, betrachten wir die Perikope von Jesus und der Ehebrecherin, so wie sie uns in Joh. 8, 3–11 überliefert ist. An dieser Stelle geht es nicht um ein neues Gebot. Sowohl Jesus wie die Pharisäer verurteilen den Ehebruch. Es herrscht also Einverständnis über das Gebot, die anzuerkennende Norm. Sie lautet: "Du sollst die Ehe nicht brechen". Von einem Wertkonflikt ist nicht die Rede. Kontrovers allerdings ist das "Gesetz Mose", solche Frauen zu steinigen. Jesus diskutiert mit den Pharisäern dieses Gebot nicht. Er sagt vielmehr: "Wer ohne Sünde ist, werfe den ersten Stein!" Damit appelliert er an das Gewissen der Pharisäer. Wer selbst ungerecht ist, darf nicht über andere zu Gericht sitzen. Dies ist eine Ermahnung. Das paränetische Mahnwort wird von den Pharisäern verstanden, und Jesus bleibt mit der Ehebrecherin allein. So ermahnt Jesus auch diese, fortan nicht mehr zu sündigen. Da also Jesus, die Pharisäer und die Ehebrecherin die Norm selbst nicht anzweifeln, genügt der Appell, die Mahnung oder die Paränese.

Paränese ist aber immer dann unzureichend, wenn Mahnung gegen Mahnung streitet, wenn sich zwei Anweisungen widersprechen, wobei sich jeder auf seine Überzeugung beruft und von dieser nicht abzuweichen bereit ist. In diesem Fall müssen die beiden Kontrahenten versuchen, den anderen entweder von der Falschheit seiner oder der Richtigkeit der eigenen Position zu überzeugen. Dies kann nur gelingen, wenn die fremde Norm, die der Mahnung zugrundeliegt, widerlegt oder die eigene Norm bzw. Handlungsanweisung zumindest argumentativ gerechtfertigt wird. Wo kein Konsens, keine Übereinstimmung über die einer Anweisung zugrundegelegte Norm erzielt werden kann, muß diese auf ihre Stichhaltigkeit hin überprüft werden. Dies ist Aufgabe der Ethik. In unserer heutigen pluralistischen Gesellschaft sind Übereinstimmung und Konsens als Grundlage für paränetische Rede nicht mehr so häufig anzutreffen wie zur Zeit Jesu, weil die gesellschaftlichen Strukturen an Komplexität gewonnen haben.

Für eine *christliche Umweltethik* gilt dieser Dissens in noch verstärktem Maße. Denn hier geht es nicht nur um die Verständigung über das gesellschaftlich Zuträgliche, sondern auch noch um die Interpretation der Natur als Schöpfung. Für diese kann nämlich auf sehr unterschiedliche biblische Tradition verwiesen werden. In einer christlichen Umweltethik ist daher selbst die Grundausrichtung oftmals in der Diskussion nicht hinreichend klar, sobald sie nur ein wenig konkreter gefaßt wird. Einigkeit besteht allenfalls darin, daß die Katastrophe einer Auslöschung der Menschheit und der höheren Arten vermieden werden solle. Aber bereits die Debatte um militärische Abschreckung und Sicherheitspolitik in der Friedens-Diskussion zeigt, daß die Inkaufnahme dieser Möglichkeiten um anderer sittlich vertretbarer Ziele willen zumindest nicht von allen Menschen rundum abgelehnt wird. Zudem tauchen gerade im Hinblick auf die Umwelt Konflikte auf, die teilweise zugegebenermaßen auch vorgeschoben sind, aber auch tatsächliche, so daß der Appell an konsensuell getragene Grundformen hier nicht so einfach greift und trägt. Was ein Ehebruch ist, wird man vergleichsweise einfach bestimmen können, auch wenn die Gesinnung und die Bereitschaft zum

Bruch der Treue das eindeutige, empirisch feststellbare Faktum aufweicht. Im Bereich der Umwelt ist dies anders. Denn wir müssen in das Ökosystem eingreifen, um zu überleben. Und bis zu gewissen Grenzen scheint dies auch ohne gravierend negative Nebenfolgen möglich zu sein. Die Grenzziehung aber, bis wohin in welchen Bereichen eine Nutzung erlaubt, ab wann verboten ist, ist leider nicht so einfach wie beim Ehebruch. Unsere Institutionen sind bei komplexen Sachverhalten nicht so zuverlässig wie bei einfachen. Das führt häufig zu Konflikten.

Daher ist der Appell an Friede, Gerechtigkeit und Bewahrung der Schöpfung in der konkreten Situation zwar wichtig, aber nur von begrenztem Wert. Dies bedeutet nicht, daß paränetische Rede für Umwelthandeln wertlos ist. Außerdem kann nicht bestritten werden, daß sie gute christliche Tradition für sich ins Felde führen kann. Dennoch bedarf es für weite Bereiche der Ausrichtung unserer Eingriffe in die Natur nicht nur jener allgemeinen Grundsätze und Prinzipien wie Gerechtigkeit und Bewahrung der Schöpfung. Vielmehr sind bereits bei der Interpretation dieser Prinzipien für ihre Anwendung in bestimmten Situationen Konfliktregeln zu erarbeiten. Paränese ersetzt nicht theologische Ethik, obwohl sie insbesondere in der politisch-gesellschaftlichen Auseinandersetzung durchaus ihren Platz hat. Ähnliches gilt auch für die Unterscheidung von ideal und real orientierten Normen. Birnbacher nennt sie "ideale Normen" und "Praxisnormen".[21] Zwar haben idealorientierte Normen für die meisten Menschen eine höhere Anziehungskraft und wirken daher handlungsmotivierend. Dennoch sind sie oft wie etwa Albert Schweitzers Forderung einer "Ehrfurcht vor dem Leben" kaum verallgemeinerbar und führen zu Konflikten, wenn sie in Handlungen umgesetzt werden sollen. Sie lassen sich argumentativ nicht rechtfertigen bzw. führen in Interpretationskontroversen. Daher kann eine ökologisch orientierte theologische Ethik bei idealen Normen nicht stehen bleiben, wenn sie auch deren Wert anerkennt.

Eine christliche Umweltethik muß in vielfältiger Weise interdisziplinär vorgehen. Sie hat zum einen die Ergebnisse der Exegese des Alten wie des Neuen Testamentes zu verknüpfen mit Überlegungen der Dogmatik, der Moraltheologie und der christlichen Sozialethik. Diese müssen in Beziehung gesetzt werden zur philosophischen Ethik und zu anderen Humanwissenschaften. Und schließlich muß die Auseinandersetzung mit den Naturwissenschaften, insbesondere der Evolutionstheorie und der Ökologie gesucht werden. Dies schafft Probleme wie bei jeder interdisziplinären Forschung. Waren im 19. und auch in der ersten Hälfte unseres Jahrhunderts die Auseinandersetzungen zwischen Darwins Evolutionstheorie und dem Christentum noch sehr heftig, so scheint gegenwärtig eher ein Stadium der Entspannung eingetreten zu sein. Und dieses auch nicht zu Unrecht, denn in Fragen des theoretischen Verhältnisses von Naturwissenschaft und Glaube wurde ein Modell der Koexistenz entwickelt, da naturwissenschaftliche und religiöse Aussagen auf unterschiedlichen Ebenen angesiedelt sind.

Diese friedvolle Situation könnte sich jedoch ändern. Schuld daran sind die ökologische Krise unserer technologischen Zivilisation und die neuen Technologien, die immer tiefer in die Struktur der Evolution bzw. der Schöpfung eingreifen. Insbesondere die Gentechnik ist möglicherweise im

Begriff, Evolution nach menschlichen Konstruktionsplänen umzuformen. Nun werden Fragen nach normativen Vorgaben aus Philosophie und Theologie für den Steuerungsprozeß der Technologien aufgeworfen, da ihnen als einem Produkt menschlicher Phantasie und Innovationskraft keine immanenten Grenzen vorgegeben sind. Damit ist der neue Ausgangspunkt für alle Bemühungen um eine christliche Umweltethik formuliert.

Die globale ökologische Bedrohung führt den Dialog zwischen Naturwissenschaft und Theologie zwangsläufig auf ungewohnte Wege. Bisher war die Debatte über die Natur und die Deutung des Menschen eher theoretisch. Es ging um die existentiell empfundene Frage nach dem Sinn der Welt und des Menschen über die Grenzen wissenschaftlicher Vernunft hinaus. Dies behauptet *Günter Altner* in seinem Werk "Die Überlebenskrise in der Gegenwart".[22] Das Theoriegespräch sei längst durch Fragen überlagert, die aus der Praxis des technisch-industriellen Fortschritts kommen. Für Altner wurde die Veränderung der Gesprächssituation zwischen Theologie und Naturwissenschaft 1938 durch die Atomphysik und die darauf folgende Atombombe bewirkt.[23] Dieses Ereignis führte zu einem Zerbrechen der kollegialen Einheit der Physiker, weil die Kernphysiker zu Instrumenten der Politik wurden und darüber in Streit miteinander gerieten. Seither werde die Rüstungsforschung mehr und mehr zum Motor des wissenschaftlich-technischen Fortschritts. Nach Altner bewirkt die Atomtechnik eine innere Veränderung in der technischen Zivilisation, die kaum mehr gesellschaftlich zu meistern sei, da sie Sicherheitszwänge zur Folge habe, die einen Verzicht auf schwer erkämpfte Freiheitsrechte implizieren.[24]

Altner bemüht sich, die geistig-philosophischen Wurzeln für diese Entwicklung aufzuzeigen. Er leitet die im letzten pyromanische Wahnhaftigkeit neuzeitlicher Fortschrittsgesinnung und die Machtförmigkeit wissenschaftlicher Vernunft von Descartes ab. Damit schließt er sich an Horst Eberhard Richters psychohistorische Aufklärung des Cartesianismus an. Dieser diagnostiziert einen seit dem ausgehenden Mittelalter anhaltenden "narzißtischen Allmachtsdrang" im wissenschaftlichen Bewußtsein.[25] Richter "leitet die von ihm indizierte Destruktivität des neuzeitlichen Bewußtseins vom Vaterverlust oder, theologisch gesprochen, vom Verlust des Schöpfergottes ab".[26] Hier lägen die Wurzeln des neuzeitlichen Größenwahns.[27]

Die Überwindung der Krise im Verhältnis der neuzeitlichen Vernunft zur Natur gelänge erst dann, wenn die Einengung der Vieldimensionalität von Zeit durch die neuzeitliche Vernunft als tiefster Grund der Überlebenskrise durchschaut und überwunden würde. Altner betont den Unterschied zwischen dem Naturbegriff des Aristoteles und dem der exakten Naturwissenschaften. Die "Weite der menschlichen Sinnerfahrung 'schnurrt' auf die definierte Enge instrumenteller Vernunft zusammen."[28] Dabei reichen nach Altner technische Folgenabschätzung und Einsicht in die eigenen Grenzen nicht aus. Dies stelle noch keine ganzheitliche Weltsicht dar. Frage man nach einer theologischen Begründung von Technikkritik, so lasse sich feststellen: Christliches Denken kann von dem herkömmlichen Druck von Besitz-, Verfügungs- und Profitinteressen befreien und zu einer humanisierten Technik führen.[29] Für Altner ist die Krise der technischen Zivilisation auch eine Krise der abendländischen Metaphysik, letztlich eine theologische Krise.[30]

Altners Aussagen dürfen als paradigmatisch für die gegenwärtige Diskussion um Möglichkeiten und Grenzen einer christlichen Umweltethik gelten. Sie können daher zum Ausgangspunkt meiner eigenen Überlegungen zu einer ökologisch orientierten theologischen Ethik werden. Angesichts der globalen Umweltkrise zeichnet sich ein anderes, eher praktisch orientiertes neues Feld der Auseinandersetzungen zwischen der Evolutionstheorie und Ökologie sowie der Theologie ab. Allerdings impliziert dieser Dialog Fragen theoretischer und methodischer Natur. Sie sind zu klären, soll er nicht zum ideologischen Schaukampf werden. Die Fragen betreffen – bedingt durch den Ausgangspunkt in der Technologiedebatte – insbesondere die Stellung des Menschen in der Evolution bzw. in der Schöpfung und die Wertung bzw. Deutung der Neuzeit.

Die leitende Frage bei meinen Überlegungen ist gemäß dem von mir vertretenen Ansatz einer theologischen Ethik die folgende: Wie kann der Dialog über eine christliche Umweltethik gelingen? Erforderlich ist hierzu ein fragendes und ein archäologisches, d. h. die Ursprünge einer Problemlinie erkundendes Nachdenken.[31] Hierbei handelt es sich um die Aufgabe der Rekonstruktion von Erfahrungs- und Denkwegen. Der praktisch motivierte und oft von Alltagssorgen und Problemen überlagerte oder gar geleitete Dialog soll hier im Sinne einer theologischen Ethik durchdrungen und begleitet werden, um Argumentationsfehler zu vermeiden und den Boden für eine christliche Umweltethik zu festigen. Hierzu empfiehlt sich ein hermeneutisches Vorgehen, nämlich der Ausgang beim Stand der Diskussion. Die Grundprobleme und fundamentalen Kontroversen im Disput über christliche Umweltethik sind herauszuarbeiten und auf ihren tieferen Zusammenhang hin zu befragen. Dabei ist die vorliegende Rekonstruktion ökumenisch orientiert, nicht um Interpretationsansätze unterschiedlicher Art zu verwischen, sondern um einen Beitrag zu einem umfassenden Konzept ökologisch orientierter theologischer Ethik zu leisten.

Ziel folgender Untersuchungen ist es, die Systematik des Grundlegungsproblems einer ökologisch orientierten theologischen Ethik im Umriß darzustellen. Es wird sich zeigen, daß ein solches Vorhaben unweigerlich zu der Frage führt, ob eine ökologisch orientierte theologische Ethik überhaupt möglich ist. Um hierauf eine positive Antwort finden zu können, ist die hermeneutische Vorgehensweise transzendentalphilosophisch auszurichten.[32] Denn ich werde in dieser Abhandlung zeigen, daß ohne Rückgriff auf transzendentalphilosophische Überlegungen im Sinne von Immanuel Kant ein Vollbegriff christlicher Anthropozentrik nicht zu gewinnen ist. Legt man jedoch bei der Kritik der Anthropozentrik einen verkürzten Begriff von Anthropozentrik zugrunde, so trifft diese Kritik immer nur einen Teilaspekt der kritisierten Sache. Sie bliebe dann jedoch unbefriedigend und unredlich.

Einer transzendental-hermeneutischen Vorgehensweise folgend, wird sich herausstellen, daß auf dem Boden jüdisch-christlicher Tradition ein Ethos grundgelegt wurde, welches – vernünftig reflektiert – Vorbildfunktion übernehmen und – in gewissen Grenzen – zur Ausformulierung und Rechtfertigung konkreter umweltethischer Weisungen beitragen kann. Allerdings ruht christliche Umweltethik als Weltethos nicht in sich selbst. Vielmehr wird zu zeigen sein, daß eine ökologisch orientierte theologische Ethik biblisch motivierte Anthropozentrik als sittliche Verantwortung des Menschen vor Gott für seine Mitmenschen und die Schöpfung integrativ zusammendenken muß mit dem neuzeitlich interpretierten Gedanken der Würde des Menschen.

Mit folgenden Überlegungen werde ich anhand des Problemfeldes christlicher Anthropozentrik in die Umweltethik einführen. Dabei werde ich nachweisen, daß bei Aussagen über christliche Anthropozentrik drei Bedeutungsebenen zu unterscheiden sind. Zunächst begreift christliche Anthropozentrik auf inhaltlich-materialer Ebene den Menschen als Spitzengeschöpf, ausgestattet mit einem Gestaltungs- und Herrschaftsauftrag über die Welt. Allerdings impliziert Athropozentrik bereits in den Schöpfungsberichten als zweite Bedeutungsebene von Anthropozentrik eine Ethosform im Sinne einer Verantwortung vor Gott für die Mitmenschen und für die Schöpfung. Diese Ethosform hat das jüdisch-christliche Denken im wesentlichen erstmals formuliert. Davon ist drittens die methodische Anthropozentrik zu unterscheiden. Sie artikuliert sich christlich gesprochen in der Unhintergehbarkeit des Menschen im Offenbarungsvorgang, philosophisch gesehen in der Einsicht, daß im Erkennen und Handeln der Mensch nicht eliminiert zu werden vermag, ohne wesentliche Dimensionen des Handelns und Erkennens zu ignorieren. Alle drei Bedeutungsvarianten sind nicht identisch mit dem modernen Anthropozentrismus, wie er sich im 19. Jahrhundert insbesondere im Positivismus herausgebildet hat. Dort sind die Bedürfnisse des Menschen letzter Maßstab der Wissenschafts- und Technologieentwicklung. Auf dieser vierten Version der Anthropozentrik-Frage werde ich einen eigenen Abschnitt meiner Arbeit widmen.[33]

Materiale Anthropozentrik gerät im 19. Jahrhundert in eine Krise. Die Stellung des Menschen im Kosmos und in der Schöpfung wird neu thematisiert. Der Mensch steht nicht mehr im Zentrum des Universums. Durch die ökologische Krise wird diese Diskussion gegenwärtig verstärkt und in eine bestimmte Richtung gedrängt. Dies erfordert ein Neudurchdenken des Verhältnisses von Naturwissenschaft, Naturphilosophie und Schöpfungstheologie. Hierzu möchte ich die These vertreten und entwickeln, daß für eine christliche Umweltethik wie für jede ökologische Ethik überhaupt die Rückgewinnung der Bedeutung christlicher Anthropozentrik entscheidend ist. Denn nicht die Anthropozentrik, sondern ihre Abschaffung hat in die instrumentelle Rationalität des modernen Anthropozentrismus wie Naturalismus oder der Physiozentrik geführt. Allerdings möchte ich christliche Anthropozentrik im Sinne eines Ethos ökologisch orientierter Humanität erweitern, jedoch nicht ohne den Nachweis zu führen, daß dieses mit einem Schöpfungsethos biblischer Provenienz vereinbar ist.

Die Anthropozentrikfrage ist zunächst auf der Ebene des Ethos angesiedelt. Das spezifisch Christliche einer Umweltethik liegt in der Ethosform.[34] Dennoch lassen sich die einzelnen Bedeutungsebenen des Begriffs Anthropozentrik nur durch metaethische Überlegungen eruieren. Daher kann sich eine christliche Umweltethik nicht mit der Etablierung einer Ethosform begnügen. Sie muß vielmehr neben der Ethosform eine Handlungstheorie und eine Ethik der Folgenbewertung umfassen, auch wenn letzere nicht mehr spezifisch christlich sind. Für eine christliche Umweltethik ist daher die Ethosform christlicher Anthropozentrik besonders interessant und wichtig.

Allerdings werde ich immer wieder andeuten, wo eine ökologisch orientierte theologische Ethik weiter ausholen und umfassender ansetzen müßte. Dazu werde ich im einzelnen nachweisen, daß das Ethos ökologisch orientierter Humanität mit einem biblisch-christlichen Ethos kompatibel ist und daß die Ebene naturwissenschaftlicher Faktenerhebung in einer ökologisch orientierten theologischen Ethik respektiert werden muß, aus ihr jedoch keine normativen Forderungen abgeleitet werden können.

Andererseits wird die handlungstheoretische Deutung des Experimentierens und Produzierens erweisen, daß instrumentelle Vernunft sittlich eingebunden ist und dies trotz des Werturteilsfreiheitspostulates der empirischen Wissenschaften auch bleibt.[35] Diese Sichtweise wird von der Ethosform christlicher Anthropozentrik unterstützt. Daher bedeutet die Wiederentdeckung christlicher Anthropozentrik für eine ökologisch orientierte christliche Umweltethik die Verpflichtung zum vertieften Nachdenken über eine Theologie der Leibhaftigkeit und Gottebenbildlichkeit. Christliche Anthropozentrik ist nicht der Feind einer ökologisch orientierten theologischen Ethik, sondern ihr Medium.

Anmerkungen

1 Ludwig Klages: Mensch und Erde; in: ders.; Sämtliche Werke Bd. 3; Philosophische Schriften; Bonn 1974, 619

2 Vgl. Erich Fromm; die Furcht vor der Freiheit (Escape from Freedom, 1941); Zürich 1945

3 Vgl. Bruno Schüller; Die Reductio ad absurdum in philosophischer und theologischer Ethik. Zur Moral wissenschaftlicher Kontroversen über Moral; in: B. Fraling, R. Hasenstab (Hg.); Die Wahrheit tun. Zur Umsetzung ethischer Einsicht. Georg Teichtweier zum 70. Geburtstag; Würzburg 1983, 237

4 Vgl. ebd. 238

5 G. Jüssen; Art. Moral, moralisch, Moralphilosophie; in: Joachim Ritter, Karlfried Gründer (Hg.); Historisches Wörterbuch der Philosophie Bd. 6; Basel 1984, 149

6 Vgl. G. Funke; Art. Ethos; in: ebd. Bd. 2 (Basel 1972), 812

7 Vgl. ebd. 759 u. 760

8 Aristoteles, Anal. post. 89 b 9

9 Aristoteles, Pol. 1261 a 31

10 Max Weber; Der Sinn der 'Wertfreiheit' der soziologischen und ökonomischen Wissenschaften (1917), in: ders.; Gesammelte Aufsätze zur Wissenschaftslehre, ed. v. J. Winckelmann, Tübingen 1982, 489–540

11 Dies behauptet zumindest Alasdair Mac Intyre; Der Verlust der Tugend. Zur moralischen Krise der Gegenwart; Frankfurt, New York 1987 (Originalausgabe: 'After Virtue' 1981)

12 Vgl. hierzu meinen Bericht: Technologisches Zeitalter oder Postmoderne?; in: Zeitschrift für Philosophische Forschung 41 (1987), 291–295

13 Friedo Ricken; Allgemeine Ethik; Stuttgart 1983, 15

14 Alfons Auer; Autonomie Moral und christlicher Glaube; Düsseldorf [1]1971

15 Bruno Schüller; Die Begründung sittlicher Urteile. Typen ethischer Argumentation in der Moraltheologie; Düsseldorf [2]1980 ([1]1973)

16 Franz Böckle; Fundamentalmoral München [2]1978 ([1]1977)

17 Klaus Demmer; Deuten und Handeln. Grundlagen und Grundfragen der Fundamentalmoral; Freiburg i. Ue., Freiburg i. Br. 1985

18 Wilhelm Korff; Wie kann der Mensch glücken? Perspektiven der Ethik; München, Zürich 1985; und: Norm und Sittlichkeit; Freiburg, München ²1985

19 Johannes Gründel; Normen im Wandel. Eine Orientierungshilfe für christliches Leben heute; München 1980

20 B. Schüller; die Begründung . . .; a. a. O. 15–33

21 Dieter Birnbacher; Verantwortung für zukünftige Generationen; Stuttgart 1988, 16

22 Vgl. Günter Altner; Die Überlebenskrise in der Gegenwart. Ansätze zum Dialog mit der Natur in Naturwissenschaft und Theologie; Darmstadt 1987, 1

23 Vgl. ebd. 9

24 Ebd. 17f

25 Vgl. ebs. 23

26 Ebs. 51

27 Ich möchte diese Behauptung hier nicht kritisch würdigen und verweise auf meine Ausführungen im siebten Abschnitt unter der Überschrift: "Der Gotteskomplex – eine Anfrage an die Neuzeit?".

28 Altner; Die Überlebenskrise . . .; a. a. O. 155

29 Vgl. ebd. 180f

30 Vgl. ebd. 208f

31 Vgl. hierzu meinen Aufsatz: Schonung der Natur oder Anthropozentrik? Zum Begründungsproblem in der Umweltethik; in: B. Irrgang, J. Klawitter, K. Ph. Seif (Hg.); Wege aus der Umweltkrise; Frankfurt, München 1987, 115–137, bes. 119

32 Näheres zur Methode findet sich zu Beginn des sechsten Abschnittes über christliche Anthropozentrik.

33 Näheres hierzu entwickle ich im achten Abschnitt: "Instrumentelle Rationalität: zur Diagnose der Moderne".

34 Dies werde ich im vierten Abschnitt über den Menschen in der Schöpfung genauer begründen.

35 Hierzu verweise ich auf den Punkt "Das Experiment in handlungstheoretischer Interpretation" im neunten Abschnitt.

1. Formen christlicher Umweltethik

In der praktisch ausgerichteten Auseinandersetzung um den Beitrag von Moral und Ethik zur Bewältigung der Umweltproblematik ist die Systematik des Grundlegungsproblems einer ökologisch orientierten theologischen Ethik nicht gerade einfach herauszuarbeiten. Um die Rekonstruktion des Diskussionsstandes für meine Fragestellung fruchtbar zu machen, stelle ich diese unter zwei Leitfragen. Sie lauten:

(1) Auf welcher Ebene sind die einzelnen Aussagen zur christlichen Umweltethik angesiedelt? Handelt es sich um Paränese, Moral, Ethos oder Ethik?

(2) Welche Stellung bezieht der Autor zur Anthropozentrik-Problematik?

Selbstredend kann ich nicht alle Beiträge zur christlichen Umweltethik berücksichtigen, zu groß ist ihre Zahl. Vielmehr beschränke ich mich auf Positionen und Aussagen, die eine umfangreichere Wirkung erfahren haben. Dies ist zwar kein eindeutiges Kriterium, reicht aber aus, den Diskussionsstand zu eruieren. Ich beginne in einem ersten Unterabschnitt mit einer Stellungnahme der Deutschen Bischofskonferenz, interpretiere dann die gemeinsame Erklärung des Rates der Evangelischen Kirche in Deutschland und der Deutschen Bischofskonferenz "Verantwortung wahrnehmen für die Schöpfung" und beschließe diesen Punkt mit der "Enzyklika Sollicitudo Rei Socialis" von Papst Johannes Paul II.

Ein neues christliches Ethos angesichts der Umweltkrise

Bereits 1980 haben sich die *deutschen Bischöfe* mit ihrer Erklärung "Zukunft der Schöpfung – Zukunft der Menschheit" dem Thema Umwelt zugewandt. Angesichts der Schöpfung- und Energiekrise und dem Ende unserer realen Möglichkeiten als Folge unseres Herrenwahnes[1] empfiehlt die Bischofskonferenz, die Welt wieder als Gabe eines persönlichen Du, des Bundesgottes, zu betrachten, um so Verantwortung vor unserem Schöpfer und Erlöser für die Schöpfung zu übernehmen.[2] In paränetischer Rede erinnert die Erklärung an den Vorrang des Seins vor dem Haben und an den Riß der Schuld, weshalb Weltgestaltung nur in Vorläufigkeit gelinge. Der neuzeitliche Mensch habe die Natur zum Objekt und Material des Produzierens gemacht. Allerdings impliziere die Forderung nach einem neuen Verhältnis zur Welt kein Zurück hinter die Errungenschaften der Neuzeit. Im Verhältnis zur Welt und zur Natur sei eine Spiritualität zu entwickeln, die uns vom Zwang des bloßen Konsums befreie. Diese könne sich an den vier Kardinaltugenden und den evangelischen Räten schulen.[3] Eine weltweite Geburtenplanung wird jedoch von der Bischofskonferenz abgelehnt. Sie fordert vielmehr von den Christen einen neuen Lebensstil.

Betrachtet man den sprachlichen und gedanklichen Duktus der Erklärung, so handelt es sich im wesentlichen um paränetische Rede, die auf die Ausbildung eines neuen christlichen Ethos der Askese unter Rückgriff auf die lange Tradition katholischer Moralverkündigung abzielt. Die Grundausrichtung ist individualethisch, selbst dort, wo es um die Bevölkerungsproblematik und die Energiegewinnung im weltweiten Kontext geht. Trotz der Beschäftigung mit einem neuartigen, bis dahin in der kirchlichen Lehrverkündigung weitgehend vernachlässigten Thema bleiben die Denkschemata und Antwortversuche dieser Verlautbarung im Rahmen traditioneller kirchlicher Aussagen zur Sozialethik. Im Vordergrund steht die individuelle Umkehr und der persönliche Verzicht, der Umwelt zuliebe.

Etwas konkreter artikuliert sich die *gemeinsame Erklärung des Rates der Evangelischen Kirche in Deutschland und der Deutschen Bischofskonferenz* "Verantwortung wahrnehmen für die Schöpfung" von 1985. Sie spricht zwar auch von einer Verantwortung vor dem Schöpfer wir über die geschuldete Ehrfurcht vor dem Leben.[4] Damit verbleibt sie zunächst im Bereich des Ethos, geht aber in der Thematisierung der Tugend der Klugheit über dieses hinaus. Die Erklärung fordert eine vorausschauende Gefahrenabschätzung, die Einschränkung möglicher Risiken und das Abwägen von Schaden und Nutzen. Als Hilfestellung bietet sie drei Vorzugsregeln an. Sie lauten: "– Es ist sittlich verwerflich, die Umwelt so zu verändern, daß dadurch heute oder zukünftig lebende Menschen klar voraussehbar Schäden erleiden. Wenn freilich nur die Wahl zwischen zwei Übeln besteht, muß das geringere dem größeren Übel vorgezogen werden. Schäden können nur dann in Kauf genommen werden, wenn dies das einzige Mittel ist, um von heute oder zukünftig lebenden Menschen noch größeren Schaden abzuwenden. – Die Umwelt darf zur Befriedigung menschlicher Bedürfnisse herangezogen werden, solange Nachteile und Schäden für Mensch und Natur nicht größer sind als der Nutzen aus dem Gebrauch der Naturgüter und solange dabei der Fortbestand der Menschheit garantiert bleibt. – Die Umwelt ist mit aktiven und notfalls einschneidenden Maßnahmen zu erhalten und zu schützen, solange dadurch nicht gegenwärtig oder zukünftig lebenden Menschen schwerer Schaden zugefügt wird."[5]

Die Erklärung räumt ein, daß ethisches Abwägen im Einzelfall strittig sein kann und daß sich aus diesen theologischen Einsichten nicht unmittelbar konkret anwendbare Folgerungen ableiten lassen. Sie betont neben diesem Ansatz zu einer ökologisch orientierten theologischen Ethik insbesondere ein christliches Ethos als Rahmen für die erforderliche ethische Güterabwägung. Zu diesem Ethos gehöre die Anerkennung eines eigenen Ranges tierischen Daseins und die Verantwortungsfähigkeit für die Zukunft, in die der Schöpfungsglaube ruft. Aber die Gebrochenheit menschlicher Existenz aufgrund der Urverfehlung Adams müsse berücksichtigt werden. Dies sei der eigentliche Hintergrund für die Ambivalenz des Fortschritts. Allerdings höre der Mensch nicht auf, Mandatar, Beauftragter Gottes zu sein, und dürfe es auch im technischen Zeitalter wagen, dies zu bleiben. Die Aufgabe der Kirche bestehe darin, zum Dialog zwischen den unterschiedlichen Positionen einzuladen. Außerdem solle sie für einen neuen Lebensstil werben, der nicht auf Konsumverzicht hinausläuft, sondern auf kritisches Verbraucherverhalten. Die zweite große Rahmenbedingung stelle die sittliche Verpflichtung zu einem ökologisch verträglichen Wirtschaften dar. Die Erklärung fordert eine ökologisch verpflichtete soziale Marktwirtschaft.[6]

Dazu gehört für die evangelischen und katholischen Bischöfe die weitgehende Einführung des Verursacherprinzips, die Förderung von alternativen Technologien und ein Wirtschaften unter neuen Rahmendaten. Diese beinhalten (1) die Anerkennung eines Eigenwertes der Natur, (2) die Begrenzung der Nutzungsansprüche des Menschen und (3) die gerechte Teilhabe aller Menschen an den Gütern der Erde.[7] Insgesamt laufen diese Forderungen auf die Empfehlung zur sparsamen Haushalterschaft, zur rationellen Nutzung von Energie und Rohstoffen und zur Entwicklung intelligenter Technik hinaus. Vier Aufgaben müßten sich die Kirchen angesichts der Umweltkrise stellen, nämlich (1) das Licht der Wahrheit vermitteln, (2) die Kraft zur sittlichen Entscheidung fördern, (3) den Dienst der Versöhnung zwischen widerstreitenden Positionen leisten und (4) Hoffnung vermitteln. Die gemeinsame Erklärung entwickelt so im Ansatz eine ökologisch orientierte theologische Ethik, beschränkt sich jedoch in der Durchführung im wesentlichen auf die Propagierung eines Rahmen-Ethos für diese Ethik.

Eine *päpstliche Stellungnahme* zur Umweltethik liegt noch nicht vor. Allerdings lassen sich zu dieser Frage zumindest implizit einige Aussagen aus der letzten Sozialenzyklika zum Thema Arbeit und Entwicklung entnehmen. Die "Enzyklika Sollicitudo Rei Socialis" von Papst Johannes Paul II aus dem Jahre 1987 behandelt die Dritte-Welt-Problematik unter dem Aspekt der Entwicklung und der Gerechtigkeit. Dabei setzt die Enzyklika zunächst beim Egoismus einzelner oder ganzer Nationen an.[8] Ausdruck der Ungerechtigkeit und eines unsittlichen Gebrauchs der Wirtschaft sei die Konsumgesellschaft. Hier zeige sich ein krasser Materialismus, eine tiefe Unzufriedenheit, ein Kultur des Habens statt des Seins. Eine um sich greifende Verschwendung und Abfallberge, konsumistischer Mißbrauch, künstliche Bedürfnisse, Reklameflut fänden sich in den Industrienationen der ersten Welt, andererseits kennzeichneten Mangel, Hunger, Unterentwicklung die Länder der Dritten Welt. Diese Diskrepanz verhindere die Verwirklichung der wahren Berufung des Menschen, christlich gesprochen des Schöpfungs- und Herrschaftsauftrages des Menschen als Abbild Gottes.[9] Der vielfach betriebene Götzendienst um Geld, Ideologie, Klasse und Technologie insbesondere im Ost-West-Konflikt sie ein Ausdruck der Strukturen der Sünde. Er stehe für eine tiefe sittliche Krise. Erst christliche Umkehr ermögliche Solidarität, Friede und Entwicklung der Völker orientiert an der Menschenwürde.

Bereits 1981 hatte Papst Johannes Paul II die Personwürde des arbeitenden Menschen hervorgehoben und so die Diskussion um die Soziale Frage in einen neuen Horizont gestellt.[10] Diesen Ansatz weitet er in der Enzyklika von 1987 aus. Dabei ist bereits der Begriff "Entwicklung" programmatisch. Bewußt wurde der Begriff "Fortschritt" vermieden, der Optimismus noch der 60er Jahre der Enzyklika "Populorum Progressio" ist angesichts der Verschärfungen des Nord-Süd-Gefälles einer Ernüchterung gewichen. So erfolge eine Besinnung auf die sittliche Dimension der Berufung des Menschen und seiner Verpflichtung zur Entwicklung der Völker unter der Leitidee der Personwürde und Menschenwürde.[11] Unterentwicklung ist "Versagung elementarer menschlicher Grundrechte"[12]. Dabei geht es sowohl um individuelle Freiheitsrechte wie soziale Anspruchsrechte. Entwicklung wie

Bevölkerungspolitik habe sich am Menschen als dem Abbild Gottes zu orientieren. Gesellschaft ist "so zu gestalten, daß darin der Mensch in all seinen individuellen und sozialen Bezügen, in seinen materiellen, seinen psychischen, seinen geistigen und seinen religiösen Bedürfnissen als Person respektiert und gefördert wird".[13]

Dieser Ansatz hat nicht nur sozialethische, sondern auch umweltethische Implikationen. Denn die Herrschaft des Menschen über die Natur

> "ist weder absolut noch beliebig. Sie bleibt an die Bedingungen der Natur zurückgebunden [...]. Als humaner Fortschritt kann nur gelten, was von der Natur mitgetragen wird. [...] Wahre Entwicklung muß zugleich Verantwortung für die Lebenschancen auch der künftigen Generationen einschließen. Eine dritte ethisch relevante Grenze zeigt sich dort, wo sich Entwicklungsbemühungen selbst um ihre Früchte bringen, wo durch eine exzessive Verschmutzung und Zerstörung der Umwelt Lebensgrundlagen gefährdet werden."[14]

Papst Johannes Paul betont "die Aufdeckung des moralischen Kerns der Unterentwicklung in den 'Strukturen der Sünde' und deren Überwindung aus der Kraft der Solidarität."[15] Solidarität meint aber zunächst und nahezu ausschließlich zwischenmenschliche Solidarität. Daher kann man feststellen, daß die päpstliche Lehrverkündigung an umweltethischen Fragestellungen weniger interessiert ist. Allerdings weisen die Ausführungen des Papstes zur Ethik des Arbeitens und Wirtschaftens durchaus Implikationen auf, die für eine ökologisch orientierte theologische Ethik relevant sind.

Die kirchlichen Verlautbarungen zur Umweltethik begnügen sich zumeist mit einem Aufriß eines neuen christlichen Ethos. Es appelliert zunächst an das Individuum. Diskussionsansätze für eine ökologisch orientierte theologische Ethik sind vorhanden, werden aber immer an ein christliches Ethos als Rahmenbedingung zurückgebunden. Der Ausgangspunkt ist die zwischenmenschliche Solidarität, die allerdings zunehmend den Eigenwert des Tieres anerkennen soll. Abgrenzungsfragen, wie weit sich dieser Respekt erstrecken sollte, werden nicht diskutiert. Die gemeinsame Erklärung verweist jedoch zumindest auf die Güterabwägung. Die Anthropozentrikfrage steht zwar nicht eigens zur Diskussion, wird aber implizit als Boden der christlichen Umweltethik vorausgesetzt.

Lieben und Arbeiten

Ein zunächst ähnlich anthropozentrisch anmutender Ansatz beim arbeitenden Menschen wie bei der Enzyklika Johannes Pauls II findet auch bei *Dorothee Sölle*. Sie erhebt Lieben und Arbeiten zu Leitsätzen ihres Schöpfungsethos. Der Mensch solle ein anderes Verhältnis zu sich selbst entwickeln, um mit der Natur in besserer Weise umgehen zu lernen. Auch bei Sölle steht die Ausbildung eines Individualethos im Vordergrund. Die Schöpfung könne nur der bejahen, der passiv oder aktiv an ihr teilnehme. Nur dem "Cooperator Dei" sei das Lob der Schöpfung möglich.[16] Der arbeits- und liebesfähige Mensch entspreche dem Schöpfer, denn ihn trage die gleiche Kraft. Am Prozeß der Schöpfung teilnehmen heiße, das Leben angesichts des Todes zu wählen. Nach der Zerstörung der beiden Weltkriege und angesichts des Vernichtungspotentials der atomaren Waffen sei ein neues Verständnis der Schöpfung zu entwickeln und die Heiligkeit der Erde zur Überwindung der rein positivistischen Weltanschauung wiederzuentdecken. Um dazu in der Lage zu sein, müsse aber erst einmal ein falsches Gottesbild abgebaut werden. Die überzogene Trennung von Gott und Welt sei Ursache vieler Irrwege im Christentum gewesen, denn absolute Transzendenz bedeute Beziehungslosigkeit.

Sölle plädiert für einen nicht-imperialistischen Schöpfungsbegriff und beruft sich auf das Vorbild Jesu, der auch auf Autorität, Zwangsmacht und Herrschaftsmacht verzichtet habe. die Schöpfung sei insgesamt als unvollendet anzusehen. Daher sei Mit-Schöpfertum, Concreatio möglich.[17] Gegen den tief verwurzelten anthropozentrischen Pessimismus der meisten protestantischen Kirchen müsse das Vertrauen in die Mitleidsfähigkeit und Gerechtigkeit des Menschen wiedergewonnen werden. Er sei als Bild Gottes in der Lage, zu Gott zu sprechen. Die Selbstentfremdung des Menschen interpretiert Sölle als historisch gewordene Realität. Sie sei kein Wesenszug des Menschen und darauf zurückzuführen, daß menschliche Produkte den Menschen beherrschten. Bereits im Paradies gehörte Arbeit zu den Wesenszügen des Menschen. Mit der Frage nach dem Mitschöpfertum des Menschen in seiner Arbeit an der Schöpfung hat Dorothee Sölle im Rahmen ihrer Schöpfungsethik einen Gedanken formuliert, der sich für eine ökologisch orientierte theologische Ethik fruchtbar machen läßt. Seine Stärke liegt allerdings in der Ausformulierung einer biblisch fundierten Ethosform.

Zwar habe das Christentum das Hauptaugenmerk auf den Fluch über der Arbeit gelegt, aber Arbeit sei Selbstausdruck des Menschen. Allerdings müsse die kurzsichtige, an Leistung und Produkt orientierte Perspektive aufgegeben und die Freude an der Arbeit wiederentdeckt werden. Schöpfung habe ihren Ursprung in Gottes Bedürfnis nach Beziehung. Daher sei der soziale Bezug der Arbeit zu betonen. Arbeit sollte als Versöhnung mit der Natur gelesen werden. Und es gäbe genug Arbeit, die zerstörte Natur wieder aufzubauen. Produktion, die die Schöpfung vernichtet, könne nicht als Arbeit bezeichnet werden.[18] Der Konsumismus als Religion einer Gesellschaft ohne Beziehungen und ihr Narzißmus müsse überwunden werden durch die Vision einer von Liebe getragenen sexuellen Beziehung. Gott, der den Menschen als geschlechtliches Wesen mit der Fähigkeit geschaffen habe, zutiefst menschliche Beziehungen einzugehen, sei das positive Gegenbild gegen Solipsismus und Narzißmus, die den Planeten ins Nichts zu stürzen drohten.

Sölles Buch "Lieben und Arbeiten" entfaltet so inspiriert von einem neuen Schöpfungsglauben ein christliches Ethos der Beziehungshaftigkeit, das sich an den einzelnen wendet. Etwas zu kurz kommen jedoch die sozialethische Dimension und die Begründung wie Rechtfertigung von konkreten Handlungs- und Entscheidungshilfen. Aber insgesamt vermag der Ansatz Sölles deutlich zu machen, daß dem individuellen Ethos des Liebens und Arbeitens im Rahmen einer christlichen Umweltethik ein hoher Stellenwert zukommt. Sölle plädiert vor dem Hintergrund ihres Eintretens für eine feministische Theologie gegen Herrschaft und Unterdrückung sowohl der Frau wie der Natur. Sie betont den Zusammenhang von Schöpfungs- und Befreiungstheologie zu Recht.

Wenn allerdings das neue Ethos in eine Umstrukturierung der Gesellschaft übersetzt werden soll, wenn Sölle einen radikalen Abbau der Sozialstrukturen der Ausbeutung und einen liebevollen Umgang mit der Natur fordert, so werden die Grenzen ihres Ethosentwurfes deutlich. Utopische, kaum realisierbare Veränderungsvorschläge im Konkreten sind die Folge eines radikal formulierten Ethos, das den bestehenden Verhältnissen und ihrer Veränderbarkeit kaum Rechnung trägt.

Christliche Anthropozentrik im Disput

Anthropozentrik ist aber nicht nur Ausdruck einer spezifischen Ethosform. Sie kann direkt thematisiert und diskutiert werden. Dies geschieht in den Umweltethik-Entwürfen von Philipp Schmitz und Alfons Auer. Beide Autoren entfalten zur Grundlegung einer ökologisch orientierten theologischen Ethik zudem methodische Überlegungen, an die meine eigenen Überlegungen anknüpfen können.

Für *Philipp Schmitz* vollzieht sich die Ausrichtung sittlichen Handelns im Rahmen eines humanen, aus vielen Orientierungen zusammengesetzten Musters, das man Paradigma nennen kann. Paradigmen der abendländischen Tradition seien "Natur" oder "Freiheit" gewesen. Schmitz möchte dem jedoch das Paradigma "Leben" hinzufügen.[19] Anstelle der neuzeitlichen Fortschrittstheorie, die cartesisch die radikale Trennung von Subjekt und Objekt voraussetze und so die Idee der Herrschaft und instrumentellen Vernunft entbinde, habe die Idee der Verbesserung zu treten. Aber das "Interesse an der Entfaltung des Lebens" sei noch keine universale Menschheitsidee. Um zu einer ökologischen Ethik zu gelangen, müsse christliche Umweltethik von den Anzeichen der Zerstörung ausgehen. Nur so sei "Leben" als Wert neu zu entdecken. Der Entwurf des zu gestaltenden Lebens stehe noch aus.

Aber das Leben allein begründet keine Ethik. Für eine christliche Umweltethik seien rationale Güterabwägungen erforderlich.[20] Die normsetzende Vernunft visiere die Lösung nach dem "Übergewicht der negativen Prognosen" an, die sich nach Sachgründen und Wertpräferenzen rechtfertigen ließen. Mit diesen Überlegungen zur Güterabwägung geht Schmitz ähnlich wie die gemeinsame Erklärung evangelischer und katholischer Bischöfe Deutschlands über Vorschläge zur Entwicklung eines Ethos hinaus und begibt sich immer wieder auf die Ebene ethischer und metaethischer Reflexion und Diskussion.

Allerdings reicht Vernunft alleine für Schmitz nicht aus. Was Ehrfurcht vor dem Werk aus Gottes Händen bedeute, müsse eine Generation, welche sich in der Umweltkrise der Verkürzung ihres Wissens um die Schöpfung bewußt werde, neu sehen lernen. Die Sinnvorgabe "Schöpfung" müsse wieder erneuert werden. Allerdings stellt sich hier die Frage, ob dies überhaupt möglich ist und wie diese Erneuerung angesichts der Naturwissenschaft aussehen könnte.[21] Für Schmitz macht der Schöpfungsglaube deutlich, daß wir es im Umgang mit der Natur nicht mit beliebigen irdischen Wirklichkeiten zu tun haben, sondern mit Manifestationen persönlicher göttlicher Zuwendung. Beeinträchtigungen der Umwelt, die aus einer falschen Einstellung hervorgehen, ließen sich nur als Verdunkelungen oder Vernichtung der Beziehung des Menschen zu Gott verstehen. Allerdings stelle im Rahmen einer Schöpfungsethik der Rückgriff auf naturrechtliche Behauptungen dann ein Mißverständnis dar, wenn Natur zur Norm erhoben werde. So sehr sich ein Zusammenhang von Sinn und Norm aufdränge, letztere sei niemals einfach vorgegeben oder gesetzt durch Gottes Willen. Die Norm werde nur nach Berücksichtigung aller Sinnvorgaben und Anzeigen durch die Entscheidung der praktischen Vernunft gesetzt. Aus dem Sein folge kein Sollen.[22]

Ein derartiges naturrechtliches vorgehen lege auch der Schöpfungsbericht nicht nahe. Hier sei der Mensch als Mandatar, als Beauftragter und Stellvertreter Gottes verstanden. Die Solidarität Gottes garantiere den Menschen ein freies Handeln, wenn auch der Sündenfall deutlich mache, daß der Mensch den Sinn der Schöpfung verfehlen kann. Sünde sei als Weigerung des Geschöpfes zu verstehen, seinen Auftrag wahrzunehmen. In der Umweltkrise ignoriere der Mensch theologisch gesehen bewußt die von Gott vorgegebene Solidarität alles Geschaffenen. Hier zeige sich die Gefahr einer säkularen Trennung von Gott und Welt. Diese sei in der Neuzeit in der Herrschaft des Menschen über die Erde als Folge des Projektes instrumenteller Vernunft eingetreten.[23] Damit aber sie die lebendige Verbindung von Gott und Welt zugenommen worden.

Schmitz fragt sich weiterhin, ob in der Umweltkrise die Konzeption von "Rechten der Lebewesen" einen christlich zu rechtfertigenden Ausweg darstellen könne. Zunächst höre es sich sympathisch an, wenn die Umweltkrise als Chaos der Rechtsunsicherheit betrachtet wird, der man entgehe, wenn man der Natur gemäß der ihr aufgrund von Selbstorganisation innewohnenden Zwecke Rechte zuschreibt. Wenn jedoch die Frage nach expliziten Rechten z. B. von Tieren positiv entschieden werden sollte, dann müßte zunächst untersucht werden, ob sich bei ihnen Ansprüche feststellen lassen, die denen von Menschen vergleichbar sind: "Es wäre zu fragen, ob es einen dem Recht zugrundeliegenden Wert des Tieres gibt. Wenn diese Frage mit Ja beantwortet würde, müßte sie um die Nuance erweitert werden, ob tatsächlich – wie behauptet – dem Eigenwert Interessen entsprechen."[24] Es sei dann nachzuweisen, daß auch Tiere freiheitliche und soziale Grundrechte für sich reklamieren könnten. Denn mit "dem Begriff 'Recht' werde zum Ausdruck gebracht, daß Tiere Ansprüche hätten, weil sie einen Eigenwert besitzen, weil die Interessen haben, weil sie als Subjekte ihr Verhalten und Handeln bestimmen".[25] Von einem Eigenwert des Menschen könne man demgegenüber zweifellos reden, da er als vernünftiges Wesen ein eigenständiges Zentrum des Bewußtseins, der Initiative und des Handelns sei. Tiere hingegen erschienen zunächst nur als Teile eines größeren Ganzen, der Natur. Allerdings lasse sich nicht leugnen, daß sie über ein gewisses Maß an Eigenständigkeit verfügen. Wende man aber gleiche Termini auf unterschiedliche Träger an, so müsse man sich fragen, ob man darunter nicht mehr Ungleiches als Gleiches subsumiere.[26]

Trotz seiner Absage an ein neues Naturrechtsdenken übersieht Schmitz die Ambivalenz der Entwicklungen im neuzeitlichen Begriff der Natur nicht. Aufklärung sei, ehe sie sich der Natur zuwende, an einer Herrschaftsstellung des Subjektes interessiert. Allerdings stelle Descartes als ihr Protagonist der

Vernunft in der Res cogitans eine außermenschliche Natur (Res extensae) entgegen. Verstärkt in Kants Vernunftsbegriff werde es nun für die Ethik zum entscheidenden Anliegen, sittliche Wertvorstellungen und Präferenzen rational kommunikabel zu machen. Aufklärung hinterlasse ein zwiespältiges Erbe. Sie mache die Vernunft zum Zentrum sittlicher Erkenntnis und autonomer Entscheidung und verbanne die außermenschliche Natur zu ethischer Bedeutungslosigkeit.[27] Diese Einstellung führe verbunden mit dem Sozialdarwinismus zu der bedenklichen Behauptung eines "Rechtes des Stärkeren". Das kirchliche Lehramt versuche, "gegen das zwiespältige Erbe der Aufklärung" anzugehen: "Auf der einen Seite erhebt es – aus einem Mißverständnis des klassischen Naturrechts heraus – bisweilen biologische Gesetzmäßigkeiten in den Rang von Wesensbestimmungen. Auf der anderen Seite wiederholt es – gegen den Ansatz der Neuzeit – seinen Protest gegen Sozialdarwinismus, technische Hybris, selbstherrliches Planen der Vernunft."[28] Diese Kritik erscheint Schmitz berechtigt, denn mit der Konzentration auf das Vernünftige sei offensichtlich der Sinn für Vielfalt, Artenreichtum und Neuheit verloren gegangen.

Für Schmitz steht im Zentrum jeder Bestimmung sittlichen Handelns die menschliche Vernunft. Sie unterscheide zwischen richtig und falsch, zwischen gut und böse. Die Tätigkeit der Vernunft erfolge jedoch innerhalb von Sachverhalten. Vernunft bleibe in ihrem Prozeß der Güterabwägung und in ihrem Deuten, Ordnen und Gestalten auf naturale Bedingungsgesetzlichkeiten angewiesen. Zwar könnten Intelligenz, affektive Offenheit und Wirklichkeitsnähe nicht als unmittelbar normativ gelten, jedoch seien sie insofern ethisch bedeutsam, als sie disponierend auf das einwirken, was menschliche Vernunft als humanen Sinn entwirft. Prinzipien wie "Frieden mit der Natur" oder "Respekt vor dem Leben" dienten dem menschlichen Leben, dem humanen Optimum. Der umweltbewußte Bürger der nachaufklärerischen Zeit müsse allerdings seine aus tiefem Respekt gewonnene Lebens- und Verhaltensweise noch vor seiner Vernunft rechtfertigen.

So bemüht sich Philipp Schmitz in seinen Überlegungen sowohl um ein christlich motiviertes Ethos der Rücksicht auf die Schöpfung wie um eine ökologisch orientierte theologische Ethik. Er formuliert zudem eine der methodisch entscheidenden Fragen für eine christliche Umweltethik. Es handelt sich das Problem der Interpretation der Natur als Schöpfungsordnung zwischen Naturrecht und Sinnvorgabe, die der Mensch erst deuten und entziffern müsse. Ohne Vernunft und Erfahrung könne dieses Problem nicht bewältigt werden. So verbindet Schmitz ein Plädoyer für eine herausgehobene Stellung des Menschen mit dem grundsätzlichen Respekt des Menschen vor der Schöpfung. Dieses Ethos wird als Horizont für eine Güterabwägung und deren grundsätzlicher Ausrichtung für die Umwelt im Rahmen einer ökologisch orientierten theologischen Ethik gesehen.

Ähnlich konzipiert *Alfons Auer* seine "Umweltethik". In diesem Buch stellt er den Menschen mit seiner Vernunft, Freiheit und seinen naturalen Anlagen in den Mittelpunkt. Der andere große Themenkreis seines Werkes stellt die ökologische Relevanz des christlichen Glaubens dar.[29] Auer kritisiert die Machtergreifung des Technischen, die durch soziale Leistungen sanktioniert werde. in der Wachstumsideologie werde Machbarkeit und nicht Legitimation aus dem Sinnzusammenhang der gesamtgesellschaftlichen Lebenspraxis zum entscheidenen Faktor. Dagegen setzt Auer die bleibenden Werte des Menschlichen und den Anspruch, der von der Wirklichkeit her auf die menschliche Person zukomme. Gegenüber Positionen, die einen Eigenwert oder ein Eigenrecht der Natur postulieren, hält Auer an einer "Option für die Anthropozentrik" fest.

Allerdings bedürfe Anthropozentrik der Revision, soweit sich ihr Verständnis "aus einer dualistischen Deutung des Verhältnisses Mensch–Natur ergibt".[30] Auers Grundthese lautet: "Die Natur kommt zu sich selbst nur im Menschen, nur in ihm erfüllt sich ihr Sinn."[31] Allem Existierenden wird von Auer ein Wert zugebilligt, doch kann der Wert des Nichtmenschlichen nur vom Menschen verstanden, bewahrt, zugestanden und sinnvoll weiterentwickelt werden. Gerade darin bestehe "die Sonderstellung des Menschen, daß ihm der 'Alleinvertretungsanspruch im Kosmos' aufgegeben"[32] sei. Die Mensch sei zwar Glied der Natur, aber nach der teleologischen Deutung der Evolution komme die Natur im Menschen zur Erfüllung. Auer folgt hier der philosophischen Anthropologie Arnold Gehlens, die im Menschen einen einmaligen, sonst nicht versuchten Gesamtentwurf der Natur sehe. Auch biologisch lasse sich seine Sonderentwicklung feststellen.

Im Streit zwischen anthropozentrischem und biozentrischem Ansatz in der ökologischen Ethik verweise die Immanenz des Sittlichen auf die anthropozentrische Option. Dabei bedeute Anthropozentrik nicht Maßlosigkeit. Askese habe ihren Sinn. Andererseits erscheine es verfehlt, von "Liebe" zur nichtmenschlichen Natur zu sprechen. Eine solche Rede sei "nur möglich, wenn man das Verhältnis von Mensch und Natur als 'Partnerschaft' bewertet".[33] Aber auch ohne derartige Rückgriffe sei ein Plädoyer für christlich motiviertes Umwelthandeln möglich. Dabei sei Ethik bisher im wesentlichen auf den menschlichen Intimbereich beschränkt gewesen, jetzt aber erhebe sich die Forderung nach einer universalistischen Ethik, nach sozialethischen Engagement für den Umweltschutz. Wirtschaft und Technik müßten sich auf den Menschen hinordnen. Allerdings verbindet Auer damit kein Plädoyer für das Ende des Fortschritts.

Auer bleibt nicht im Bereich der Individualethik. Er begnügt sich auch nicht mit einem christlichen motivierten Ethos. Vielmehr werde von der christlichen Ethik Wirtschaft als sozialer Prozeß verstanden, der vom Menschen verantwortet sein müsse. Die katholische Sozialethik stelle Solidarität, Subsidiarität und Föderation in den Mittelpunkt ihrer sittlichen Überlegungen. Sie plädiere für menschliche Werte und setze gegen den Kult der Produktivität echte Eigenverantwortung und Dezentralisierung. Bei ihren Bemühungen unterstütze sie die Forderung nach einer "Theologie der Natur". Allerdings dürfe die Natur Gott nicht ersetzen. Entscheidend für die Theologie der Schöpfung sei ihr Horizont, die Heilslehre der Bundesgeschichte. Der Ursprung der Welt aus dem freien Wort Jahwes lege das Schwergewicht auf die Eigenständigkeit der Schöpfung und nicht auf einen dunklen mythischen Zwang. Als Ergebnis schöpfungstheologischer Betrachtungen konstatiert Auer die Ungeschuldetheit der Welt als

Gabe und Geschenk wie ihre Ausrichtung auf den Menschen. Kreatürlichkeit und Anthropozentrik seien die wesentlichen Charakteristika der Welt.

Auer setzt sich auch mit der These von einer Mitschuld des Christentums an der ökologischen Krise auseinander. Die Kritiker hätten Recht mit ihrer Behauptung, doch anders als sie meinten:

"Das Christentum kann und darf seine Mitschuld nicht bestreiten. Aber sie liegt primär nicht dort, wo Amery sie sucht. Sie liegt vielmehr darin, daß die christlichen Kirchen die neuzeitliche Freiheitsgeschichte viel zu wenig ernst genommen haben, als daß sie in der Auseinandersetzung mit ihr die eigenen Vorstellungen von Verantwortlichkeit hätten wirksam entfalten können. In den biblischen Schöpfungsgeschichten stoßen wir ohne Frage auf jene menschliche Kreativität, die den Kern der geistigen Geschichte der Neuzeit ausmacht. [...] Soweit die gegenwärtige ökologische Krise in einem bestimmten Menschen- und Weltbild, also in bestimmten Wertvorstellungen begründet ist, kann ihre Lösung nicht darin bestehen, daß wir die neuzeitliche Freiheitsgeschichte desavouieren und hinter sie zurückstreben, sondern daß wir sie anthropologisch bewältigen, indem wir sie mit dem biblisch-christlichen Verständnis von Mensch und Welt kritisch konfrontieren."[34]

Selbstverwirklichung des Menschen schließe die Natur nicht aus. Allerdings definiere sich der Mensch in seiner Eigentlichkeit im Gegenüber zu Gott. Dies besage der Ausdruck Gottebenbildlichkeit. Theozentrik und Anthropozentrik schlössen sich gegenseitig nicht aus. Denn Kreatürlichkeit impliziere ein Menschsein, das zu Gott konstitutiv in Beziehung stehe.

Die Verwurzelung des Menschen in der Natur und seine naturale Basis könnten nicht geleugnet werden. Gegen die entsubjektivierte instrumentelle Vernunft möchte Auer eine Vermenschlichung der Einstellung zurückgewinnen. Hierzu könne das gemeinsame Band der Kreatürlichkeit beitragen. Zu Recht sei der Begriff "Mitgeschöpflichkeit" von Gotthard Teutsch in die Diskussion eingeführt worden. Skeptischer jedoch "wird man der allzu unbefangenen Verwendung von Begriffen wie 'Partnerschaft', 'Kooperation' und 'Interaktion' gegenüberstehen. Ähnliches gilt auch vom Begriff der 'Solidarität' oder der 'Liebe' zwischen Mensch und Natur".[35] Wer dies propagiere, verwende Begriffe der traditionellen Ethik völlig aus ihrem Zusammenhang gerissen und darum in mißverständlicher Weise.

Allerdings bedeute Autonomie nicht Willkür, so daß von einer Relationalität der Autonomie gesprochen werden könne. Autonomie impliziere nicht eine Emanzipation vom Ethischen, sondern eine Emanzipation des Ethischen und sei Ausdruck der Rationalität der Welt insgesamt. Gemeint sei nicht jene radikalisierte Autonomie, die in der neuzeitlichen Freiheitsgeschichte als Verweigerung gegenüber der von Gott verfügten Sinnordnung auftrat. Vielmehr sei die Autonomie im christlichen Sinnhorizont als Spiritualität christlichen Weltverhaltens auszulegen. Da sich ökologische Ethik im Neuland bewege, stehe die rationale Argumentation im Vordergrund. Diese habe allerdings ihre feste Orientierungsmarke in der Menschenwürde, die in der Gottebenbildlichkeit begründet sei.

Auers Option für eine geläuterte Anthropozentrik setzt bei der Gesellschaft und der Wirtschaft an, die diese Probleme erzeugt. In seiner Konzeption wird ein individualethisch verengter Ansatz und eine dementsprechende Ethosform durchbrochen, obwohl die Menschenwürde als Ausgangspunkt dafür sorgt, daß das Subjekt nicht aus einer ökologisch orientierten theologischen Ethik herausgedrängt wird. Der Nerv einer christlichen Umweltethik ist eine geläuterte Anthropozentrik. Dieser Position werde ich mich im folgenden anschließen und seine Konzeption mit zusätzlichen Argumenten zu erhärten suchen. Hierzu werde ich in der Anthropozentrikproblematik drei Ebenen unterscheiden.[36] Nur dann können berechtigte und unberechtigte Vorwürfe gegenüber christlicher Anthropozentrik begründet voneinander getrennt werden. Zuvor jedoch ist zu überprüfen, welche Argumentationen im Streit um christliche Anthropozentrik diskutiert werden.

Günter Altner konstatiert in dem von ihm herausgegebenen Band "Ökologische Theologie", daß die Diskussion um die Anthropozentrik der abendländischen Fortschrittsmentalität und um ihre Wurzeln bislang nicht zu einem abschließenden Ende geführt werden konnte. Allerdings weist er nachdrücklich darauf hin, daß die Anthropozentrik, die er kritisiert, erst unter dem Einfluß Descartes' und des idealistischen Denkens die westliche Christenheit ausgerichtet und überfremdet hat. Erst diese führte zu jener tödlichen Selbstvergessenheit, die wir vom neuzeitlichen Menschen kennen.[37] – Um den Spannungsbogen der Diskussion nachzuvollziehen, beschränke ich mich nach der Explikation der Positionen vom Schmitz und Auer auf drei Autoren dieses Sammelbandes, die der Anthropozentrik eher kritisch gegenüber eingestellt sind. Es handelt sich um Udo Krolzik, Klaus Michael Meyer-Abich und Sigurd Daecke.

Udo Krolzik zeichnet die Wirkungsgeschichte von Gen 1,28 nach. Er unterscheidet vier Auslegungstypen des Herrschaftsauftrages, des "dominium terrae". Der erste Interpretationstyp glaube, daß die Gottebenbildlichkeit des Menschen nach dem Sündenfall erhalten geblieben sei. Der zweite gehe davon aus, daß diese Vorstellung eine Entwicklungsmöglichkeit einschließe. Die Vertreter der dritten Konzeption meinten dann, daß der Status der Gottebenbildlichkeit verloren gegangen sei, während die vierte Spielart diese Prämisse zwar teile, aber letzlich dennoch davon überzeugt sei, daß dieser Status eventuell wieder errungen werden könne. Zudem sei eine dynamische oder eine statische Auslegung des "dominium terrae" möglich.[38] Die Interpretationen, die von einer Entwicklung des Herrschaftsauftrages im Zusammenhang mit den menschlichen Kulturleistungen ausgingen, seien zahlreich. Zwar sprächen die alttestamentlichen Texte weder von einer anthropozentrischen Teleologie noch von einer ontologischen Überlegenheit des Menschen, aber sie seien offen für eine solche Auslegung.[39] Dies werde besonders im Renaissance-Humanismus deutlich, der von einem veränderten Selbst- und Freiheitsbewußtsein ausgehend eine neue Phase der "dominium terrae"-Auslegung einläutete.

Die Auslegungsgeschichte der Imago-Dei-Vorstellung verknüpft mit dem Herrschaftsauftrag ist damit noch nicht erschöpft. Luther habe die anthropozentrische Teleologie und die ontologische Überlegenheit des Menschen als Audruck des Selbstbehauptungsstrebens eines gefallenen Willens interpretiert. Das 17. und 18. Jahrhundert hingegen habe die Herrschaft des Menschen zur Rolle des Mitwirkenden umgedeutet. Damit werde die Verantwortung betont. Im 19. und 20. Jahrhundert hingegen werde Natur zum Darstellungsraum der freien Herrschaft des Menschen. Erst mit der Umweltkrise würden die Stimmen zahlreicher, die eine unbeschränkte Herrschaft des Menschen als Mißverständnis von Gen, 1,28 hervorheben.[40] Zwei wichtige Einsichten verdankt christliche Umweltethik den Analysen Krolziks. Zum einen sieht man ohne Schwierigkeiten, daß die Formulierungen der Bibel offen sind für verschiedenste Auslegungen. Zweitens erfolgt die Interpretation der biblischen Texte immer vor dem Hintergrund einer Deutung der eigenen Epoche und bestimmt diese weitgehend. Sie hat sich dementsprechend auch gewandelt. Diese Erkenntnis erschwert einen Biblizismus im Rahmen einer Umweltethik. Die Reflexion der theologischen Ethik zum Thema Umwelt darf sich daher nicht auf die Bibelexegese beschränken, sondern muß versuchen, auch eine konsistente Interpretation der Neuzeit und ihrer Krise vorzulegen, ist diese doch ausschlaggebend für eine zeitgemäße Interpretation von Gen 1,28.[41]

Meyer-Abich plädiert für eine bestimmte Interpretation der Neuzeit. So behauptet er, daß der ersten Aufklärung über die Gleichheit aller Menschen untereinander eine weitere über unsere natürliche Verwandtschaft mit der übrigen Welt folgen müsse.[42] Die Gemeinsamkeiten mit den anderen Lebewesen sei uns bislang in noch nicht ausreichendem Maße bewußt. Meyer-Abich spricht in diesem Zusammenhang von einer Mitweltlichkeit von Tieren und Pflanzen.[43] Die eigentliche Hemmschwelle und das Haupthindernis für die von Meyer-Abich geforderte zweite Aufklärung über die Natürlichkeit des Menschen liege für die Umweltethik in der Anthropozentrik. Diese verhindere, daß erweiterte Formen von Gerechtigkeit auch auf Tiere angewendet werden, bloß weil Tiere selbst nicht sittlich sein können.[44] Ob und gegebenenfalls welche Form von Anthropozentrik für eine Ethik unhintergehbar sein könnte, fragt sich Meyer-Abich nicht. Da für ihn feststeht, daß zur Rettung der Umwelt die Anthropozentrik aufzugeben sei, müsse die Idee der Rechtsgemeinschaft der Schöpfung durchgesetzt werden. Ob diese Idee geeignet ist, anstelle einer Anthropozentrik Umweltethik zu begründen, darf jedoch bezweifelt werden.[45]

Interessanter ist eine andere, ebenfalls von Meyer-Abich vorgeschlagene Interpretation, in der wiederum eine spezifische Deutung der Neuzeit vorausgesetzt wird. Sein Ansatzpunkt ist hier der Eigentumsabsolutismus vor dem Hintergrund der Entwicklung des neuzeitlichen Individuationsprozesses. Nach der Arbeiterproblematik und der Sozialen Frage des 19. Jahrhunderts habe das bürgerliche Eigentumskonzept die Industriegesellschaft nun zum zweiten Male an den Rand ihrer Existenzfähigkeit gebracht.[46] Descartes und Hegel müßten als die maßgeblichen Philosophen der Industriegesellschaft verstanden werden. Da das gegenwärtige Grundrechtssystem auf dem Menschen als Person beruhe, das industriegesellschaftliche Verhalten gegenüber der natürlichen Mitwelt aber die Menschenwürde verletze, müsse zur Überwindung des neuzeitlichen Verständnisses von Eigentum das Modell der Eigenrechte der natürlichen Mitwelt eingeführt werden. Rechte folgten zwar nicht unmittelbar aus der Anerkennung des Eigenwertes der Dinge, dennoch gäbe es Gründe dafür, ihnen Rechte zuzuerkennen und nicht bloß zu verleihen.[47] Damit sind in der Auseinandersetzung um die Ausrichtung einer christlichen Umweltethik neue Schwerpunkte gesetzt, die eine theologische Ethik reflektieren muß, will sie eine begründete Form von Umweltethik etablieren können. Sie betreffen die Interpretation der Neuzeit und der christlichen Anthropozentrik.

Sigurd Daecke bringt die Umweltethik-Diskussion auf eine Formel: Anthropozentrik oder Eigenwert der Natur. So lautet die Leitfrage eines Aufsatzes, den man zu Recht der theologischen Ethik und nicht mehr der Etablierung eines spezifischen Ethos zurechnen darf. Im Streit zwischen einem anthropozentrischen und einem physiozentrischen oder kosmozentrischen Welt- und Menschenbild seien zunächst einige Einsichten festzuhalten. So könne von den Vertretern der Physiozentrik die Anthropozentrik des alttestamentlichen Schöpfungsglaubens nicht grundsätzlich erschüttert werden. Daß das Alte Testament theozentrisch und nicht anthropozentrisch denke, besage nicht viel, denn Gott hat den Menschen über die Natur gestellt. Allerdings könne das "dominium terrae" nicht zur Legitimation von Naturzerstörung herangezogen werden. Insgesamt wäre es unbillig zu erwarten, das AT könne uns in unserer Situation Hilfen anbieten, ist doch unsere Lage von der damaligen grundlegend unterschieden. Auch das ist ein entscheidender Einwand, der berücksichtigt werden muß. Außerdem sei der Gedanke der Bewahrung der Schöpfung für ein heilsgeschichtliches Denken nicht selbstverständlich. Zwar sei die Schöpfung im Neuen Testament Gleichnis Gottes und des Himmelreiches. Dennoch biete die Bibel keine Grundlage für die Rede von einem Eigenrecht der Natur.

Da Naturalismus, Pantheismus, Atheismus und alle anderen Versuche scheiterten, den Menschen in die Natur zu integrieren, bleibe eigentlich nur die naturimperialistische Auslegung des "dominium terrae" übrig.[48] Auch hier wartet Daecke mit einer provozierenden Behauptung auf. Insgesamt melde sich die moderne Anthropozentrik, die Vernunftsubjektivität gegen eine Kosmozentrik zurück.[49] Allerdings sei die klassische Anthropozentrik des Christentums weder mit der heutigen entwicklungstheoretischen Sicht noch mit den gegenwärtigen ökologischen Problemen vereinbar. Zudem sei in theologischer Perspektive die Schöpfung in der Inkarnation geheiligt worden. Und dies lasse sich weder anthropozentrisch noch kosmozentrisch vereinnahmen. Vielmehr bleibe die Alternative von Anthropo- und Kosmobzw. Physiozentrik einem statischen Denken verhaftet und sei zu überwinden. Die Problemlage werde noch dadurch verschärft, daß die Naturwissenschaft z. B. in der Gentechnologie gerade eine Form von Anthropozentrik entwickle, die die christliche weit hinter sich lasse. Daher erscheine es dringend geboten, eine vertiefte Sicht christlicher und neuzeitlicher Anthropozentrik zu entwickeln, die weder den Aporien eines Gattungsegoismus oder Anthropozentrismus verfällt, noch sich zugunsten einer Naturalisierung des Menschen aufgibt.

Um die Explikation und Grundlegung einer derart geläuterten Anthropozentrik bemüht sich *Günter Altner* in seinem Buch "Die große Kollision". Gerade in der Ambivalenz der Gentechnik zeige sich die ganze Rätselhaftigkeit der Frage des Menschen nach sich selbst. Gemäß dem Grundwiderspruch von Herders Anthropologie zwischen Tierheit und Unsterblichkeit stehe der Mensch im Gegensatz zur Erde als seiner vorläufigen Heimat.[50] Im Anschluß an Herder plädiert Altner jedoch für ein Bild vom Menschen, in dem die frustrierende Konkurrenz zwischen physischer und metaphysischer Anthropologie in ein größeres Ganzes überführt werde. Dies sei sehr wichtig, denn immer vermittle sich die Einstellung des Menschen zur äußeren Natur durch sein Selbstverständnis.[51] Für Altner besteht ein intensiver Zusammenhang zwischen dem "dominium terrae" und der Neuzeit. Die Entwicklung der Anthropozentrik vom Ruf Gottes in die Verantwortung bis zum Gotteskomplex des neuzeitlich-autonomen Menschen müsse rückgängig gemacht werden. Haushalterschaft sei der zentrale Begriff der Interpretation von Gen 1,26ff. Dabei schließe Bebauen und Bewahren ein Gestalten und Veränderndürfen ein. Haushalten heiße, an der Kontinuität dieses Schöpfungsprozesses mitzuwirken. Aber hier lauere auch der Abgrund der Hybris, die Versuchung zur Herrschaft auf Kosten von Mitmensch und Mitkreatur.

Erst durch Jesus Christus nehme die Gottebenbildlichkeit des Menschen endgültige Gestalt an. Aber in seiner zwiespältigen Existenz zwischen Natur und Kultur bleibe er als der in die Verantwortung Gerufene endlich und sterblich. Für Altner ist es die schmerzliche Todesfrage, die den Menschen weise mache und zum Haushalten befähige. Sie treibe ihn aber auch in die Irrationalität tödlicher Allmachtsträume. Im Kreuz werde die Hybris des nach Selbstvollendung gierenden Menschen als vergeblicher Selbstbetrug offenbar. Der infantile Größenwahn der Neuzeit sei zu überwinden. Sozialethische Impulse sollten Gegengewichte zur instrumentellen Vernunft bieten. Während draußen die Natur unaufhaltsam sterbe, verkrallten sich Aufklärung und Gegenaufklärung ineinander. Abhilfe erhofft sich Altner zunächst von einem neuen Lebensstil und der Befähigung zu einer Sympathie, die über die Nächstenliebe hinaus zur Mitkreatürlichkeit führe. Dafür wirbt er in bisweilen stark moralisierender Weise, die eher an Paränese als an ethische Überlegungen erinnert.

Neben den an einem Individual-Ethos orientierten Überlegungen finden sich bei Altner jedoch auch Forderungen zur ökologischen Orientierung der Wirtschaft[52] und nach einer alternativen Wissenschaft.[53] Altner sieht Ansätze zu letzterer in Goethes Naturwissenschaft, in der psychosomatischen Medizin eines Viktor von Weizsäcker und in den Ergebnissen der Projektgruppe "Soziale Naturwissenschaft" um Gernot Böhme.[54] Diese zielten auf eine normativ fundierte Naturwissenschaft ab. Die mit der Suche nach einer alternativen Wissenschaft gestellte Sinnfrage zu beantworten, wäre Aufgabe der Theologie gewesen. Doch sie habe sich auf eine unsinnige Bestreitung einzelner wissenschaftlicher Erkenntnisinhalte beschränkt. Die sittliche Orientierung von Wirtschaft und Wissenschaft zur Überwindung der ökologischen Krise könnte durchaus eine sinnvolle Aufgabe darstellen. Ob aber eine normativ fundierte Naturwissenschaft überhaupt möglich ist, muß eigens überprüft werden.[55]

In seinen früheren Schriften war Altner eher an einem christlichen Ethos der Mitmenschlichkeit als Mitkreatürlichkeit interessiert.[56] In diesem Gedanken sei jener Anthropozentrismus überwunden, der das Credo des Umweltschützers pervertiere. Dabei äußere sich die Ganzheitlichkeit einer christlich motivierten Ethik darin, daß die Fessel des Anthropozentrismus gesprengt und in der Kooperation die nichtmenschliche Schöpfung als Partner angenommen sei.[57] Allerdings hat – das ist kritisch gegen Altner einzuwenden – ein christlich motiviertes Ethos dort seine Grenzen, wo es um die Rechtfertigung konkreter Weisungen angesichts der ökologischen Krise geht.

Entscheidend wird dann das Verhältnis der christlichen Umweltethik zur Evolutionstheorie wie zur Ökologie und die Deutung der Neuzeit. Altner betont mit Prigogine ein Evolutionsverständnis, in dem die Dynamik des Weltprozesses Anlaß für eine neue Rede von der Schöpfung ist.[58] Gottes Heilswillen gelte der werdenden Welt als solcher. Dies relativiere die Anthropozentrik und die Exklusivität des Heilsgeschehens in Jesus Christus. Derartige Behauptungen wird nicht jeder Theologe unterschreiben. Sie machen Konsequenzen deutlich, die eine fundamentale Kritik an christlicher Anthropozentrik für die Theologie hat. Altner scheint nicht immer den Gefahren entronnen zu sein, die in einer vorschnellen Rezeption der Theorie von der "Selbstorganisation des Universums" liegen. Pantheismus und eine Preisgabe des spezifisch Christlichen dürfen keine Nebenfolgen des Gesprächs zwischen Naturwissenschaft und Theologie für eine christliche Umweltethik werden, da sie diese in ihrem Kern unmöglich machen würden.

Der menschenfreie Naturbegriff der klassischen Naturwissenschaften war nach Altner falsch. Er erörtert daher Möglichkeiten einer theologischen Begründung von Technikkritik. Die Ethik als Frage nach dem verantwortbaren, als Suche nach dem gelingenden Leben habe nicht nur Hilfsbremserfunktion. Vielmehr sei sie Prüfung von Handlungsgrundsätzen und Handlungszielen im Blick auf eine offene, ungewisse Zukunft. In diesem Zusammenhang müsse der traditionelle Technikbegriff radikal hinterfragt werden. Christliches Denken könne vom herkömmlichen Druck von Besitz-, Verfügungs- und Profitinteressen befreien und zu einer humanisierten Technik führen. Denn die herkömmliche Technikmentalität verhindere das Hegen und Pflegen. Die ökologisch organisierte Produktion und die soziale Naturaneignung erforderten eine Sensibilität zugunsten einer natürlichen Natur.

Als den tiefsten Grund der Ableitung von Maßstäben für die Technikfolgenbewertung bezeichnet Altner im Anschluß an Albert Schweitzer den Gedanken der Ehrfurcht vor dem Leben. Dieses Bekenntnis zielt auf ein ideal-orientiertes Ethos. Für Altner ist die Krise der technischen Zivilisation eine Krise der abendländischen Metaphysik, letztlich also theologischer Natur. Daher stellt sie eine Herausforderung an die Religionen dar. Dennoch bleiben verstärkt Zweifel bestehen, ob die Ausbildung eines spezifisch christlichen Ethos ausreicht, um die Überlebenskrise zu bewältigen. Andererseits kann nicht geleugnet werden, daß die spezifische Leistung christlicher Umweltethik in der Entwicklung von Formen eines an der Schöpfung orientierten Ethos liegt. Ich möchte daher grundlegende Bestimmungsmomente einer geläuterten christlichen Anthropozentrik rekonstruieren und diese auf ihre Leistungsfähigkeit für eine christliche Umweltethik befragen.

Mensch und Schöpfung: christlich geläuterte Anthropozentrik

Um ein Ethos christlich geläuterter Anthropozentrik bemüht sich *Alexandre Ganoczy*. Sein Ziel ist, eine integrierende Synthese im Hinblick auf ein christliches Menschenbild zu entwickeln. Für ihn läuft die Welle harter Christentumskritik auf eine falsche Alternative hinaus: Seattle-Rede oder biblischer Schöpfungsauftrag.[59] Vielmehr sei der friedfertige, nach Symbiose, Schonung und Erhaltung strebende Grundzug des Schöpfungsauftrages und der biblische Gedanke der Hirtenherrschaft hervorzuheben.[60] Zwar sei das Heil nicht herstellbar, sondern Geschenk, aber Gott leide am Bösen. Daher sei eine Tatverkündigung die richtige Konsequenz aus der Umweltkrise. Als Ausgangspunkt wählt er einen anthropologischen Ansatz mit kosmologischer Dimensionierung. Der Mensch sei gemäß der Bibel zwar als "Bild Gottes" die Spitzenkreatur, dennoch seien eigenmächtiges Herrschen und Raubbau bibelwidrig. Im NT artikuliere zudem die Gottesherrschaft Interesse an lebendigen Wesen, sie schließe als Lebensherrschaft jede Gewalttätigkeit unbedingt aus. Sünde heiße jeder selbstsüchtige Akt, der lebensbehindernd ist.

Charakteristisch für Ganoczys Vorgehensweise ist der Versuch, naturwissenschaftliches Wissen orientiert am Paradigma Evolution in den eigenen Ansatz zu integrieren. Teilhard de Chardins Konzeption sowie der Gedanke der Interdisziplinarität und das Komplementaritätsprinzip[61] erhalten paradigmatischen Charakter. Angesichts der Geschichte des Kosmos sei der Theologe versucht, Menschenentstehung als sein Ziel anzunehmen. Denn rein nach Zufallsgesichtspunkten wäre der Hominisationsprozeß allzu unwahrscheinlich. Nun könne man diesen offenen Interpretationsraum als Glücksfall oder als von Gott getragene Momente der Menschenerschaffung interpretieren. Dabei zeige die Evolution nach dem Paradigma der Selbstorganisation ein erstaunliches, eigengesetzliches Pendeln der Organismen zwischen hartem Selektionskampf und friedlichem Besitzaustausch. Krieg und Frieden bildeten auch die Konstanten in den Spannungsfeldern der Kulturgeschichte.

Im Hominisationsweg werde deutlich, daß beim Menschen als einem Generalisten der Umweltbewältigung geistige Kreativität die Art seiner Herrschaftsausübung ausmache. Den Theologen interessiere der qualitative Sprung zwischen Mensch und Vormensch, insbesondere unter den Aspekten der leib-seelisch-geistigen Einheit und der ihm eingestifteten "Gottfähigkeit".[62] Dabei dürften die Grenzen der Analogie nicht übersehen werden, wenn man mit Darwin und dem Sozialdarwinismus Konkurrenz, Kampf, Auslese und Züchtung in den Vordergrund stelle. Denn nach christlicher Glaubensüberzeugung sei der Mensch nicht das dominierende Tier, sondern zur Nachfolge des Schöpfers berufen und solle seiner Weisung der Liebe zum Geringsten folgen. Die Feindesliebe zügele zudem den naturalen Trieb und das Eigeninteresse des Menschen. Daher sieht Ganoczy im Christentum gute Argumente für eine Ausbreitung des Liebesgebotes auch auf Tiere.[63] Er erörtert allerdings nicht näher, wie weit diese Entgrenzung des Liebesgebotes gehen sollte. Dadurch wird deutlich, daß sich Ganoczy auf Aussagen zu einem christlich motivierten Ethos beschränken möchte. Die damit aufgeworfenen Fragen für eine ökologisch orientierte theologische Ethik werde ich später ausführlich analysieren.[64]

Diesen eher theoretischen Ansatz im Rahmen eines Traktates aus dem Gebiet der Dogmatik vertieft Ganoczy in einer Meditation. Sie sei der erste Schritt einer Erneuerung angesichts der Welt- und Gewissenskrise. Notwendig sei diese meditative Haltung, "um sich der gegenwärtigen Krise, Angst und Sorge zu stellen. Eine Weile schweigt meine industrieerzeugte Habgier. Ich lasse Natur Natur sein, um mich herum wie in mir".[65] Auch diese Aussagen beschränken sich auf die Explikation eines christlichen Ethos. In der Überbeschäftigung innehaltend könnten wir mit Thomas von Aquin in der Weltgemeinschaft der Naturen eine Weise der Liebesgemeinschaft erkennen. Natur sei die große Lehrmeisterin. Als gute Schöpfung verstehe Thomas nämlich unter dieser von "Liebe" durchwalteten Natur etwas Maßgebliches, etwas Normatives.[66] Als Gottes Werk sei auch alles Leibliche gut und daher leibfeindliches Denken naturwidrig. Aber auch die erschreckende Seite der Natur, die vom Bösen zu unterscheiden sei, dürfe nicht ignoriert werden.: "Fast könnte man sagen: Menschsein heißt dem kosmischen Schrecken ausgesetzt sein, von innen wie von außen das Bedrohliche heranstürzen sehen. Aber das ist nicht Schuld der Natur, nur ihre Ordnung".[67] Auch die schlechte Zukunft für die Gemeinschaft der Naturen wird bei Ganoczy zum Ausgangspunkt meditativer Überlegungen. Der Mensch könne etwas mit dem Widerstand der Gegenstände und der Mitmenschen anfangen. So feuere ihn diese Zukunft dazu an, die selbsterzeugte Todesgefahr kreativ anzupacken.

Dafür haben wir nach Ganoczy biblische Weisungen. Denn die Naturwelt mit ihrer hominisierten Spitze oder Mitte sei in der Bibel präsent. Das solidarische Band von Mensch und Tier werde dadurch angedeutet, daß der Fruchtbarkeitssegen gleichlautend dem Menschenpaar und den Meerestieren erteilt werde. Zudem komme das Gebot der Sabbatruhe den Haustieren genauso zugute wie den Menschen. Jahwe spreche zu Adam. So werde sein Wort ihm zur Weisung und zum Auftrag und die Menschheit bewegt, auf den Weg der Geschichte gesetzt. Damit lege die Genesis dem Menschen das Kulturschaffen als schöpfungsgemäßes Handlungsziel vor.[68] Doch dies bedeute keine maßlose Vermehrung, sondern Anfüllung nach der differenzierten, harmonischen, auf Gleichgewicht aufbauenden Ordnung der Geschöpfe. Dies lasse sich bis ins NT verfolgen. Ohne aus den Evangelien ein ökologisches Leben Jesu herauslesen zu wollen, könne man sich Jesu Umgang mit der Natur durchaus vergegenwärtigen. Die Mutter Natur als Lehrmeisterin für "schlangenkluges" und "taubensanftes" Verhalten, Bilder wie die vom guten Hirten und den Menschenfischern, der Einbezug von Hausarbeit und von Haustieren, die Freude an Festen der Tischgemeinschaft, die Unbefangenheit gegenüber Frauen, der Rückgriff auf die Schöpfungsordnung beim Scheidungsverbot, alles dies lasse auf einen ungezwungenen, natürlichen Umgang Jesu mit seiner Umgebung schließen. Und guter Hirte sei Jesus auch dadurch, daß er in das Hauptgebot der Gottes- und Nächstenliebe die Selbstliebe, diese natürliche Neigung jedes Menschen zum Leben und Glück, hineinnehme.

Eine neue Dimension eröffne der unerwartete Sieg Gottes über die

Schlechtigkeit des Menschen, der nicht einmal für apokalyptische Auferstehungshoffnungen begreifbar sei. Jesus Christus der wohl aus Liebe zum wahren Leben den frühzeitigen Tod auf sich genommen habe, offenbare in seiner einmaligen Einheit mit Gott die wahre, echte Menschennatur. Jahwe sei ein befreiender Gott, selbst eine vereinte Erlösung von Menschheit und Naturwelt werde von Paulus in Röm 8,16–24 für möglich gehalten. Diese neue Schöpfung sei eine Verheißung. Und das Geheimnis der Auferweckung mit leiblich-welthaftem Ganzheitsaspekt des neuen Menschseins werde sich auf die ganze Naturengemeinschaft auswirken, da sie im "Leib" des neugeschaffenen freien Menschen ihren solidarischen Vertreter besitze.[69] Doch impliziere das Osterereignis nicht, daß wir auf Gottes Schöpfertat bloß passiv warten müßten. Vielmehr sie der Mensch nach dem Tridentinum und dem 2. Vaticanum z. B. zur "cooperatio", zur Mitarbeit berufen. Man könne sogar von einem durch den Auferstehungsglauben verstärkten Schöpfungsauftrag sprechen. Diese Aufforderung zum Mitwirken bedeute, daß jeder Mensch jeden Tag seine Egozentrik überwinden müsse. Das Doppelgebot der Liebe erlaube keine bloß theoretische Meditation, sondern habe sittliche Konsequenzen.

Ganoczy fordert angesichts der ökologischen Krise eine Glaubensethik, die wegen der "gnadenlosen Folgen" unserer christlich geprägten Zivilisation für die gesamte Natur die Umweltprobleme mit radialer Umkehrbereitschaft angeht. Dies sei eine Ethik, die trotz fester und unabänderlicher Grundsätze – so das Doppelgebot der Liebe – nie erstarre und Gesetz mit Gebot verwechsele. Als Nachfolgeethik sei sie aber nur eine Stimme im Parlament anderer religiöser Ethiken, in denen "Natur" ganz groß geschrieben werde. So sei neben der Interdisziplinarität auch religiöse Zusammenarbeit erforderlich. Das von Ganoczy entwickelte Ethos geht daher von einer Nächstenliebe aus, die sich nach dem Vorbild des guten Hirten der Natur auch auf die Schöpfung erstreckt. Es verlangt eine Umkehr zum langfristigen Denken.[70] Vorbildfunktion könnte Franziskus übernehmen. Genoczy betont zudem die Aktualität christlicher Askese und die Erprobung alternativer Lebenformen. Aber auch die Institution Kirche müsse sich in den Dienst planetarer Rettung stellen.

Ganoczys eschatologisch ausgerichtete, interdisziplinär und integrativ orientierte Schöpfungslehre basiert auf einer Anthropologie, die sich an Jesus Christus ausrichtet. Zukunftsoffenheit und Hoffnung einerseits, Kreativität, "cooperatio" zwischen Mensch und Gott sowie ein Mitschöpfertum an der Entwicklung der Erde kennzeichnen die Stellung des Menschen in der Natur. Andererseits müssen die Schöpfungsordnung, die Sinnvorgaben der Schöpfung beim Mitschaffen berücksichtigt werden. Ganoczy begründet eine christliche Glaubensethik, in der das befreite Ethos zur Umkehr motiviert. Diese Ethosform ökologisch orientierten Mitschöpfertums kann auch für eine christliche Umweltethik seine Fruchtbarkeit erweisen, wenn das Wissen um unterschiedliche Interpretationsansätze bei der Wahrnehmung der Schöpfungsordnung, mithin methodologische Überlegungen in eine ökologisch orientierte theologische Ethik integriert werden. Ganoczys Überlegungen machen aber auch deutlich, daß bei der Ausweitung des Liebesgebotes auf das Tierreich Abgrenzungsprobleme entstehen und ein Kriterium erforderlich wird, das im Rahmen eines christlichen Ethos nicht entwickelt werden kann.

Diesen Mangel könnten die stärker in den Bereich der Ethik zielenden Überlegungen *Gerhard Liedkes* zu einer ökologischen Auslegung des Alten und Neuen Testamentes beheben. Zentral ist seine Interpretation des Herrschaftsauftrages des Menschen, des "dominium terrae" als Konfliktregeln.[71] Der Schöpfungsbericht entfalte eine Einteilung nach Lebensbereichen und den dazu gehörigen Lebewesen. Ein grundsätzlicher Unterschied bestehe zwischen Tieren und Pflanzen. Denn diese seien für den Hebräer keine Lebewesen, weil sie kein Blut hätten. Dieses aber gelte ihnen als Sitz des Lebens.[72] Landtiere und Menschen hätten den gleichen Lebensraum. Da könnten Konflikte zwischen ihnen auftreten. Liedke weist darauf hin, daß Wassertiere, Vögel und Menschen gesegnet werden, die Landtiere aber nicht.[73] Wenn es daher zum Streit zwischen Landtieren und Menschen komme, sollten die Menschen ihn entscheiden. Dies mache ihre Verantwortung aus. Betrachte man den Herrschaftsauftrag des Menschen, so sollte man sich beim Begriff des Herrschens vom Assoziationshintergrund nach der Französischen Revolution befreien. Das Bild des Königs impliziere nämlich im alten Israel gemäß Psalm 72 sein Rechtswirken, seine Richterfunktion und damit die Aufgabe der Konfliktregelung. Eine derartige Vorstellung sei nicht anthropozentrisch in dem Sinne, daß die Schöpfung auf den Menschen zugeschnitten sei, denn der Richter soll ja gerecht und unparteilich seinen Spruch fällen.

Allerdings sei nicht zu bestreiten, daß auch nach der Sintflut die Herrschaft des Menschen über die außermenschliche Schöpfung zu seinen Wesensbestimmungen gehöre. Daß diese Herrschaft nicht mißbraucht werden sollte, werde deutlicher noch als im Noahbund im Neuen Testament. Denn durch Gottes endgültiges Ja zur Schöpfung in Jesus Christus wird Schöpfungs- und Rettungsgeschehen verbunden. Daher lasse sich jetzt das Verhältnis von Schöpfung und Mensch als Solidarität im Konflikt beschreiben. Im Anschluß an Galtungs Konflikttheorie unterscheidet Liedke symmetrische und asymmetrische Konflikte. Der Konflikt Mensch-Natur sei asymmetrisch. Der Mensch habe hier das Übergewicht. In einem solchen Fall seien Schutzmaßnahmen wie das Schächtungsgebot bei den Juden, das in der Tora noch ein Jagdverbot impliziere, zweckmäßig. Der biblisch geforderte Respekt vor dem Leben verhindere die Austilgung und Zerstörung des schwächeren Partners. Er sorge dafür, daß die Asymmetrie nicht noch vergrößert werde. Die Konsequenz aus Liedkes Vorschlag besteht darin, daß wir der Natur Subjektcharakter zubilligen müssen. Dies anzuerkennen fordert Liedke von uns, denn auch Jesus habe den extrem asymmetrischen Konflikt zwischen Gott und Mensch durch seine Menschwerdung symmetrisch gemacht.[74] Gegen Liedke ist allerdings an dieser Stelle einzuwenden, daß er nicht Vergleichbares vermengt, denn das Tier-Mensch-Verhältnis ist der Beziehung Mensch-Jesus nicht analog. Daher sollte eigens geprüft werden, ob eine Subjektivierung der Natur mit einem christlichen Ansatz vereinbar ist.[75]

Liedke geht es nicht in erster Linie um die Ausbildung eines spezifisch christlichen Ethos. Vielmehr erarbeitet er in seiner Konfliktregel einen Verfahrensvorschlag zur Entscheidungsfindung bei Güterabwägungen und bei Folgenbewertungen. Weiterer Klärung bedarf die grundlegende Annahme Liedkes, daß im Konfliktfall die außermenschliche Natur als Partner und damit implizit als Subjekt ernst genommen werden muß. Ob diese Voraussetzung methodisch gesehen haltbar ist und welche Konsequenzen dies eventuell für eine theologische Ethik haben könnte, ist noch zu erörtern. Wichtig scheint mir auch die Bedeutung zu sein, die Liedke der biblischen Grundlegung beimißt. Auch dies sollte eine ökologisch orientierte theologische Ethik berücksichtigen.

Für eine ökologisch orientierte theologische Ethik ist aber auch die Einarbeitung naturwissenschaftlicher Theorien und ihrer Erkenntnisse in die Schöpfungstheologie sehr wichtig. Diesen Aspekt betont *Niklas Bosshard*. Vor dem Hintergrund des heutigen naturwissenschaftlichen Forschungsstandes, der die Grundlagen eines neuen Weltbildes bereitstelle, sollten die tragenden Schöpfungsthemen abgehandelt werden. Dazu muß Evolution als wissenschaftliches Paradigma, nicht als Weltbildersatz herangezogen werden: "Je mehr das Evolutionsparadigma Gegenstand umfassender Forschung wurde, desto bestimmter hat es ursprüngliche ideologische Einschlüsse ausgeschieden."[76] Bosshards Ausgangspunkt ist die Fragestellung, ob und in welcher Weise moderne Evolutionsforschung und Schöpfungstheologie in grundlegenden Bereichen konvergieren. Er möchte zeigen, daß das Konzept der Selbstorganisation und die christliche Schöpfungslehre grundsätzlich kompatibel sind.

Dazu betont er das Musterwachstum und die sich vergrößernde Komplexität als grundlegende Eigenschaften der Selbstorganisation von Lebewesen, die somit Entropie überwinden. Charakteristisch sei der Begriff der Teleonomie, besser aber der der Adaptation und des Auslesewertes. Dieser pragmatische Umgang mit endgerichteten Vorgängen löse vom schwer befrachteten Teleologiebegriff die kausalanalytisch erreichbare Schicht ab. Interessant seien Regulationsvorgänge mit ihrer Idee zirkulärer Kausalität.[77] Ziel der Regulation ist die stets größere Autonomie und Milieuunabhängigkeit der Organismen. Dabei habe im menschlichen Zentralnervensystem das Musterwachstum einen Scheitelpunkt erreicht. Den geistigen Hintergrund der Lehre von der Selbstorganisation bilde das neuzeitliche Geschichtsbewußtsein. Hier könne die Schöpfungstheologie anknüpfen. Zwar verdanke die Welt und ihr gesprächsfähiger Exponent, der Mensch, sein Dasein fortdauernd dem Erhaltungs- und Gestaltungswillen Gottes, sie seien aber in die Eigenständigkeit entlassen.

Dies respektierend tue sich Gott kund, indem er wie im Bund mit Israel seine Führungsrolle wahrnehme. Führung sei künftig der qualifizierte Begriff für eine Weltdeutung, in der Geschehnisse nicht schicksalhaft von einem unberechenbaren Seinsprinzip verhängt, sondern von einem sinnstiftenden Wesen geleitet und getragen würden. Dies bedeute, daß wir im tatsächlichen Verlauf der Evolution, soweit sie uns bekannt sei, unschwer die zwar verwundene, diskontinuierliche, aber aufs Ganze gesehen sich durchhaltende phylogenetische Entwicklungslinie erkennen könnten. Evolution werde in dieser Perspektive eine typische Erscheinungsweise von Endlichkeit und

Beschränktheit. Zwar gebe es zwischen dem Schöpfungsbericht und der heutigen Kosmologie Spannungen, man bemerke aber an keiner einzigen Stelle einen Widerspruch zu den Grundvorstellungen der Biologie. Dies gipfele darin, daß für die Priesterschrift die Art ein Fundamentalbegriff der Lebenstüchtigkeit sei. Auf jeden Fall erreiche mit der Genesis die Erkenntnis einer beispiellosen Aufwertung der Freiheit und Eigenständigkeit der Schöpfung wie der Natur einen Höhepunkt. Dennoch sei nicht zu übersehen, daß der exzessive, gegen Gott gerichtete Gebrauch seines Freiheitswissens, die Verfehlung und Sünde, nur dem Menschen zugeschrieben werde.[78] Wenn aber die Verfallenheit des Menschen an Sünde und Schuld das Wesen des Menschen zuinnerst bestimme, dann müsse im Rahmen der Theorie der Selbstorganisation der Natur versucht werden, den stammesgeschichtlichen Ursprung des um sich selbst kreisenden Handelns zu konkurrieren.

Die Soziobiologie mit ihrer These vom "Eigennutz der Gene" biete hierzu Anhaltspunkte. Erst die Heilstat Jesu Christi zerschlage die Unabwendbarkeit des unbeugsamen Willens zur Selbstbehauptung und befreie den Menschen zur radikalen Bereitschaft zur Selbstentäußerung.[79] Dabei lägen die Wurzeln des menschlichen Verhaltens zwar im Primatenverhalten. Doch sei z. B. Aggression bei Tieren weitgehend durch angeborene Dispositionen abgesichert. Dieses Gleichgewicht sei beim Menschen nicht mehr instinktmäßig stabilisiert. Daher müsse hier die Ethik einspringen.

Insgesamt halte ich Bosshards Integrationsversuch der Evolutionstheorie in die Schöpfungstheologie für anregend. Allerdings ist das von Bosshard herangezogene Konzept der Autopoiesis meines Erachtens nicht so leicht in die theologische Aussageebene zu übersetzen wie Bosshard dies unterstellt. Auch die Autopoiesis-Konzeption überwindet nicht die reduktionistische Konzeption kausaler Determiniertheit, auch wenn die Anerkennung von Stufen ein Schritt in die richtige Richtung darstellen dürfte. Zudem gibt es mehrere Interpretationsmodelle von Evolution.[80] Überhaupt ist die Übersetzungsleistung von einer durch den Zufall konstituierten, höchstens sekundär "gerichteten" Teleologie der biologischen Evolution selbst unter dem Deutungsschema der Emergenz nicht so leicht der schöpferischen Freiheit zu parallelisieren, mit der Gott seine Geschichte mit den Menschen gestaltet. Nichtsdestoweniger lassen sich Bosshards Überlegungen als Beitrag zu einer ökologisch orientierten theologischen Ethik lesen. Denn er bemüht sich um die für eine christliche Umweltethik zentrale Frage des Verhältnisses von Natur und Schöpfung.

Theozentrische Schöpfungsethik

Einer Reihe von Theologen geht eine geläuterte christliche Anthropozentrik als Grundlage für eine Umweltethik nicht weit genug. Zu ihren profiliertesten Vertretern gehören Eugen Drewermann und Jürgen Moltmann. Ähnlich wie Altner geht *Eugen Drewermann* von katholischer Seite davon aus, daß die ökologische Krise nicht nur ein technologisches Problem darstellt. Die eigentliche Entscheidungsebene sei religiöser Art.[81] Denn die Umweltkrise sei Folge des säkularisierten Erbes des Christentums. Die Wüstenreligion Israels, griechische, römische und christliche Anthropozentrik, christlicher Individualismus und der neuzeitliche Anthropozentrismus von Descartes bis zu Camus mit Ausnahme von Schopenhauer bildeten eine ineinandergreifende Problemlinie. Aber bereits die Schöpfungsgeschichte beschreibe den entwurzelten, denaturierten Menschen der Stadtkultur.

Der Paderborner Dogmatiker und Psychotherapeut sucht die Lösung der Krise in einer religiösen Neubesinnung, gerichtet auf die Einheit und Vollständigkeit der Welt. Auch Drewermann zielt also auf die Ausbildung eines neuen christlichen Ethos ab. Gegen die äußere und innere Verwüstung des Menschen durch Habgier und Ichaufblähung, also gegen den moralischen Anthropozentrismus habe bereits Nietzsche die Idee des Kreislaufes gestellt. Im Fortschrittsdenken würden die Menschen nur zu Opfern ihrer eigenen Maßlosigkeit. Dies lasse sich bereits an der Schöpfungsgeschichte ablesen.

Als Quelle der menschheitlichen Entwicklung identifiziert Drewermann die Angst. Die Wurzel des Sündenfalls liege nicht in der Hybris des Menschen, sondern in der Angst, die untrennbar mit der Freiheit verbunden ist. Ausdruck davon sei die tragische, fast zwanghafte Verführung Evas, deren Voraussetzung und Folge ein angstverzerrtes Gottesbild ist: "Weil die Frau mit Gott leben will, aber nur noch in der Angst an ihm festhalten kann, erscheint ihr Gott in einer Gestalt, mit der sich nicht mehr leben läßt."[82] Der Sündenfall gewähre Einsicht in die eigene Kontingenz und Kreatürlichkeit. Dies stelle eine Erkenntnis dar, die Gott gnädigerweise verbieten mußte. Sie zerstöre die Gemeinsamkeit zwischen Gott und Mensch.[83] Nun würden sie zu Konkurrenten. Der Mensch müsse wie Gott zu werden versuchen. Horst Eberhard Richter nennt das den Gotteskomplex.[84]

Die Sündengeschichte der Genesis stelle den Menschen dar, der sich verzweifelt bemüht, den Abfall von Gott von einem Sein-mit-Gott in eine Sein-wie-Gott umzuwandeln.[85] Dazu diene nicht zuletzt die Kulturgeschichte als Kompensation des Abfalls von Gott.[86] Das Bestreben, wie Gott sein zu wollen, um die innere Einheit wieder herzustellen, führe jedoch nur in Neurotizismen und zur "Ego-Inflation". Wie die Neurose eine Flucht in die Krankheit darstelle, so sei der Sündenfall eine Flucht in die Schuld.[87] Von da ab verflechten sich Minderwertigkeit und Übererwartung "zu einem nicht mehr revidierbaren, immer weiter in die Auswegslosigkeit führenden circulus vitiosus",[88] aus dem heraus nur Gott erlösen kann. Denn erst der Glaube an Gott lehre in der Erfahrung eigener Schuld wie der Versöhnung, daß nämlich die Unvermeidlichkeit, der Schuld vermeidlich, Umkehr also möglich sei.[89]

Daher erlöse nur der Glaube, indem er dem Menschen die Angst nimmt, sich dem Leben unverstellt zuzuwenden. Böse würden die Menschen durch ihre Angst. Aber Menschen hätten nie vor etwas Äußerem Angst, sondern nur vor sich selbst.[90] So flüchteten sie in die Sünde, in Neurosen, in den Zirkel der Selbstheit und in die Entfremdung. Als Folge der Angst verkehre sich zudem die christlich motivierte Entdeckung der Personalität in der anthropozentrischen Wende in ihr Gegenteil.[91] Und zum zweiten habe die christliche Verwerfung der heidnischen Mythen einen Keil tiefer Skepsis gegenüber den eigenen emotionalen Anlagen in die Seele des Menschen getrieben. So habe das Christentum in den neuzeitlichen Anthropozentrismus geführt. Die Konsequenz ist der Nihilismus und das Wüten des Menschen gegen sich selbst.[92] Es sei aber nach Drewermann das Verdienst und die Aufgabe des Christentums, diese Angst als Wurzel allen menschlichen Übels prinzipiell überwunden zu haben und in jedem Einzelmenschen immer wieder von neuem zu überwinden.

Drewermanns Betonung der Kontingenz, der Schuld und der Abhängigkeit des Menschen von Gott stellt eine Version der Theozentrik dar, die den Menschen ausschließlich von seiner Schuldverhaftetheit her versteht, eher an Luthers Menschenbild erinnert und in der katholischen Diskussion die Ausnahme blieb. So reiht auch Alexandre Ganoczy den Paderborner unter die Vertreter einer pessimistischen Stimmung ein, die nur am Rande rettende Alternativen erarbeiten.[93] Dies bedeutet, daß Drewermanns Kritik an der Neuzeit sich als sehr einseitig erweisen könnte. Ich halte diese Fehlinterpretation für systembedingt. Drewermanns Erklärung der Umweltkrise letztlich aus einem falschen Gottesverhältnis des Menschen entzieht mit ihrer Behauptung, die eigentliche Wurzel des Sittlichen stelle das Religiöse dar,[94] jeder Ethik, so auch der Umweltethik den Boden. So sehe ich bei Drewermann die Gefahr einer weltlosen Umweltethik, die sich Ersatz im Rückzug auf sich selbst sucht. Nicht von ungefähr führen Drewermanns Überlegungen kraft seines psychologischen Ansatzes nicht über ein individuell ausgerichtetes Ethos hinaus. Angesichts globaler Probleme könnte es aber erforderlich sein, über alle Umkehrbereitschaft hinaus Formen gemeinsamen Handelns zu erproben, das sich der Gefahr entgegenstellt. Zudem muß sich auch eine christliche Umweltethik fragen, ob angesichts der Universalität des Heiles ein Individualethos als Ausgangspunkt auszureichen vermag.

Auch *Jürgen Moltmanns* theozentrische Version einer ökologischen Schöpfungslehre muß auf ihren Beitrag zu einer ökologisch orientierten theologischen Ethik hin überprüft werden. Den Ausgangspunkt seiner Überlegungen formuliert folgende These: "Je transzendenter Gott gedacht wurde, desto immanenter wurde seine Welt verstanden. Durch den Monotheismus des absoluten Subjektes wurde Gott immer mehr entweltlicht, und die Welt wurde zunehmend säkularisiert."[95] Daher sei Gott in der Schöpfung zu denken. Zweitens sei Trinität kein Herrschafts-, sondern ein Gemeinschaftsverhältnis. Daher müsse das analytische Denken mit seinen Subjekt-Objekt-Distinktionen zugunsten eines neuen, kommunikativen und integrierenden Denkens verlassen werden. Moltmann plädiert für eine eschatologisch orientierte Theologie, die von einer messianischen Imagination der Zukunft ausgeht.[96] Theologie der Hoffnung und Theologie der Schöpfung greifen ineinander. Dabei habe sich die wahre Gemeinschaft der Geschöpfe am Sabbat zu orientieren. Der ruhende Gott, so Moltmann, wurde oft übersehen.[97] Allerdings müßte über Moltmann hinaus noch eingehender diskutiert werden, ob der ruhende Gott für Inaktivität und Schöpfungsfrieden steht, oder ob er nicht eine relative Autonomie des Geschaffenen signalisiert. Diese Frage wird umso drängender, da folgender Zusammenhang besteht: Je immanenter Gott verstanden wird, desto drängender wird das Problem der Theodizee, der Rechtfertigung Gottes angesichts der Übel der Welt.

Außerdem weist Moltmann auf das vernachlässigte theologische Konzept der Schöpfung im Geist hin. Moltmanns Schöpfungslehre geht von dem Konzept einer trinitarischen Perichorese der drei Personen in der Gegenseitigkeit und Wechselseitigkeit der Liebe aus. Dabei möchte Moltmann den Geist realistisch verstehen, so wie es die biblische Tradition nahelegt. Dies solle im Sinne von Organisationsformen und Kommunikationsweisen offener Systeme geschehen. Für Moltmann setzt die Umkehr zur Zukunft die Abkehr des Menschen von seinem Streben nach Übermacht voraus. Genauere Angaben jedoch, wie er sich dies vorstellt, finden sich in seinen Ausführungen nicht. Er behauptet lapidar, daß das "dominium terrae" ein Speisegebot darstelle. Ob diese Aussage exegetischem Kenntnisstand entspricht, wird zu überprüfen sein.[98] Krone der Schöpfung – so lautet die zentrale These Moltmanns – ist nicht der Mensch, sondern der Sabbat.[99] Insgesamt plädiert Moltmann für eine Umkehr der Fragestellung der natürlichen Theologie. Nicht was die Natur zur Gotteserkenntnis beitrage, sei von Interesse, sondern was der Gottesbegriff zur Naturerkenntnis beitrage. Nachdem die Naturwissenschaft gezeigt habe, wie Schöpfung als Natur zu verstehen sei, müsse die Theologie nun aufweisen, wie die Natur als Schöpfung gelesen werden könne, damit der Mensch in der Natur wieder zu wohnen vermag. Es wird daher zu erörtern sein, ob eine Theologie der Natur möglich ist und wie ihr Verhältnis zur Evolutionstheorie methodisch abgesichert werden kann.[100]

Moltmanns trinitarische Schöpfungslehre ist durch die Christusoffenbarung bestimmt. Sie zielt ab auf eine integrierende Zusammenschau von Gott und Natur, die befreiend wirkt. Der Schöpfergeist sei durch das mechanistische Weltbild verdrängt worden. Daher sei der Bann des mechanistischen Weltbildes und der ihm zugrundeliegenden Herrschaftslehre zu brechen.[101] Unter Geist versteht Moltmann die immanente Weltpräsenz Gottes. Er ist das Prinzip der Kreativität, des Ganzen und der Gemeinschaft. Die Geistererfahrung sei somit Ausdruck eines neuen Weltverhältnisses und eines Friedens mit der Natur. Damit plädiert auch Moltmann für die Ausbildung einer neuen Einstellung zur Natur und zur Schöpfung, also für ein neues Ethos, das er biblisch-systematisch begründet. Konkrete umweltethische Handlungsanweisungen, Orientierungsregeln oder Entscheidungshilfen entwickelt oder rechtfertigt er nicht.

Um zu diesem christlichen ökologisch orientierten Ethos zu gelangen, müssten erst einmal die Denkformen der Neuzeit überwunden werden. Die neuzeitliche Anthropologie ging nach Moltmann vorzugsweise vom Tier-Mensch-Unterschied aus. Sie setzte dabei das anthropozentrische Weltbild voraus. Gemäß diesem sei der Mensch die Mitte der Welt und diese um seinetwillen und zu seinem Nutzen geschaffen. Aber nach biblischem Verständnis sei der Sabbat die Krone der Schöpfung. Allerdings repräsentiere der Mensch als das letzte Geschöpf vor dem Sabbat alle anderen Geschöpfe. Der Sinn der Welt oder der Evolution sei nicht der Mensch. Das Schicksal des Menschen sei umgekehrt an die Kosmogenese gebunden. Moltmann interpretiert den Kosmos als irreversibles, kommunizierendes, zukunftsoffenes System. Theologisch wird die Welt als offenes, partizipatorisches und antizipatorisches System verstanden, wobei zwischen Schöpfung am Anfang, der fortgesetzten Schöpfung und ihrer Vollendung in Herrlichkeit unterschieden wird. Dabei korrespondieren die Evolutionstheorien der Creatio continua.[102] Moltmann versteht "creatio continua" als zeitliche Eröffnung geschlossener Systeme: Gott duldet Kommunikationsabbrüche und hält somit die Möglichkeit zur Umkehr offen.

Moltmann spricht von Gottes Immanenz gleichsam als Vater und Vollender der Evolution, eingeordnet in die Welttranszendenz Gottes und von einem dynamischen Pantheismus in pneumatologischer Deutung. Durch seinen Geist sei Gott in der Schöpfung präsent. Für Moltmann gibt es nicht Geist und Materie, sondern nur informierte Materie. Im dynamischen Pantheismus transzendiert die sich selbst organisierende Materie sich selbst. Die Einwohnung Gottes impliziere die Vollendung der Welt. Es ist dabei der Geist Gottes, der in der Welt präsent ist.[103] Dabei bleibt jedoch der Verdacht bestehen, daß Moltmann der Theodizeeproblematik nicht mehr entgeht. Denn auch wenn der Pantheismus pneumatologisch uminterpretiert wird, gerät Gott doch gefährlich nahe an die Welt heran. Als Vater der Immanenz wird zumindest der Geist der Vater von Mutation und Selektion. Dies ist der Preis für die Offenheit und partielle Indeterminiertheit, die Moltmann der fortgesetzten Schöpfung zubilligt. Sie solle die Herrlichkeit Gottes offenbaren. Aber es bleibt fraglich, ob die eschatologische Perspektive seinen Ansatz davor bewahrt, Gott wegen zu weitgehender Immanenz in der Welt als Mittäter verantwortlich zu machen.

Der Begriff Imago Dei, als Imago Trinitatis, benenne das ideale Urbild des Menschen. Es sei durch den Sündenfall zerstört worden und werde durch Gottes Gnade wiederhergestellt. Konfessionell umstritten sei, inwiefern der Mensch als Ebenbild Gottes und Sünder zugleich verstanden werden könne. Wie die Bibel berichtet, sei der Mensch ein soziales Wesen von Anfang an. Die Gemeinschaft von Mann und Frau entspreche daher aus christlicher Sicht der innertrinitarischen Gemeinschaft Gottes. Gottebenbildlichkeit bezeichne das Gottesverhältnis des Menschen. Allerdings erscheine ihre wahre Form erst am Ende der Geschichte. Sie sei aber doch in ihr präsent durch Christus als Schöpfungsmittler. Zwar könne die Sünde das Gottesverhältnis des Menschen verkehren, aber des Menschen Würde sei Kraft der bleibenden Präsenz Gottes unverlierbar.[104] Moltmann betont darüber hinaus gegen die moderne Tendenz zur Instrumentalisierung und Disziplinierung des Körperlichen verbunden mit dem Primat der Seele die christliche Lehre, daß das Wort Fleisch wurde: Das Ende des Versöhnungswerkes Gottes ist die menschliche Leibhaftigkeit.[105]

Das Fest der Schöpfung und das Fest der Vollendung weisen nach Moltmann darauf hin, daß das ganze Schöpfungswerk nur um des Sabbat willen getan wurde. In der Ruhe nehme der Schöpfer gleichsam Abstand von seiner schöpferischen Tätigkeit und komme zu sich selbst. Dies sei eine Rückkehr in die Gelassenheit seiner selbst, nicht aber in die weltlose ewige Herrlichkeit. Hier lasse Gott die Welt koexistieren. Die Schöpfungswerke zeigten die ständige Welttranszendenz des Schöpfers, der Schöpfungssabbat weise auf die Weltimmanenz Gottes hin. Die messianischen und eschatologischen Hoffnungen Isreals hätten sich am Sabbat entzündet. So ließen sich die Institutionen des Sabbatjahres und des Halljahres erklären. In der prophetischen Literatur werde sogar vom endzeitlichen Halljahr und vom Weltensabbat gesprochen. Jesu Verhalten am Sabbat zeige zudem, daß der Menschensohn Herr über den Sabbat ist.

Moltmann plädiert daher dafür, den Samstagabend in eine Sabbatruhe ausklingen zu lassen und den Sonntagmorgen im Zeichen der Freiheit der Auferstehung Jesu und der neuen Schöpfung zu sehen. Der Sonntag sollte zum ökologischen Ruhetag ohne Umweltverschmutzung und ohne Autofahren werden, damit auch die Natur ihren Sabbat feiern könne.[106] Moltmanns theozentrische Schöpfungstheologie ist ein umfassender Entwurf einer Integration naturwissenschaftlicher und theologischer Ansätze. Für ethische Fragestellungen ist er jedoch nur von begrenztem Wert. Der Appell an ein Ethos orientiert an idealen Normen und an der Utopie vom Schöpfungsfrieden sowie paränetische Aussagen sind auf der Basis seiner Theologie möglich. Doch ist dies für den Aufbau einer ökologisch orientierten theologischen Ethik nicht ausreichend. Denn die Vorbildlichkeit einer Schöpfung vor dem Sündenfall ist postlapsarisch keine konkrete Handlungsanweisung.

Doch hat Moltmann selbst ethische Schlußfolgerungen aus seinem schöpfungstheologischen Ansatz gezogen. Sie laufen darauf hinaus, daß wir nach der Krise des Projektes einer industriellen Gesellschaft unser erkenntnisleitendes Interesse ändern müssen. Nicht Beherrschen und Begreifen sei das Handlungsziel, sondern das Integrieren. Im Zentrum stehe die Feier des Sabbats, des Nichteingreifens in die Natur.[107] Die Sabbatregeln seien ökologische Strategien. Moltmann nimmt sie aber nicht als konkrete sittliche Weisungen, vielmehr sind sie Vorbild zur Umkehr und zur Versöhnung mit der Natur. Im Frieden Christi werden die unersättliche Habsucht überwunden und die Gerechtigkeit des Kosmos wiederhergestellt. So steht bei Moltmann die Ausprägung eines Ethos im Vordergrund, einer Grundhaltung des Menschen, die die Schöpfungswürde als Quelle aller Rechte der Tiere anerkennt und in eine Rechtsgemeinschaft der Geschöpfe führt.[108]

Für Moltmann verträgt sich der messianische Schöpfungsfrieden nicht mit unserer Tierproduktion. Sein ganzes Konzept geht von idealorientierten Vorbildern aus. Es berücksichtigt allerdings nicht genügend, daß wir höchstens im Vorschein dieses Schöpfungsfriedens leben. Noch deutlicher kommt der Mangel in Moltmanns Argumentation in folgender Aussage zum Tragen: "Es ist noch nicht ganz klar, was es bedeutet, den Menschen das Verfügungsrecht über jene Geschöpfe zu entziehen, die sie beherrschen können. Sicher aber schließt dies den Schutz der Arten ein, denn Gott schuf Tiere und Pflanzen 'ein jegliches nach seiner Art' (Gen 1,11.21.24). Die Ausrottung von ganzen Pflanzen- und Tierarten ist folglich als Sakrileg anzusehen und zu bestrafen."[109] Dies ist zwar konsequent im Sinne von Moltmanns Ansatz gedacht, doch gerät diese Aussage in gefährliche Nähe zu einem heute nicht mehr haltbaren Biblizismus, der auf Vorstellungen von Artenkonstanz zu rekurrieren scheint. Wenn sich zudem Zweifel z. B. an dem Gedanken der Rechtsgemeinschaft der Schöpfung anmelden lassen, dann ist zu überlegen, ob sich bestimmte Kriterien rechtfertigen lassen, nach denen unterschiedliche Ethosformen beurteilt werden können. Dies aber wäre die Aufgabe einer ökologisch orientierten theologischen Ethik.

Im Rückblick läßt sich konstatieren, daß von verschiedenen Theologen durchaus unterschiedliche Formen christlicher Anthropozentrik als Ethosform im Rahmen christlicher Umweltethik vertreten werden. Die meisten basieren auf geläuterten Formen einer christlichen Anthropozentrik. Allerdings treten auch Vertreter von theozentrischen Ethosformen auf. Jedoch sind ihre Ansätze mit größeren methodischen Schwierigkeiten behaftet. Gibt es unterschiedliche Ethosformen, so stellt sich die methodische Frage nach der Rationalität eines spezifischen Ethos. Dies ist eines der grundlegenden Probleme einer theologischen Ethik, die sich an der Umwelt orientieren möchte. Die Rationalität spezifischer Ethosformen und ihre mögliche Klassifikation möchte ich im nächsten Abschnitt erörtern. Auch wenn in der christlichen Umweltethik Überlegungen zu einem Schöpfungsethos und zu idealorientierten Vorbildern im Vordergrund stehen, ist die Frage nach einer theologischen Ethik nicht überflüssig. Denn diese bemüht sich um den methodischen Horizont der Empfehlungen zu einem spezifischen Ethos gerade in den Bereichen der Umweltethik-Diskussion, die strittig sind. Und zu diesen kontrovers diskutierten Fragen in der Umweltethik gehört vordringlich die Anthropozentrikfrage.

Eine theologische Ethik als methodisch-kritische Reflexion auf die unterschiedlichen Umweltethik-Konzeptionen wäre nur dann nicht erforderlich, wenn Einigkeit darüber bestünde, worin sich ein christliches Schöpfungsethos auszeichnet. Mag aber vielleicht noch Übereinstimmung hinsichtlich des idealen Zieles, der Utopie vom Schöpfungsfrieden am Anfang und in davon verschiedener Weise am Ende der Schöpfung bestehen, so gehen im Hinblick auf Praxisnormen oder das praktizierte Ethos in dieser unheilen Zwischenzeit, die von Gewalt, Kampf, Herrschaft und dem Krieg zwischen Schöpfung und Mensch gezeichnet ist, die Meinungen noch weit auseinander.

Strittig ist auch, inwieweit und bis zu welchen Grenzen das christliche Liebesgebot auf die Tiere und die gesamte Schöpfung ausgedehnt werden muß. Hier müssen Abgrenzungskriterien gefunden und ausgewiesen werden. Andererseits wurde an vielen Stellen deutlich, daß zwar Formen einer geläuterten Anthropozentrik für eine christliche Umweltethik fundamental sind, daß aber auch eine Klugheitsethik, eine Ethik der Güterabwägung und Folgenabschätzung integriert werden muß, auch wenn diese nicht spezifisch christlich sind, sondern von jedem vernunftbegabten Menschen vorgenommen werden können.

Die unterschiedlichen Ansätze, Modelle, Ethosformen und ethischen Überlegungen im Rahmen christlicher Umweltethik machen deutlich, daß eine ökologisch orientierte theologische Ethik ein integrationsfähiges Konzept entwickeln muß. Angesichts grundlegender Meinungsverschiedenheiten wie zwischen Vertretern der Anthropozentrik und einer Rechtsgemeinschaft der Natur oder zwischen der geläuterten Anthropozentrik und theozentrischen Ansätzen ist ein hohes Methodenbewußtsein und Korrekturoffenheit für christliche Umweltethik erforderlich. Die Anthropozentrik-Frage stand immer im Mittelpunkt der Auseinandersetzung um eine christliche Umweltethik. Sie ist daher ein geeigneter Leitfaden für die Überprüfung der Möglichkeit und inhaltlichen Ausgestaltung einer ökologisch orientierten theologischen Ethik als methodisch reflektierte Form einer christlichen Umweltethik. Ob sie aber auch möglich ist, darf bislang nicht als erwiesen gelten. Zur weiteren Klärung analysiere ich daher in Ergänzung zu meinen Überlegungen zur christlichen Umweltethik nun philosophische Erwägungen zur ökologischen Ethik.

Anmerkungen

1 Vgl. Sekretariat der Deutschen Bischofskonferenz (Hg.); Die Deutschen Bischöfe Nr. 28: Zukunft der Schöpfung – Zukunft der Menschheit. Erklärung der Deutschen Bischofskonferenz zu Fragen der Umwelt und der Energieversorgung; Bonn 1980, 4f
2 Vgl. ebd. 7f
3 Vgl. ebd. 12–15
4 Vgl. Kirchenamt der Evangelischen Kirche Deutschlands, Sekretariat der Deutschen Bischofskonferenz (Hg.); Verantwortung wahrnehmen für die Schöpfung. Gemeinsame Erklärung des Rates der Evangelischen Kirche in Deutschland und der Deutschen Bischofskonferenz; Gütersloh 1985, 27f
5 Ebd. 30
6 Vgl. ebd. 46
7 Vgl. ebd. 47–49
8 Vgl. Papst Johannes Paul II; Enzyklika Sollicitudo Rei Socialis. Zwanzig Jahre nach der Enzyklika Populorum Progressio vom 30. Dezember 1987, hrsg. v. Sekretariat der Deutschen Bischofskonferenz; Bonn 1987, 13
9 Vgl. ebd. 32 u. 35
10 Vgl. hierzu Oswald von Nell-Breuning SJ (Hg.); Der Wert der Arbeit und der Weg zur Gerechtigkeit. Papst Johannes Paul II; Enzyklika über die menschliche Arbeit; Freiburg, Basel, Wien[2] 1981, 110
11 Vgl. Wilhelm Korff, Alois Baumgartner (Hg.); Solidarität – die Antwort auf das Elend in der heutigen Welt; Papst Johannes Paul II; Enzyklika Sollicitudo Rei Socialis; Freiburg, Basel, Wien 1988, 109–111
12 Ebd. 112
13 Ebd. 123
14 Ebd. 125
15 Ebd. 126
16 Vgl. Dorothee Sölle; Lieben und Arbeiten. Eine Theologie der Schöpfung; Stuttgart 1985, 9
17 Vgl. ebd. 55f
18 Vgl. ebd. 151
19 Vgl. Philipp Schmitz; Ist die Schöpfung noch zu retten? Umweltkrise und christliche Verantwortung; Würzburg 1985, 35
20 Vgl. ebd. 89
21 Dies werde ich im Abschnitt (9) "Natur und Schöpfung" im einzelnen durchführen.
22 Vgl. Schmitz; a. a. O. 97
23 Die Vorwürfe gegenüber instrumenteller Rationalität werde ich im Abschnitt (8) "Instrumentelle Rationalität: zur Diagnose der Moderne" prüfen.
24 Schmitz; a. a. O. 125
25 Ebd.
26 Um diese Fragen geht es im dritten Abschnitt " 'Rechtsgemeinschaft der Natur' oder Anthropozentrik in einer Umweltethik".
27 Vgl. Schmitz; a. a. O. 139
28 Ebd. 140
29 Vgl. Alfons Auer; Umweltethik. Ein theologischer Beitrag zur ökologischen Diskussion; Düsseldorf 1984, 13
30 Ebd. 54
31 Ebd. 55

32 Ebd. 57
33 Ebd. 73
34 Ebd. 207f
35 Ebd. 224
36 Näheres siehe im Abschnitt (6) "Christliche Anthropozentrik".
37 Günter Altner (Hg.); Ökologische Theologie. Stuttgart 1989, 10
38 Ebd. 149f
39 Vgl. ebd. 152
40 Vgl. ebd. 163
41 Darum bemühen sich Punkt (6) "Christliche Anthropozentrik" und (7) "Konstitutionsbedingungen neuzeitlicher Ratiozentrik und Anthropozentrik".
42 Vgl. Altner; Ökologische Theologie . . .; a. a. O. 255
43 Vgl. ebd. 260
44 Vgl. ebd. 264
45 Die einschlägige Argumentation entwickle ich im Abschnitt (3) " 'Rechtsgemeinschaft der Natur' oder Anthropozentrik in der Umweltethik".
46 Vgl. Altner; Ökologische Theologie . . .; a. a. O. 265 f
47 Vgl. ebd. 271f
48 Vgl. ebd. 286
49 Vgl. ebd. 290
50 Günter Altner; Die große Kollision. Mensch und Natur; Graz, Wien, Köln 1987, 29
51 Ebd. 43
52 Ebd. 85
53 Ebd. 94ff
54 Ebd. 103
55 Vgl. hierzu Punkt (9) "Natur und Schöpfung".
56 Günter Altner; Schöpfung am Abgrund. Die Theologie vor der Umweltfrage; Neunkirchen-Vluyn 1974, 154
57 Vgl. ebd. 171
58 Günter Altner; Die Überlebenskrise . . .; a. a. O. 89 f
59 Vgl. Alexandre Ganoczy; Schöpfungslehre; Düsseldorf [2]1987, 242
60 Vgl. ebd. 244f
61 Vgl. ebd. 153
62 Ebd. 172f
63 Vgl. ebd. 238
64 Ich verweise auf die Abschnitte (2) "Das Ethos ökologisch orientierter Humanität" und (3) "'Rechtsgemeinschaft der Natur' oder Anthropozentrik in der Umweltethik".
65 Alexandre Ganoczy; Theologie der Natur; Zürich, Einsiedeln, Köln 1982, 13f
66 Vgl. ebd. 21; Zur kritischen Diskussion dieser These verweise ich auf Abschnitt (3) "'Rechtsgemeinschaft der Natur' oder Anthropozentrik in der Umweltethik".
67 Ebd. 26
68 Vgl. ebd. 38f
69 Vgl. ebd. 61
70 Vgl. ebd. 95–97
71 Vgl. Gerhard Liedke; Im Bauch des Fisches: Ökologische Theologie; Stuttgart 1979, 134
72 Vgl. ebd. 126f; Zur Vorstellung vom Blut als dem Sitz des Lebens verweise ich auf Abschnitt (4) "Der Mensch in der Schöpfung – Altes Testament und theologische Ethik" unter der Zwischenüberschrift "Modell 2): Noahbund".
73 Vgl. ebd. 131
74 Vgl. ebd. 176f

75 Ich verweise hierzu auf die Abschnitte (3) "'Rechtsgemeinschaft der Natur' oder Anthropozentrik in der Umweltethik" und (4) "Der Mensch in der Schöpfung – Altes Testament und theologische Ethik".

76 Stefan Niklas Bosshard; Erschafft die Welt sich selbst? Die Selbstorganisation von Natur und Mensch aus naturwissenschaftlicher, philosophischer und theologischer Sicht; Freiburg, Basel, Wien 1985, 12

77 Vgl. ebd. 125

78 Vgl. ebd. 183

79 Vgl. ebd. 189

80 Näheres findet sich in Abschnitt (9) "Natur und Schöpfung".

81 Vgl. Eugen Drewermann; Der tödliche Fortschritt. Von der Zerstörung der Erde und des Menschen im Erbe des Christentums; Regensburg [3]1983, 46

82 Eugen Drewermann; Strukturen des Bösen; Bd. 1: Die jahwistische Urgeschichte in exegetischer Sicht; Paderborn, München, Wien, Zürich [5]1984, 63

83 Eugen Drewermann; Strukturen des Bösen; Bd. 3: Die jahwistische Urgeschichte in philosophischer Sicht; Paderborn, München, Wien, Zürich [5]1986, 566

84 Näheres hierzu findet sich im siebten Abschnitt "Konstitutionsbedingungen neuzeitlicher Ratiozentrik und Anthropozentrik" unter der Überschrift "Der Gotteskomplex – eine Anfrage an die Neuzeit?"

85 Eugen Drewermann; Strukturen des Bösen Bd. 1; a.a.O. 314

86 Vgl. ebd. 151

87 Eugen Drewermann; Strukturen des Bösen; Bd. 2: Die jahwistische Urgeschichte in psychoanalytischer Sicht; Paderborn, München, Wien, Zürich [5]1985, 561

88 Ebd. 574

89 Vgl. ebd. 615

90 Vgl. Eugen Drewermann; Strukturen des Bösen Bd. 3; a.a.O. 439

91 Vgl. ebd. 519f

92 Vgl. ebd. 527; Ob ein solcher Zusammenhang zwischen Anthropozentrismus, Nihilismus und Gotteskomplex nachzuweisen ist, werde ich insbesondere in Abschnitt (6) "Christliche Anthropozentrik" analysieren.

93 Vgl. Alexandre Ganoczy; Schöpfungslehre . . .; a.a.O. 241

94 Vgl. hierzu meine Arbeit: Das Ethische als bloße Funktion des Religiösen? Eine Auseinandersetzung mit Eugen Drewermanns Interpretation der J-Urgeschichte; in: Münchener Theologische Zeitschrift 39 (1988), 139–143

95 Jürgen Moltmann; Gott in der Schöpfung. Ökologische Schöpfungslehre; München ([1]1985) [3]1987, 16

96 Vgl. ebd. 19

97 Vgl. ebd. 20

98 Ich verweise hier auf den vierten Abschnitt "Der Mensch in der Schöpfung – Altes Testament und theologische Ethik" unter dem Abschnitt "Modell 1): Schöpfung als Paradies".

99 Vgl. J. Moltmann; Gott . . .; a.a.O. 43 und 45

100 Hierzu verweise ich auf Abschnitt (9) "Natur und Schöpfung".

101 Vgl. J. Moltmann; Gott . . .; a.a.O. 110

102 Vgl. ebd. 214f

103 Vgl. ebd. 220

104 Vgl. ebd. 238

105 Vgl. ebd. 249f

106 Vgl. ebd. 298

107 Jürgen Moltmann; Gerechtigkeit schafft Zukunft. Friedenspolitik und Schöpfungsethik in einer bedrohten Welt; München 1989, 81

108 Vgl. ebd. 90

109 Ebd. 92f

2. Das Ethos ökologisch orientierter Humanität

Bei den herausgearbeiteten Formen christlicher Umweltethik ließ sich feststellen, daß diese sich bislang im wesentlichen mit der Ausprägung verschiedener Ethosformen begnügten. Diese Selbstbeschränkung ist nicht unproblematisch. Denn zum einen wird angesichts der ökologischen Krise ein neues Ethos gefordert. Andererseits dienen als Grundlage für die Ausformulierung dieses Ethos sehr unterschiedliche Positionen, die nicht leicht auf einen Nenner zu bringen sind. Teilweise scheinen sie sich sogar gegenseitig auszuschließen, wie etwa die anthropozentrische Umweltethik und die Idee einer Rechtsgemeinschaft der Natur. Zudem konkurrieren unterschiedliche Formen einer geläuterten Anthropozentrik als Ethosformen untereinander und mit theozentrischen Ansätzen. Insbesondere werden Unterschiede gemacht hinsichtlich eines Eigenwertes der Tiere und des Verpflichtungsgrades der Rücksichtnahme auf sie. Diesbezügliche Abgrenzungs- oder Dringlichkeitskriterien wurden im Bereich einer christlichen Umweltethik kaum entwickelt oder gerechtfertigt. Gleichfalls darf das Verhältnis von Ethos und Ethik im Horizont einer ökologisch orientierten theologischen Ethik bislang noch nicht als geklärt gelten. Auch das Verhältnis von ideal- zu realorientierten Normen müßte schärfer durchdacht und im christlichen Horizont präzisiert werden.

Viele nicht ausreichend geklärte Sachverhalte behindern also die Ausformulierung einer christlichen Umweltethik. Folgendes jedoch dürfte die Diskussion relativ eindeutig ergeben haben: Die Auseinandersetzung um christliche Anthropozentrik zieht sich wie ein Leitfaden durch die Debatte. Zudem hängt von ihrer Bewertung die Formulierung des Paradigmas ab, in dem Güterabwägungen und Folgenbewertungen vorgenommen werden. Anthropozentrik ist darüber hinaus eine Frage des Ethos und der Grundhaltung. Außerdem ist das spezifisch Christliche einer ökologisch orientierten theologischen Ethik insbesondere auf der Ebene des Ethos angesiedelt. Angesichts der klärungsbedürftigen Fragen möchte ich daher in einem zweiten Schritt untersuchen, ob die philosophische Ethik Hilfestellungen anbieten kann, um die Möglichkeit und Ausrichtung einer ökologisch orientierten theologischen Ethik näher bestimmen zu können. Ich beginne zu diesem Zweck mit Überlegungen zu einer:

Ethik des Ethos

Unter Ethik des Ethos versteht Wolfgang Kluxen die sittliche Reflexion der Praxis, also jeder unter dem Richtmaß der Vernunft unter der Differenz von Gut und Böse stehenden Handlung. Ethik gehe von der Erfahrung aus, daß eine Handlung gelingen oder scheitern könne.[1] Ethos sei der Inbegriff der Normen, die in einer Gruppe als gültig angesehen werden, etwa unter Christen. Dabei habe die Partikularität eines jeden Ethos ihre Berechtigung, allerdings sei ihre Verbindlichkeit geringer als die Idee eines Menschheitsethos. Mit dieser solle die Frage beantwortet werden, worin denn die Einheit bestehe, auf die diese Vielfalt bezogen bleibe.[2] Dabei begreift Kluxen das Menschheitsethos als das alle personale Vernunft umfassende Gemeinsame auf.[3] Interessant für weitere Überlegungen zu einer ökologisch orientierten theologischen Ethik ist Kluxens Unterteilung in drei Momente des Handlungsfeldes, nämlich in Grenze, Entwurf und Anspruch.[4] Die Natur sei häufig ein begrenzender Faktor für Handlungen. Allerdings sei das Naturale nicht – wie einige Versionen des Naturrechts dies behaupten – Ursprung der sittlichen Normierung. Den Begriff Ethos könne man auch mit dem Wort Handlungsmuster umschreiben. Ethosformen oder Handlungsmuster seien oft durch die Tradition vorgegeben. Und aufgrund der Kontinuitätsregel müsse sich das fortschrittliche Ethos erst ausweisen: Es sei vernünftig, bis zum Erweis des Gegenteils der Tradition zu folgen.

Dies gilt m. E. auch für ein neues ökologisch orientiertes christliches Ethos, das sich in seiner Berechtigung ausweisen können muß, wenn es Geltung beansprucht. Ohne diesen Nachweis bleibt christliche Ethik auf das Hauptgebot der Gottes- und Nächstenliebe wie bisher beschränkt. Als konkretes Ethos liegen nach Kluxen unterschiedliche Realisierungen der konkreten Vernunft in einer jeweiligen Gesellschaft vor. Dies impliziert einen moralischen Pluralismus und sittliche Partikularität. Daraus folge die Verpflichtung zur Toleranz als Anerkennung der Freiheit des anderen, des anderen Ethos, allerdings nicht der Unvernunft. Das konkrete Gutsein, die konkrete Vernünftigkeit der wirklichen Handlung dieser Person sei als personale Konkretion an das Gewissen gebunden.[5] Das Ethos sei das Werk vernünftiger Freiheit, aber reale Freiheiten begrenzten sich gegenseitig. Dazu bedürfe es der Regeln für Konfliktlösungen.[6] Kluxen plädiert somit für ein offenes, integrationsfähiges Ethos sowie für ein Menschheitsethos als Vernunftethos.

Läßt sich ein derartiges Ethos für den Bereich einer Umweltethik entwickeln? Um diese Frage positiv beantworten zu können, möchte ich folgenden Verfahrensvorschlag unterbreiten. Da es sich hierbei um ein Menschheits-Ethos handeln soll, erscheint es mir zweckmäßig, dieses Ethos zunächst philosophisch zu begründen und anschließend auf seine Verträglichkeit mit der biblischen Offenbarungstradition zu überprüfen.[7] Methodisch gesehen lassen sich unterschiedliche Wege beschreiten, wenn konfligierende Ethosformen aufeinandertreffen. Die eine Möglichkeit besteht darin, ein idealorientiertes Menschheitsethos zu entwerfen, das ökologische Fragestellungen berücksichtigt. Als Alternative bietet sich die Entwicklung von Verfahrensregeln im Sinne von Entscheidungs- oder Konfliktregeln an. Setzt man die Ansprüche realistischerweise nicht zu hoch an, so kann man sich auch damit begnügen, konfliktmindernde Vorgehensweisen aufzuzeigen.

Ein dritter Weg bleibt offen. Es wäre der Weg der Formulierung eines neuen Menschheitsethos unter Einschluß von Konfliktregeln und methodologischen Gesichtspunkten, damit sich dieses Ethos auch vor der Welt zu rechtfertigen vermag. Vorrang hat in dieser Untersuchung wegen des Ansatzes christlicher Umweltethik bei einer Ethosform die Entwicklung eines Menschheitsethos. Zudem ist die Anthropozentrik-Problematik zunächst auf dieser Ebene angesiedelt. Allerdings bedarf es zur methodischen Absicherung dieses Ethos der Grundlegung einer ökologisch orientierten theologischen Ethik.

Um ein Menschheitsethos im Hinblick auf die ökologische Krise entwerfen zu können, schlage ich des weiteren vor, von einer Typologie der bislang vorliegenden Umweltethiken auszugehen. Diese möchte ich präzisieren und auf ihren Einheitspunkt hin befragen. So kann – und dies wäre meine These – auch der Aufgabenbereich einer ökologisch orientierten theologischen Ethik näherhin abgesteckt und der Stellenwert der Anthropozentrik in einer Umweltethik genauer umschrieben werden.

Ethosformen in der Umweltethik – eine Typologie

In der Umweltethik-Diskussion werden verschiedene Positionen vertreten. Um in diese Vielfalt Ordnung zu bringen, teilen Frankena und Teutsch ökologische Ethiken nach dem Umfang von Klassen natürlicher Objekte ein, denen ein innerer Wert zugeschrieben wird. Meyer-Abich erweitert dieses Schema durch ein System, in dem er achtfach abgestuft Art und Umfang von Rücksichtnahme bestimmt. Derartige Klassifikationen bieten eine Einteilung von Handlungsmustern oder Ethosformen.

Im ersten mir bekannt gewordenen Klassifikationsversuch ökologischer Ethiken schlägt *Frankena* eine Typologie[8] vor, die Umweltethiken nach ihrem Gegenstands- und Geltungsbereich abstuft. Wer als sittlich aktiv Handelnder und als sittliches Subjekt einzustufen sei, darüber herrsche in der Diskussion Einigkeit. Differenzen aber entstünden hinsichtlich des Umfangs von Verpflichtungen gegenüber den Objekten moralischen Handelns.[9]

(1) Der ethische Egoismus stelle die engste Position dar: hier gehe jeder nur von den eigenen Interessen aus.
(2) Der Personalismus als zweite Richtung der Ethik halte die Rücksichtnahme auf andere Menschen für den Maßstab sittlichen Handelns.
(3) Bei einem weiteren Ethiktyp müßten alle bewußten Lebewesen in die sittliche Güterabwägung einbezogen werden, während
(4) die Umweltethik-Strömung Rücksicht nehme auf alles, was lebt.
(5) Die physiozentrische Konzeption einer ökologischen Ethik meine, daß alles in der Natur sittlich relevant sei. Frankena führt schließlich
(6) eine theistische Ethik an, bestimmt als weitere Position
(7) eine Verknüpfung von (2) und (6), und nennt zuletzt
(8) das Naturrecht.[10]

Frankena stellt fest, daß Mischformen oft plausibler sind als die Typen in Reinkultur. Zudem werde der Egoismus nahezu von allen Umweltethikern abgelehnt. Denn menschlicher Egoismus und Chauvinismus – damit sei nicht die Position (2) gemeint – würden als sittlich nicht adäquat gelten. Position (2) könne darüber hinaus in einer deontologischen oder in einer teleologischen Version auftreten. Frankena weist zudem darauf hin, daß neben der Klassifikation von Umweltethiken nach ihrem Gegenstandsbereich auch die Frage nach der methodischen Grundlegung nicht nur für den Typ (2) entscheidend sei.

Unabhängig von Frankena hat *Otfried Höffe* "Legitimationsformen des Umweltschutzes"[11] unterschieden. Seine Abstufungskriterien sind die Interessen und der Solidaritätshorizont der moralischen Akteure, d. h. der Menschen, die heute über Umweltschutz entscheiden. Damit akzentuiert Höffe deutlicher als Frankena, daß die klassifizierten Positionen Einstellungen sittlicher Subjekte, also Handlungsformen oder Ethosgestalten darstellen. Höffe unterscheidet fünf Motivgruppen bzw. Argumentationsformen zur Legitimation des Umweltschutzes. Methodologische Überlegungen erhalten eine größere Bedeutung als bei Frankena.

(1) Bei der ersten Position gehe es "um persönliche oder wirtschaftliche *Eigeninteressen*".[12]

(2) Der zweite Legitimationstyp unterstelle ein gesellschaftliches Eigeninteresse, das Interesse eines Gemeinwesens, funktionstüchtig zu bleiben.

(3) Eine weitere Version fordere eine gerechte Verteilung gesunder Umwelt an alle Menschen. Diese gehe von einem Gerechtigkeits- und Solidaritätsinteresse aus.

(4) Der nächste Typ lege Gerechtigkeit gegenüber späteren Generationen als Maßstab zugrunde.

(5) Erst die fünfte und letzte Position verlasse den Anthropozentrismus, postuliere ein Eigenrecht der Natur und fordere ein partnerschaftliches Verhältnis zur Natur.

In Anlehnung an Frankena und Höffe entwirft *Gotthard M. Teutsch* ein Schema, "das darauf abzielt, *umweltethische Konzepte* nach ihrer Reichweite zu beschreiben".[13] Er unterscheidet

(1) das egoistische Konzept vom

(2) anthropozentrischen. In letzterem steht die Menschheit, der Mensch als solcher im Zentrum.

(3) Das pathozentrische Konzept beziehe alle leidensfähigen Mitgeschöpfe mit ein, während

(4) die biozentrischen Konzeptionen die Verpflichtung zur Rücksicht auf alles Leben, auch pflanzliches ausdehnten. Noch weiter gehe

(5) das holistische Konzept. Für dieses gelte auch unbelebte Materie als schutzwürdig.

Teutsch weist darauf hin, daß sich trotz weit auseinander klaffender Konzepte der Theorienstreit in Grenzen halte und auf Vertreter von Anthropozentrik und Biozentrik beschränke.[14] Teutsch führt den Gesichtspunkt der Pathozentrik, der Leidensfähigkeit, entlehnt aus der utilitaristischen Ethik, in die Umweltethik-Diskussion ein. Zur Präzisierung seiner Kritik an der Anthropozentrik unterscheidet Teutsch diese von der Anthroponomie: "Anthropozentrismus heißt: den Menschen in den Mittelpunkt stellen, alles auf den Menschen hinordnen, alles ihm unterordnen; anthroponom heißt hingegen das Seiende nur unter den Gesetzenb menschlichen Erkennens beurteilen zu können."[15] Der Begriff Anthroponomie erinnert an den "homo-mensura-Satz" von Protagoras und wird noch näher zu bestimmen sein.

Ein weiteres Klassifikationsschema schlägt *Meyer-Abich* vor. Er stellt acht verschiedene Möglichkeiten zusammen, in der Welt Rücksicht zu nehmen. Für ihn beruht die Umweltzerstörung auf einem Mißverständnis dessen, wer der Mensch sei.[16] Unsere Hybris bestehe darin, daß in der Industriegesellschaft die ganze Welt nur als Umwelt des Menschen aufgefaßt werde. Wir aber dürfen uns, wie die Evolution es lehre, nicht das Maß aller Dinge verstehen. Daß das anthropozentrische Weltbild falsch sei, lasse sich nicht wissenschaftlich beweisen, weil Wissenschaft selbst auf anthropozentrischen Voraussetzungen beruhe. Da wir uns trotz unserer Zugehörigkeit zur Natur unmenschlich verhielten, sei eine Änderung in der Einstellung erforderlich. Meyer-Abich unterscheidet acht Formen der Rücksichtnahme:

(1) Jeder nehme nur auf sich selbst Rücksicht.
(2) Jeder nehme auf sich, seine Familie, seine Freunde und unmittelbaren Vorfahren Rücksicht.
(3) Jeder nehme auf sich, die ihm Nahestehenden, sein Volk und das unmittelbare Erbe der Vergangenheit Rücksicht.
(4) Jeder nehme auf sich, die ihm Nahestehenden, das eigene Volk und die lebenden Generationen der ganzen Menschheit Rücksicht.
(5) Jeder nehme darüber hinaus auf Vorfahren und Nachfahren Rücksicht, also auf die Menschheit insgesamt.
(6) Jeder nehme auf die Menschheit insgesamt und alle bewußt empfindenden Lebewesen (Individuen und Arten) Rücksicht.
(7) Jeder nehme auf alles Lebendige (Individuen und Arten) Rücksicht.
(8) Jeder nehme auf alles Rücksicht.[17]

Die erste Form der Ethik heißt nach Meyer-Abich Egozentrik, die dritte Chauvinismus. Die vierte und fünfte Stufe entspreche der anthropozentrischen Ethik. Auf der sechsten Ebene sei die buddhistische Ethik anzusiedeln. Die siebte Form der Umweltethik sei die von Albert Schweitzer, während die achte die Position von Meyer-Abich selbst markiert.[18]

Ein Vergleich der hier vorgestellten Typen von Umweltethik ergibt weitgehende Übereinstimmung und Übersetzbarkeit der Schemata. Unter Zusammenfassung der vorstehenden vier Versionen einer Klassifikation ökologischer Ethiken läßt sich folgendes Schema einführen:

Zu den anthropozentrischen Ethiken zählt man

(1) verschiedene Versionen von Egozentrik und Egoismen. Diese sind zu unterscheiden von
(2) Spielarten von Anthropozentrik. Hinzu kommt
(3) die Position der Zukunftsethik, der Verantwortung für zukünftige Generationen.

Nicht-anthropozentrische Ansätze spalten sich auf in Versionen der

(4) Pathozentrik und der
(5) Biozentrik. Zu ergänzen ist das Schema um
(6) die physiozentrischen Konzeptionen, um
(7) die theistische Umweltethik sowie um
(8) die naturrechtliche Argumentation.

Methodisch gesehen ist in diesen Klassifikationsversuchen die Kluft zwischen anthropozentrischen und nichtanthropozentrischen Ansätzen entscheidend. Ob sie sich überbrücken läßt, wird zu klären sein.

Um das erarbeitete Schema mit Leben zu füllen, möchte ich die wichtigsten der erwähnten Ebenen durch eine Beispiel näher charakterisieren. Dabei kann ich mich für die *egoistischen Positionen* auf wenige Anmerkungen beschränken. Sie werden im Rahmen einer ökologischen Ethik kaum diskutiert. Obwohl die individuell-egoistische Haltung weit verbreitet ist, ist sie sittlich betrachtet bereits aus methodischen Gründen unzureichend. Da ein individueller Egoismus partial ist, sieht man es ihm nicht an, ob er sittlich oder unsittlich ist. Denn er genügt der Verallgemeinerungsregel[19] nicht. Zudem führt die Grundhaltung einer individuellen Gewinnmaximierung nach unserem heutigen Wissensstand langfristig zur Zerstörung der Lebensfähigkeit nicht nur des Egoisten selbst. Anders verhält es sich mit dem rationalen Egoisten, der Zukunftspräferenzen nicht nur für sich selbst berücksichtigt. Denn dieser müßte zumindest Einschränkungen akzeptieren, die seine individuellen Lebensgrundlagen sichern helfen.

Dies ist bei der *Position der klassischen Anthropozentrik* anders, weil diese auf dem Universalisierungsargument geradezu beruht. Denn die Ethik Immanuel Kants hat im Kategorischen Imperativ die Verallgemeinerbarkeit sittlicher Verpflichtungen zum Maßstab schlechthin für Sittlichkeit erhoben. Anthropozentrik bedeutet bei Kant nicht lieblose, zerstörerische Herrschsucht gegenüber der Natur. Vielmehr bestimmt er das Verhältnis des Menschen zur belebten und unbelebten Natur folgendermaßen:

"In Ansehung des *Schönen* obgleich Leblosen in der Natur ist ein Hang zum bloßen Zerstören [...] der Pflicht des Menschen gegen sich selbst zuwider. [...] In Ansehung des lebenden, obgleich vernunftlosen Teils der Geschöpfe ist die Pflicht der Enthaltung von gewaltsamer und zugleich grausamer Behandlung der Tiere der Pflicht des Menschen gegen sich selbst weit inniglicher entgegengesetzt, weil dadurch das Mitgefühl an ihrem Leiden im Menschen abgestumpft und dadurch eine der Moralität, im Verhältnisse zu anderen Menschen, sehr diensame natürliche Anlage geschwächt und nach und nach ausgetilgt wird. [...] Selbst Dankbarkeit für lang geleistete Dienste eines alten Pferdes oder Hundes [...] gehört *indirekt* zur Pflicht des Menschen, nämlich *in Ansehung* dieser Tiere, *direkt* aber betrachtet ist sie immer nur Pflicht des Menschen gegen sich selbst."[20]

Die fundamentale Unterscheidung Kants und zugleich das Charakteristikum für eine anthropozentrische Ethik ist: Der Mensch kann nur Menschen oder sich selbst gegenüber Pflichten haben. Verpflichtungen gegenüber anderen Lebewesen werden nicht anerkannt, sondern höchstens in Ansehung von Tieren. Der Mensch ist gemäß seiner ihm eigenen Sittlichkeit verpflichtet, Rücksicht auf die Tiere und die Natur zu nehmen. Ihn bindet die Idee der Humanität, die Grausamkeit und Destruktion auch im Bereich der Natur verbietet.

Nach Kant kann der Mensch also moralische Verpflichtungen im strengen Sinn nur gegenüber sittlichen Subjekten haben. Dies impliziert keine Abwertung des Status von Tieren. Vielmehr betrachtet Kant sie sogar im Verhalten als dem Menschen ähnlich: "Weil die Tiere ein Analogon der

Menschheit sind, so beobachten wir Pflichten gegen die Menschheit, wenn wir sie als analoga derselben beobachten, und dadurch befördern wir Pflichten gegen die Menschheit."[21] Auch der Naturzerstörung redet Kant ohne Wissen um Ökologie und die heutige Diskussion nicht fas Wort, allerdings mit einem ästhetischen Argument: "Kein Mensch soll die Schönheit der Natur zerstören, denn, wenn er sie auch nicht brauchen kann, so können doch wohl andre Menschen davon Gebrauch machen, obgleich er dieses nicht in Ansehung der Sachen selbst zu beobachten hat, so doch die Ansehung anderer Menschen."[22] So vertritt auch herkömmliche Anthropozentrik keinen willkürlich-ausbeuterischen Umgang mit der Natur. Allerdings gilt als Verpflichtungsinstanz das moralische Subjekt, nicht die Natur. Klassische Anthropozentrik betont daher den Tier-Mensch-Unterschied. Hier werden heute Zweifel angemeldet. Diese formuliert Friedo Ricken folgendermaßen: "Eine radikal anthropozentrische Position wie die Kants wird heute wohl kaum noch vertreten werden. Daß man Tieren keine unnötigen Schmerzen zufügen darf, ist nach verbreiteter Auffassung eine direkte Pflicht gegenüber Tieren."[23] Dazu verweist Ricken auf Kant selbst, der Tieren moralanaloges Verhalten zuschreibe.

Eine *moderne Version der Anthropozentrik,* die den Zeithorizont der Ethik einbezieht, ist die *Konzeption der intergenerationellen Verantwortung* von Dieter Birnbacher. Zukunftsaspekte hätten im Rahmen der Vorsorge und Planungstheorie am Rande zwar immer eine Rolle gespielt, stünden aber nicht im Zentrum der Ethik. Die Schwierigkeiten im Begriff der Zukunft seien nicht gerade gering.[24] Sie hingen mit der Frage zusammen, wie weit sich eine teleologisch zu bestimmende Verantwortung erstrecke und wo sie ihre Grenzen finden solle. Die Grenze wird nach Birnbacher bei n + 3 Generationen liegen, weil das Wagnis eines grundlegenden Wertewandels bei einer längeren Zeitspanne zu groß werde. Angesichts der Unsicherheit und Unüberschaubarkeit von Folgen empfehle sich eine Heuristik der Furcht. Diese sei zwar bei Risikosituationen im engeren Sinn ein schlechter Ratgeber.[25] Aber Schäden und Gefahren, die späteren Generationen aufgebürdet würden, würden schwerer wiegen als Gefahren, die diese selbst eingingen. Gemäß dem Vorbild des Vormundschaftsgericht mit mündelsicheren Anlagen müßten wir eine risikoscheue Strategie verfolgen, wenn es um Risiken für andere ginge. Das Zukunftsbewußtsein müsse erst gelernt werden.[26] Abschließend formuliert Birnbacher fünf Praxisnormen, die er allerdings nicht immer stringent aus seinem Ansatz ableitet. Sie verbieten

(1) Die Gefährdung der Gattungsexistenz des Menschen und höherer Tiere,
(2) die Gefährdung einer zukünftigen menschenwürdigen Existenz und
(3) zusätzliche irreversible Risiken. Sie erfordern
(4) die Grundperspektive des Bebauens und Bewahrens und
(5) den Grundsatz der Subsidiarität bei der Verfolgung zukunftsorientierter Projekte.[27]

Erwähnenswert ist das von Birnbacher formulierte Ziel der Erziehung nachfolgender Generationen im Sinne der Praxisnormen. Es ist sogar daran zu denken, eine Religion zur Festigung des Glaubens an die Zukunft der

Menschheit zu stiften.[28] Damit ist nun keine Religion im christlichen Sinn gemeint, die von einer Offenbarung ausgeht. Vielmehr scheint mir Birnbacher ähnlich wie Auguste Comte zur Motivation der Menschen zum sittlich richtigen Handeln eine Vernunft-Religion zu pädagogischen Zwecken zu fordern. Diese Form der Instrumentalisierung einer säkularen Form von Religion hat bei weitem nicht den Anspruch, den eine christliche Umweltethik erhebt, obwohl natürlich auch die christliche Religion motivierend für sittliches Handeln sein will.

Zur *Pathozentrik* liegen eine Reihe ausgebildeter Versionen vor. Wichtige Argumente von Peter Singer, von Marian Stamp Dawkins und Otfried Höffe sollen hier zur Sprache kommen. Bereits bei der Rekonstruktion der anthropozentrischen Position bei Immanuel Kant ist deutlich geworden, daß es für die Bewertung des "moralischen Status" von Tieren wichtig ist herauszufinden, warum wir ihnen gegenüber zu einem bestimmten Verhalten verpflichtet sind. Hier ist zumindest für die Vertreter der Pathozentrik im Fahrwasser des Utilitarismus die Leidensfähigkeit das entscheidende Kriterium. Sie gehen im Anschluß an Benthams These vom Einbezug auch der Tiere aufgrund ihrer Leidensfähigkeit in Interessensabwägungen aus.[29]

Von Anfang an mußten die Utilitaristen gegen die Vertreter der klassischen Anthropozentrik ankämpfen, die einer Erweiterung des ethischen Prinzips der Gleichheit über die Gattungsgrenzen hinaus nicht zustimmen wollten. Zwar sei – so Peter Singer als Anhänger einer Position, die Tieren Rechte verleihen möchte – zugestanden, daß das Leiden des Menschen mit Bewußtsein verbunden und darum stärker sein könne. Doch Singer sieht darin kein Argument, welches das Leiden von Tieren rechtfertigt. Da das Nervensystem aller Wirbeltiere und insbesondere das der Vögel und Säugetiere im wesentlichen gleich sei und wir den Schmerz von anderen Menschen auch nur indirekt erkennen könnten,[30] fordert Singer, einen unparteiischen Standpunkt für den Vergleich Mensch/Tier einzunehmen.[31] Dies müsse umso nachdrücklicher geschehen, wenn man auch Tieren den Status eines empfindenden Subjektes und einer Person zuschreibt.[32] Schimpansen könnten immerhin die Zeichensprache erlernen und zweckgerichtet handeln. Und dies sei als Intentionalität zu interpretieren.

Die methodischen Probleme der Pathozentrik als Form der Umweltethik hat besonders Marian Stamp Dawkins herausgearbeitet. Die meisten unserer Verhaltensweisen anderen Menschen gegenüber basierten auf dem nicht weiter verifizierbaren Glauben, daß sie subjektive Erfahrungen zumindest ähnlich den menschlichen aufwiesen.[33] Der Mangel an absoluter Gewißheit halte uns aber nicht davon ab, Annahmen über Gefühle anderer Menschen zu machen.[34] Betrachteten wir Tiere, so könnten wir ihr Leiden feststellen, aber auch wahrnehmen, daß trotz körperlicher Verletzungen Tiere nicht leiden. Hier helfe auch die Physiologie nicht recht weiter: "Die Physiologie ist weniger hilfreich als man erwarten könnte, wenn man versucht zu entscheiden, wann eine Verletzung Anlaß für Schmerz gibt. Obwohl die meisten Physiologen annehmen, daß die Mechanismen der Schmerzempfindung und Wahrnehmung etwa entsprechend bei Menschen und anderen Säugetieren sind, ist die physiologische Basis der Schmerzwahrnehmung noch bei keiner Art gut verstanden."[35]

Daher habe man nach anderen Kriterien für tierisches Leiden gesucht, z. B. das Phänomen Streß (z. B. Messung des Herzschlages) herangezogen. Doch auch hier könne kaum abgegrenzt werden, wann eine normale adaptive Reaktion zum Leiden eines Organismus überschritten werde. Ein drittes Kriterium sei das Verhalten eines Tieres in schmerzhaften Situationen. Hier bestehe das Problem jedoch darin, den Code zu knacken, mit dem ein Tier Schmerz signalisiere. Man könne kontrolliert Tieren leichten Schmerz zufügen und ihr Verhalten beobachten. Allerdings sind dieser Methode enge Grenzen gesetzt. Weiter könne man Tiere "befragen", indem man sie "wählen" ließe, also etwa eine "Abstimmung mit den Füßen" (durch Weglaufen) ermögliche.[36] Aber auch die verschmähte Alternative müsse nicht notwendigerweise Leiden bedeuten.

Da nun keines der erwähnten Kriterien sicher greife, empfiehlt Dawkins eine Konvergenzargumentation, einen "synthetic approach", der all die erwähnten Kriterien und Maßstäbe in Erwägung zieht. Langfristig gesehen erscheint dies als das sicherste Verfahren, möglichst viele Tests vorzunehmen und zu vergleichen. Sie kommt zu folgendem sehr vorsichtigen Schluß: "Wenn die Tiere einen hohen Grad von Frustration offensichtlich zeigen, anhaltend über einen größeren Zeitraum ihres Lebens, verbunden mit dem Aufbau physiologischer Symptome, die als Anzeichen von Krankheit bekannt sind, dann sollten wir beginnen anzunehmen, daß sie leiden."[37]

Den methodischen Schwierigkeiten in der Bestimmung und Zuordnung der Leidensfähigkeit entgehen die Vertreter der *Biozentrik*, zu deren großen Vorbildern die Ethik Albert Schweitzers gehört. Da seine Position auch in der christlichen Umweltethik diskutiert wird, möchte ich an dieser Stelle seinen Ansatz im Umriß rekonstruieren. Schweitzers Forderung einer Gesinnung der "Ehrfurcht vor dem Leben" ist eine Konsequenz seines Verständnisses von Leben: Dies ist ihm heilig, und "Ethik ist die ins Grenzenlose erweiterte Verantwortung gegen alles, was lebt".[38] Voraussetzung für diese Formulierung ist die Erkenntnis Schopenhauers und der Lebensphilosophie, daß hinter allen Erscheinungen als metaphysisches Substrat der Wille zum Leben zu erkennen ist. Ausgangspunkt der Philosophie ist nicht mehr Descartes' "cogito ergo sum", sondern die unmittelbare Tatsache des Bewußtseins: "Ich bin Leben, das leben will, inmitten von Leben, das leben will."[39]

Die Schopenhauersche Basis erweitert Schweitzer allerdings, wenn er behauptet, daß Mitleid zu eng sei, um als Inbegriff des Ethischen zu gelten, vielmehr müsse die Ethik kosmisch und mystisch werden. Der tief pessimistische Zug der Lebensphilosophie kommt auch bei Schweitzer zum Ausdruck, wenn er von dem "schmerzvollen Rätsel" spricht, mit dem er leben müsse, daß nämlich der Schöpfungswille als Zerstörungswille und umgekehrt in der Welt walte. Hier sei nicht Resignation gefordert, sondern eine neue Haltung der Hingabe an das Leben. Diese formuliert er so: "Wenn ich ein Insekt aus dem Tümpel rette, so hat sich Leben an Leben hingegeben, und die Selbstentzweiung des Lebens ist aufgehoben."[40] Albert Schweitzer stellt die Einstellung des Menschen in den Mittelpunkt seiner Ethik, dessen Gesinnung und moralische Haltung sowie die einzelne Tat, ohne auf die Folgen zu sehen.

Dies ist m. E. ein Mangel, den Albert Schweitzer selbst gesehen und unter dem er gelitten hat. Aber eine Grundeinstellung, die nicht lebbar ist, scheint mir als Ethosform für eine Welt-Gesellschaft zumindest problematisch, da diese eine Form des Lebens und Handelns ermöglichen und nicht verhindern soll. Eine Ethosform, die ständig Schuldgefühle erzeugt, ist keine taugliche Handlungsgrundlage. Die Verpflichtung zur Rettung eines jeden Lebewesens ist ein ehrenwerter Grundsatz, aber er ist nicht einzuhalten. Denn schließlich könnte die Mücke zur Art der Anopheles gehören und einem anderen Menschen Malaria übertragen. Dann sollte sie wenigstens nach meinem Dafürhalten besser nicht gerettet werden. Der pessimistische Grundzug von Schweitzers Ethik wird zudem besonders in der Beschreibung seines "Weges der Läuterung" deutlich: "Resignation ist die Halle, durch die wir in die Ethik eintreten. Nur der, der in vertiefter Hingebung an den eigenen Willen zum Leben innerliche Freiheit von den Ereignissen erfährt, ist fähig, sich in tiefer und stetiger Weise anderem Leben hinzugeben."[41] Aber Hingabe an das Leben ist kein Dringlichkeitskriterium und keine Entscheidungshilfe in Konfliktfällen.

Allerdings muß eine biozentrische Position nicht notwendig auf eine Ethosform beschränkt bleiben. Denn um eine argumentative Rechtfertigung seiner biozentrischen Position bemüht sich Tom Regan. Der zentrale Ausgangspunkt ist für ihn der Streit, ob und in welcher Weise Tieren Bewußtsein zugesprochen werden müsse. Denn für Regan ist auch eine leidensfreie Tötung von Tieren nicht erlaubt.[42] Zur Begründung seiner Position entwickelt Regan ein kumulatives Argument für das Bewußtsein von Tieren. Dieses könne fünf ineinandergreifende Argumente für tierisches Bewußtsein aufzählen, stelle aber keinen strengen Beweis dar.[43] Sie lauteten im einzelnen:

(1) Im Alltagssinne (common-sense view) würden wir gewissen Tieren Bewußtsein zuschreiben.
(2) Diese Zuschreibung befände sich im Einklang mit unserer Alltagssprache.
(3) Sie impliziere auch keine Annahme über den Status einer unsterblichen Seele und könne daher unabhängig von religiösen Überzeugungen diskutiert werden.
(4) Wie Tiere sich verhielten, sei konsistent mit ihrer Beschreibung als bewußte Wesen. Zudem bereite
(5) eine evolutionäre Betrachtungsweise die theoretische Basis dafür vor, Bewußtsein einigen vom Menschen unterschiedenen Tieren zuzuschreiben.

Ein exakter Beweis sei diese Argumentation nicht, aber auch unser Bewußtsein sei auf unsere Gehirn-Physiologie und Anatomie bezogen und daher könne unser nur schemenhaftes Wissen über tierisches Bewußtsein nicht als Argument gegen tierisches Bewußtsein gewertet werden. Ob ein Hund einen Begriff bilden könne oder nicht, das wüßten wir nicht. Es fehle uns an der

Vorstellungskraft, die Erfahrung eines Hundes nachzuvollziehen. Dies gelte übrigens nicht nur für Hunde. Was wir jedoch feststellen könnten, sei, daß ein Vorzugsglaube (preference-belief) Teil unseres Begriffes eines Knochen sei.[44] Daher könnten wir ähnliche Erfahrungen bei vergleichbarem Verhalten zwischen den Gattungen erwarten. Zumindest dürften menschliche und tierische Dursterfahrungen eine gewisse Ähnlichkeit aufweisen.

Das Kriterium zur Unterscheidung von bewußten und unbewußten Tieren sei die Ähnlichkeit mit uns, so daß es vernünftig erscheine, bei Säugetieren ein relativ komplexes Bewußtseinsleben anzunehmen. Daher kommt Regan insgesamt zu dem Schluß, daß der Unterschied im Bewußtseinsleben von Tier und Mensch nur graduell und nicht wesensmäßig sei.[45] Hier sind Zweifel anzumelden. Denn die fünf Argumente sind zu schwach, eine doch recht weit gehende These zu belegen. Die Problematik der Abgrenzungskriterien erscheint mir zu gravierend und unser Wissen viel zu bruchstückhaft, um Tieren ein dem Menschen vergleichbares Bewußtsein zuzubilligen. Zudem versäumt Regan es zu diskutieren, ob das menschliche Bewußtsein es ist, das den Menschen zum sittlichen Subjekt erhebt.

Auch Tiere hätten eine bestimmte Autonomie, da sie Präferenzen ausdrücken könnten.[46] Damit müßten ihnen auch Wohlergehens- und Vorzugsinteressen zugebilligt werden. So kommt Regan zu seinem sittlichen Grundprinzip: Sowohl Menschen wie Tieren müsse ein gutes Leben ermöglicht werden, insgesamt betrachtet. Auf jeden Fall hätten Tiere basale biologische Bedürfnisse. Leiden sei nicht mit Schmerz identisch, es sei allerdings nicht exakt zu bestimmen. Schmerz sei nicht der einzige Schaden, den wir Tieren zufügen könnten, wie ihre Farmhaltung beweise. Daher fordere eine biozentrische Ethik eine väterliche Behandlung von Tieren wie Kindern. Warum aber jede menschliche oder tierische Präferenz schon sittlich gut und damit berücksichtigenswert sei, versäumt Regan aufzuzeigen. Aus diesem Grunde halte ich Regans Ansatz trotz anerkennenswerter Bemühungen um sittliches Argumentieren noch für wenig tragfähig.

In eine ähnliche Richtung weisen die Behauptungen von Paul W. Taylor. Die biozentrische Anschauung der Natur nivelliere den Tier-Mensch-Unterschied, weil biologische Natur und Personalität auch beim Menschen verflochten seien.[47] Gemäß einem evolutionären Standpunkt fordert Taylor Gattungs-Unparteilichkeit und Respekt vor dem einzelnen Organismus. Alle Tiere, so unähnlich sie auch dem Menschen sein mögen, seien Wesen mit Selbstwert und Interessen. Taylor nennt vier Gründe dafür, warum moralische Wesen den biozentrischen Standpunkt annehmen sollten. Sie lauten:

(1) Menschliches Leben sei ein integraler Bestandteil der natürlichen Ordnung der irdischen Biosphäre. Ohne die Willensfreiheit des Menschen zu leugnen, unterscheidet Taylor vier Arten von Freiheit, die bei der Abschaffung fehlender Umweltbedingungen beginnen, etwa wenn man die Wurzeln einer Pflanze wachsen lasse.
(2) Das System der Abhängigkeit ökologischer Gesamtsysteme mache den Erhalt ökologischer Gesamtsysteme wünschenswert.
(3) Individuelle Organismen seien teleologische Zentren von Leben.
(4) Eine menschliche Überlegenheit sei zu leugnen. Denn warum sollten

menschliche Fähigkeiten als Zeichen von Überlegenheit gewertet werden.?[48]

Hier liegt einer von Taylors Argumentationsfehlern. Gerade wenn man Taylors Ansatz einer Ethik der "Rücksicht auf die Natur" ernst nimmt, muß man ihm widersprechen: Menschen können hypothetisch den Standpunkt von Tieren einnehmen und ihre Bedürfnisse in einer Güterabwägung berücksichtigen. Nach unserem derzeitigen Wissen kann das kein Tier, darum ist Menschen ein moralisch höherer Wert zuzubilligen, schon weil man an sie im Unterschied zu Tieren Verpflichtungen aus Sollensansprüchen adressiert. Dies sagt nicht nur etwas über moralische Verdienste des Menschen aus, wie Taylor meint, sondern impliziert einen höheren inhärenten Wert, denn es ist vom moralischen Standpunkt aus wertvoller, sittlich als nicht sittlich zu handeln. Macht man diese Voraussetzung nicht, so hebt sich die Ethik in ihrem Ansatz selbst auf. Trotz Taylors Beteuerungen ist also sein evolutionär-biozentrischer Ansatz nicht in der Lage, Umwelt-Ethik zu begründen.

Nach Taylor haben Menschen größere Fähigkeiten, nicht zuletzt wegen der Funktionalität ihrer Organisation. Aber die Organisation habe nichts mit dem inhärenten Wert zu tun. Hier tritt Taylors kryptogamer Naturalismus offen zu Tage. Denn er betrachtet Moralität als Folge menschlicher Organisation. Diese allein stelle keinen Grund dar, den Menschen als höherwertig anzuerkennen. Noch deutlicher wird diese Grundeinstellung, wenn er behauptet, es sei willkürlich, die Besonderheit einer genetischen Struktur als Grund für Höherwertigkeit zu betrachten.[49] Doch gegen Taylor ist einzuwenden, daß es eben nicht die genetische Struktur des Menschen ist, die Sittlichkeit kodiert.

Für die Konfliktsituation zwischen Mensch und Natur entwickelt Taylor eine Reihe von Vorzugsregeln, die zwar nicht deduziert werden, aber pragmatische Plausibilität für sich verbuchen können. Die Prinzipien sind:

(1) Selbstverteidigung,
(2) Verhältnismäßigkeit,
(3) kleinstmögliches Übel,
(4) Verteilungsgerechtigkeit und
(5) wiederherstellende, ausgleichende Gerechtigkeit.[50]

Die Unparteilichkeit des Standpunktes, den der Mensch als sittliches Subjekt einnehmen könne, gebe ihm das Recht, sich gegen schädliche und gefährliche Organismen zur Wehr zu setzen. Diese Behauptung ist jedoch unzutreffend, denn das Notwehrrecht ist im Selbsterhaltungsstreben begründet und nicht in der Sittlichkeit. Die Verhältnismäßigkeit aber verlange, basale Bedürfnisse bei Tier und Mensch gleichermaßen als wichtig zu bewerten. Basale Bedürfnisse bei Tieren hätten Vorrang vor nicht-basalen menschlichen Bedürfnissen. Pflanzen dürften eher zur Nahrung des Menschen dienen als Tiere; deren Tötung sei sittlich nur erlaubt, wenn dies für unser Überleben notwendig sei.[51] Insgesamt seien wir verpflichtet, das sittliche Ideal einer Harmonie zwischen menschlicher Zivilisation und der Natur anzustreben.

Noch umfassenderen Schutz für die Natur fordern die Vertreter der *Physiozentrik*. Meyer-Abichs naturphilosophischer Holismus geht von der Erkenntnis aus, daß wir selbst ein Teil der Natur sind, die wir erkennen.[52] Er beruft sich auf Anaximanders Naturphilosophie. Bei diesem seien noch Ursache und Schuld ineinander verwoben gewesen. Die Vorsokratiker könnten uns also helfen, zu einer normativ erneuerten Naturwahrnehmung zurückzufinden.[53] Meyer-Abich verschweigt jedoch den Preis dieses Unternehmens. Denn die neuzeitliche Idee des sittlichen Subjektes und der Gedanke der Menschenwürde sowie die Konzeption praktischer Rationalität, wie sie sich in der Forderung nach einer methodischen Rechtfertigung sittlicher Argumentation ausspricht, erfahren in einer derartigen Konzeption wesentliche Einbußen.

Im Anschluß an Heidegger und Heraklit kritisiert Meyer-Abich den neuzeitlichen Dualismus von Subjekt und Objekt, von Sein und Sollen. Gemäß Heraklits Diktum fordert er, daß wir die Natur in uns wieder zu Wort kommen lassen sollten.[54] Der griechische Begriff der Physis, des Wachsens, sei ein normativer Begriff gewesen, der dem Konzept neuzeitlicher Naturwissenschaft verloren gegangen sei. Da sich ein Naturverständnis im normativen Sinne am ehesten in der Medizin erhalten habe, ließen sich hier die entsprechenden Hinweise finden: Zur äußeren Natur sollten wir uns nicht anders verhalten als zu unseren Mitmenschen und zu unserem eigenen Leib.[55] Das Bewußtsein einer neuen Einheit könne die Entfremdung zwischen Natur- und Selbsterfahrung aufheben, die im Zeitalter der Aufklärung und des Subjektes aufgebrochen sei.

Mit dieser Kritik am neuzeitlichen Wissenschaftsideal allerdings gerät m. E. das Projekt einer ökologischen Ethik in eine methodisch keineswegs beneidenswerte Lage. Ökologie ist eine moderne, positivistische und empirisch arbeitende Wissenschaft. Für Meyer-Abich hingegen bietet sich der Rückgang auf eine vorneuzeitliche, ontologische Konzeption von Natur an. Das macht die Beurteilung der Entwürfe zur ökologischen Ethik nicht einfach. Denn ontologische Fragestellungen stehen häufig in einem Spannungsverhältnis zu naturwissenschaftlicher Hypothesenbildung. Dies erschwert ein methodisch abgesichertes Verständnis einer ökologisch orientierten Ethik.

Die philosophische Diskussion weist hinsichtlich der Umweltethik einen differenzierten Argumentationsstand und sehr unterschiedliche Positionen auf.[56] Ein scheinbar unüberbrückbarer Graben ließ sich dabei zwischen den Vertretern der anthropozentrischen und der biozentrisch-physiozentrischen Umweltethiken konstatieren. Streitpunkte waren die Leidensfähigkeit und das Bewußtsein von Tieren sowie Dringlichkeitskriterien in der Berücksichtigung menschlicher und tierischer Bedürfnisse und Interessen. Lassen sich diese unterschiedlichen Ethosformen auf einen Nenner bringen? Hierzu muß die Argumentationsebene des Ethos verlassen und der Überschritt in die Ethik vorgenommen werden. Dies wird nach dem bisherigen Diskussionsstand mit dem Ziel geschehen müssen, Konfliktregeln und Dringlichkeitskriterien für den Umgang des Menschen mit der Natur zu entwickeln.

Einen derartigen Gesichtspunkt bringt Höffe in die Diskussion ein. Er votiert für den Gedanken einer abgestuften Solidarität[57] zwischen Mensch und Tier gemäß folgendem Kriterium: "Tiere, bei denen aufgrund ihrer Organisationsstruktur (Haut- und Gehirnstruktur) ein qualitativ höherer Grad von Schmerz- und Angstfähigkeit zu erwarten ist, verdienen eine größere Rücksicht als Tiere mit einem qualitativ geringeren Grad von Schmerzfähigkeit."[58] Diese abgestufte Solidarität erlaube es, Güterabwägungen zwischen Tier und Mensch vorzunehmen. Auch bestehe keine Notwendigkeit, ein Tötungsverbot anzuerkennen, denn Tiere hätte als Gegenwartswesen kein spezifisches Verhältnis zu ihrem Tod. Im Konfliktfall gebühre dem Menschen Vorrang vor dem Tier, doch müsse man sich ernsthaft fragen, "ob Tiere für vom Menschen selbst verschuldete Schäden leiden müssen: Ist es noch sittlich vertretbar, in Hunden künstlich eine Hochdruckkrankheit oder einen Herzinfarkt zu erzeugen, nur um Kuren gegen die Folgen einer unvernünftigen Lebensweise zu gewinnen?"[59] Intuitiv erscheint dieser Vorschlag als plausibel. Inwiefern er sich begründen läßt oder gar eine Brückenfunktion zwischen einzelnen Umweltethik-Typen einnehmen kann, möchte ich nun untersuchen.

Methodische Anthropozentrik

Angesichts der Pluralität der Ethosformen in der Umweltethik ist die Frage nicht abwegig, ob sich hierin nicht ein Einheitspunkt, ein leitendes Handlungsmuster ausmachen lasse, das sich als Menschheits-Ethos zumindest der Industriegesellschaft angesichts der ökologischen Krise auszuweisen vermag. Die Krise, die innerhalb des Ethos selbst aufbricht,[60] weil konkurrierende Ethosformen nicht von sich aus eine Synthese eingehen, erfordert eine ethische Reflexion und sittliche Argumentation, die über die reine Bestimmung der partikularen Rationalität von Ethosformen hinausweist. Die zu entwickkelnden Handlungsverpflichtungen müssen universalisierbar und begründbar sein und nicht bloß einem spezifischen, gesellschaftsabhängigen ökologischen Bedürfnis[61] entstammen. Daher möchte ich im folgenden aufgrund einer modifizierten Anthropozentrik ein Ethos ökologisch orientierter Humanität vorschlagen und ausweisen, das den technisch orientierten Humanismus[62] ablösen und als künftiges Ethos des Industriezeitalters dienen könnte.

Bereits bei den Klassifikationsversuchen hatte Teutsch unter dem Namen Anthroponomie eine methodisch verstandene von einer wertbesetzten Anthropozentrik abzugrenzen versucht.[63] Ich hingegen argumentiere für eine Position, in der Anthropozentrik und Anthroponomie nicht gegeneinander ausgespielt werden sollen. Denn die unhintergehbare Anthroponomie menschlichen Erkennens und Handelns – der Mensch handelt und erkennt gemäß den ihm eigenen Vorgaben – und die Asymmetrie im Verhältnis von Mensch und Natur hinsichtlich sittlicher Verpflichtungen impliziert eine gewisse wertbesetzte Anthropozentrik in dem Sinne, daß Tier und Mensch hinsichtlich ihres Wertes bei Güterabwägungen nicht auf die gleiche Ebene zu stellen sind. Anthroponomie ist ein starkes Argument zumindest für eine abgemilderte und reflektiertere Form von Anthropozentrik. Denn eine Zerstörung der Sonderstellung des Menschen in der Naturgeschichte zieht eine Auflösung der Ethik nach sich. In diesem Falle aber wäre der Mensch entschuldigt, wenn er sich etwas perfekter als intelligente Tiere als rationaler Egoist verhält, ohne sein Handeln an sittlicher Kriterien zu überprüfen. Das vermeintlich fortschrittliche Argument verkehrt sich in sein Gegenteil und wird zum Plädoyer für die Fortführung zweckrationalen Verhaltens ohne Rücksicht auf sittliche Gesichtspunkte in der Folgenabschätzung unseres Handelns.

Unterstützung erhält mein Vorschlag, der aus methodischen Gründen unterbreitet wurde, von *Kurt Bayertz*. Zunächst gibt dieser eine genaue Beschreibung grundlegender Tendenzen in der ökologischen Ethik. Methodisch gesehen gehöre zu ihren wichtigsten Kennzeichen die Ersetzung des deskriptiven Bildes von der Natur durch ein normatives.[64] So komme es zu einer Restaurierung eines teleologischen Weltbildes und zur Behauptung einer Heiligkeit der Natur. Ökologische Ethik wolle die Beschränkung auf zwischenmenschliche Beziehungen durchbrechen und fordere gegen die Anthropozentrik einen prinzipiellen Wandel in der Begründungsstruktur moralischer Normen. Diese Forderungen zerstörten aber nicht nur im Ansatz die Diskussion um eine wissenschaftliche Begründung von Ethik, sondern gingen zurück auf ein vormodernes Naturbild, "in dem der Begriff der Natur noch eng mit dem der Unwandelbarkeit und Harmonie verbunden" gewesen und in dem "für das Konzept der (biologischen, kosmischen etc.) Evolution kein systematischer Ort"[65] sei. So verabsolutiere ökologische Ethik häufig den gegenwärtigen Beobachtungszeitraum und vertrete eine Ökologie ohne Evolution. Verstehe man aber die Gesetze der Evolution, so sei Anthropozentrik unhintergehbar. Denn alle Tiere verfolgten ihre Art- und Fortpflanzungsinteressen maximal in durchaus kurzsichtiger Weise. Wer das Wissen um die Sonderstellung des Menschen als Gattungsegoismus verurteilt, legitimiert den Menschen, der sich natural-ausbeuterisch verhält.

Allerdings habe nach Bayertz die Kritik der ökologischen Ethik an der Anthropozentrik in einem Punkt ihre Berechtigung, die wohl auch kaum mehr bestritten werden dürfte. Eine "pragmatische Relativierung menschlicher Interessen"[66] sei durchaus möglich und wünschenswert. Dennoch gebe es dafür Grenzen, die auszuloten wären. Bayertz formuliert pointiert:

"wir können uns den Ausstieg aus der Anthropozentrik nur da leisten, wo die betroffenen Interessen relativ leicht wiegen (Beispiel der Pelzmäntel); überall dort, wo unsere vitalen Interessen tangiert sind (wie im Beispiel der Pockenviren), bleibt uns keine andere Wahl, als diese über konkurrierende 'Interessen' anderer Teile der Natur zu stellen. Dies bedeutet aber, menschliche Interessen zum entscheidenden Kriterium zu machen – freilich nicht mehr beliebige, aber doch eben menschliche Interessen."[67]

Nach Bayertz darf der Versuch einer metaphysischen Begründung der ökologischen Ethik als gescheitert betrachtet werden, weil es unseren Kenntnissen der Evolution widerspreche, vom Menschen zugleich zu verlangen, sich als wesentlichen Teil der Natur zu sehen und seine Bedürfnisse zu beschränken. Das lapidare Fazit lautet: "Es ist also seine Sonderstellung in der Natur, die ihn überhaupt erst befähigt, seine eigenen Interessen zu relativieren."[68] Der Naturalismus der ökologischen Ethik widerstreite dem Verantwortungsprinzip. Daher sei es nicht verwunderlich, daß positive Modelle eines wünschenswerten Umgangs mit der Natur, sofern sie überhaupt angeboten würden, "regelmäßig aus fernen (meist fernöstlichen) Regionen oder aus längst verflossenen Zeiten"[69] stammten.

Diese romantisch angehauchte Auffassung ökologischer Ethik übersehe jedoch leicht, daß auch frühere Hochkulturen und die als vorbildlich gepriesenen 'primitiven' Völker ökologische Katastrophen erzeugt hätten.[70] Anthropozentrik ist nach Bayertz in der Ethik unhintergehbar: "Es gibt immer eine oberste Ebene, auf der entschieden wird, ob wir mit der Gleichberechtigung alles Existierenden Ernst machen können und wo nicht – und diese oberste Ebene ist anthropozentrisch."[71] Methodisch-systematisch ist diese Einsicht nicht zu bezweifeln. Allerdings bleibe ein pragmatischer Einwand, der berücksichtigt werden sollte, wenn er auch nicht auf der argumentativ-methodologischen Ebene angesiedelt sei: "Ich bin über diese Schlußfolgerung nicht sehr glücklich; sie läßt dem Menschen noch immer einen gewissen Raum für seinen Egoismus, seine Selbstgefälligkeit und Hybris."[72]

Dann überprüft Bayertz das Programm einer Medizin der Umwelt. Nach Meyer-Abich sei die Medizin die einzige empirische Wissenschaft, die es zu einer moralischen Tradition gebracht habe. Daher spiele die "Analogie zwischen Umweltschäden und menschlichen Krankheiten"[73] eine besondere Rolle. Diese Auffassung führe aber in Schwierigkeiten. Denn faktisch verfolgten unsere Ärzte heute ein naturwissenschaftliches Verständnis von Krankheit als Funktionsstörung. Als zweiter Faktor sei bei der Bewertung dieses Konzeptes die Passivität des "Patienten" Ökosystem zu berücksichtigen. Die Konsequenz lautet für Bayertz: "Im Unterschied zum Arzt muß der Ökologe nicht nur entscheiden, an welcher Krankheit sein Patient leidet, sondern *ob* er überhaupt krank ist [...]. Die Konsequenz aus der 'Passivität' der Ökosysteme ist nämlich, daß der Ökologe – anders als der Arzt – ohne einen *expliziten* Begriff der Gesundheit bzw. Krankheit des Ökosystems nicht auskommt."[74] Aber weder die Unberührtheit der Natur noch das Gleichgewicht oder die Stabilität von Ökosystemen noch der Artenreichtum könnten als Kriterien ökologischer Gesundheit angeführt werden, denn alle diese unterlägen einem evolutiven Wandel und könnten unter der Obhut des Menschen optimaler sein.

Damit stelle sich die "Frage nach dem Platz und der Rolle menschlicher Interessen bei der Formulierung eines Begriffes ökologischer Gesundheit".[75] Nun falle in der Medizin das Objekt der Therapie mit dem Nutznießer zusammen, nicht jedoch in der Ökologie. Die Natur könne überhaupt kein Interesse an ihrer Heilung haben. Zudem muß die Menschheit, um überleben zu können,

"in Naturprozesse eingreifen, Ökosysteme verändern und auch einzelne Biotope zerstören. [...] Wenn dies so ist (und selbst wer dies bestreitet, wird es nicht praktizieren können), dann liegt es nahe, die 'Gesundheit' von Ökosystemen als denjenigen Zustand zu definieren, der dem Menschen die größten Nutzungsmöglichkeiten eröffnet. [...] Das Modell eines gesunden Ökosystems ist dann nicht mehr die unberührte Natur [...], sondern der vom Menschen gepflegte Landschaftsgarten."[76]

So erweise sich die scheinbare Analogie zwischen Medizin und Ökologie als wenig tragfähig. Dies sei auch gut für die Umwelt, denn "als 'Medizin der Umwelt' müßte die Ökologie folglich eine vollkommen andere Struktur haben, als unsere heutige Medizin: Sie müßte präventiv statt kurativ und kollektiv statt individuell orientiert sein".[77]

Gemäß meinen Überlegungen setzt ökologische Ethik methodische Anthropozentrik voraus. Diese impliziert ihrerseits eine reflektierte und darum eingeschränkte Anthropozentrik in sittlicher Hinsicht. Denn das evolutiv entstandene genetische Programm führt ohne Steuerung im zivilisatorischen Kontext zur maximalen Ausbreitung der eigenen Gene beim Menschen zu Überbevölkerung, Raubbau und kurzfristigen Erfolgen in der Ausbeutung der Natur. Nicht einem Übermaß an Ethik verdanken wir die ökologische Krise. Gegen das egoistische Programm der Ausbeutung der Natur steht die sittliche Verpflichtung zur Universalisierung und kritischen Überprüfung der eigenen Handlungsmaximen. Diese fordert Rücksicht auf die vorhersehbaren Folgen der eigenen Handlung in dem Sinne, daß sie das handelnde Subjekt in der Gemeinschaft mit der Natur nicht in seinen Grundlagen zerstören darf.

Das bedeutet, daß der Mensch gemäß dem obersten formalen Prinzip einer argumentierenden Ethik, der Forderung nach einem transsubjektiven, überparteilichen Standpunkt, der Verpflichtung zur Universalisierung eigener Handlungsmaximen oder dem Kategorischen Imperativ sittlich angehalten ist, die eigene enge, egoistische Perspektive aufzugeben. Er muß sich bei einer Güterabwägung zur Entscheidung über die sittliche Erlaubtheit eines Eingriffs in die Natur methodisch und hypothetisch auch auf den Standpunkt betroffener Tiere, Pflanzen, Mikroorganismen und der unbelebten Natur stellen. Es ist daher eine Ethik zu entwerfen, die allen Ethosformen in angemessener Weise Rechnung trägt, indem sie Anthropozentrik, intergenerationelle Verantwortung, Pathozentrik, Biozentrik und Physiozentrik als Ausformulierungen bestimmter Orientierungsregeln in einer Güterabwägung versteht. Eine ökologisch orientierte Ethik bedarf bei der Entwicklung von Entscheidungsregeln im Umgang mit der Natur der Einstellung eines uninteressierten Beobachters unter Einklammerung der spezifischen Gattungsinteressen in methodisch-hypothetischer Weise. Im Sinne eines "Anwaltes der Natur und der Menschheit" muß der Ethiker dabei auch in einem analogen Sinne – wohl mehr unähnlich als ähnlich – von "Bedürfnissen" und "Interessen" von Tieren, eventuell von Pflanzen oder gar Bergen, Meeren und Flüssen, sprechen und im Prozeß des Widerstreits konkurrierender Interessen abwägend Entscheidungen durch Orientierungsregeln vorbereiten oder zu treffen helfen.

Nun läßt sich die von Höffe vorgeschlagene Konfliktregel im Sinne eines Dringlichkeitskriteriums mit folgenden Überlegungen rechtfertigen. Ohne Eingriffe in die Natur kann der Mensch nicht überleben. Die gattungsmäßige Selbstaufgabe ist vom Menschen aber billigerweise nicht zu verlangen. Daher kann sittlich höchstens gefordert werden, daß der Mensch sich ungerechtfertigter Eingriffe enthält. Worin aber könnte der Rahmen zur Bewertung der Orientierungsregeln bestehen? Sinn der Orientierungsregeln könnte es sein, ein gedeihliches Zusammenleben unter Einbezug des Menschen zwischen den Organismen und dem Ökosystem Erde zu ermöglichen. Die angemessene Berücksichtigung der Lebewesen und der Natur in einer Güterabwägung zur Orientierung von Eingriffen, wobei hierfür ein Kriterium noch zu rechtfertigen ist, bedeutet eine abgestufte Übernahme der aus dem Utilitarismus stammenden Idee der Berücksichtigung möglichst aller von einer Handlung Betroffenen. Als Kriterium bietet sich die Verwandtschaft von Lebewesen zum Menschen, ihre Organisationshöhe oder ihre Stellung in der Naturgeschichte bzw. in der evolutiven Entwicklung an. Sehr hilfreich als Horizont für Güterabwägungen könnte sich hier eine spezifische Ethosform erweisen, nämlich eine ökologisch orientierte Humanität.

Ökologisch orientierte Humanität

Diese Ethosform ist zu entwickeln und zu begründen. Um aber ein Ethos "ökologisch orientierter Humanität" grundlegen zu können, muß der Gedanke der methodischen Anthropozentrik material gefüllt werden und zwar um die Dimension des Menschen in der Natur. Eine geläuterte Anthropozentrik muß die Stellung des Menschen in der Natur reflektieren. Um diesen Schritt leisten zu können, knüpfe ich methodisch gesehen an *Edmund Husserls* Theorie der Einfühlung an.[78] In ihr expliziert Husserl den Gedanken der Selbstwahrnehmung des Menschen als Person wie als Natur. Allerdings muß diese eher emotional ausgerichtete Form der Wahrnehmung argumentativ und diskursiv rekonstruiert werden, um Subjektivismus zu vermeiden.[79]

Die Einfühlung geht nach Husserl von "Stufen der Konstitution der Seele als naturale Einheit"[80] aus. Nur sie erfasse die "animalische Erfahrung" frei von allen Vormeinungen, Deutungen und Theorien, und zwar in einer Weise, die zugleich beteiligte.[81] Einfühlung ist ein anderes Wort für Empathie. Doch handelt es sich bei Husserl nicht um ein irrational eingefärbtes Nachfühlen, sondern um ein methodisches Vorgehen in zwei Schritten: "Das erste Problem: die Klärung der Sachlage in der Inneneinstellung auf den eigenen Leib und die eigene seelische Subjektivität. Dann in der äußeren Einstellung: die Klärung der äußeren Einheit von Leib und Seele bei Anderen und bei mir selbst". Für Husserl handelt es sich hierbei "um die Klärung des Ursprungs der 'Naturalisierung' der Subjektivität".[82] Zwei Perspektiven seien zusammenzudenken, nämlich die Innen- und Außenperspektive von Erfahrung.

Entscheidend bei der Einfühlung sei die Herausarbeitung von "Erfahrungsverknüpfungen", einer anderen Art von Kompräsenzen: "Jeder Näherbestimmung beruht selbst wieder auf Einfühlung; sofern ich z. B. in meiner Innenerfahrung eine assoziative Beziehung der Anzeige gestiftet finde zwischen heftigen Leibesbewegungen, schreiender Stimme und dergleichen und Zorn, so kann ich die Apperzeption der entsprechenden fremdleiblichen Äußerungen, die zunächst schon verstanden sind als Äußerungen einer Innenansicht dieser körperlichen Bewegungen etc., in der mitverbunden, apperzeptiv unbestimmten Innerlichkeit eine Näherbestimmung erfahren in dem Sinn: der Andere ist im Zornaffekt. Das setzt also voraus vielerlei schon gebildete Erfahrungsverknüpfungen zwischen inneren Vorgängen, zwischen Bewußtseinserlebnissen, etwa Affekten, Gefühlen, Gedanken und leiblichen Vorgängen, die letzteren als erscheinende."[83]

Das Leib-Seele-Programm wird zu einem neuen Forschungsparadigma, in dem über Husserl hinaus Erweiterungen in Bezug auf die Fremdwahrnehmungen vorgenommen werden können. Es ist m. E. denkbar, tierische Organismen in die "Einfühlung" einrücken zu lassen. Allerdings kann dies nur nach Maßgabe unserer Bereitschaft und mit der methodischen Einschränkung geschehen, daß wir ihre Verhaltensäußerungen in der Außenperspektive mit einem noch größeren Unsicherheitsfaktor als bei anderen Menschen interpretieren müssen. Finden wir keine derartigen Erfahrungen in uns, dann wird die Auslegung der Einfühlung schwierig. Doch läßt die Evolutionstheorie zumindest vermuten, daß wir mit höheren Säugetieren Deutungsprogramme für Verhaltensweisen gemeinsam haben, die einen gewissen Austausch von Verhaltenserwartungen ermöglichen.

Husserl formuliert den systematisch entscheidenden Gedanken zunächst wieder im Hinblick auf den Menschen:

"Auf Natur, zunächst schon physische Natur, eingestellt sein, das ist eo ipso auf empirische Abhängigkeiten körperlichen Geschehens eingestellt sein, die hier den Titel physische Kausalität haben. Man kann also diese Einstellung auch für das Leib-Seele-Programm einnehmen, auf das leibliche achten, inwiefern es Seelisches indiziert. [. . .] So ergeben sich für Leib und Seele neue Substanz- und Kausalauffassungen."[84]

Legt man die Theorie der Einfühlung in ihrer doppelten Perspektive zugrunde, und ich sehe keine andere Möglichkeit, methodisch sauber neuronale Erregungsmuster bei Mensch und – gemäß der hier erforderlichen Erweiterung der Husserl'schen Position – Tier als Schmerz zu interpretieren, so ist eine methodische Anthropozentrik als nicht hintergehbar ausgewiesen.

Die Formulierung einer ökologischen Ethik ohne zentrale erkenntnistheoretische Fragen, die mit dem Leib-Seele-Programm verbunden sind, ist wenig fruchtbar. Dabei ist der Aufweis der Kompräsenz von Innen- und Außenperspektive entscheidend. Gemäß der Forderung einer intersubjektiven Rechtfertigung des in der Einfühlung Erfaßten ist dieses Verfahren in zwei Stufen zu entwickeln. Ohne den Dimensionsunterschied von Sein und Sollen zu leugnen, muß dabei ein methodisches Verfahren entwickelt werden, wie empirische Fakten in einer ökologischen Ethik berücksichtigt werden können. Dies habe ich im Anschluß an Nicholas Reschers Konzeption der Induktion[85] und John Henry Kardinal Newmans Entwurf einer ethischen Konvergenzargumentation im Hinblick auf eine "Zustimmungslehre"[86] an anderer Stelle expliziert, es kann also hier unterbleiben. Ich werde allerdings später im Rahmen von Überlegungen zum sittlichen Urteil und zum praktischen Syllogismus noch einmal auf das hier Ausgeführte zurückkommen.[87]

Husserls Gedanke der Einfühlung in tiefere Sphären und der Suche nach funktionalen Parallelen für Schmerzempfindung, Wahrnehmung und Bewußtsein in der Physiologie des Zentralnervensystems und Gehirns des Menschen, der auch mit dem Begriff der Empathie umschrieben werden kann, ist m. E. ein erster methodischer Leitfaden für eine ökologische Ethik entworfen. Mit diesem Ansatz betone ich beim Leib-Seele-Problem stärker als Husserl die Außenperspektive und die Bedeutung der Neurophysiologie. Sie ist der empirischen Forschung und Objektivierung zugänglich. Hier lassen sich Behauptungen rechtfertigen. Allerdings soll nicht verschwiegen werden, daß dieser Weg wie jedes induktive Verfahren mit Unsicherheiten und Interpretationsspielräumen verbunden ist.

Aus der eigenen Schmerzerfahrung wissen wir, daß wir ihn möglichst zu vermeiden suchen. Ohne entsprechenden sittlich relevanten Grund darf Schmerz nicht fraglos hingenommen werden. Dies gilt auch für Tiere, wenn die Einfühlung vorurteilslos vorgenommen wird und wir dem sittlichen Grundsatz einer Gleichbehandlung unter vergleichbaren Umständen zustimmen. Damit ist deutlich geworden, daß das menschliche Selbstverständnis Paradigma für die Interpretation von Natur darstellt und daß die "Einfühlung" eine vernunftgemäß durchgearbeitete, argumentativ sich ausweisende Form der Sympathie ist, die über die Nächstenliebe hinausgehend Rücksicht nimmt auch auf andere Lebewesen und zwar in abgestufter Weise.

Ich übertrage Husserls erkenntnistheoretische Konzeption ins Ethische und lese sie daher als methodische Grundlegung der Empathie in einer Theorie des sittlichen Urteils. Dies ist dann möglich, wenn man – wie von mir impliziert – einen kognitivistischen Ethikansatz vertritt. So erhält man einen methodischen Leitfaden für begründete Vermutungen über Verpflichtungen zur Rücksichtnahme bei der Behandlung zunächst der belebten Natur mit Zentralnervensystem und Gehirn. In sie geht sittlich relevantes Faktenwissen über Gesetzmäßigkeiten der Natur ein, ohne daß dies selbst normativ würde.

Ausgangspunkt muß methodisch eine Anthropozentrik sein, die einen gewissen höheren Respekt vor moralischen Wesen begründet, also eine eingeschränkt auch wertend gemeinte Anthropozentrik befürwortet.

Der Mensch als sittliches Wesen ist in der Lage, sich weitgehend auf einen unparteilichen Standpunkt zu stellen, und ist aus Gründen der Universalisierungsregel oder des Transsubjektivitätsprinzipes dazu auch verpflichtet. Leugnet man, daß der Mensch ein sittliches Wesen ist, so ist er wie die anderen Lebewesen berechtigt, rücksichtslos ökologische Nischen bis zum Zerbersten auszufüllen. Nur ein sittlicher Standpunkt mit seiner Forderung nach einem überparteilichen, transsubjektiven Beurteilungsplateau für Eingriffe und Handlungen kann einen radikalen Anthropozentrismus, einen Gattungschauvinismus und Egoismus als nicht akzeptabel ablehnen. Als Begründung könnte der Vertreter des sittlichen Standpunktes anführen, daß ein egoistisch-ausbeuterisches menschliches Verhalten die natürliche Basis für ein humanes Zusammenleben der Menschen untereinander und in der Natur zerstört und damit die Conditio sine qua non auch für Sittlichkeit untergrabe. Damit ist im Ansatz der Gedanke einer ökologisch orientierten Humanität als Resultat einer reflektierten und argumentativ ausweisbaren Einfühlung grundgelegt.

Nur Menschen können die Einfühlung in tiefere Schichten ihrer Leiblichkeit vornehmen und Maximen formulieren. Das Ergebnis der Einfühlung ist dann in sittlichen Urteilen und praktischen Syllogismen zu formulieren und argumentativ zu rechtfertigen. Ein wichtiges Kriterium ist hierbei die Konvergenz von Argumenten. Er erscheint durchaus nicht als unplausibel, eine gewisse Organisation des Gehirns als Voraussetzung für Bewußtseins- und Schmerzempfindungen anzunehmen. Dabei ist die Schmerzempfindung wohl das wichtigere Kriterium, das wir auch leichter und dazu in der objektivierenden Außenperspektive identifizieren können. Da auch der Mensch chemisch-physikalischen Gesetzen unterliegt, kann die Einfühlung bis in den anorganischen Bereich ausgedehnt werden. Besonders sensible Positionen, biozentrische und physiozentrische beweisen dies. Doch wird hier der Einfühlungsprozeß und die Konvergenz zu unserem übrigen Wissen sehr vage.

Gemäß der sittlichen Verpflichtung zu einem generalisierbaren, möglichst interessenfreien und unparteilichen Standpunkt ist es angemessen, wenn wir erhaltenswerte Kreisläufe der Natur, Bestrebungen schmerzempfindlicher Lebewesen oder Versuche von höher entwickelten Tieren, ein möglichst schmerzfreies Leben zu führen, mit Nutzungsinteressen, Wünschen und Bedürfnissen von Menschen abwägen. Daher bedeutet die Einnahme einer sittlichen Perspektive im Hinblick auf unseren Umgang mit der Natur, daß wir nicht mehr wie bisher ausschließlich von menschlichen Nutzungsinteressen und der Ausbeutung aller Ressourcen ausgehen dürfen. Ansatzpunkt ist der Gedanke der Humanität des Menschen und die Forderung nach zwischenmenschlicher Solidarität. Diese Solidarität ist auszudehnen, und zwar in abgestufter Weise durch die Berücksichtigung der Interessen zukünftiger Generationen, der Bedürfnisse leidensfähiger Tiere nach dem Kriterium der größeren Verwandtschaft mit uns bzw. ihrer Stellung in der Evolution des zentralen Nervensystems und letztlich auch der Natur als Conditio sine qua non für die Entwicklung von Humanität und zwischenmenschlicher Solidarität. Diese sittlichen Grundsätze erheben Einspruch gegen die Verdinglichung des Menschen und fordern Rücksichtnahme auf ihm nahe verwandte Tiere durch instrumentelle und funktionale Rationalität gemäß dem Gleichbehandlungsgrundsatz.[88]

Grundsätzlich scheint es drei Wege zu geben, das Verhältnis des Menschen in der Natur zu bestimmen. Der eine stellt den Menschen radikal in die Natur und erlaubt ihm, sich natural und ausbeuterisch zu verhalten. Der zweite sieht den Menschen ebenfalls in der Kette der Evolution und der Natur, spricht aber Menschen und Teilen der Natur gleichermaßen Eigenrechte zu. Beide ignorieren die Asymmetrie zwischen der sittlichen Verpflichtung des Menschen und der Natur. Wir können zwar Verpflichtungen gegenüber der Natur begründen, umgekehrt jedoch erscheint es als sinnlos, die Natur zu etwas verpflichten zu wollen. Sie schlägt auch nicht zurück, wie Berichte über Katastrophen anthropomorphisierend glauben machen wollen. Schon unsere Alltagsintuition empfindet es als widersinnig, z. B. einen Hund gerichtlich belangen zu wollen, wenn er uns gebissen hat. Wohl aber fordern wir von seinem Herrn Schadensersatz. Daran wird deutlich, daß Menschen, nicht aber Teile der Natur, sittliche Subjekte sind. Tierprozesse im Mittelalter sind kein Gegenargument, weil sie einer Naturauffassung entspringen, die sich nach heutigem Wissen nicht mehr aufrechterhalten läßt. Eine geläuterte Anthropozentrik scheint daher als dritter Weg der einzige zu sein, der sich auch methodisch ausweisen läßt.

Natur oder Teile von ihr können zu Objekten sittlicher Verpflichtung werden. Nur kann dies nicht mit dem Argument begründet werden, daß der Mensch ja auch ein Teil der Natur sei. Vertreter einer derartigen Behauptung wären nämlich verpflichtet aufzuzeigen, daß mit dem Menschen die gesamte Natur ein sittliches Subjekt sei. Dazu in der Lage wäre höchstens eine panentheistische Konzeption, wenn sie Gott in der Schöpfung zum Vater der Evolution einschließlich der Hominisation erklärt. Eine derartige

Konzeption müßte aber von ontologisch so starken Prämissen ausgehen, daß sie in Widerspruch zu Naturwissenschaft und Ökologie geraten würde. Aber selbst eine derartige Weltanschauung könnte nicht plausibel machen, warum ich mich als Teil der Natur ihr gegenüber sittlich verhalten soll, wenn sie mir das verweigert, solange ich nichts anderes als Natur bin. Die Aporien der beiden ersten Wege vermeidet ein Ethos ökologisch orientierter Humanität. Dieses Ethos reserviert Eigenrechte für menschliche Subjektivität und Personalität.

Dies bedeutet nicht, daß es uns verboten wäre, der Natur oder einigen ihrer Bereiche unter Umständen Schutzrechte zuzusprechen. Vielmehr ist damit gemeint, daß Natur nicht qua Natur Rechtssubjekt ist. Es sind Gründe anzugeben, wenn wir bestimmte Tiere oder Bereiche der Natur unter Rechtsschutz stellen wollen. In der Grundlegung des Kategorischen Imperativs hat Kant gerechtfertigt, daß Menschen als einzige ausnahmslose sittliche Verpflichtung die Beachtung der Menschenwürde bindet. Der Mensch darf nie nur als Mittel zum Zweck, sondern muß immer zumindest auch als Zweck an sich selbst betrachtet werden.[89] Doch die situationsgebundenen Verpflichtungen des Menschen gegenüber dem Menschen, formuliert in hypothetischen Imperativen, die an bestimmte Bedingungen gebunden sind, können auch über den Bereich des Menschen ausgedehnt werden, etwa wenn die von einem Eingriff betroffenen Lebewesen uns mit ihrer Strukturierung des Zentralnervensystems recht nahe stehen. Sie gelten zwar nicht kategorisch, sind aber auch nicht beliebig. Zwar hat jeder Mensch zumindest potentiell Personalität und damit sittlichen Eigenwert und einen Sonderstatus innerhalb der Lebewesen. Die Natur als Bereich der vorsittlichen Güter kann in diesem Sinne zwar keinen Eigenwert besitzen, aber Rücksicht auf die Natur wird häufig die Realisierung eines Gutes darstellen.

Das Ethos ökologisch orientierter Humanität berücksichtigt auch die Ansprüche der Ethik intergenerationeller Verantwortung. Es knüpft so an klassische, im wesentlichen anthropozentrisch und regelutilitaristisch formulierte Ethiken an, erweitert diese jedoch um Verpflichtungen zur Rücksicht gegenüber Teilen der Natur, ohne Grundprinzipien wie Gleichheit, Gerechtigkeit und Fairneß einschränkungslos auf alle Bereiche der Natur auszudehnen. Die Verpflichtung des Menschen, im Umgang mit der Natur einen unparteiischen, verallgemeinerbaren Standpunkt einzunehmen, beinhaltet die Einsicht in die Sonderstellung des Menschen, da wir von Tieren die Einnahme dieses unparteilichen Standpunktes oder sittliches Verhalten uns gegenüber nicht erwarten dürfen. Als sittliche und nicht bloß naturale Wesen dürfen wir allerdings nicht immer Gegenseitigkeit erwarten, um uns verpflichtet zu wissen.

Eine ökologisch orientierte Ehtik geht also von der Einsicht aus, daß der Mensch methodisch gesehen durch den Rückbezug auf das Subjekt im Wissen und in der sittlichen Entscheidung im Zentrum der menschlichen Weltrekonstruktion steht. Dieser Gedanke einer methodischen Anthropozentrik impliziert nicht, daß die Welt auf den Menschen hin und zu seinem Nutzen entworfen wurde. Allerdings bleibt der Mensch methodisch gesehen Maß aller für ihn relevanten Dinge. Unabhängig davon kann methodische Anthropozentrik jedoch den Gedanken akzeptieren, daß in der Außenperspektive einer naturalistischen Rekonstruktion des Menschen die Evolutionstheorie ihm einen peripheren Platz am Rande des Kosmos und in der Entwicklungsreihe der Organismen zuweist. Beide Perspektiven sind in einem Ethos ökologisch orientierter Humanität in einer Spannungseinheit zusammenzudenken. Die These von der methodischen Anthropozentrik besagt, daß im sittlichen Argumentieren, das Verpflichtungen rechtfertigen soll, der Rückbezug auf den erkennenden und wertenden Menschen unhintergehbar ist. Sie hält am Tier-Mensch-Unterschied aus methodischen Gründen fest, allerdings auch deshalb, weil sittliches Handeln im Unterschied zu pragmatisch-eigennützigem Verhalten, das z. B. nach den Gesetzmäßigkeiten der Spieltheorie ausgerechnet werden kann, an menschliche Freiheit zurückgebunden bleibt.

Die Theorie der Einfühlung begründet noch keine Ethik. Sie hilft aber, eine Antwort auf die Frage zu finden, ob eine Handlung lebensgerecht, zukunftsgerecht oder umweltgerecht ist. Allerdings versteht sich das abgestufte Dringlichkeitskriterium bei der Berücksichtigung der Interessen künftiger Generationen und basaler Strebungen (Triebe) leidensfähiger Organismen als Metaregel und inhaltliche Auslegung des Gerechtigkeitsprinzips im Rahmen einer ökologisch orientierten Ethik. Zugleich will es konkrete Entscheidungshilfen ermöglichen, wenn konkurrierende Verpflichtungen berücksichtigt werden müssen. Dieses Ethos nimmt die Freiheit der Entscheidung nicht ab und propagiert zudem keine Maximalposition oder idealorientierte Normen, sondern versteht sich als Grundsatz einer Ethik des Interessenausgleichs. In dieser artikulieren Vertreter einer physiozentrischen Position stellvertretend "Bedürfnisse" von Tieren und "Interessen" der Natur, weil diese das selbst nicht tun können. Problematisch jedoch sind Ontologisierungen und Hypostasierungen, die der Natur einen sittlichen Eigenwert zusprechen, wie Ideologien, die die Natur um den Preis einer Renaturalisierung des Menschen retten wollen.

Eine Umweltethik auf der Basis einer methodischen Anthropozentrik steht in einer doppelten Frontstellung. Sie ist ebenso gegen einen egoistisch motivierten Anthropozentrismus der instrumentellen Rationalität gerichtet wie gegen einen ökologisch motivierten Naturalismus, der die sittliche Sonderstellung des Menschen zumindest implizit leugnet. Dies bedeutet nicht, daß Menschen nicht begründet bestimmten Bereichen der Natur, insbesondere schmerzempfindenden Tieren, gewisse Rechte zubilligen sollten. Doch ist eine solche Zuschreibung oder Zuerkennung je eigens zu rechtfertigen, ohne Rückgriff auf ein Eigen-Recht der Natur. Eine derartige Position müßte der Natur oder Teilen von ihr Subjektstatus zusprechen. Auch die Wiedergewinnung eines normativen Naturbegriffes zur Begründung von Eigenrechten erscheint als methodisch nicht gangbar. Beispiele für einen normativen Naturbegriff finden sich in der philosophischen Tradition, z. B. in Platons Kosmologie im "Timaios" und in der daran anknüpfenden Spekulation Plotins über den Ausfluß des Geistes, der Seele und der Natur aus dem Einen. In diesen Konzepten wurde – als der Begriff eines individuellen, personhaften Subjektes noch nicht vollständig gebildet war – Individual- und Weltseele nicht genau unterschieden. So kam es zu einer Subjektivierung der Natur. Natur wurde metaphysisch als Abbild und Nachahmung des Geistes verstanden. Ein normativer Naturbegriff wäre aber nur zu restituieren, wenn es gelänge, in der Natur selbst eine Zielgerichtetheit (Teleologie) als inhärent auszuweisen.

Ein derartiges Unterfangen widerspräche aber der biologischen Evolutionstheorie und der empirisch vorgehenden Ökologie. Daher leite ich sittliche Prinzipien der Folgenbewertung und insbesondere das Prinzip der Lebensgerechtigkeit als Grundsatz einer Umweltethik auf der Basis einer ökologisch orientierten Humanität aus der Explikation praktischer Rationalität ab. Ohne Verwechslung der deskriptiven und der normativen Ebene muß jedoch das Zweckmäßige und Funktionstüchtige in der Natur berücksichtigt werden, wenn angesichts der inneren Ambivalenz der Natur – zumindest aus unserer Perspektive – die Frage gestellt wird, was an ihr "gut", erhaltenswert und schützenswert sei. Daher plädiere ich im Bereich der Umweltethik für eine Ethik der Folgenbewertung im Rahmen einer Entscheidungs- und Handlungstheorie. Hier hat sich die sittliche Bewertung an den Zielen und den vorhersehbaren Folgen eines Eingriffs in die Umwelt zu orientieren. Die entscheidenden Fragen lauten: Sind die vorhersehbaren Folgen eines Eingriffs lebensgerecht und sozialverträglich, oder bevorzugen bzw. benachteiligen sie willkürlich bestimmte Menschen, Bevölkerungsgruppen oder auch Lebewesen?

Ein Plädoyer zumindest für bestimmte Formen des Naturrechtsdenkens führen gemäß der von mir propagierten Ethik-Konzeption nicht weiter. Ich komme hierauf im dritten Abschnitt eigenes zu sprechen. Die Ableitung von Normen aus der Natur ist methodisch unzulässig, sie setzt einen teleologisch gefaßten Naturbegriff voraus und macht Natur zu einem Quasisubjekt. Dies widerspricht dem Ansatz der empirischen Ökologie. Ohne metaphysische und naturalistische Fehlschlüsse ist es nicht möglich, aus der Beschreibung von Ökosystemen zu Normierungen zu kommen. Eine Ethik der Folgenbewertung von Eingriffen in die Natur nach sittlichen Grundsätzen, insbesondere dem der Gerechtigkeit, argumentiert auf der Ebene der sittlichen Prinzipien kategorisch, d. h. mit Verpflichtungen zur Transsubjektivität, zur Gerechtigkeit und zur Personwürde. Diese Grundsätze der sittlichen Bewertung erbringt eine Explikation sittlicher Rationalität, nicht die Natur.

Der Treibhauseffekt – Grenzen einer Ethik des Ethos

Die bisherigen Überlegungen zu einer Ethik des Ethos und zur Anthropozentrik haben erste Konturen einer Umweltethik offengelegt. Die Konzeption des Ethos kommt allerdings an eine Grenze, wenn wir eines der dringendsten Probleme der Umweltethik betrachten, nämlich die Energiegewinnung und den Treibhauseffekt.[90] Die meisten der bisher analysierten Umweltethiken mit ihrer Ausrichtung an einem individuellen Ethos können angesichts des globalen CO_2-Anstiegs keine konkreten sittlichen Weisungen mehr rechtfertigen. Dies ist nicht verwunderlich, denn sie wurden entwickelt, um Umweltschutz, Naturschutz oder Artenschutz zu legitimieren. So offenkundig ist das Gefahrenpotential des Treibhauseffektes jedoch nicht erfahrbar, resultiert es doch erst aus vorhersehbaren, aber noch nicht in allen Punkten konkret beweisbaren Folgen unseres derzeitigen Weltenergiekonsums und seiner Struktur. Da hier die Schäden nur durch weltweit zu koordinierende Maßnahmen in Grenzen gehalten werden können, muß über das Menschheitsethos einer ökologisch orientierten Humanität hinaus eine Ethik entwickelt werden, die Konfliktregeln und Entscheidungshilfen für staatliches und internationales Handeln anbietet.

Diese können angesichts der Neuartigkeit des Problems nicht unmittelbar aus der Tradition entnommen, sondern müssen eigens begründet werden. Die dieser Aufgabe korrespondierende Ethik ist m. E. eine Ethik der Folgenbewertung im Rahmen einer Handlungs- und Entscheidungstheorie. Sie zieht die vorhersehbaren Folgen einer Handlung gemessen an sittlichen Urteilen als Maßstab zu deren Bewertung heran. Eine derartige Ethik ist methodisch auf Zukunft angelegt. Sie kann an die Zukunftsethik und geläuterte Versionen der Anthropozentrik, also an das Ethos einer ökologisch orientierten Humanität anknüpfen, wendet sich aber an die lebende Menschheit, um argumentativ die Entscheidung für einen Weg aus der Umweltkrise vorbereiten zu können. Ihre Grundfrage lautet: Warum sollen bestimmte Teile der jetzt lebenden Menschheit möglicherweise gravierende Verzichte in Kauf nehmen, wenn die Folgen nicht sie, sondern höchstens ihre Kinder oder Enkel zu tragen haben und es auch im einzelnen noch nicht gewiß ist, wie die Wirkungen konkret aussehen.

Allerdings stellt sich noch die Frage nach der Meßlatte, an der die Bewertung der vorhersehbaren Folgen einer Entscheidung ausgerichtet wird. Im sittlichen Sinne ist eine systemtheoretisch begründete Diskontierungsmethode, d. h. Abschätzung der zukünftigen Entwicklung nach gegenwärtigem Wissensstand und deren Monetarisierung unzureichend. Vielmehr müssen oberste sittliche Prinzipien wie Gerechtigkeit und Fairneß herangezogen werden, um die Implikation globaler Energieversorgung bewerten zu können. Denn die Verpflichtung zu Gerechtigkeit und Fairneß gegenüber Mensch und Natur liegt im Ethos ökologisch orientierter Humanität beschlossen. Dabei verpflichtet die Meßlatte der Gerechtigkeit den Menschen, auch bislang unerkannte Folgen einer Entscheidung zu berücksichtigen sowie möglichst viele der noch nicht vorhergesehenen Folgen zu prognostizieren. Der erste Schritt zur sittlichen Bewertung der CO_2-Problematik ist daher eine Analyse der vorhersehbaren Folgen gegenwärtiger Formen der Energiegewinnung im Horizont der Frage, ob diese aus unserer heutigen Perspektive als fair und gerecht angesehen werden können.

Der Mensch ist zum dominierenden Klimafaktor geworden. Deshalb trägt er nun die Verantwortung für die weitere Entwicklung des Weltklimas. Allerdings ist die Extrapolation und Folgenabschätzung derzeit noch mit großen Unsicherheiten wegen der künftigen Energienutzung und der Kohlenstoff-Flußmodelle behaftet.[91] Dies hat auch für die sittliche Bewertung Konsequenzen. Denn sie muß nun sehr vorsichtig an diese Thematik herangehen. Die zur Zeit erprobten und durchgeführten Klimamodellexperimente arbeiten mit drastischen Vereinfachungen, insbesondere bei ozeanischen Prozessen.[92] Um dennoch zu einigermaßen abgesicherten Aussagen zu gelangen, geht man deshalb bei Prognosen zunehmend von einer Verdoppelung der CO_2-Konzentration auf 600ppm aus, ohne weitere Voraussagen über den Zeitpunkt, an dem dieser Wert erreicht sein könnte. Zu erwarten ist dann eine durchschnittliche globale Erwärmung um 3 Grad +/-0,5 Grad[93] und eine Erhöhung des Meeresspiegels um etwa einen Meter. Beide Werte können in etwa hundert Jahren durchaus erreicht werden, falls der Menschheit keine drastische Wende in der Energiegewinnung und -einsparung gelingt. Allerdings werden wir noch zehn bis zwanzig Jahre warten müssen, bis sich Effekte der anthropogenen Klimabeeinflussung kausal und empirisch nachweisen lassen. Doch dann könnte es für Gegenmaßnahmen zu spät sein, da die Änderung der Infrastruktur im Bereich der Energiegewinnung etwa fünfzig Jahre dauert.[94]

Zum zusätzlichen Treibhauseffekt – dem wohl wichtigsten Faktor für globale Klimaänderungen – tragen derzeit drei Hauptverursacher bei, nämlich das Kohlendioxid mit 50%, das Methan mit 19% und die FCKW mit 17%.[95] Der erste Faktor geht auf die Nutzung fossiler Brennstoffe zurück, beim Methan spielt die Landwirtschaft eine große Rolle, während die FCKW hauptsächlich durch Spraydosen und industrielle Prozesse freigesetzt werden. Die enorme Bedeutung der Nutzung fossiler Energieträger für den Treibhauseffekt ist offenkundig. Auch die Bilanzierung nach Verursacher-Ländern ist aussagekräftig: Betrachtet man die Emissionen von CO_2 aufgrund kommerzieller Energieträger, so läßt sich konstatieren, daß ein relativ kleiner Teil der jetzt lebenden Weltbevölkerung bevorzugt in den Industrieländern einen hohen Verbrauch an Primärenergie auf fossiler Basis hat und daher überproportional an der Entstehung des zusätzlichen Treibhauseffektes beteiligt ist. Der Befund ist im Grundriß also klar, wenn auch im einzelnen noch große Unsicherheiten bestehen. Die Konsequenzen des Temperatur- und Meeresspiegelanstiegs werden gravierend, in vielen Fällen höchst negativ sein. Doch nicht wir werden sie in spürbarem Maße tragen, sondern unsere Kinder und Enkel. Warum also sollen wir heute handeln, uns einschränken und der Entwicklung Einhalt gebieten? Auf diese Frage gibt keine Prognose, kein Modell Antwort, sondern höchstens eine stringente sittliche Argumentation.

Diese muß zunächst von den Fakten ausgehen. Gewinn aus der Nutzung fossiler Energie haben heute vor allem Menschen in den Industrie- und Schwellenländern. Die Folgen des Treibhauseffektes sind jedoch globaler Natur und beschränken sich nicht auf die Nutznießer. Zudem erzielt ein Teil der gegenwärtig lebenden Menschheit Gewinn. Die Lasten im Sinne vorhersehbarer vielfältiger Gefahren tragen jedoch nachfolgende Generationen. Die Risiken bestehen in abrupten Klimaschwankungen, in radikalen Änderungen der Niederschlagsverteilung, in der mangelnden Wasserversorgung, in Schwierigkeiten mit der Nahrungsmittelproduktion, im Meeresspiegelanstieg, in Völkerwanderungen und im Aussterben von Arten. Zu erwarten sind Katastrophen, die wir uns nicht vorstellen können. Zudem könnten Seuchen und Epidemien verstärkt auftreten, wenn Mikroorganismen und Krankheitserreger sich aufgrund ihrer Generationenfolge möglicherweise leichter an schnell verändernde Umweltbedingungen anpassen können als höhere Pflanzen oder Tiere.[96] Auch der zusätzliche CO_2-Eintrag in die Tiefsee – das Meer absorbiert derzeit etwa 50% – hat wohl gravierende Folgen auf die Zusammensetzung des Wassers. Er verschiebt die Grenze der kalklösenden Schicht nach oben und führt zu einer Verminderung der Photosyntheseaktivität.[97] Auch dies bleibt nicht ohne Auswirkungen für die Welternährung und Bevölkerungsentwicklung. Aufschaukelungsprozesse zwischen den einzelnen Faktoren sind zu erwarten. Die Verteilung der Lasten und des Nutzens ist wieder sehr unterschiedlich. Küstenländer sind erheblich mehr von Gefahren betroffen als Binnenstaaten.

Die gegenwärtige Form der Nutzung fossiler Energieträger erscheint der ethischen Betrachtung somit in dreifacher Hinsicht als unfair. Heute produziert eine Minderheit der jetzt lebenden Menschheit einen nicht unerheblichen Anteil des zusätzlichen CO_2 in der Atmosphäre. Sie hat den Nutzen, die Risiken aber sind global verteilt. Insgesamt betrachtet führt die Übernutzung fossiler Brennstoffe durch die jetzt lebende Menschheit dazu, daß kommenden Generationen enorme Lasten für Kompensationsleistungen und Einbußen an Lebensqualität und Gesundheit zugemutet werden. Zwar kumulieren insbesondere die Industrieländer Kapital, mit dem spätere Kompensationsleistungen bezahlt werden könnten. Aber vieles läßt sich nicht reparieren, so daß im intergenerationellen Interessenausgleich radikale Einsparungen bei der Nutzung fossiler Energieträger insbesondere in den Industrieländern fair wären. Drittens sind künftige Lasten global sehr ungleich verteilt, etwa auf Küstenbereiche und Länder mit mediterranem Klima, ohne daß die Vorfahren der dann Benachteiligten heute in überdurchschnittlichem Maße die Vorteile der Verwendung fossiler Energieträger genießen könnten. Das Schema wiederholt sich. Den überwiegenden Nutzen hat ein begrenzter Teil der gegenwärtig lebenden Menschheit, die Lasten in Form der Klimakatastrophe und ihrer Folgen sind jedoch globaler und zukünftiger Natur. Zudem betreffen sie Menschen in unterschiedlichen Regionen der Welt in extrem ungleicher Weise. Des weiteren bedeutet die zu erwartende Klimaänderung eine drastische Herabminderung der Arten höherer Pflanzen und Tiere.

Angesichts der künftig drohenden Krisen ist daher gemäß der methodischen Anthropozentrik das Ethos ökologisch orientierter Humanität um eine Ethik der Folgenbewertung im Rahmen einer Handlungs- und Entscheidungstheorie zu erweitern. Dies ist nicht schwierig, denn das Humanitäts-Ethos impliziert eine Handlungstheorie. So läßt sich eine Umweltethik entwerfen, die Belange der Natur, Strebungen von Tieren, Interessen künftiger Generationen mit technischen und wirtschaftlichen Eingriffen der gegenwärtig lebenden Menschheit in den Naturhaushalt abwägt. Diese Ethik soll sachlich begründet einen globalen Konsens über eine Reduktion der Gase, die den zusätzlichen Treibhauseffekt bewirken, auf einem sittlich zu rechtfertigenden Niveau vorbereiten. Dabei kann die von mir propagierte Vorgehensweise an das Modell eines "Regelkonsequentialismus"[98] anknüpfen. Einer der grundlegenden Bewertungsmaßstäbe ist die Gerechtigkeit.[99]

Höffe hatte Umweltethiken nach Interessen und Bedürfnissen (1), Respekt und Rücksichtnahme (2) und Solidarität wie Gerechtigkeit (3) klassifiziert. Gerechtigkeit scheint nun der Bewertungsmaßstab zu sein, der allen anderen noch vorausliegt. Denn ich kann immer fragen, welche Interessen und Bedürfnisse gerechtfertigt sind oder bis zu welchem Grad die Rücksichtnahme billig ist. Gerechtigkeit und Fairneß als Grundmaßstäbe erfordern von einer ökologischen Ethik Sachgerechtigkeit gegenüber den Lebewesen und der Natur und einen Ausgleich von Nutzen und Lasten (Verteilungsgerechtigkeit) im Hinblick auf konkurrierende Energieversorgungsmodelle zwischen der gegenwärtig lebenden Menschheit, zukünftigen Generationen und leidensfähigen Tierarten. Das Ethos ökologisch orientierter Humanität impliziert dieses Gerechtigkeitsmodell und verlangt Rücksicht in abgestufter Weise auf die Natur und das Leben auf unserem Planeten angesichts ökologisch katastrophaler Ereignisse und deren Folgen sowie Vorsicht bei drohenden Risiken für die gegenwärtige und die zukünftigen Generationen. Wegen des Tier-Mensch-Unterschiedes bedeutet Fairneß nicht die Gleichbehandlung von Mensch, Tier und Natur, sondern nur unter vergleichbaren Hinsichten. Daher erscheint es sittlich geboten, Ansprüche von Lebewesen in Güterabwägungen mit einzubeziehen, insofern sie uns ähnlich sind, etwa in der Schmerzempfindung.

Eine ökologische Ethik, orientiert an Gegenstandsbereichen, ist zu statisch, um der Evolution und einer fortlaufenden technischen Innovation gerecht zu werden. Diese Versionen traditioneller Umweltethik, insbesondere die von Teutsch und Meyer-Abich sind in der Lage, Naturschutz, Tierschutz und Artenschutz zu begründen. Sie sind vom Ansatz her defensiv. Die Risiken der Energienutzung stellen jedoch die ökologische Ethik vor neue Aufgaben. Sie muß Risikoabschätzungen, Kosten-Nutzen-Analysen und Folgenbewertungen auf der Basis eines Ethos ökologischer Humanität vornehmen. Eine Ethik der Folgenbewertung hat zudem die Grenzen unseres Wissens bewußt zu reflektieren. Sie muß fordern, diese konsequent hinauszuschieben, um möglichst viele Folgen einer Entscheidung berücksichtigen zu können. Denn auf der Basis eines schmalen Wissens neigen die Lösungen eher dazu, ungerecht zu sein, weil so der Zufall die Prognose verzerrt. Daher begründet das Gerechtigkeitskonzept auf lange Sicht eine weitestmögliche Vorsicht bei zukunftsträchtigen Entscheidungen. Und um solche handelt es sich bei Fragen globaler Energieversorgung. Außerdem erfordert Fairneß Kreativität in der Suche nach Alternativen und ihrer Institutionalisierung, in unserem Fall etwa bei der Nutzung alternativer Energiequellen.

Das global zu erwartende erhebliche Schadensausmaß, die ungerechte Verteilung von Kosten und Nutzen zwischen Industrieländern und Entwicklungsländern, die unfaire Bemessung von Gewinn und Gefahr im intergenerationellen Vergleich sowie die Radikalität der Eingriffe in die Evolution durch massive Vernichtung von Lebensräumen und Arten werfen ethische Fragen besonderer Natur auf. Ziehen wir den Kategorischen Imperativ Kants und die ihm zugrundeliegende Universalisierungsregel heran, so stellen wir fest, daß wir im Interesse unserer Kinder nicht wollen können, daß alle Menschen unser Energieverbrauchsniveau anstreben. Damit verändert sich die Universalisierungsverpflichtung der kantischen Ethik durch den zeitlichen Horizont hin zum Gerechtigkeits-Konsequentialismus, einer Ethik der Folgenbewertung unter Gerechtigkeitsgesichtspunkten.

Der drohende Treibhauseffekt führt zu Veränderungen im Paradigma der Umweltethik. Ein Gerechtigkeits-Konsequentialismus impliziert die Forderung eines Ausgleiches zwischen Ansprüchen der jetzt lebenden Menschen und nachfolgender Generationen in globaler Perspektive unter Berücksichtigung der Arterhaltung der höheren Tiere und möglichst weiter Teile der

Natur. Dabei meint Gerechtigkeit und Fairneß im Rahmen eines Konsequentialismus weniger die Verteilung von Gütern, sondern einen fairen Ausgleich zwischen der Befriedigung unterschiedlicher Bedürfnisse jetzt und zukünftig lebender Menschen, um zu verhindern, daß Risiken untragbar werden. Der Treibhauseffekt ist als ein erhebliches Risiko einzustufen.[100] Daher impliziert eine ethische Betrachtung der Energiegewinnung unter Gerechtigkeitsgesichtspunkten eine dreifach Perspektive, nämlich (1) Vorsicht, (2) Rücksicht auf Benachteiligte und (3) eine globale Haltung sachgerechter Eindämmungsstrategien des CO_2-Problems.

Daher sind also aus Gründen der Sachgerechtigkeit, der Rücksicht und Vorsicht insbesondere gegenüber benachteiligten Menschen, der Dritten Welt und nachkommenden Generationen Fragen nach dem angemessenen Preis und einer "vollständigen Kostenrechnung" sämtlicher Energieformen einschließlich ihrer ökologischen und sozialen Folgekosten sittlich erforderlich. Dabei geht es nicht nur darum, Geld fiskalisch abzuschöpfen, sondern Mittel bereitzustellen, um Maßnahmen zur Minderung des Einsatzrisikos der jeweiligen Energiequellen ergreifen zu können. Soziale Ungerechtigkeiten, die dadurch innerhalb der Gesellschaft und zwischen den Nationen entstehen, sind fairerweise zu berücksichtigen und auszugleichen. So ergibt sich eine wirtschaftspolitische Aufgabe: "Steuerpolitische Ansatzpunkte könnten Produktsteuern in Höhe der ökologischen und sozialen Folgekosten und/oder Rohstoff- und Energiesteuern sein, bei denen an schon vorhandenen speziellen Verbrauchssteuern wie der Mineralöl- und Tabaksteuer angeknüpft werden könnte. Der Aufbau eines ökologischen Ordnungsrahmens, der heute nur rudimentär vorhanden ist, sollte dazu genutzt werden, die Umweltpolitik – die heute immer noch vom Vorherrschen der Entsorgungskonzeption gekennzeichnet wird – stärker auf eine Vorsorgepolitik umzustellen."[101] Auch an Abgaben und ökonomische Anreize wären in diesem Zusammenhang je nach wirtschaftspolitischer Wirksamkeit zu denken.

Für konkrete Fragen der Steuerung weltweiter Prozesse ist ein Menschheitsethos Ausgangspunkt und Basis für die Formulierung konkreter Orientierungsregeln. Zur Bestimmung eines solchen Ethos bietet sich der Gedanke einer ökologisch orientierten Humanität an. Ich werde daher im folgenden überprüfen müssen, ob sich dieses Ethos als Grundlage für eine ökologisch orientierte Ethik und eine christliche Umweltethik eignet. Dies muß in den nächsten beiden Abschnitten geschehen. Das Ethos ökologisch orientierter Humanität versteht sich als Form einer geläuterten Anthropozentrik. Dieses ist nicht notwendig mit Egoismus, instrumenteller Rationalität oder Gewaltherrschaft über die Natur zu identifizieren. Ich werde daher aufzeigen müssen, daß diese Form von Anthropozentrik sowohl für eine ökologisch orientierte Ethik als auch für eine Schöpfungsethik konstitutiv sein kann. Dabei sollte nicht vergessen werden, daß das Ethos ökologisch orientierter Humanität in konkrete Handlungsanweisungen übersetzbar sein muß. Die Bedingungen dieser Übersetzungsleistungen hat eine ökologisch orientierte Ethik mit zu überdenken.

Anmerkungen

1 Vgl. Wolfgang Kluxen; Ethik des Ethos; Freiburg, München 1974, 20
2 Vgl. ebd. 26
3 Vgl. ebd. 49
4 Vgl. ebd. 44
5 Vgl. ebd. 58
6 Vgl. ebd. 60
7 Letzteres soll in den Abschnitten (4) und (5) geschehen.
8 Vgl. W. K. Frankena; Ethics and the Environment; in: K. W. Goodpaster, K. M. Sayre (Hg.); Ethics and Problems of the 21st Century; Notre Dame, Indiana 1979, 3–20, hier 4
9 Vgl. ebd. 5
10 Vgl. ebd. 5f
11 Vgl. Otfried Höffe; Sittlich-politische Diskurse. Philosophische Grundlagen. Politische Ethik. Biomedizinische Ethik; Frankfurt 1981, 146–149
12 Ebd. 147
13 Vgl. Gotthard M. Teutsch; Schöpfung ist mehr als Umwelt; in: Kurt Bayertz (Hg.); Ökologische Ethik; München, Zürich 1988, 55–65; das Schema findet sich 59–61
14 Vgl. ebd. 61
15 Ebd. 60
16 Vgl. Klaus Michael Meyer-Abich; Wege zum Frieden mit der Natur. Praktische Naturphilosophie für die Umweltpolitik; München 1984, 19
17 Vgl. ebd. 23
18 Vgl. ebd. 22
19 Näheres zur Universalisierung als Grundelement der Ethik findet sich im Abschnitt (7) "Konstitutionsbedingungen neuzeitlicher Ratiozentrik und Anthropozentrik" unter der Zwischenüberschrift "Kants Begründung der Menschenwürde" und bei: Reiner Wimmer; Universalisierung in der Ethik. Analyse, Kritik und Rekonstruktion ethischer Rationalitätsansprüche; Frankfurt 1980, 59–120, 207–357.
20 Immanuel Kant; Metaphysik der Sitten; Tugendlehre § 17, A 108f
21 Immanuel Kant; Moralphilosophie Collins; Vorlesungen Bd. 4, Akademie-Ausgabe Bd. XXVII 1, Berlin 1974, 459
22 Ebd. 460
23 Friedo Ricken; Anthropozentrismus oder Biozentrismus? Begründungsprobleme der ökologischen Ethik; in: Theologie und Philosophie 62 (1987), 1–21, hier 4
24 Vgl. Dieter Birnbacher; Verantwortung für zukünftige Generationen; Stuttgart 1988, 23
25 Vgl. ebd. 157
26 Vgl. ebd. 184
27 Vgl. ebd. 202–231
28 Vgl. ebd. 237
29 Vgl. Peter Singer; Praktische Ethik; übers. v. J. C. Wolf; Stuttgart 1984, 72
30 Vgl. ebd. 85f
31 Vgl. ebd. 123
32 Vgl. ebd. 129
33 Vgl. Marian Stamp Dawkins; The Scientific Basis for Assessing Suffering in Animals; in: Peter Singer (Hg.): In Defence of Animals; Oxford 1985, 27–40, hier 27
34 Vgl. ebd. 28
35 Ebd. 30
36 Vgl. ebd. 34–36
37 Ebd. 39

38 Albert Schweitzer; Gesammelte Werke in 5 Bden; Bd. 2; München o. J. (1974), 379
39 Ebd. 377
40 Ebd. 382
41 Ebd. 383
42 Vgl. Tom Regan; The Case for Animal Rights; Berkeley, Los Angeles 1983, 99
43 Vgl. ebd. 28
44 Vgl. ebd. 59
45 Vgl. ebd. 83
46 Vgl. ebd. 84
47 Vgl. Paul W. Taylor; Respect for nature. A theory of environmental ethics; Princeton NJ. 1986, 44
48 Vgl. ebd. 101–129
49 Vgl. ebd. 153
50 Vgl. ebd. 263
51 Vgl. ebd. 195
52 Vgl. K. M. Meyer-Abich; Wege zum Frieden mit der Natur; a. a. O. 25
53 Vgl. ebd. 167
54 Vgl. Klaus Michael Meyer-Abich; Zum Begriff einer praktischen Philosophie der Natur; in: Ders. (Hg.); Frieden mit der Natur; Freiburg, Basel, Wien 1979, 237–261, hier 238
55 Vgl. ebd. 253
56 Eine Erörterung der Positionen (7) und (8) meines Schemas der Umweltethik-Typen kann ich mir an dieser Stelle ersparen. Ich verweise für die Diskussion einer theistischen Version ökologischer Ethik auf die Aussagen von Drewermann und Moltmann im letzten Abschnitt. Eine kritische Würdigung des Naturrechts folgt im nächsten Abschnitt "'Rechtsgemeinschaft der Natur' oder Anthropozentrik in der Umweltethik?" unter dem Kapitel "Zur Systematik naturrechtlicher Argumentation".
57 Vgl. Otfried Höffe; Der wissenschaftliche Tierversuch. Eine bioethische Fallstudie; in: Elisabeth Ströker (Hg.); Ethik der Wissenschaften? Philosophische Fragen; München, Paderborn, Wien, Zürich 1984, 117–150; hier 135
58 Ebd. 136
59 Ebd. 139
60 Vgl. W. Kluxen; Ethik . . .; a. a. O. 24
61 Zum Problem des ökologischen Bedürfnis vgl. Laurence H. Tribe; Was spricht gegen Plastikbäume?; in: Dieter Birnbacher (Hg.); Ökologie und Ethik; Stuttgart 1980, 20–71, hier 22
62 Vgl. Reinhard Maurer; Ein möglicher Sinn der Rede von Postmoderne im Spannungsfeld zwischen Technologie und Ökologie; in: Walther Ch. Zimmerli (Hg.); Technologisches Zeitalter oder Postmoderne; München 1988, 88–110, hier 102
63 Vgl. Gotthard M. Teutsch; Schöpfung . . .; a. a. O. 60
64 Vgl. Kurt Bayertz; Naturphilosophie als Ethik. Zur Vereinigung von Natur- und Moralphilosophie im Zeichen der ökologischen Krise; in: Philosophia Naturalis 24 (1987), 157–185, hier 160
65 Ebd. 167
66 Ebd. 178
67 Ebd.
68 Ebd. 180
69 Ebd. 183
70 Vgl. Kurt Bayertz; Technik, Ökologie und Ethik. Fünf Dialoge über die moralischen Grenzen der Technik und über die Schwierigkeiten einer nicht-anthro-

pozentrischen Ethik; in: G. Bechmann, W. Rammert (Hg.); Technik und Gesellschaft. Jahrbuch 4; Frankfurt, New York 1986, 215–232, hier 222
71 Ebd. 231
72 Ebd.
73 Kurt Bayertz; Ökologie als Medizin der Umwelt? Überlegungen zum Theorie-Praxis-Problem in der Ökologie; in: Ders.; Ökologische Ethik; a. a. O. 86–101, hier 91
74 Ebd. 94
75 Ebd. 96
76 Ebd. 97f.
77 Ebd. 99
78 Eine ausführlichere Begründung dieses Schrittes entwickele ich in meinem Aufsatz: Hat die Natur ein Eigenrecht auf Existenz? Anmerkungen zur Umweltethik-Diskussion; in: Philosophisches Jahrbuch 97 (1990), 327–339
79 Vgl. hierzu meinen Aufsatz: Edmund Husserls Rehabilitation einer an der Lebenswelt orientierten Vernünftigkeit. Prolegommena einer Philosophie der Umwelt; in: H. M. Baumgartner, B. Irrgang (Hg.); Am Ende der Neuzeit? Die Forderung eines fundamentalen Wertwandels und ihre Probleme; Würzburg 1985, 95–118, bes. 117f
80 E. Husserl; Zur Phänomenologie der Intersubjektivität. Texte aus dem Nachlaß, Teil 2 (1921–1928); Huserliana Bd. XIV; ed. I. Kern; Den Haag 1973, 81
81 Vgl. ebd. 78
82 Ebd. 81
83 Ebd. 83
84 Ebd. 87
85 Reschers Ansatz kann hier nicht expliziert werden, es sei aber immerhin auf sein Werk verwiesen: Nicholas Rescher; Induktion. Zur Rechtfertigung induktiven Schließens; Übers. von. G. Schaeffner; München, Wien 1987; Näheres hierzu entwickele ich in meinem Aufsatz: Solidarität mit der Natur? Eine Ortsbestimmung umweltethischen Denkens; in: Jörg Klawitter, Reiner Kümmel, Gerhard Maier-Rigaud (Hg); Natur und Industriegesellschaft; Berlin, Frankfurt, New York 1990, 91–111
86 John Henry Kardinal Newman; Entwurf einer Zustimmungslehre; übers. v. Th. Haecker; Mainz 1961, bes. 204; Zur Übertragbarkeit der ursprünglich fundamentaltheologischen Konzeption in den Bereich der theologischen Ethik vgl. Johannes Gründel; Die Bedeutung einer Konvergenzargumentation für die Gewißheitsbildung und für die Zustimmung zur absoluten Geltung einzelner sittlicher Normen; in: L. Scheffzyk et al. (Hg.); Wahrheit und Verkündigung. Fschr. f. Michael Schmaus; München et al. 1967, 1607–1630
87 Vgl. hierzu Abschnitt (6) ”Christliche Anthropozentrik” unter der Überschrift ”Handlungstheorie bei Thomas von Aquin”.
88 Dieser wird im nächsten Abschnitt ”Rechtsgemeinschaft der Natur” näher erläutert.
89 Vgl. Immanuel Kant; Grundlegung zur Metaphysik der Sitten; BA 66 und Abschnitt (7) ”Konstitutionsbedingungen neuzeitlicher Ratiozentrik und Anthropozentrik” unter der Zwischenüberschrift ”Kants Begründung der Menschenwürde”.
90 Vgl. meinen Aufsatz: Ethische Implikationen globaler Energieversorgung; in: Stimmen der Zeit 207 (1989), 607–620
91 Vgl. Christian-Dietrich Schönwiese; Spurengasemissionen und ihre Auswirkungen in Europa; in: J. Klawitter, R. Kümmel (Hg.); Umweltschutz und Marktwirtschaft aus der Sicht unterschiedlicher Disziplinen; Würzburg 1989, 83–100, hier 85
92 Vgl. ebd. 86

93 Vgl. ebd. 87
94 Vgl. ebd. 87
95 Vgl. Deutscher Bundestag, Referat für Öffentlichkeitsarbeit (Hg.); Schutz der
   Erdatmosphäre: Eine internationale Herausforderung; Zwischenbericht der Enquete-Kommission des 11. Deutschen Bundestages "Vorsorge zum Schutz der
   Erdatmosphäre"; Zur Sache 88/5; Bonn 1988
96 Vgl. B. Klopries, G. Beckmann; Der Anstieg der Kohlendioxidkonzentration in
   der Tropossphärenluft – ein Kardinalproblem der Menschheit; in: Forst und Holz,
   44. Jg., Nr. 8 (25.4.1989), 191–199; hier 198
97 Vgl. ebd. 193
98 Rainer W. Trapp; Nicht-Klassischer Utilitarismus. Eine Theorie der Gerechtigkeit; Frankfurt 1988, 56
99 Näheres hierzu expliziere ich im nächsten Abschnitt "'Rechtsgemeinschaft der
   Natur' oder Anthropozentrik in der Umweltethik?" im Kapitel "Ökologische Gerechtigkeit und ein neues Naturrechtsdenken".
100 Vgl. W. Fischer, J. C. de Primo, W. Sassin; Das Klimaproblem. Ansätze einer
   politischen Lösung; in: Energiewirtschaftliche Tagesfragen 39 (1989), 278–283,
   hier 278
101 Christian Leipert; Grundfragen einer ökologisch ausgerichteten Wirtschafts- und
   Umweltpolitik; in: Aus Politik und Zeitgeschichte. Beilage zur Wochenzeitung
   Das Parlament B 27/88, 29–37, hier 36

3. "Rechtsgemeinschaft der Natur" oder Anthropozentrik in der Umweltethik?

Das Menschheitsethos einer ökologisch orientierten Humanität und das in
ihr implizierte Gerechtigkeitskonzept war eingeführt und erläutert worden,
um der kontroversen Diskussion in der Schöpfungsethik einen gewissen
Fluchtpunkt in der Argumentation anbieten zu können. Diese Version einer
geläuterten Anthropozentrik ist nun zu explizieren und von konkurrierenden
Modellen abzugrenzen. Im Horizont dieses Ethos konnte ich ein Dringlichkeitskriterium abgestufter Verpflichtungen des Menschen zur Berücksichtigung grundlegender Interessen nachfolgender Generationen, basaler "Bedürfnisse" von Tieren und zur Erhaltung grundlegender Kreisläufe der Natur in Güterabwägungen und bei Entscheidungskonflikten entwickeln. Die
Bedeutung dieses Ethos für eine theologische Ethik ist nun zu untersuchen.
  Parallel zu diesem Unternehmen ist die Möglichkeit einer ökologisch
orientierten theologischen Ethik zu analysieren. Denn beide Fragestellungen
ergänzen sich und erhellen sich wechselseitig im Hinblick auf eine nähere
Bestimmung der Anthropozentrik in einer christlichen Umweltethik. Ob
nun eine ökologisch orientierte theologische Ethik möglich ist, entscheidet
sich auf drei Ebenen. In der ersten muß die Conditio sine qua non für eine
jede Umwelt-Ethik erhellt werden. Darauf ist in einem zweiten Schritt zu
explizieren, worin das Spezifikum einer theologischen Ethik für den Bereich
der Schöpfung besteht. Und drittens ist zu fragen, unter welchen methodischen Bedingungen theologische Ethik sich auf Ökologie als empirischer
Naturwissenschaft beziehen kann. Die erste Ebene möchte ich in diesem

Kapitel untersuchen, die zweite soll im nächsten und übernächsten Abschnitt analysiert werden, während ich die dritte im Punkt (9) abhandeln werde.

Um nun das Ethos ökologisch orientierter Humanität auf seine Tragfähigkeit überprüfen und zugleich die unhintergehbare Voraussetzung jeder Umwelt-Ethik explizieren zu können, möchte ich dieses Ethos mit der dezidiertesten nicht-anthropozentrischen Form einer Umweltethik konfrontieren, die in der Kontroverse vertreten wird. Es handelt sich um die Vertreter einer "Rechtsgemeinschaft der Natur" oder eines neuen Naturrechtsdenkens. Besonderen Wert lege ich auf die methodische Absicherung der folgenden Überlegungen, die auf dieser Ebene der Streit zwischen den beiden Konzeptionen entschieden werden kann. Denn die Ehrenhaftigkeit der Motive läßt sich wohl weder bei den Vertretern eines anthropozentrischen wie eines nichtanthropozentrischen Ethos bezweifeln. Da aber Anthropozentrik in der Umweltethik – wie ich in dieser Arbeit zu erweisen hoffe – nicht bloß eine Überzeugungsfrage, sondern in ihrem Kern methodischer Natur ist, denke ich, daß die Grundsatzdebatte über Umweltethik zumindest in bezug auf die Anthropozentrik-Frage zu einem Ende geführt werden kann.

Walther Zimmerli hat den methodischen Gehalt des Problems Anthropozentrik und die ganze Kontroverse um diese pointiert unter dem Namen "Anthropozentrismus-Paradox"[1] umschrieben: "Dieses Paradox hat aber – wie alle Paradoxa – zwei Seiten. Gegenwärtig tendieren wir dazu, die Sonderstellungs-Aufhebungsseite zu betonen; und das ist sicher auch richtig so. Dabei sollten wir aber die Sonderstellungs-Bewahrungsseite nicht unterschlagen. Nur aus ihr erklärt sich nämlich, daß sich der Mensch nicht unter Hinweis auf seine nun aufgehobene privilegierte Stellung aus der Verantwortung davonstehlen kann. Kurz: Das Anthropozentrismusparadox liefert uns – paradoxerweise! – beides: den Fehler, der zur Situation moralischer Verpflichtung des Menschen gegenüber der außermenschlichen Natur geführt hat, *und* die theoretischen Mittel zur Beseitigung dieses Fehlers."[2] Da die Vertreter einer "Rechtsgemeinschaft der Natur" nahezu ausschließlich die Aufhebung und Ersetzung des Anthropozentrismus durch die These eines Eigenwertes der Natur betonen; ist die Triftigkeit dieser Behauptung nun zu untersuchen.

Rechtsgemeinschaft der Natur

Der derzeit wohl prononcierteste Vertreter der Idee einer Rechtsgemeinschaft der Natur ist *Meyer-Abich*. Er schlägt zur Begründung dieses Gedankens zwei Rechtfertigungsstrategien vor, die im Ansatz rekonstruiert werden sollen. Im ersten Fall handelt es sich um eine naturgeschichtliche Begründung des Eigenwertes der Natur. Die zweite Strategie intendiert eine Legitimierung der Rechtsgemeinschaft der Natur aus der Eigentumsfrage in der bürgerlichen Gesellschaft.

Die Argumentationsstruktur der ersten Form geht von der Tatsache aus, daß die Menschheit naturgeschichtlich hervorgegangen ist. Daher begründet die Naturgeschichte für Meyer-Abich ein Gleichheitsprinzip als Gerechtigkeitsgrundsatz.[3] Wichtig sei zu untersuchen, "welche Gleichheiten mit dem naturgeschichtlichen Verwandtschaftszusammenhang verbunden sind und welche Rechte aus ihnen folgen."[4] Zwar entspräche die Leidensbegrenzung durchaus dem Gleichheitsprinzip, aber unsere Verwandtschaft mit der natürlichen Mitwelt reiche über die Leidensfähigkeit hinaus. Auch Tiere und Pflanzen hätten Empfindungsfähigkeit. Und unter dem Gesichtspunkt des Interesses dürften auch Pflanzen Rechte nicht vorenthalten werden.[5] Zur Rechtfertigung seiner Position verweist Meyer-Abich hinsichtlich des Empfindungsvermögen der Pflanzen allerdings auf so umstrittene "Phänomene" wie ihre Ansprechbarkeit. Letztlich spricht er von der Seele eines Flusses oder Berges nach dem Vorbild vieler Schöpfungsmythen.

Meyer-Abich vertritt eine emotional ansprechende Konzeption, die jedoch mit einem erheblichen Potential an innerer Widersprüchlichkeit verbunden ist. Denn zum einen sei für einen Holisten auch der Vegetarismus keine unproblematische Lösung.[6] Des weiteren müßte er auch auf menschliche Artefakte Rücksicht nehmen, insofern sie zumindest jetzt ein Teil der Natur geworden sind. Meyer-Abich fordert ein Ethos, eine Einstellung und sittliche Haltung, die sich gegenwärtig nicht durchhalten läßt. Sie kann vielleicht niemals eingenommen werden, solange Natur Natur bleibt. Nach Meyer-Abich formuliert der Gedanke eines "Friedens mit der Natur" die handlungsmotivierende Utopie, die uns den realistischeren Waffenstillstand mit ihr – wenn überhaupt – anzustreben hilft. Aber Meyer-Abichs erste Rechtfertigungsstrategie erweist sich methodisch als nicht tragfähig. Denn wenn die Natur, aus der wir hervorgegangen sind, von sich her Rechte besitzt, die der Mensch nur festzustellen und anzuerkennen hat, muß bei der Natur wie beim Menschen Subjektivität und Personalität unterstellt werden. Dies ist m. E. methodisch unzulässig, worauf ich im Laufe dieses Kapitels noch zurückkommen werde.

Ein Hinweis sei mir aber bereits gestattet. Sittliche Verantwortung für Handlungen oder Entscheidungen ist eine dreistellige Relation. Sie umfaßt zunächst das Verantwortungssubjekt, den Menschen. Dieser trägt Verantwortung für andere oder anderes, für Menschen oder die Natur. In dieser Zuordnung besteht Einigkeit. Strittig jedoch ist die Frage nach der Verantwortungsinstanz. Für Anthropozentriker können Instanzcharakter nur andere Menschen, das Sittengesetz bzw. die sittliche Verpflichtung oder Gott annehmen, nicht aber die Natur. Für diese Position kann man folgendermaßen argumentieren: Eine Instanz, die selbst weder sittlich noch personal ist, kann einen Menschen nicht verpflichten oder sittlich einfordern. Mögliche Gegeneinwände wären, daß das Sittengesetz ja keine Person sei und die Natur früher auch als Quasi-Subjekt aufgefaßt worden ist. Aber praktische Vernunft als Quelle sittlicher Verpflichtung ist immer personal rückgebunden, sonst ist die Verpflichtung nicht mehr sittlich, sondern Ausdruck heteronomer Vergewaltigung des Menschen. Auch der zweite Einwand ist nicht stichhaltig. Denn wenn im Rahmen des mythischen Weltbildes der Natur oder Teilen von ihr Subjektivitätsstatus zugesprochen wurde, geschah dies deshalb, weil man sie als göttlich oder quasigöttlich verehrte. Eine derartige Position kann ein Christ nicht einnehmen. Zudem verweist die Vergöttlichung der Natur auf Weltanschauungen und religiöse Grundhaltungen, in denen die Personalität des Menschen noch nicht vollständig erfaßt worden war. Personalität jedoch ist konstitutiv für christliche Ethik, auch im Umweltbereich.

Es ist gewiß nicht zu leugnen, daß die Zusprechung von Rechten immer dann zufällig und willkürlich bleibt, wenn dafür keine guten und in diesem Fall sittlich relevanten Gründe genannt werden können. Dieser Gefahr würde der Gedanke eines Eigenrechtes der Natur entgehen, wenn es der Natur qua Natur zukäme. Jedoch zerstört ein derartiges Konzept durch seine Doppelstrategie einer Personalisierung der Natur und einer Naturalisierung des Subjektes die Grundlagen der Ethik. Es hat fatale Auswirkungen, wenn man die paradoxale Struktur des Anthropozentrismusvorwurfes zugunsten vermeintlich höherer Durchsichtigkeit aufheben möchte und seiner eigenen Argumentation damit den Boden entzieht. Zudem weist dieser Ansatz praktische Konsequenzen auf, die ihn selbst für eine pragmatisch orientierte Umweltethik problematisch machen. Davon seien einige hier nur genannt.

Der Begriff des Rechtes und seine Schutzfunktion wird beliebig, wenn er auf alles in der Natur unterschiedslos angewandt wird. Der physiozentrische Standpunkt vermag zudem kein Dringlichkeitskriterium bei Güterabwägungen oder Wertkonflikten zu entwickeln, welche Interessen welcher Arten oder Gattungen in einem bestimmten Fall zu berücksichtigen sind oder nicht. Er könnte versuchen, seine Zuflucht zu einer Bestimmung wie der "Höhe der Evolution" oder den Entwicklungsstand eines Organismus zu nehmen. Ein derartiges Kriterium müßte aber ohne Rückgriff auf den Menschen formuliert werden. Dieses jedoch zu entwickeln scheint mir ohne willkürliche Entscheidung als unmöglich. Und wenn man ganzen Arten ein Recht auf Leben zuspräche, dann wäre man auch verpflichtet, nötigenfalls zu ihrem Schutz gegen andere Arten einzugreifen. Das müßte nicht zwangsläufig im Sinne einer Erhaltung ökologischer Gleichgewichte ausfallen. Zudem impliziert der Versuch, Tieren Rechte zuzusprechen, deren weitgehende Anthropomorphisierung. Da der Wunsch, Tiere auch als Personen anzusehen, den Tier-Mensch-Unterschied unterwandert und somit den Ansatz der Ethik und die sittliche Fundierung des Gedankens einer Rechtsgemeinschaft der Natur selbst zerstört, hat sich der Holismus in dieser physiozentrischen Rechtfertigungsstrategie mit der Forderung nach einem Eigenrecht der Natur qua Natur selbst als einer sittlichen Verpflichtung den Boden entzogen.

Ein Eigenrecht, ein Recht, das der Natur qua Natur zukommt, kann ihr aufgrund sittlicher Argumentation nicht zugesprochen werden. Von Natur aus kommen Teilen der Natur oder ihr selbst kein Selbstwert zu. Wer anderes behauptet, unterliegt dem Verdikt eines Verstoßes gegen die Sein-Sollen-Untersuchung. Er meint zu Unrecht, aus Tatsachen Werte ableiten zu dürfen. Davon unberührt bleibt die Frage, ob Rücksicht auf Teile der Natur unter bestimmten Umständen als Verwirklichung eines Gutes angesehen werden kann oder nicht und mit welchen Gründen dies geschieht. Eine Ausweitung in der Anwendung des Gleichheitsgrundsatzes auf alle Bereiche der Natur, wie sie physiozentrische Positionen fordern, kann von einem Ethos ökologisch orientierter Humanität nur mit der Einschränkung nachvollzogen werden, nämlich dann, wenn er als Gleichbehandlungsgrundsatz in vergleichbaren Umständen verstanden wird. Die Intention dieser

Forderung wird jedoch von der geläuterten Anthropozentrik nicht vollständig abgelehnt. Der methodisch entscheidende Gesichtspunkt in dieser Auseinandersetzung ist die Bewertung des Gerechtigkeitsgrundsatzes.

Meyer-Abich formuliert ihn folgendermaßen: "Das Gleichheitsprinzip, daß zweierlei gemäß seiner Gleichheit gleich und gemäß seiner Verschiedenheit verschieden behandelt werden soll, ist wohl der elementarste Grundsatz der Gerechtigkeit."[7] Meyer-Abich glaubt, daß Menschen im Lebenswillen oder in der Schmerzempfindlichkeit weiten Bereichen der Natur gleich seien. Die Konzeption einer ökologisch orientierten Humanität leugnet nicht, daß im Lebenswillen oder in der Schmerzempfindung Ähnlichkeiten zwischen Menschen und zumindest Säugetieren vorliegen können. Das Ethos einer geläuterten Anthropozentrik bestreitet jedoch die behauptete Gleichheit. Denn menschliches Leben ist nicht Leben im Sinne des physischen Existierens, sondern ein bewußter Entwurf, ein von Freiheit durchgriffenes Lebenwollen. Der Begriff des Lebens bei Tier und Mensch ist eine bloße Äquivokation, in der die vorliegenden Unterschiede ignoriert werden. Aber selbst wenn z. B. in der momenthaften Schmerzempfindung Gleichheit der Intensität des Eindrucks bei Mensch und Tier nachgewiesen werden könnte – was sich durchaus bezweifeln läßt –, reicht dies nicht aus, Eigenrechte der Natur zu rechtfertigen. Denn der Unterschied besteht darin, daß beim Menschen die momentane Schmerzempfindung in einen anderen Lebens- und Zeitkontext eingeordnet wird als beim Tier. Schmerzempfindlichkeit begründet auch darum keine Eigen-Rechte, weil – abgesehen von hedonistischen Versionen des Utilitarismus – die Ethik dem Menschen nicht deshalb ein Eigenrecht zuspricht, weil er ein schmerzempfindendes Wesen ist, sondern weil er Person und sittliches Subjekt ist.

Aufgrund dieser kritischen Einwände darf die erste Rechtfertigungsstrategie für den Gedanken einer Rechtsgemeinschaft der Natur von Meyer-Abich als gescheitert betrachtet werden. Natur hat keine Rechte und keinen Subjektstatus, sofern unter Natur die empirisch erfaßbaren, der Evolutionstheorie und der Ökologie zugänglichen Entwicklungsprozesse physikalischer, chemischer oder biologischer Art verstanden werden. Allerdings hat Meyer-Abich eine zweite Rechtfertigungsstrategie für seine Position entwickelt, die mir methodisch konsistenter zu sein scheint. Diese argumentiert allerdings auf dem Boden der methodischen Anthropozentrik. Sie dürfte nicht allzu entfernt von Argumentationen auf dem Boden eines Ethos ökologisch orientierter Humanität sein, das im letzten Kapitel im Umriß entwickelt wurde. In dieser zweiten Rechtfertigungsstrategie wird zudem deutlicher, daß der These von der Rechtsgemeinschaft der Natur eigentlich ein juristisches und kein naturphilosophisches Problem zugrundeliegt.

Meyer-Abich geht bei seinem zweiten Versuch vom Eigentum in der bürgerlichen Gesellschaft als Rechtstitel und umfassendes Herrschaftsrecht des Menschen aus.[8] Nach Meyer-Abich wird vor dem Hintergrund des neuzeitlichen Individualismus die freiheitsverbürgende Funktion der Eigentumsgarantie als wirtschaftliche Voraussetzung für eine eigenverantwortliche Lebensgestaltung gesehen. Selbstverwirklichung durch Eigentum solle den Einfluß des Staates auf die Lebensentscheidung des einzelnen zurückdrängen.[9] Die Natur aber sei in der Entwicklung des bisherigen Eigentumsverständnisses kaum vorgekommen. Descartes und Hegel würden ein ineinandergreifendes neuzeitliches Konzept entwerfen, das Natur zum bloßen Objekt der Bemächtigung degradiere. Descartes' Erkenntnistheorie, nach der Tiere nur Maschinen darstellten, enthalte Hegels Position in nuce. Hier habe der Mensch ein absolutes Zuneigungsrecht auf alle Sachen, zu denen auch die Tiere und der eigene Körper gehöre.[10]

Hegels Anthropozentrik basiere auf der Rechtlosigkeit der Natur. Das anthropozentrische Weltbild sei der Absolutismus des kleinen Mannes.[11] Gerade die Eigentumsfrage habe aber nach der Sozialen Frage im 19. Jahrhundert nunmehr zum zweiten Male in der heraufziehenden Umweltkatastrophe die Industriegesellschaft in eine lebensbedrohliche Krise gebracht. Daher müsse über den Sozialstaat hinaus eine neue Stufe der Verfassungswirklichkeit erreicht werden, in der wir Menschen nicht mehr ein Recht auf Natur hätten, sondern die Natur ein Recht auf Menschlichkeit habe.

Ob die von Meyer-Abich geforderte Rechtsposition den einzigen oder den besten Ausweg aus der zweiten Krise der Industriegesellschaft darstellt oder nicht, darüber läßt sich diskutieren. Jedenfalls ist diese zweite Argumentationsstrategie nicht in sich widersprüchlich. Sie muß aber nicht notwendigerweise eine physiozentrische Position begründen, sondern kann ebensogut als Rechtfertigung einer ökologisch orientierten Humanität dienen. Diese zweite Argumentationsstrategie ist also für die Rechtfertigung der Physiozentrik nicht spezifisch genug. Deutlich wird der Wandel in der Rechtfertigungsstruktur in Meyer-Abichs Feststellung: Das Menschenbild sei der "entscheidende Angelpunkt für ein neues Verhältnis zur natürlichen Mitwelt [. . .]. Zusätzlich ist zu berücksichtigen, daß es gleichermaßen eine Frage der Menschenwürde ist, wie wir mit Tieren, Pflanzen und der natürlichen Mitwelt insgesamt umgehen."[12] Für Meyer-Abich ist es nunmehr ein Verstoß gegen das Sittengesetz, wenn der Mensch die natürlichen Lebensgrundlagen zerstört. Dem aber würde ein Vertreter des Ethos einer ökologisch orientierten Humanität nicht widersprechen.

Normalerweise sind die Plädoyers für eine Rechtsgemeinschaft der Natur jedoch physiozentrisch und naturphilosophisch orientiert und damit in sich widersprüchlich. Ich möchte mich mit einem Beispiel begnügen. Dieses steht bei *Johann-Friedrich Blume* unter dem Schlagwort der "Entsklavung der Natur".[13] Versklavung bedeute Verachtung, Ausbeutung, Zerstörung, den Zwecken seines Herrn verfügbar zu sein und wie ein Objekt behandelt zu werden. Nun sei aber zweifellos die naturwissenschaftlich erfaßbare Natur Objekt. Es geschehe ihr also Recht, wenn sie als Objekt betrachtet werden. Aber dem ist nach Blume nicht so. Denn: "Die Natur, um deren Befreiung es mir geht, wehrt sich, indem sie stirbt."[14] Hier wird die anthropomorphisierende Redeweise besonders deutlich, ohne daß geprüft würde, inwiefern derartige Aussagen überhaupt berechtigt sind.

Diese Forderung nach einer Rechtsgemeinschaft der Natur sei in einer konkreten geschichtlichen Situation erstmals erhoben worden: Es war der Prozeß um das Mineral King-Valley, der als Geburtshelfer für die Eigenrechtsidee wirkte. Christopher Stone, Urheber dieser Idee, wurde aus verfahrensrechtlichen Gründen dazu bewogen, Eigenrechte der Natur und ihr

Existenzrecht zu fordern.[15] Nicht naturphilosophische Überlegungen oder gar naturrechtliche Spekulationen führten zu dieser Idee, sondern ein juristisches Legitimationsdefizit, das sich z. B. durch das Recht zur Verbandsklage beheben ließe. Auf diese pragmatisch-juristische Genese der Idee einer Rechtsgemeinschaft der Natur hinzuweisen ist nicht unwichtig. Denn ursprünglich ging es bei dieser Idee um eine juristische Hilfskonstruktion für einen Prozeß und nicht um die Frage, ob die Konzeption von Eigenrechten der Natur qua Natur aus philosophischen oder theologischen Gründen überhaupt denkbar und sinnvoll ist oder nicht.

Zur Rechtfertigung seiner Position verweist Blume auf den Gedanken der juristischen Person als Rechtssubjekt. Weil der juristischen Person als einem künstlichen Organisationsgebilde Rechtssubjektivität zuerkannt werde, ohne dies mit dem Gedanken einer Personwürde zu verknüpfen, so könnten wir auch der Natur Rechtssubjektivität im juristischen Sinne zuschreiben. Juristisch gesehen kann ich dem zustimmen, auch wenn juristische Personen als Rahmenbedingungen menschlicher Kooperationen und Institutionen möglicherweise noch näher an menschlicher Personalität stehen als die Natur. Entscheidend ist aber, auf die Differenz hinzuweisen. Wir können aus vielen vernünftigen Gründen der Natur ein Existenzrecht zuerkennen, aber wir können keine Eigenrechte der Natur anerkennen, ohne der Begründung der Ethik jeglichen vernünftigen Boden zu entziehen. Dem Menschen kommt Menschenwürde kraft seiner Sittlichkeit und Personalität zu. Dies nicht anzuerkennen würde einen praktischen Widerspruch in sich selbst darstellen. Wir könnten niemanden mehr eine Tat sittlich zurechnen.

Der Natur kommt qua Natur kein Eigenrecht zu, denn ihr kann begründet weder Sittlichkeit noch Personalität in einem menschlichen Sinn zugesprochen werden. Sie vermag uns darum auch nicht durch sich selbst einzufordern oder zu verpflichten. Der Mensch ist zwar m. E. berechtigt, aus guten Gründen der Natur oder Teilen von ihr Schutzrechte einzuräumen, zuzusprechen oder zuzuerkennen. Aber Natur besitzt diese Rechte nicht von sich aus, während der Mensch kraft seiner Personalität durch Menschenwürde[16] grundsätzlich charakterisiert ist. Diese können wir ihm nur unberechtigterweise vorenthalten. Darum kann der Entsklavungsprozeß auch nicht bruchlos über den Menschen hinaus fortgesetzt werden. Die Befreiung der Sklaven und der Kampf um die Gleichberechtigung der Frau sind gerechtfertigt, weil jedem Menschen kraft seiner Personalität Menschenwürde zukommt. Sittlich argumentierend können wir nicht Menschenwürde, die Selbstzwecklichkeit des Menschen aufheben, ohne uns in einen Selbstwiderspruch zu begeben. Bei der Natur ist dies anders. Solange diese nicht sittlich handelt, sind wir nicht verpflichtet, ihr Selbstzwecklichkeit zuzuschreiben. Eine sittliche Würde kommt daher der Natur nicht kraft ihrem Natursein zu, kann also nicht mir derselben Rechtfertigungsstrategie auf den nicht-menschlichen Bereich ausgedehnt werden.

Wie problematisch diese Nivellierung des Unterschiedes zwischen Tier und Mensch eigentlich ist, müßte Blume selbst aufgegangen sein. Denn er räumt ein, daß die Rechtsfähigkeit der juristischen Person bis heute theoretisch ungeklärt sei, sich aber aus Praktikabilitätsgründen bislang bewährt habe.[17] Die Rechtsfähigkeit der Natur kann also höchstens anthropozentrisch, etwa mit dem Ethos ökologisch orientierter Humanität gerechtfertigt werden, nicht aber mit Anthropomorphisierungen der Natur, die ihr fälschlicherweise Eigenrechte zuspricht. Nichts ist jedoch einzuwenden gegen die Rechtfertigung der Rechtsfähigkeit der Natur durch die praktische Unentbehrlichkeit eines solchen Rechtes wie bei der juristischen Person.

Dieser juristische Hintergrund wird auch in *Jörg Leimbachers* Arbeit über die Rechte der Natur deutlich. Für ihn ist der wesentliche Grund dafür, der Natur Rechtssubjektivität zuzuerkennen, daß die heutige Qualifikation der Natur als bloßes Rechtsobjekt dazu beitrage, die Natur immer mehr zu schädigen.[18] Leimbacher kritisiert die Anthropozentrik des bisherigen Umweltschutzes, der im wesentlichen Menschenschutz sei, wobei nur das Tierschutzgesetz eine zumindest partielle Durchbrechung des anthropozentrischen Prinzips darstelle.[19] Von der Freiheit jedoch, die das Vernunftrecht Kants genau so gefordert habe wie die Marktwirtschaft, sei es oft nur ein kleiner Schritt zur Rücksichtslosigkeit des Menschen gegenüber der Natur gewesen.[20] Das soziale Recht als Begrenzung der Freiheit genüge nicht mehr. Vielmehr müsse die Rechtsfähigkeit auf Tiere ausgedehnt werden.

Dies ist für Leimbacher nicht so sehr ein qualitativer Sprung als die Fortsetzung einer jahrhundertelangen Entwicklung.[21] Warum diese Meinung aus ethischer Perspektive nicht akzeptabel ist, wurde bereits dargelegt. Anders verhält sich dies bei Leimbachers Feststellung, daß gegen den positiv-rechtlichen Akt der Zuerkennung von Rechtssubjektivität an die Natur aus rechtlicher Sicht keine überzeugenden Gründe sprächen. Der Ethiker muß jedoch darauf hinweisen, daß Rechtssubjektivität nicht mit Personalität verwechselt werden darf. Leimbacher greift auf ein physiozentrisches Menschenbild zurück, das zwar nicht allen Menschen vermittelt werden könne, aber immerhin ethische Gründe für die Erhaltung der Vielfalt der Natur anbiete.

Leimbacher entscheidet sich nicht definitiv für die Konzeption von Eigenrechten der Natur, obwohl immer wieder derartige Formulierungen anklingen. Seine Kritik an der Anthropozentrik relativiert er selbst wieder, denn heute herrsche das Maß des Marktes und nicht das des Menschen. So ließe sich auch eine geläuterte Anthropozentrik als Basis für die Zuerkennung eines Existenzrechtes der Natur vorstellen. Er spricht jedoch immer wieder inkonsequenterweise von der Anerkennung von Eigenrechten und deutet Natur anthropomorphisierend.[22] Deutlich wird dies, wenn er behauptet, daß ein Grundrecht des Menschen an der Natur unzureichend sei. Denn die Freiheit der Natur, verstanden als Freiheit von menschlicher Unterjochung, sei die Voraussetzung anderer Freiheitsrechte.[23] Obwohl ich die Intention dieser Aussagen durchaus nicht ablehne, erscheinen sie mir als höchst mißverständlich. Sie lassen es nicht zweifelsfrei erkennen, daß sie keine ontologischen Behauptungen über die Freiheit und Subjektivität der Natur darstellen.

Fruchtbarer und sittlich konsistent scheint mir eher die Position, die besagt, daß der Mensch, der die Natur nur als Gegnerin sieht, sich selbst verfehle. Hier würde statt von Grundrechten der Natur von Grundverpflichtungen des Menschen gesprochen werden. Doch Leimbacher reicht diese ins Sittliche gehende Ausdeutung der Idee der Rechte der Natur nicht aus. Er fordert ein Existenz-Grundrecht der Natur im Horizont anderer Grundrechte, die den Menschen schützen.[24] Daraus folge die Verpflichtung zur Lenkung der Güterabwägungen zugunsten der Natur, da sie sonst zu leicht zu Lasten der Natur ausfiele. Dies bedeute keinen generellen absoluten Vorrang der Interessen der Natur bei Güterabwägungen, allerdings einen absoluten Vorrang in bestimmten Fällen.[25] Zudem müssten die Grenzen einer regulativen Politik und eines regulativen Rechtes berücksichtigt werden. Beide könnten an grundsätzliche Wirkungsgrenzen stoßen, die sich mit dem Schlagwort der Verrechtlichung oder Kolonialisierung der Lebenswelt umschreiben ließen.[26]

Leimbacher argumentiert bisweilen auf dem Boden der Physiozentrik, teilweise unter Zuhilfenahme einer geläuterten Anthropozentrik und oftmals rein juristisch-pragmatisch. Dieser nicht-konsistente Ausgangspunkt seiner Überlegungen ist aus ethischer Perspektive zu bemängeln. Insgesamt aber dürfte sich erwiesen haben, daß eine Argumentation mit Eigenrechten, die der Natur qua Natur als Quasi-Subjekt oder Ersatz-Person zukommen, nicht als Grundlage einer konsistenten ethischen Argumentation herangezogen werden kann.

Einen Versuch des Brückenschlages zwischen den Positionen bietet Gotthard M. Teutsch mit seinem Begriff der "geschöpflichen Würde" an. Dieser Begriff, von Albert Lorz 1979 zur Begründung des Tierschutzgesetzes eingeführt, kann an Karl Barth und seine Rede von der Würde der Tiere anknüpfen.[27] Tierquälerei, Kastration, Genmanipulation, Embryo-Transfer oder künstliche Besamung ließen sich, so Teutsch, eventuell als Verstöße gegen die geschöpfliche Würde des Tieres verstehen. Auch das Ärgern von Tieren und die Massentierhaltung könnten vor diesem Maßstab des ethischen Tierschutzes nicht bestehen. Allerdings rechtfertigen weder Lorz noch Barth den Begriff der geschöpflichen Würde von Tieren, weder systematisch noch biblisch. Bei Barth ist sie zudem relativiert, da sie in Korrelation zur menschlichen Würde gesetzt wird. Der Mensch dürfe seine Geschöpflichkeit nicht vergessen, sonst verletze er die eigene Würde. Das Tier sei zwar nicht selbständiger Partner des Bundes, aber Begleiter und Gefährte des Menschen.[28] Und so erinnere das Tier den Menschen an seine Geschöpflichkeit wie Gottebenbildlichkeit.[29]

Insgesamt wird aus der Argumentation bei Barth, Lorz und Teutsch nicht klar, was geschöpfliche Würde bedeuten soll und woher sie sich legitimiert. Das ist auch nicht weiter verwunderlich, denn der Begriff bereits hat seine methodischen Schwierigkeiten. Gebildet in Analogie zum Begriff der Menschenwürde müßte geklärt werden, worin die Ähnlichkeit und Gemeinsamkeit zwischen Mensch und Tier in ihrer geschöpflichen Würde denn bestehe. Denn der Begriff der Menschenwürde basiert auf der Sonderstellung des Menschen als handelndes Freiheitswesen. So kreisen die verschiedenen biozentrischen oder physiozentrischen Versionen der Umweltethik um die Pole einer Identität von Natur und Subjekt. Anthropozentrische Umweltethiken hingegen unterscheiden sittliches Subjekt und Natur entweder unter methodischer Rücksicht – darauf wird mein

Lösungsvorschlag hinauslaufen – oder vertreten deren ontologische Geschiedenheit im Leib-Seele-Dualismus der klassischen Anthropozentrik.

Die Diskussion um Eigenrechte der Natur qua Natur hatte ergeben: Ethik und Recht sind menschenbezogen. Diese Form von Anthropozentrik ist unhintergehbar. Sie kann aus der Umweltethik nicht eliminiert werden, ohne Ethik in ihrem Ansatz zu zerstören. Zudem verliert eine nichtanthropozentrische Umweltethik die hermeneutische Fragestellung aus dem Auge, daß Natur sehr unterschiedlich interpretiert zu werden vermag. Im Zentrum des Rechts und der Ethik steht der handelnde Mensch. Dies ist ein spezifischer Sinn von Anthropozentrik, durch den sich Anthropozentrik klar von egoistischen Verhaltensmaximen unterscheidet. Agiert ein Mensch nur nach egoistischen Präferenzen oder ausschließlich nach Kosten-Nutzen-Kriterien, so ist sein Handeln egoistisch, aber nicht anthropozentrisch. Daher ist der Streit zwischen Anthropozentrik einerseits und Bio- oder Physiozentrik andererseits eine Auseinandersetzung am falschen Ort, denn die eigentliche Kluft liegt zwischen den Varianten egoistischen Verhaltens und den anderen Formen von Umweltethik einschließlich der anthropozentrischen. Das bereits entwickelte Ethos einer ökologisch orientierten Humanität vermag hier eine Überbrückungsfunktion zu übernehmen.

Ökologische Gerechtigkeit und ein neues Naturrechtsdenken

Dieses Ethos ökologisch orientierter Humanität geht den Vertretern eines "neuen Naturrechtsdenkens" nicht weit genug. Zu ihnen gehört *Beat Sitter*.[30] Er möchte in die modernen Gerechtigkeitskonzeptionen von Hobbes bis Rawls neben Individuum und Gesellschaft noch die Natur einbringen.[31] Diese Intention ist zunächst sympathisch, doch übersieht sie leicht, daß zwischen den ersten beiden und dem dritten Begriff keine symmetrische Beziehung herrscht. Sitter argumentiert in dreifacher Weise. Erstens habe die Fähigkeit des Menschen zur Beeinträchtigung und Kontrolle der Natur die Verpflichtung zur Fürsorge und Vorsorge zur Folge.[32] Diesem Argument aus der Verletzlichkeit der Natur und der Fähigkeiten des Menschen kann vom Boden eines ökologisch orientierten Humanismus aus zugestimmt werden.

Doch Beat Sitter verfolgt noch eine andere Begründungsstrategie, nämlich eine naturphilosophische: "Natur ist Voraussetzung des Menschen und objektive, unverfügbare Einschränkung seiner Willkür zumal; was sie nicht gestattet, sollte der Mensch unterlassen. [. . .] Alle Würde des Menschen nimmt ihren Ursprung in der Würde der Natur."[33] Da der Gedanke einer Würde der Natur nicht unproblematisch ist, muß nach dessen Quellen gefragt werden. Bei Sitter ist die "Macht der Natur über den Menschen"[34] der Grund für das Eigenrecht der Natur. Aber Macht rechtfertigt weder Recht noch Sittlichkeit, auch wenn sie häufig gesatztes Recht absichert und begründet. Hier scheint mir bei Sitter untergründig eine Verletzung der Sein-Sollen-Unterscheidung vorzuliegen.

Den Vorwurf des naturalistischen Fehlschlusses möchte Sitter in seinem dritten Argument umgehen. Er geht hier einem normativen Prinzip aus, nämlich dem Satz: Was einem nicht gehört, darf nicht beschädigt werden. Darauf folgert er: "Ökosysteme bestehen unabhängig von menschlicher

Kreativität und menschlichem Willen. Menschen können sie weder ursprünglich schaffen noch besitzen."[35] In dieser Fassung ist das normative Prinzip allerdings bereits in einer Weise apodiktisch bestimmt, daß es sehr leicht bestritten werden kann. Sinnvoller läßt es sich etwas anders formulieren und entspricht dann auch unserem Alltagsverständnis: Was einem nicht gehört, darf man nicht unbegründet beschädigen. Zur Rettung eines Menschen darf ich ein Auto aufschweißen. Auch Mundraub ist erlaubt. Daher darf nicht unbegründeterweise in Fremdes eingegriffen werden. Auch der zweite Teil seines oben angeführten Argumentes bedarf der Präzisierung. Denn Menschen können in Ökosysteme schöpferisch eingreifen und diese verändern. So müßte Sitter zumindest ausführlicher rechtfertigen, warum Ökosysteme nicht menschliches Eigentum werden können. Denn es ist nicht a priori einsichtig, warum nicht Teilbereiche von Ökosystemen etwa durch menschliche Transformation Eigentumscharakter annehmen können. Aufgrund der langen Tradition menschlicher Eingriffe in die Natur läßt sich nämlich vermuten, daß es – abgesehen von begrenzten Regionen im tropischen Regenwald und im Biotop des Korallenriffs – kein funktionierendes Ökosystem mehr gibt, in das der Mensch nicht konstitutiv mit einbezogen ist.

Daher halte ich das Konzept einer ökologisch orientierten Humanität mit seinem abgestuften Dringlichkeitskriterium für besser begründet und effektiver als das Modell einer Rechtsgemeinschaft der Natur. Denn selbst in der Rechtfertigung einer physiozentrischen Umweltethik ist eine methodische Anthropozentrik unhintergehbar, will sie sich als Ethik nicht selbst den Boden entziehen. Zudem sorgt die Verfügung der beiden Konzepte der Einfühlung und der Lebensgerechtigkeit im Entwurf des Ethos einer ökologisch orientierten Humanität dafür, daß bei der Berücksichtigung von Grundbedürfnissen von Menschen und anderen Lebewesen ein fairer Ausgleich wenigstens angestrebt wird. Der Gleichbehandlungs-Grundsatz ist zudem geeignet, künftige Risiken und Folgen technischer Eingriffe für ökologische Kreisläufe zu berücksichtigen, da er sowohl die gegenwärtig lebende Menschheit, zukünftige Generation und die Natur umfaßt.

Auch die Zukunftsethik muß sich angesichts vorhersehbarer Gefahren mit Argumenten an die gegenwärtig lebende Menschheit wenden. Und sie bewertet die Folgen von Eingriffen in die Natur nach Gerechtigkeitsüberlegungen gemäß dem abgestuften Dringlichkeitsgrundsatz. Ästhetische und religiöse, aber auch wirtschaftliche und technologische Argumente sind in sittliche Güterabwägungen einzubringen. Lebensgerechtigkeit[36] ist eine Richtlatte für einen möglichst fairen Ausgleich zwischen konkurrierenden Gattungsbedürfnissen, wobei sich Menschen untereinander eine gewisse Priorität hinsichtlich seines sittlichen Wert- wie Verpflichtungscharakters zubilligen dürfen, weil der Mensch nicht nur Objekt, sondern auch Subjekt sittlicher Verpflichtungen ist.

Die Verfahrensvorschläge einer Ethik der Folgenbewertung genügen Sitter jedoch nicht. Für ihn meint Naturrecht stets einen prinzipiell unverfügbaren Grund und Maßstab für die Richtigkeit sozialer Ordnung im weitesten Sinn.[37] Die Naturrechtskonzeption dürfe nicht statisch verstanden werden. Vielmehr stelle das Naturrecht einen unabschließbaren und stets neu voranzutreibenden Prozeß dar. Daher sei angesichts der ökologischen Situation nunmehr das Naturrecht nicht mehr auf anthropologische Gegebenheiten zu beschränken, sondern eine als umfassendes Ökosystem begriffene Natur sei mit einzubeziehen. Sitter geht von der Charakterisierung des Wesens des Menschen aus. Dabei hält er den Streit darüber für müßig, "ob es überhaupt so etwas wie eine allgemein ausweisbare Natur des Menschen gebe [. . .], solange kritisch kontrollierbare allgemeine Aussagen über den Menschen als biologisch-kulturelles Wesen möglich sind, was offensichtlich der Fall ist."[38]

Bei Sitter tritt an die Stelle der intellektuell befriedigenden, praktisch jedoch nicht verbindlichen transzendentallogischen Konstruktionen der Entschluß, "die Idee der absolut richtigen Ordnung in ganz neuem Sinne ernst zu nehmen, indem diese Ordnung zwar als unerreichbar, doch aber als möglich gesetzt wird und im praktischen Handeln die Konsequenzen solcher Möglichkeiten gezogen werden".[39] Sympathisch klingt auch Sitters Bekenntnis, daß eine dem Naturrechtsdenken entsprechende politische Ordnung freiheitlich-demokratisch sein müsse. Begründet wird dies jedoch nicht. Nach Sitter habe sich das bisherige Naturrecht einseitig auf den Menschen konzentriert. Aber menschliches Dasein hänge in entscheidender Weise von der natürlichen Umwelt ab. Sitter plädiert nun dafür, daß universal anerkannte Verhaltensprinzipien des Menschen in seiner natürlichen Umwelt als Mindestgehalt des Naturrechts angesehen werden können.

Allerdings sei dies nicht ausreichend. Vielmehr sie die Natur mit einzubeziehen. Sitter versteht unter Natur alles, "was von selbst, das heißt ohne Zutun des Menschen existiert".[40] Zur Anerkennung eines Rechts der Natur als Naturrecht müsse sich zeigen lassen, "daß 1. Mensch und Natur eine Gemeinschaft bilden, daß 2. diese Gemeinschaft normativer Regelung bedarf, daß 3. diese normative Regelung von unbeliebig verfügbaren Grundsätzen bestimmt wird."[41] Natur sei, wie der Mensch selber, verletzbar. Sie bedürfe des Schutzes und der Rücksicht. "Natur tritt zwar dem Menschen nicht als Person im *sittlichen* Sinne entgegen, doch aber zumindest als ebenbürtige Instanz, die Respekt heischt, also den überlebenswilligen Menschen nötigt, für ihn unbeliebige Normen seines Verhaltens ihr gegenüber anzuerkennen, zu befolgen und gesellschaftlich durchzusetzen."[42] Worin die Ebenbürtigkeit aber besteht, wenn sie nicht sittlicher Natur ist, aber an sittlichen Maßstäben gemessen werden soll, untersucht Sitter nicht weiter.

Die bislang zitierten Ausführungen Sitters stellen allerdings nur Behauptungen, keine Begründungen dar. Einen Rechtfertigungsversuch unternimmt Sitter, indem er mit der Unabhängigkeit der Natur von uns und ihrer Gefährdung durch uns argumentiert. Diese Rechtfertigungsstrategie ist im wesentlich negativ ausgrenzend. Sie ist keine zwingende Herleitung seines Naturrechtsdenkens. Dies wird deutlich, wenn er schreibt:

"Sollte es sich herausstellen, daß diese auf den Menschen konzentrierte Betrachtungsweise wesentliche Bedingungen für richtiges und gutes Leben übersieht [. . .], dann hätte dies Auswirkungen auch auf alle Normen und Direktiven [. . .]. Kurz: Mit der Infragestellung der leitenden Prinzipien menschlicher Praxis sieht sich auch das von ihnen abhängige Rechtsdenken grundsätzlich in Frage gestellt."[43]

Selbst wenn man dieser Aussage grundsätzlich zustimmt, so folgt daraus zunächst nur die Notwendigkeit einer Erweiterung des Geltungsbereiches sittlicher Verpflichtungen, etwa grundgelegt im Ethos ökologisch orientierter Humanität, nicht jedoch eine völlige Umkehrung der Begründungsstrategie von Ethik, wie sie zu Unrecht in Sitters Naturrechtsdenken gefordert wird.

Sitter meint, daß wir Rechte der Natur, die ihr selbst zukommen, anerkennen müssten. Den Grund dafür sieht er in "der fundamentalen Gleichheit, die uns mit allem außermenschlichen Seienden verbindet, insofern wir selber wie dieses ein Teil der Natur sind".[44] Dies impliziere eine freie Achtung vor allem, was der Mensch nicht selber schaffe. Daraus leitet Sitter die Pflicht ab, das natürlich Vorgegebene im Prinzip zu erhalten. Das oberste Prinzip eines unbeliebigen Naturrechtes sei das Prinzip der Achtung, das im wesentlichen pädagogische Intentionen verfolge, weil absolut unverfügbare Normen vom Menschen eher akzeptiert und rezipiert würden.[45] Doch darum kann es bei meinen Überlegungen zu einer ökologisch orientierten Ethik nicht gehen. Hier stehen Begründungsfragen im Vordergrund. Und unter dieser Perspektive erscheinen Sitters Ausführungen wenig befriedigend, da sie vornehmlich Behauptungen und nicht Argumentationen enthalten.

Sein Ansatz ist nun im Umriß zu prüfen. Eine seiner grundlegenden Behauptungen ist die, daß Naturrecht auf das absolut Richtige abziele. Dieses aber lasse sich aus der empirisch vorfindbaren Natur ablesen. In diesem Punkt geht Sitter über das klassische Naturrechtsverständnis zumindest teilweise hinaus. Und hier setzen auch die Zweifel an seiner Position ein. Das es der Ethik bisweilen um das absolut Richtige geht, ist zugestanden. Darauf zielt auch eine transzendentalphilosophische Begründung von Ethik ab. Allerdings, und hier beginnen die Differenzen, liegt dieser Fixpunkt nicht in irgendwelchen materialen Normen, die aus empirischen Tatbeständen abgelesen werden. Vielmehr betreffen Aussagen über das "Absolute" in der Ethik die Charakteristika der Ethik, ihre unverzichtbaren Bedingungen und Voraussetzungen. Diese werden durch eine metaethische Analyse ans Tageslicht gehoben.

Warum sollten wir die Idee der Subjektivität und Personalität von Menschen als Voraussetzung von Eigenrechten aufgeben? Es war nicht die Idee der Menschenrechte, die die Ausbeutung der Natur gerechtfertigt hat, sondern eine Verdinglichung des Subjektes Mensch wie der Natur. Zudem ist die Subjektivierung der Natur als Quasi-Subjekt oder Quasi-Person mit jeglicher Naturwissenschaft, auch mit der Ökologie inkompatibel und führt ihrerseits leicht zu einer Naturalisierung und Verdinglichung des Subjektes. Gegen Sitter ist einzuwenden, daß es gerade die Unabhängigkeit der Natur vom Menschen ist, die gegen die Rechtsfähigkeit der Natur von Natur aus spricht, es sei denn, wir billigen sie ihr aus bestimmten, einsichtigen Gründen zu. Nun behauptet Sitter, daß, wenn die Prinzipien unserer Praxis infrage gestellt sind, auch das davon abhängige Rechtsdenken zweifelhaft sei. Aber es ist zu fragen, ob denn der Zweifel gegenüber diesen Prinzipien zu Recht besteht und ob er so umfassend ist, daß er eine völlige Umkehrung unserer Rechtsordnung rechtfertigt. Daß dem so sei, unterstellt Sitter. Aber ohne Rückgriff auf einen naturalistischen Fehlschluß ist Ökologie aus methodischen Gründen nicht in der Lage, Sitters neues naturrechtliches Denken zu begründen.

Metaethische Überlegungen sprechen dagegen. Sie ergeben vielmehr, daß sittlich nicht erlaubt ist, was die Bedingungen von Freiheit zerstört oder untergräbt. Dazu können auch naturale Vorausbedingungen gehören, die handlungsermöglichend sind. Auch im menschlichen Bereich ist jemand nur rechtsfähig, insofern er frei und zurechnungsfähig ist. Sonst braucht er einen Vormund. Aber selbst wenn ein Mensch nicht zurechnungsfähig ist, könnte er es zumindest grundsätzlich sein, die Natur jedoch nicht. Trotz aller Schwierigkeiten, die in der Argumentation mit der Potentialität liegen, scheint mir dieses Argument negativ ausgrenzend verwendbar zu sein. Ohne positive Schlußfolgerungen darauf begründen zu wollen, reicht es m. E. aus, Natur und Mensch nicht auf eine Ebene zu stellen. Die Embryonalentwicklung beim Säugetier und beim Menschen ist nicht auf gleicher Ebene angesiedelt, diese Aussage z. B. rechtfertigt das Argument der Potentialität der Entwicklung.

Daher dürfen die naturalen Vorbedingungen für Freiheit oder Sittlichkeit nicht zerstört werden. Dies gilt gemäß der Verallgemeinerungsregel für alle Menschen. Die Zuerkennung der Rechtsfähigkeit der Natur ist kein beliebiger oder gar willkürlicher Akt im Sinne juristischer Argumentation. Aber er ist auch kein notwendiger, wie es sein müßte, sollte berechtigt von Eigenrechten der Natur qua Natur gesprochen werden können. Auch die Forderung einer freien Achtung vor allem, was der Mensch nicht selbst erzeuge oder schaffe, ist überzogen, denn auch die Auflehnung gegen Unverfügbares wie Schicksalsschläge, Leiden oder Tod ist nicht durch sich sinnlos. Das, was von uns unabhängig ist, ist noch kein Kriterium für Dignität, sondern in sich ambivalent und erhält seinen Wertbezug erst durch seine menschliche Einordnung. So ist es nicht unberechtigt festzustellen, daß die Forderung nach einem neuen Naturrechtsdenken noch nicht allzu methodisch stringent durchdacht ist. Wie aber steht es mit dem überkommenen Naturrecht im Rahmen einer Umweltethik?

Zur Systematik naturrechtlicher Argumentation

Eher im Sinne des traditionellen Naturrechtes sind die Behauptungen von *Robert Spaemann* zum Menschen und seiner Stellung zur Natur zu verstehen. Seine nichtfunktionale Ethik der dreifachen Ehrfurcht vor dem, was über uns, was unseresgleichen und was unter uns ist,[46] zielt auf etwas Unverfügbares ab. Dieses wird auch bei Spaemann häufig aus der Natur abgelesen: "Solange Menschen nicht mit Affen gekreuzt werden können, ist die Frage, wer Träger von Menschenrechten ist, so, aber auch nur so zweifelsfrei entscheidbar."[47] Abgesehen davon, daß eine derartige Bestimmung Falsifikationsversuche durch Gentechniker eigentlich herausfordert, ist zu fragen, ob solche Aussagen methodisch konsistent und welchen Wert sie in einer Argumentation einzunehmen vermögen.

Deutlich wird der diesbezügliche Mangel bei seinen Aussagen zur Anthropozentrik: "Man kann die Hegung der Natur anthropozentrisch verstehen. Der Mensch zerstört, wenn er die Natur zerstört, seine eigene Existenzgrundlage. Insofern geht es, wenn es um die Natur geht, stets um den Menschen. Dennoch, oder besser eben deshalb, ist es notwendig, die anthropozentrische Perspektive heute zu verlassen. Denn solange der Mensch die Natur ausschließlich funktional auf seine Bedürfnisse hin interpretiert und seinen Schutz der Natur an diesem Gesichtspunkt ausrichtet, wird er sukzessive in der Zerstörung fortfahren. Er wird das Problem ständig als ein Problem der Güterabwägung behandeln und jeweils von der Natur nur das übrig lassen, was bei einer solchen Abwägung im Augenblick noch ungeschoren davonkommt. Bei einer solchen Güterabwägung im Detail wird der Anteil der Natur ständig verkürzt."[48] Spaemann rekonstruiert die Position seiner Gegner hier allerdings inkorrekt, denn teleologisch orientierte Ethiken nehmen Güterabwägungen nicht nach egoistischen Interessen und Bedürfnissen, sondern nach sittlich ausweisbaren Grundsätzen und Kriterien vor. Spaemanns Position erscheint mir als inkonsistent, es sei denn, man versteht ihn im Sinne von Zimmerlis Anthropozentrismus-Paradoxon. Denn um der Anthropozentrik willen soll die anthropozentrische Perspektive verlassen werden. Doch ist dieser Fluchtversuch ein methodisch sinnloses Unterfangen, wenn man nicht irgendwann darin innehält. Daher erscheint der Ausgangspunkt einer Umweltethik bei einer geläuterten Anthropozentrik als tragfähiger.

Für Spaemann sind Argumente und abwägende Überlegungen funktionalistisch. Diese Einstellung und Auffassung begründet er nicht näher. Sie gelten ihm aber offenbar als ausreichend, eine argumentative Ethik als letztlich ungenügend abzulehnen:

"Argumente können überhaupt nur funktionalistisch sein. Die Frage ist nur, was ein nur argumentatives Denken leisten kann und was nicht. Es kann viel leisten. [. . .] Es kann an seine eigene Grenze, d. h. an den Rand von Einsichten führen, die nicht mehr argumentativ, d. h. funktional herleitbar sind. Ein dem Wesen des Menschen gemäßer Funktionalismus kann zeigen, daß eine nichtfunktionale Ethik der dreifachen Ehrfurcht vor dem, was über uns, was unseresgleichen und was unter uns ist, auch unter Nützlichkeitsgesichtspunkten aufs Ganze und auf die Länge gesehen, für den Menschen das Beste ist. Freilich hat man so diese Ehrfurcht noch nicht. Sie bedarf anderer als argumentativer Grundlegungen."[49]

Zur Rechtfertigung seiner Ablehnung einer argumentativ begründeten Ethik greift Spaemann auf Begriffe wie das "Wesen des Menschen" oder "absolute Wertgesichtspunkte" zurück. Nun ist Ehrfurcht eine Form der Gesinnung, ein Ethosgesichtspunkt, der argumentativ nicht letztbegründet werden kann. Sie ist aber auch kein Einwand gegen eine argumentierende Ethik, da sie auf einer anderen Ebene der Sittlichkeit angesiedelt sind als die Argumentation. Zudem sind Argumente nicht per se funktional, sondern zunächst nach logischen Gesichtspunkten zu beurteilen. Ich will nicht abstreiten, daß Argumente funktional gebraucht werden können. Man nennt das Ergebnis dieses Unternehmens Ideologie. Doch diese Mißbrauchsmöglichkeit rechtfertigt noch nicht Spaemanns Unterstellung, Argumente seien an sich funktional. Es hängt vom Horizont einer Argumentation ab, ob sie ideologisch ist oder nicht.

Zudem scheinen mir Begriffe wie "Wesen des Menschen" oder "absolute Wertgesichtspunkte" keine geeignete Alternative zum Diskurs zu sein. Da

Werte und metaphysische Aussagen in recht unterschiedlicher Weise interpretiert zu werden vermögen, reicht ein Intuitionismus oder die Behauptung unmittelbarer Werterfassung nicht aus, Verpflichtungen intersubjektiv als normativ auszuweisen. Ich möchte meine Kritik an Spaemanns Behauptung verdeutlichen, die Gattungszugehörigkeit des Menschen sei das einzige zweifelsfreie Kriterium seiner Personalität. Die Argumentation mit der Befähigung einer Spezies zur Entwicklung von Personalität, also das Argument mit der Potentialität kann m. E. nicht zur Grundlage einer Deduktion gemacht werden, weil die in ihr vorausgesetzte Frage nicht letztlich zweifelsfrei erwiesen ist: "Diese Forderung hat vielleicht als Kriterium einer nichtnegativen Diskriminierung Geltung, sicherlich aber nicht als Kriterium im Hinblick auf positive Entscheide."[50] So umformuliert wird die Spezieszugehörigkeit des Menschen nicht als Intuition belassen, sondern als Argument akzeptiert, die Entwicklung von Mensch und Tier nicht auf eine Ebene zu stellen. Eine absolut gültige Norm begründet das Argument aus der Potentialität jedenfalls nicht.

Die methodischen Schwierigkeiten seines Wert-Intuitionismus kann auch Spaemann nicht ignorieren. Sind es nämlich keine argumentativen Kriterien mehr, die der sittlichen Beurteilung zugrundeliegen, so bleibt Spaemann letztlich doch wieder nur die Flucht in den faktischen Konsens oder Dissens, von dessen Kritik seine Überlegungen einmal ausgegangen waren: "Wir sind uns heute bewußt geworden, daß es einen Besitz gibt, der jenem der Freiheit vorausliegt: die Integrität jener Natur, in deren ökologischer Nische Leben und Freiheit selbst angesiedelt sind. Damit aber kehren sich Präsumption und Beweislast erneut um. Die Begründungspflicht trägt wiederum der, der *diesen* Besitz antasten will. Der Beweis für die Notwendigkeit und die Harmlosigkeit des Eingriffs aber kann erst dann als erbracht gelten, wenn kein Sachverständiger mehr widerspricht."[51]

Diese Position mag sympathisch klingen. Sie ist jedoch in sich widersprüchlich, weil Spaemanns Behauptungen letztlich auf das hinauslaufen, was sie faktisch vorher verwerfen, nämlich den Konsens. Dieses Mal hat allerdings der Konsens negativ-ausgrenzenden Charakter. Unter der Hand erkennt Spaemann damit die Bedeutung des Konsenses und der Argumentation wie des Gewissensurteils an. Damit wird auch sein Wert-Intuitionismus der diskursiven Überprüfung geöffnet. Nimmt man Spaemanns Vorschlag ernst und wendet ihn auf seine Position an, so ist seine kategorische Argumentation und seine Wesenserkenntnis nicht mehr möglich, denn hier melden eine Reihe von Sachverständigen positive Zweifel an. Da in Fragen der Wertintuition Konsens faktisch nicht zu erreichen ist und auch eine einheitliche wertende Stellungnahme zu technischen Entwicklungen so nicht zu begründen ist, bleibt nur die argumentative Rechtfertigung von Bewertungskriterien, die sich durch Offenlegung der Bedingungen ihrer Möglichkeit um weitgehende Plausibilität und Akzeptanz bewirbt.

Spaemanns Vorgehensweise wird deutlich dort, wo er den Begriff der "inclinatio" für seine Argumentation fruchtbar machen möchte. Für Spaemann unterläuft der Begriff des Triebes als Übersetzung der "inclinatio" das Sein-Sollen-Schema.[52] Zwar gesteht Spaemann zu, daß der Trieb erst vom Menschen interpretiert werden muß, der seinen Sinn auszulegen hat,[53] doch isoliere sich im Trieb ein Wesen vom Rest der Welt. Der Trieb habe vektoriellen Charakter.[54] Dies alles sei Spaemann zugestanden, doch fehlt der Nachweis, daß er die deskriptive Ebene verlassen hat. Wenn Spaemann behauptet, Triebe seien in sich sittlich, dann wäre das Sein-Sollen-Schema unterlaufen. In diesem Falle wäre seine Position biologistisch, mit der Konsequenz, daß auch Aggression per se sittlich oder unsittlich ist. Das Kriterium dafür kann man aber nicht aus dem Trieb selbst ableiten, es sei denn, man argumentiert biologistisch. Da Spaemann sich gegen den Vorwurf des Biologismus wehrt, muß seine Behauptung über den Trieb und das Sein-Sollen-Schema zumindest differenziert werden. Dies könnte nur so geschehen, daß von "natürlichen Strebungen" im Sinne eines Lebensimpetus auch in der Umweltethik auszugehen sei. Aber Strebungen können konstruktiv oder destruktiv sein. Meist sieht man es ihnen selbst gar nicht an, sondern nur ihren Folgen. Daher argumentiert ein Vertreter des Ethos ökologisch orientierter Humanität konsequenter, denn er berücksichtigt Verwirklichungsbestrebungen und Verhaltensdispositionen von Tieren, allerdings nicht weil sie natürlicher Art sind, sondern weil der Mensch in seiner Einfühlung vergleichbaren Strebungen einen Wert zuordnet.

Geht nun das klassische Naturrecht so vor wie Sitter oder Spaemann oder weist es eher in die Richtung des Ethos einer ökologisch orientierten Humanität? Zur Beantwortung dieser Frage ist eine Rekonstruktion der Naturrechtskonzeption des *Thomas von Aquin* erforderlich. Allerdings sind dessen Aussagen über das Naturrecht nicht einfach zu interpretieren. Denn Thomas hat in dieser Fragestellung eine Entwicklung durchgemacht. Daher finden sich bei ihm verschiedene Naturrechtskonzeptionen nebeneinander. Im Sentenzenkommentar beschränkt sich Thomas – nicht zufällig, wie ich meine – auf einen Naturrechtsbegriff, den er später den der Juristen nannte und den er von Ulpian entlehnte: "Naturrecht ist das, was die Natur alle Sinnenwesen lehrte."[55] Doch diese Position hat Thomas später als einseitig abgelehnt und überwunden.

Die zentralen Aussagen zum Naturrecht enthält die Summa Theologie in der Prima Secundae Quaestio 90 bis 108, insbesondere in der Quaestio 94. Hier vertritt Thomas eine Konzeption, in der Naturrecht und eine auf Vernunft begründete Sittlichkeit zu konvergieren scheinen. Den Ausgangspunkt seiner Argumentation umschreibt Thomas von Aquin mit folgenden Worten: "Es ist also das Gesetz des Menschen, das ausgeflossen ist aus der göttlichen Ordnung gemäß seiner eigenen Natur, daß er gemäß der Natur handele. Und zwar war dieses Gesetz im Urzustand so mächtig, daß nichts außerhalb der Vernunft oder gegen sie unternommen werden konnte" (I–II, 91,6).[56] Aus einer derart gemäß der göttlichen Schöpfungsordnung bestimmten Vernunftnatur des Menschen lassen sich Normen und Werte ableiten, weil sie die Prinzipien theoretischer und praktischer Vernunft bereits in sich schließt. Sie ist aber nicht identisch mit der biologisch verstandenen Natur des Menschen. Hier kann ein Sein-Sollen-Fehlschluß nicht vorliegen, weil das Sein des Menschen als vernünftig und darum werthaft ausgelegt wird. Denn dieses "Naturgesetz" ist nichts anderes als ein "Ausspruch der Vernunft" (I–II, 92,1). So kann Thomas sagen:

"Sprechen wir nun von tugendhaften Handlungen, soweit sie tugendhaft sind, so gehören sie in den Bereich des Gesetzes der Natur. Bereits oben wurde nämlich gesagt, daß alles das zum natürlichen Gesetz gehört, wozu der Mensch von seiner Natur aus neigt. [...] Da die Vernunftseele die eigentümliche Form des Menschen ist, so wohnt jedem beliebigen Menschen die naturhafte Neigung inne, daß er gemäß der Vernunft handelt. Und dies heißt gemäß der Tugend handeln" (I–II, 94,3).

Allerdings gibt es bei Thomas auch "inclinationes naturales", die spezieller sind als die universalen Gesetzmäßigkeiten von Vernunft und Freiheit. Sie betreffen z. B. die Sexualität, den Selbsterhaltungstrieb des Menschen sowie Hunger und Durst, die der Mensch in gewisser Weise mit anderen Geschöpfen teilt (I–II, 94,2).

Ausdrücklich werden bei Thomas von Aquin die natürlichen Neigungen des Menschen, seine "inclinationes naturales", sein naturhaftes Gesetz, genauso wie seine naturhafte Anlage zu Vernunft und Tugend, also zu theoretischer und praktischer Vernunft, als Explikationen der Schöpfungsordnung verstanden. Natur und Sittlichkeit sind keine Gegensätze, sondern von der einen Schöpfungsordnung umgriffen. Und so plädiert Thomas an dieser Stelle für eine Modifikation der natürlichen Neigungen durch die Sittlichkeit. Um aber feststellen zu können, was das Gute ist, bedarf es der sittlichen Vernunft und des praktischen Urteils gemäß dem obersten Prinzip der Sittlichkeit. Da das Gute für die Vernunft anziehend ist, schließt die Vernunft: es ist zu handeln. Damit haben wir die Basisstruktur aller praktischen Urteile. So werden die "inclinationes naturales" durch die ratio reguliert. Thomas beschreibt den hier explizierten Zusammenhang in der Quaestio 94.2:

"Deshalb ist das erste Prinzip der praktischen Vernunft dasjenige, das sich auf den Begriff des Guten gründet, der lautet, 'das Gute ist das, was alle begehren'. Dies ist also das erste Gebot des Gesetzes, daß das Gute zu tun und zu verfolgen und das Böse zu meiden ist. Und darauf gründen sich alle anderen Vorschriften des Naturgesetzes. [...] Weil aber das Gute seine Vernunft vom Ziel her erhält, das Böse aber aus dem ihm entgegengesetzten Grund, daher erkennt der Mensch alles, wozu der Mensch eine natürliche Neigung hat, von der Natur her als etwas Gutes und demzufolge als verpflichtende Handlung. [...] Zuerst wohnt dem Menschen nämlich die Neigung zu einem Gut gemäß der Natur inne, in der er mit den anderen Substanzen verbunden ist. Sie besteht darin, daß jedwede Substanz die Selbsterhaltung erstrebt. [...] Zweitens [...] zählt man zum Naturgesetz all das, 'was die Natur den Menschen gelehrt hat', so die Verbindung des Männlichen und des Weiblichen, die Aufzucht der Nachkommen und ähnliches. [...] In einem dritten Sinn wohnt dem Menschen die Neigung zum Guten entsprechend der Vernunftnatur inne, die ihm eigentümlich ist" (I–II,94,2).

Thomas stellt hier zwei Begriffe des Guten nebeneinander, das "bonum transcendentale", das, was alle Wesen erstreben, und das "bonum ethicum", das eigentlich sittlich Gute. Sittlich relevantes Streben findet sich bei Thomas zudem auf drei Ebenen, nämlich der naturhaften Neigung aller Substanzen zur Selbsterhaltung, zweitens der Ebene der Triebe bei Mensch und Tier. Schließlich ist auch die Sittlichkeit aufgrund der Vernunftnatur etwas, was dem Menschen von Natur aus gegeben ist. Der Stein mit seinem naturhaften Streben, zu Boden zu fallen, das Tier mit seinem Nahrungs-

und Sexualtrieb wie der Mensch mit seinem sittlichen Streben werden qua Natur von einem Horizont umfangen, der als Schöpfungsordnung immer schon in einem sittlichen Ordnungs-Horizont steht.

Die naturhafte Ordnung, in der sich der Mensch befindet, äußert sich im schöpfungstheologischen Horizont der "Summe Theologiae" in der dreifachen Auslegungsweise der "inclinationes naturales". Der Mensch ist aber nicht nur in der naturhaften Ordnung eingebettet, sondern er ist dadurch ausgezeichnet, daß er "gemäß dem Ebenbilde Gottes geschaffen wurde". Bei Thomas wird dieser Ebenbildcharakter ausgelegt durch Verstand, Willensfreiheit und Selbstmächtigkeit, wodurch der Mensch "selbst das Prinzip seiner Taten ist" (I–II, Prolog). Hier liegt der Ansatzpunkt dafür, daß das thomanische Naturrecht neuzeitlich als Menschenrechtsethos und als Bedingung der Möglichkeit sittlichen Subjektseins überhaupt ausgelegt werden kann.

Naturrecht wird zumindest implizit bei Thomas als Personrecht angelegt. Dieses personale Prinzip ist allerdings nicht unabhängig vom Endziel des Menschen und der gesamten Schöpfung zu verstehen, nämlich der "beatitudo" (I–II, 2,1), der Glückseligkeit. Diese bestimmt Bujo in seiner Arbeit zur Morallehre des Thomas von Aquin im systematischen Zusammenhang folgendermaßen: "Die beatitudo ist das Ziel sittlichen Handelns. Diese Aussage aber beruht letzten Endes auf der Schöpfungstheologie des Thomas: Der gesamte Kosmos ist unterwegs zu Gott, von dem er kommt und von dem allein er seine Vollendung erhalten kann. Während aber das nicht vernunftbegabte Geschöpf per inclinationem naturalem handelt, durch die es zum vorprogrammierten Ziel ohne eigene aktive Beteiligung geführt wird, ist das vernunftbegabte Geschöpf in der Lage, sein Handeln freiwillig und zielbewußt zu gestalten."[57]

Thomas leitet normalerweise keine Normen aus der bloß körperlichen Natur des Menschen ab. In der Sexualethik kommt dies gelegentlich im Anschluß an die Stoa und an Aristoteles allerdings vor, daß Thomas aus einer naturhaften Anlage und ein Streben auf eine normative Funktion rückschließt. Methodisch konsequent ist das nur, solange die Natur als sittlich gut und vollkommen, das "bonum transcendentale" als mit dem "bonum ethicum" identisch unterstellt wird. Dies ist aber angesichts der "natura corrupta" nach dem Sündenfall nicht von vornherein anzunehmen, so daß es einer eigenen Begründung bedarf, warum und in welchen Fällen etwas in der Natur als sittlich relevant weil sittlich gut angesehen werden darf. Zudem ist das Naturrecht bei Thomas von Aquin nicht die allein ausschlaggebende Ethik-Konzeption. Die thomanische Morallehre ist kein einheitlicher, systematisch ausgeführter Entwurf. Vielmehr spielen – auch wenn in der Tradition viel häufiger seine naturrechtlichen Argumentationen rezipiert worden sind – sowohl die naturrechtliche, also normlogische Argumentation wie die handlungstheoretische Betonung des Personalen bei seiner Ethik eine wichtige Rolle – ich werde im sechsten Abschnitt auf seine Handlungstheorie zurückkommen.

So kann Thomas als Vertreter einer Personmetaphysik verstanden werden. In diesem Sinne interpretiert ihn auch Wilhelm Korff, erweitert den Gedanken allerdings. Denn dieser Ansatz beim Subjektstatus als Erklärungspotential für die Begründung sittlichen Handelns reiche nicht hin.[58] Für eine der Konkretion fähige Ethik bedürfe es des Rekurses auf den Naturbegriff. Genauer müsse nach dem theologisch-anthropologischen Begründungszusammenhang menschlicher Normativität gefragt werden. Dieser lege sich für Thomas dadurch aus, daß – ich fasse zusammen – "die inclinationes naturales ein unbeliebig offenes System von Strebungen darstellen",[59] in dem Entscheidungs- und Handlungsvernunft im Blick auf das ewige göttliche Gesetz ineinandergriffen. Der ethische Ansatz des Thomas impliziere also, daß "die Gestaltung der sittlichen Normenwelt [...] eine dem Menschen wesenhaft überantwortete Aufgabe"[60] ist. Nichts anderes bedeute das thomasische Axiom des "agere sequitur esse", das vor dem Hintergrund der Auseinandersetzung mit jenen in der islamischen Philosophie vertretenen Positionen verstanden werden müsse, nach denen alle geschöpfliche Wirkkraft Gott selbst zu- und den Kreaturen alle Fähigkeit zur Eigentätigkeit abgesprochen werde.

Der neuzeitlich geschärfte Blick für den Unterschied von deskriptiven und präskriptiven Aussagen macht eine genauere Lektüre des Lex-Traktates erforderlich. Eine zeitgemäße Interpretation der Naturrechtslehre muß sich bemühen, Problemlinien schärfer herauszuarbeiten, als dies Thomas selbst getan hat, weil diese ihm noch kein Problem waren. Dies gilt insbesondere für die Frage nach dem Sein-Sollen-Unterschied. Karl-Wilhelm Merks hat in sehr pointierter Weise diese Aufgabe einer Neu-Buchstabierung für den Begriff der "inclinationes naturales" unternommen. Sein Fazit lautet: Die naturhaften Strebungen sind nicht normativ, sie setzen den Spruch der Vernunft bereits voraus. Das Streben der "inclinationes" werde in eine Vernunft rückvermittelt, die die Strebungen eigens zu legitimieren habe.[61] Die "inclinationes" seien Erfahrungsort der "bona", das grundlegende "bonum" sei aber Rationalität selbst.[62] So könne "lex naturalis" bei Thomas als naturale Gründung der "ratio" gelesen werden.[63] Merks präsentiert eine neuzeitliche Interpretation der thomasischen Position. Sie erscheint zwar systematisch als plausibel. Historisch gesehen bleibt jedoch zumindest zweifelhaft, ob Thomas selbst als Ort der Normativität der "natürlichen Strebungen" nicht eher die Schöpfungsordnung versteht, die Vernunft und Natur noch umgreift, die allerdings von der Vernunft noch einmal erkannt werden muß.

An dieser Stelle bricht in der neuzeitlichen Philosophie als entscheidendes Problem die Frage auf: Läßt sich "ratio" natural gründen, und wenn ja, in welchem Sinne muß der Begriff "natural" verstanden werden? Die Interpretation von Merks überzeugt vom Boden eines neuzeitlichen Ethikverständnisses aus. Thomas von Aquin kann als Vertreter der neuzeitlichen sittlichen Autonomie verstanden werden, aber nur dann, wenn diese naturale Gründung der Vernunft nicht in einem empirisch-naturwissenschaftlichen Sinne gemeint ist. Allerdings – und auch diese Interpretationsmöglichkeit läßt sich nach Wolfgang Kluxen nicht ausschließen – gibt es Textstellen bei Thomas, die einer naturalistischen Interpretation Vorschub leisten können, obwohl auch das Naturverlangen nach Glückseligkeit bei Thomas sittlich-rationalen Charakter trägt.[64]

Auf eine weitere wichtige Bestimmung der Ethik des Thomas von Aquin macht Kluxen aufmerksam. Die "ratio" stehe für die Regelhaftigkeit im menschlichen Handeln, für die Realisierung ihrer Zielbestimmtheit. Für die sittliche Bewertung sei entscheidend, wie die Determination der Zielgerichtetheit des menschlichen Handelns zustandekomme.[65] Die Ziel-Mittel-Relation werde zur Beurteilung der Sittlichkeit einer Wahl, einer Entscheidung, einer Handlung herangezogen.[66] Sie sei auf die Person, das sittliche Subjekt in seiner Individualität hin orientiert. Daher wird zu fragen sein, ob sie zur sittlichen Bewertung naturwissenschaftlicher oder technischer Verfahren ausreicht.

Auch wenn diese Aussagen zum Naturrecht bei Thomas im Lex-Traktat recht eindeutig klingen, insgesamt sind sie das keinesfalls. Denn es gibt verschiedene Versionen und Arten von Naturrecht, die in unterschiedlicher Weise mit der gegenwärtigen Ethik-Diskussion kompatibel sind. Ich möchte daher im Anschluß an Arntz das Naturrecht in vier Arten und zwei Mißverständnisse differenzieren, um herauszufinden, welche naturrechtliche Position heute noch akzeptabel ist. Zu den nicht adäquaten Interpretationen gehören nach Arntz die rationalistische und die physizistische Auffassung vom Naturrecht,[67] denen sich leicht der metaphysische und der naturalistische Fehlschluß im Mooreschen Sinne zuordnen lassen. Darüber hinaus unterscheidet er

(1) eine Position der kosmischen Ordnung (Ulpian);
(2) eine Argumentation mit dem metaphysischen Wesen des Menschen (Vasquez);
(3) den Ansatz des Thomas von Aquin mit dem Diktum "ratio ut natura" und
(4) den Rückgriff auf die psychophysische Natur des Menschen.

Das Problem der Positionen (1) und (4) liege darin, daß es bei der Annahme, natürliche Gesetze oder Neigungen seien bereits normativ, zu einer Verdoppelung des Naturgesetzes komme. In der Version (2) werde sittliche Erkenntnis von metaphysischer abhängig. Sittlichkeit sei gefährdet, wenn die metaphysische Erkenntnis bestritten werde. So werde in der Position der spanischen Spätscholastik der Boden für den Umschlag in eine physizistische oder naturalistische Naturrechtslehre vorbereitet.[68]

Darin liege ein Problem, das sich bis zu Thomas selbst zurückverfolgen lasse. Denn die thomanische Position sei der Versuch, zwei unterschiedliche Konzeptionen von Naturrecht zu vereinigen, die bis zum 12. Jahrhundert vorlagen. Die eine beschränke sich auf die allgemeinen Wesenszüge menschlicher Personalität, nämlich Verstand und Wille. Demgemäß gehörten zum Naturrecht im strengen Sinne nur die unmittelbar einsichtigen Urteile, die "principia naturaliter cognita" im Sinne des Grundsatzes: "Das Gute ist zu tun, das Böse zu meiden!"[69] Die "principia" stünden fest, gehörten der Natur des Menschen, die "conclusiones" mit Hilfe dieser "principia" hingegen seien mit einigen Unsicherheiten belastet. Sie ermöglichten nicht nur, sondern erforderten einen Raum für die Gewissensentscheidung, wie wir heute sagen würden. Diese Position ist mit einer neuzeitlichen Ethik kompatibel und wird in Konzeption auf der Basis der Menschenwürde und der sittlichen Autonomie weitergeführt. Sie hat aber bei Thomas systematisch deutlich das Übergewicht, das Naturrecht

Ulpian'scher Prägung spielt ab der mittleren Schaffensphase nur noch eine untergeordnete Rolle.

Von diesem Ansatz zu unterscheiden sind manche von Thomas' Aussagen zu den "inclinationes naturales". Historisch gesehen handelt es sich bei dieser eher naturalistisch anmutenden Position um eine andere Konzeption von Naturrecht, die Thomas zumindest in seine Konzeption einbeziehen möchte.[70] In dieser Version des Naturrechts gibt es eine "inclinatio", die nach Thomas der Mensch mit allen Substanzen teilt, nämlich die Selbsterhaltung. Zudem gibt es Gemeinsamkeiten in der Triebausstattung des Menschen und der Tiere. Diese – hier besprochene – Stelle mutet so an, als ob die Naturrechtskonzeption Ulpians von Thomas integriert werde. Eine bedeutsame systematische Rolle spielt sie allerdings nicht mehr. Letztlich bleibt die Frage offen, inwieweit diese naturhaften "inclinationes naturales" normativ sind oder nur auf Verbindlichkeiten hinweisen, also einen Interpretationshorizont und einen Handlungsrahmen eröffnen. Die naturalistische wie rationalistische Lesart des Naturrechts in der Spätscholastik verstand jedoch die psychophysische Natur des Menschen als normativ. Diese Interpretationen des Naturrechtes unterliegen in der gegenwärtigen Ethikdiskussion dem Verdikt des naturalistischen und metaphysischen Fehlschlusses.

Daher erscheint heute nur noch die personalistische Version des Naturrechts akzeptabel. Diese paßt auch gut zu einer handlungstheoretischen Ausdeutung der Ethik, wie sie Thomas in der Prima Secundae, quaestio 1 bis 21 bereits vorgenommen hatte. Trotz der bisweilen anderslautenden Formulierungen einer naturalen Begründung der Ethik, die Thomas durch den zeitgenössischen Kontext vielfach nahelegt wurde, liegt bei Thomas das Naturrecht als Artikulation der Würde und des sittlichen Wertes des Menschen in durchaus ausgeprägter Form vor. An die zu ihrer Begründung von Thomas angeführten metaethischen Aussagen zu Vernunft und Freiheit kann eine neuzeitliche Ethik in begründeter Weise anknüpfen.

Naturalistische und metaphysische Fehlschlüsse – die Bedeutung eines handlungstheoretischen Ansatzes in der Umweltethik

Berücksichtigt man die Vielfalt naturrechtlicher Ansätze, so werden die Versuche der neuzeitlichen Ethik verständlich, zwischen Natur und Ethik einen Graben zu errichten und naturalistische Ethiken mittels des Verdiktes des "naturalistischen Fehlschlusses" zu desavouieren. Zwar ist es nach wie vor umstritten, ob es sich bei diesem um einen Fehlschluß im strengen Sinne handelt oder nicht. Anerkannter ist die in die gleiche Richtung zielende methodisch schwächere Formulierung der Sein-Sollen-Unterscheidung, die auf *David Hume* zurückgeht. Sie entstand auf dem Boden der neuzeitlichen Wissenschaftspraxis, die das "Naturgesetz" – bei Thomas noch deskriptiv und normativ verstanden – eindeutig auf die Tatsachenebene beschränkt. Zudem dient die Sein-Sollen-Unterscheidung einer Trennung von Wissenschaft und wertend-politischer Praxis, wie sie etwa dem Postulat der Werturteilsfreiheit der exakten Wissenschaften bei Max Weber zugrundeliegt.

Zur Vorbereitung seiner Unterscheidung von Sein und Sollen führt Hume gegen die traditionelle Auffassung, Tugend sei "Übereinstimmung mit der

Vernunft", die von ewig gültigen Unterschieden zwischen Seinsollendem und Nichtseinsollendem ausgeht,[71] einen neuen Vernunftbegriff ins Feld. Hume behauptet: "Die Vernunft ist gänzlich passiv und kann darum niemals die Quelle eines so aktiven Prinzipes sein, wie es das Gewissen oder das Sittlichkeitsbewußtsein ist."[72] Daher kommt Hume zu dem Schluß, Sittlichkeit sei keine Tatsache. Dies ist eine Feststellung, mit der Hume auf das Postulat der Wertfreiheit in den Wissenschaften vorverweist, in dessen Folge heute Naturwissenschaft und Ethik getrennte Bereiche sind. Dabei ist diese Entwicklung von einem Vernunftbegriff abhnängig, der so, wie ihn Hume formuliert, durchaus fragwürdig ist. Hume möchte aufzeigen, daß "Laster und Tugenden keine Tatsachen sind, deren Dasein wir durch die Vernunft erkennen können".[73] Vielmehr finde die Beobachtung nur "gewisse Affekte, Motive, Willensentschließungen und Gedanken".[74] Der Eindruck des Lasters entstehe erst, wenn der Beobachter sein Augenmerk auf sein Inneres richte und dort ein Gefühl von Mißbilligung entdecke, das in ihm angesichts einer Handlung aufkomme.[75] Sittlichkeit sei Gegenstand des Gefühls einer Zustimmung (approbation) oder der Mißbilligung (disapprobation).

Die für die Sein-Sollen-Unterscheidung zentrale Argumentation Humes ist jedoch von seinen anthropologischen Grundannahmen unabhängig. Sie findet sich im "Traktat über die menschliche Natur". Hier schreibt Hume:

"In jedem Moralsystem, das mir bisher vorkam, habe ich immer bemerkt, daß der Verfasser eine Zeitlang in der gewöhnlichen Betrachtungsweise vorgeht, das Dasein Gottes feststellt oder Betrachtungen über menschliche Dinge vorbringt. Plötzlich werde ich damit überrascht, daß mir anstatt der üblichen Verbindungen von Worten mit 'ist' und 'ist nicht' kein Satz mehr begegnet, in dem nicht ein *sollte* oder *sollte nicht* sich fände. Dieser Wechsel vollzieht sich unmerklich; aber er ist von großer Wichtigkeit. Dieses sollte oder sollte nicht drückt eine neue Beziehung oder Behauptung aus, muß also notwendigerweise beachtet und erklärt werden. Gleichzeitig muß ein Grund angegeben werden für etwas, das sonst ganz unbegreiflich scheint, nämlich dafür, wie diese neue Beziehung zurückgeführt werden kann auf andere, die von ihr ganz verschieden sind."[76]

David Hume übt hier in doppelter Weise Kritik. Zunächst stellt er im Blick auf die Begründung von Ethik den Rationalismus seiner Zeit, der mit dem Gottesbegriff argumentiert, auf eine Ebene mit dem ethischen Naturalismus, der als Basis für seine Aussagen die empirisch erfaßbare menschliche Natur wählt. Nach Hume müßte für den vom Rationalismus und Naturalismus bloß behaupteten Übergang vom "Ist" zum "Soll" ein Grund angegeben werden. Da die Sinne von keinen Werten gemäß der Position Humes berichteten, fänden sich in der Welt auch keine normativen Forderungen.

Ethik sei nicht eine Sache des Verstandes. Das Emotionale dürfe nicht vernachlässigt werden. Bei der Bewertung einer Handlung gäben spezifische Gefühle den Ausschlag. Die Betrachtung einer Tat erzeuge in uns Lust oder Unlust, eine innere Zustimmung oder Mißbilligung. Diese sei von uns abhängig. Dazu komme, daß der Begriff der Natur völlig uneinheitlich sei und häufig äquivok gebraucht werde.[77] Es gebe daher keinen genauen Maßstab dessen, was natürlich sei. Deshalb könnten wir auf eine solche Position auch keine Ethik gründen. Die Frage allerdings, unter welchen Umständen ein derartiger Wechsel in den Begründungsebenen erlaubt sein könnte, stellt sich Hume nicht im einzelnen. Hier aber wären immerhin weiterführende Ansätze in der Ethikdiskussion denkbar. David Hume ist der Begründer der "Is-Ought-Thesis", indem er den Unterschied von deskriptiven und präskriptiven Argumentationen feststellt. Er wendet sich jedoch nicht grundsätzlich gegen eine Ableitung des Sollens aus dem Sein, sondern kritisiert nur eine Praxis, die unterschiedliche Aussageebenen einfach ohne jede weitere Begründung vermischt.

Erst in der späteren Fachdiskussion wurde bei *George Edward Moore* im Rahmen einer intuitionistischen Position aus Humes Unterscheidung das Verbot des "naturalistischen Fehlschlusses". Dieses richtete sich gegen jeden Versuch, logisch von einem Sein auf ein Sollen zu schließen. Als Beispiel verweist Moore vor allem auf die Verwendung des Prädikates "gut" im Sinne von "funktionstüchtig" hin, das dann häufig zugleich als "sittlich wertvoll" verstanden werde.[78] Der Übergang vom Funktionstüchtigen zum sittlich Guten mache nun den naturalistischen Fehlschluß aus. Für Moore ist dieser Übergang auf Grund seiner wertintuitionistischen Voraussetzungen immer verboten. Bei Hume gilt er als unerlaubt ohne zusätzliche Begründung oder Rechtfertigung. Die Aufforderung, den naturalistischen Fehlschluß zu vermeiden, ist daher eine methodologisch weitergehende Verpflichtung als die Respektierung des Humeschen Gesetzes.

Ausgangspunkt von Moores Überlegungen ist die intuitionistische Grundannahme, daß das Wertwort "gut" nicht definiert werden könne.[79] Aus dieser ergebe sich folgende Konsequenz:

"Es mag sein, daß alle Dinge, die gut sind, *auch* etwas anderes sind, so wie alle Dinge, die gelb sind, eine gewisse Art der Lichtschwingung hervorrufen. Und es steht fest, daß die Ethik entdecken will, welches die anderen Eigenschaften sind, die allen Dingen, die gut sind, zukommen. Aber viel zu viele Philosophen haben gemeint, daß sie, wenn sie diese anderen Eigenschaften nennen, tatsächlich 'gut' definieren; daß diese Eigenschaften in Wirklichkeit nicht 'andere' seien, sondern absolut und vollständig gleichbedeutend mit Gutheit. Diese Ansicht möchte ich den 'naturalistischen Fehlschluß' nennen."[80]

Zur Unterscheidung von anderen Arten von Fehlschlüssen versteht Moore unter "naturalistischem Fehlschluß" im engeren Sinne alle die Theorien, die glauben, "'gut' könne mit Bezug auf einen *natürlichen Gegenstand* definiert werden".[81] Auch wenn Vertreter eines Übergangs vom Sein zum Sollen auf ein Gefühl verwiesen, so bleibe immer noch die Frage, ob das Gefühl selbst gut sei. Selbst Gesundheit und Krankheit im Sinne des biologisch Normalen seien keine Kriterien für das sittlich Gute, denn es sei nicht ausgemacht, daß das Normale gut sein müsse. Moore zieht sein Fazit unter Hinweis auf das "open-question-Argument": "Somit bleibt es stets eine offene Frage, ob etwas, das natürlich ist, auch gut ist."[82] So sind für Moore weder ein Evolutionismus noch ein Hedonismus Grundlage für eine tragfähige Ethik, denn: "Kein Verhalten ist besser, *weil* es weiter entwickelt ist. Die Entwicklungsstufe kann allenfalls *Kriterium* ethischen Wertes sein; und das auch nur, falls wir die äußerst schwierige Verallgemeinerung beweisen können, daß das mehr Entwickelte im ganzen immer das Lustvollere ist."[83]

Neben dem "naturalistischen Fehlschluß" und seiner evolutionär-genetischen wie psychologischen Variante behandelt Moore die Metaphysik. Auch sie könne keinen Einfluß auf die Beantwortung der Frage haben, was "gut" sei. Er argumentiert folgendermaßen: "Zunächst steckt schon in der Frage: Was ist gut? ein Doppelsinn, dem offenbar ein gewisser Einfluß zukommt. Die Frage kann entweder bedeuten: Welche unter den existierenden Dingen sind gut? oder aber: Welche *Arten* von Dingen sind gut, welches sind die Dinge, die – ob sie nun wirklich *sind* oder nicht – wirklich sein sollen?"[84] Denn nur auf die Frage, ob etwas wirklich sei, könne Metaphysik eine Antwort geben. Häufig würden in diesem Rahmen Werte aus dem Gewollt-Werden abgeleitet, aber "Gutsein ist [...] ebensowenig identisch mit irgendwie Gewollt- oder Gefühltwerden, wie Wahrsein identisch ist mit irgendwie Gedachtwerden".[85] Die einzige Rolle, die Moore der Metaphysik zubilligt, ist eine psychologische. Sie könne auf Dinge hinweisen, die wertvoll sein mögen. Von der Begründung eines Wertes durch sein Gewolltwerden könne im spezifischen Sinne nicht die Rede sein.

Nach *Frankena* ist es nicht völlig eindeutig, welchen Status der naturalistische Fehlschluß in einer intuitionistischen Polemik gegen andere Theorien besitze und ob es sich überhaupt um einen logischen Fehlschluß handele.[86] Darüber hinaus wurde der naturalistische Fehlschluß mit Humes Dichotomie von "Sein" und "Sollen" verknüpft oder gar identifiziert. Da Intuitionisten wie Moore meinen, daß Definitionen ethischer durch nichtethische Begriffe unmöglich sind, bleiben sie bei einer Dichotomie stehen. Frankena hingegen weist nach, daß z. B. bei der epikuräischen Begründung des Hedonismus eine Prämisse unterschlagen wird. Daher könne es sich hier gar nicht um einen logischen Fehlschluß handeln.[87] Gleiches gelte für die gemischten Argumente der Stoiker. Frankena schlägt vor, vom "Definitions-Fehlschluß" zu sprechen, der "dem naturalistischen Fehlschluß zugrundeliegt". Dieser bestehe darin, zwei Eigenschaften gleichzusetzen oder miteinander zu identifizieren, die an sich nicht gleich seien.[88]

Aber selbst wenn ein derartiger naturalistischer Fehlschluß vorliege, müsse noch nicht notwendigerweise von einer Verletzung der Sein-Sollen-Unterscheidung gesprochen werden. Gegen Intuitionisten wie Moore wendet Frankena ein, daß es auszuweisen sei, woher wir denn wüßten, daß "gut" undefinierbar sei. Denn anzunehmen, "daß die ethische Eigenschaft ausschließlich ethisch ist, heißt genau in der Frage eine *petitio principii* begehen, um die es geht, wenn die Definition vorgebracht wird."[89] Hier nun setze der Streit ein: "Die Definisten behaupten allen Ernstes, nur *eine* Eigenschaft zu sehen, wo die Intuitionisten zwei zu sehen behaupten."[90] Es handele sich daher nicht um einen logischen Fehlschluß, sondern um eine Art Blindheit bei den Definisten. Andererseits unterliegen die Intuitionisten möglicherweise einer "moralischen Halluzination". Frankena konstatiert, daß "noch keine generell befriedigende Lösung des Problems gefunden"[91] worden sei. Allerdings berücksichtigt er nach meinem Dafürhalten das "open-question-Argument" von Moore zu Unrecht nicht. Es verleiht der intuitionistischen Position eine größere Plausibilität und rechtfertigt zumindest das Humesche Gesetz.

Daher gehe ich für meine weiteren Überlegungen von einer methodisch strengen Unterscheidung zwischen deskriptiven und normativen Aussagen aus, unterlasse es aber, ontologische Vorentscheidungen über seinsmäßige Unterschiede zwischen der Tatsachenebene und der Wertebene vorzunehmen. Das heißt nun nicht, daß Ethik ohne Rückgriffe auf Erfahrungen auskommen müßte. Denn mit zusätzlichen Begründungen ist auch nach Hume ein Überschritt von der deskriptiven zur normativen Ebene möglich. Normative Aussagen müssen durch Erfahrung begründet und durch Argumentationen diskursiv gerechtfertigt werden.[92] Denn Werturteile beruhen auf Werterfahrungen. Aber nicht alles Werterleben führt zu objektiven Werturteilen.[93] Nicht jede Einfühlung in Fremdpsychisches begründet ein zutreffendes Werturteil in der Umweltethik. Vielmehr müssen durch Empathie gewonnene Werterfahrungen intersubjektiv und diskursiv abgeklärt werden. Der praktische Syllogismus ist als methodisch sinnvolle Ergänzung zu einer Theorie der Einfühlung zu fordern. Auch hierfür ist Thomas von Aquin der adäquate Ansprechpartner. Seine Theorie des praktischen Syllogismus im Rahmen seiner Handlungstheorie ist zumindest die geforderte Ergänzung zur normlogischen Argumentation des Naturrechtes. Ihre Grundzüge werden im sechsten Abschnitt erarbeitet.

In seinen naturrechtlichen Aussagen scheint Thomas von Aquin zugleich naturalistisch und anthropozentrisch zu argumentieren, wobei letztere Argumentationsweise ein größeres Gewicht erhalten hat. Beide Perspektiven sind im schöpfungstheologischen, im christlich religiösen Horizont immer schon miteinander vermittelt und einander zugeordnet, wenn auch ihre Eigenständigkeit in gewisser Weise erhalten bleibt. Da beide einander korrespondieren, ist der Übergang von der Ebene der Prädikation zur Präskription ohne zusätzliche Begründung möglich, er wird bei Thomas nicht einmal thematisiert. Hume argumentiert hier strenger, da er den schöpfungstheologischen Horizont nicht voraussetzt. Daher verlangt das Humesche Gesetz zusätzliche rechtfertigende Argumente beim Übergang von deskriptiven zu präskriptiven Aussagen. Grundsätzlich gesehen könnte eine theologische Ethik auf diese zusätzlichen Argumente verzichten, wenn sie zuvor ihren methodischen Horizont in der Schöpfungstheologie offenlegt. Allerdings würde ich für eine ökologisch orientierte theologische Ethik beide Vorgehensweisen empfehlen, nämlich sowohl die Offenlegung ihres schöpfungstheologischen Horizontes wie die Angabe rechtfertigender Argumente beim Übergang von deskriptiven zu präskriptiven Aussagen.

Denn für die moderne Naturwissenschaft ist Leben und seine Evolution ein biochemisch gesteuerter Prozeß. Er wird verändert durch gerichtete Selektion im Sinne von Rückkoppelungsprozessen, in der aber durch die Mutation der Zufall eingebaut ist. Das artspezifische Ziel der natürlichen Neigungen ist nicht mehr eindeutig, zumindest im Übergangsfeld der Entstehung neuer Arten. Einer Teleologie der Natur im Sinne des Thomas von Aquin kann die Evolutionstheorie nicht zustimmen. Denn auch Emergenz – gebündelt auftretende überlebensrelevante Mutationen, die zu einer Weiterentwicklung führen – ist nicht im Sinne einer Zielursache zu interpretieren. Dies ist ein Postulat der Objektivität der naturwissenschaftlichen Methode, die Experiment und Gesetzeswissen miteinander verknüpft.

Natur – beschrieben in den Kategorien empirisch vorgehender Naturwissenschaft – kann keine Sinnvorgaben entwickeln. Dies ist der Kern der Sein-Sollen-Unterscheidung. Nach der Konzeption der "inclinationes naturales" ist wertvoll nur, was naturwüchsig erstrebt wird. Und dies gilt zumindest beim Menschen nur für die vollkommene Natur, nicht für die "natura corrupta" nach dem Sündenfall. Um aber bestimmen zu können, wann eine Natur intakt oder verdorben ist, bräuchten wir ein Wissen um die Totalität aller Zusammenhänge in der Natur. Diese Erkenntnis haben wir nicht.

Daher erscheint mir Meyer-Abichs These von Eigenrechten von Tieren und der Natur als nicht plausibel. Das heißt jedoch nicht, daß ein willkürlicher Umgang mit Tieren sittlich zu rechtfertigen ist. Für die Bewertung des "moralischen Status" von Tieren ist es wichtig herauszufinden, warum wir ihnen gegenüber zu einem bestimmten Verhalten verpflichtet sind. Auch die geläuterte Anthropozentrik erkennt den Gleichheitsgrundsatz an, formuliert ihn aber von einer ontologischen Aussage (Gleichheit von Tier und Mensch bei bestimmten Bedürfnissen) in ein methodologisches Prinzip um: Geboten ist die "Gleichbehandlung aller Betroffenen einer Handlung unter vergleichbaren Umständen". Wann aber vergleichbare Umstände vorliegen, entscheidet der Mensch. Dies ist Ausdruck der unhintergehbaren Anthropozentrik auch der Umweltethik. Die Vergleichbarkeit scheint umso eher möglich, je näher die Tiere uns bzw. unserem Zentralnervensystem verwandt sind. Der Gleichbehandlungsgrundsatz führt zur abgestuften Berücksichtigung aller Betroffenen unserer Eingriffe bzw. Experimente bzw. Handlungen, also auch künftiger Generationen und Tiere. Das Dringlichkeitskriterium der abgestuften Berücksichtigung der Betroffenen erlaubt Güterabwägungen zwischen Tier und Mensch. Im Konfliktfall (bei Gleichrangigkeit der Güter und Werte) gebührt dem Menschen Vorrang vor dem Tier.

Tiere können wir nicht völlig unberücksichtigt lassen, sofern sie Betroffene unserer Handlungen in uns vergleichbaren Situationen sind. Zwar sind wir als sittliche Wesen, deren Handlungen zurechenbar sind, zunächst anderen Wesen mit derselben Ausstattung unmittelbar verpflichtet, ihnen durch unser Handeln weitmöglich keinen Schaden zuzufügen, ihren Willen zu respektieren und ihnen Gerechtigkeit widerfahren zu lassen. Dennoch verpflichtet uns der Gleichbehandlungsgrundsatz, Tiere als Betroffene unseres Handelns und Experimentierens in vergleichbaren Umständen und Situationen zu berücksichtigen und zu schonen. Die einschränkende Bedingung des "weitmöglich" ergibt sich dabei aus dem handlungstheoretischen Ansatz der hier vorgeschlagenen Ethik, weil nicht alle Folgen in der Hand des Handelnden sind und über sein Können und Vermögen hinaus niemand zu einem Handeln verpflichtet werden kann.

Umweltethik ist daher nicht an der Natur auszurichten, sondern an Handlungsfeldern oder Klassen von Handlungen. Die wichtigsten Handlungsfelder für die Umweltethik sind Technik, Wirtschaft und Forschung. Für diese einzelnen Klassen von Handlungen sind vor dem Hintergrund des Ethos ökologisch orientierter Humanität spezielle ethische Bewertungskriterien zu entwickeln. Denn als Hauptverursacher unserer Umweltkrise gelten die moderne Technologie, die Wirtschaft und die industriell ausgerichtete Wissenschaft. Angesichts des anwachsenden Potentials der Schlüsseltechnologien ist eine gesellschaftliche Entscheidung über ihren weiteren Einsatz und ihre Gestaltung erforderlich. Zu diesem Zwecke ist zumindest ein gewisser gesellschaftlicher Konsens zu erzielen. Aufgabe der Ethik ist, dafür Sorge zu tragen, daß er nicht unverantwortlich ausfällt. Naturrechtliche Argumente sind nicht in der Lage, vorbereitend an einem derartigen Konsens mitzuarbeiten, denn sie sind häufig methodisch fragwürdig oder werden nicht akzeptiert.

Deshalb plädiere ich auf diesem Gebiet dafür, daß sich die sittliche Bewertung an Zielen und den vorhersehbaren Folgen eines Eingriffs orientiert. Die entscheidenden Fragen lauten: Sind die vorhersehbaren Folgen eines Eingriffs lebensgerecht und sozialverträglich oder bevorzugen bzw. benachteiligen sie bestimmte Menschen, Bevölkerungsgruppen oder auch Lebewesen in ungerechtfertigter Weise? Dies impliziert noch nicht einen Standpunkt, der von Eigenrechten der Natur ausgeht und in der Forderung nach einer Gleichbehandlung aller Lebewesen gipfelt. Denn gerecht wäre eine derartige Gleichbehandlung nur bei vergleichbaren Bedürfnissen. Und hinsichtlich der Vergleichbarkeit von Mensch und Tier – etwa bei Bewußtsein und Schmerzempfindlichkeit – bestehen zu Recht noch größere Meinungsverschiedenheiten, da es sich hier um ungeklärte Fragen handelt.

An der Intention des Naturrechtes, nämlich an der Begründungspflicht für sittliche Forderungen, ist festzuhalten. Dennoch gibt es ''Unwandelbares'' nicht bei ''in sich'' schlechten Handlungen oder Eingriffen, sondern nur im Bereich der formalen Prinzipien wie Vernunft und Freiheit als Grundlagen der Menschenwürde und der sittlichen Bewertung. So nimmt die Verpflichtung zur gemeinsamen Suche nach dem Lebens-Gerechten auch für zukünftige Generationen und Arten nach dem abgestuften Dringlichkeitskriterium, also ein an sittlichen Prinzipien wie Gerechtigkeit und Personwürde orientierte handlungstheoretisch ausgerichtete Ethik das berechtigte Anliegen des Naturrechtsdenkens in Fragen der Technikethik auf und führt dieses weiter. Er scheint in der Lage zu sein, weitgehend frei von metaphysischen und naturalistischen Fehlschlüssen eine konkrete Umwelt-Ethik grundlegen zu können, die eine ausweisbare Entscheidungshilfe darstellt.

Sittliche Grundverpflichtungen im Rahmen einer handlungstheoretisch begründeten Ethik sind Überparteilichkeit (der Verallgemeinerungsgrundsatz), Gerechtigkeit (Grundsatz der Gleichbehandlung unter vergleichbaren Umständen), Respektierung der Personwürde, die Verpflichtung zur weitmöglichen Hilfe im Sinne der Wohltuns oder Nützens (oder zumindest die Verpflichtung nicht zu schaden) und Rücksicht auf zukünftige Generationen.[94] Mit Ausnahme der Personwürde und der Rücksicht auf zukünftige Generationen sind diese grundlegenden Verpflichtungen nach dem abgestuften Dringlichkeitskriterium auch auf Tiere und die Umwelt anzuwenden.

Naturrechtliche Argumentationen sind aus zwei Gründen für konkrete Entscheidungshilfen für den Bereich der Umweltethik unzureichend. Die Gefahr naturalistischer Fehlschlüsse wurde ausgiebig diskutiert. Nicht minder problematisch erscheint die häufige Verknüpfung des Naturrechtes mit einem idealorientierten Pflichtenkonzept zu einer fundamentalistischen Position. An der Folgenbewertung und am Gewissen orientierten Ethiken wird häufig vorgeworfen, sie seien ein moralisches Entlastungskonzept'', eine Beschaffungsinstanz für ein "gutes Gewissen".[95] Doch dies ist kein zulässiges Argument gegen teleologische Ethiken, denn diese Behauptung trifft auf Pflichtenkonzepte ebenso zu. Wenn ich nämlich nur meine Pflicht erfülle, ohne mich um die Folgen zu kümmern, habe ich ein gutes Gewissen, selbst wenn ich Grauenhaftes anrichte.

Daher befürworte ich eine Ethik der Folgenbewertung nach sittlichen Grundsätzen, bei Fragen der Umweltethik insbesondere nach dem Grundsatz der Gerechtigkeit (Gleichbehandlung, Sachgerechtigkeit, Lebensgerechtigkeit, Rücksicht auf Benachteiligte und intergenerationelle Gerechtigkeit). Für Fragen der Ethik der Energiegewinnung,[96] der Gentechnik[97] und der Wirtschaftsethik[98] ist dies an anderer Stelle im Umriß bereits geschehen. Hier konnte ich plausibel machen, daß das Ethos ökologisch orientierter Humanität zur Grundlegung einer umfassenden Umweltethik nicht ausreicht, sondern durch eine handlungstheoretisch fundierte Ethik ergänzt werden muß. Anthropozentrisch ausgerichtet sind beide.

Anthropozentrik auf dem Prüfstand: Transgene Tiere in der Züchtung

Methodologisch gesehen ist eine anthropozentrische Argumentation einer naturrechtlichen bei Begründungsfragen in der Ethik vorzuziehen. Die Überlegungen zur Rechtsgemeinschaft der Natur gehören eher in den Bereich der ethischen Rechtslehre als in die Ethik. Die Ethik wird im Zusammenhang mit dieser Idee nicht zuallererst die Zuschreibung von Rechten an die Natur kritisieren. Vielmehr wird sie die naturphilosophische und essentialistische Begründung der Eigenrechte der Natur als methodisch unzulässig abweisen. Denn auch wenn die Behauptung von Eigenrechten der Natur qua Natur aus sittlicher Perspektive in sich widersprüchlich und damit inkonsistent ist, stellt sich doch immer noch die Frage, ob bestimmte Rechte der Natur sich nicht aus einem ökologischen Bedürfnis an unzerstörter Natur auch ohne ontologische Hypostasierungen einer Person Natur rechtfertigen ließen. Diese Möglichkeit wird ein Ethos ökologisch orientierter Humanität nicht von vornherein ausschließen.

Ein Ethos knüpft im wesentlichen bei der Motivation an und fragt weniger danach, worin sittlich richtiges Handeln bestehe. Allerdings wird es durch die ökologische Krise immer wichtiger zu wissen, welche Entscheidung in einer bestimmten Situation sittlich gefordert ist. Die essentialistische Betrachtungsweise, die vom Wesen der Natur oder des Menschen ausgeht, kann nur allgemein bestimmte Eigenschaften der Natur oder des Menschen postulieren, auf deren Basis dann eine Zuschreibung von Rechten erfolgt. Demgegenüber schlage ich die Erarbeitung einer christlichen Umweltethik vor, die neben der Explikation einer spezifischen Ethosform im Rahmen einer Handlungstheorie eine Bewertung potentieller Folgen von Eingriffen in die Natur nach sittlichen Grundsätzen, Orientierungsregeln und Konfliktregeln vornimmt.[99]

Da Ethosformen zu essentialistischen Betrachtungsweisen neigen, weil Grundhaltungen und Grundeinstellungen eher die Handlungsmotivation als die Folgen einer Entscheidung bestimmen, ist bei der Hermeneutik des

Ethos einer christlichen Umweltethik darauf zu achten, daß weder Motivation noch Folgenbewertung verabsolutiert werden. Einen ersten Vermittlungsvorschlag zwischen beiden hatte das Ethos ökologisch orientierter Humanität unternomen. Dieses hatte im Gerechtigkeitskonzept als Verpflichtung zur abgestuften Berücksichtigung künftiger Generationen und der Natur auch ein Grundprinzip einer Ethik der Folgenbewertung bereit gestellt.

Die Hermeneutik des Ethos einer christlichen Umweltethik in ihrem Zusammenhang mit eine Ethik der Folgenbewertung soll sich in dieser Arbeit an der Anthropozentrik-Diskussion orientieren. So werde ich das näher zu bestimmende Ethos nicht naturphilosophisch auslegen, sondern im Sinne des "Paradoxes des Anthropozentrismus". Es wird sich dabei zeigen und ausweisen lassen, daß gerade im Horizont eines christlich motivierten Nachdenkens über verantwortbares menschliches Handeln in der Schöpfung das Ethos ökologisch orientierter Humanität in eine transzendental reflektierte Handlungstheorie übersetzen läßt. Darauf aufbauend kann dann eine Ethik der Folgenbewertung etabliert werden, die auch Langzeitfolgen von Eingriffen in Natur und Schöpfung berücksichtigt.

Wie geht nun eine anthropozentrische Umweltethik, basierend auf dem Ethos ökologisch orientierter Humanität konkret mit empirischen Fakten, natürlichen Neigungen und Strebungen von Tieren und dem Gerechtigkeitsgrundsatz um? Ich möchte dieses Verfahren und Vorgehen am Beispiel des Umgangs mit transgenen Tieren im Züchtungsprozeß veranschaulichen. Für eine anthropozentrische Ethik dürfen wir Menschen als sittliche Wesen anderen in ungerechtfertigter Weise Leiden, Schmerzen, Qualen nicht zufügen, weil der andere Mensch ein schmerzempfindliches Wesen und ein sittliches Subjekt ist.

Zur Berücksichtigung der Tiere in einer Umweltethik muß die Argumentation anders lauten. Hier ist dann das Ethos ökologisch orientierter Humanität im Zusammenhang mit einer Ethik der Folgenbewertung heranzuziehen. Dieses Ethos verpflichtet handelnde Menschen, möglichst alle der von unseren Handlungen Betroffenen nicht ungebührlich zu beeinträchtigen. Betroffen ist, wer aufgrund seiner Schmerzfähigkeit oder gar Angstfähigkeit durch unser Handeln in seinem Wohlbefinden geschädigt zu werden vermag. Dies können auch schmerzempfindliche Tiere sein, insbesondere wenn sie uns biologisch nahe verwandt sind. Lebewesen mit einem Instinkt und einer Triebstruktur, deren Funktionalität wir nachvollziehen können, uns sogar in sie einzufühlen vermögen, und von denen wir annehmen dürfen, daß deren Nichtbetätigung zu Schmerzen führt, müssen wir als von unserem Handeln potentiell Betroffene betrachten, wenn sie in der Lage sind, die Folgen zu empfinden und zu bemerken. Wenn Tiere in Menschen vergleichbare Umstände kommen können, sind sie gemäß dem Gleichbehandlungsgrundsatz als Betroffene anzuerkennen. Trotz des Tier-Mensch-Unterschiedes verbietet uns unsere Selbstwahrnehmung und die Feststellung stammesgeschichtlicher Ähnlichkeiten bei der Kognitions-Kompetenz orientiert an der Idee der Gerechtigkeit, Tiere als Sachen wie ein Stein oder ein technisch hergestelltes Produkt zu betrachten.

Zur sittlichen Bewertung der Tierproduktion erscheint mir das entwickelte Kriterium einer abgestuften Dringlichkeit bei der Berücksichtigung von

Strebungen entscheidend. Zu seiner Begründung ist der technologisch orientierte Humanismus angesichts der ökologischen Krise zu einem ökologisch orientierten Humanismus zu erweitern. Ansatzpunkt ist und bleibt der Gedanke der Humanität des Menschen und die Forderung nach zwischenmenschlicher Solidarität. Diese Verpflichtung zu angemessener Solidarität ist aber gemäß dem Grundprinzip der Überparteilichkeit zu ergänzen, und zwar in abgestufter Weise durch die Berücksichtigung der Interessen zukünftiger Generationen, der Strebungen leidensfähiger und schmerzfähiger Tiere nach dem Kriterium der größeren Verwandtschaft mit uns und letztlich auch der Natur als Conditio sine qua non für die Entwicklung von Humanität und Solidarität. Dabei versteht sich der in der Theorie der Einfühlung und der Ethik der Folgenbewertung begründete abgestufte Gleichbehandlungsgrundsatz bei der Berücksichtigung der Interessen künftiger Generationen und basaler Strebungen leidensfähiger Organismen im Zentrum eines ökologisch orientierten Humanismus als Metaregel, Dringlichkeitskriterium und inhaltliche Auslegung des Gerechtigkeitsprinzips. Hinzu kommt, daß wir für domestizierte Tiere, also auch unsere Nutztiere, eine besondere Verantwortung tragen, weil wir sie bereits im Sinne einer Abhängigkeit von uns hin ausgewählt und zu verminderter Überlebensfähigkeit unter natürlichen Bedingungen verändert haben.

Artüberschreitender Gentransfer gilt nun als charakteristisches Merkmal der Gentechnik. Von ethischer Seite wird häufig behauptet, er sei deshalb nicht erlaubt, weil er in der Natur nicht vorkomme und daher ein enormes Gefährdungspotential darstelle. Als Beispiel möchte ich Ulrich Eibach zitieren: "Es besteht daher aller Anlaß zu der Annahme, daß dieser Barrieren gegen eine artübergreifende Verschmelzung des Erbgutes eine entscheidende Bedeutung für die Entwicklung und das ökologische Gleichgewicht des Lebens haben."[100]

Das moderne Konzept der Art definiert sie biologisch unter Berücksichtigung ökologischer, geographischer, genetischer und andere Faktoren. Ihr Zentrum ist die Fortpflanzungsisolation und die ökologische Nische. Richard Dawkins klare, genetisch formulierte Definition begründet das Biospezies-Konzept molekularbiologisch. Sie lautet: "Eine Art wird dadurch definiert, daß alle ihre Mitglieder dasselbe Beschriftungs- oder Etikettierungssystem für ihre DNS haben".[101] Weil das Etikettierungssystem zwischen den Arten verschieden ist, käme es bei einer Vermischung zu einem Merkmals- und Struktur-Durcheinander, vorausgesetzt, die beiden Arten würden in ihrem gesamten genetischen Material miteinander kombinieren. Bei der Verschmelzung des Genoms von Individuen zweier Arten sind daher die meisten Nachkommen entweder gar nicht vorhanden, weil die während der Embryonalentwicklung abgestoßen wurden, krank, letal oder steril. Nur in seltenen Fällen sind sie wieder fortpflanzungsfähig, aber auf jeden Fall labiler als die Eltern. Das Risiko dürfte dabei umso größer sein, je komplizierter die Zusammensetzung des Lebewesens ist. Daher ist anzunehmen, daß die Selektion alles begünstigen wird, was die Möglichkeit, solch schädlicher Neukombination einschränkt oder völlig aussschaltet.

Eine größere Labilität kann zwar in besonderen ökologischen Situationen und in eng begrenzten Ausnahmefällen biologisch einen Vorteil darstellen, normalerweise jedoch wird eine derartige Verschmelzung von der Selektion ausgesondert. Dies ist kein Einwand gegen gentechnische Eingriffe, denn Gentechnik ändert im Idealfall gezielt nur einige Genkomplexe oder DNS-Sequenzen. Je mehr Genloci allerdings ausgetauscht werden, umso größer ist die Gefahr, das genetische Etikettierungssystem durcheinander zu bringen und so letale oder krankhafte Individuen zu erzeugen.

Bei den Tieren, insbesondere bei den Tieren mit sexueller Reproduktion, ist Fortpflanzungsisolation weitgehend realisiert. Hier wird im biologischen Artkonzept die Fortpflanzungsgemeinschaft, die ökologische Einheit und die genetische Einheit zur Artbestimmung herangezogen.[102] Es gibt Grenzfälle der Evolution, auch bei Tieren, wo diese reproduktive Isolation durchbrochen wird. Daher kann zumindest für die Mehrzahl der Tierarten festgestellt werden, daß artüberschreitender Gentransfer zwischen Tieren sehr viel seltener vorkommt als bei Mikroorganismen und vielen Pflanzen. Aber er ist nicht unmöglich.

Bei der Tierzucht sollten Artgrenzen nicht willkürlich überschritten werden, insbesondere wenn mehrere Genkomplexe geändert werden, also Chimären erzeugt werden, da diese Eingriffe sehr häufig letale Nachkommen hervorbringen werden. Einzelne Gene und individuelle Merkmalskomplexe, die die Lebensweise und die Gesundheit des betroffenen Tieres nicht gravierend negativ beeinflussen, widersprechen nicht der Funktionalität der Artgrenzen. Auf jeden Fall sind die potentiellen Folgen für die Lebensweise der so veränderten Tiere zu bedenken. So treten an die Stelle eines generellen Verbotes von artüberschreitendem Gentransfer (essentialistische Argumentation) Kriterien abgestufter Umweltverträglichkeit, Toxizität und Pathogenität und bei höheren Tieren die weitestmögliche Vermeidung krankhafter oder letaler Individuen bzw. Nachkommen.[103]

Friedfertigkeit war das wichtigste herkömmliche Zuchtziel bei der Auswahl der Tiere, zudem die Qualität der Nahrung und ihr Wachstum. Züchtung bedeutete auch nach klassischen Methoden eine Anpassung der Tiere an die Bedürfnisse des Menschen. Für viele Menschen habe sich aber die Zuchtziele durch die moderne Agrarindustrie entscheidend geändert. Die intensivierte Tierhaltung hat zu einer Beschränkung des für das einzelne Tier zur Verfügung stehenden Raumes geführt. Die Anpassungsfähigkeit der Tiere ist oft überfordert. Die Beeinträchtigung des Wohlbefindens intensiv gehaltener Tiere, die Unterdrückung von artspezifischen Verhaltensmustern und von grundlegenden Bedürfnissen sowie die Belegungsdichte und Einschränkung der Bewegungsfreiheit finden heute oft nicht mehr die Zustimmung der Tierschützer und von Teilen der Bevölkerung.

Befürchtet wird nun, die Gentechnik könnte dazu herangezogen werden, die Anpassungsfähigkeit gewisser Tiere an ihre Intensivhaltungsbedingungen mehr als andere Verfahren zu steigern. Die Gentechnik und ihre Verfahren hat jedoch im wesentlichen bislang keine neuen Zuchtziele formuliert, allerdings scheinen ihre Methoden bei der genetischen Fixierung des jeweiligen Zuchtzieles erfolgreicher zu sein als herkömmliche Methoden. Zudem ist durch sie ein Beschleunigungseffekt zu erwarten. Moderne biotechnologische Methoden bringen eine Verbesserung der Empfindlichkeit von Züchtungsmethoden in vier Bereichen, nämlich

(1) in der Fortpflanzungs- und Reproduktionsbiologie (Invitro-Fertilisation beim Rind; Klonierung, Teilung von Embryonen);
(2) bei der gentechnischen Herstellung von Substanzen (z. B. die umstrittene Erzeugung des Rinderwachstumshormons);
(3) im Bereich des Gentransfers (ersetzt die oftmals früher vorherrschende Verdrängungskreuzung);
(4) in der Gendiagnostik (ermöglicht eine Einzelcharakteristik und hilft bei der Abschätzung von Zuchtentscheidungen).

Die Genomanalyse und der Gentransfer können herangezogen werden zur Erkennung und Vermeidung von Krankheiten. Insbesondere heterozygote Krankheitsanlagen können mit den herkömmlichen Kreuzungsverfahren nicht erkannt und damit auch nicht verhindert werden. Genomanalyse ist rein beschreibend. Gentechnische Manipulationen liegen eigentlich nur in den Bereichen (3) und (4) vor.

Die Handlungstheorie unterscheidet zwischen Zielen und Mitteln, ein Ziel zu erreichen. Zuchtzielbereich und die biotechnologischen Verfahren unter Einschluß der Gentechnik wären also gesondert zu betrachten. Traditionell legt die Handlungstheorie besonderen Wert auf die Betrachtung der Ziele, allerdings durften auch die herangezogenen Mittel nicht unsittlich sein: Der Zweck heiligt nicht die Mittel. Wegen der Unterordnung aber der Mittel unter die Ziele ist bei der sittlichen Bewertung der Tierproduktion auf die Zuchtziele zunächst das Hauptaugenmerk zu legen. Unter diesem Gesichtspunkt gesehen erscheint es nicht als legitim, klassische Züchtungsmethoden, Reproduktionsbiologie und Gentechnik grundsätzlich anders zu bewerten und etwa nur die Gentechnik zur unerwünschten Methode zu erklären. Unter sittlicher Perspektive ist eine Bewertung der Zuchtziele entscheidender als eine Bewertung der Methoden, weil Ziele die Verwendung der Methode ausrichten.

Um sittliche Leitlinien für die Anwendung der Biotechnologie in der Tierzucht zu entwickeln, sind der Dringlichkeitsgrundsatz, die besondere Verantwortung gegenüber den vom Menschen bereits abhängigen Nutztieren und das Kriterium der Vermeidung unnötigen Schmerzes durch Eingriffe in das Erbgut (Gesundheit) heranzuziehen. Ein apriori ausweisbares sittliches Argument für ein generelles Verbot gentechnischer Eingriffe im Rahmen biotechnologischer Verfahren in der Tierzucht sehe ich nicht. Klassische Züchtungsmethoden, Biotechnologie und gentechnische Verfahren sind nicht zu trennen oder gesondert zu bewerten. Entscheidend ist das zu verändernde Tier in seinen Eigenschaften und eine Folgenabschätzung züchterischer Eingriffe nach dem Kriterium der (1) Humanverträglichkeit, (2) der Umweltverträglichkeit und (3) den Auswirkungen auf die Tiere (Vermeidung von strukturell bedingtem Schmerz, Gesundheit der Tiere, Auswirkungen auf ihre Verhaltens- und Ausdruckmöglichkeiten). Außerdem sollte die Veränderung der Erbanlagen in einer Weise geschehen, daß eine eigenständige Lebensweise des gentechnisch veränderten Tieres auch in natürlicher Umgebung gewahrt bleibt.

Bei einer Folgenabschätzung biotechnologischer Eingriffe in der Tierzucht ist es gerecht, alle Betroffenen in vergleichbaren Situationen gleichermaßen zu berücksichtigen. Betroffen sind auch die Tiere, die schmerzempfindlich sind und durch unseren Eingriff beeinträchtigt werden könnten. Schmerzempfindlich sind wohl alle unsere Nutztiere. Betroffene sind aber auch die Forscher und Tierzüchter, die produzierenden Bauern und die Menschen, die Nahrung brauchen. Die hier geforderte Abwägung muß von Fall zu Fall entscheiden. Kategorische Ge- oder Verbote können durch einen handlungs- oder entscheidungstheoretischen ethischen Ansatz nicht begründet werden, allerdings lassen sich allgemeine Leitlinien sittlicher Natur entwickeln.

Die Zumutbarkeit von organisations- und strukturbedingten Schmerzen aufgrund der Körperorganisation und Krankheitsanfälligkeit ist jeweils im Einzelfall zu überprüfen und gegen die angestrebten Züchtungsziele abzuwägen. So wäre es sittlich kaum zu rechtfertigen, wenn zum Zwecke billiger Produktion Tiere so konstruiert werden, daß sie strukturell Schmerz empfinden, sei es durch ihre Körperorganisation oder durch ihre Verhaltensweisen. Auch die Chimärenbildung, der Entwurf von Tieren, bei denen nicht nur einzelne Merkmale oder Eigenschaften übertragen werden, sich also strukturell bedingte Schmerzen bei den betroffenen Tieren oder bei dem Weg zu ihrer Erzeugung abschätzen lassen, sind nur dann noch hinzunehmen, wenn entsprechend sittliche relevante Gründe für diese Konstruktionen sprechen.

Ein solcher Grund könnte die Grundlagenforschung auch zur Folgenabschätzung darstellen. Die Erforschung, ob z. B. eine Chimärenbildung überhaupt möglich ist, und welche Auswirkungen sich für das Verhalten, Leben und Reproduktion ergeben, halte ich für einen solchen Grund. Vor einer "Serienproduktion" solcher Tiere müßte aber ihr Gesundheitszustand, ihr Verhalten und die Erfolgsrate (die Inkaufnahme krankhafter Varianten, sofern sie geboren werden) bei ihrer Produktion untersucht werden. Um festzustellen, ob neukonstruierte Tiere konstitutionelle Gesundheitsmängel aufweisen, dürfen Einzelexemplare gezüchtet, aber nicht in Serie produziert werden. Entscheidend ist auch hier die Bewertung des Einzelfalles.

Derartige Leitlinien stellen keine genaue sittliche Kasuistik dar, sondern lassen dem Forscher, dem Züchter und dem Anwender bestimmte Handlungs- und Entscheidungsfreiheiten. Dies ist kein Mangel, sondern konstitutiv für einen handlungstheoretischen Ansatz, der nicht dem Wahn verfallen ist, sämtliche Handlungssituationen im vorhinein normieren zu können. In diesem Sinne möchte ich noch einige ethische Überlegungen entwickeln, die ebenfalls Entscheidungen unterstützen können. Die erste Frage lautet: Sind unsere normalen Nutztiere in ihrer Selbstwahrnehmung unverwechselbare Individuen? Trifft dies zu, dann sind Klonierung und Nukleuszucht sittlich problematisch. Die Frage ist nicht ganz eindeutig zu beantworten. Aber ich bezweifle, daß sich unsere Nutztiere als unverwechselbare Individuen wahrnehmen. Es müßte zumindest begründet vermutet werden können, daß diese Tiere Schmerz empfinden, wenn sie massenhaft auftretenden Zwillings-Geschwistern gegenüberstehen. Für Affen oder Delphine könnte das Urteil anders ausfallen, aber derartige Fragen entscheiden Verhaltensforscher und nicht Ethiker.

Artüberschreitender Gentransfer ist sittlich wohl so lange unproblematisch, als es sich um einzelne Merkmale handelt, die produzierten Tiere gesund und in ihrem Vehalten nicht gestört sind. Ebenfalls scheint die Genomanalyse zur Feststellung und Beseitigung von Erbschäden und zur Verbesserung der Gesundheit von Tieren wenig problematisch. Sittliche Grenzen in der Verwendung sowohl der klassischen Methoden wie der Biotechnologie für die Tierzucht liegen vor allem in der Rücksichtslosigkeit und dem Mißbrauch von Tieren, der Tierquälerei und in der fahrlässigen oder gar bewußt in Kauf genommenen Erzeugung konstitutionell gesundheitlich beeinträchtigter Formen, die dadurch Schmerz empfinden. Auch die absolute Überordnung der ökonomischen Produktionsziele über Tiergesundheit und potentiell negative Auswirkungen auf den Menschen und die Umwelt sind sittlich gemäß dem Ethos ökologisch orientierter Humanität nicht zu verantworten.

Eine naturrechtliche Begründung empfiehlt sich für eine ökologisch orientierte theologische Ethik nicht, da sie die von der neuzeitlichen Ethik geforderte Methodenreflektiertheit nicht aufweist und mit ihren Absolutheitsforderungen den Basis-Konsens einer Gesellschaft gefährdet. Diesen Mangel teilen auch die Konzepte eines neuen Naturrechtsdenkens. Daher ist es zweckmäßig, als Basis-Konsens für eine Umweltethik das Ethos ökologisch orientierter Humanität und nicht einen deontologisch gedeuteten Kategorischen Imperativ oder naturrechtliche Argumentationen heranzuziehen. Ob aber dieses Ethos mit der biblischen Sichtweise der Schöpfung vereinbar ist, muß nun in weiteren Schritten überprüft werden.

Anmerkungen

1 Walther Ch. Zimmerli; Läßt die Ethik eine Technisierung der Natur zu?; in: Concilium 25 (1989), 280–288, hier 281

2 Ebd.

3 Vgl. Klaus Michael Meyer-Abich; Wege zum Frieden mit der Natur; a. a. O. 175

4 Ebd. 176

5 Vgl. ebd. 180, 183

6 Vgl. ebd. 193

7 Klaus Michael Meyer-Abich; Das Recht der Tiere. Grundlage für ein neues Verhältnis zur natürlichen Mitwelt; in: Ursula M. Händel (Hg.); Tierschutz. Testfall unserer Menschlichkeit; Frankfurt 1984, 22–35, hier 27

8 Vgl. Klaus Michael Meyer-Abich; Naturordnung und Menschenrecht. Philosophische Grundlagen für einen Rechtsfrieden zwischen Mensch und Natur; in: Tilman Evers (Hg.); Schöpfung als Rechtssubjekt? Hofgeismarer Protokolle 269; Hofgeismar 1990, 17–31; hier 17

9 Vgl. ebd. 18f

10 Vgl. ebd. 23f

11 Vgl. ebd. 25

12 Ebd. 27f

13 Johann-Friedrich Blume; Entsklavung der Natur; in: T. Evers (Hg.); Schöpfung . . .; a. a. O. 32–46; hier 32

14 Vgl. 34

15 Vgl. ebd. 37

16 Näheres zur Menschenwürde und zur Selbstzweckformel als Grundelement der Ethik findet sich im Abschnitt (7) "Konstitutionsbedingungen neuzeitlicher Ratiozentrik und Anthropozentrik" unter der Zwischenüberschrift "Kants Begründung der Menschenwürde".

17 Vgl. Blume; Entsklavung, a. a. O. 38
18 Vgl. Jörg Leimbacher; Die Rechte der Natur; Basel, Frankfurt 1988, 28
19 Vgl. ebd. 34
20 Vgl. ebd. 73
21 Vgl. ebd. 77
22 Vgl. ebd. 85
23 Vgl. ebd. 123, 126
24 Vgl. ebd. 152
25 Vgl. ebd. 239
26 Vgl. ebd. 96
27 Vgl. Gotthard M. Teutsch; Lexikon der Tierschutzethik; Göttingen 1987, 69
28 Vgl. Karl Barth; Die Kirchliche Dogmatik; Bd. III/1 Die Lehre von der Schöpfung; Zürich ²1947, 198f
29 Vgl. ebd. 212
30 Vgl. Beat Sitter; Wie läßt sich ökologische Gerechtigkeit denken?; in: Zeitschrift für evangelische Ethik 31 (1987), 271–294
31 Vgl. ebd. 274
32 Vgl. ebd. 277
33 Ebd. 278
34 Ebd. 277
35 Ebd. 281
36 Darunter verstehe ich eine Form der Gerechtigkeit gegenüber der Natur basierend auf dem Ethos ökologisch orientierter Humanität und dem abgestuften Gerechtigkeitskriterium; vgl. hierzu auch meinen Aufsatz: Hat die Natur ein Eigenrecht auf Existenz? Anmerkungen zum Standort der Umweltethik-Diskussion; Philosophisches Jahrbuch 97 (1990), 327–339
37 Vgl. Beat Sitter; Plädoyer für das Naturrechtsdenken. Zur Anerkennung von Eigenrechten in der Natur; Basel 1984, 8
38 Ebd. 18
39 Ebd. 21
40 Ebd. 29
41 Ebd. 30
42 Ebd. 31
43 Ebd. 33
44 Ebd. 38
45 Vgl. ebd. 43
46 Vgl. Robert Spaemann; Technische Eingriffe in die Natur als Problem der politischen Ethik; in D. Birnbacher (Hg.); Ökologie und Ethik; Stuttgart 1980, 180–206, hier 198
47 Ebd. 188
48 Ebd. 197
49 Ebd. 198
50 Alberto Bondolfi; Tier-"Rechte" und Tierversuche; in: Concilium 25 (1989), 267–273, hier 270
51 Spaemann; Technische Eingriffe ...; a. a. O. 205
52 Vgl. Robert Spaemann; sind 'natürlich' und 'unnatürlich' moralisch relevante Begriffe?; in: Venanz Schubert (Hg.); Was lehrt uns die Natur? Die Natur in den Künsten und Wissenschaften; St. Ottilien 1989, 253–279, hier 265
53 Vgl. ebd. 264
54 Vgl. ebd. 266
55 Jos. Th. C. Arntz; Die Entwicklung des naturrechtlichen Denkens innerhalb des Thomismus; in: Franz Böckle (Hg.): Das Naturrecht im Disput; Düsseldorf 1966, 87–120, hier 90

56 Die Angaben im Text in diesem und im sechsten Kapitel beziehen sich auf die Summe Theologiae des Thomas von Aquin. I–II meint die Prima Secundae (also den zweiten Teil des ersten Buches), 91 ist die Ziffer der "quaestio", 6 die Nummer des "articulus". Mit diesen Angaben (Buch, Teil, quaestio, articulus) ist die Textstelle in jeder Ausgabe der Summe aufzufinden; hier wurde die fünfbändige Ausgabe der Biblioteca de Autores Cristianos (Madrid ³1961) benutzt.

57 Benezet Bujo; Die Begründung des Sittlichen. Zur Frage des Eudämonismus bei Thomas von Aquin; Paderborn, München, Wien, Zürich 1984, 183

58 Vgl. Wilhelm Korff; Der Rückgriff auf die Natur. Eine Rekonstruktion der thomanischen Lehre vom natürlichen Gesetz; in: Philosophisches Jahrbuch 94 (1987), 285–296, hier 285

59 Ebd. 289

60 Ebd.

61 Vgl. Karl-Wilhelm Merks; Grundlegung der sittlichen Autonomie; Düsseldorf 1978, 293

62 Vgl. ebd. 297

63 Vgl. ebd. 305

64 Vgl. Wolfgang Kluxen; Philosophische Ethik bei Thomas von Aquin; Hamburg ²1980, 124–145, bes. 139

65 Vgl. ebd. 127f

66 Vgl.ebd. 136

67 Vgl. Jos. Th. C. Arntz a. a. O. 87

68 Vgl. ebd. 113–117

69 Vgl. ebd. 96

70 Vgl. ebd. 98

71 David Hume; Ein Traktat über die menschliche Natur; übers. von Th. Lipps, hrsg. von R. Brandt; Bd. 2, Hamburg 1973, 197

72 Ebd. 199

73 Ebd. 210

74 Ebd.

75 Vgl. ebd. 210f

76 Ebd. 211

77 Vgl. ebd. 216

78 Vgl. hierzu Friedo Ricken; Allgemeine Ethik, Stuttgart, Berlin, Köln, Mainz 1983, 47

79 Vgl. George Edward Moore; Principia Ethica, (¹1903), übers. von B. Wisser; Stuttgart (¹1970) ²1984, 36

80 Ebd. 40f

81 Ebd. 76

82 Ebd. 82

83 Ebd. 91

84 Ebd. 174f

85 Ebd. 197

86 W. K. Frankena; Der naturalistische Fehlschluß; in: G. Grewendorf, G. Meggle (Hg.); Seminar: Sprache und Ethik. Zur Entwicklung der Metaethik; Frankfurt 1974, 83–99; hier 84

87 Vgl. ebd. 88

88 Vgl. ebd. 91

89 Ebd. 94

90 Ebd. 95

91 Ebd. 98

92 Vgl. hierzu Franz von Kutschera; Grundlagen der Ethik; Berlin, New York 1982, 228

93 Vgl. ebd. 229
94 Vgl. hierzu in meinem Aufsatz: Sittliche Bewertungs-Kriterien der Human-Gen-technik; in: Stimmen der Zeit 209 (1991), 239–253, besonders 240–242 und: Leitlinien einer Ethik der Gentechnik. Vorüberlegungen zu einer Ethik der Biotechnologie; in: Naturwissenschaften 77 (1990), 569–577, besonders 571f
95 Vgl. Gotthard M. Teutsch; Lexikon der Tierschutzethik, Göttingen 1987, 247
96 Vgl. meinen Aufsatz: Ethische Implikationen globaler Energieversorgung; in: Stimmen der Zeit, Bd. 207 (1989), 607–620
97 Vgl. meinen Aufsatz: Sittliche Fragestellungen und Grenzziehungen bei der Anwendung der Biotechnologie in der Tierproduktion; in: Züchtungskunde 63 (3); 1991, 247–257 und: Zum Ansatz einer Forschungs- und Standesethik für die Gentechnik; in: Hans Lenk, Matthias Maring (Hg.); Technikverantwortung. Güterabwägung, Risikobewertung, Verhaltenskondizes; Frankfurt, New York 1991, 263–284
98 Vgl. meinen Aufsatz: Das Konzept eines Regelkonsequentialismus als Grundlegung einer Wirtschaftsethik; in: Michael Wörz, Paul Dingwerth, Rainer Öhlschläger (Hg.); Moral als Kapital. Perspektiven des Dialogs zwischen Wirtschaft und Ethik Stuttgart 1990, 235–252 und: Grundlagen der Wirtschaftsethik; in. M. Lutz-Bachmann (Hg.); Freiheit und Verantwortung – ethisch handeln in den Krisen der Gegenwart; Berlin 1991, 187–213
99 Vgl. zur Handlungstheorie und Ethik der Folgenbewertung in dieser Arbeit insbesondere Abschnitt (6) "Christliche Anthropozentrik" unter "Handlungstheorie bei Thomas von Aquin", Abschnitt (7) "Konstitutionsbedingungen neuzeitlicher Ratiozentrik und Anthropozentrik" unter "Kants Begründung der Menschenwürde", Abschnitt (8) "Instrumentelle Rationalität: zur Diagnose der Moderne" unter "Arbeiten – Herstellen – Handeln" und Abschnitt (9) "Natur und Schöpfung" unter "Das Experiment in handlungstheoretischer Interpretation". Ich verweise zudem auf meinen Aufsatz: Naturrecht als Entscheidungshilfe? Am Beispiel der Bewertung gentechnologischer Verfahren aus ethisch-theologischer Perspektive; in: Marianne Heimbach-Steins (Hg.); Naturrecht im ethischen Diskurs; Münster 1990, 67–98
100 Vgl. K. Grosch, P. Hampe, J. Schmidt (Hg.): Herstellung der Natur? Stellungnahmen zum Bericht der Enquete-Kommission "Chancen und Risiken der Gentechnologie"; Frankfurt, New York 1990, 131
101 Vgl. Richard Dawkins; Der blinde Uhrmacher; München 1987, 145
102 Vgl. E. Mayr; Grundlagen der zoologischen Systemantik; übers. v. O. Kraus; Hamburg, Berlin 1975, 31
103 Vgl. meine Aufsätze: Leitlinien einer Ethik der Gentechnik. Vorüberlegungen zu einer Ethik der Biotechnologie; a. a. O. 572–574 und: Sittliche Fragestellungen und Grenzziehungen bei der Anwendung der Biotechnologie in der Tierproduktion; a. a. O. 252f.

4. Der Mensch in der Schöpfung – Altes Testament und theologische Ethik

Für eine Ethik ist methodisch gesehen eine anthropozentrische Grundeinstellung unhintergehbar und unverzichtbar. Zudem scheiterte die Rechtfertigung des Gedankens einer Rechtsgemeinschaft der Natur in seiner naturalistischen Variante an immanenten Widersprüchen. Jedoch erschien bei Meyer-Abich zumindest die Rechtfertigungsstrategie aus dem bürgerlichen Eigentumsbegriff grundsätzlich als möglich, da sie dem Gedanken der methodischen Anthropozentrik Rechnung trug. Trotz des eindeutigen systematischen Befundes ist es allerdings für eine christliche Umweltethik entscheidend, ob sich auch von den Offenbarungsquellen her Anthropozentrik als unhintergehbar für ein biblisch begründetes Schöpfungs-Ethos erweist und worin der Kern des Verständnisses von Anthropozentrik besteht. Um nun das von mir vorgeschlagene Modell einer ökologisch orientierten theologischen Ethik auf ihre mögliche biblische Begründung hin zu untersuchen, ist nun zu überprüfen, ob das Ethos ökologisch orientierter Humanität mit zumindest wichtigen Modellen eines biblischen Schöpfungsethos vereinbar ist oder nicht.

Zudem muß die Frage geklärt werden, ob sich in der Bibel selbst eine Schöpfungs- oder gar Umweltethik findet. Daher ist zu untersuchen, ob die Offenbarungsquellen Weisungen oder Modelle für den gelingenden Umgang des Menschen mit der Natur bzw. der Schöpfung enthalten. Den folgenden Überlegungen liegt somit eine systematische Fragestellung zugrunde, basierend auf exegetischen Befunden. Wegen des langen Abfassungszeitraumes der Bibel und der nicht unerheblichen Anzahl der Kompilatoren ist zu vermuten, daß sich im Alten wie im Neuen Testament unterschiedliche Modelle für das Verhältnis von Mensch und Schöpfung entwickelt haben. Sie dürfen nicht vordergründig harmonisiert werden, nur um zu einer einheitlichen christlichen Umweltethik zu gelangen. Es müssen sich vielmehr von der Sache her Verknüpfungen zwischen den einzelnen Modellen aufzeigen lassen, um wenigstens Grundlinien eines christlichen Schöpfungsethos herausarbeiten zu können.

Daher sind zunächst einige der wichtigsten Modelle für die Stellung des Menschen in der Schöpfung zu rekonstruieren und auf ihre Relevanz für eine christliche Umweltethik hin zu befragen, ohne daß hier Vollständigkeit anzustreben wäre. Das Ziel meiner Untersuchung ist erreicht, wenn Aufgaben und Möglichkeiten einer theologischen Ethik im Bereich der Schöpfungsverantwortung im Umriß bestimmt sind und von den Offenbarungsquellen eine angemessene Absicherung erfahren haben. Kriterien der Angemessenheit sind dabei in den nächsten beiden Abschnitten zu entwickeln. Dazu beginne ich mit der Erörterung des Problembefundes im Alten Testament.

Zwei Thesen lege ich meiner Argumentation zugrunde, die im folgenden näher zu begründen sind. Erstens enthält das Alte Testament keine Schöpfungsethik. Zweitens lassen sich dennoch aus heutiger Perspektive in systematisch-exegetischer Argumentation einige grundlegende Modelle eines Schöpfungsethos im AT rekonstruieren. Dies impliziert, daß ein biblischer

Fundamentalismus für eine ökologisch orientierte theologische Ethik nicht ausreicht, sich aber dennoch Grundlinien eines Ethos abzeichnen, die in einer christlichen Umweltethik zu berücksichtigen sind.

Das Menschenbild des Pentateuch und der Ansatz alttestamentlich begründeter Schöpfungs-Ethik

Der Pentateuch, die fünf Bücher Mose, spricht gerade im Hinblick auf den Dekalog zwar von göttlichen Geboten und Verboten, von menschlicher Freiheit und menschlicher Schuld. Aber er ist weder ein Lehrbuch der Moral noch eine Ethik, schon gar nicht entwirft er eine Schöpfungs-Ethik. Auch ist diese Sammlung kein Werk aus einem Guß, sondern eine Zusammenstellung mehrerer Schriften, die von der Schöpfung der Welt bis zum Einzug des Volkes Israel ins Gelobte Land berichten. Bereits das Wissen um die Entstehungsgeschichte des Pentateuch macht es daher unwahrscheinlich, daß es im Alten Testament eine einheitliche und durchgängige Moral oder gar Ethik gibt. Und da es hier um die Möglichkeit einer biblisch begründeten Schöpfungsethik geht, kann ich mich auf grundlegende Aussagen und die beiden wichtigsten Schriften des Pentateuch, nämlich den Jahwisten und die Priesterschrift beschränken. Als Leitfrage folgender Überlegungen wähle ich das Menschenbild des Pentateuch aus. Dies geschieht wegen der Relevanz anthropozentrischer Aussagen für die Grundlegung einer Ethik und wegen der Frage nach der Anthropozentrik.

Ich beginne mit der *Jahwistischen Urgeschichte*, einer Schrift, die in mehreren Phasen zwischen der zweiten Hälfte des zehnten und dem achten vorchristlichen Jahrhundert entstanden ist.[1] Gemäß Franz Josef Stendebach betont die jahwistische Schrift die Geschöpflichkeit und das Geschaffensein des Menschen aus dem Ackerboden und damit auch seine Vergänglichkeit. Gott bläst dem Menschen den Lebenshauch ein. Dahinter steht die alte Vorstellung der Hauch-Seele, die sich z. B. auch in der altindischen Religiosität findet, dort als Grundlage der Atemlehre des Yoga. Der Tod tritt ein, wenn ein Mensch zu atmen aufhört. Mit der Hauch-Seele wird die Gesamtheit aller vitalen Funktionen verbunden. Das Personzentrum aber des Menschen ist sein Herz, dem intellektuelle und voluntative Funktionen zugeschrieben werden.[2]

Die Seelen sind gemäß der jahwistischen Schrift körpergebunden, der Mensch ist Leib. Die Betonung der menschlichen Existenz im Leibe ist einem Dualismus diametral entgegengesetzt. Vor allem aber – so die Aussage des Jahwisten – ist der Mensch der weltlich-leibhaftige Partner Gottes, wobei im alten Israel der Mensch für theomorph, für Gott ähnlich gehalten wurde. Dies ist eine Vorstellung, die die Sonderstellung des Menschen trotz seiner Geschöpflichkeit herausstellt. Dieser Gedanke der besonderen Gott-Mensch-Beziehung, der Dialogizität des Menschen und der damit einmaligen Stellung des Menschen unter den Geschöpfen, obwohl seine Leiblichkeit und Kreatürlichkeit vom Jahwisten betont wird, stellt ein Argumentationspotential bereit, das später zu einer bewußten Formulierung unter dem Begriff der Anthropozentrik herangezogen werden konnte, wenn auch die zentrale Stellung des Menschen in der Schöpfung durch Gott ermöglicht und garantiert und somit auf Gott hin relativiert wird.

Der Jahwist betont die Sündhaftigkeit des Menschen und gibt unterschiedliche Modelle mit jeweils eigenen Ausrichtungen an. In Gen 3,1–24 beschreibt der Jahwist den Abfall von Jahwe zu den Fruchtbarkeitsgöttern Kanaans, die durch die Schlange repräsentiert werden.[3] Gen 4,1–16 beschreibt die exemplarische Gewalttat zwischen den Menschen, den Brudermord von Kain. Überschreitungen der dem Menschen als Geschöpf gesetzten Grenzen finden sich in Gen 6,1–4 (Entschluß Gottes zur Sintflut) und in Gen 11,1–9 (Turmbau zu Babel). Dabei ist für den Jahwisten Sünde keine Verfehlung gegen ein Gebot im legalistischen Sinne, sondern die fundamentale Abwendung des Menschen von Gott, die Normwidrigkeit seines Gesamtdaseins und beschreibt so eine existentielle Unheilssituation.[4] Die Sünde besteht in der Isolierung vom Heiligen und ist Ausdruck der Existenzweise aller Menschen.

Ein Fortleben nach dem Tode und eine jenseitige Vergeltung kennt der Jahwist nicht. So formuliert er das ”ius talionis”, das Recht der Vergeltung und der Blutrache. Andererseits bringt der Jahwist aber auch das Erbarmen deutlich zum Ausdruck, das Gott selbst gegenüber Kain nicht völlig aufgibt. So ist das Ethos des Jahwisten das der Gemeinschaftstreue basierend auf der Grundnorm zwischenmenschlicher Solidarität. Der Ursprung dieses Ethos ist im semitischen Sippenverband zu suchen. Das Ethos dient dazu, den Frieden in dieser Gruppe zu erhalten. So wird das von einer menschlichen Gruppe in geschichtlicher Relativität gefundene Ethos göttlich sanktioniert.[5] Der Dekalog und die Tora enthalten für das menschliche Zusammenleben wichtige Vorschriften. Adressat ist das Volk Israel, der einzelne in seinem Sippenverband, der als dialogisches Wesen auf Gott und auf die Sippe verwiesen bleibt. Eine eigentliche Schöpfungsethik oder eine Morallehre, die die Natur berücksichtigt, findet sich nicht, obwohl auch Tiere, insbesondere die in den Sippenverband einbezogenen Haustiere nicht zuletzt unter Eigentumsgesichtspunkten Gegenstand von Verboten werden können.

Noch weniger kann man von einer Schöpfungsethik in der *priesterschriftlichen Urgeschichte* sprechen, obwohl hier die Modelle ausgefaltet werden, auf die eine christliche Umweltethik häufig zurückgreift, nämlich den Herrschaftsauftrag und das Modell des Noahbundes. Die priesterliche Grundschrift (P^G genannt) stellt nämlich in das Zentrum ihres Entwurfes nicht die Ethik, sondern den Gedanken Israels als Kultgemeinschaft. Dies ist nicht unverständlich, da P^G im babylonischen Exil geschrieben ist. Das vorexilische Königtum ist in einer Katastrophe untergegangen, Israel ist in seiner Identität bedroht und die alttestamentliche Theologie muß erklären, warum Israel auf seinen Gott trotz des Unglücks des Exils vertrauen darf.

P^G entwickelt gemäß der Rekonstruktion von Manfred Görg, auf die ich mich im folgenden beziehe, vier unterschiedliche Modelle des Menschseins, beginnend mit der Vorstellung der P^G-Schöpfungsgeschichte vom königlichen Menschen. Gott wird von der Priesterschrift als Inkarnation der ordnenden Gewalt gesehen. Schöpfung überwindet das Chaos. Und Gott schuf den Menschen als sein Bild, im wesensähnlich, wie der Begriff der Gottebenbildlichkeit genauer umschrieben werden müßte.[6]

Dahinter steht die ägyptische Vorstellung von der Gottebenbildlichkeit des Pharao und seine Wesensähnlichkeit mit Gott. P^G nimmt nun eine Ausweitung der königlichen Prädikation vor: Alle Menschen sind jetzt Abbilder, Stellvertreter und Sachwalter Gottes. Die Vorstellung von der ordnenden Befugnis des Herrschers und die mit der Gottebenbildlichkeit verbundene Autorität kommt allen Menschen zu.[7] Damit ist zwar keine Ethik grundgelegt, aber ein Ethos der Verantwortlichkeit impliziert. So wie der Herrscher Verantwortung trägt für seine Untergebenen und diese als Tyrann despotisch mißbrauchen oder verantwortungsbewußt einsetzen kann, ist auch der Mensch der P^G-Schöpfungsgeschichte in die Verantwortung gerufen.

Diese Herrscher-Gewalt des Menschen begründet sein Auftreten gegenüber der Tierwelt und der Schöpfung, die als eine doppelpolige Befugnis zur Bewahrung und zur Bewährung[8] von der Priesterschrift verstanden wird. Die Gottebenbildlichkeit als königliche Ausstattung ist aber eine Bestimmung des Menschen, die die Menschheit nicht zu tragen und einzulösen vermochte. Der nach dem Vorbild Gottes zur engagierten Verantwortung für den Lebensraum und die Lebenszeit berufene königliche Mensch ist für den exilischen Menschen zur uneinholbaren Idealgestalt von einst geworden.[9] Sie entspricht nicht der Realität des erfahrenen Exils.

Die P^G-Flut-Geschichte beschreibt den noachitischen Menschen als zweiten Typus in einer geschichtlich-prozeßhaften Abfolge. Der Mensch hat versagt, ist seinem Auftrag nicht nachgekommen, überall herrscht Gewalt auf Seiten des Fleisches, der Geschöpfe.[10] Trotz des Sündenfalls wird aber dem noachitischen Menschen die Herrschaft über das außermenschliche Leben übertragen. Die Überantwortung der Tierwelt an den Menschen entstammt der altorientalisch-ägyptischen Ikonographie und beschreibt den Menschen als Sachwalter des Gleichgewichtes in der Schöpfung. Die Herrschaft über die Tiere ist daher kein Freibrief für rücksichtslose Ausrottung oder utilitaristische Ausbeutung des nichtmenschlichen Lebens. Vielmehr soll der noachitische Mensch "dafür Sorge tragen, daß anstelle der zerfleischenden Gewalt die ordnende Gewalt ihren legitimen Platz auf Dauer hält."[11] Doch dies kann der Mensch nicht in eigener Machtvollkommenheit leisten und diesen Anspruch einlösen. Vielmehr ist Gott der Garant, daß die Menschheit künftig von totaler Verderbnis verschont bleibt. Die Flut soll dem Israeliten im Exil die eigene Situation deutlich machen: Nur der noachitische Mensch wird die Flut oder das Exil, die Situation der äußersten Bedrohung, überstehen. Allein derjenige, der für Ordnung und gegen das Chaos eintritt und somit Verantwortung übernimmt, wird dem Herrschaftsauftrag gerecht und aus dem Exil nach Israel zurückkehren.

Den dritten Typus entwickelt die P^G-Vätergeschichte, nämlich den abrahamitischen Menschen. Modell dafür ist Abrahams Auszug aus seiner alten Heimat, der letztlich scheitert und nicht ans Ziel, ins Gelobte Land führt.[12] Dennoch ergeht an Abraham eine Verheißung. Sie betont die Herausstellung Israels als berufene Kultgemeinde. Die Nachkommen Abrahams werden das Volk Israel sein, das durch den Kult ein zusammenhaltendes Band von Gott geschenkt bekommt. Dies bedeutet eine weitere Zunahme der

Einbindung des Menschen vor Gott im Volk Israel. Diese jedoch wird nun nicht mehr ethisch betrachtet, sondern kultisch-religiös, jedoch mit sittlichen Implikationen, wie dies an königlichen und noachitischen Menschen deutlich geworden ist. Dieser Sachverhalt ermöglicht es uns, aus heutiger Perspektive biblische Modelle eines Schöpfungsethos zu rekonstruieren, obwohl weder von einer Schöpfungs- noch von einer Umweltethik im Alten Testament im eigentlichen Sinn gesprochen werden kann.

Das vierte Modell vom Menschsein entwirft die P^G-Auszugsgeschichte im priesterlichen Menschen.[13] In Ägypten wie im Exil macht das Volk Israel dieselbe Erfahrung, nämlich einer massiven Bedrohung seiner Existenz von außen, ohne daß eine Befreiung aus dieser mit eigener Kraft als möglich erscheint. Die Bindung an Gott wird verstärkt betont, das Überleben und Fortleben des Jahwevolkes wird von Jahwe garantiert.[14] Die Kernaussage der Priesterschrift besteht darin: Im Exodus, im Auszug aus dem Exil liegt der eigentliche Zielpunkt der Schöpfung. Dieser Schrift geht es um die Neugestaltung Israels nach dem Exil in Babylon und nicht um Aussagen über das Verhältnis des Menschens zur Natur, schon gar nicht moralischer oder ethischer Natur. Dabei wird als Leitbild der Zukunft ein kultisch-priesterliches Menschenbild entworfen. P^G entwickelt ein Menschenbild im Prozeß. Sein Prinzip ist die zunehmende Verwiesenheit menschlicher Existenz auf die zuvorkommende Gegenwart Gottes. Dabei ist "die priesterliche Kultgemeinde [. . .] *die* Garantie für ein chaosfernes Verbleiben in der Schöpfungsordnung, weil JHWH selbst in ihr Wohnung genommen hat."[15]

Eine Schöpfungs-Ethik im eigentlichen Sinn suchen wir also im Pentateuch vergebens. Seine Ethik beschränkt sich im wesentlichen auf das Ethos einer Sippenmoral. Betont wird die Fürsorge und das Heilshandeln Gottes für den Menschen: Gott sorgt für die Menschen in ihren verschiedenen Lebensverhältnissen. Diese Ausrichtung der Intentionen Gottes auf das Volk Israel und den in ihm lebenden Menschen kann man als anthropozentrisch begreifen. Sie begründet die Sonderstellung des Menschen im umfassenden Natur- und Lebenszusammenhang. Letztlich stellen die Priesterschrift und das Jahwist als Grund dieser Sonderstellung die menschliche Freiheit heraus. Diese erkennt Gott an, auch wenn der Mensch sie mißbrauchen kann und häufig tatsächlich mißbraucht.

Ohne eine eigentümliche Schöpfungs- oder gar Umweltethik zu entwikkeln, stellt das Alte Testament aber modell- und vorbildhaft menschliches Handeln in der Schöpfung und Verhalten gegenüber Tieren dar. Obwohl sich aus dem biblischen Befund nicht direkt eine ökologisch orientierte theologische Ethik ableiten läßt – den Gedanken eines Ethos ökologisch orientierter Humanität habe ich systematisch entwickelt –, möchte ich dennoch im Umriß drei grundlegende Modelle des Umgangs mit der Schöpfung mit kleineren Varianten rekonstruieren, um ihre Vereinbarkeit mit dem Ethos ökologisch orientierter Humanität zu überprüfen. Es handelt sich hierbei um das Paradies-Modell, das Noahbund-Modell und die Utopie vom eschatologischen Schöpfungsfrieden.

Modell 1: Schöpfung als Paradies

Für das paradiesische Verhältnis des Menschen zu seiner Umgebung bietet das AT zwei Modelle mit leicht unterschiedlicher Akzentsetzung an, nämlich das der Priesterschrift und das des Jahwisten. Ich beginne mit dem der *Priesterschrift,* das sich in Gen 1, 20–30 findet und den sogenannten "Herrschaftsauftrag des Menschen" wie die Vorstellung vom Menschen als "Abbild Gottes" enthält. Der Text zum fünften und sechsten Schöpfungstag lautet folgendermaßen:

"[20] Nun sprach Gott: 'Es sollen die Wasser wimmeln vom Gewimmel lebendiger Wesen, und Vögel sollen über die Erde am Firmament des Himmels hinfliegen!' Und es geschah so. [21] Gott schuf die großen Seetiere und alle lebendigen Wesen, die sich regen und von denen das Wasser wimmelt, nach ihren Arten, und alle geflügelten Vögel nach ihren Arten. Und Gott sah, daß es gut war. [22] Gott segnete sie und sprach: 'Seid fruchtbar und mehret euch und erfüllet das Wasser in den Meeren, und die Vögel sollen sich vermehren auf Erden.' [. . .] [24] Nun sprach Gott: 'Es bringe die Erde hervor lebendige Wesen nach ihren Arten: Vieh, Gewürm und Wild des Feldes nach ihren Arten!' Und es geschah so. [. . .] [26] Nun sprach Gott: 'Laßt uns den Menschen machen nach unserem Bilde, uns ähnlich. Sie sollen herrschen über die Fische des Meeres und über die Vögel des Himmels, über das Vieh und über alles Wild des Feldes und über alles Gewürm, das auf dem Erdboden kriecht!' [27] Und Gott schuf den Menschen nach seinem Bilde, nach dem Bilde Gottes schuf er ihn, als Mann und Frau schuf er sie. [28] Gott segnete sie, und Gott sprach zu ihnen: 'Seid fruchtbar und mehret euch, erfüllet die Erde und macht sie euch untertan! Herrschet über die Fische des Meeres und über die Vögel des Himmels und über alles Getier, das sich auf Erden regt!' [29] Dann sprach Gott: 'Seht, ich übergebe euch alles Kraut, das Samen hervorbringt auf der ganzen Erde, und alle Bäume, die samentragende Früchte hervorbringen; das sei eure Nahrung. [30] Allem Wild des Feldes, allen Vögeln des Himmels und allem, was sich auf Erden regt und Lebensodem in sich hat, gebe ich alles grüne Kraut zur Nahrung!' Und es geschah so. [31] Und Gott sah alles, was er gemacht hatte, und siehe, es war sehr gut."[16]

Der priesterschriftliche Schöpfungsbericht ist um 500 v. Chr. im Babylonischen Exil geschrieben. Er ist nüchtern, abstrakt, eine kultische Programmschrift, die zwei unterschiedliche Traditionen verarbeitet.[17] Es handelt sich um eine Geschichtsdarstellung und um Gesetzesbestimmungen. Angesichts der nationalen und religiösen Identitätskrise dient er der Versicherung Israels, daß Gottes Ja zur Schöpfung und zur Geschichte Israels noch gilt. Die Schöpfungsgeschichte ist daher als Prolog zur Heilsgeschichte,[18] zum Bund Gottes mit dem Volk Israel zu lesen. Die Priesterschrift verlagert ihre Bundestheologie gezielt in die Urgeschichte hinein. So ist die Herrschaftsverheißung der Schöpfungsgeschichte vor dem Hintergrund der Landnahme zu interpretieren.[19] Urgeschichte und Sinaigeschichte sind verknüpft im Gedanken der Schöpfung als Setzung einer Heilsordnung. Gottes Wohlwollen und Sympathie gilt seinem Werk, von dem er mehrmals betont, daß es sehr gut war. Der Mensch als Teil der Schöpfungsordnung wird in dieser Aussage mitbeurteilt. So wird die Schöpfung als Einheit und Gesamtheit betrachtet.[20] Gegen die drei Chaosmächte Finsternis, Wasserwüste und Wüste[21] geht es Jahwe in seinem Sechs-Tage-Werk um die Ermöglichung von Leben in einem allen Lebewesen gemeinsam zugewiesenen Lebensraum.[22] Durch die drei Werke der Scheidung wird eine Grundordnung der Welt festgelegt. Ihr korrespondiert die Gliederung der Zeit durch das Wochenschema.[23]

Der Mensch ist dadurch ausgezeichnet, daß er in Gen 1, 26f als "Bild Gottes" bezeichnet wird. Dies ist eine Aussage, die im AT nahezu singulär auftritt. Es ist verwunderlich, daß ein Diktum, das so selten vorkommt und in späterer Zeit sich dann immer auf diese Genesis-Stelle zurückbezieht, eine solch eminente Wirkung entfalten konnte.[24] Gemäß der in Babylon und Ägypten wie im Vorderen Orient[25] weit verbreiteten Vorstellung vom König als dem Abbild und Stellvertreter Gottes auf Erden wird hier dem Menschen diese Stellung übertragen. Sie wird damit gleichsam demokratisiert. Der Mensch ist königlicher Beauftragter des Schöpfergottes in dessen Schöpfung. So erhält der Mensch auch den Auftrag, sich die Erde zu unterwerfen.

Die übertragene Herrschaft kann allerdings als Tyrannis genauso wie nach dem Vorbild des weisen Herrschers ausgeübt werden. Gemäß der in Ägypten, Babylon und Mesopotamien weit verbreiteten Hirtenmetapher legt sich jedoch für das Verständnis des Schöpfungsberichtes nahe, daß der Mensch als Hirte über die Tiere herrschen soll, der ordnend und leitend in die Herde eingreift. Eine derartige Auslegung findet Unterstützung durch Israels Vorstellung vom gerechten König als Hirten.[26] Der Herrschaftsauftrag ist eher ein Segenswunsch, der in Vers 22 auch den Wassertieren und den Vögeln zugedacht wird. Allerdings kann "radah" heißen: "herrschen", "niedertrampeln" und "seinen Fuß auf etwas oder jemanden setzen". Damit wird dem Menschen eine eigentümliche Würde und Stellung in der Schöpfung zugebilligt, er darf auch einen besonderen Besitzanspruch anmelden. Allerdings ist hier an kein Gegenübertreten des Menschen zur Schöpfung im Sinne eines kriegerischen Feldherrn,[27] sondern eher an das Herumziehen des Hirten mit seiner Herde gedacht.[28] Dennoch ist nicht zu leugnen, daß zwischen Herrschaft und Hirtenschaft gewisse Spannungen auftreten können,[29] insbesondere wenn der paradiesische Rahmen später wegfällt. Dann ist der Mensch mit seinem Ordnungsamt wohl überfordert. Auf jeden Fall bedeutet Herrschaft über die Tiere nicht ihre Ausbeutung durch Schlachtungen und Jagd, da in der Schöpfungserzählung Mensch und Tier nur pflanzliche Nahrung von Gott zugestanden wurden. Viel eher wird hier an eine Domestizierung der Tiere gedacht sein.[30]

Die Tiere werden von der Erde hervorgebracht, allerdings auf Geheiß des Herrn, während Gott den Menschen nach vorheriger Beratung mit sich selbst bewußt und planvoll schafft. Dabei ist "Bild Gottes" nach dem hebräischen Text eher als innere Ähnlichkeit zu verstehen denn als Verwandtschaft im engeren Sinn. Die Gottebenbildlichkeit[31] besteht – systematisch betrachtet – (1) unvollkommen schon in der Körperlichkeit und Leiblichkeit. Jedes Geschöpf ist ein schwacher Widerschein von Gottes Schönheit und Macht. Besonders zu berücksichtigen ist hierbei bereits die biologische Sonderkonstruktion des Menschen. Gottebenbildlichkeit drückt sich (2) wesentlich in der geistigen, unsterblichen Seele aus, da Gott reiner, persönlicher Geist ist. Und (3) meint "imago Dei" die gnadenhafte, übernatürliche Erhebung des Menschen.[32] Die ganze Schöpfung ist zwar auf den Menschen hingeordnet. Zudem korrespondieren Gottverwandtschaft und Herrschaft über die Tierwelt. Doch liegt die eigentliche Bedeutung der Gottebenbildlichkeit in der persönlichen Beziehung des Menschen zu Gott,[33] auch wenn diese Deutung erst in späterer Zeit auf hellenistischem Boden aufkam.

Zudem ist der Mensch als Mann und Frau geschaffen worden. Gott ist kein beziehungsloser Gott. Daher soll auch der Mensch nicht in egoistischer Egozentrizität verhaftet bleiben, sondern in partnerschaftlicher Gemeinschaft zusammenarbeiten.[34] Die Geschlechtlichkeit gehört zur Schöpfungsordnung. Durch sie haben Tiere und Menschen Teil an Gottes Schöpfermacht. Allerdings ist die geschlechtliche Gemeinschaft zwischen Mann und Frau hervorgehoben. Entscheidend ist die partnerschaftliche Zuwendung von Mann und Frau in gegenseitiger Zuneigung und Treue.[35] So sind die Menschen dazu bestimmt, einander zu lieben und Gott zu loben. Zwar besagt diese Stelle, daß der Mensch nicht in unsittlicher Beziehungslosigkeit leben soll. Aber sie impliziert keinesfalls, daß die personale Partnerschaft, die zwischen Mann und Frau wächst, auf alle Lebewesen ausgeweitet werden müßte. Liebe wie zwischen Menschen muß zwischen Mensch und Tier nicht bestehen.

In einer interpretierenden Deutung der biblischen Texte kann man daher den Menschen als Mandatar Gottes betrachten. Dem Menschen ist ein Verwaltungsauftrag zugesprochen, der allerdings im Ungehorsam verfehlt werden kann.[36] Die Kluft zwischen Mensch und Mitkreatur wurde auch von Israel empfunden. Denn diese Beauftragung des Menschen impliziert im Unterschied zu vielen anderen Religionen nicht nur in der Umgebung des alten Israel eine Entsakralisierung der Natur. Diese Unterscheidung zwischen Mensch und Tier bedeutet jedoch keine Arroganz gegenüber der Natur. Sie ist eine Aussage über die sittliche Qualität des Menschen als eines durch Freiheit ausgezeichneten Wesens. Zwar kommt es in der Geschichte der menschlichen Kulturleistungen zu einer ganzen Reihe von Grenzüberschreitungen vom Brudermord bis zum Turmbau von Babel. Dies ignoriert das Volk Israel nicht, wie Gen 3 bis 11 ausweist. Der geschichtlich handelnde Mensch ist frei, kann diese Freiheit jedoch auch mißbrauchen. Dies geschieht immer dann, wenn er andere Menschen tötet oder unterjocht. Von einem direkten Mißbrauch der Natur spricht das Buch Genesis nicht. Von einer Schöpfungs-Ethik kann daher hier nicht die Rede sein.

Sittliche Grenzen für den Umgang des Menschen mit der Schöpfung sind in der Bibel nicht eindeutig fixiert oder gar kasuistisch aufgelistet. Entgegen allen Versuchen, Gott als Garanten der Schöpfung und des Bundes zwischen Gott und Mensch durch eine in der Natur vorgefundenen Ordnung oder durch die Tora zu ersetzen, ist von der Bibel her ein Riegel vorgeschoben. Denn der Mensch ist von Gott in die Geschichte gerufen. Nicht in der Natur selbst finden sich die Normen und Weisungen für den sittlich verantwortbaren Umgang mit der Schöpfung. Vielmehr wird die Herrschaft des Menschen über eine desakralisierte Welt durch den Rückbezug auf das Handeln des geschichtsmächtigen Bundes-Gottes einer Verantwortungsinstanz unterworfen. Damit wird der Mensch nicht kontrolliert, wie Günter Altner meint.[37] Vielmehr wird sein Handeln in einen gewissen sittlich legitimen Horizont und Spielraum – als Herrschaftsauftrag bezeichnet – hineingestellt, der durch den Sündenfall bedingt überschritten werden kann. Zu fragen wäre zudem, ob Kontrolle hier das richtige Wort für das Verhältnis zwischen Gott und

Schöpfung oder für Gott und Mensch sein kann. Ich denke, diese Frage ist zu verneinen.[38]

Gottes Ja zur Schöpfung ist biblisch bezeugt. Dieses Ja gilt primär der Schöpfung vor dem Sündenfall. Das muß in einer christlichen Umweltethik berücksichtigt werden. Denn die Berufung zur Gottebenbildlichkeit impliziert, daß der Mensch nach Gottes Vorbild ebenfalls die Schöpfung zumindest grundsätzlich bejahen sollte. Allerdings ist darauf hinzuweisen, daß Gottebenbildlichkeit und Herrschaftsauftrag als sittliche Verantwortung für die Schöpfung vor Gott zunächst das Bild des Menschen vor dem Sündenfall beschreibt. Gen 1,28 benennt eher das Ideal einer sorgsamen Erdherrschaft. Der Hirte ist Herr der Tiere, aber er hat auch Rechenschaft abzulegen für das Lebenshaus, in das in Gott gestellt hat.[39] Menschen, die die Erde zerstören, verfehlen ihr Menschsein. Daß mit dem Herrschaftsauftrag keine Willkürherrschaft und bloße Ausbeutung der Natur gemeint sein kann, ergibt sich bereits daraus, daß im Paradies Mensch und Tier nur pflanzliche Nahrung zugebilligt wurde. Zugrunde liegt die hebräische Vorstellung, daß das Leben an das Blut gebunden ist, so daß Pflanzen im eigentlichen und strengen Sinn gar nicht als Lebewesen gelten.[40] Letztlich ist die Schöpfungsgeschichte ein Zeichen der Heilszusage Gottes an den Menschen inmitten der anderen Lebewesen. Sie ist Ausdruck der Verfügungsgewalt Gottes über seine Erde, die er aber seinem Abbild in Verantwortlichkeit übertragen hat.

Gott schafft im Wasser, auf dem Land und in der Luft unterschiedliche Lebensräume. Hier zeigt die Priesterschrift ein im Ansatz ökologisches Denken. Allerdings scheint es Unterschiede bei den Lebewesen zu geben: "Die erste Einrichtung ist, daß sowohl die Wassertiere und die Vögel (1,22) als auch der Mensch (1,28) gesegnet werden und ihren jeweiligen Lebensraum durch Vermehrung füllen sollen – nicht aber die Landtiere."[41] Konflikte im gemeinsamen Lebensraum können zwischen Mensch und Tier auftreten. Sie sind vor dem Sündenfall abgemildert durch das Verbot tierischer Nahrung. Ohne die Stelle überinterpretieren zu wollen, da der Verfasser der Priesterschrift diesen Segenswunsch ja auch aus stilistischen Gründen weggelassen haben könnte, läßt sich im Zusammenhang mit dem Herrschaftsauftrag feststellen: "Wenn es noch Streitpunkte zwischen Landtieren und Menschen im gemeinsamen Lebensraum Erde gibt; dann sollen die Menschen entscheiden."[42] Genau diese Einstellung teilt der Gedanke einer methodischen Anthropozentrik und das Ethos ökologisch orientierter Humanität mit dem Schöpfungsbericht.

Ein etwas anderes Bild zeichnet der *Jahwist*. Sein Modell der Stellung des Menschen in der Schöpfung vor dem Sündenfall formuliert Gen 2, 4b–20:

"[4b] Am Tage, da Jahwe Gott Erde und Himmel machte, [5] gab es auf der Erde noch kein Gesträuch des Feldes und es wuchs noch keinerlei Kraut des Feldes. Denn Jahwe Gott hatte noch nicht auf die Erde regnen lassen, und der Mensch war noch nicht da, um den Erdboden zu bebauen. [. . .] [7] Dann bildete Jahwe Gott den Menschen aus Staub von dem Erdboden und blies in seine Nase einen Lebenshauch. So wurde der Mensch ein lebendiges Wesen. [8] Jahwe Gott pflanzte einen Garten in Eden, im Osten, und setzte dahinein den Menschen, den er gebildet hatte. [9] Und Jahwe Gott ließ aus dem Erdboden allerlei Bäume hervorwachsen, lieblich anzusehen und gut zu essen, den Baum des Lebens mitten im Garten und den Baum der Erkenntnis des

Guten und Bösen. [. . .] [15] Jahwe Gott nahm den Menschen und setzte ihn in den Garten Eden, damit er ihn bebaue und bewache. [. . .] [18] Dann sprach Jahwe Gott: 'Es ist nicht gut, daß der Mensch allein sei. Ich will ihm eine Hilfe machen, die ihm entspricht.' [19] Jahwe Gott bildete noch aus dem Erdboden alle Tiere des Feldes und alle Vögel des Himmels und und er führte sie zum Menschen, um zu sehen, wie er sie benennen würde: so, wie der Mensch sie benennen würde, sollte ihr Name sein. [20] Da gab der Mensch allem Vieh und den Vögeln des Himmels und allem Wild des Feldes Namen. Aber für einen Menschen fand er nicht die Hilfe, die ihm entsprochen hätte. [. . .] [22] Dann baute Jahwe Gott die Rippe, die er vom Menschen genommen hatte, zu einem Weibe und führte es zum Menschen. [23] Da sprach der Mensch: 'Das ist endlich Bein von meinem Bein und Fleisch von meinem Fleisch!'"

In dieser wesentlich älteren Schöpfungsgeschichte formt Gott zuerst den Menschen aus dem Ackerboden. Dann läßt er den Garten Eden wachsen und setzt den Menschen hinein. Die jahwistische Schöpfungserzählung stammt aus dem zehnten bis neunten vorchristlichen Jahrhundert, aus der Zeit der davidischen Monarchie[43] und verwendet eine volkstümliche Sprechweise, wie die Töpfervorstellung, die Rede vom Ackerboden und die Bildersprache zeigen.[44] Seine Wortwahl ist ausgeprägt anthropozentrisch, denn Gott schafft die Tiere als geplante Hilfe für den Menschen, auch wenn Adam die ihm gemäße Partnerin erst in Eva erkennt. Das Schöpfungsgeschehen ist deutlicher als in der Priesterschrift auf den Menschen ausgerichtet. Dabei scheint es für den Jahwisten überhaupt kein Problem zu sein, daß der Mensch wie alle anderen Lebewesen aus dem Ackerboden entspringt und insofern mit den Tieren verwandt ist. Partnerschaft besteht erst zwischen Adam und Eva, nicht zwischen Tier und Mensch. Der Mensch hat das Recht der Namengebung über die Tiere. Damit legt er in gewissem Sinne das Wesen der Tiere fest. Dies kann als Akt der symbolischen Eroberung der Welt gedeutet werden. Und in dieser Traditionslinie könnte die Wissenschaft gelernt haben, Schöpfung als Natur zu begreifen.[45]

Der Jahwist verwendete sehr unterschiedliches Material für seine Schöpfungs-Erzählung. Daher ist die Komposition nicht einheitlich. Sehr disparate Elemente fanden Eingang.[46] Sein eigentliches Thema ist nicht der Garten Eden, sondern die beiden Bäume, mit denen die Erzählung des Sündenfalls vorbereitet wird.[47] Im Zentrum steht der Mensch und sein Schicksal, das durch die freie Abkehr von Gott charakterisiert ist. Der Zustand des Menschen vor dieser entscheidenden Tat, den sich der Jahwist nicht als rein geistig, sondern nur als leiblich-konkret vorstellen kann,[48] ist als Harmonie mit der Schöpfung umschrieben. So nennt Vers 15 das Bebauen und Behüten bzw. Bewachen des Gartens Eden als Auftrag Gottes. Dabei steht im biblischen Text nicht der Imperativ des "Bebauens und Bewahrens". So statischkonservierend denkt der Jahwist nicht, er benennt nur eine Sorgfalts- und Schutzverpflichtung des Menschen gegenüber diesem Garten.

Die Paradies-Erzählungen formulieren insgesamt betrachtet bereits zwei Modelle für den Umgang des Menschen mit der als Schöpfung interpretierten Natur. Es handelt sich um das Modell der Hirtenherrschaft des Menschen als Abbild Gottes und das eines "Bebauens und Bewachens". Beide weisen untereinander gewisse Spannungen auf. Allerdings sind sie anthropozentrisch ausgerichtet und erlauben dem Menschen den Eingriff in die Schöpfung, wenn er dem Menschen dient und verantwortet werden kann. Zu berücksichtigen ist ferner, daß der Schöpfungsbericht an beiden Stellen Weisungen für das Leben des Menschen im Paradies anbietet. In ihnen scheint als paradiesischer Zustand und als positive Utopie für den Umgang mit der Schöpfung ein friedliches und gewaltfreies Verhältnis zwischen Tier und Mensch vorausgesetzt. Allerdings werden Tier und Mensch nicht auf dieselbe Stufe gehoben, zwischen ihnen besteht keine Partnerschaft. Nach dem ersten Schöpfungsbericht soll der Mensch herrschen, nach dem zweiten stammen zwar Mensch und Tier gemeinsam vom Ackerboden ab, dennoch erkennt der Mensch in den Tieren keine ihm angemessene Hilfe. So wird der Tier-Mensch-Unterschied nicht eingeebnet.

Die anthropozentrische Grundausrichtung der beiden Texte ist nicht zu leugnen. Sie ist von Gott legitimiert. Allerdings bedeutet Anthropozentrik nicht die Rechtfertigung eines willkürlichen Umgangs mit der Schöpfung. Von Ausnutzung oder Ausbeutung ist nichts zu lesen. Die instrumentelle Vernunft als menschliche Technik ist im Paradieseszustand kein Thema, obwohl Arbeit im Sinne des Bebauens bereits im Garten Eden zu den Wesensmerkmalen des Menschen zählt. Aber die instrumentelle Weltsicht hat auch eher griechische als hebräische Wurzeln.[49]

Können die beiden Modelle schlechthin normativen Charakter für eine christliche Umweltethik annehmen? Zur Beantwortung dieser Frage kann auf bereits Erarbeitetes zurückgegriffen werden: Beide Modelle gehen von einem Zustand der Beziehung von Mensch und Tier aus, der gegenwärtig nicht mehr anzutreffen ist. Sie umschreiben ein Ideal, eine Utopie, ein Ziel, das zwar angestrebt werden kann, sich jedoch heute nicht vollständig realisieren läßt und daher nicht die geforderte Umgangsweise mit der Schöpfung darstellt. Daher ist die Situation nach dem Sündenfall zu beschreiben, wie ihn die Bibel paradigmatisch darstellt.

Modell 2: Der Noahbund

Das harmonische Verhältnis des Menschen zur Schöpfung ist insgesamt betrachtet nach biblischen Aussagen eine positive Utopie. Sie entspricht nicht der realen Situation. Dafür muß die Bibel eine Erklärung anbieten. Sie findet sich in Gen 3,1–7:

"[1] Die Schlange war listiger als alle Tiere des Feldes, die Jahwe Gott gemacht hatte. Sie sprach zu dem Weibe: 'Hat Gott wirklich gesagt: Ihr dürft nicht von allen Bäumen des Gartens essen?' [2] Das Weib antwortete der Schlange: 'Von den Früchten der Bäume des Gartens dürfen wir essen. [3] Nur von den Früchten des Baumes, der mitten im Garten steht, hat Gott gesagt: Ihr sollt nicht davon essen und nicht daran rühren, damit ihr nicht sterbet.' [4] Darauf sprach die Schlange zu dem Weibe: 'Keineswegs, ihr werdet nicht sterben. [5] Vielmehr weiß Gott, daß an dem Tage, da ihr davon esset, euch die Augen aufgehen und ihr sein werdet wie Götter, die Gutes und Böses erkennen.' [6] Das Weib sah, daß der Baum gut zu essen wäre und lieblich anzusehen und begehrenswert, um Einsicht zu gewinnen. Und sie nahm von seiner Frucht und aß und gab davon auch ihrem Manne, der bei ihr war, und er aß. [7] Nun gingen beiden die Augen auf, und sie erkannten, daß sie nackt waren."

In der jahwistischen Erzählung folgt das Gericht Gottes, bei dem der Mensch Gelegenheit erhält, sich zu rechtfertigen. Aber er sucht die Schuld von sich abzuwälzen, wenn auch Adam und Eva nicht als völlig vestockt gelten dürfen. Nach dem Urteil Gottes stirbt der Mensch nicht sofort, ist aber fortan sterblich. Die Folgen des Urteils werden von Gott dadurch abgemildert, daß die Frau die Kraft zur Fortpflanzung, zur Lebenserhaltung erhält (Gen 3,20). Die Versuchungsgeschichte macht plausibel, welch fruchtbare Verheerung die Infragestellung Gottes, dieses Spiel der doppeldeutigen Schlange mit dem Gedanken eines grausamen Gottes, der sinnlose Gebote erteilt, in den Herzen der Menschen anrichtet.[50] Die Natur ist der Ort der Verführung, aber eigentlich sind es innermenschliche Vorgänge, die zum Sündenfall führen. Eine rein innere Versuchung des Menschen war aufgrund der gnadenhaften Natur der Stammeltern im Paradies nicht möglich.[51] Daher kommt die Versuchung von außen, verortet in der Natur. Es spricht aber für die Durchtriebenheit des Versuchers, daß er der Frau zunächst Gelegenheit gibt, sich für Gott zu wehren.[52]

Der Mensch ist der Versuchung erlegen. Diese muß nicht im eigentlichen Sinne als sittliche Verfehlung verstanden werden. Betrachtet man die Sündenfallerzählung insgesamt, so ist zu betonen, daß die Schlange weder gelogen noch wahr gesprochen hat.[53] Das Böse wird an dieser Stelle in seiner Herkunft von der Bibel erklärt. Trotzdem bleibt der Mensch für seine Entscheidung verantwortlich.[54] Die schwere Sünde der Stammeltern besteht darin, Gottgleichheit bzw. den Status von Göttern erstrebt zu haben.[55] Nach der Tat folgt das Schuldbewußtsein, das Gewissen spricht.[56] Allerdings komme es vor Gott zu keinem Geständnis und zur demütigen Selbstanklage des Menschen.[57] So verhängt Gott das Strafgericht. Der Fluch trifft aber nicht wie angedroht den Menschen direkt, sondern den Ackerboden.[58] Als Folge der inneren Einstellungsveränderung der Menschen zu Gott erhält die Natur für den Menschen eine andere Bedeutung. Der Ackerboden wird verflucht. Und die Partnerschaft zwischen Mann und Frau verkümmert zur Fortpflanzungsgemeinschaft, die von patriarchalischen Herrschaft- und Gewaltstrukturen geprägt ist. Trotzdem ist das Zentrum des menschlichen Lebens nach dem Sündenfall nicht das Verhältnis zur Natur. Der Sündenfall greift vielmehr das an, was die Gottebenbildlichkeit auszeichnete, nämlich die enge Verbindung zu Gott, letztlich des Menschen Verantwortlichkeit vor Gott in einem nicht nur moralischen Sinne. Drewermann umschreibt das Schicksal des gefallenen Menschen sehr einfühlsam:

"Versteht man das Geschaffensein aus dem Staub als Ausdruck der 'Kontingenz' [...], so kann man sagen, daß die Strafe Gottes auch hier darin besteht, daß der Mensch in das zurückfällt, was er ohne Gott ist. Sein ganzes Dasein wandelt sich zu einem 'Sein zum Tode'. [...] All seine Mühsal, die er eingeht, um am Leben zu bleiben, wird sein Leben verschleißen, bis er stirbt. Mit den Erträgen, die er im Schweiß dem Acker abringt, wird er sich am Leben zu erhalten suchen, aber der um seinetwillen verfluchte Acker wird sein Schicksal sein."[59]

Dann beschreibe die Bibel das Kain-Geschlecht, das Geschlecht der Städtegründer. Dieses zerstöre die eigenen Lebensgrundlagen, nämlich den Ackerboden. Daher entschließe sich Gott zur großen Flut:

"Die Sintflut ist somit der Komposition des J entsprechend der konsequente Schluß-
strich unter eine Entwicklungsreihe, die am Schicksal des Ackers ablesbar war und nun
in der Vernichtung des Ackers ihren Abschluß findet. Dem fortschreitenden Verfall
des Menschen [. .] entspricht der fortschreitende Verfall der Erde [. .]; ihre Schick-
salsverbundenheit und Einheit hält sich auch in der Vernichtung durch, die über beide
hereinbricht. Von daher ist es wichtig zu sehen, daß Gott am Ende der großen Flut
8,21 u. 22 die Erde und den Acker ausdrücklich aus der Schicksalsgemeinschaft mit
dem Menschen löst. Die Ordnung der 'Natur' bekommt jetzt unter dem Schutz Gottes
eine Eigenständigkeit gegenüber dem Tun des Menschen. [. . .] Das Chaos der 'Natur'
hat Gott verhindert; das weltweite Chaos der menschlichen Geschichte bleibt aber
noch zu erzählen."[60]

Allerdings berücksichtigt Drewermann nicht angemessen, daß es zuallererst
die Verfehlungen des Menschen gegenüber dem Menschen und nicht dem
Ackerboden gegenüber sind, die Gottes Entschluß zur Sintflut reifen lassen.
   Drewermann wertet im Anschluß an den Jahwisten die Freiheit des Menschen eher negativ. Daher ist bei ihm das Ethische eine Funktion des Religiösen.[61] Doch ist diese Schlußfolgerung nicht zwingend, vor allem wenn man
die priesterschriftliche Tradition einbezieht. Darauf beruft sich auch die
Naturrechtslehre und die Konzeption der "autonomen Moral", wenn sie die
menschliche Erfahrung zur Grundlage der Moraltheologie erhebt. Für die
katholische Tradition der theologischen Ethik ist in beiden Ausprägungen
trotz der Gebrochenheit der Schöpfungswirklichkeit durch die Sünde die
schöpfungsmäßige, naturgegebene Ordnung nicht total zerstört worden.[62]
Dies heißt nicht, daß der Wille Gottes aus der Bibel, den Naturgesetzen oder
der Autorität direkt abgelesen werden könnte. Vielmehr bedarf es eines
vielschichtigen Bemühens, den Willen Gottes zu erfassen.[63] Angesichts des
Sündenfalls erfährt sich der Mensch als endlich, begrenzt und unvollendet.
In dieser Differenz von idealem Vorbild und realer Situation nimmt er den
Sollensanspruch wahr. Ihn zu erfüllen soll sich der Mensch entscheiden,
obwohl Gottes Schöpferwirken die Freiheit des Handelnden nicht einschränkt. Vielmehr wirkt Gott so, daß Welt und Mensch ihre Selbständigkeit
nicht nur behalten, sondern überhaupt erst ihren Eigenwert und ihr Eigen-
sein finden.[64] Der Anspruch Gottes wird im Gewissen erfahren und es ist
Aufgabe der Vernunft, diesen zu vernehmen.
   Dieses Sollen hatte auch Noah erfahren und dementsprechend gehandelt,
trotz des Spotts seiner Mitmenschen. Daher wird er gerettet. Zudem baut er
seine Arche auch für Tiere und sorgt so für ihr Überleben auf Gottes Geheiß. Die Arche Noah wird zum Sinnbild für die Rettung der Tiere, für die
der Mensch gemäß dem Auftrag des "Bebauens und Beschützens" Sorge
trägt. In der priesterschriftlichen Tradition, in der die Schuldverstricktheit
des Menschen nicht ganz so deutlich wie beim Jahwisten akzentuiert wird,
folgt auf die Sintflut ein Bund Gottes mit Noah. In Gen 9,1–11 spricht Gott
zu Noah:

"[1] Gott segnete Noah und seine Söhne und sprach zu ihnen: 'Seid fruchtbar und
mehret euch und erfüllet die Erde! [2] Furcht und Schrecken vor euch sei auf allen
Tieren der Erde, auf den Vögeln des Himmels und auf allem Gewürm auf dem Boden
und auf allen Fischen des Meeres: in eure Hand sind sie gegeben. [3] Alles, was sich
regt und lebt, diene euch zur Nahrung; wie das grüne Kraut übergebe ich euch alles. [4]

Nur Fleisch mit seiner Seele, nämlich dem Blut, sollt ihr nicht essen. [5] Auch euer Blut, das Blut eures Lebens, werde ich fordern; ich werde es fordern; von jedem Menschen. [...] Denn nach dem Bilde Gottes hat er den Menschen gemacht. [7] So werdet fruchtbar und mehret euch; wimmelt auf der Erde und herrschet über sie!' [8] Dann sprach Gott zu Noah und seinen Söhnen, die bei im waren: [9] 'Seht, ich schließe meinen Bund mit euch und mit euren Nachkommen nach euch [10] und mit allen Lebewesen, die bei euch sind: mit den Vögeln, mit dem Vieh und allem Wild des Feldes bei euch, mit allem, was mit euch aus der Arche herausgegangen ist, mit allen Tieren der Erde. [11] Ich schließe meinen Bund mit euch: nicht mehr soll alles Fleisch durch das Wasser der Flut vertilgt werden.'"

Die Sintflut ist umgekehrte Schöpfungsgeschichte bis in die Komposition hinein. Beide sind zwei Phasen eines Geschehenszusammenhanges. Vollzieht sich der Schöpfungsprozeß durch Abscheidung der Lebensräume von der Wasserwüste, so werden jetzt die Lebensräume durch die Wasserwüste zurückgenommen.[65] Angesichts der Schuldvertricktheit des Menschen führt nur die rettende Selbstbeherrschung Gottes dazu, daß die Schöpfung von Gott nicht gänzlich zerstört wird, sondern die Sintflut Ausgangspunkt für die Ankündigung eines neuen Bundes wird. Dieser nimmt die Verheißungen von Gen 1,26–28 wieder auf und erweitert sie in der neuen Situation angepaßt. Auslöser für die Flut war die anwachsende zwischenmenschliche Gewalt nach dem Sündenfall. Die partnerschaftlichen Beziehungen der Menschen untereinander, die Harmonie mit der Schöpfung und das schützend-fürsorgliche Verhältnis des Menschen zum Tier sind gestört.

Nach der Sintflut bricht zwar eine neue Weltzeit an, aber es handelt sich nicht um eine radikale Neuschöpfung.[66] Die postlapsarischen Strukturen der Schöpfung bleiben erhalten. Daher bedarf es eines erneuerten Segens und aufgrund der Feindseligkeit der Natur der Erweiterung der Herrschaft über das Tier. Durch den Schrecken, den der Schöpfergott über die Tiere wirft, soll die menschliche Inbesitznahme der Erde ohne Gewalttat und Krieg möglich werden. Angesichts der Bedrohlichkeit des Tieres nach dem Sündenfall wird das Hirtenamt von Gen 1 erweitert und ergänzt. Zum Auftrag der Fürsorge tritt die Ermächtigung der Abwehr des Bösen. Dabei spielen hier sicherlich noch Vorstellungen von Tieren als Repräsentanten von chaotischen Mächten oder konkurrierenden Kulten eine Rolle. Durch die Unterordnung der Tiere wird ihre geheimnisvolle Mächtigkeit gebannt.[67] Nachklänge dieser früheren Angst des Menschen vor den Tieren spüren wir noch in den Mythen, in denen Götter oder Halbgötter ausziehen mußten, um gefährliche Tiere unschädlich zu machen.

Dem Menschen wird der Fleischgenuß zugestanden, jedoch nicht der Verzehr des Blutes. Denn dieses galt nach hebräischen Vorstellungen als Sitz des Lebens. So entstand das Gebot des Schächtens, die Forderung, nur ausgeblutetes Fleisch zu genießen. Damit verbunden ist eine Weise des Schlachtens, "deren Schmerzfreiheit auch von heutigen Tiermedizinern betont wird."[68] Das Ethos, das hinter diesem Gebot aufscheint, umfaßt aber mehr als eine bloße Technik des Schlachtens. Das biblische Modell gewährt eine Nutzung des Lebendigen zu Nahrungszwecken unter Erhalt der Ehrfurcht vor dem Leben. Willkürliches Töten etwa aus sportlichen Gründen wie bei der Jagd war Juden verboten. Der Noahbund empfiehlt ein Ethos, das sich an der realen Situation der Bedrohtheit des Menschen und an seinem Bedarf hinsichtlich tierischer Nahrung und Kleidung zur Lebensfristung orientiert. Gott selbst hatte den Menschen nach dem Sündenfall Kleider aus Fellen gemacht, weil sie einer feindlichen Umgebung sonst nicht standgehalten hätten.[69] Zumindest ist das eine mögliche Interpretation, da zur Bedeckung der Blößen des Menschen weniger aufwendige Bekleidung zur Verfügung gestanden hätte.

Die hier von Jahwe geforderte grundsätzliche Haltung eines Respektes vor dem Leben – wobei menschliches eindeutig vor dem des Tieres steht – schließt ein Notwehrrecht gegen bedrohliche Tiere ein. Dieses Ethos ist kein Plädoyer für grenzenlose Willkür. Gen 1,28 umschreibt das Idealbild der sorgsamen Erdherrschaft, Gen 9,2–3 zeigt den tatsächlichen ökologischen Konflikt.[70] Blutgebote sind Schutzmaßnahmen für die Tiere und die Natur. Die Tendenz dieser biblischen Aussage besteht im Streben nach Lebensschutz, Umweltschutz, Tierschutz und Naturschutz, zumindest aus heutiger Perspektive. Die Natur sie daher – so Zenger – in unserer Situation wieder als Gegenüber im Konflikt anzuerkennen und die bestehende Asymmetrie in ihrem Verhältnis zueinander zu reduzieren.[71]

Andererseits verfolgt Gott das Ziel, menschliches Leben zu entfalten und zu sichern. Dies ist der Inhalt des Mehrungssegens, nämlich "angesichts des vielfältig erfahrenen Todes die Erde als einen unter dem Segen und Schutz des Schöpfergottes stehenden Lebensraum für alle Lebewesen, insbesondere für den 'Samen (Leben!) Abrahams und Jakobs', festzuschreiben".[72] Dem dient auch die Erlaubnis, Tiere als Nahrung nutzen zu dürfen. Die Vielfalt der Interpretationsansätze von Gen 9,2–3 ist beachtlich. Einige sehen in dieser Stelle die göttliche Freigabe des menschlichen Fortschritts, andere erheben Vorwürfe wegen des angeblich triumphalistisch-ausbeuterischen Menschenbildes der Bibel.[73] Dennoch läßt sich festhalten: Gen 1 zeigt, wie der Mensch von Gott her sein sollte, Gen 9 hingegen, wie er tatsächlich als solcher nach dem Sündenfall von Gott angenommen ist. Daher sollte sich – so Erich Zenger – Schöpfungstheologie und Umweltethik im wesentlichen mit Gen 6 bis 9 beschäftigen, nämlich mit der faktischen und als solcher von Gott akzeptierten Schöpfung.[74]

Das Spezifikum der Sintflutgeschichte wird noch deutlicher, wenn man diese mit dem *Atrahasis-Epos* des Zweistromlandes vergleicht. Letzteres kennt ebenfalls eine Flutgeschichte.[75] Gemäß diesem Epos werden die Menschen geschaffen, um die im Kosmos anfallende Fronarbeit zu leisten. Sie vermehren sich aber zu schnell. Daher schicken die Götter erst Seuchen und dann die Sintflut, um die Menschen auszulöschen. Atrahasis, von Enlil im Traum gewarnt, baut die Arche und kommt davon. Zunächst sind die Götter erbost, dann aber zufrieden, weil die Fronarbeit ja weiterhin geleistet werden muß. Doch es werden einschneidende biologische, dämonische und gesellschaftliche Maßnahmen beschlossen, um die Vermehrung des Menschen einzudämmen und die Stabilität des Kosmos wiederherzustellen.[76] Im Zweistromland bestand aufgrund des Zuzugs von Nomaden schon früh das Problem der Überbevölkerung und Bevölkerungsexplosion. Daher wurden demographische Maßnahmen religiös legitimiert. Formgeschichtliche Vergleiche ergeben, daß der Jahwist das Atrahasis-Epos direkt oder indirekt gekannt haben muß. Anders lassen sich auffällige textliche Anklänge nicht erklären.[77]

Dennoch besteht ein entscheidender Unterschied zwischen beiden Texten. Die Atrahasis-Erzählung ist amoralisch. Sie berichtet ein Faktum und dessen Bewältigung. Anders dagegen die biblische Urgeschichte. Hier gefährdet das Verhalten der Menschen und von Lebewesen gegenüber anderen Geschöpfen den Kosmos. Genauer geht es der Bibel darum, daß Menschen und Tiere entgegen der Anordnung Gottes tierische Nahrung zu sich nehmen. Der Fleischgenuß aber bedeutet eine Steigerung der menschlichen Vermehrungskraft.[78] Das Atrahasis-Epos berichtet von einem populationsbiologisch zu lösenden Faktum, die Bibel von sittlicher Verfehlung. Im Horizont der Bibel ist ein ähnlich gelagertes Problem anders zu lösen, nämlich ethisch-sittlich und nicht durch Steuerungsmaßnahmen wie in Mesopotamien.

Die biblische Argumentationsstruktur ist anthropozentrisch. Denn im Mittelpunkt steht der handelnde Mensch und nicht von Göttern verfügte bevölkerungspolitische Maßnahmen. Selbstverständlich geht es der Priesterschrift auch um einen stabilen Kosmos. Diesem Ziel dient der Noahbund. Aber er zielt gleichfalls darauf ab, Vermehrung und Landbesitz auch der Abraham-Linie der Menschheit zuteil werden zu lassen.[79] Doch votiert die Bibel damit nicht für ungezügelte Bevölkerungsexpansion. Zwar ist Wachstum und Vermehrung von der Bibel angestrebt. Aber dieses hatte ein Ziel, nämlich eine sinnvolle Größe des Volkes Israel. Dieses Ziel darf für die biblische Offenbarung weder durch Fronarbeit noch durch sklavischen Druck oder durch gewaltsame Außensteuerung angestrebt werden. Allerdings garantiert sittliches Handeln keine Stabilität in der Bevölkerungsentwicklung. Daher bedarf es des immer neuen Eingreifens Gottes zur Überwindung menschlicher Sünden.[80]

Nach der großen Flut wird – nach Drewermann – der Natur Eigenständigkeit zugesprochen. Allerdings erweise sich der Mensch als für das Wohl und Wehe der ganzen Kreatur verantwortlich.[81] So werde die Brücke von der Urgeschichte zur Geschichte geschlagen. Die Geschichtsbetrachtung des Jahwisten – Städtebau, die Entstehung des organisierten Krieges, der Turmbau zu Babel, die Staatengründung Nimrods – sei eine Aufeinanderfolge von Enttäuschungen Gottes. Doch Gott habe unsere Schuld ausgehalten. Die Angst, ein Haufen Dreck zu sein,[82] treibe den Menschen in die Selbstvergötterung.[83] Eine besondere Rolle nehme hierbei die Technik ein. Allerdings übersieht Drewermann, daß antike Großtechnik auf Sklaverei und Fronarbeit beruhte und darum von der Bibel abgelehnt wird.[84] Drewermann dämonisiert wohl jede Form der Technik. Ob dies berechtigt ist, werde ich im achten Abschnitt überprüfen.

Es geht in der Bibel nicht oder zumindest nicht in erster Linie um das Verhältnis der Technik zur Natur. Eine Technik, die Sklavendienste braucht, ist für Jahwe uninteressant. Daher herrscht beim Tempelbau in Israel das Prinzip der Freiwilligkeit. Hier werden die Leistungen von Technik und Kunst als Gottes Gaben interpretiert.[85] Heutige industrielle Großtechnik basiert auf der expansiven Nutzung von Energie und damit von Natur durch Maschinen. Sie ist nicht eo ipso gleichzusetzen mit der Versklavung von Menschen im antiken Frondienst, der von der Bibel angeprangert wird. Den idealen oder utopischen Modellen eines Ethos der Harmonie mit der Schöpfung wird zwar die heute gängige Technik auch nicht gerecht. Die Paradieseserzählungen klammern aber das Thema Technik völlig aus. Sie könne daher höchstens in einem sehr eingeschränkten Maße zu einer christlich motivierten Technikkritik herangezogen werden. Ob schließlich moderne Technik den Menschen eo ipso versklavt, wäre eigens zu prüfen. Jedenfalls scheint ein biblisch begründetes Umweltethos in einer Weise auf die Personalität des Menschen Rücksicht nehmen zu müssen, wie das in den bisher üblichen Formen ökologischer Ethik nicht geschehen ist.

Modell 3:
Die Utopie vom eschatologischen Schöpfungsfrieden bei den Propheten

Das AT enthält erstaunlich wenige Stellen, in denen über die Geschöpflichkeit des Menschen und sein Verhältnis zur Mitkreatur reflektiert wird. Auch Naturbeobachtungen sind eher die Ausnahme und finden sich vorzüglich in der Weisheitsliteratur,[86] nicht zuletzt deshalb, weil hier auch außerjüdische Quellen Eingang gefunden haben. Gerstenberger konstatiert daher: "Naturbeobachtungen sind, wenn wir die entsprechenden Texte überhaupt so einstufen können, die Ausnahme: eine göttliche Instruktion für den Bauern (Jes. 28,23–26), ein kalendarischer Hinweis auf 'das Erdbeben' (Am 1,1), sensible Schilderungen der leidenden Kreatur in Dürrezeiten (Hos 4,3; Jer 14,5f; Joel 1,17–20), Gleichnisse von Zeder und Dornbusch (Hes 17; Ri 9,8–15) . "[87] Wenn aber dieses Verhältnis thematisiert wird, dann ist oft von Kampf und Krieg mit der Umwelt die Rede. Die beiden hier zu interpretierenden Psalmen gehören zu den sog. "kosmischen Hymnen", die den in seiner Schöpfung waltenden Bundesgott in den Blick bringen. Beide Male stellen sie zugleich eine Form weisheitlicher Unterweisung dar.[88]

Zudem findet sich in Ps 8,5–10 eine der wenigen Wiederaufnahmen des Begriffes "Abbild Gottes" in der Tradition von Gen 1,28. Diese Vorstellung wird hier auf die Spitze getrieben und verstärkt. Der Psalm beschreibt den Menschen in dramatischen Worten:

"[5] Was ist der Mensch, daß du seiner gedenkst! Des Menschen Sohn, daß du Sorge tragest um ihn? [6] Du hast ihn fast zu einem Gotteswesen gemacht, hast ihn gekrönt mit Glorie und Glanz. [7] Du hast ihm Macht gegeben über das Werk deiner Hände, alles hast du ihm zu Füßen gelegt: [8] All die Schafe und Rinder und die Tiere des Feldes, [9] Die Vögel des Himmels und die Fische im Meer, und alles, was dahinzieht die Pfade des Meeres. [10] Jahwe, unser Herr! Wie wunderbar ist auf der ganzen Erde dein Name!"

In Psalm 8 ist der Mensch die Krone der Schöpfung, Jahwes Vizeregent auf Erden. Der Mensch tritt dem Kosmos als Kämpfer und Herrscher entgegen. Es fehlt wenig, und er ist Gott.[89] Betrachtet man das Modell des Gartens Eden mit seinem Bebauen und Behüten und diese Vorstellung, so kann man ein Herrschaftsmodell und ein Integrationsmodell unterscheiden.[90] Dort, wo der Kampf im Gange ist, gibt es kein Pardon. Bis heute fragt sich der kolonisierende, konstruierende und sich seiner Macht bewußte Mensch nicht nach der Existenzberechtigung seiner Umwelt.[91] Durch unsere technisch-zivilisatorische Macht ist unsere Entfremdung zur Natur noch gewachsen:

"Während der Kampf ums Überleben im Alten Orient nie auf diesen selbst-mörderischen Endsieg des Menschen ausgerichtet war, sondern immer Le-benschancen für den Menschen eröffnen sollte, rückt die Totalniederlage der Natur jetzt in den Bereich des Möglichen und Wahrscheinlichen."[92] Jede Herrschaft kann aber leicht in Willkür und Gewalt ausarten. Die im Herr-schaftsmodell vorausgesetzte Feindschaft zwischen Mensch und Natur war kein Idealzustand. Es gab die Utopie des paradiesischen und des propheti-schen Schöpfungsfriedens. Die geschichtliche Entwicklung orientierte sich jedoch eher am verabsolutierten Herrschaftsmodell, das die Bibel zumindest als Modell unter anderen kennt.

Eher als Gegenbild und weniger in spezifisch israelitischer Tradition ste-hend ist Ps 104,14–24 zu lesen. In diesem Psalm nimmt der Mensch unter den anderen Lebewesen einen unscheinbareren Platz ein. Die Stelle lautet:

"[14] Gras läßt du sprossen dem Vieh, Gewächse, daß sie dienen dem Menschen, daß er gewinne aus dem Boden das Brot [15] und den Wein, der das Herz ihm erfreut; Daß er salbe sein Antlitz mit Öl, daß erstarke des Menschen Herz durch das Brot. [16] Auch die Bäume Jahwes, sie trinken sich satt, die Zedern des Libanon, die er gepflan-zet. [17] Dort bauen ihre Nester die Vögel, in ihrem Wipfel nisten die Störche. [18] Dem Steinbock gehören die Höhen der Berge, der Klippdachs ist geborgen im Felsge-klüft. [19] Du bist es, der geschaffen den Mond, daß er messe die Zeiten, die Sonne weiß ihren Untergang. [20] Du bringst die Finsternis, und anbricht die Nacht, dann streifen umher die Tiere des Waldes. [21] Nach Beute brüllen die Jungen des Löwen, sie fordern von Gott ihre Nahrung. [22] Da erhebt sich die Sonne, und sie weichen zurück und bergen sich in den Höhlen. [23] Der Mensch geht aus, zu schaffen sein Werk, seine Arbeit bis an den Abend. [24] Wie vielgestalt sind deine Werke, Jahwe! Alles hast du geschaffen in Weisheit, erfüllt ist die Erde von deinen Geschöpfen."

Weniger deutlich als in Psalm 8 tritt hier die anthropozentrische Grundein-stellung der Bibel in Erscheinung. Die gesamte Schöpfung ist in Harmonie geordnet. Das Problem des Konfliktes zwischen Mensch und Tier wird da-durch entschärft, daß ihnen unterschiedliche Lebensräume zugewiesen wer-den, und sei es nur durch den anderen Tag-Nacht-Zyklus. Gott ist der Erhal-ter der Welt. Er weist jedem Geschöpf, wie wir heute sagen würden, seine ökologische Nische, seinen Lebensraum zu. Ein gewisser Schöpfungsfriede sowie Lob und Preis des Schöpfers greifen ineinander. Allerdings hat der Mensch aus seinen Ort und sein Lebensrecht. Es scheint sogar, daß die Trennung der Lebensräume vorgenommen wird, um ihm z. B. die gefährli-chen gewaltsamen Konflikte mit dem Löwen zu ersparen.

Besonders deutlich wird an dieser Stelle, daß die hebräische Bibel keine theologische Lehre von der Schöpfung und keine Ethik als System enthält, sondern Erfahrungen erzählt.[93] Gemäß dem Prinzip der ökologischen Exege-se, die ihren Text nicht als Objekt und ihren Stoff nicht beherrschen darf, sondern zu bearbeiten und zu bewahren habe, ihn also zu befragen habe und sich ihrerseits von ihm befragen lassen müsse,[94] legt Jürgen Ebach den Psalm 104 vor dem Hintergrund der Jerusalemer Stadtkultur aus. In dieser Bibel-stelle seien ägyptische (der Aton Hymnus) und mesopotamische Stoffe auf-genommen worden.[95] Es hätten Denkmotive Eingang in die Bibel gefunden, die dem personalen Gottes- und Schöpfungsverständnis erst angepaßt wer-den mußten. So steht im Psalm 104 eine Harmonievorstellung im Vordergrund, die eher an das Konzept einer gegenstrebigen Harmonie des griechischen Philosophen Heraklit erinnert als an die Aussagen der Urgeschichte über den gefallenen Menschen in der Schöpfung.

Wie in den ägyptischen und mesopotamischen Quellen steht die Anthropozentrik in diesem Psalm nicht im Vordergrund. Die Welt ist nur indirekt nach den Bedürfnissen des Menschen gestaltet und wird nicht nur ihm zu Gefallen erhalten. Überhaupt geht es nicht um eine Perspektive der Nützlichkeit.[96] Vielmehr wird die Schönheit und Wohlgeordnetheit einer Welt thematisiert, die nach Vernunftgesetzmäßigkeiten angeordnet ist. Auch wenn Psalm 104 nicht direkt anthropozentrisch klingt; indirekt profitiert der Mensch doch von der Trennung der Lebensräume. Ebach spricht in seiner Interpretation von Psalm 104 dem Menschen eine besondere Rolle zu: Der Mensch sei, so klinge es am Schluß an, die einzige Bedrohung der Welt.[97] M. E. geht hier die ökologische Exegese zu intuitiv vor. Schon eher kann ich Gerstenbergers Interpretation aus dem zeitgeschichtlichen Kontext zustimmen. Für ihn wurde die Ordnung des Kosmos und aller Lebensbereiche von Gott eingeteilt. Gefahr drohe nur, wenn Gott sich abwende, wobei an die jährlich wiederkehrende Trockenzeit gedacht sein könnte.[98] Wichtig ist auch sein Hinweis darauf, daß nach Psalm 104 die friedliche Koexistenz aller Lebewesen nur gelingen könne, wenn die Geschöpfe ausreichend Nahrung hätten. Dies wird allerdings unter den Bedingungen der natürlichen Evolution nicht immer der Fall sein können. Hält man Psalm 8 und 104 gegeneinander, so muß man zu folgendem Schluß kommen:

"Das Integrationsmodell des 104. und das Herrschaftsmodell des 8. Psalms haben eins gemeinsam: Beide erkennen menschliches Leben im Rahmen der Schöpfung als gottgewollt an. Damit ist aber die typisch menschliche Existenzweise zu Lasten der Mitkreatur grundsätzlich sanktioniert. [. . .] In dieser schicksalhaften Auseinandersetzung mit der Natur kann uns Ps 104 lehren, daß alle Geschöpfe ein göttliches Anrecht auf Leben und abgegrenzten, ausreichenden Lebensraum haben. Ps 8 hingegen, von heute her gelesen, weist uns auf die gottgegebene Mitverantwortung für die Umgestaltung der Welt hin. Leider ist in der Geschichte der westlichen Zivilisationen das Integrationsmodell des 104. Psalms so gut wie vergessen und der verabsolutierte Herrschaftsgedanke des 8. Psalms rücksichtslos in den Vordergrund geschoben worden. [. . .] Nach Ps 104 kann die friedliche Koexistenz aller Lebewesen nur gelingen, wenn ihre Versorgung mit den elementaren Bedürfnissen gesichert ist. Das heißt: Eine gerechte Verteilung der Lebensmittel, eine schonende Nutzung der Rohstoffe, eine Begrenzung des Bevölkerungswachstums, die Schaffung von ausreichenden Reservaten für bedrohte Pflanzen und Tiere, eine allgemeine Abrüstung und Entgiftung der Welt, und zahlreiche ähnliche Maßnahmen, die der Erhaltung des Gesamtlebens der Erde dienen, sind unabdingbare Voraussetzung für die Versöhnung des Menschen mit der Natur."[99]

Insgesamt ist jedoch an dieser Auslegung zu bemängeln, daß unsere gegenwärtige Situation der ökologischen Krise allzu sehr im Vordergrund steht. Die Rede von Bedürfnissen von Tieren ist zu anthropomorph. Ich habe hier im Rahmen eines Ethos ökologisch orientierter Humanität im Sinne des Thomas von Aquin von Strebungen oder Trieben gesprochen. Außerdem müßte jede dieser aktuellen Forderungen im einzelnen diskutiert und jeweils gefragt werden, ob sie im Denkhorizont des biblischen Erzählers überhaupt stehen konnten.

Die Forderungen dieses so interpretierten Harmonie- bzw. Integrationsmodells sind nicht leicht zu erfüllen. Sie entsprechen den paradiesischen wie den eschatologischen Utopien vom Schöpfungsfrieden. Letztere sollen nun anhand von einigen exemplarisch ausgewählten Texten in ihren charakteristischen Zügen herausgearbeitet werden. Ich beginne mit Hos 2,20–21:

>"[20] Ich schließe für sie an jedem Tage einen Bund mit den Tieren des Feldes und mit den Vögeln des Himmels und mit dem Gewürm der Erde, verbanne Bogen und Schwert und aus dem Lande und lasse sie wohnen in Sicherheit. [21] Dann wirst du mir angetraut auf immer, angetraut in Gerechtigkeit und Recht, in Liebe und Erbarmen."

Hosea, ein im achten vorchristlichen Jahrhundert lebender Prophet, geht von zwei Grunderfahrungen aus, die auch seine Lehre prägen, nämlich dem Niedergang des "Jahwerechtes" im Rechts-, Wirtschafts- und Sozialwesen und der Gefahr einer Vermischung des Jahwismus und Baalismus in Glaube und Kult zu einer synkretistischen Religion.[100] Dies wird auch deutlich in der auffälligen Ehe zwischen dem Jahwebekenner Hosea und der Baalsverehrerin Gomer, der drei Kinder mit Unheilsnamen entsprangen.[101] "Die theologische Botschaft Hoseas kreist um das Thema von der Liebe Jahwes zu Israel [...] und andererseits dazu korrespondierend um das Thema des fortgesetzten 'Ehebruchs' des Jahwevolkes durch den Bruch des Grundgebotes und der mitmenschlichen Gebote."[102] Insgesamt weisen die Aussagen des Propheten ein Unheil-Heils-Schema auf.[103] Der hier zitierte Text entstammt dem Heilsschema und läßt sich entgegen früheren Zweifeln auf Hosea selbst zurückführen, wenn auch deutliche Redaktionsspuren festzustellen sind. Insgesamt spreche Stil, Perspektive und Inhalt der Einzelsprüche für Hosea als letztem Autor.[104]

In dieser Textstelle, die oft als Bund Gottes mit den Tieren bezeichnet wird, tritt Gott als Bundesmittler zugunsten Israels auf,

>"nämlich als Friedensstifter, der Israel im Innern (durch die Tierwelt) und von außen her (durch kriegerische Völker) bedrohenden Mächte entmächtigt. Der endzeitliche Natur- und Geschichtsfriede wird so der Rahmen für die in 21f eindrücklich vergegenwärtigte Verbindung mit Gott. Diese wird ganz anders als in der Baalsreligion eine durch und durch personale ewige Gemeinschaft sein, in welche Jahwe als 'Brautpreis' [...] einbringt: a) 'Gerechtigkeit und Recht' [...] b) 'Liebe und Erbarmen'."[105]

Das Zentrum dieser theologisch höchst bedeutsamen Stelle liegt also nicht im Bund mit den Tieren, sondern in der im Bild der Ehe dargestellten Gemeinschaft des Volkes Israel mit Gott.[106] Erst in diesem Horizont eines Bundes zwischen Gott und dem Menschen hat eine Verheißung Platz, die den Menschen von den bedrohlichen Tieren befreit, nicht durch Eliminierung, sondern durch Befriedung. Dieser Friede aber ist Gottes Tat, nicht Menschenwerk und er ist nicht Realität, sondern endzeitliche Verheißung. Dann wird "die personale Verbindung mit Gott hineingestellt in eine Naturharmonie, die keine Störung mehr kennt. In einer Art 'Kettenspruch', der wohl magischen Fruchtbarkeitsbeschwörungen Echo gibt, wird ein lebensspendender Kreislauf zwischen Himmel und Erde, der keines 'Baals' bedarf, von Jahwe als dem 'Erhörer schlechthin' zugesagt."[107] So werden bei Hosea Eschatologie und paradiesischer Schöpfungsfrieden aufeinander bezogen. Zudem ist die Anthropozentrik dieser Stelle nicht zu übersehen, da Gott für den Menschen mit den Tieren einen Bund schießt. Zwar ist die Anthropozentrik eingebettet in den Bundesgedanken, damit sittlich ausgerichtet, also nicht willkürlich und unabhängig von Gott. Ein Eigenrecht der Tiere kann aus diesem Text jedoch nicht abgelesen werden.

Auch Jesaja, am Ende des 8. Jahrhunderts als Gebildeter in Jerusalem lebend, darf als Gerichtsprophet gelten.[108] Denn die Passagen, die der Zionstheologie verpflichtet sind oder messianische Ankündigungen enthalten, wie die hier zu interpretierende Stelle, stammen aus der nachexilischen Wiederaneignung der Jahwe-Religion. Die Prophetien werden nach den Erfahrungen der Zerstörung Jerusalems und des Tempels 587 v. Chr. und dem Babylonische Exil neu interpretiert:

"Ganz von selbst drängt sich hier für sie die Auseinandersetzung mit der vorexilischen Gerichtsprophetie auf; diese muß mit dem, was zwischenzeitlich geschehen ist, in Verbindung gebracht werden. Man liest die alten Texte in einem neuen Licht und gibt in Zusätzen diesem neuen Verständnis auch Ausdruck."[109] Es werden jetzt Umkehrforderungen laut, aber auch Zusagen einer neuen Zukunft für das Volk Israel gemacht. So entwickelt sich die exilische und nachexilische Prophetie zu einer expliziten Eschatologie. Sie wurzelt trotz der Ohnmachtserfahrung von 587 "im Glauben Israels, der ein Glaube der Zukunft hin ist. Schöpfung, Bund (mit den Vätern, am Sinai mit dem Volk, mit David) und Exodus ermöglichen jeweils einen Neuanfang, erschließen neue Lebenswirklichkeiten".[110]

Eine Sonderform dieser Eschatologie ist die Hoffnung auf den Messias. Sie wird auch Jes 11,1–10 artikuliert:

"[1] Aus Isais Stumpf aber sproßt ein Reis [...]. [2] Auf ihm ruht der Geist Jahwes [...] [3] Nicht richtet er nach dem Augenschein [...] [5] Gerechtigkeit ist der Schurz seiner Lenden und Treue der Gurt seiner Hüften. [6] Dann wohnt der Wolf bei dem Lamm und lagert der Panther bei dem Böcklein. Kalb und Löwenjunges weiden gemeinsam, ein kleiner Knabe kann sie hüten. [7] Die Kuh wird sich der Bärin zugesellen, und ihre Jungen liegen beieinander; der Löwe nährt sich wie das Rind von Stroh. [8] Der Säugling spielt am Schlupfloch der Otter, und in die Höhle der Natter streckt das entwöhnte Kind seine Hand. [9] Sie schaden nicht und richten kein Verderben an auf meinem ganzen heiligen Berg; Denn das Land ist voll der Erkenntnis Jahwes, wie die Wasser das Meer bedecken. [10] An jedem Tage steht der Sproß aus Isais Wurzeln zum Panier für die Völker."

Die hier explizierte messianische Verheißung bezieht sich auf Isai, den Vater Davids, weil die Davidsdynastie nach dem Exil offenbar ausgestorben war: "Wenn man trotzdem auf einen Friedensherrscher hofft, so ist das nur möglich, wenn Gott nochmals einen Neuanfang setzt."[111] Die Messiaserwartung knüpft sich an die Hoffnung auf einen neuen Herrscher. Dieser weist eine besondere Befähigung für sein Amt auf, nämlich Klugheit und Gerechtigkeit, die sich insbesondere auf die sozial Schwachen und Entrechteten richtet: "Ihnen zu helfen, ist im Alten Orient ganz allgemein Aufgabe der Herrscher."[112] Die Verbindung von Schöpfung und Eschatologie ist offenkundig: "Hat das göttliche Wort einst aus dem Chaos den Kosmos geschaffen (vgl. Gen 1 und Ps 33), kann es auch in der Endzeit alles in Ordnung bringen."[113] Daher sind Gerechtigkeit und Treue die Leitworte des Ordnens und Befriedens menschlicher Beziehungen durch den Messias. Die Verse 6 bis 8 weiten dieses Ordnen "auch auf das Tierreich aus, wahrscheinlich im Anschluß an

Jes 65. Der messianische Friede ist universal".[114] Dies ist keine utopische Idylle,

"man muß es auf dem Hintergrund von Gen 1,30 sehen, wonach allen Tieren nur Pflanzen zur Nahrung gegeben sind. Der endzeitliche Friede ist demnach die Rückkehr zum Paradies. [...] Es geht nicht um biologische Fakten , die als solche ganz anders sind, sondern um eine letzte Harmonie, die der Autor dadurch zum Ausdruck bringt, daß er alles ihn in dieser Welt Störende negiert. Er will in 3–8 aufzeigen was Friede wirklich ist: das Ende von Unterdrückung, Ungerechtigkeit und gewaltsamem Tod."[115]

Aber auch in diesem Text können sich den sozialen Frieden und den Schöpfungsfrieden die Menschen nicht selber geben, sondern müssen diesen Ordnungs- und Harmonisierungsprozeß letztlich vom Messias erwarten: "Wo ein legitimer König als Statthalter der Gottheit bzw. als Garant der Weltordnung in Gerechtigkeit seines Amtes waltet, kann die Welt von ihrer Heillosigkeit genesen."[116] Gerechtigkeit und Friede sind die Leitworte einer messianischen Eschatologie. Durch sie wird das kommende Heil beschrieben. Dies ist nicht weiter überraschend. Allerdings verdient Aufmerksamkeit, "daß Jesaja das kommende Heil durch die Schilderung des Tierfriedens illustriert."[117] Jesaja geht hier noch einen Schritt über Hosea hinaus, der den Frieden durch die Ausrottung der wilden Tiere erreichen wollte. Aber auch hier ist zu konstatieren, daß es um den Frieden der Menschen im endzeitlichen Heil geht, der sich auch im Frieden mit der Natur zeigt.

Löwen fressen kein Gras und Schlangen können auf ihr Gift nicht verzichten, solange sich die Natur nach den Gesetzen der Evolution vollzieht. Daher können die Menschen sich und der Natur diese Heilszukunft ohne Bosheit nicht selber schenken und erarbeiten. Dies kann nur Gott ihnen gewähren. Wenn auch nicht erreichbar, so ist die Konvergenz von paradiesischer und eschatologischer Harmonie, Friede und Gerechtigkeit aber immerhin ein Leitbild für die persönliche Umkehr, hier des abtrünnigen Volkes Israel auf dem Weg einer Rückbesinnung auf den Bund mit jenem personalen Schöpfer, der diese Harmonie allein erhalten kann. Sie ist – durchaus biblisch – sittlich geprägt und ausgerichtet. Den Kern dieser Stelle interpretiert Wildberger folgendermaßen:

"Als *relevante* Botschaft von 11, 1–9 ist festzuhalten, daß es in der Herrschaft des Messias um das Raumgewinnen der basileia tou theou im geschichtlichen Israel geht, was sich in der Verwirklichung der göttlichen Ordnung der Gerechtigkeit vollzieht. Die Gabe der Gerechtigkeit Gottes kann sich nicht verwirklichen, es sei denn, daß sie im sozial-ökonomischen Bereich Gestalt gewinne, und der Friede, den sie schafft, ist nicht der 'Seelenfriede' des Glaubenden, auch mitten in einer heillosen Welt, sondern ist nur zu erlangen durch die Überwindung des Bösen, die allein das Weichen von Unsicherheit und Angst gewährleistet."[118]

Nicht ökologische Gerechtigkeit ist das zentrale Anliegen Jesajas, sondern soziale. Damit ist auch die Utopie vom eschatologischen Schöpfungsfrieden durch eine anthropozentrische Grundhaltung geprägt. Der Widerschein dieser Utopie im Tierreich wird von Jesaja als möglich und erforderlich vorausgesetzt, weil sonst könnte er dieses Bild nicht auf die Tierwelt ausdehnen. Die anthropozentrische Perspektive wird nicht verlassen. Auch die These von einer Rechtsgemeinschaft der Schöpfung erhält durch diese eschatologische Utopie keine Unterstützung, denn ist der Friede erst von Gott geschenkt, bedarf es auch keiner innerweltlichen Rechtsansprüche mehr.

Alttestamentliches Schöpfungsethos und christliche Umweltethik

Nach Erhebung des alttestamentlichen Befundes sind nun für eine christliche Umweltethik noch zwei Fragen zu beantworten. Die eine zielt darauf ab, ob sich das von mir entwickelte Ethos ökologisch orientierter Humanität als biblisch abgesichert betrachten darf. Zum zweiten ist zu überprüfen, ob das Alte Testament mit seinen schöpfungstheologischen Modellen überhaupt richtungsweisend für eine heute gültige Umweltethik sein kann. Immerhin liegen zweieinhalb- bis dreitausend Jahre zwischen der Abfassung der Bibel und unserer heutigen Situation, die von der damals herrschenden doch in vielen Punkten abweicht.

Das Ethos ökologisch orientierter Humanität ist nach meinem Dafürhalten kompatibel mit dem biblischen Modell des Noahbundes, das für die Zeit nach dem Sündenfall konzipiert wurde. Es ist Ausdruck der im Schächtungsgebot geforderten Rücksicht auf die Tiere. Es versucht diesen Respekt gegenüber dem Lebendigen zu konkretisieren und durch die Vorstellung von der Lebensgerechtigkeit zu untermauern, weil eine nicht unerhebliche Anzahl von Wirbeltieren vom Aussterben bedroht ist, ohne uns in größerem Umfang und im allgemeinen noch gefährlich werden zu können. Ich verstehe daher das Ethos ökologisch orientierter Humanität als zeitgemäße Übersetzung des Noahbund-Modells, das zugleich offen ist für Utopien des Schöpfungsfriedens und der Hoffnung auf eine endzeitliche Aufhebung des heute noch Unvollkommenen und Schrecklichen. Aus alttestamentlicher Perspektive muß daher das Ethos ökologisch orientierter Humanität eschatologisch zugespitzt werden. Dazu muß der Zukunfts- und Hoffnungsaspekt christlicher Umweltethik betont werden.

Bereits die beiden grundlegenden Schriften des Pentateuch betonen die Sonderstellung des Menschen. Dieser Begriff ist in die verschiedenen Richtungen auszulegen und nicht nur auf den Begriff der Gottebenbildlichkeit zu beschränken. Sie ist darin begründet, daß der Mensch Gottes Dialog-Partner ist.[119] Auch der Noahbund mit seiner Forderung eines grundsätzlichen Respektes vor den Tieren macht deutlich: Jeder Mensch steht unter dem spezifischen Schutz Gottes. Wer Menschenblut vergißt, seien es Tiere oder Menschen, verfällt dem Fluch Gottes (Gen 9,6). Der Hinweis auf die Sonderstellung des Menschen entwickelt daher eine Form der Anthropozentrik, die für eine christliche Umweltethik dann Relevanz erhält, wenn wir diese dem Alten Testament überhaupt zubilligen. Das Ethos ökologisch orientierter Humanität geht nun ebenfalls von der Sonderstellung des Menschen aus.

Das Alte Testament begründet so eine spezifische Anthropozentrik, die vorbildhaft auch für eine christliche Umweltethik ist. Gerade an der Ausgestaltung der Sintflut-Erzählung wurde deutlich, daß die Bibel Front bezieht gegen Frondienste, verbunden mit der Großtechnik im Zweistromland, und gegen Außensteuerung durch Götter. Vielmehr nimmt die Bibel eine Wendung der Sintflutgeschichte ins Moralische vor. Der sittlich handelnde Mensch steht hier und in der Erzählung vom Noahbund im Zentrum. Die spezifische Anthropozentrik im Alten Testament besteht in der Sonderstellung des Menschen, seiner Beziehung zu Gott. Diese kann dann implizit dahingehend ausgelegt werden, daß das Verhältnis des Menschen zur Schöpfung und zu den Tieren als ein sittliches angesehen werden darf. Die Bibel setzt auf religiös und sittlich motivierte Verhaltensänderungen, nicht auf eine Steuerung von außen nach Gesetzen instrumenteller Rationalität. Denn Freiheit und Sittlichkeit machen die Sonderstellung des Menschen aus, auch wenn das Alte Testament keine spezifische Schöpfungsethik ausformuliert hat.

Allerdings muß auch konstatiert werden, daß die Bibel unterschiedliche Modelle für den Umgang mit der Schöpfung anbietet. Legt man die Unterscheidung von real- und idealorientierten Modellen zugrunde, so lassen sich folgende Modelle unterscheiden, ohne daß hier der Anspruch auf Vollständigkeit erhoben werden könnte. In diesem Abschnitt wurden zwei idealorientierte Modelle mit gewissen Varianten, Utopien von einem anfänglichen oder eschatologischen Schöpfungsfrieden interpretatorisch erschlossen. Es handelt sich hier um das Modell verantwortungsbewußter Herrschaft unter Einschluß des Verbotes tierischer Nahrung des ersten Schöpfungsberichtes (Gen 1,28), um das Fürsorgemodell des zweiten Schöpfungsberichtes (Gen 2,5) und schließlich um das Harmoniemodell (Ps 104). Letzteres Modell ist von nicht-jüdischen Quellen inspiriert und könne auch als Integrationsmodell bezeichnet werden. Allen drei Modellen gemeinsam ist, daß sie sich unter den Bedingungen der Evolution nicht vollständig realisieren lassen. Realorientiert ist das Respektmodell des Noahbundes (Gen 9,5) mit menschlicher Nutzungsbefugnis (Gen 9,5) und das hoheitliche Herrschaftsmodell (Ps 8,7).

Alle diese Ethosformen und Modelle, die sich im Alten Testament finden, bedürfen einer konkreteren Ausfaltung, Begründung und Übersetzung in die Gegenwart im Rahmen einer theologischen Ethik. Diese Modelle weisen eine Grundausrichtung auf, die aber spezifiziert werden muß. Das Ethos ökologisch orientierter Humanität ist ein Versuch, in dieser Richtung zu gehen. Um die biblischen Modelle aber auf unsere Zeit anwenden zu können, bedarf es noch einer Interpretation des Menschenbildes, der neuzeitlichen Industriekultur und der Ökologie. Im AT wie im NT ist das Sittliche nicht bloß eine Funktion des Religiösen. Dies ist der Grund dafür, daß methodische Anthropozentrik unhintergehbar ist. Im Zentrum einer biblisch orientierten Ethik steht der glaubende und handelnde Mensch in seiner Verantwortung vor Gott insbesondere für seine Mitmenschen, aber auch für die Schöpfung. Die Grundausgerichtetheit der christlichen Lebensform auf die Gerechtigkeit Gottes ignoriert die Unabgeschlossenheit der Schöpfung nicht. Schöpfungsgemäßes Handeln muß nicht zu einer Umkonstruktion der Evolution nach religiösen Sinnvorgaben führen, denn die Naturgeschichte ist per se nicht auf Heil hin zentriert und liegt auf einer ganz anderen Ebene. Doch durch den Menschen steht auch die Natur ausgelegt im Glauben als Schöpfung im Vorschein einer eschatologischen Verheißung auf Vollendung und Heilung.

Die Bibel plädiert, soweit ich weiß, nirgendwo für eine Physiozentrik oder die Position von Eigenrechten der Natur. Es käme ihrem grundsätzlich anthropozentrisch ausgerichteten Ethos auch nicht entgegen. Allerdings votiert sie auch nirgends für eine schrankenlose Autonomie wie im Herrschaftsmodell von Psalm 8, der vom biblischen Befund her eher die Ausnahme darstellt. Für den Umgang mit der Realität am besten geeignet scheint das Modell des Noahbundes zu sein. Es empfiehlt für den Konflikt zwischen Mensch und Tier die Befolgung eines Ethos des Respektes vor dem Leben. Den idealen Zustand, den Schöpfungsfrieden oder das Reich Gottes kann der Mensch sich nicht selber schaffen, der Friede wird ihm von Gott geschenkt. Aber andererseits ist das Ideal, ist die Utopie Vorbild für die Umkehr des Menschen zu einer neuen Grundausrichtung seines Lebens und in seinem Verhältnis zur Schöpfung.

Der biblische Befund ergab, daß es für eine theologische Ethik nicht zwingend notwendig ist, sich ökologisch zu orientieren, wenn man sich allein an den exegetischen Befund des Pentateuch hält. Die hier propagierte Moral ist eine auf die Hausgemeinschaft hin entworfene Sippenmoral, wobei die Tora, das Gesetz Mose sowohl einen moralischen wie einen kultischen Aspekt aufweist. Dieser kultische Aspekt wird im Laufe der Geschichte Israels – das ist abzulesen an der Priesterschrift – immer wichtiger. Gerade der Pentateuch hat den Menschen und seine Beziehung zu Gott in den Mittelpunkt gestellt. Ein alttestamentlich inspiriertes Ethos kann sich darüber hinaus insbesondere in Anlehnung an das Noahbundmodell und der Utopie vom eschatologischen Schöpfungsfrieden ökologischen Fragen aus gegenwärtiger Perspektive im Rahmen einer Schöpfungsethik öffnen und zuwenden. Sie muß dies zwar nicht mit Notwendigkeit tun, sie sollte es aber zumindest dann, wenn der Friede oder der soziale Gerechtigkeit zwischen den Menschen oder im Verhältnis zu zukünftigen Generationen durch die ökologische Krise als bedroht erscheint.

Hierin liegt auch der Sinn der Sabbat-Jahre (Brachzeit der Felder alle sieben Jahre) und Hall-Jahre (Brachzeit und Rückgabe alles verkauften Landes an die ursprünglichen Besitzer nach sieben mal sieben Jahren). Diese soziale Einrichtung geschieht nicht mit Rücksicht auf den Ackerboden selbst, sondern auf die Menschen, die so ihren Ertrag des Bodens erhalten und eine Versklavung durch Zinszahlungen verhindern wollen. Allerdings ist auch der Sinn dieser Tora-Bestimmungen die ökologisch und sozial verträgliche Gewinnung der Nahrung, wie wir aus heutiger Perspektive formulieren können. So ist eine nicht-anthropozentrische Ethik aus methodischen Gründen nicht möglich und eine nicht-personal ausgerichtete theologische Ethik von den alttestamentarischen Offenbarungsquellen her nicht zu rechtfertigen. Als alttestamentlich begründet darf jedoch ein Ethos des Respektes vor dem Leben nur dann gelten, wenn die sittlich-anthropozentrische Grundausrichtung gewahrt bleibt, die Sonderstellung des Menschen in der Schöpfung nicht geleugnet wird. Damit ist allerdings das Bedeutungsspektrum des Begriffs Anthropozentrik noch nicht genau umrissen. Dieses ist im weiteren Verlauf der Arbeit zu klären. Zuvor jedoch ist zu untersuchen, ob im NT von einer Schöpfungsethik im eigentlichen Sinne oder gar von einer Umweltethik gesprochen werden kann.

Anmerkungen

1 Vgl. hierzu Franz Josef Stendebach; Das Menschenbild des Jahwisten; in: Bibel und Kirche 42 (1987), 15–20, hier 16
2 Vgl. ebd. 17
3 Vgl. hierzu und zum folgenden ebd. 18
4 Vgl. ebd. 19
5 Vgl. ebd. 20
6 Vgl. hierzu Manfred Görg; Das Menschenbild der Priesterschrift; in: Bibel und Kirche 42 (1987), 21–29, hier 25
7 Vgl. ebd. 26
8 Vgl. ebd.
9 Vgl. ebd. 27
10 Vgl. ebd. 22
11 Ebd. 23
12 Vgl. ebd. 24
13 Vgl. ebd. 27
14 Vgl. ebd. 28
15 Ebd. 29
16 Dieses Zitat entstammt wie alle übrigen Bibelstellen des AT und NT der Deutschen Ausgabe der Jerusalemer Bibel; hrsg. von D. Arenhoevel, A. Deissler, A. Vögtle; Freiburg, Basel, Wien ⁵1973.
17 Vgl. Claus Schedl; Zur Theologie des Alten Testamentes. Der göttliche Sprachvorgang; Wien, Freiburg, Basel 1986, 23
18 Vgl. Johannes Gründel; Die Kategorie der Schöpfung; in: Anselm Hertz, Wilhelm Korff, Trutz Rendtorff, Hermann Ringeling (Hg.); Handbuch der christlichen Ethik Bd. 1; Freiburg, Basel, Wien, Gütersloh ²1979 (¹1978), 408
19 Vgl. Erich Zenger; Gottes Bogen in den Wolken. Untersuchungen zu Komposition und Theologie der priesterschriftlichen Urgeschichte; Stuttgart 1987, 37
20 Vgl. ebd. 61
21 Vgl. ebd. 83
22 Vgl. ebd. 78
23 Vgl. Claus Westermann; Am Anfang. 1 Mose; Neukirchen Vluyn 1986, 18
24 Vgl. Claus Schedl; Zur Theologie:..; a. a. O. 46
25 Vgl. Zenger; Gottes Bogen...; a. a. O. 95
26 Vgl. ebd. 91
27 Vgl. Erich Zenger; Der Mensch als Mitschöpfer. Bibeltheologische Überlegungen zur menschlichen Verantwortung für das Leben; in: Volkmar Braun, Dietmar Mieth, Klaus Steigleder (Hg.); Ethische und rechtliche Fragen der Gentechnologie und der Reproduktionsmedizin; München 1987, 305–317, hier 311
28 Vgl. Zenger; Gottes Bogen...; a. a. O. 90f
29 Vgl. Robin Attfield; The Ethics of Environmental Concern; New York 1983, 5
30 Vgl. Norbert Lohfink; "Macht euch die Erde untertan?", in: Orientierung 38 (1974), 137–142, hier 139
31 Vgl. Peter Morant; Die Anfänge der Menschheit. Eine Auslegung der ersten elf Genesis-Kapitel; Luzern 1959, 62
32 Vgl. ebd. 63f
33 Vgl. ebd. 64f
34 Vgl. ebd. 65
35 Jesus verschärft diesen Gedanken des Schöpfungsberichtes noch, indem er in seinen Aussagen zur Ehe nicht auf den Fruchtbarkeitsauftrag von Gen 1,28 Bezug nimmt, sondern vollen Ernst mit der Gegenseitigkeit in der Ehe macht. Die geschlechtliche Beziehung von Mann und Frau als sittliche lebt wesentlich von der Zuwendung. Daher entsteht Schuld in erster Linie nicht durch sexuelles

Fehlverhalten, sondern durch einen Mangel an personaler Nähe. Vgl. hierzu Wilhelm Korff; Wie kann der Mensch glücken? Perspektiven der Ethik; München, Zürich 1985, 158f u. 168f.

36 Vgl. Günter Altner; Schöpfung am Abgrund; Neukirchen Vluyn 1974, 35f
37 Vgl. ebd. 39f
38 Vgl. hierzu den Abschnitt (9) "Natur und Schöpfung"
39 Vgl. Zenger; Gottes Bogen...; a. a. O. 180
40 Vgl. Gerhard Liedke; Im Bauch des Fisches: Ökologische Theologie; Stuttgart 1979, 131
41 Ebd.
42 Ebd. 132
43 Vgl. Herbert Haag, A. Haas, J. Hirzeler; Evolution und Bibel; Luzern, München 1962, 42
44 Vgl. ebd. 41
45 Vgl. Christian Link; Der Mensch als Schöpfer und Geschöpf; in: Jürgen Moltmann (Hg.); Versöhnung mit der Natur?; München 1986, 23
46 Vgl. Haag, Haas, Hirzeler; Evolution...; a. a. O. 48
47 Vgl. ebd. 49
48 Vgl. ebd. 51
49 Vgl. Robin Attfield; The Ethics...; a. a. O. 26
50 Vgl. Eugen Drewermann; Strukturen des Bösen Bd. 1; Paderborn, München, Wien Zürich ⁵1984, 57
51 Vgl. Peter Morant; Die Anfänge...; a. a. O. 164
52 Vgl. ebd. 165
53 Vgl. ebd. 168
54 Vgl. Claus Westermann; Am Anfang...; a. a. O. 41
55 Vgl. Peter Morant; Die Anfänge...; a. a. O. 170f
56 Vgl. ebd. 174
57 Vgl. ebd. 175
58 Vgl. ebd. 193
59 Eugen Drewermann; Strukturen...; Bd. 1; a. a. O. 95
60 Ebd. 209
61 Zur Kritik an Drewermann vgl. meinen Aufsatz: Das Ethische als bloße Funktion des Religiösen? Eine Auseinandersetzung mit Eugen Drewermanns Interpretation der J-Urgeschichte; in: Münchener Theologische Zeitschrift 39 (1988), 138–143
62 Vgl. Johannes Gründel; Die Kategorie der Schöpfung...; a. a. O. 408 u. 411
63 Vgl. ebd. 409
64 Vgl. ebd. 415
65 Vgl. E. Zenger; Gottes Bogen...; a. a. O. 103
66 Vgl. ebd. 116
67 Vgl. ebd. 119
68 Karl-Heinz Minz; Die Verantwortung des Christen für die Schöpfung Gottes; in: Holger Schleip (Hg.); Zurück zur Naturreligion? Wege zur Ehrfurcht vor allem Leben; Freiburg 1986, 44–52, hier 47
69 Vgl. Peter Morant; Die Anfänge...; a. a. O. 69
70 Vgl. E. Zenger; Gottes Bogen...; a. a. O. 17f
71 Vgl. ebd. 18
72 Ebd. 138
73 Vgl. ebd. 19–21
74 Vgl. ebd. 22
75 Vgl. Norbert Lohfink; Die Priesterschrift und die Grenzen des Wachstums; in: Stimmen der Zeit 192 (1974), 435–450; hier 438

76 Vgl. ebd. 440
77 Vgl. ebd. 441–443
78 Vgl. ebd. 444f
79 Vgl. ebd. 445
80 Vgl. ebd. 448f
81 Vgl. Drewermann; Strukturen . . . Bd. 1; a. a. O. 209 u. 215
82 Vgl. ebd. 358
83 Vgl. ebd. 311
84 Vgl. Norbert Lohfink; "Macht euch . . .; a. a. O. 140
85 Vgl. ebd.
86 Vgl. Erhard S. Gerstenberger; Versöhnung mit der Natur?; in: Jürgen Moltmann (Hg.); Versöhnung . . .; a. a. O. 141–149, hier 141f
87 Ebd. 142
88 Vgl. Alfons Deissler; Art. Psalmen; in: LThK Bd. 8, Sp. 854
89 Vgl. Erhard S. Gerstenberger; Versöhnung . . .; a. a. O. 145
90 Vgl. ebd. 146
91 Vgl. ebd.
92 Ebd. 147
93 Vgl. Jürgen Ebach; Schöpfung in der hebräischen Bibel; in: Günter Altner (Hg.); Ökologische Theologie; Stuttgart 1989, 98–129, hier 121
94 Vgl. ebd. 108f
95 Vgl. ebd. 119
96 Vgl. ebd. 120
97 Vgl. ebd.
98 Vgl. Erhard S. Gerstenberger; Versöhnung . . .; a. a. O. 144
99 Ebd. 148f
100 Vgl. Alfons Deissler; Zwölf Propheten. Hosea, Joel, Amos; Die neue Echter Bibel; Würzburg 1981, 7f
101 Vgl. ebd. 9
102 Ebd.
103 Vgl. ebd. 10
104 Vgl. ebd. 11
105 Ebd. 20
106 Vgl. ebd. 21
107 Ebd. 20
108 Vgl. Rudolf Kilian; Jesaja 1–12; Die Neue Echterbibel; Würzburg 1986, 6f
109 Ebd. 10
110 Ebd. 13
111 Ebd. 87
112 Ebd. 89
113 Ebd.
114 Ebd. 89f
115 Ebd. 90
116 Hans Wildberger; Jesaja Bd. 1; Biblischer Kommentar X/1, Neukirchen Vluyn 1972, 455
117 Ebd. 456
118 Ebd. 461
119 Vgl. hierzu Werner H. Schmidt; Was ist der Mensch? Anthropologische Einsichten des Alten Testamentes; in: Bibel und Kirche 42 (1987), 2–15, hier 7

5. Ethik und Schöpfung im Neuen Testament – zum Ansatz einer theologischen Ethik

Eine alttestamentliche begründete Schöpfungsethik müßte die Sonderstellung des Menschen berücksichtigen und insofern anthropozentrisch sein. Sie hätte allerdings weit über den exegetisch erhebbaren Befund hinauszugehen, insbesondere wenn sie konkretere Aussagen zum Verhältnis des Menschen zur Natur machen könnte, denn eine Schöpfungs-Ethik im eigentlichen Sinne enthält das Alte Testament nicht. Zudem gibt es unterschiedliche Modelle für den Umgang des Menschen mit der Schöpfung, nämlich mindestens drei Grundmodelle mit einer Reihe von Varianten. Eine besondere Bedeutung kommt dabei dem Noahbund-Modell mit der Forschung nach einem grundsätzlichen Respekt vor dem Leben in dessen Nutzung, ausgedrückt im Schächtungsgebot, zu.

Eine im spezifischen Sinne christliche Umweltethik kann sich aber nicht nur auf alttestamentarische Offenbarungsquellen stützen. Vielmehr muß sich diese nach der Relevanz neutestamentarischer Modelle für eine ökologisch orientierte theologische Ethik fragen. Auch wäre zu klären, worin das Proprium einer christlichen Umweltethik liegt oder überhaupt bestehen kann. Des weiteren ist zu überprüfen, inwiefern es eine neutestamentlich begründete Ethik überhaupt gibt und wie verbindlich diese für eine heute zeitgemäße theologische Ethik sein kann. Und natürlich muß auch eruiert werden, ob von einer neutestamentlichen Schöpfungs-Ethik überhaupt gesprochen werden kann, welche Rolle das Thema Schöpfung im NT spielt und ob von einer spezifischen Anthropozentrik der Moral und des Ethos im NT ausgegangen werden darf. Zudem müssen wir auch für das NT mit einer Vielzahl von Moralentwürfen und Ethik-Konzeptionen rechnen, denn der Abfassungszeitraum umfaßte knapp zweihundert Jahre, vom Ethos des Wanderpredigers Jesus bis hin zur beginnenden Großkirche im ausgehenden zweiten Jahrhundert.

Moral und Ethik im Neuen Testament

Die geschichtliche Entwicklung der "Ethik" des Neuen Testamentes hat in eindrücklicher Weise *Siegfried Schulz* nachgezeichnet. Ich beschränke mich im folgenden auf seine zentralen Aussagen, die zur Klärung der oben aufgeworfenen Fragen dienen. Leitender Gesichtspunkt dabei ist die Stellung des irdischen Jesus und der neutestamentlichen Gemeinden zum Gesetz Mose, zur Tora, und zwar in ihrer moralischen, kultischen und heilsgeschichtlichen Bedeutung. Dabei läßt sich zunächst ganz allgemein feststellen, daß das Kultgesetz des Mose nirgends demonstrativ verabschiedet wird, daß weder ein demonstrativer Bruch mit Israel noch die gesetzesfreie Heidenmission verkündet wird.[1] So ist eine Relevanz alttestamentlicher Modelle für den Umgang mit der Schöpfung auch für eine christliche Umweltethik zu vermuten.

Der *irdische Jesus,* die nachösterliche Jesusbewegungen wie die nachösterlichen Jesus-Gemeinden gehören nach Schulz in den übergreifenden jüdischen Kult- und Religionsverband.[2] Jesu Kreuzestod beweise, daß dessen Botschaft wohl jüdisch, aber schroff antipharisäisch ausgerichtet war, insbesondere was seine Gesetzesauslegung betraf. Wie die anderen innerjüdischen religiösen Erneuerungsgruppen etwa der Zeloten, Essener, der Täuferbewegung und der Pharisäer als Gesetzeseiferer und Vorläufer des Rabbinismus verschärfte auch Jesus das mosaische Moralgesetz, im Unterschied aber zu anderen Bewegungen interpretierte er das mosaische Kultgesetz nicht rigoros. Jesu Ansage des unmittelbar nahen barmherzigen Schöpfergottes führt zu einer deutlicheren Akzentuierung des Sittengesetzes des Dekaloges und der Tora: das Verbot der Ehescheidung, des freien Geschlechtsverkehrs und des Ehebruches gehen genauso auf den historischen Jesus zurück wie der radikale Verzicht auf Wiedervergeltung, die Feindesliebe, der Besitzverzicht und das Verbot des Richtens. Jesus hat also seine Jünger weder aus dem Judentum herausgeführt noch zum demonstrativen Bruch mit den in der Heilsgeschichte begründeten Vorrechten Israels genötigt. Jesus hat aber auch zu seinen Lebzeiten weder eine Christologie entfaltet noch Ortsgemeinden gegründet.

Für den irdischen Jesus charakteristisch ist die verschärfte Praxis des alttestamentlichen Liebesgebotes angesichts der nahen Gottesherrschaft. Gottes Gebot als Mosegesetz braucht deshalb nicht von Jesus ausgelegt werden, weil es unmittelbar evident ist. Jesus weist nur auf das hin, was von der Schöpfungsordnung unmittelbar sittlich einsichtig ist, allerdings vom Judentum teilweise verschüttet wurde, so die Aufweichung des Verbots der Ehescheidung durch die Scheidebriefregelung. Der Ruf nach Liebe ist für jedermann nachvollziehbar. Jesus appelliert bei seiner weisheitlichen Auslegung der Schöpfungsordnung ausdrücklich an Vernunft, Einsicht und Erfahrung der Israeliten. Er zieht die Goldene Regel, ein Element der Morallehre der Sophisten als summierende Begründung der Feindesliebe heran, was der Evangelist Matthäus viel systematischer ausgestaltet und zu einer Lehre ausfaltet, mit den Augen der anderen sehen zu lernen. Die Feindesliebe wird von Jesus mit der Goldenen Regel gleichgesetzt, Matthäus begründet hierauf eine Morallehre.

Im Gebot der Feindesliebe wird das Ethos Jesu besonders deutlich. Dieses richtet sich gegen die pharisäische Gesetzesauslegung, der rituelle Reinheit über alles geht. Jesus hingegen fordert, die sittliche Innenreinigung müsse mit derselben Intensität geschehen wir die kultische Außenreinigung durch Befolgung der Tora als Kultordnung. Weil die Pharisäer das mosaische Kult- gegenüber dem Moralgesetz überbewerten, wird über die pharisäische Gesetzesauslegung von Jesus der apokalyptische Fluch ausgesprochen. Jesus verweist darauf, daß Rechttun, Barmherzigkeit üben und Treue halten wichtiger sind als kultische Reinheit. Daher heilt er Kranke am Sabbat und ißt mit Dirnen und Zöllnern. Dies sind Taten, die kultische Unreinheit nach sich ziehen, aber sittlich geboten sind. In der bald anbrechenden Gottesherrschaft sind alle Menschen gleich. Daher verurteilt er die pharisäische Theologie in den sieben apokalyptischen Wehesprüchen, entschärft das mosaische Kultgesetz, verschärft aber das mosaische Sittengesetz, indem er auf die Erfahrungssätze des weisheitlichen Denkens zurückgreift und die Nächstenliebe als Erfüllung des ganzen Gesetzes predigt, die er für identisch mit der Goldenen Regel hält.[3]

Jesu Forderungen galten ursprünglich einzelnen, nicht allen. Die Berufung der Jünger zum Dasein eines Wanderpredigers, die alle familiären Verpflichtungen in fast frevelhafter Weise zerstörte – selbst die Eltern sollten bei der Berufung unbestattet gelassen werden, um dem Ruf Folge zu leisten –, geschieht vor dem Hintergrund der apokalyptischen Naherwartung des Anbruchs der Gottesherrschaft. Die mißglückte Berufung des reichen Jünglings zeigt, daß die innere Freiheit von irdischen Schätzen für Jesus als apokalyptischen Sendboten von höchster Bedeutung ist. Die Befolgung der Gebote des Dekalogs reichen für den von Jesus Berufenen nicht aus. Jesus fordert von diesen Boten das radikale Ethos der Schutzlosigkeit. Wer die Botschaft aber ablehnt, verfällt dem apokalyptischen Gericht. Aus dem Indikativ der bedingungslosen Heilszuwendung Gottes folgt der Imperativ der Befolgung des Gesetzes, insbesondere des mosaischen Sittengesetzes in seiner durch Jesus verschärften Form.

Inhaltlich und sachlich bleiben alle ethischen Forderungen Jesu auf jüdischem Niveau und im jüdischen Bereich.[4] Daher haben die alttestamentlichen Modelle eine gewisse Relevanz für eine ökologisch orientierte theologische Ethik. Eine Schöpfungs-Ethik findet sich aber bei Jesus nicht in den geringsten Ansätzen. Natur und Umwelt haben in den uns überlieferten Jesusworten keine eigene Relevanz. Zentriert um das Verhältnis der Menschen untereinander und zu Gott setzt das Ethos Jesu die anthropozentrisch ausgerichtete heilsgeschichtliche Konzeption der Priesterschrift mit ihren sittlichen Implikationen fort. Wichtig erscheint mir zudem, daß bereits Jesus selbst zur Begründung und Erklärung seiner sittlichen Forderungen auf Elemente der antiken philosophischen Morallehren – die Goldene Regel – und auf weisheitliches Argumentieren zurückgreift.

Nach dem Kreuzestod des Wanderpredigers Jesus, "dessen machtvolle Ankunft als offenbarer Menschensohn man in der allernächsten Zukunft erwartete, setzte seine *Jüngergemeinde* die Missionsarbeit Israels als Wanderprediger fort."[5] Zugleich bildeten sich in Palästina kleine *Ortsgemeinden*. Ihre Ethik läßt sich aufgrund der Leben-Jesu-Stoffe rekonstruieren, vor allem mithilfe der Logienquelle Q. Wie der Meister haben die Gemeinden nach Ostern nicht das mosaische Moral-, wohl aber das Kultgesetz entschärft. Die Q-Gemeinde übernimmt das absolute Verbot von Ehescheidung, Wiederheirat und Rache sowie das Gebot der Feindesliebe. Entschärft aber werden die Sabbat-Praxis, die Reinheitsgebote, die Fastengebote. Angesichts der apokalyptischen Naherwartung spielt die Heilsbedeutsamkeit des mosaischen Kultgesetzes eine untergeordnete Rolle. Aber es geht noch immer um die Heimholung der verlorenen Schafe Israels, der Kranken, der Zöllner, der Sünder, der Samaritaner und der Frauen. Auch die eschatologische Ethik der nachösterlichen Jesus-Gemeinden unterscheidet den Indikativ der Heilszuwendung vom Imperativ der Gesetzesforderung und begründet die Befolgung des letzeren mit ersterem.[6]

Dann bahnt sich ein entscheidender Schritt in der Entwicklung der Jesus-Gemeinden an, der letztlich zur Großkirche führt. Neben der aramäisch sprechenden Gemeinde in Jerusalem und den Jesus-Gemeinden in Palästina entstand in Jerusalem eine rasch wachsende Gruppe um *Stephanus*. Es waren christlich gewordene Diaspora-Juden, *"Hellenisten"* genannt. Stephanus übte öffentlich Kritik an Tempel und Tempelgesetz und wurde dafür gesteinigt. Die aramäisch sprechende Gemeinde in Jerusalem blieb unbehelligt, doch die aus Jerusalem nach dem Tod des Stephanus blutig vertriebenen und in alle Länder des vorderen Orient zerstreuten Hellenisten begannen eine ungemein erfolgreiche *Heidenmission*. Damaskus und Antiochia wurden zu ihren Zentren. Und Saulus, Verfolger der Hellnisten noch in Jerusalem, wurde als Paulus ihr bedeutendster Missionar.

Die Heiden kannten die Beobachtung der mosaischen Kultgesetze nicht. Sollten sie sich nun, um Christen werden zu dürfen, beschneiden lassen und die kultischen Reinheitsgebote beachten? Dies wurde von einer wachsenden Zahl von Heidenchristen nicht mehr akzeptiert. Für die Vertreter der kultgesetzfreien Heidenmission, die sich an die noachitischen Gebote – die Gebote des Noahbundes – hielten, wurde der Glaube zum eigentlichen Kriterium des Christenstandes. Das jüdische Kultgesetz verfiel nun immer mehr – im Unterschied zur Praxis Jesu selbst – der Kritik. Aber die Situation der Gemeinden hatte sich grundlegend geändert und war mit der Jesu nicht mehr vergleichbar. Vor allem entstand das Problem der gemischten Gemeinden. Judenchristen, die das Kultgesetz beachteten, wurden unrein, wenn sie mit Heidenchristen gemeinsam Mahl hielten, wie es der Herr vorgelebt hatte. Jakobus, der Leiter der Jerusalemer Gemeinde, setzte zum Schutz der Judenchristen die sogenannten Jakobus-Klauseln durch. Beim Apostelkonvent in Jerusalem verfochten Paulus und Barnabas als Abgesandte der Antiochenischen Gemeinde das Recht zur kultgesetzfreien Heidenmission. Es kam zur kultgesetzlichen Trennung von Juden- und Heidenchristen und zur theologischen Zurückstufung der Heidenchristen. Dies implizierte aber keine grundsätzliche Trennung von der Synagoge der jüdischen Diaspora.[7]

Die hellenistische Kirche praktizierte in der zweiten Hälfte des ersten Jahrhunderts keine einheitliche Stellungnahme zum mosaischen Kultgesetz mehr. Es gab die Fraktion der "Schwachen", die das jüdische Zeremonialgesetz zumindest teilweise anerkannten, und die "Starken", die es ablehnten. *Paulus* wurde der prononcierteste Vertreter der "Starken". Doch der Bruch mit dem Judentum ist in dieser Zeit noch nicht radikal. Paulus verpflichtet die hellenistische Kirche auf das Moralgesetz des Mose.[8] In kurzen Mahnreden, Paränesen genannt, weist Paulus auf die Bruder-, Nächsten- und Feindesliebe hin (z. B. 1 Thess 5, 13b–18; Röm 12,9–21). Das Hohelied der Liebe (1 Kor 12,31b–13,13) empfiehlt in hellenistisch-judenchristlicher Tradition die sittliche Grundeinstellung der Liebe. Bei Paulus wird eine Grundtendenz deutlich, die für die beginnende Großkirche charakteristisch und für eine theologische Ethik bedeutsam ist. Die Tugend- und Lasterkataloge zeigen, daß das Ethos weitgehend an die Stelle des Kultus getreten ist. Die ethische Lehrrede des Paulus ist ursprünglich in der hellenistisch-römischen Popularphilosophie (Stoa) zuhause. Dabei kommt es zu einer erneuten Moralverschärfung und zu kasuistischen Regelungen beim Wiederverheiratungsverbot, bei der Feindesliebe und beim Verbot der Rache. Dieses verschärfte Moralgesetz als das Gesetz des Christus bleibt damit für die hellenistische

Kirche als Heilsfaktor bestehen. Doch wird der Indikativ der Heilszuwendung weiterhin vom Imperativ der Gesetzesbefolgung unterschieden.

Allmählich entsteht das Bewußtsein, daß Juden- und Heidenchristen ein neues Bundesvolk darstellen. Die hellenistische Kirche entfaltet zwar keine systematisch betriebene Ethik, sondern nur Paränesen und Predigten, also Formen der brüderlichen Unterweisung. Es geht ihr aber nicht nur um ein Ethos, sondern auch um Fragen des Ritus. Die heilsgeschichtliche Verbundenheit des neuen Bundesvolkes mit dem alten Gottesvolk wird nicht geleugnet, doch Sittlichkeit erhält nun einen anderen Stellenwert. Die Entwicklung zumindest von einzelnen ethischen Lehrstücken besagt jetzt immerhin, daß das neue Bundesvolk den ethischen Forderungen seines Bundesgottes im neuen Gottesbund von Golgotha entsprechen muß. Ethik wird daher – etwa exemplarisch bei Paulus – nicht als philosophisches Lehrsystem konzipiert. "Ethik" ist vielmehr die systematisierende Darstellung der allgemeinen wie situationsgebundenen ethischen Aussagen. Es erfolgt ein Rückgriff auf die volkstümliche Durchschnittsethik des Judentums wie auf die Tugendlehre der heidnischen Antike.[9] Dabei wird herangezogen, was sich als vernunftgemäß und brauchbar und mit der Ausrichtung des Ethos Jesu als vereinbar erweist.

Diese Ethik enthält materialethische und situationsgebundene Anweisungen. Die wenigsten gehen auf Jesus direkt zurück, sondern sind ausgerichtet an den Bedürfnissen der Gemeinden, die ihr Zusammenleben regeln müssen. Damit stellt sich aber die Frage nach dem Proprium, dem spezifisch Christlichen dieser Ethik. Sie liegt nicht in neuen ethischen Inhalten, etwa einem Kanon neuer Gebote. Vielmehr wird im Liebesgebot überhaupt sittliches Verhalten gefordert, das sich in unterschiedlichen Situationen auch ganz verschieden artikulieren kann. Neu ist vielmehr die christliche Begründung der Verpflichtung zu sittlichem Verhalten vom Christusereignis her. Die Gnade Gottes in Christus wird zur neuen Kraftquelle ethischen Handelns und Verhaltens. Dies artikuliert sich in der sakramentalen Begründung des sittlichen Imperativs insbesondere in der Taufe.[10] Daneben kommt eine Vielzahl von Begründungszusammenhängen ethischen Handelns vor, insbesondere die Zitation eines Wortes des irdischen Jesus, der Rückgriff auf die Schöpfungsordnung oder auf das moralische Mosesgesetz, zum Teil auch auf die hellenistische Popularphilosophie. Diese Begründungsformen stehen auch heute einer christlichen Umweltethik zu Gebote, auch wenn sich noch ausgeprägter als im AT im NT aufgrund seiner apokalyptisch-eschatologischen Ausrichtung keine explizite materiale Schöpfungsethik findet.

Eine weitere Zuspitzung erfährt die "Ethik" im Neuen Testament durch eine Auseinandersetzung mit der *Gnosis*. Sie ist eine spätantike Erlösungsreligion, niedergelegt im "Corpus hermeticum", in den Manichäer-Rollen und in den Schriften der Thomassekten. Sie geht aus von einem kosmischen Dualismus, vom Wesensgegensatz zwischen weltlosem Gott und gottloser Welt.[11] Paulus stieß auf diese judenchristlichen Gnostiker, die sich als Christen fühlten, in seinen eigenen Gemeinden, wie 2 Kor 11,22f und Phil 3,2–5 ausweisen. Die Gnostiker gingen von einem Gegensatz zwischen den Geistmenschen und der am Leib orientierten Menschen aus. Sie verurteilten auch den Menschen Jesus und beschränkten sich auf den auferstandenen Christus. So kam es auch zur Ablehnung der leiblichen Auferstehung der Toten und zu einer dualistisch motivierten Freiheit vom mosaischen Moralgesetz. Alles ist erlaubt, denn es kann den Geistmenschen ja nicht betreffen, was der Leib tut. Diese gnostische Verabschiedung der Ethik machte Paulus nicht mit, obwohl in seine Christologie und Eschatologie in nicht unerheblichem Maße dualistisches Gedankengut einging, Ethik wurde vielmehr zum entscheidenden Mittel im Kampf gegen die Gnostiker.

Daß Paulus selbst eine Entwicklung durch die christlichen Gnostiker erfuhr, beweist der Erste Brief an die Thessalonicher. Diesem Brief fehlt der Leib-Seele-Dualismus, die Reflexionen über das Gesetz, die Präexistenz und die Sendungschristologie, so daß er von vielen Exegeten für unrecht gehalten wurde. Die Grundtendenz dieses Briefes läßt sich folgendermaßen formulieren: Das verschärfte mosaische Moralgesetz, identifiziert mit dem heidnischen Naturgesetz, ist der christliche Heilsweg und die Lebensnorm. Paulus bricht nach dem Damaskus-Erlebnis radikal mit dem mosaischen Kultgesetz und seiner pharisäisch-apokalyptischen Vergangenheit. Schon für den frühen Paulus tritt die ethische, die moralgesetzliche Tradition und die Mahnung zu sittlichem Lebenswandel an die Stelle des mosaischen Ritualgesetzes. Das verschärfte Moralgesetz gilt gemäß 1 Thess 4,1 als Offenbarung der Willensmacht Gottes, nach 1 Thess 5,18 ist der Wille Gottes als Motivation zu christlichem Handeln zu verstehen.[12] Heiligkeit ist nicht mehr kulttheoretisch, sondern nur moralisch zu betrachten. Aus der indikativischen Heilszusage Gottes an die Menschen vermittelt in der Auferweckung Jesu Christi folgt der Imperativ der Gehorsamsermahnung gegenüber dem verschärften Moralgesetz. Ethik ist das ausschließliche und eigentliche Thema des ersten Thessalonicher-Briefes.

Die späteren Briefe des Paulus sind durch seinen antignostischen Kampf geprägt, wobei er einige Argumentationsstrukturen übernahm. Ethik gehört hier im Rahmen seiner Lehre vom Geist zu den Geistesgaben. Nicht nur die prophetische Rede zählt zu den Charismen, sondern auch die Einlösung der Liebesforderung. Nach Paulus muß alles Handeln charismatisch verstanden werden. Ausgangspunkt der spätpaulinischen Ethik ist das eschatologische Heilshandeln Gottes in Christus, Gottes Antwort auf die heillose Situation der Menschheit und der gesamten Schöpfung. Christi Heilstat als Entmachtung der Unheilsmacht verpflichtet zu sittlichem Handeln. Dabei kann nach Röm 7,14–25 der fromme Jude wie der fromme Heide mit seiner Vernunft das Gesetz Gottes erkennen. Paulus plädiert für das Wissen um eine für alle Menschen gültige Ethik.[13] Die ethischen Inhalte und Maßstäbe sind im nichtchristlichen wie im christlichen Lebenswandel dieselben, allein an ihrer Wertung und Zensurierung als Verdienst oder als Dienst durch den Handelnden scheiden sich nach Paulus die Geister. Dabei ist die Liebe der höchste Verhaltensmaßstab für den Christen.

Die *Synoptiker,* insbesondere das Markus-Evangelium, haben die ursprüngliche Parusie-Naherwartung verlassen und eine neue literarische Gattung entworfen, das Evangelium als Geschichte Jesu. Diese Akzentverlagerung führt insgesamt zu einem Ethisierungsprozeß in der Gemeindeverkündigung. Ethik wird zu einer zentralen und zeitlosen Größe, viele apokalypti-schen Begriffe und Traditionen werden ethisiert.[14] Paränese tritt an die Stelle eschatologischer Erwartung, der Begriff der Nachfolge und der Umkehr (Mk 1,15) werden sittlich interpretiert. Im Zentrum des Markus-Evange-liums steht die Gottes- und Nächstenliebe als individualethische Grundnorm christlichen Lebens. Es handelt sich um die Verpflichtungen des Christen angesichts der endgültig durch Gott eröffneten Zukunft.

Für Matthäus ist Jesus der endgültige Lehrer des Willens Gottes. Christli-che Morallehre wird so christologisch begründet. Die radikale Gesetzesaus-legung Jesu hat das Immer-Gültige am mosaischen Sittengesetz aufgedeckt. Das Liebesgebot ist das entscheidende Kriterium. Dieses Liebesgebot läßt sich allerdings nur in der Nachfolge Christi verwirklichen. Dazu fordert die matthäische Komposition der Bergpredigt auch auf. Lukas hingegen konzi-piert sein Evangelium und seine Apostelgeschichte heilsgeschichtlich. Dabei markiert die Stellung der Kirche zum mosaischen Kultgesetz eine Zäsur. Das Kultgesetz galt für Israel, Jesus, die Jünger, die Zwölf Apostel und für Paulus, nicht aber für Lukas selbst und die beginnende Großkirche, die sich mittlerweile von Rom über Kleinasien bis in den vorderen Orient ausdehnen konnte. Für ihn hat das Apostelkonzil von der Verpflichtung zur Beobach-tung und Einhaltung des Kultgesetzes befreit, die unbegrenzte Nächstenlie-be ist ethische Lebensnorm und Moralgesetz, wobei nach Lukas Ethik auf dem alttestamentlichen Moralgesetz und den ethischen Weisungen Jesu auf-baut. Lukas propagiert eine umfassende Ethisierung des christlichen Le-bens.[15]

Die *johannäischen Schriften* – das Evangelium und die geheime Offenbarung – akzentuieren wieder etwas anders. Der heutige Text des Johannes-Evange-liums ist das Ergebnis einer gezielten, tiefgreifenden und umfangreichen Redaktion, die das ursprünglich gnostisch beeinflußte Evangelium an die Synoptiker angleichen sollte. Es wendet sich gegen die häretische Bestrei-tung der Identität des irdischen Jesus mit dem gekreuzigt-erhöhten Christus und grenzt sich gegen die Täufergemeinde, gegen die Juden und die christli-chen Gnostiker ab.[16] Für den kirchlichen Redaktor am Anfang des zweiten Jahrhunderts spielt das alttestamentliche Moralgesetz eine durchaus ent-scheidende Rolle. Es ist auch als Heilsweg nicht verabschiedet. Das neue Gebot der Bruderliebe ergänzt das alte Gebot der Nächstenliebe von Lev 19,18, es komplettiert das alte Gebot, löst es aber nicht ab.

Auch das beherrschende Thema der johannäischen Briefe ist der Kampf gegen die gnostischen Irrlehren. Die Heilsbedeutung der Ethik steht außer Frage, Sünde ist die Verletzung der Gebote Gottes.[17] Sein und Tun, heilsge-schichtlicher Indikativ und sittlicher Imperativ gehören zusammen. Die Stel-lungnahme zur Welt ist positiv, vor allzugroßer Liebe zur Welt wird aber gewarnt. Die ebenfalls johannäische "Geheime Offenbarung" akzentuiert allerdings etwas anders. Während das Johannes-Evangelium von einer prä-sentischen Eschatologie geprägt ist, – das Gottesreich ist in der Person Jesu Christi angebrochen –, entwirft die Johannes-Apokalypse eine futurische Eschatologie, eine Lehre vom Endgericht.

Wahrscheinlich unter Domitian abgefaßt (81–96) ist die Offenbarung von einer apokalyptischen Naherwartung beherrscht.[18] Die Verwandtschaft mit jüdischen Apokalypsen und die Herkunft aus judenchristlichen Gemeinden ist nicht zu leugnen. Das Halten der Gebote wird gefordert. Dabei kann sich die Martyriumsparänese bis zum ethischen Rigorismus steigern. Hierin spiegelt sich der Konflikt zwischen der Kirche und dem römischen Imperium mit dessen Verpflichtung zum Kaiserkult. Die Auseinandersetzungen zwischen der römischen Staatsreligion und dem Christentum werden härter, nachdem nach 70 n. Chr. immer deutlicher zutage tritt, daß die Christen keine jüdische Sekte sind.

Die *Deuteropaulinen* – Briefe im Stil des Paulus nach seinem Tode etwa um 60 n. Chr. verfaßt – treiben die Ethisierung des NT weiter voran. Die moralgesetzlichen Gebote des AT sind z. B. im Kolosserbrief zum entscheidenden Kriterium der Ethik geworden. Der Dekalog spielt eine genauso wichtige Rolle wir die Tugend- und Lasterkataloge der hellenistisch-popularen Moralphilosophie. Die Liebe als die Kardinaltugend übertrifft sie aber alle.[19] Die Haustafel in Kol 3,18–4,1 ist die älteste im NT und geht unmittelbar auf das hellenistische Judentum, mittelbar auf die zeitgenössische Popularphilosophie zurück. Sie enthält ein typisches Schema antiker Sozialethik und umfaßt eine Standesordnung, die Hausgemeinschaft, die Weltordnung, die Frauen und die Sklaverei. Die Taufparänese spielt im Epheserbrief beim späten Paulus eine immer wichtigere Rolle. Eph 5,1ff spricht von der Nachahmung Gottes. Die jüdische Vorbild- und Beispieletik findet Eingang in das NT genauso wie die stoische Ethik, wie sie wohl auch in der hellenistischen Diasporasynagoge gelehrt wurde.

Die Briefe an Timotheus und Titus verstärken die Tendenzen der Moralisierung des Heiles. Werke sind nun sichtbarer Ausdruck der Leistungsfrömmigkeit und sind Voraussetzung zur Erreichung des endgültigen Heiles. Besonnenes Maßhalten, ein goldener Mittelweg, "christliche Bürgerlichkeit"[20] werden nun empfohlen. Auch im ersten Petrus-Brief ist Ethik zum konstitutiven Teil der Erlösung geworden. Der Wille Gottes ist niedergelegt im mosaischen Moralgesetz. Der heilsgeschichtliche Indikativ ist verschwunden. Das verändert auch die Funktion des sittlichen Imperativs.[21] Christliche Lebensführung legt nun Zeugnis ab für den Glauben. Im Brief an die Hebräer wird Predigt zum Mahnwort, Christologie und Eschatologie stehen im Dienst der Paränese und der sich abzeichnenden Leistungsfrömmigkeit. Nun kommt es auch zur Klassifizierung von Todsünden und leichten Sünden. Die Lebenszeit ist Zeit der Bewährung. Dies führt zu einem Dualismus alexandrinischer Prägung und zur Abwendung von der sichtbaren Welt, zur Weltentsagung.

Die *katholischen Briefe* sind die spätesten Schriften des NT, sie sind sittliche Paränese. So versteht sich der Jakobusbrief als ethische Mahn- und Lehrschrift, als Sendschreiben an die ganze Christenheit. Der Glaube ohne die Werke rettet nicht. Jakobus polemisiert ausdrücklich gegen Paulus und die gnostische Pervertierung des Glaubens. Werke sind nun alleiniges Kriterium beim Endgericht, wobei die Ethik immer mehr Weltenthaltung und Weltverneinung propagiert.[22] Der Judasbrief liegt auf derselben Linie. Er ist eine Kampfschrift, eine Polemik gegen gnostische Ketzer mithilfe der Tugendethik. Der zweite Petrus-Brief, die späteste Schrift des NT aus der Mitte der zweiten Hälfte des zweiten Jahrhunderts, ist ein Lehrschreiben für die *Großkirche*, das Rechtgläubigkeit definiert durch Weltflucht und Tugendethik, wobei der Tugendkatalog seine Herkunft aus der griechisch-hellenistischen Ethik nicht verleugnen kann. Hier wird nachdrücklich zum Tugendkampf ermahnt.

Eine theologische Ethik kann sich nicht allein auf das NT berufen. Zu disparat sind trotz gemeinsamer Grundlinien die einzelnen Modelle, zu schmal ist der Grat, über den der Rückgriff auf den historischen Jesus erfolgen kann. Welches Modell ist vorzuziehen? Und wie geht man mit dem direkten Widerspruch in Sachen Ethik um, der sich z. B. in den Briefen findet. Paulus schreibt im Römerbrief (3,28), daß der Mensch allein durch den Glauben gerechtfertigt wird, unabhängig vom Wirken und Einhalten des Gesetzes. Der Jakobusbrief hingegen hält daran fest, daß der Mensch aufgrund seiner Taten gerechtfertigt wird, nicht durch den Glauben allein (2,24). Auf welche dieser Thesen soll die theologische Ethik aufbauen? Oder ist gar nur der Rückgriff auf den irdischen Jesus legitim? Das entscheidende Ereignis ist aber doch die Auferstehung. Nur läßt sich auf diese Glaubenswahrheit keine materiale Ethik aufbauen, und Ethik im neuen Testament ist häufig sehr konkret, wie die Haustafeln zeigen.

Diese Schwierigkeiten muß sich eine theologische Ethik bewußt machen, will sie sich biblisch, d. h. neutestamentlich begründen. Im Neuen Testament finden sich eine Vielzahl von Moralkonzeptionen, Haustafeln, Mahnreden bis hin zum Konzept einer Gewissens-Moral und autonomen Ethik bei Paulus, die mittels Vernunft und Erfahrung den Willen Gottes, die Schöpfungsordnung und das natürliche Sittengesetz erkennt und bestimmt. Nicht unerheblich ist der Ethisierungsprozeß, den die Gemeinden auf ihrem Weg zur beginnenden Großkirche durchlaufen haben. Während sittliche Forderungen Jesu angesichts des von ihm erwarteten nahe bevorstehenden Endgerichts auf eine radikale Gleichheit aller Menschen vor Gott hinauslief, die alle Vorstellungen von kultischer Unreinheit über Bord warf und im Gebot der Feindesliebe gipfelte, sich aber auf wenige materiale Gebote beschränkte, akzeptieren die späteren Haustafeln der Deuteropaulinen und der katholischen Briefe nach Ausbleiben des schon bald erwarteten Endgerichtes erhebliche soziale Ungleichheiten, gerade bei Sklaven und Frauen.

Sittliche Unterweisung stellt sich im NT häufig als Mahnrede (Paränese), Predigt, Jüngerunterweisung an Beispielerzählungen und Gleichnissen sowie in Gestalt von Tugend- und Lasterkatalogen dar. Dabei finden sich viele konkrete Weisungen, aber auch allgemeine Kriterien wie der Gleichbehandlungsgrundsatz (in Gestalt der Goldenen Regel), die Verpflichtung zur universalen Nächstenliebe und zur umfassenden Solidarität mit allen Menschen, insbesondere mit den Benachteiligten, Kranken, Schwachen. Andererseits gibt es auch einen durchdachten und grandiosen Ethik-Entwurf, nämlich bei Paulus. Allerdings wurde er überschattet und überlagert durch seine dualistische Christologie, Anthropologie und Eschatologie. Paulus identifiziert das durch Jesu apokalyptische Predigt radikalisierte mosaische Sittengesetz mit dem Naturgesetz der Stoa und der hellenistischen Ethik. Im Gewissensurteil kann der fromme Jude und der fromme Heide mit gleichem Recht den Willen Gottes in der Schöpfungsordnung erkennen und ihn dann auch verwirklichen.

Aus unserer heutigen Perspektive können wir Paulus damit als einen ersten Vertreter einer autonomen Moral betrachten, wie sie sich auch in der Pastoralkonstitution des Zweiten Vaticanums "Gaudium et Spes" ("Die Kirche in der Welt von heute") in den Artikeln 12 bis 17 findet.[23] Allerdings bedarf der Dualismus der paulinischen Position noch einer gewissen Korrektur. Die Handlungstheorie des Thomas von Aquin wird hier ansetzen und diese Konzeption methodisch genauer begründen. Allerdings ist die autonome Moral nicht das einzig legitime Modell für Moralverkündigung und -lehre mit neutestamentlicher Begründung. Es handelt sich aber um den einzigen Entwurf einer theologischen Ethik, der sich im NT selbst findet.

Die verschiedenen Schriften vertreten zunächst eine Morallehre, die sich an den einzelnen wendet. Sie dehnte sich zunehmend auf sozialethische Normierung aus, insbesondere als die Gemeinden wuchsen und neue Probleme z. B. im Verhältnis von Kirche und Staat auftraten. Charakteristisch ist auch das Vorgehen der ersten Gemeinden, ihre eigenen Probleme – z. B. Fragen der Kultgesetzobservanz, die Befolgung des Sabbats und der Reinheitsgebote, die zwischen Juden- und Heidenchristen strittig waren – Jesus selbst in den Mund zu legen. Daraus müssen wir die Verpflichtung ableiten, daß auch heutige Theologen sich den veränderten Gemeindesituationen zu stellen und die hier auftretenden Probleme produktiv zu verarbeiten haben. Parusieverzögerung, die kultgesetzfreie Heidenmission und gnostische Häretiker waren Herausforderungen, die die Gemeinden aus dem Geist und dem Ethos Jesu heraus mit eigenen denkerischen Mitteln zu entscheiden suchten.

Daher kann heutige theologische Ethik, auch wenn sich weder im NT noch im AT eine Schöpfungsethik findet, sich dem Problem nähern. Denn eine fundamentale Bedrohung heutiger Gemeinden ist die Umweltkrise zweifelsohne, indem sie ihr Selbstverständnis infrage stellt oder stellen sollte. Christliche Umweltethik als Individualmoral, als sozialethische Normierung wie als ökologisch orientierte theologische Ethik hat ihre Anknüpfungspunkte in unterschiedlichen Schriften des Neuen Testamentes selbst. Ein biblischer Fundamentalismus, der glaubt, konkrete umweltethische Normen aus der Bibel selbst ableiten zu können, scheint allerdings nach Erhebung des biblischen Befundes nicht mehr vertretbar zu sein. Allerdings reicht auch eine profane Umweltethik allein nicht aus, es sei denn, sie wird in den Kontext christlicher Hoffnung gestellt. Um dies tun zu können, muß aber das Schöpfungsverständnis des Neuen Testamentes zumindest im Umriß erhellt werden.

Schöpfung im eschatologischen Horizont

Eine Schöpfungsethik im NT gibt es also nicht. Zwar sind Aussagen über die Schöpfung im NT zahlreich. Meistens handelt es sich jedoch um nähere Bestimmungen des Schöpfers. Eine eigene Terminologie zur Bezeichnung der außermenschlichen Schöpfung gibt es nicht.[24] "Die Menschen und die übrige Schöpfung werden aus der Beziehung zu Gott heraus verstanden. Aber als Schöpfung Gottes haben die Menschen auch eine Beziehung zur übrigen Schöpfung, also zur außermenschlichen Schöpfung."[25] Insgesamt läßt sich feststellen:

"Die außermenschliche Schöpfung wird ausschließlich in ihrer Beziehung zu Menschen, also anthropozentrisch wahrgenommen: als *Ort der Arbeit* (Weinberg Markus 12,1 parr. u. ä.; Acker Markus 13,16 u. ä.; Bäume, die fruchtbar oder unfruchtbar sind Matthäus 7,16–19 u.ä.) usw.; als *Ort der Gotteserfahrung* (Berg Matthäus 5,1 u.ä.; Wüste Matthäus 4,1–7 parr. u.ä.; Himmel Markus 1,11 u.ä.); als *Ort des Schreckens* (Flucht im Winter Markus 13,18; verdorrter Feigenbaum Markus 11,12–14.20–24; kosmische Zeichen z.B. Markus 15,33) und als *Ort der Ermutigung* (durch machtvolle Dynamik z.B. von Senfkorn Matthäus 17,20 u.ä.; Salz Matthäus 5,13 u.ä.; jungen Wein Markus 2,22 parr. und Licht Matthäus 5,14f.– oder durch die Sichtbarkeit der Fürsorge Gottes Matthäus 6,25–34 parr. u.ä.) und als *Ort der Barmherzigkeit Gottes* (der glimmende Docht wird nicht ausgelöscht Matthäus 12,20). Diese anthropozentrische Perspektive ist faktisch eine androzentrische Perspektive, und zwar die des Landarbeiters oder kleinen Bauern."[26]

Das NT sieht in der außermenschlichen Schöpfung weniger die Benutzbarkeit der Welt und der Natur als die Präsenz des fürsorgenden Gottes.[27] Damit steht das NT durchaus in der Traditionslinie des AT. Pointierter theologisch sind die paulinischen Aussagen zur Schöpfung. Für Paulus ist die Erde der Ort, der sich vom Willen Gottes entfremdet hat. Durch Adams Fall ist die Schöpfung in Mitleidenschaft gezogen worden, so zumindest faßt es die apokalyptische Tradition und die rabbinische Theologie auf, der sich Paulus insbesondere im Römer-Brief anschließt.[28]

Eine explizite Schöpfungsethik findet sich im NT nicht. Trotzdem wird ein Gleichnis, aufgeführt bei Matthäus im Rahmen der Bergpredigt, immer wieder angeführt, um eine christlich motivierte Umweltethik zu begründen. Es ist das Bild von den Lilien auf dem Feld, überliefert in Mt 6,25–33. Es lautet:

"[25] Sorget euch nicht um euer Leben, was ihr essen werdet, noch um euren Leib, was ihr anziehen werdet [. . .]. [26] Schaut auf die Vögel des Himmels: sie säen nicht, sie ernten nicht und sammeln nicht in Scheunen und euer himmlischer Vater ernährt sie. Seid ihr nicht viel mehr (wert) als sie? [. . .]. [28] Und was sorget ihr euch wegen der Kleidung. Betrachtet die Lilien des Feldes, wie sie wachsen: sie arbeiten nicht und spinnen nicht. [29] Ich sage euch aber: selbst Salomo in all seiner Pracht war nicht gekleidet wie eine von diesen. [30] Wenn aber Gott das Gras des Feldes, das heute auf dem Feld steht und morgen in den Ofen geworfen wird, so kleidet, wieviel mehr euch, ihr Kleingläubigen [. . .]. [33] Suchet vielmehr zuerst das Reich und seine Gerechtigkeit; und all das wird euch dreingegeben werden."

Eindrucksvoll bekundet dieser Text, daß der Mensch von der Natur als Vorbild lernen kann. Das Gleichnis macht aber ebenfalls deutlich, daß der Lernprozeß nicht bei der Natur stehenbleiben darf, sondern tiefer dringen muß. Die eigentliche Dimension, um die es Matthäus geht, ist nicht die Natur selbst, sondern das Handeln Gottes und sein Reich, das sich am Ende der Zeiten offenbaren wird. Thema dieses Gleichnisses ist nicht die Schöpfung oder die Natur, sondern die Neuschöpfung des Menschen. Beachtenswert ist der weisheitliche Hintergrund dieser eindrucksvollen Stelle: "Die Sorge fruchtet nichts, denn der Mensch vermag sein Leben nicht zu verlängern. [...] Hinter dieser Feststellung steht der Gedanke vom Maß des Lebens jedes einzelnen, das Gott festsetzt."[29] Gott steht im Mittelpunkt der schöpfungstheologischen Aussagen des Gleichnisses von den Lilien. Es ist aber adressiert an den Menschen, der glauben und handeln soll. Bedeutsam ist auch "der Wechsel im Gottesnamen (V 30) vom himmlischen Vater zu Gott [...]. Gemeint ist der Gott der Schöpfungsordnung, der Vater ist der Jüngerschaft zugewandt. [...] Der Gott der Schöpfungsordnung steht zu seiner Schöpfung. A fortiori steht er als himmlischer Vater zu den Menschen, zur Jüngerschaft. Sich sorgen ist darum Ausdruck des Kleinglaubens."[30]

Im gesamten NT spricht durch Jesus nicht mehr der fremde und erhabene Schöpfergott, der sich in die Ruhe des Siebten Tages zurückzieht, sondern ein Gott, der dem Menschen nahe ist, den die Menschen "abba", Vater, nennen dürfen. Gott wirbt um den Menschen und macht ihm Mut. Daher ist Gott das Ziel der theologischen Betrachtungen. Heilsgeschichtlich gesehen steht jedoch der Mensch im Zentrum der Überlegungen. Es ist wichtig, daß der Mensch sich nicht sorgt, sondern im Vertrauen auf Gott handelt und sich für das sittlich Richtige entscheidet. Und so ist, daß läßt sich nun bereits vermuten, zumindest die sittliche Dimension des neutestamentlichen Glaubens anthropozentrisch in dem Sinne, daß im Mittelpunkt einer christlichen Ethik der handelnde und vertrauende Mensch steht, der sein Vorbild in der Vollkommenheit Gottes besitzt.

Christen sollen sich nach dem Vorbild dieses Gleichnisses von den Heiden abgrenzen. Denn diese streben nach Versorgung. Ihre Anstrengungen erschöpfen sich in diesem Streben, das höchst natürlich und darum auch verständlich ist. Dennoch verfehlen sie damit im christlichen Sinne ihr Leben. Die Aussagen des Gleichnisses richten sich nicht gegen die berechtigten Bedürfnisse des Menschen und ihre Erfüllung. Auch das betont das Gleichnis mehrmals. Das Ziel des christlichen Glaubens liegt jedoch jenseits des Maßes natürlicher Bedürfnisbefriedigung. Was der Mensch braucht, gewährt die Natur nach der Vorsorge des Schöpfergottes, der auch für Spatzen und Lilien gesorgt hat. Das Streben des Christen muß sich vielmehr auf die Gerechtigkeit Gottes richten. Gott selbst wird zum Vorbild menschlichen Handelns, seine Vollkommenheit und sein Reich.

In einer exegetisch abgesicherten Interpretation des Gleichnisses verblaßt der schöpfungstheologische Bezug. Er ist nur sehr vermittelt herauszulesen, z. B. im Gedanken eines Vertrauens darauf, daß Gott die Schöpfung trotz aller Übel gut eingerichtet hat und für diese sorgt, wenn auch seine spezifische Sorge dem Menschen gilt. Diese Grundhaltung konnte bereits beim Noahbund festgestellt werden. Dort erließ Gott zwar das Schächtungsgebot, aber er forderte Rechenschaft von allen Menschen oder Tieren, die Menschenblut vergossen haben. Das Anliegen dieses Gleichnisses ist das Vertrauen auf Gott:

"Dieses Vertrauen entspricht nicht einer naiven, unrealistischen, romantischen Weltbetrachtung. Es besteht kein Zweifel, daß auch zur Zeit Jesu der tote Sperling und das verdorrte Gras zu sehen waren, um nur milde Beispiele der Disharmonie zu nennen. Dennoch zieht Jesus sein Vertrauen auf Gott nicht zurück oder dispensiert sein Lob, bis eine vollständige Theodizee gelungen wäre. [...] Jesus muß in seiner inneren

Freiheit ein glücklicher Mensch gewesen sein, der von äußerem Zwang befreien konnte. [. . .] Die Sorglosigkeit hinsichtlich all dieser Dinge bewirkt ein Freiwerden für das Eigentliche. Sie ist eine Befreiung von falschen Sicherungen und stellt das Leben auf seinen tragfähigen Grund."[31]

Der wohl am meisten zitierte Text aus dem NT zur Schöpfungsethik ist Röm 8,18–24. Hier entwirft der Apostel Paulus seine auf Christus zentrierte Schöpfungstheologie:

"[18] Ich schätze, daß die Leiden der gegenwärtigen Zeit in keinem Verhältnis stehen zu der künftigen Herrlichkeit, die sich an uns offenbaren wird. [19] Denn die ungeduldige Sehnsucht der Schöpfung harrt auf das Offenbarwerden der Söhne Gottes. [20] Wurde doch die Schöpfung der Nichtigkeit nicht mit freiem Willen unterworfen, sondern durch den, der sie unterwarf, mit der Hoffnung, [21] daß auch sie, die Schöpfung von der Knechtschaft der Vergänglichkeit befreit werde zur Freiheit und Herrlichkeit der Kinder Gottes. [22] Wir wissen ja, daß die gesamte Schöpfung bis zur Stunde seufzt und in Wehen liegt. [23] Und nicht nur das, auch wir, die wir die Erstlingsgabe des Geistes besitzen, auch wir seufzen in uns selbst in der Erwartung der Erlösung unseres Leibes. [24] Denn auf Hoffnung sind wir gerettet."

Auch an dieser Stelle wird deutlich, daß paulinische Schöpfungstheologie nicht diesseitsorientiert ist. Ihr geht es nicht um die Rettung der Schöpfung. Vielmehr sind die paulinischen Aussagen streng eschatologisch ausgerichtet. So läßt sich der Ansatzpunkt dieser Stelle aus dem Römerbrief nur als eschatologische Sinngebung gegenwärtigen Leidens umschreiben.[32] Die Heilshoffnung des Christen gründet sich nicht auf jüdische Gesetzeserfüllung, sondern auf die Neuschöpfung des Leibes durch Jesus Christus. Dabei gibt es zwar für die Erwartung auf endzeitliche Aufhebung aller Vergänglichkeit Anklänge in der jüdischen Eschatologie, die Klage aber über die "allem Irdischen anhaftende Vergänglichkeit und die Verheißung einer Rettung aus ihr ist bekanntlich in der hellenistischen Umwelt weit verbreitet".[33] Die Leiden der Gerechten haben kein Gewicht gegenüber der Herrlichkeit der Offenbarung, die uns bevorsteht. Allerdings wird im Christentum – Paulus streicht dies deutlich hervor – die Freiheit der Kinder Gottes durch leibhafte Erlösung wirklich. Dadurch kann die gesamte Schöpfung mit in die Erlösungshoffnung des Christen einbezogen werden.

Eine paulinisch ausgerichtete und biblisch orientierte Umweltethik müßte eschatologisch sein. So kann Paulus paradigmatisch für eine christliche Umweltethik sagen, daß die gesamte Schöpfung auf das künftige Offenbarungsgeschehen warte. Zwar ist der Streit bis heute noch nicht völlig abgeschlossen, ob bei Paulus mit Schöpfung die Engelwelt, die Menschenwelt oder die außermenschliche Schöpfung gemeint ist, doch ergibt die neuere exegetische Forschung, daß an dieser Stelle nur die letzte der drei Vorstellungen infrage kommt.[34] Nach Paulus hat Gott die Natur der sinnleeren Nichtigkeit unterworfen: "Wie immer man interpretiert, in jedem Fall ist in V 20 ausgesprochen, daß die gesamte Schöpfung von der 'Nichtigkeit' mitbetroffen ist, der die Menschen von Adam an als Folge der Sünde von Gott anheimgegeben sind."[35] Gott ist der befreiende Gott, der Mensch und Natur von der Sklaverei freimacht.

Dennoch geht es in Röm 8,22 nicht um die Natur oder die Stellung des Menschen zur Natur. Vielmehr ist der springende Punkt in Vers 23 der, "daß auch die Christen wie die Schöpfung (V 22) stöhnen, obwohl sie doch den Geist haben, der ihnen ihre künftige Erlösung entbirgt. Der Geistbesitz distanziert also die Christen keineswegs von der Schöpfung, sondern führt sie vielmehr in die Solidarität mit ihr, weil ihre eigene Erlösung auch der Befreiung der gesamten Schöpfung von der Sklaverei der Vergänglichkeit dienen soll."[36] Mensch und Schöpfung sind sich im Leidensdruck der Vergänglichkeit gleich, "unter dem die gesamte Schöpfung steht, in unverminderter Härte" stöhnen sie "selbst in diesem einstimmigen Chor der stöhnenden Schöpfung mit".[37] Die Christen sind zwar von den übrigen Kreaturen unterschieden durch die rettende Wirkung des Todes Christi und ihrer Verbindung mit dem Auferstandenen, der schon verherrlicht ist.[38] Stellvertretend im Menschen wird die Schöpfung erlöst durch Jesus Christus.

Allerdings läßt sich das Stöhnen der Schöpfung auch so verstehen, daß dies geschieht, weil der Mensch seiner Bestimmung, eben Spiegel und Gleichnis der Herrlichkeit und Barmherzigkeit Gottes zu sein, noch nicht gerecht geworden ist. Im Menschen als Abbild Gottes ist die gesamte Schöpfung zusammengefaßt. Jesus Christus ist nun im NT als wahrhaftes Bild Gottes Vorbild des endlichen und der Sünde fähigen Menschen. Die Erlösung durch Jesus Christus vollzieht sich gemäß Paulus gemeinsam mit dem gesamten Kosmos. So betont auch diese Stelle die besondere Stellung des Menschen im Kosmos hinsichtlich der Erlösung, aber auch ihre Gemeinsamkeit mit den anderen Kreaturen: "Wie Christen in ihrer Hoffnung die Hoffnung der Schöpfung zu Wort bringen, so realisieren sie in ihrer Geduld die Kraft der Hoffnung gegenüber dem Leidensdruck der Vergänglichkeit stellvertretend für die ganze Schöpfung mit."[39]

Auf jeden Fall ist das Geschick der außermenschlichen Kreatur verknüpft mit dem Schicksal des Menschen.[40] Dies zeigt sich bereits zu Anfang der zitierten Römerbrief-Stelle. Denn die gute Schöpfung verkehrt sich mit dem Sündenfall. So besteht zwischen Mensch und der Schöpfung von Anfang an eine unlösliche Schicksalsgemeinschaft,[41] die Paulus nun auch auf die im Glauben erhoffte Neuschöpfung ausdehnt. Christliche Hoffnung besagt, daß das evolutionäre "Stirb und Werde" nicht das letzte Wort bleibt. Für den Menschen gilt die Hoffnung auf einen Verwandlungsprozeß als Metamorphose zur Ebenbildlichkeit, für die Schöpfung die Verheißung einer neuen Erde ohne Tod und Leid.[42] Für Paulus ist ein apokalyptischer Weltpessimismus unmöglich.[43] Auch löst die christliche Hoffnung den Menschen nicht aus der Schöpfung heraus. Vielmehr werden beide gemeinsam von Gott zu einer neuen Existenzweise befreit, die allerdings innerweltlich nicht zu erreichen ist. Daher kann die paulinische Römerbrief-Stelle, so eindrucksvoll sie auch sein mag, nur sehr eingeschränkt für eine theologische Fundierung der Umweltethik herangezogen werden.

Das Schächtungsgebot – Schicksal einer kultgesetzlichen Norm im Neuen Testament

Eine spezifische Schöpfungsethik findet sich im NT nicht. Dies liegt nicht zuletzt an seinem grundsätzlich eschatologischen Charakter. Es beschränkt sich auf die Entwicklung und Auszeichnung eines spezifischen Ethos, orientiert am Vorbild Jesu. Dies bestätigt der Umgang des NT mit dem Schächtungsgebot. Im Noahbund war als zentrales Schutzgebot der Respekt vor dem Blut der Tiere genannt worden. Obwohl dem Menschen der Genuß tierischer Nahrung zugestanden war, blieb dieser an bestimmte Gesetze gebunden, die in der Tora festgehalten wurden. Nachdem das Christentum diese kultgesetzlichen Gebote nicht übernommen hat, scheint es mir für den Ansatz einer speziell christlich ausgerichteten Umweltethik nicht unerheblich zu sein, die Gründe aufzuhellen, die die Urgemeinde dazu bewogen haben, diese Gesetze nicht zu befolgen.

Ein Motiv hierfür ist bei Jesus selbst zu suchen, artikuliert in den Antithesen der Bergpredigt. Da es mir um den Ausgangspunkt einer christlichen Umweltethik geht, kann ich mich auf grundsätzliche Bemerkungen beschränken. Die umfassende christologische Dimension dieser Antithesen steht schon lange außerhalb jeder exegetischen Diskussion. Zwei Probleme jedoch sind noch nicht gänzlich geklärt:

"Einmal ist es die Frage, ob der Text [gemeint ist insbesondere Mt 5,17–20; B. I.] eine konkrete Debatte widerspiegelt, sei es innerhalb der Gemeinde, sei es zwischen ihr und ihren Gegnern. [. . .] Das zweite Problem sitzt tiefer und geht auf die grundsätzliche Beurteilung der Schrift. Ist die Schrift gesehen hinsichtlich ihres ethischnormativen Gehalts, hinsichtlich der Weisungen, die ihr zu entnehmen und verbindlich sind, mithin ihres gesetzlichen Charakters, oder wird sie als ein Buch betrachtet, das auf Erfüllung hin drängt, die messianische Zeit und Gemeinde im voraus beschrieb und bezeichnete, also vorab als prophetisches zu lesen ist?"[44]

Die Alternative lautet also, ob Jesus die Tora, das alttestamentliche Gesetz, auflöst oder erfüllt. Nach Gnilka bietet uns das Matthäus-Evangelium Verstehenshilfen für den Erfüllungsgedanken an:

"'Gesetz und Propheten' haben bei Mt normative Bedeutung. Wenn die Gebote der Gottes- und Nächstenliebe bzw. die Goldene Regel für ihn die Summe von Gesetz und Propheten darstellen (7,12; 22,40), ist dieses Verständnis angedeutet. Von hier legt es sich nahe, die Erfüllung durch Jesus auf seine Lehre zu beziehen, in der er Gesetz und Propheten auf die Gottes- und Nächstenliebe hin auslegt als deren Wesen und Vollendung. Dies besagt nicht, daß die einzelnen Gebote ihre Gültigkeit verloren hätten [. . .], nur bleiben sie auf die Liebe ausgerichtet."[45]

Damit werden Differenzierungen, die in der Tora üblich waren, relativiert. So galt z. B. das hier interessierende Verbot des Blutgenusses im Rahmen des Kultgesetzes als leichtes Gebot, während die Schonung menschlichen Lebens und ehrenvolles Verhalten gegenüber den Eltern als sittliches Gebot eingefordert und ihre Verletzung dementsprechend hart bestraft wurden.

Jesus verschärft bestimmte sittliche Gebote der Tora, etwa beim Schwören oder beim Eheverständnis. Es kommt aber auch zu Abschwächungen, etwa bei der kultischen Reinheit, dem Blutgenuß und dem Opferverständnis. Daher kann Gnilka zusammenfassend schlußfolgern: "Nicht das Gesetz scheidet die Jünger von den Schriftgelehrten und Pharisäern, sondern die bessere Gerechtigkeit."[46] Deutlich wird dies insbesondere an der ersten Antithese, die sich wohl auf Jesus selbst zurückführen läßt: Nicht nur der vollzogene Akt, der Mord ist für Jesus sündhaft. Vielmehr wird dem Unversöhnlichen "die Berechtigung abgesprochen, einen sinnvollen Gottesdienst zu feiern".[47]

Als literarische Gattung gibt es der Antithese Vergleichbares auch im jüdischen Bereich. Zwischen Rabbinern werden bei unterschiedlichen Interpretationen von Bibelstellen Position und Gegenposition ebenfalls einander entgegengestellt. Jedoch muß sich hier auch die Gegenposition auf eine Schriftstelle stützen können. Bei der rabbinischen Antithese fehlt die unmittelbare Konfrontation mit dem Gotteswort. Jesus entscheidet souverän und leitet seine Meinung nicht wiederum aus der Schrift ab.[48] Gnilka konstatiert daher:

"Jesus hat sich nicht direkt gegen das Gesetz gestellt. Das heißt nicht, daß seine Weisungen nicht im Widerspruch zum Gesetz stehen konnten. Gerade hierin zeigt sich die Souveränität und Freiheit seiner Lehre. [. . .] Die Stellungnahme Jesu zum Gesetz darf nicht als Reintegration, Wiederherstellung des ursprünglichen Gesetzessinnes aufgefaßt werden, der durch jüdische Gesetzeskasuistik verstellt worden sei. [. . .] Die Antithesen beschreiben nicht die Antithese von Buchstabe und Geist. [. . .] Wohl aber wird man sagen können, daß das Gesetz an Furcht und Hoffnung appelliert, Jesus aber an die Liebe."[49]

Die durch die Liebe interpretierte sittliche Schöpfungsordnung, auf die Jesus rekurriert, liegt auch der Tora zugrunde, wurde aber durch Ritualistik und kultische Gesetzesobservanz verstellt.

Auch die Theologie und Situation der Urgemeinde spielten bei der Entwicklung des Schächtungsgebotes eine nicht unerhebliche Rolle. Zunächst änderte sich mit dem Christentum die Vorstellung und der Begriff des Blutes gegenüber dem Alten Bund in zweifacher Weise. Zum einen haben die Heidenchristen nach ihrer Mission durch Paulus und Barnabas mit ihrem Zentrum in Antiochia die jüdische Vorstellung vom Blut als Sitz des Lebens nicht. Zweitens jedoch – und dies ist theologisch gesehen viel wichtiger – bekommt sowohl das Opfer als das Blut, das gemäß dem Noahbund Gott gehört, insbesondere in der johannäischen Theologie im NT einen ganz anderen Sinn. Im stellvertretenden Sühneopfer Jesu ist das Blut nun nicht mehr Sitz des biologischen Lebens. Das Blut, das Jesus Christus vergossen hat, ist Sinnbild für das Heil und den Neuen Bund. Daher wird im Christentum das Blut und der Gedanke des Opferblutes spiritualisiert, auf eine andere Ebene gehoben.

Blut ist im christlichen Verständnis nun nicht mehr nur allein Sitz des physischen Existierens, zumindest beim Menschen. Das Leben wird in der leiblichen Auferweckung eschatologisch verlängert. Mit Jesu Einsetzungsworten, die Kern jeder Eucharistiefeier sind, verändert sich das Verständnis des menschlichen Lebens und damit auch die Vorstellung vom Blut als Sitz des Lebens. So spielt zwar in der Aufhebung des Schächtungsgebotes vielleicht auch die Auseinandersetzung zwischen Judenchristen und Heidenchristen um jüdische Speisevorschriften und ihre Ablehnung eine Rolle. Wichtiger jedoch ist, daß aufgrund des anderen Verständnisses des Opfers die jüdischen Vorstellungen von Reinheit und Unreinheit von Tieren im Christentum wegfallen und so – unter der Hand – auch das Schächtungsgebot als kultisches Gesetz abgeschafft werden kann. Dies bedeutet allerdings keine

Aufhebung der dahinter liegenden Grundeinstellung des Respektes gegenüber allem Leben, vertieft aber die Anerkennung der Bedeutsamkeit menschlichen Lebens. Das Blutvergießen Jesu für die Sünde der Welt bedeutet eine Preisgabe des Lebens, aber des menschgewordenen Gottessohnes. Daher kann die christliche Interpretation vom Blut als Sitz des Lebens zwar nicht zur Begründung einer Tierschutzethik herangezogen werden, schließt diese aber auch nicht aus.

Die Abschaffung des Schächtungsgebotes im Zusammenhang der Speise- und kultischen Reinheitsvorschriften hatte aber auch geschichtliche Gründe. Es ist nun nicht zu leugnen, daß Judenchristen gemäß den sog. Jakobusklauseln nach dem Apostelkonzil der Genuß von Tierblut zunächst verboten war.[50] Sie mußten die jüdischen Reinheitsvorschriften auch in der Tischgemeinschaft mit Heidenchristen beachten. Dies forderte aber auch die Einhaltung der Speisevorschriften von den Heidenchristen, die insbesondere von Anhängern des Stephanus, den sog. "Hellenisten" nach deren Vertreibung aus Jerusalem aus dem Umkreis zunächst der hellenistischen Diaspora-Juden, dann aber auch von Heiden zum Christentum bekehrt worden waren. Der Streit um die kultgesetzfreie Heidenmission, ausgefochten auf dem Apostelkonzil zwischen Paulus und Barnabas einerseits, Jakobus andererseits, wurde bereits erwähnt. Er löste sich nach 70 durch die Zerstörung Jerusalems, des Tempels und die Zerstreuung der Gemeinde.

Lukas erklärt sich den Umschwung in der Urgemeinde durch die Vision des Petrus in Apostelgeschichte 10, 9–16. Hier wird Petrus, dem führenden Kopf der judenchristlichen Gemeinde mit ihrem Zentrum in Jerusalem, die Weisung erteilt wird, ungeschächtetes Fleisch zu genießen und Mahlgemeinschaft mit Heidenchristen zu halten. Der Text lautet:

"[9] Am folgenden Tage [. . .] stieg Petrus auf das Dach, um zu beten. Es war um die sechste Stunde. [10] Er fühlte Hunger und wünschte zu essen. Während man ihm etwas zubereitete, kam eine Verzückung über ihn. [11] Er sah den Himmel offen und ein Behältnis wie ein Leintuch herabkommen, das, an vier Enden gehalten, sich auf die Erde herabließ. [12] Darin waren allerlei vierfüßige und kriechende Tiere der Erde und Vögel des Himmels. [13] Und eine Stimme rief ihm zu: 'Wohlan Petrus, schlachte und iß!' [14] Petrus erwiderte: 'Oh nein, Herr! Noch nie habe ich etwas Unheiliges und Unreines gegessen.' [15] Da rief die Stimme zum zweitenmal: 'Was Gott für rein erklärt hat, sollst du nicht unrein nennen!' [16] Das geschah dreimal. Dann wurde das Behältnis sogleich wieder in den Himmel emporgehoben."

Parallel dazu wird auch dem Heidenchristen Kornelius eine Vision zum Thema Reinheit und Unreinheit zuteil, von der die Apostelgeschichte in 10,30–33 berichtete. Allerdings geht es an dieser Stelle weniger um kultische Reinheit oder um das Schächtungsgebot. Vielmehr stellt die Petrus- und Kornelius-Vision für Lukas die Legitimation der Heidenmission dar, indem die Jünger und die Gemeinde von Gott beauftragt werden, nicht nur unter Juden für den neuen Glauben zu missionieren. Dabei entsteht allerdings die Schwierigkeit, daß nun nicht mehr ganz selbstverständlich jüdische Gesetze vorausgesetzt werden dürfen. Darum zielt diese Vision nicht auf den Inhalt des Gesetzes. So "bedeutet die Aufforderung, diese Tiere zu schlachten und zu verzehren, eine Durchbrechung der gesetzlichen Restriktionen, die den Genuß 'unreiner' Tiere verbot."[51] Es geht in dieser Vision nicht um das

Schächtungsgebot, sondern um die Zulassung und den Auftrag zur Heidenmission.[52] Zudem hatte diese Vision wohl eine praktische Auswirkung im Auge, ermöglichte sie doch die Tischgemeinschaft zwischen Judenchristen und Heidenchristen.[53] Es ging nicht um die Art der Schlachtung von Tieren und nicht um das dahinterliegende Ethos des Respektes vor dem Leben, sondern um konkrete Fragen des Zusammenlebens in der Gemeinde.

Dennoch kam als Folge der geschichtlichen Entwicklung mit dem Anwachsen der Heidenmission und der Zerstörung der judenchristlichen Gemeinde im Jahre 70 n. Chr. mit den Reinheitsgesetzen auch das jüdische Schächtungsgebot außer Gebrauch. Daraus aber schließen zu wollen, daß auch der Hintergrund des Schächtungsgebotes, die Haltung eines grundsätzlichen Respektes vor dem Leben, wie er im Noahbund von den Juden gefordert wurde, damit für Christen außer Kraft gesetzt sei, wäre jedenfalls übertrieben. Man braucht hier nicht mir der paulinischen Vorstellung der Gesetzesfreiheit zu argumentieren. Es waren – abgesehen von der christlichen Spiritualisierung im Begriff des Blutes selbst – wohl ganz praktische Gründe, die zur Abschaffung des Schächtungsgebotes führten. Aber es spricht nichts gegen die Annahme, daß der vom Noahbund geforderte Respekt vor dem Leben auch für den Christen, nicht nur für den Juden gilt, wenn dieser sich nun auch anders als in einer besonderen Art des Schlachtens ausdrücken muß. Die Urkirche grenzt sich vom mosaischen Kultgesetz, nicht vom Sittengesetz ab.

Ein Reflex dieser Diskussion um die Tischgemeinschaft von Juden- und Heidenchristen findet sich in Mk 7,14–19:

"[14] Und er rief das Volk wieder herbei und sprach zu ihnen: 'Höret mich alle und verstehet: [15] Nichts, was von außen in den Menschen kommt, kann ihn unrein machen, sondern das, was aus dem Menschen herauskommt, das ist es, was den Menschen unrein macht [...].' [17] Und als er von der Menge weg ins Haus gegangen war, fragten ihn seine Jünger nach dem Gleichnis. [18] Da sprach er zu ihnen: 'Seid auch ihr ohne Verständnis? Begreift ihr nicht, daß alles, was von außen in den Menschen hineinkommt, ihn nicht unrein machen kann, [19] weil es nicht in sein Herz hineingelangt, sondern in den Bauch, und (dann) in den Abort hinausgeht'."

Markus wendet sich an seine heidenchristlichen Leser in der Form einer Jüngerbelehrung. Was aus dem Herzen kommt, macht unrein: ob dieses Rätselwort aus Vers 15 auf Jesus selbst zurückgeht, ist bis heute umstritten.[54] Daß Jesus von der Reinheit des Herzens gesprochen hat, ist durchaus wahrscheinlich. Aber der Bezug zu den Speisevorschriften spiegelt die Gemeindediskussion wieder. Generell gesehen gibt es Anzeichen dafür, daß Jesus im allgemeinen die Reinheitsgebote der Schrift achtete, sich aber nicht an alle Gebote der mündlichen Tora hielt.[55] Bei Mahlgemeinschaften mit Zöllnern und Sündern hat Jesus sich offenbar nicht immer an die kultischen Reinheitsvorschriften gehalten. Denn diese Bevölkerungsgruppen galten als unrein. Jesus stellt grundsätzlich Liebe und Barmherzigkeit über gesetzliche Vorschriften.

Ursprünglich haben sich auch die Judenchristen an die Tora gehalten, sind aber bei gemeinsamen Mahlzeiten mit Heidenchristen dem Beispiel Jesu gefolgt, bis in den Jakobusklauseln eine Regelung für derartige Mahlgemeinschaften getroffen wurde. Diese wiederum wurden nach der Petrus-Vision außer Kraft gesetzt. Aber die ganze Entwicklung zeigt, daß mit der Aufhebung der Reinheitsgebote und der Schächtungspraxis nicht die Respektlosigkeit gegenüber tierischem Leben legitimiert werden sollte. Vielmehr geht es um die Ermöglichung eines humanen Zusammenlebens zwischen Christen. Allerdings bekräftigt die Auseinandersetzung um die Speisevorschriften die These, daß es im NT weder um die Tiere noch um die Schöpfung geht. Im Zentrum steht der Mensch, seine Einstellung und die Forderung nach einem humanen Zusammenleben. Eine streng neutestamentlich begründete Schöpfungsethik muß daher immer die personal-menschliche Seite hervorkehren, ohne die Rücksicht auf die außermenschliche Schöpfung aus dem Auge zu verlieren.

Das Ethos Jesu und die paulinische Ethik

Die bereits erörterten Bibel-Stellen lassen es nicht als sehr wahrscheinlich erscheinen, daß aus den Evangelien ein ökologisches Leben Jesu herausgelesen werden kann. Überdeutlich ist der eschatologische Horizont, der jeder neutestamentlichen Aussage ihren Stempel aufprägt. Darum ist – unabhängig von jeder Beschränkung auf schöpfungstheologische Aussagen – der Ansatzpunkt des Ethos Jesu herauszuarbeiten.

Ich beginne mit einigen allgemeinen Vorbemerkungen über eine biblisch orientierte Ethik. Für eine solche sind die sittlichen Forderungen Jesu von der Sittenlehre der Urkirche zu unterscheiden. Jesus selbst hat keine Ethik entworfen, aber ein Ethos vorgelebt. Natürliche und biblische Moral durchdringen sich im NT wechselseitig. Wie Rudolf Schnackenburg hervorhebt, ist die sittliche Botschaft Jesu heilsgeschichtlich und nicht naturrechtlich.[56] Daran habe sich eine christliche Ethik zu orientieren. Sie begründe Wertungen, die aus dem Glauben erfolgen. Da jede Ethik einen weltanschaulichen Sinnhorizont brauche, um sich artikulieren zu können, sei für christliche Ethik vernunftgemäße Argumentation aus der Perspektive des Glaubens konstitutiv. Sie sei zwar der an den biblischen Glauben gebundenen Geschichtsschau verpflichtet, aber eine heilsgeschichtliche Sicht müsse eine vernunftgemäße natürliche Ethik nicht notwendigerweise ausschließen. Dies macht Jesu eigener Hinweis auf die Goldene Regel deutlich. Ein aus heilsgeschichtlich-eschatologischer Perspektive auf das Ziel und das Ende gerichtetes Ethos müsse einer vernünftigen Ethik nicht widerstreiten, sondern könne sich ihrer zur konkreten Normfindung bedienen. Jesus selbst hat so in seiner Verkündigung gehandelt. Dabei hänge das Proprium christlicher Moral mit der Person Jesu zusammen, mit seiner Erfüllung und Vollendung des alttestamentlichen Ethos. Das jesuanische Ethos bestehe in einer souveränen Verkündigung des ursprünglichen Willens Gottes. Jesus sei ein neuer Moses, aber kein neuer Gesetzgeber.[57]

Bezugspunkt der sittlichen Forderungen Jesu sei die Verkündigung der Gottesherrschaft. Von dort her werde die Forderung nach Umkehr (Mk 1,15) erhoben. Diese Begriffe werden von Jesus primär heilsgeschichtlich, sekundär sittlich verstanden. Das Handeln Gottes, die Kunde von der befreienden Herrschaft Gottes rufe den Menschen zur Umkehr. Jesus verkünde nicht das drohende Gericht wie Johannes der Täufer, sondern die anbrechende Heilszeit. Umkehr sei erforderlich, weil alle der Barmherzigkeit Gottes bedürften. Dabei meine Umkehr nicht nur Buße, sondern eine ganzheitliche Haltung des Menschen im Sinne einer Neuorientierung auf Zukunft hin. Gott werde seine Herrschaft einst vollenden. In der Verheißung, daß die Gläubigen ins Himmelreich eingehen werden, würden Gegenwarts- und Zukunftsperspektive verschmelzen. Aus der Spannung von Gegenwart und Zukunft erwachse die dynamische Kraft des sittlichen Imperatives, der ein Handeln in dieser Welt nach den Weisungen Jesu ermögliche.

Aus der Gottesherrschaft könne der sittliche Imperativ abgelesen werden. Die Bergpredigt werde so zum begreifbaren und umsetzbaren Programm, das auf dem Gedanken einer vollkommenen, auf Liebe aufgebauten menschlichen Gesellschaft basiere.[58] Sie sei weder Interimsethik (Schweitzer), noch Gesinnungsethik (Luther, Harnack) oder eine Zwei-Stufen-Moral (Didaché). Allerdings sollte man sich dessen bewußt bleiben, daß die Bergpredigt bereits Gemeindebildung und nicht jesuanisch ist, obwohl sie als vom jesuanischen Ethos inspiriert gelten darf.

Jesu Predigt rufe auf zu Versöhnlichkeit, Vergebung, Barmherzigkeit, Gewaltverzicht und Verzicht auf Herrschaftsausübung. Dabei sei Jesus tief in der Sittenlehre seines Volkes verwurzelt. Jesus habe Vorbehalte gegenüber einer zu engen Auslegung der Tora gehabt, die Gottes Absichten verdunkele, gegen eine legalistische Gesetzesobservanz, aber nicht gegen die Tora selbst. Dies werde besonders deutlich an Jesu Stellung zu den Sabbat- und Reinheitsvorschriften. Gott wolle auch am Sabbat aus Barmherzigkeit Leben retten, nicht dieses vernichten. Im Judentum sei die Torabeachtung als Wille Gottes ausgelegt worden. Im NT hingegen werde der Wille Gottes Maß und Richtschnur aller Sittlichkeit, die dennoch auf die Goldene Regel als Grundsatz einer rationalen und humanen Ethik zurückgreife.[59] Die Gottesherrschaft sei die grundlegende und motivierende Größe für ein biblisch begründetes Ethos. So erfolge in der Bibel eine theonome Begründung der Sittlichkeit.

Die entscheidende Frage laute, worin denn der Wille Gottes bestehe. Jesus motiviere die Höchstforderung der Feindesliebe mit der Nachahmung Gottes.[60] Er begründet sie aber auch mit der Goldenen Regel. Für das Judentum stehe das Gebot der Gottesliebe an höchster Stelle. Es sei der verbindliche Ausdruck für Israels Selbstverständnis als Gottesvolk. Jesus verbinde Gottes- und Nächstenliebe im Hauptgebot. Von der Liebe zu Gott habe Jesus außerhalb des Hauptgebotes nirgends ausdrücklich gesprochen, aber sie werde überall vorausgesetzt, nicht zuletzt durch das vertraute Verhältnis zu Gott, dem Vater (abba). Über die Liebe zu Gott baue sich die Liebe zum Menschen auf. Damit sei dem sittlichen Streben ein Ziel gesetzt, das über den Blickkreis einer rein philosophischen Ethik und eines bloßen Humanitätsideals hinausgehe. Sie ziele auf eine Uneigennützigkeit, die von einer rein humanen Liebe selten erreicht werde. Verzeihen und Sich-Versöhnen spielten eine wichtige Rolle in Jesu Predigt. Somit steht trotz des theonomen Horizontes jesuanischer Predigt im Zentrum der Ethik Jesu der glaubende und der handelnde Mensch. Dies darf mit Fug und Recht als anthropozentrischer Ansatz gewertet werden. Er ist theonom grundgelegt, wie auch das Hauptgebot der Gottes- und Nächstenliebe deutlich macht.

Die sittlich extremen Forderungen Jesu finden sich besonders in den Antithesen der Bergpredigt. Sie sollen die Überbietung der im Judentum geltenden Toraauslegung durch Jesus aufzeigen. Die Neuheit des Ethos Jesu liegt nicht im Inhaltlichen bzw. hier nur in ganz wenigen konkreten Vorschriften, sondern in der einheitlichen Ausrichtung auf die Botschaft der Gottesherrschaft. Dies sieht man an der Feindesliebe als der Spitzenforderung Jesu. Diese weise zwar Anklänge an die griechische und jüdische Humanitätsethik auf, werde aber von Jesus anders begründet. Andererseits mache gerade die Friedensfrage deutlich, welche Schwierigkeiten es bereite, von den extremen Forderungen Jesu zu praktikablen Handlungsanweisungen für die Gegenwart zu kommen.[61] Aber Unerfüllbarkeit idealer Zielvorstellungen und prophetische Gewißheit gehörten zusammen. Im Vertrauen auf Gott verlieren Jesu extreme Forderungen das Utopische zumindest im endzeitlichen Gottesreich. Dies soll Auswirkungen auch für das Handeln des Christen hier und jetzt haben. Und Jesus selbst zog Schlußfolgerungen aus seiner handlungsleitenden Utopie, obwohl er realistisch mit Staat, Macht und herrschenden politischen Verhältnissen umging.

Auch der Ansatz der paulinischen Ethik soll kurz umschrieben werden. Paulus geht es nach Schnackenburg insbesondere im Brief an die Römer um eine Verklammerung von Glaubensbotschaft und sittlichem Anruf. Der von Gott in Christus eröffnete Heilsweg ermögliche es, der Gerechtigkeit Gottes zu folgen. Damit sei nicht die menschlich-legale, austauschende oder verteilende Gerechtigkeit gemeint, sondern die befreiende und verzeihende Güte Gottes, die Paulus selbst im Damaskus-Erlebnis erfahren habe.[62] Zentral für Paulus sei die Parusieerwartung, die Erwartung der baldigen Wiederkunft des Herrn im Weltgericht. Dies führe zu einer eigentümlichen Spannung in seiner Stellung zur Welt zwischen Bejahung und Abstand, zwischen Offenheit und Zurückgezogenheit. Für Paulus sei Hoffnung die Grundhaltung der christlichen Existenz. Aus der Taufe und der Geistverleihung erwachse die Kraft zum sittlichen Handeln, zum Kampf gegen das Böse und zur Überwindung der Unheilsmächte. Insbesondere der Galater-Brief zeige in 5,16–18 den Widerstreit zwischen Fleisch und Geist, wobei der Geist die Vereinigung mit Gott meine, Fleisch aber für die Geschöpflichkeit des Menschen stehe.[63]

Das Gebot der Liebe sei die Erfüllung des Gesetzes, der Tora. Gemeint sei eine tätige Liebe. Diese setze christliche Freiheit voraus. Paulus zielt nicht auf die Befreiung von ungerechten politischen Strukturen ab, sondern auf die innere Freiheit als Bestehen vor Gott und die Befreiung von der jüdischen Tora. Die Freiheit der Liebe ermögliche keine in sich ruhende Ethik wie in der Stoa,[64] sondern fordere eine Ethik der Beziehungshaftigkeit. Sehr hilfreich sei hier der von Paulus aus der hellenistischen Popularphilosophie übernommene Gewissensbegriff. Er bezeichne eine dem Menschen eigene Urteilsfähigkeit, eine innere spontane Reaktion, eine innermenschliche Instanz, die für den Menschen verpflichtend sei, obwohl die letzte Instanz das Gericht Gottes bleibe.[65] Paulus setze eine natürliche Sittenempfindung, ein Wert- und Normbewußtsein voraus. Allerdings werde dieses mittels einer durch den Glauben erleuchteten Vernunft interpretiert. Ausdrücklich formuliert er diese Position im Römerbrief (2,15). Hier identifiziert er das mosaische Moralgesetz mit der natürlichen Sittenordnung der Stoa, welches beim frommen Juden wie beim frommen Heiden im Gewissen spricht. An dieses hatte sich auch Jesus bei seiner verschärfenden Interpretation des mosaischen Sittengesetzes mit vernünftigen, weisheitlichen Argumenten gerade in jenen Aussagen gewandt, die von Matthäus in der Bergpredigt verarbeitet wurden.

Paulus' auf das Gewissen und das natürliche Sittengesetz aufbauende Moral, die an Jesu Rede von der Reinheit, die aus dem Herzen kommt und nicht mir kultischer Reinheit verwechselt werden darf, anknüpfen kann, ist theologische Ethik im von mir erarbeiteten Sinne, zumindest im Ansatz. Sie greift den Kern des jesuanischen Ethos – das Liebesgebot – auf, interpretiert in diesem Sinne das mosaische Moralgesetz und identifiziert dieses mit dem in das Gewissen eingeschriebenen Sittengesetz der Heiden, das diese auch ohne Gottes Willen zu kennen durch Vernunft einsehen können. Diese Konzeption ist die biblische Grundlegung einer autonomen Moral und theologischen Ethik. Die Gewissensmoral und die darauf aufbauende theologische Ethik sind anthropozentrisch im Sinne des Imago-Dei-Bildes des Alten Testamentes. Im Gewissensurteil wird Vernunft und Freiheit des Menschen, damit seine Sonderstellung betont. Sie legitimiert aber kein gewaltherrscherliches Verhältnis des Menschen zu seiner menschlichen Mitwelt und nichtmenschlichen Umwelt, sondern nur ein sittliches. Die Sonderstellung des gewissenhaften Menschen besteht darin, daß er biblisch gesprochen die sittliche Verantwortung vor Gott und für die Menschen wahrnimmt.

Einen weiteren wichtigen Punkt hebt die paulinische Moral hervor. Alles Handeln, auch das sittliche Handeln ist charismatisch zu verstehen, als Gnadengabe. Sittliches Handeln kann nicht erzwungen oder andressiert werden. Auch die Werbung für umweltverträgliches und -gerechtes Handeln darf die Freiheit des Angesprochenen nicht ausschalten wollen. Allerdings muß sich eine theologische Ethik angesichts der Herausforderungen durch die Umweltkrise heute fragen, ob und in welcher Weise heute nicht vernünftigerweise das Liebesgebot auch auf Tiere und die nichtmenschliche Natur ausgedehnt werden müßte, auch wenn sich das Ethos Jesu auf die Einheit von Gottes-, Nächsten und vernünftiger Selbstliebe beschränkte. Das Ethos ökologisch orientierter Humanität mit seinem abgestuften Dringlichkeitskriterium könnte hier ein Wegweiser sein, der mit grundlegenden biblischen Modellen für den Umgang mit der Schöpfung durchaus kompatibel ist.

Zur biblischen Grundlegung einer ökologisch orientierten theologischen Ethik

Das Hauptgebot der Gottes- und Nächstenliebe als Zentrum jesuanischer Ethik weist aus, daß auch ein christliches Umwelt-Ethos anthropozentrisch und personalistisch ausgerichtet sein muß, selbst wenn, oder genauer gerade dann, wenn es theonom begründet wird. Das Ethos ökologisch orientierter Humanität ist anthropozentrisch und offen für eine theonome Begründung.

Das Neue Testament gibt uns zwar keine materialen Normen für den Umgang mit der Schöpfung an die Hand. Dennoch fordert das jesuanische Ethos ständige Wachsamkeit, um im Hinblick auf das Anbrechen des Reiches Gottes den geschichtlichen Kairos zu erkennen und sich ihm auch zu stellen. Daher ist der Christ angesichts der Bedrohung der Menschheit und der Schöpfung durch die ökologische Krise angehalten, sein Handeln auch an einer Umweltethik auszurichten. Zwingend vorgeschrieben ist das – wie übrigens bei allen Fragen des Weltethos – von der Bibel her nicht. Dennoch lassen sich aus der biblischen Schöpfungstheologie zumindest handlungsleitende Modelle und Grundhaltung für den Umgang mit der belebten Natur gewinnen. Die Liebe zu den Menschen und zur belebten Schöpfung motiviert den Christen zu einem Verantwortungs-Ethos vor Gott, das als Grundlage einer christlichen Ethik zu dienen vermag.

Die neutestamentliche Ethik bzw. Moral ist kontextuelle, situationsbezogene Ethik. Subjekte dieser Ethik sind die Gemeinden, ihre Adressaten, Gemeindemitglieder. Allerdings griffe ein Verständnis neutestamentlicher Ethik zu kurz, das in ihr nur Mahnrede oder Tugend- bzw. Lasterkataloge herausstellt. Ethik im Neuen Testament und schon bei Jesus selbst ist auch argumentative Ethik, Einweisung in die Praxis der Liebe und Reflexion des eigenen Handelns unter sittlichen Gesichtspunkten.[66] Dabei bedingt die Situationsbezogenheit auch das Fragmentarische und das Unsystematische der NT-Ethik. Und die Bezogenheit auf Umstände schließt Situationsbedingtheit mit ein. Daher ist es nicht verwunderlich, das die usuelle Paränese, die Mahnrede, die das Alltagshandeln mit pragmatisch-sittlichen Grundsätzen zu bewältigen sucht, im Neuen Testament so häufig ist. Ein anderer Grund ist jedoch darin zu sehen, daß die neutestamentliche Ethik in weitem Umfang das Erbe der antiken Ethik aufgegriffen und verarbeitet hat.[67]

Allerdings fordert Jesus in seiner apokalyptisch motivierten Auslegung des mosaischen Sittengesetzes von den Christen, daß sie das Salz der Erde sind. Das "Korrektiv des Außerordentlichen"[68] bedarf aber zu seiner Anwendung mittlerer Prinzipien. Aber Liebe ist kein abstraktes Formalprinzip. Liebe bedenkt die Folgen einer Handlung für andere.[69] Die Vernünftigkeit christlichen Handelns beruht nicht allein auf der Plausibilität und Konsensfähigkeit der Goldenen Regel. Diese ist nicht identisch mit der Ethik des Gottesreiches, wenn sie auch Jesus zur Begründung der Feindesliebe heranzieht. In einer christlichen, neutestamentlich begründeten Ethik hat sich Vernunft an der Liebe zu orientieren. Entscheidend ist hier das Kriterium der christologisch definierten Liebe. Und Paulus selbst dehnt das Heilshandeln Gottes im Menschen auf die ganze Schöpfung aus. So müßte eine ökologisch orientierte theologische Ethik im Prinzip berechtigt sein, in ihrem sittlichen Verhalten auch die Schöpfung zu berücksichtigen.

Der biblische Befund ergab, daß es für eine theologische Ethik nicht zwingend notwendig ist, sich ökologisch zu orientieren. Sie hat biblisch begründet zunächst den Menschen und seine Beziehung zu Gott in den Mittelpunkt zu stellen. Allerdings hat theologische Ethik als reflektierte Einweisung in die Praxis der Liebe die Aufgabe, diese im Wandel der Zeiten in immer neuen Situationen je unterschiedlich auszulegen. Dazu kann sie sich insbesondere in Anlehnung an Texte des Alten Testamentes ökologischen

Fragen im Rahmen einer Schöpfungsethik öffnen und zuwenden. Sie muß dies zwar nicht mit Notwendigkeit tun, sie sollte es aber zumindest dann, wenn der Friede oder die soziale Gerechtigkeit zwischen den Menschen oder im Verhältnis zu zukünftigen Generationen durch die ökologische Krise als bedroht erscheint und die Gemeindesituation dies als erforderlich erscheinen läßt.

Eine nicht-anthropozentrische Ethik ist also aus methodischen Gründen nicht möglich. Und eine nicht-personal ausgerichtete theologische Ethik läßt sich von der Offenbarung her nicht begründen. Hier konvergieren biblisches Ethos und methodisch reflektierte Ethik. Als christlich darf jedoch ein Ethos des Respektes vor dem Leben gelten, wenn die sittlich-anthropozentrische Grundausrichtung gewahrt bleibt. Auch hierin kommen biblisches Ethos und das Ethos ökologisch orientierter Humanität überein. Mit dieser Feststellung ist allerdings das Bedeutungsspektrum des Begriffes Anthropozentrik noch nicht genau umrissen. Dieses ist im weiteren Verlauf der Arbeit zu klären.

Idealorientierte Modelle wie die Paradieses-Modelle und die Utopie vom eschatologischen Schöpfungsfrieden sind dabei höchstens als Zielnorm zu verstehen, die im Zeitalter des Noahbundes nicht restlos zu verwirklichen ist, vom Menschen überhaupt nicht erreicht werden kann. Dies soll keine Abwertung der utopischen Modelle implizieren. Denn gerade das jesuanische Ethos hat gezeigt, inwiefern Utopien und radikale sittliche Forderungen in einer christlich begründeten Ethik im Vertrauen auf Gott doch handlungsleitend werden können. Dennoch ist für mich das Noahbund-Modell von besonderem Interesse für eine ökologisch orientierte theologische Ethik. Denn hier findet sich in der Bibel selbst exemplarisch eine Aussage für den Umgang mit idealorientierten Weisungen in der konkreten Situation des nachsintflutlichen Bundes. Die konkrete Situation des Noahbundes unterscheidet sich allerdings von unserer gegenwärtigen Lage in einem entscheidenden Punkt. Damals war der Mensch nicht imstande, sich selbst und höher organisiertes Leben auf der Erde auszulöschen. Daher erhalten apokalyptisch-eschatologische Elemente, wie sie im Neuen Testament eine erhebliche Rolle spielen, für eine ökologisch orientierte theologische Ethik auf der Höhe der Zeitprobleme eine neue, ungeahnte Dringlichkeit. Und auch das Noahbund-Modell bedarf der Übersetzung in unseren Handlungs-Horizont, wenn es im Rahmen einer ökologisch orientierten theologischen Ethik herangezogen werden soll.

Theologische Ethik hat nach dem Vorbild des Neuen Testamentes zu argumentieren. Paränese ist erlaubt, aber dem Prediger vorbehalten, denn nach Paulus gibt es sehr unterschiedliche Charismen. Christliche Ethik ist allerdings keine bloße Vernunftmoral. Vernunft als solche oder gar neuzeitlich als Zweck-Rationalität oder instrumentelle Vernunft verstanden garantiert weder Humanität noch Liebe. Daher verlangt eine christliche Ethik Empathie und Einfühlung in andere Menschen und heute auch in andere Lebewesen. Auch dieser grundlegenden Forderung christlicher Ethik kommt das Ethos ökologischer Humanität in besonderer Weise entgegen, und zwar nicht weil sie naturalistisch, sondern anthropozentrisch ausgerichtet ist. Daher muß in den noch verbleibenden Kapiteln der Arbeit der genaue Bedeutungssinn von Anthropozentrik herausgearbeitet werden, um diesen vor Mißverständnissen zu schützen. Denn sowohl die alttestamentlichen wie neutestamentlichen Zeugnisse verlangen eine anthropozentrische Ausrichtung der Ethik, zumindest in dem Sinne, daß die Sonderstellung des Menschen vor Gott in der Schöpfung auch von einer christlichen Umweltethik respektiert werden muß.

Anmerkungen

1 Vgl. Siegfried Schulz; Neutestamentliche Ethik; Zürich 1987, 22
2 Vgl. ebd. 23
3 Vgl. hierzu ebd. 48–56
4 Vgl. ebd. 62–82
5 Ebd. 86
6 Vgl. ebd. 100–135
7 Vgl. ebd. 140–142
8 Vgl. ebd. 147
9 Vgl. ebd. 169f
10 Vgl. ebd. 176f
11 Vgl. ebd. 180
12 Vgl. ebd. 305–310
13 Vgl. ebd. 388
14 Vgl. ebd. 438
15 Vgl. ebd. 470
16 Vgl. ebd. 485
17 Vgl. ebd. 519
18 Vgl. ebd. 530–532
19 Vgl. ebd. 560f
20 Ebd. 599
21 Vgl. ebd. 621
22 Vgl. ebd. 652
23 Vgl. Karl Rahner, Herbert Vorgrimmler; Kleines Konzilskompendium; Freiburg, Basel, Wien 1966, 459–463
24 Vgl. Luise Schottroff; Schöpfung im Neuen Testament; in: G. Altner (Hg.); Ökologische Theologie . . .; a. a. O. 130–148, hier 131
25 Ebd.
26 Ebd. 132
27 Vgl. ebd. 139
28 Vgl. ebd. 141
29 Joachim Gnilka; Das Matthäus-Evangelium. Erster Teil; Herders Theologischer Kommentar; Freiburg, Basel, Wien 1986, 248
30 Ebd. 249
31 Ebd. 252f
32 Vgl. Ulrich Wilckens; Der Brief an die Römer Bd. 2; EKK VI/2; Neukirchen 1980, 149
33 Ebd.
34 Vgl. ebd. 153
35 Ebd. 154
36 Ebd. 157f
37 Ebd. 158
38 Vgl. ebd.
39 Ebd. 159

40 Vgl. Wolfgang Schrage; Bibelarbeit über Röm 8, 18–23; in: J. Moltmann (Hg.); Versöhnung . . . ; a. a. O. 150–166, hier 153
41 Vgl. ebd. 156
42 Vgl. ebd. 158
43 Vgl. ebd. 163
44 J. Gnilka; Das Matthäusevangelium . . . ; a. a. O. 142f
45 Ebd. 143f
46 Ebd. 149
47 Ebd. 156
48 Vgl. ebd. 151f
49 Ebd. 158
50 Vgl. A. Vögtle; Art. Blut, Neues Testament, LThK Bd. 2, Sp. 540
51 Gerhard Schneider; Die Apostelgeschichte, Teil II; Herders Theologische Kommentare; Freiburg, Basel, Wien 1982, 68
52 Vgl. ebd. 71
53 Vgl. Gustav Stählin; Die Apostelgeschichte; Göttingen 1962, 152
54 Vgl. Rudolf Schnackenburg; Die sittliche Botschaft des Neuen Testamentes; 2 Bde.; Freiburg, Basel, Wien 1986, Bd. 1, 74
55 Vgl. ebd. 75
56 Vgl. ebd. 23
57 Vgl. ebd. 25
58 Vgl. ebd. 39
59 Vgl. ebd. 76
60 Vgl. ebd. 85
61 Vgl. ebd. 122
62 Vgl. ebd. Bd. 2, 20
63 Vgl. ebd. 40
64 Vgl. ebd. 47
65 Vgl. ebd. 52–56
66 Vgl. hierzu Wolfgang Schrage; Ethik des Neuen Testaments; Göttingen [2]1989, 12f
67 Vgl. ebd. 17
68 Ebd. 20
69 Vgl. ebd. 20f

6. Christliche Anthropozentrik

Im dritten Abschnitt wurde deutlich, daß für eine Umweltethik die Grundhaltung der Anthropozentrik methodisch unverzichtbar und unhintergehbar ist. Die exegetischen Untersuchungen ergaben zudem, daß die schöpfungstheologischen Aussagen der Bibel mit nur kleinen Einschränkungen anthropozentrisch sind. Es könnte bei diesem Befund leicht der Eindruck entstehen, daß weitere Bemühungen zur Klärung des Begriffs Anthropozentrik im Rahmen einer christlichen Umweltethik überflüssig seien. Doch dies wäre sehr kurzschlüssig, denn eine klare Bestimmung oder Definition von Anthropozentrik und Anthropozentrismus hatte die Rekonstruktion der Diskussionslage in der theologischen und philosophischen Umweltethik bislang nicht ergeben. Wie die exegetischen Überlegungen vermochten sie allerdings als Arbeitshypothese plausibel zu machen, daß zwar Anthropozentrik für eine christliche Umweltethik unverzichtbar ist, aber vom Egoismus und

Anthropozentrismus abgegrenzt werden muß. Daher bedarf es weiterer inhaltlicher Klärungen des Anthropozentrik-Begriffes, um christliche Umweltethik in all ihren Dimensionen verstehen zu können.

Um in der Begriffsklärung weiter voranzukommen, sind systematische und problemgeschichtliche Analysen erforderlich. Der gegenwärtige Streit um "christliche Anthropozentrik", auf der sich keine "Ethik der Natur" begründen lasse,[1] entzündet sich zum einen an systematischen Überlegungen, die das Verhältnis Mensch-Natur-Technik betreffen. Zum anderen ist weder begriffsgeschichtlich noch sachlich eindeutig geklärt, was der Anthropozentrismusvorwurf genau beinhaltet und wie er von anderen Formen der Anthropozentrik abgegrenzt werden könnte. Zur weiteren Analyse möchte ich an die Unterscheidung der Ebenen Moral, Ethos und Ethik anknüpfen und den Begriff der Ethik differenzieren. Ethik läßt sich in zweifacher Weise verstehen. Zum einen bezeichnet der Begriff Ethik Formen des Nachdenkens über verschiedene Ethosgestalten. Meine Untersuchung bewegte sich bislang vorwiegend auf dieser Ebene. Zweitens kann Ethik als Metaethik betrieben werden. Dann ist sie systematische Reflexion auf Voraussetzungen und Bedingungen der Möglichkeit von Ethik. Letzere Form der Ethik wird nun in den Vordergrund rücken.

Denn auch wenn christliches Ethos – neutestamentlich begründet – unhintergehbar anthropozentrisch in dem Sinne ist, daß für jede christliche Ethik der glaubende und handelnde Mensch im Zentrum steht, könnte von Vertretern einer radikalen ökologischen Ethik die Einwand erhoben werden, daß das christliche Ethos eben angesichts der Umwelt-Krise verworfen werden müsse, wenn es anthropozentrisch sei. Vorausgesetzt, dies ist eine sittliche Forderung, so ruft sie metaethische Überlegungen auf den Plan. Sie müssen überprüfen, ob die Forderung, Anthropozentrik aus der Umweltethik zu eliminieren, methodisch konsistent ist. Denn wenn sie in sich widersprüchlich sein sollte, müßte sie vom Meta-Ethiker zurückgewiesen werden. Es ist metaethisch gesehen nicht akzeptabel, sittlich motiviert zu fordern, Sittlichkeit und Ethik abzuschaffen oder ihr die Argumentationsbasis zu entziehen. Ich vermute nun aufgrund meiner Ausführungen im dritten Abschnitt mit einiger Sicherheit, daß diese Forderung in sich nicht konsistent ist, möchte aber die erneute Behandlung der Fragestellung unter problemgeschichtlicher Rücksicht dazu nutzen, den Begriffsgehalt des Wortes Anthropozentrik abzuklären.

Auf der Ebene der Metaethik als wissenschaftstheoretische Analyse der Voraussetzungen von Ethik und sittlich verpflichtender Argumentation schlage ich nun als heuristischen Leitfaden zur begrifflichen Klärung des Problemfeldes ein Klassifikationsschema vor, das materiale und methodische Anthropozentrik sowie Anthropozentrik als Ethosform unterscheidet. Die Argumentationsebene materialer Anthropozentrik umfaßt eine Reihe inhaltlicher Vorstellungen etwa der Art, daß der Mensch im Zentrum des Universums steht, die Krone der Schöpfung ist, modern gesprochen die unüberbietbare Spitze der Evolution darstellt und darum Verfügungsmacht über die Natur besitzt bzw. diese auch ausnutzen darf. Anthropozentrik als Ethosform impliziert, daß der Mensch im sittlichen Handeln als Mensch und Person auf sich selbst in einer bestimmten Grundhaltung, Lebensform oder

Tugendausprägung verwiesen und bezogen ist. Diese Argumentationsebene thematisiert die nicht dispensierbare Verantwortung des Menschen für sein Leben und Handeln vor der Idee der Sittlichkeit oder vor Gott. Methodische Anthropozentrik hinwiederum stellt heraus, daß der erkennende und handelnde Mensch unhintergehbar im Zentrum seiner Weltkonstruktion und seines Handelns steht. Aus dem Erkennen und Handeln ist der Rückbezug auf die je eigene Subjektivität niemals zu eliminieren. Man kann diese Reflexivität zwar ignorieren, aber nicht gegen sie argumentieren, ohne inkonsistent zu werden. Reflexivität aber besagt: Die Welt ist dem Menschen nicht vorgegeben, sondern aufgegeben. Dieser Gedanke korrespondiert mit der Anthropozentrik als Ethosform. Eine unter der Kategorie der Reflexivität erfaßte menschliche Subjektivität stellt als Personalität des Menschen einerseits eine Auszeichnung dar, ist aber auch Verpflichtung.

Das dreigliedrige Anthropozentrik-Schema habe ich durch die Rekonstruktion des Diskussionsstandes in der philosophischen wie theologischen Umweltethik und durch die Interpretation der schöpfungsethischen Modelle der Bibel gewonnen. Das Schema soll nun in einem nächsten Schritt den Bedeutungsumfang dieses Wortes "christliche Anthropozentrik" schärfer zu profilieren zu gliedern helfen. Allerdings bestimmen Überlegungen zum methodischen Rahmen der Interpretation, wie es besagtes Schema anbietet, den Begriffsgehalt christlicher Anthropozentrik nicht bis ins Detail. Um hier zu präziseren Aussage zu kommen, beginne ich mit begriffsgeschichtlich systematischen Überlegungen.

Begriffsbestimmung christlicher Anthropozentrik

Häufig wird von Kritikern der christlichen Anthropozentrik hinsichtlich dieses neuesten Produktes babylonischer Sprachverwirrung auf die jüdisch-christliche Interpretation des Menschen als Abbild Gottes (Gen 1,26f) verwiesen. Doch fehlt in den oft emphatisch vorgetragenen Anklagen die genaue Begründung. Nicht selten scheinen die Autoren zu vermuten, daß in der Auslegungsgeschichte des Problemtopos Mensch als "Abbild Gottes" ein Umschlag erfolgt sei, der das Autonomie-Experiment der Neuzeit ermöglichte und dann die ökologische Krise zu verantworten hätte. Aber "Christliche Anthropozentrik" steht in einer Problemtradition, die trotz der aktuell bedrängenden Probleme nicht übersehen werden darf. Bereits gegen Ende des letzten Jahrhunderts benutzt Wilhelm Windelband in seinem "Lehrbuch der Geschichte der Philosophie" diese Vokabel, um die christliche Position im Rahmen der Philosophie zu kennzeichnen: "Auf diese Weise [indem das Heil des Menschengeschlechts zum Inhalt des göttlichen Weltplanes gemacht wird; B.I.] wird nun aber der Mensch und sein Geschick zum Mittelpunkt des Universums. Dieser anthropozentrische Charakter unterscheidet die christliche Weltansicht wesentlich von der neuplatonischen."[2] Anthropozentrik der christlichen Weltansicht besage demnach, daß nun – anders als im griechischen Denken – der Mensch und seine Geschichte ins Zentrum des Universums rücke.

Die Begriffsgeschichte des Wortes "Anthropozentrik" belehrt uns, daß es sich in der zweiten Hälfte des 19. Jahrhunderts durchgesetzt hat. Dies geschah in Verbindung mit Begriffen wie "Weltbild", "Weltansicht" oder "Weltanschauung".[3] Die Bedeutung von "Anthropozentrik" variiert je nach Zusammenhang und dem Gegenbegriff, von dem er abgegrenzt wird, beträchtlich. Die weiteste Verbreitung als Gegenbegriff hat die "Theozentrik" gefunden. Dieses Begriffspaar wurde in der protestantischen Systematischen Theologie des ausgehenden 19. Jahrhunderts eingeführt, damit sich ihre Vertreter von zu anthropologisch orientierten Theologien abgrenzen konnten. Allerdings wäre zu überprüfen, ob hier nicht nur ein scheinbarer Gegensatz aufgebaut wurde.

Systematischer und präziser sind die Überlegungen von Karl Rahner zur Anthropozentrik. Er unterscheidet grundsätzlich zwei Arten, nämlich erstens eine Form theoretischer wie praktischer Anthropozentrik, die als Leugnung Gottes und Weise des Atheismus Sünde oder Häresie ist.[4] Hier versteht sich der Mensch als das ausschließliche Maß aller Dinge und verschließt sich in einem angemaßten und exklusiven Verständnis von Autonomie gegen Gott. Davon unterscheidet Rahner zweitens eine Form von Anthropozentrik, die der Theozentrik nicht widerspricht, sondern offen ist für das Sich-Transzendieren in einen übergeordneten, personalen Horizont.[5] Hier steht die Würde des Subjektes im Vordergrund, das sich Gott öffnet. Nur diese Form, in der sich Anthropozentrik und Theozentrik wechselseitig bedingen, darf legitimerweise christlich genannt werden. Dies hatte auch die Interpretation des biblischen Befundes ergeben. Trotz der Nähe einer christlichen Anthropozentrik zum Humanismus darf aber nicht übersehen werden, daß der Humanismus die Gefahr der aus christlicher Perspektive verwerflichen Anthropozentrik in sich enthält, weil die wachsende Aufmerksamkeit des Menschen auf sich selbst im Gedanken der Humanität dazu führen kann, daß der Mensch sich in sich selbst verschließt.

Dennoch teilt christliche Anthropozentrik mit dem Humanismus die Grundüberzeugung, daß der Mensch sein eigenes Wesen erst realisieren und finden muß. Allerdings kann der Mensch sein Sinnziel auch verfehlen und sich über sich selbst in schuldhafter Weise täuschen. Sein Wesen ist dem Menschen nicht vorgegeben, sondern handelnd und glaubend ist es ihm aufgegeben, sein Leben so zu entwerfen und zu gestalten, daß es als gelungen bezeichnet werden darf. Dies gilt auch für die Ausgestaltung seiner Gottesbeziehung wie für die Bearbeitung und Formung der Schöpfung. Diese Möglichkeit und Aufgabe in Verantwortung vor Gott zu ergreifen ist Kerngehalt einer christlichen Anthropozentrik. Sie ist im wesentlichen auf der Ebene der Ethosform angesiedelt. Ob diese Form der Anthropozentrik die Neuzeit inspiriert, die instrumentelle Rationalität der Moderne entbunden und so in die ökologische Krise geführt hat, ist allerdings erst zu überprüfen.

Die "gnadenlosen Folgen" christlicher Anthropozentrik

Zumindest im deutschsprachigen Raum hat *Carl Amery* den ersten groß angelegten ökologisch motivierten Angriff auf das Christentum in seinem Werk "Das Ende der Vorsehung. Die gnadenlosen Folgen des Christentums" vorgetragen. Die Anklage lautet: Das Christentum ist für die Gottlosigkeit gegenüber der der Natur innewohnenden Göttlichkeit verantwortlich.[6] Es habe einen tiefen Graben zum Kosmos errichtet und den Menschen die totale Überlegenheit über die Natur gelehrt. Hierzu beruft sich Amery auf die Genesiserzählung:

"Es gilt auch für den eingefleischten Materialisten, der ganz physiologisch über die Entstehung unserer Art denkt. Er so wenig wie der Gläubige haben sich der Überzeugung entledigt, daß der Mensch in Theorie und Praxis der Kultminationspunkt ist: er ist *telos,* Ende und Ziel des Weltgeschehens. [...] Jedem möglichen Zweifel über diese absolute und totale Überlegenheit steht Gottes Auftrag entgegen. Es ist der ausdrückliche Auftrag der totalen Herrschaft. Der Mensch wird gerufen, diese Erde zu erfüllen, sie sich untertan zu machen. Magische Auflagen sind damit nicht verbunden, das heißt, es ist ihm völlig freigestellt, wie er diesen Auftrag vollzieht."[7]

Dies ist ein grundsätzlicher und umfassender Vorwurf gegenüber dem Christentum. Daß Amerys Interpretation des Herrschaftsauftrags der Intention des Schöpfungsberichtes nicht gerecht wird, dürften die beiden vorangegangenen Kapitel dieser Arbeit erwiesen haben. Außerdem liegt die von Amery kritisierte Äußerung höchstens auf der Ebene der materialen Anthropozentrik. Seine Kritik kann daher christliche Anthropozentrik nicht in ihrem Gesamtumfang desavouieren.

Nicht so leicht ist Amerys zweiter Vorwurf zu entkräften. Er betrifft die christliche Erbsündenlehre:

"Sie ist ein Ärgernis, ein Skandal [...]. Sie ist nicht, wie die biologische oder ökologische Evidenz es nahelegen würde, eine zwingende Folge der Schöpfungsordnung selbst, ihrer Lebensketten von Aufstieg und Untergang, von Bewährung und mangelnder Anpassung, von Fressen und Gefressenwerden. Sie ist vielmehr ein Webfehler, der vom Menschen in den Teppich des göttlichen Wohlwollens eingeschmuggelt wurde – und es wird etwas dagegen unternommen werden [...]. Das heißt aber: Heilsgeschichte wird verheißen."[8]

Die Hoffnung auf endzeitliche Versöhnung, die Utopie vom eschatologischen Schöpfungsfrieden ist für Amery kein Trost und kein Grund, die gegenwärtig durch Leid und Konkurrenz geprägte Weltordnung anzuerkennen. Denn Amery interpretiert den kreatürlichen Schmerz nicht als Erbsünde, sondern als Grundausrüstung des Menschen im Überlebenskampf.

Das zentrale Problem für Amery ist der Streit um die Identität des Gottes der Schöpfung und des Gottes der Verheißung. Beide sonst in Gott getrennten Pole kommen für Amery erst in Jesus zusammen. Er sei der Protagonist des großen Festes für die Menschen, die nicht die Produktion liebten. Amery kritisiert am Christentum nicht seinen Begründer, sondern die Kirche. Aber auch sie kann zumindest in einem Punkt mit Verständnis bei Amery rechnen. Denn immerhin gebe die Kirche mit Hartnäckigkeit die Botschaft weiter, die sie selbst richte. Denn die Kirche, die sich mit der Welt arrangiert habe, verkünde die Worte Jesu, die gerade das kritisierten. So sei die christliche Geschichte ein ständiger Abfall von dem, was ihr Stifter unsprünglich gewollt habe. Darum habe Jesus auch keine Karten für das Spiel hinterlassen, das jetzt eingetreten sei, nämlich das Spiel Kirche.[9] Diese begreift Amery unter den Kategorien Heilsverwaltung und Erhaltung der eigenen Kontinuität im Sinne einer bedingten Anpassung an die Realität. Für Amery führt dies zu paradoxen Ergebnissen: "Es ist eine Ironie der Geschichte, daß diese Mönchsgemeinschaften, deren ursprünglicher Impuls die Weltflucht war, zu den stabilsten und vernünftigsten Inseln der Zivilisation in den sogenannten dunklen Zeiten [...] wurden."[10] Eine Kirche, auf Weltflucht angelegt, werde zur Zivilisationsinstanz und damit zum Vorläufer einer Gesellschaft, die die ökologische Krise produziert habe.

Im Zentrum von Amerys Kritik an der jüdisch-christlichen Tradition steht der Gedanke der Auserwählung und Verheißung:

"Die Erfolge des Christentums sind die Erfolge eines Lernprozesses der europäischen, der weißen, der abendländischen Menschheit. Was hat sie gelernt? [...] Ziemlich genau die Urverheißungen der alttestamentarischen Tradition. Die Überzeugung also, daß die ganze Schöpfung auf Verheißung angelegt ist; daß die Kreatürlichkeit des Menschen, sein Leiden und sein Tod, ein Skandal ist; daß wir Menschen die einzigen Geschöpfe sind, zu denen der Schöpfer ein besonderes Verhältnis angebahnt hat; daß infolgedessen die Welt eine einzige Beute ist, die wir nach Gutdünken verteilen können, solange wir die Spielregeln gegenüber unseren Mitchristen beachten."[11]

Das sind starke Worte. Man mag Amery zugute halten, daß er in der Verfolgung eines berechtigten Anliegens überzeichnet. Doch darf ein grundlegendes Mißverständnis in Amerys Interpretation des christlichen Weltverständnisses nicht mit Schweigen übergangen werden. Denn die Auserwählung des Menschen ist im christlichen Sinne nicht nur ein Recht, sondern auch eine Verpflichtung. Allerdings ist Amery darin zuzustimmen, daß die naturgegebene Ordnung, also Leid und Tod für einen Christen nicht das letzte Wort darstellen können. Das einschränkungslose Ja zur Natur, das Amery sich vom Christen vielleicht wünscht, ist diesem nicht möglich. Allerdings entwertet die christliche eschatologische Hoffnung die diesseitige Welt nicht zur Bedeutungslosigkeit und zur Beute, denn verheißen ist die Vollendung der Welt, nicht ihre völlige Zerstörung.

Amery wird nicht müde, die fatalen Garantien anzuprangern, die mit dem Auserwählungsgedanken des Menschen verbunden sind. Allerdings sieht er einen Ausweg, nämlich die Aufgabe, in einem Umdenk-Prozeß die Auserwählung des Menschen als Verantwortung zu begreifen. Amerys Forderung, die Sonderstellung des Menschen in seiner Sittlichkeit und Verantwortungsfähigkeit zu sehen, ist allerdings der Kerngehalt christlicher Anthropozentrik als Ethosform. so kann Amery eigentlich nur ein Mißverständnis christlicher Anthropozentrik auf der materialen Ebene anprangern, nicht diese selbst. Bei Amerys Interpretation der Erbsünde liegt der Fall ähnlich. Er interpretiert die Folgen dieser Lehre so:

"In dieser Konkretion – der Beschreibung unseres Loses als kranke, zur Plackerei verurteilte Wesen – ist die Erbsünde nichts anderes als die Kondition unserer Geschöpflichkeit; die Ausweitung und Auslegung der Formel vom Menschen, der Staub ist. Daß uns solcher Zustand unerträglich erscheint, ist wiederum natürlich. [...] Die Unerträglichkeit, die wir fühlten, hat uns zu Leistungen angespornt, deren Kehrseite unsere heutige totale Krise ist."[12]

Aber auch hier greift Amery nur jene nichtchristliche Form der Anthropozentrik an, die sich selbst zu erlösen bestrebt ist. Der Christ glaubt, daß durch Jesu Auferweckung der Kreatürlichkeit und ihren Mängeln der eigentliche Stachel bereits genommen ist. In christlicher Interpretation kann der Mensch seine Mängel und die der Schöpfung nicht selbst beheben. Die Vollendung der Schöpfung kann der Mensch nicht aus eigener Kraft bewirken oder gar technisch herstellen. Sie bleibt Gottes Geschenk, obwohl wir vorbereitend daran mitwirken können.

Als Ausweg aus einer atheistischen, in sich selbst vergrabenen Anthropozentrik fordert Amery einen "Dialog über unsere gemeinsame Arbeit an der Schöpfung des abwesenden Gottes".[13] Die alte Produzenten- und Konsumentenethik sei heute fragwürdig geworden und nach Amery durch eine Ethik der planetarischen Verantwortung zu ersetzen. Auch menschliche Arbeit sei umzudefinieren und als Dienstleistung an einer planetarisch-solidarischen Lebensgemeinschaft zu verstehen. Da Amery eine Reihe von Forderungen erhebt, die ein christlich-anthropozentrisches Schöpfungs-Ethos nicht anders formulieren würde, trifft sein Angriff letztlich ins Leere. Die angeprangerten "fatalen Garantien" sind ein Mißverständnis christlicher Anthropozentrik als Ethosform. Sie kamen geschichtlich immer wieder vor. Und hier ist Amery zuzustimmen: Die eigentliche Form christlicher Anthropozentrik im Sinne eines Ethos ist unter den falschen Interpretationen herauszuarbeiten und vor Mißverständnissen zu bewahren.

Daniel Degenhardt nimmt das Anliegen Amerys auf. Amery formuliert es in seinem Vorwort zu Degenhardts Buch dahingehend, nämlich "daß es keinen künftigen Humanismus mehr geben wird, der noch anthropozentrisch sein kann".[14] Bei beiden Autoren findet sich eine genaue Klärung des Begriffs Anthropozentrismus nicht. Degenhardt geht es nicht um die christliche Erneuerung der alten Wissenschaftsfeindlichkeit, sondern um die Neuorientierung der Gesellschaft: "Ökologisch denken und handeln heißt, Regelkreise und Zusammenhänge erkennen und akzeptieren, etwas, was in der Tat einer völligen Neuorientierung unserer Gesellschaft gleich käme, die seit Jahrhunderten gewohnt ist, sich und ihre Bedürfnisse in den Mittelpunkt zu stellen."[15] Er plädiert dafür, das Gefühl für Grenzen wiederzubeleben, ein anspruchsloseres Leben zu führen und den industriellen Vernichtungsprozeß zu stoppen. In dem von Ökologen vertretenen Wertkonservativismus sieht Degenhardt ein Dialogfeld mit "einer von Natur aus konservativen Kirche".[16] Sicher sei die Ökologiebewegung mit der Kirche nicht zu harmonisieren, aber Übereinstimmungen in einem Teilbereich seien immerhin möglich. So plädiert er dafür, das Menschliche am Menschen wiederzufinden als Verantwortung gegenüber der Schöpfung Gottes.

Dem letzten Satz kann ich durchaus zustimmen. Allerdings frage ich mich, ob nur Wert-Konservative in der christlichen Kirche Gesprächspartner für die Ökologiebewegung sein können. Sicher, diese Meinung ist unter den Anhängern der Ökologiebewegung verbreitet. Dennoch gebe ich zu bedenken, daß gerade die Betonung der Theozentrik in eher konservativ orientierten kirchlichen Kreisen häufig zu einer Abwertung der Weltlichkeit und Natürlichkeit führt. Eigentlich müßte das Degenhardt selbst aufgefallen sein, denn immerhin betont er gegenüber der starken Jenseitsbezogenheit der frühen Christen die ausschließliche Diesseitsbezogenheit der Ökologiebewegung. Und er kritisiert Augustinus, der aus eher theozentrischer Perspektive die Welt zum System der Sünde werden läßt. Für Degenhardt ist Liebe genau so ein Trieb wie das Führen eines Krieges, und die Sehnsucht nach Erlösung eigentlich der Wunsch nach einer Befreiung von Unterdrükkung. Der göttliche Auftrag des Bebauens und Bewahrens habe sich nur auf den Garten Eden bezogen. Die den Menschen ständig bedrohende Natur sei aber in christlichem Verständnis allmählich zum Reich des Satans geworden.[17] Wer sich dagegen zur Ökologie bekenne, reduziere den Menschen zu einem Teil der Natur.

Alle diese Aussagen ignorieren m. E. die grundlegende Bedeutung des Ethos christlicher Anthropozentrik in der Schöpfungstheologie. Mißverständnisse dieser Ethosform und des Herrschaftsauftrages sind möglich und haben unter Christen Anhänger gefunden. Christliche Anthropozentrik, die den handelnden und glaubenden Menschen in den Mittelpunkt stellt, geht aber davon aus, daß in der Welt durch Handeln in der Schöpfung Gutes zu verwirklichen ist. Die Schöpfung ist nicht das Reich des Satans, auch wenn der Mensch die Freiheit hat, Böses zu tun, und davon Gebrauch macht. Die Schöpfung war ursprünglich gut, auch durch den Sündenfall ist sie nicht grundsätzlich böse geworden.

Das Christentum ist für Degenhardt eine Lehre wider die Natur. Die christliche Tabuisierung der Neugierde aus Angst, die Verdrängung der Sexualität und die Abkehr vom Irdischen durch Kampf gegen die natürlichen Triebe werden von Degenhardt als Beleg herangezogen. Seine Beispiele jedoch entstammen eher einer ängstlich-weltfremden Interpretation des Christentums. Dieses lehnt aufgrund seiner Theozentrik sowohl die Bedeutsamkeit der Natur als Schöpfung als auch die christliche Anthropozentrik mit ihrer Verantwortung für die Schöpfung ab. Wenn Degenhardt glaubt, mit dem wertkonservativen Teil des Christentums die Ökologiebewegung ins Gespräch bringen zu können, so irrt er sowohl hinsichtlich des Kerngehaltes des Christentums wie auf der anderen Seite bezüglich der Ökologiebewegung.

Degenhardt sucht eine Traditionsgeschichte für die ökologische Bewegung. Die europäische Aufklärungsbewegung könne hierzu nicht dienen. Denn diese habe es nicht vermocht, sich vom Christentum als dem Schuldigen für die Unmündigkeit des Menschen zu lösen. Vielmehr müsse auf die griechische Philosophie zurückgegriffen werden. Emphatisch verkündet er: "Vor 2300 Jahren hat Empedokles eine Elemententheorie skizziert und einen Evolutionsprozeß für die Entstehung der Lebewesen geschildert, bei dem vor allem der Zufall die Artenbildung beeinflußt. Diese Erkenntnis unterscheidet sich kaum von der Darwinschen Evolutionslehre; nur eine erschreckend lange dunkle Zeit liegt dazwischen."[18] Diese Behauptung ist schlichtweg falsch. Gerade wer sowohl Empedokles wie Darwin als Denker schätzt, muß auf die gravierenden Unterschiede in der Konzeption der beiden hinweisen. Denn die Evolutionstheorie des Empedokles war trotz aller ahnungsvollen Genialität Spekulation, Darwins Konzeption hingegen eine experimentell und durch Beobachtungen gestützte naturwissenschaftliche Hypothese. Und das Zentrum der Darwinschen Evolutionstheorie, die Konzeption der Selektion, hatte Empedokles nun doch nicht erkannt.

Auch Degenhardts zweite Behauptung, daß griechisches Denken niemals vergegenständliche, läßt sich nicht aufrechterhalten. Vergegenständlichendes Denken führt nach Degenhardt in den Materialismus, der Welt als zu überwindenden Widerstand begreift. Nun waren die ersten Materialisten, Leukipp und Demokrit, griechische Philosophen. Bedenkt man zudem, wie oft Platon zur Charakterisierung seiner Ideen-Konzeption Vergleiche aus dem Bereich des technischen Herstellens heranzieht – man denke nur an den Weltenzimmerer, von dem sich der alttestamentliche Schöpfergott wohltuend abhebt –, so kann man ahnen, wie absurd Degenhardts Vorstellungen vom griechischen wie biblischen Denken sind.

Den fundamentalen Unterschied zwischen der griechischen Philosophie und unserer Einstellung sieht Degenhardt im instrumentellen Denken. Die Griechen hätten nicht vergegenständlichend gedacht, sondern seien vom Bewußtsein der Freiheit ausgegangen. Wir hingegen haben "auch die Wissenschaft vergegenständlicht, indem sie nur noch Gegenständen (= Widerständen) nutzbar gemacht wird. Dieses vergegenständlichende Denken hat uns auch dem Materialismus ausgeliefert. Uns befriedigen nur noch Gegenstände, wir konsumieren Gegenstände."[19] Ich gebe zu, daß es im Rahmen der griechischen Spekulation insbesondere bei Anaximander, Heraklit und Parmenides Tendenzen gibt, die sich der Vergegenständlichung zu entziehen versuchen. Aber nicht nur Sophistik, Atomistik und Skepsis sind im Rahmen der griechischen Philosophie Gegenbeispiele. Damit ist in dieser Frage das Konto mehr als ausgeglichen. Zudem ist es ein grobes Mißverständnis, wie Degenhardt den Ausgangspunkt griechischer Philosophie im Freiheitsbewußtsein zu sehen. Ein von der Moira, dem Kosmos oder dem Logos geprägtes Denken stellt das Moment der Notwendigkeit in den Vordergrund. Erst die jüdisch-christliche Tradition hat in der Formulierung des Personalen das europäische Freiheitsbewußtsein entwickelt, das in der Neuzeit dann begrifflich fixiert wurde.

Es zeugt zudem von unzureichender Kenntnis christlicher Theologie, wenn Degenhardt die Schuld an der Vergegenständlichung am christlichen Gottesbegriff festzumachen sucht. Er behauptet nämlich hinsichtlich der Wende von der Antike zum Christentum: "Das Göttliche wurde zu einem Gott, zu einem Du, das dem Ich übergeordnet ist. Hier kann nichts mehr erdacht und erfragt werden, weil Gott absolut ist."[20] Diese Argumentation ignoriert das Wesen des christlichen Gottesbegriffs als Person. Der Personbegriff entzieht sich nämlich gerade in seiner Absolutheit jeder möglichen Verdinglichung. Das Bilderverbot bereits für Jahwe ist ein erster Hinweis. Eine christliche Schöpfungsethik hält Degenhardt nicht für möglich: "Der Auftrag Gottes an die Menschen, Verantwortung gegenüber der Schöpfung zu übernehmen, kann aus der biblischen Schöpfungsgeschichte nun einmal nicht herausgelesen werden. Wir haben festgestellt, daß sich dieser Auftrag allenfalls auf den Garten Eden bezogen haben kann, aus dem aber schon die ersten Menschen vertrieben wurden."[21] Das Modell des Respektes vor dem Leben, wie es das Ethos des Noahbundes gefordert hat, nimmt Degenhardt erst gar nicht zur Kenntnis, weil es in sein Schema nicht paßt. So geht auch dieser Angriff m. E. ins Leere.

Noch deutlicher werden Degenhardts Intentionen bei der Behandlung des

Themas Naturwissenschaft. Da Wissenschaft unter oder gegen christlichen Einfluß entstanden sei – dabei gilt als Begründer des Wissenschaftsparadigmas Aristoteles –, verschiebt Degenhardt das Fehlverhalten der modernen Naturwissenschaften zurück auf die christliche Religion: "Aber können wir den Naturwissenschaften aus ihrem Fehlverhalten einen Vorwurf machen? Mit Sicherheit nicht. [...] Unsere Naturwissenschaften hat eine Kultur hervorgebracht, die [...] sich aus ihrem religiösen Selbstverständnis heraus stets im Gegensatz zur Natur empfand."[22] Degenhardt thematisiert nicht, daß es die Methodik der Naturwissenschaften und deren philosophische Reflexion waren, die im 17. Jahrhundert einen eingeschränkten Naturbegriff mechanistisch-materialistischer Art etabliert haben. Er scheint ein spezifisches Dilemma der radikalen naturalistisch orientierten Ökologiebewegung umgehen zu wollen. Da Ökologie auch eine Naturwissenschaft ist, kann man von ihrer Warte aus die Naturwissenschaften nicht direkt kritisieren, ohne sich selbst den Boden zu entziehen. Also muß das Christentum dafür herhalten, daß Naturwissenschaft mechanistisch-materialistisch konzipiert wurde. Die Ursprünge der instrumentellen Weltsicht werde ich noch analysieren. Daß derartige Schuldzuweisungen zu kurz greifen, dürfte aber schon einsichtig geworden sein. Angesichts so vieler Haltlosigkeiten fällt es schwer, die Stoßrichtung von Degenhardts Kritik noch auszumachen. Sie richten sich jedenfalls in summa auf inhaltliche anthropozentrische Vorstellungen im Christentum, oft noch auf eingeschränkte und falsche Interpretationen der Stellung des Menschen in der Schöpfung. Anthropozentrik als Ethosform in der Bibel nimmt Degenhardt nicht zur Kenntnis.

Differenzierter als Degenhardt geht *Udo Krolzik* an das Problem der Ursprünge der neuzeitlichen Weltsicht heran. Er möchte die Wandlungen nachvollziehen, aus denen der "homo faber" hervorging. Descartes stehe am Ende einer langen Entwicklung, aufgrund derer die Wissenschaft der Neuzeit die Natur nur noch in dem begrenzten Maße erfahre, in dem Wirklichkeit den physikalischen Gesetzen genüge. Das Descartessche Ego spanne über die Natur gedanklich gleichsam ein Strukturnetz, eine zweite Natur, eine künstliche Natur.[23] Obgleich das mechanistische Weltbild die Körper der Natur so beschreibe, wie sie wären, wenn sie technisch manipuliert wären, hätten sich Naturwissenschaft und Technik nebeneinander her entwickelt und seien erst gegen Ende des 18. Jahrhunderts eine Verbindung miteinander eingegangen.[24] Für dieses charakteristische Datum interessiert sich Krolzik nicht, wohl aber dafür, daß es vermutlich zunächst streng jenseitsorientierte Pietisten und Puritaner waren, die eine Verbindung von technischem und wissenschaftlichem Denken gesucht hätten. Einen Schritt weiter sei das 19. Jahrhundert gegangen: "In der Verbindung der naturwissenschaftlichen Technik mit dem Fortschrittsgedanken erschien die zukünftige Wirklichkeit in einem neuen Licht."[25]
    Krolzik fragt nach den Ursprüngen der mechanistischen Naturerklärung. Er verbindet die große Wende in der Naturerklärung mit Thomas von Aquin, dem Merton College in Oxford, mit der Pariser Schule sowie schließlich mit der Aristoteles-Rezeption des Averroes und deren Kritik durch Thomas von Aquin und die franziskanische Theologie. Die Dynamik des

Mittelalters sei noch vor der Renaissance Geburtsstätte der neuen Welter-klärung gewesen. Und sie "ist nicht im Gegensatz zu Kirche und Theologie entwickelt worden, sondern in der Mitte."[26] Begonnen hätte der technische Fortschritt in der Landwirtschaft des nördlichen Mitteleuropa mit der Erfin-dung des zweirädrigen Pfluges, der eine gemeinschaftliche Bewirtschaftung erforderlich machte. So habe insbesondere für die Zisterzienser die Ver-wandlung der Natur eine eschatologische Bedeutung erhalten. Dabei habe der biblische Herrschaftsauftrag von Gen 1,28 nicht erst legitimierend auf die Ausbildung der Naturwissenschaften gewirkt, sondern bereits vorher auf die Technik des Mittelalters.[27] Dagegen ist m. E. nichts einzuwenden. Krol-ziks Analyse ist geschichtlich betrachtet wohl nicht unzutreffend. Der Herr-schaftsauftrag muß zunächst im biblischen Horizont als sittlicher Auftrag verstanden werden. Damit ist der Mensch aufgefordert, an der Vollendung der Schöpfung mitzuarbeiten. Trotzdem hat die Legitimation der Technik durch den Herrschaftsauftrag Grenzen, denn die Mitarbeit an der Schöpfung als Vorbereitung ihrer Vollendung durch Gott ist eine heilsgeschichtliche Kategorie, keine zivilisatorische.

Im "Christentum kann diese Vollendung der Natur mit der eschatologi-schen Sicht des dominium terrae verbunden werden, wodurch der Mensch zu einer ständig fortschreitenden Mitarbeit an der Schöpfung aufgefordert wird. Obgleich diese Verbindung erst im 12./13. Jahrhundert zu entdecken ist, wurde sie durch die altkirchliche Exegese vorbereitet."[28] Vor dem 12. bzw. 13. Jahrhundert sei Gen 1,28 nicht zur Legitimierung technischer Neuerun-gen herangezogen worden. Der Anthropozentrismus begründe vor der Wen-de nicht die Ausbeutung der Natur. Deutlich werde das bei Hugo von St. Viktor: "Obgleich Hugo hier in der Tradition stehend die ganze sichtbare Welt als um des Menschen willen geschaffen sieht, kann er dennoch die Fürsorge des Menschen für die Tiere betonen. Dies ist umso erstaunlicher, als Hugo – so weit ich sehe – der erste ist, der die bei Descartes (1596–1650) benutzte Doppelbezeichnung des Menschen als Besitzer und Herr (possesor et dominus) in seiner Schrift gebraucht (sacramentis 1. 2. 1), die geradezu Signum der ausbeuterischen Haltung der Neuzeit wird."[29] Hugo von St. Vik-tor habe die Mechanik in die Philosophie aufgenommen, obwohl er gewußt habe, welchen eminenten Bruch mit der Tradition dies bedeute. Für ihn sei die Philosophie das Mittel, den ursprünglichen Zustand vor dem Sündenfall wieder zu erreichen. So gewinne die Technik eschatologischen Charakter.

Die Christenheit des Abendlandes habe nach besagter Wende gemäß den Thesen Krolziks ein Geschichtsverständnis, ein Arbeitsethos und eine "do-minium-terrae"-Interpretation entwickelt, die technologische Neuerungen und die technische Verwandlung der Welt förderten, je geradezu forderten, da sie durch das eschatologische Verständnis entscheidend an Bedeutung gewannen. Krolzik spricht von der ersten "industriellen Revolution" im 12./ 13. Jahrhundert. In Gestalt der mechanistischen Tradition schaffe sie die geschichtlichen Voraussetzungen für die Renaissance-Vorstellung vom Men-schen als autonomen Subjekt. Nach der Auflösung der Gottbezogenheit von Mensch und Natur entstehe ein Naturverständnis, das der Natur ihren Ei-genwert nehme und sie zum reinen Mittel herabwürdige.[30] Die These ist klar: Christliche Anthropozentrik bereite zwar den Boden für den exzessiven Gebrauch der Verknüpfung von Naturwissenschaft und Technik in der Moderne vor. Den entscheidenden Schritt jedoch stelle die Verkehrung christlicher in atheistische Anthropozentrik dar, wie sie ansatzweise in der Renaissance-Philosophie, auf breiter Front erst im 19. Jahrhundert propagiert worden sei.

Damit hat Krolzik eine hinreichend genaue Arbeitshypothese über den Zusammenhang von christlicher Anthropozentrik, dem Herrschaftsauftrag von Gen 1,28 und der Entwicklung einer Technologie, die in die ökologische Krise geführt habe, vorgelegt. Sie ist zu überprüfen. Allerdings muß gesondert untersucht werden, ob schon der Vezicht auf Anthropozentrik technologische und ökologische Probleme löst, wenn denn christliche Anthropozentrik an der Ausgestaltung unserer wissenschaftlich-technischen Welt überhaupt beteiligt war. Vielmehr könnten inhaltliche anthropozentrische Vorstellungen, z. B. der Herrschaftsauftrag, in ein Spannungsverhältnis zur Anthropozentrik als Ethosform treten. Denn die Feststellung, daß in der Hochscholastik erstmals der Herrschaftsauftrag zur Legitimation der Technik herangezogen wurde, besagt noch nicht, daß dies aus unserer heutigen Perspektive vor dem Hintergrund der ökologischen Krise verwerflich sein muß.

Gegen die Rechtfertigung der Technik im Horizont einer christlichen Anthropozentrik wäre nur dann etwas einzuwenden, wenn sich zwischen mittelalterlicher Technik und der modernen industriellen Produktion eine lückenlose Kontinuität nachweisen ließe. Dafür gibt es m. E. keine Anhaltspunkte. Denn in der Grundlegungsphase der neuzeitlichen Naturwissenschaften wird gerade die klassische Mechanik durch eine dynamische Mechanik abgelöst. Die Dynamik aber findet erst mit Leibniz und Newton im ausgehenden 17. Jahrhundert ihren Abschluß. Wissenschaft und Technik verknüpfen sich zudem gegen Ende des 18. Jahrhunderts zu einer einheitlichen Verfahrenskunde. Die theoretischen Voraussetzungen für diesen Vorgang schuf Johann Jakob Beckmann, der 1777 in Göttingen den Begriff der Technologie prägte.[31] Der industriellen Revolution liegt eine ganz andere Form der Mechanik zugrunde als der "Revolution" im 12./13. Jahrhundert. Einen eigentlichen sittlich relevanten Grund, warum eine auf der klassischen Mechanik beruhenden Technik nicht durch Gedankengut aus dem Umfeld christlicher Anthropozentrik gerechtfertigt werden sollte, nennt Krolzik nicht.

Weniger geschichtlich konkret als Krolzik sucht *Eugen Drewermann* die Ursachen der ökologischen Krise in einem Menschenbild, in einer Geisteshaltung "im säkularisierten Erbe des Christentums".[32] Abgesehen von der methodischen Fragwürdigkeit, eine so umstrittene Interpretationsformel wie die der "Säkularisation"[33] hier heranzuziehen, ist es auffällig, daß sich an der Bewertung des Phänomens "Neuzeit" in der Frage nach einem "Anthropozentrismus" offenbar die Geister scheiden. Selbstverständlich ist das Problem "Neuzeit" viel zu komplex, um an dieser Stelle restlos analysiert werden zu können. Trotzdem soll im nächsten Abschnitt im Umriß ein Interpretations-Vorschlag unterbreitet werden, um die Berechtigung von Drewermanns Forderung nach einem "neuen Einheitsdenken" und "religiösen Welterleben" überprüfen zu können.

Drewermann prangert den schrankenlosen Anthropozentrismus des 19.

und 20. Jahrhunderts an. Für ihn ist dieser anschaulich verkörpert im Marxismus.[34] Aber auch griechische, römische und christliche Anthropozentrik seien an der Fehlentwicklung beteiligt.[35] Insbesondere die Wüstenreligion Israels und der christliche Individualismus hätten den neuzeitlichen Anthropozentrismus von Descartes bis Camus vorbereitet.[36] Drewermanns Diagnose lautet:

> "Die Seelenlosigkeit des Christentums ist das eigentliche Problem in der weltweiten Zerstörung der Natur aus dem Gedankenkreis des Abendlandes. Nicht die Erlösung des Menschen von der Natur, sondern die Erlösung des Menschen von der Angst des Daseins, die ihn hindert, in ein natürliches Verhältnis zu sich selbst und der ihn umgebenden Natur zu gelangen, wäre Aufgabe des Christentums."[37]

Rettung erwartet sich Drewermann nur, wenn das Christentum wieder menschlich würde, von anderen Religionen lernen und die Krise der menschlichen Psyche überwinden könnte.[38] Der Bewohner der Industriegesellschaft gehört für Drewermann zum Kain-Geschlecht, dem Geschlecht der Städtegründer, das das zerstört, von dem er lebt. So vernichtet dieser Mensch die heilenden Kräfte des Unbewußten, um mit der steinernen Verstandeswelt das Naturhafte in ihm und um ihn zu verdrängen und in eine Wüste zu verwandeln.

Drewermann erwartet die Rettung aus der Krise höchstens noch von der Tiefenpsychologie und von einer radikalen Abkehr von jeder Spielart eines Anthropozentrismus. Er fordert "eine weit grundlegendere religiöse Neubesinnung, die mit dem bisherigen jüdisch-christlichen Anthropozentrismus bricht und zu einem neuen Einheitsdenken, zu einem religiösen Welterleben zurückfindet, das in der abendländischen Geistesgeschichte stets als unchristlich, ja als quasi pantheistisch oder gottlos bekämpft wurde".[39] Drewermann scheint an dieser Stelle ein vermeintlich erfolgreiches Öko-Krisen-Management zum Quasi-Wahrheitskriterium für Religionen zu erheben. Obwohl sich der Verdacht eines instrumentellen Denkens bei Drewermann daher nicht von der Hand weisen läßt, verlangen seine Einwände eine sorgfältige kritische Prüfung. Vor allem ist der Begriff "christliche Anthropozentrik" zu klären. Denn Drewermann versäumt zu definieren, was genau er unter "Anthropozentrismus" versteht. Da Drewermann begrifflich nicht immer exakt vorgeht, möchte ich zunächst seine These zur "griechischen Anthropozentrik"[40] überprüfen.

Griechischer und römischer Anthropozentrismus

Als Beispiel für "griechischen Anthropozentrik" wird meist der sogenannte "homo-mensura-Satz" angeführt. Gemeint ist jener Satz des Protagoras, der zu vielfältigen Spekulationen Anlaß gegeben hat. Er lautet: "Aller Dinge Maß ist der Mensch, der seienden, daß (wie) sie sind, der nichtseienden, daß (wie) sie nicht sind."[41] Dieser Satz wurde zum Ausgangspunkt von mancherlei Streitigkeiten in der Interpretation. Die Diskussion kreiste zum einen um die Bedeutung des griechischen "hos", welches mit "daß" oder "wie" wiedergegeben werden kann. Die philosophisch exaktere Übersetzung ist "daß". Dies würde aber einen absoluten Relativismus und Solipsismus implizieren, der wohl außerhalb der Denkmöglichkeiten griechischer Philosophie lag. Einer derartigen Interpretation widerspricht auch das Zeugnis Platons, der diesen Satz als Beispiel für die Behauptung ansah: Erkennen sei Wahrnehmen.[42] Kurt von Fritz bietet für diese Debatte eine plausible Lösung an: Sowohl Protagoras wie Platon sehen in den Dingen, "über deren Existenz oder Nicht-Existenz der Mensch entscheidet, offenbar die Eigenschaften [...] [zum Beispiel; B. I.] warm und kalt".[43] Gegen Protagoras aber wendet Platon ein, daß eine derartige Einstellung, die die Realität der Außenwelt und nicht nur ihrer Eigenschaften von unserem Bewußtsein abhängig mache, in einen völligen Relativismus in der Erkenntnistheorie führe.[44]

Die zweite Frage war, "ob 'Mensch' in dem gegebenen Zusammenhang den einzelnen Menschen oder den Menschen im allgemeinen bedeutet".[45] Nur wenn Protagoras letzteres gemeint haben sollte, dürfte man vom "griechischen Anthropozentrismus" berechtigterweise sprechen. Es darf jedoch als ziemlich gesichert gelten, daß bei Protagoras dies nicht der Fall war. Vielmehr scheint er gegen die großen griechischen Naturphilosophen eingewandt zu haben, daß es Begriffe wie "das Sein" (Parmenides), oder "die Vernunft" (Heraklit) nicht gibt, sondern daß diese jedem Menschen etwas anderes bedeuten. Für Kurt von Fritz steht daher fest, "daß der Satz ursprünglich nicht einen konsequenten Sensualismus, Relativismus oder Subjektivismus zum Ausdruck bringen sollte, sondern vielmehr den seltsamen, sich von der communis opinio weit entfernenden Philosophien der Eleaten, des Heraklit etc. eine Philosophie des gesunden Menschenverstandes entgegensetzen wollte".[46] Der "homo-mensura"-Satz ist dann keine Spielart des Anthropozentrismus, sondern vielmehr eine Relativierung des individuellen Menschen. Der einzelne Mensch nimmt sich und seine Fähigkeit der Erkenntnis der Natur in eine Bescheidenheit zurück, die der nicht-dogmatischen Skepsis eigen ist.

Für Platon ist die Konsequenz aus Protagoras' "homo-mensura"-Satz ein erkenntnistheoretischer und – viel gravierender noch – ein ethischer Relativismus. Daher bedarf es für ihn bei der "Untersuchung der Gerechtigkeit und Ungerechtigkeit selbst"[47] des Weges einer "Verähnlichung mit Gott, soweit als möglich; und diese Verähnlichung, daß man gerecht und fromm sei mit Einsicht".[48] Pointiert gegen Protagoras formuliert Platon schließlich in seinem Spätwerk: "Die Gottheit dürfte nun für uns am ehesten das Maß aller Dinge sein, und dies weit mehr als etwa, wie manche sagen, irgendso ein Mensch."[49] Gegen die Hybris und den Dünkel weiß der Besonnene, der Philosoph, daß der Mensch nur dann glücklich wird, wenn er einem Maß folgt. So fordert Platon, daß der Mensch den göttlichen Mächten, den Eltern und Vorfahren die geschuldete Verehrung erweisen muß, um als sittlich und gerecht gelten zu dürfen.

An der ursprünglichen Formulierung des Protagoras ist interessant, daß der "homo-mensura"-Satz nicht die Würde des Menschen betont, sondern gerade seine Endlichkeit und das Auf-sich-selbst-Verwiesensein in der Beschränkung auf die Sinne. Platons Formulierung, die Gottheit sei das Maß, ermöglicht später immerhin ein Weiterdenken in einer christlichen Perspektive, auch wenn bei Platon selbst nicht an einen transzendenten Gott gedacht war. Der Satz des Protagoras verrät nichts von einer selbstsicheren griechischen Anthropozentrik, sondern ist eher Ausdruck der bescheidenen Einsicht in die dem Menschen gezogenen Grenzen. Der Individualismus der Sophistik, der Relativismus des Protagoras, der kosmologische Deutungshorizont des Seelischen als Weltseele von Heraklit bis zu Platon und Aristoteles und darüber hinaus bis in den Nauplatonismus hinein lassen keinen anderen Schluß zu als den, daß im Horizont der griechischen Philosophie höchstens Ansätze zu einer materialen Anthropozentrik vorlagen. Protagoras' Satz kann natürlich auch im Sinne der methodischen Anthropozentrik ausgelegt werden. Doch diese Interpretation blieb Georg Friedrich Wilhelm Hegel vorbehalten.[50]

Deutlicher im neuzeitlichen Sinne des Begriffs Anthropozentrismus[51] wird Cicero in seinem Werk "De natura Deorum". Seine Aussagen – im Horizont einer Philosophie der Bildung des moralischen Subjektes und des Humanitätsgedankens – können heute anders als die Bibel und die griechische Philosophie im Sinne des neuzeitlichen Anthropozentrismus gelesen und verstanden werden. Cicero stellt nämlich in diesem Werk fest, daß Götter und Menschen vernunftbegabt sind. Diese Aussage ist im Sinne einer Wesensdifferenz zur übrigen Natur gemeint. Diese zieht Cicero als Legitimation dafür heran, daß alles in der Natur von dieser auf den Menschen hin entworfen und konstruiert worden ist. Wegen der Vernunftbegabung des Menschen sei es nämlich glaubhaft, daß die Welt und alles, was in ihr ist, um der Menschen und der Götter willen gemacht worden sei.[52] Cicero lobt die natürliche anthropologische Ausstattung des Menschen sowie dessen Befähigung zu Handwerk und Kunst.[53] Wir benutzen die natürlichen Bodenschätze, Pflanzen und Tiere zu unseren Zwecken.[54] Die Menschen kontrollieren die gewalttätigsten Naturphänomene und versuchen, durch die Zivilisation und Kultur gleichsam eine zweite Natur in der Natur zu schaffen.[55]

Dies alles ist für Cicero Grund genug, dem Menschen eine herrscherliche Rolle gegenüber der Natur zuzugestehen. Von Sittlichkeit ist zumindest an der zitierten Stelle anders als in der biblisch begründeten Anthropozentrik nicht die Rede. Auch die kluge Selbstbescheidung des Menschen der griechischen Anthropozentrik sucht man hier vergeblich. Vielmehr legitimiert Cicero die mit der Kultur verbundenen umfassenden Eingriffe in die Natur als von dieser intendiert. Cicero, Eklektiker und Begründer des Humanitätsgedankens, geht von einer natürlichen, vernunftbestimmten Weltordnung aus, die sowohl den Menschen wie den Göttern diesen Platz in der Natur anweist. Die kulturellen Eingriffe des Menschen gehören zu dem von Natur aus Gerechten. Allerdings plädiert Cicero letztendlich doch nicht für eine willkürliche Tyrannei über die Natur, auch wenn die zitierten Aussagen, aus dem Kontext seines Denkens herausgerissen, so anmuten. Die Eingriffe in die Natur werden von einem Menschen vorgenommen, der sich als eine moralische Persönlichkeit begreift und sich der Weltordnung unterwirft. Das eben meint jener stoische Ausspruch "gemäß der Natur leben", den Cicero übernimmt. Es ist die vernünftige Weltordnung selbst, die den Menschen qua seiner Naturausstattung zu Vernunft und Kultur berufen und befähigt hat. Die Eingriffe in die Natur werden damit als naturgegeben und als mit der Vernunft konform von Cicero unterstellt.

Die von Cicero vertretene Form von Anthropozentrik ist inhaltlicher Natur. Sie scheint gewisse Konvergenzen aufzuweisen mit der in Psalm 8 propagierten Interpretation des Menschen als "Abbild Gottes". Derartige Aussagen über den Menschen, die seine herrscherliche Rolle gegenüber der Natur betonen, muten heute durchaus berechtigt als überzogen an. Sie entsprechen auch nicht dem Ethos einer ökologisch orientierten Humanität. Doch ist christliche Anthropozentrik wirklich auf dieser Ebene angesiedelt, die angesichts der ökologischen Krise in Verruf geraten ist? Dies möchte ich jetzt unter systematischen Gesichtspunkten näher analysieren.

Christliche Anthropozentrik – eine These von Johann Baptist Metz

Ich beginne hierzu mit einem Blick in die Theologie- und Philosophiegeschichte. Eine umfassende Wende im 12./13. Jahrhundert konstatiert nicht nur Udo Krolzik. Es ist ein Umbruch im menschlichen Selbstverständnis, der sich mit Denkern wie Anselm von Canterbury, Peter Abaelard und Thomas von Aquin verbindet. Ihnen allen ist gemeinsam, daß ein spezifisches Verständnis von Vernunft und menschlicher Personalität Einzug in die Theologie hält. Dies kann ganz verschieden aussehen. Bei Anselms berühmten Gottesbeweis, dem "unum argumentum",[56] wird anders als in den kosmologisch ansetzenden "quinque viae" (I–I,2,3) des Thomas von Aquin menschliches Denken in der Bestimmung Gottes als dem, worüber hinaus nichts Größeres gedacht zu werden vermag, zum einzig tragfähigen Ausgangspunkt eines Gottesbeweises, wie Anselm meint. Es geht zwar um den Erweis Gottes, der aber unhintergehbar und notwendig aus der Perspektive menschlicher Vernunft zu denken ist. Der Einsicht suchende Glaube wird zum Explikationsmedium der Theologie. Indirekt gewinnt dadurch die Vernunft eine neue Bedeutsamkeit.

Einen Schritt weiter geht Abaelard. Angeregt wurde er durch Zweifel an der platonischen und aristotelischen Lösung des Universalienproblems. Die Allgemeinbegriffe, Ausdruck universeller Rationalität, werden bei ihm zu Bezeichnungen, zur Erfindung menschlicher Vernunft aufgrund von Gemeinsamkeiten in den Einzeldingen. Abaelard avanciert daher zum ersten Denker, der aus der Perspektive des Singulare, des Einzeldinges, des Individuums und – wie wir heute sagen würden – der menschlichen Person zu philosophieren versucht. Daher ist es nicht verwunderlich, daß gerade Abaelard zum Entdecker der Intention, der Absicht bei der sittlichen Entscheidung wird. Daher erhält in Abaelards Ethik die Intention einen ganz anderen Stellenwert als zuvor üblich. Dadurch kann Abaelard das Gewissen systematisch in sein Ethikkonzept einbeziehen. Hierin wird ihm Thomas von Aquin folgen.

Den eigentlichen Wendepunkt von einem kosmozentrischen zu einem anthropozentrischen Denken hat Johann Baptist Metz in der Denkform des Thomas von Aquin sehen wollen. Zwar könnte man sich darüber streiten, ob dieses Verdienst nicht eher Abaelard zukommt. Aber das, was Metz im Anschluß an Karl Rahner als christliche Anthropozentrik bezeichnet, ist im 12. Jahrhundert nicht mit einem Schlage bewußt geworden. Vielmehr haben Theologen wie Anselm, Abaelard und Thomas mehr oder weniger deutlich einen Prozeß der Verständigung des Menschen über sich selbst begonnen, der in der Neuzeit unter veränderten Vorzeichen fortgesetzt wurde. Er ist letztlich auch heute noch nicht abgeschlossen, sondern wird gerade in der Umweltethik-Diskussion neu aufgerollt. Das Anfangsstadium, in dem sich die Diskussion um das Problem, das wir heute Anthropozentrik nennen, bei Thomas noch befindet, erklärt auch die bestehende Unschärfe im Versuch von Metz, bei Thomas eine neue anthropozentrische Denkform festzustellen.

Zunächst ist für die weitere Argumentation der Begriff "Denkform" zu klären. Metz versteht die jeweils herrschende Denkform als apriorischen Verständnishorizont.[57] Heute würde dies mit dem Begriff "Paradigma" umschrieben werden. Charakteristisch für die hermeneutische Vorgehensweise von Metz ist, daß er die anthropozentrische Denkweise auch aus dem Geist der christlichen Offenbarung heraus zu interpretieren versucht. Metz spricht vom freizulegenden Boden, von der wesenhaften "Hinter-gründigkeit der erfragten 'Form'",[58] deren Aufweis nur symptomatisch geschehen könne. Metz ist sich also bewußt, daß sein hermeneutisches Verfahren mit gewissen Unschärfen behaftet ist.

Metz grenzt zunächst den Begriff Denkform von einem formalistisch-logischen oder wissenschaftstheoretischen Verständnis wie von dem Wort "Denkstil" ab, das aus der Weltanschauungs-, Ideologie- und Lebensphilosophiediskussion negativ vorbelastet sein könnte. Er verdeutlicht noch einmal seinen Ausgangspunkt in der Hermeneutik. So umschreibt er seinen Begriff der Denkform mit Worten wie "Leitbild", "Geist", "Seinsverständnis", als "durchprägende Denkungsart" einer Epoche wie deren fundamentale Denkgestalt.[59] Eine Denkform läßt sich mit keinem noch so grundsätzlichen gedanklichen Inhalt identifizieren, selbst wenn es sich um Vorstellungen wie die vom Menschen als der Krone der Schöpfung handelt. Sie gehört also nicht der Ebene materialer Anthropozentrik an, sondern "betrifft den *inneren Aufbau* des Denkinhalts selbst".[60] Als Paradigma meint Anthropozentrik im Metzschen Sinne die beherrschende Auslegungshinsicht, etwa wenn wie bei Anselm für einen Gottesbeweis menschliches Denken konstitutiv wird.

Für meine weiteren Überlegungen zur Stellung der Anthropozentrik in einer christlichen Umweltethik unterstelle ich nun, daß die ökologisch motivierte Kritik an der Anthropozentrik sich nicht gegen inhaltliche Vorstellungen richtet wie die, der Mensch sei das Zentrum des Universums oder die Krone der Schöpfung. Denn erstere ist durch die moderne Naturwissenschaft widerlegt und letztere bedarf der Interpretation. Die ökologisch motivierte Kritik ist m. E. eben gegen jene anthropozentrische Denkform gerichtet, die als Auslegungshorizont unseres Welt- und Selbstverständnisses fungiert. Wäre der Streit zwischen Vertretern der Physio- und Biozentrik einerseits und der Anthropozentrik andererseits nämlich nur auf der Ebene inhaltlicher Vorstellungen, der materialen Anthropozentrik angesiedelt, so ließe sich wohl schnell eine gewisse Einigung erzielen. Die These meiner Arbeit besteht nun darin, daß Anthropozentrik als Paradigma und Denkform sowohl für eine philosphische wie für eine theologische Ethik unhintergehbar sind, man aber über einzelne inhaltliche anthropozentrische Vorstellung diskutieren kann und angesichts der ökologischen Krise auch sollte.

Nach diesem etwas allgemeineren Exkurs empfiehlt sich die Rückkehr zur

Argumentation von Johann Baptist Metz. In dem von ihm explizierten Sinne ist griechisches Denken trotz des Diktums von Protagoras nicht anthropozentrisch. Epochemachend ist für Metz auch nicht ein neues Thema, etwa wenn im ausgehenden 12. Jahrhundert die Technik durch den Herrschaftsauftrag legitimiert wird. Entscheidender sei die je neue Denkungsart, die Rekapitulation des gesamten Denkbestandes unter einer neuen Hinsicht. Für das Denken sei die ihm eigentümliche Denkform nie völlig zu thematisieren. Sie müsse nämlich erst aus dem ungesagten Aussageprinzip, aus dem Selbstvollzug des verstehenden Subjektes und der Subjektivität des je einzelnen geschichtlichen Verstehens herausgelöst werden.[61]

Metz betont das Tastende des thomanischen Versuchs, eine neue Denkform zu finden und zu explizieren. Es sei anzunehmen, daß diese sich anfänglich durchsetzende Denkform vielfach überlagert sei von anderen, traditionelleren Denkformen. Metz erklärt den geistigen Aufbruch des Thomas aus dessen Begegnung mit dem griechischen Denken. Da der Logos des Christentums und der Logos der griechischen Philosophie nun auf breiterer Basis als in der Patristik mit dem dort vorherrschenden Neuplatonismus zusammenträfen, werde die christliche Heilslehre erstmals zum systematisch geschlossenen Entwurf ausgearbeitet. Griechisches Denken sei material anthropozentrisch, formal jedoch kosmozentrisch-objektivistisch, während Thomas material theozentrisch, formal anthropozentrisch denke.[62]

Bei der anthropozentrischen Denkform sei die leitende Seinsvorstellung die eigentümliche Seinsweise des Menschen. Diese Anthropozentrik des Seinsverständnisses besage aber noch keinesfalls eine Anthropozentrik des Seienden. Formale Anthropozentrik des Seinsverständnisses und inhaltliche Theozentrik seien keineswegs sich ausschließende Gegensätze. Formale Anthropozentrik stehe gegen formale Kosmozentrik. Diese Denkform könne auch nicht mit einem Humanismus identifiziert werden. Denn ein Humanismus könne wie bei den Griechen mit einer materialen Anthropozentrik verträglich sein, könne aber auch einhergehen mit einer materialen Theozentrik. Formale Anthropozentrik relativiere auch nicht alles auf den Menschen hin. Vielmehr begreife sie Menschsein als eine bestimmte Weise der Selbstgegebenheit des Seins, die eine bevorzugte Erschließungsbasis für das Sein im ganzen darstelle.[63]

Die Explikation des Begriffs "Denkform" bei Metz erinnert bereits in der Wortwahl sehr stark an Heideggers Existentialhermeneutik. Die Metzsche Interpretation von Anthropozentrik als Denkform und seine Aussagen zur formalen Anthropozentrik decken sich daher mit dem von mir vorgeschlagenen Begriff der methodischen Anthropozentrik nicht vollständig. Der Gedanke der methodischen Anthropozentrik geht nämlich von einem transzendentalhermeneutischen Verständnis von Denkform aus. Methodische Anthropozentrik versteht sich dann als konsequente Reflexivität menschlichen Erkennens und Handelns, die nicht auf eine Metaphysik des handelnden Subjektes, sondern auf eine Handlungstheorie verweist. Für die neuzeitliche Ethik und speziell für eine ökologisch orientierte Ethik geht nämlich sowohl das Naturrecht wie die Metaphysik des handelnden Subjektes von zu starken Prämissen aus, um in einer argumentierenden Ethik eine größere Chance auf intersubjektive Anerkennung zu erhalten. Was ich unter methodischer Anthropozentrik genau verstehe, werde ich in diesem und in den folgenden Abschnitten noch herauszuarbeiten haben. Als erster Hinweis mag aber immerhin genügen, daß methodische Anthropozentrik in meiner Interpretation eine an der transzendentalen Methode Kants geschulte konsequent reflexive Einstellung meint, welche den nicht nur in ökologischen Ethiken beliebten Naturalismus vermeidet und dem personal geprägten christlichen Ethos korrespondiert.

Metz beruft sich mit einer Interpretation zunächst besonders auf eine Stelle in der "Summa contra Gentiles" (IV,11). Hier "bietet Thomas eine Entfaltung der Seinsweisen unter dem Leitbild der Subjektivität: Ein Seiendes steht in dem Maße im Sein inne, als es sich unaufhebbar zu sich selbst verhält (super seipsum reflectitur) und in diesem Selbstverständnis 'bei sich' ist (intellectus) und sich selbst gehört (voluntas)."[64] Der Rückgang in sich selbst werde zum Modell für das An-sich-Sein. Sein werde als Subjektivität gedacht. Subjektivität bringe an sich selbst dieses Sein zur Erscheinung. Dies sei eine transzendentale Seinsvorstellung. Das anthropozentrische Seinsverständnis entfalte und bewähre sich daher in der transzendentalen Methodik. Die Spannungen jedoch, die zwischen einer transzendentalen und einer ontologischen Auslegung der Subjektivität bestehen, expliziert Metz hier nicht. Ich werde auf das zugrundeliegende Problem bei der Interpretation der Handlungstheorie des Thomas von Aquin zurückkommen.

Bei Thomas sei die transzendentale Durchführung des anthropozentrischen Seinsverständnisses nur in ersten Ansätzen gegeben. Metz geht m. E. sogar mit dieser schwachen Behauptung bei seiner Thomas-Interpretation etwas zu weit. Die Andeutungen in Richtung einer methodischen Anthropozentrik sind zwar durchaus vorhanden, aber das Problem wurde von Thomas nicht vollständig erfaßt oder gar durchgängig reflektiert. Erst der heute durch die Transzendentalphilosophie geschulte Blick auf Thomas erkennt die eine oder anderen Kontur, die auf methodische Anthropozentrik vorverweist. Zudem ist zu fragen, ob sich christliche Anthropozentrik in einer transzendentalen Methode erschöpft. Metz weist selbst auf die Grenzen seiner Konzeption formaler Anthropozentrik hin. Bei Thomas fänden sich Ansätze zu einem anthropozentrischen Verständnis der Individualität, wohingegen die unableitbar einmalige Würde individuellen Seins der griechischen Philosophie denkerisch verborgen geblieben sei.[65]

Thomas betone zumindest in Ansätzen die Personhaftigkeit des Menschen, den ontologischen Rang der Subjektivität, die unantastbare Einmaligkeit des Menschseins, die Bedeutung des Gewissens, die fundamentale Individualität und seine Freiheit.[66] Die Aussagen des Thomas liefen auf eine Entschiedenheit des Subjektes aus freiem Selbstsein hinaus. Darin gipfele Thomas' neues Modell für die Identität des Menschen. Es stelle zumindest im Ansatz nicht mehr eine dinglich-gegenständlich gedachte Substantialität dar. Auch das Verständnis der Natur könne sich nun ändern. Welt und Natur müssten nicht mehr undialektisch gedacht werden als das Widerständige. Vielmehr ließen sie sich als das Worin und das Medium der Menschwerdung der Menschen und Gottes interpretieren. Damit werde Natur aufgewertet. Dieses neue Verständnis entwickele sich gerade auf dem Boden einer christlichen Anthropozentrik. Der Dualismus von Leib und Seele, der griechisches, insbesondere platonisches Philosophieren so nachhaltig bestimmt habe, sei so überwunden. Thomas denke Gott nicht als Gegenstand, als Befund, der objektivistisch verrechnet werden könne. Zudem fasse Thomas den Menschen nicht als in sich geschlossene Subjektivität auf. Vielmehr verstehe er ihn als ein Sein, das in seinem Sein ständig vor Gott gebracht sei. Die Transzendenz walte als ermöglichender Grund der Willenssubjektivität des Menschen. Darin gipfele das anthropozentrische Gottesverständnis des Thomas: Rechtfertigung geschieht nicht ohne unseren Willen.

Oftmals kommt es bei Thomas nach Metz zu einer Überlagerung der anthropozentrischen Denkform durch das griechische kosmozentrische Seinsverständnis. So stehe im Kommentar zu "Peri Psyches" die Frage nach dem Sein des Menschen noch gemäß der aristotelischen Perspektive im Horizont des allgemein Lebendigen. Bezeichnend sei, daß sich Ansätze für die neue Denkform bei Thomas nicht primär in seinen rein philosophischen, sondern vor allem in den material-theologischen Werken fänden.[67] Dies sei nicht weiter verwunderlich. Denn die anthropozentrische Denkform sei biblisch-christlichen Ursprungs, die erkenntnistheoretisch gewendete Frage nach dem Verhältnis von Offenbarung und Theologie. Es handele sich um eine Form, die alles Denken einfange in den Gehorsam gegen Christus. Denn der Mensch sei Inbegriff der Welt, "quodamodo omnia", wie Thomas sage. Offenbarung verlange, in Jesus Christus das Universale ganz konkret zu denken. Darum müsse ein kosmozentrisches und raumorientiertes einem anthropozentrischen, zeitlichen und geschichtlichen Denken weichen.[68] Der Einbruch der Offenbarung in den Horizont der Geschichte in seiner heilsgeschichtlichen Relevanz sei nur anthropozentrisch zu denken. So sei Thomas zum Vater des neuzeitlichen Denkens geworden, obwohl sich die Neuscholastik gegen die neuzeitliche Anthropozentrik polemisch versteift habe, ohne deren zutiefst christliche Provenienz zu erkennen.[69]

Metz hat einen gedanklichen Horizont eröffnet, den ich weiter verfolgen und näherhin spezifizieren möchte. Unter Berücksichtigung des von mir vorgeschlagenen Klassifikationsschemas und den Ergebnissen der exegetischen Untersuchungen läßt sich christliche Anthropozentrik wohl weder auf eine transzendentale Denk- oder Seinsform – in welcher Interpretation auch immer – festlegen, noch beschränkt in sich auf inhaltliche Aussagen zur Stellung des Menschen in der Schöpfung. Beide Formen der Anthropozentrik, materiale und zunehmend auch Denkmotive im Horizont einer methodischen Anthropozentrik müssen ineinandergreifen und Anthropozentrik als Ethosform berücksichtigen. Christliche Anthropozentrik ist also auf allen drei Ebenen anzusiedeln und theonom zu begründen. Sie ist demnach als Aussage über die Sonderstellung des Menschen in der Schöpfung und seine Personalität zu verstehen. Andererseits läßt sie sich als Akzentuierung der methodischen Anthropozentrik als einer neuen Denkform lesen. Ich verstehe daher in diesem Sinne unter christlicher Anthropozentrik das personale Verständnis menschlicher Individualität, die unableitbar einmalige Würde seiner Subjektivität und – im Anschluß an die Ergebnisse des exegetischen Kapitels – die Einmaligkeit des glaubenden und handelnden Menschen im Zentrum des Offenbarungsgeschehens, dem die Welt nicht gegeben, sondern aufgegeben ist. Christliche Anthropozentrik beinhaltet daher, daß der

Mensch sich selbst von Gott her versteht und daß er die Welt von sich her interpretiert.

Handlungstheorie bei Thomas von Aquin

Metz hatte seine These über christliche Anthropozentrik anhand von Thomas von Aquin gewonnen. Seine Thesen sind nun durch eine Interpretation der thomanischen Handlungstheorie zu überprüfen und zu spezifizieren, um den Gehalt christlicher Anthropozentrik zu präzisieren. Auch wenn die Beziehung der thomanischen Denkform zur neuzeitlichen, methodisch verstandenen Anthropozentrik nicht so gradlinig verläuft, wie Metz dies annimmt, und Thomas auch nicht heimlich Kantianer war, so hat er doch wesentliche Bestimmungsmomente einer christlichen Anthropozentrik als Denkform herausgearbeitet. Es gibt eine materiale Anthropozentrik in der griechischen Philosophie und in der Bibel, zugleich jedoch enthält der Begriff der Offenbarung tendenziell ein Moment in sich, das auf eine Anthropozentrik als Denkform hinweist. Christliche Anthropozentrik scheint mir daher eine spezifische Verknüpfung von materialer und methodischer Anthropozentrik unter Einbezug von Anthropozentrik als Ethosform zu sein, wie sie in der Tat bei Thomas vorliegt.

Wenn die Bedeutung christlicher Anthropozentrik herausgearbeitet werden soll, kann Thomas nicht aus der Perspektive des 12. Jahrhunderts interpretiert werden. Vielmehr ist die thomanische Handlungstheorie im Rahmen seiner Ethikkonzeption im Ansatz zu rekonstruieren. Ihre methodische Grundvoraussetzung anthropologischer Art entfaltet Thomas im Prologus zur prima Secundae (I–II, prologus). Hier legt Thomas – keineswegs zufällig – die Stelle aus, die zum Urbegriff jüdisch-christlicher Anthropozentrik geworden ist, nämlich Gen 1,27f. Nach dem Abbild Gottes geschaffen zu sein, heißt für Thomas, daß der Mensch mit Intellekt und freiem Willen begabt und seiner Selbst mächtig ist. Der Grundansatz christlicher Anthropozentrik lautet nach Thomas: Der Mensch ist Abbild Gottes als sittlich handelndes Wesen. Er ist seiner selbst mächtig, weil er durch Vernunft und freien Willen sittlich handeln kann und dazu auch verpflichtet ist. Was im Alten Testament nur angedeutet war, daß nämlich der Mensch als sittlich verantwortliches Wesen die Erlaubnis zur Weltgestaltung erhielt, ist nun eindeutig qualifiziert. Und dies hat seinen Grund.

Denn was die christliche Anthropozentrik von der alttestamentlichen unterscheidet, ist die Verheißung der Auferstehung, die ein Personverständnis begründet, wie es weder bei den Griechen noch bei den Juden möglich war. Sie ist gekennzeichnet durch den Gedanken der Bewahrung einer individuellen leibhaften Personalität des Menschen über den Tod hinaus. Die Auferstehungshoffnung verleiht der Lebensentscheidung, die nun über den Tod hinaus gilt, in der Entscheidung für oder gegen Gott einen Unbedingtheitscharakter, der bis dato unbekannt bleiben mußte. Nun kann sich der Mensch nicht mehr als Vorkommnis unter anderen Vorkommnissen in der Welt betrachten. Thomas hat diesen Zusammenhang erfaßt, auch wenn er häufig in aristotelischer Manier seiner Handlungstheorie einen Tier-Mensch-Vergleich beifügt, um tierisch-naturale Strebungen von sittlich-menschlichem

Handeln zu unterscheiden. Dieses Unbedingtheitsmoment im menschlichen Handeln bezieht sich aber nicht nur auf die Möglichkeit des Menschen zur Weltgestaltung und -erfassung, sondern auch auf die Fähigkeit, sich selbst zu erkennen, nämlich in dem Sinne, daß er notwendigerweise ein sittliches (oder unsittliches) Subjekt ist.

Der heilsgeschichtliche Ansatz des Alten Testamentes wird aufgenommen und zugespitzt. Ein Gott, der sich in der Geschichte dem Volk Israel offenbart und seinen Bund anbietet, ja um dieses Volk wirbt, nimmt die Freiheit des Menschen ernst und an. Das christliche Personverständnis mit seiner Aussicht auf Erhalt der Individualität und Unendlichkeit hebt dieses Freiheitsverständnis allerdings auf eine neue Ebene. Es macht das Unbedingtheits- und Absolutheitsmoment bewußt, das im Begriff der Entscheidungs-Freiheit angelegt ist. Denn im Moment der Entscheidung ist diese unwiderruflich. Ihre Folgen können sich in christlicher Interpretation bis in die Ewigkeit erstrecken. Gott akzeptiert, daß wir Neues, Gutes wie Böses, schaffen können, ja er hat den Menschen so gewollt. Als sittlich Handelnder wird der Mensch zum Mitarbeiter Gottes, zum "co-operator Dei".

Zwar ist diese Mitarbeit am Reiche Gottes eine zunächst primär heilsgeschichtlich-eschatologische Größe, aber durch ihre sittliche Qualität bezieht sie sich auf diese Schöpfung hier und jetzt zur Vorbereitung künftiger Vollendung. Christliche Anthropozentrik macht das Unbedingtheitsmoment in der menschlichen Entscheidung wie in der Sollensforderung deutlich. Sie bemüht sich in konsequent reflexiver Einstellung denkerisch darum, jenes Moment von Unbedingtheit zu eruieren, welches dem Vernunft- und Freiheitsvollzug des Menschen zukommt. Betrachtet man daher den Prologus der Prima Secundae und manche Stellen seiner Handlungstheorie, so meine ich, daß Thomas zumindest ansatzweise und momenthaft zum Gedanken der methodischen Anthropozentrik durchgestoßen ist. Dies besagt, daß Thomas keine ausgefaltete Theorie der Anthropozentrik entwickelt hat, seine Theologie und insbesondere seine Handlungstheorie jedoch dennoch anthropozentrisch ausgerichtet ist, ohne daß er dies explizit so benennt. Daher ist für die Anthropozentrik-Thematik die Rekonstruktion der Handlungstheorie vorrangig, auch wenn in der Rezeptionsgeschichte eher die naturrechtliche oder die tugendethische Ausformung seiner Ethik im Vordergrund gestanden hat.

Die spezifisch anthropozentrische Denkform entwickelt Thomas von Aquin in seiner Handlungstheorie gerade in den Punkten, in denen er von seinem Vorbild Aristoteles abweicht, wohl nicht zuletzt unter dem Einfluß Augustinus. Ohne den naturrechtlichen (normlogischen) oder den tugendethischen Ansatz bei Thomas in seiner Bedeutung herabsetzen zu wollen, scheint mir die Handlungstheorie gerade deshalb unabhängig von der hier zur Diskussion stehenden Aufgabe, Anthropozentrik bei Thomas näher herauszuarbeiten, so bedeutsam, weil sie das vermittelnde Element zwischen Tugendethik und Normethik darstellt, beide relativiert, aber auch beide begründet. Die Handlungstheorie ist ein systematisch höchst bedeutsames Element in der thomanischen Ethik. Sie verdient daher auch ohne die Anthropozentrik-Themenstellung wesentlich mehr Beachtung als bisher. Themenbedingt kann hier die thomanische Handlungstheorie nicht in allen Details rekonstruiert werden. Vielmehr muß ist mich auf die Herausarbeitung des Anthropozentrikaspektes beschränken.

Auch für Thomas ist in der Prima Secundae seiner "Summa theologiae" die Unterscheidung von Moral und Ethos grundlegend. Wie er dort in der Quaestio 58 ausführt, beschreibt das Wort "mos", Sitte, einen Sachverhalt, der im griechischen mit zwei Vokabeln ausgedrückt wird, nämlich durch "ethos", dem Verhalten, und "äthos", das Thomas als "gleichsam naturhafte Bestrebung, sich zu etwas handelnd in Beziehung zu setzen" (I–II,58,1) definiert. Letzte Bedeutungsvariante entspricht unserem Begriff von Ethos. Nicht minder grundsätzlich ist Thomas' zweite Bestimmung. Sie lautet: Aller menschlichen Handlungen Prinzip ist die Vernunft (I–II,58,2). Die Basis seiner Handlungstheorie umschreibt Thomas mit dem Begriff der Tugend. Unter ihr versteht er eine "Haltung, durch die wir zum gut handeln befähigt sind" (I–II,58,2). Prinzipien des Handelns sind der Intellekt oder die Vernunft einerseits, willentliches Streben andererseits (I–II,58,3). Die für die Ethik maßgebliche Tugend und ihr Ausgangspunkt ist die Klugheit, die "prudentia" (I–II,58,5). Ohne sie ist ein sittliches Urteil, die Anwendung der sittlichen Grundsätze auf die Einzelfälle, nicht möglich (I–II,58,5).

Den Begriff der Klugheit differenziert Thomas vor dem Hintergrund der Unterscheidung von spekulativem und praktischem Vernunftgebrauch (I–II,57,1). Er grenzt im Anschluß an Aristoteles' "Nikomachische Ethik"[70] "prudentia" von "ars" als Sammelbegriff für Kunst und Technik[71] ab (I–II,57,3). Ars ist die "richtige Vernunft" (ratio recta) des Machbaren und Herstellbaren, prudentia die richtige Vernunft des Handelns. Machen und Herstellen definiert Thomas als einen menschlichen Akt, der sich wie das Erbauen nach außen richtet. Handeln jedoch verharre ständig im Handelnden (I–II,57,4). Vollkommene Vernunft beziehe sich auf Prinzipien, nach denen die Vernunft urteile und Schlüsse ziehe (I–II,57,4). Die Richtigkeit einer Wahl, einer Entscheidung aber hänge zum einem ab von der Sittlichkeit des Zieles, welches die Tugend bewerte, und von dem, was in geeigneter Weise angeordnet werde, um das geschuldete Ziel zu erreichen (I–II,57,5). Um aber eine Entscheidung treffen zu können, bedürfe es dreier Akte der Vernunft. Sie umfaßten das sich Beratschlagen, das Urteilen und das Vorschreiben (I–II,57,6). Die Anzahl der Akte der Vernunft schwankt zwar bei Thomas je nach dem Zusammenhang, in dem sie diskutiert werden. Quaestio 57 geht jedoch von der Dreizahl aus.

Der unverzichtbare Bezug der Freiheit und der Sittlichkeit zur Vernunft ist so bereits deutlich geworden. Er manifestiert sich zunächst darin, daß die Klugheit die grundlegende Tugend ist. Diese versteht Thomas als praktische Vernunft (ratio practica; II–II,47,2). Die Klugheit ermöglicht eine praktische Überlegung und wendet sie auf die Handlung an. Der Kluge erkennt sowohl die universalen Prinzipien der Vernunft wie die Einzelfälle (II–II,47,3). Die praktische Vernunft kennt die Prinzipien, die von Natur aus bekannt sind, und die Ziele der moralischen Tugenden. Dabei geht die praktische Vernunft mittels Konklusionen, Schlußfolgerungen vor. Die Klugheit ist die Anwendung der universellen Prinzipien auf die Einzelhandlungen durch Schlußfolgerungen im Sinne des praktischen Syllogismus[72] (II–II,47,6). Dabei ist das Urteil über Sittliches abzugrenzen vom Urteil über Machbares oder Herstellbares. Ein sittliches Urteil liegt erst dann vor, wenn das Urteilen gemäß der Lehre von den drei Akten der praktischen Vernunft bis zum Vorschreiben voranschreitet (II–II,47,8).

Trotz der Ausrichtung der thomanischen Handlungstheorie an der Vernunft impliziert diese auch eine Aufwertung des Willens. Dabei ist die Argumentation des Thomas in diesem Zusammenhang charakteristisch für die Beurteilung seiner Stellung zur christlichen Anthropozentrik und verräterisch zugleich. Zwar sei das vernünftige Streben eine Eigentümlichkeit des Menschen (I–II,6,1), aber das Streben gebe es auch bei Tieren. Tiere hätten eine unvollkommene, weil instinktmäßige "Vernunft". Aber sie kennen anders als der Mensch in einer freiwilligen Handlung kein Ziel. Vernunft ist an dieser Stelle bei der Beschreibung der Tiere nur in einem analogen, minderen Sinn gebraucht. Tiere haben zwar ein Ziel, sie erfassen es sogar, aber sie erkennen es nicht als Ziel. So gebe es auch bei Tieren ein Streben (I–II,57,2). Hier ist die Anlehnung an Aristoteles noch sehr eng. So unterscheidet Thomas Natur und Willen nur dadurch, daß die Natur das Prinzip ihrer Ruhe und Bewegung in sich habe, während der Wille das Prinzip der Ruhe und Bewegung wissentlich in sich habe (I–II,6,1). Natur wird somit als defizienter Modus der menschlichen Handlung und aus ihrem Horizont heraus gedeutet.

Andererseits drängen Thomas seine Überlegungen zur Zurechenbarkeit einer Handlung ins Vorfeld der methodischen Anthropozentrik. Während seine Überlegungen zu den "inclinationes naturales" noch im Horizont seines Vorbildes Aristoteles verbleibt und damit der am Objekt ausgerichteten Philosophie der Griechen orientiert ist, geht Thomas mit seiner Konzeption der Zurechenbarkeit und des Willens über Aristoteles hinaus. Hier setzt die Ausformung christlicher Anthropozentrik bei Thomas an. Eine Handlung kann nach Thomas nur dann zugerechnet werden, wenn der Handelnde überhaupt in der Lage war und die Gelegenheit gehabt hat, zu wollen oder nicht zu wollen. Damit ist der subjektive Willensbegriff und sein Gegenstand angesprochen. Doch Thomas geht noch einen Schritt weiter. Vielleicht inspiriert durch die bereits explizierte Problematik des christlichen Personbegriffes untersucht Thomas das Phänomen des bewußten Nichtwollens, der bewußten Weigerung. Diese ist ja im Falle der Lebensentscheidung gegen Gott mit unendlich negativen Folgen behaftet. Der Wille kann sich – so Thomas – noch einmal zu seinem Wollen oder Nichtwollen in Beziehung setzen, ja muß dies sogar, um eine unbedingte Entscheidung treffen zu können. Willentlich nicht zu wollen bedeutet, daß der Wille sich zu seinem Wollen in eine Beziehung setzen muß (I–II,6,3). Angedeutet ist so die Notwendigkeit einer transzendentalen Reflexionsebene im Selbstverständnis des Willens, der Sache nach eine methodische Anthropozentrik, wenn auch nicht eigens thematisiert oder reflektiert.

Die Zurechenbarkeit einer Handlung hängt von ihrer Freiwilligkeit ab. Dem Willen kann keine Gewalt angetan werden. Auch Gott vermag ihn nicht zu zwingen (I–II,6,3). Damit hat Thomas den Kerngehalt des Sachproblems erfaßt, den ich als christliche Anthropozentrik definiert und formuliert hatte, ohne natürlich diese Bezeichnung dafür zu verwenden. Konsequent unterscheidet Thomas den Willen, der sich auf etwas richtet, von der

Freiwilligkeit, dem Willen, der sich auf sich selbst bezieht und daher zu wollen anhebt. Die Ebene der naturalen Rekonstruktion einer Handlung ist nicht identisch mit der Reflexionsebene, die erst Sittlichkeit ausweist. Das Wünschen ist auf der Ebene instrumenteller Rationalität, im Bereich des Machens angesiedelt, der Wille, etwas zu wollen, formuliert das Problem im Kontext sittlicher Rationalität (I–II,6,6). In diesem Sinne unterscheidet Thomas auch den Zweck (eine instrumentelle Zielbestimmung) vom eigentlichen sittlichen Ziel.

Aufgrund des erreichten Reflexionsstandes kann Thomas das Verhältnis von Nützlichkeit und Moralität genauer bestimmen. Ausführlich diskutiert Thomas die Bedeutung der Umstände für eine Handlung.[73] Betrachte man ausschließlich die sittliche Qualität einer Handlung, so könne diese nicht von den Umständen abhängen. Denn sie gehörten nicht zum Wesen der Handlung (I–II,7,2) Sie sind die individuierenden Akzidentien in einem Urteil über eine Handlung. Da Handlungen aber Singularia sind, sind die Umstände für ihre Bewertung höchst wesentlich. Daher wendet Thomas ein, daß die Unkenntnis der Umstände Unfreiwilligkeit und Sünde hervorbringe. So kommt Thomas zu dem Schluß: Die Bestimmung des Handelns zum Ziel geschehe mittels einer Betrachtung der Umstände. Die Berücksichtigung der Umstände sei wichtig, um (1) mittels der Klugheit das Ziel hinsichtlich gut und böse zu bestimmen. Die sittliche Qualität einer Handlung hänge zudem (2) bisweilen von den Umständen ab. Und (3) könne die Verdienstlichkeit einer Handlung, die Verantwortlichkeit eines Tuns nur von den Umständen her richtig beurteilt werden (I–II,7,2). Immer jedoch könne die Zweckdienlichkeit und Nützlichkeit einer Handlung aus den Umständen herausgelesen werden (I–II,7,2). So bestimmen die Umstände nach Thomas zumindest die Nützlichkeits-Qualität eines Handlungszieles und haben so Hinweischarakter auf Tugend.

Die Umstände bestimmen nach Thomas zwar die Art des Handelns, sie gehören aber nicht zur Substanz eines Aktes (I–II,7,3). Der Umstand lasse sich als das verstehen, was außerhalb der Handlung liege, diese aber berühre. Dennoch gebe es spezielle Umstände oder Folgen, die die Qualität eines Aktes ausmachten. Umstände gehörten faktisch zur Handlung, aber nicht notwendig. Die eigentliche Sittlichkeit erhalte ein Akt vom Ziel her. Bei Thomas ist also für den Handlungsbegriff der Willensbegriff und das Ziel bestimmend. Das Ziel definiere eine Handlung begrifflich, und zwar im Sinne einer praktisch-sittlichen Prädikation (I–II,7,4).

Thomas bestimmt den Willen als ein gewisses rationales Streben (appetitus quidam rationalis). Er ist bei Thomas von Aquin zunächst ein rein handlungstheoretisch-analytischer Begriff (I–II,8,1) und richtet sich auf ein Gut (bonum). Thomas versteht unter einem "Gut" ein Seiendes, insofern es von einer Seele erstrebt wird. Damit ist "bonum" ein formaler und kein sittlich-inhaltlich qualifizierter Begriff. Jede Neigung (inclinatio) richtet sich zunächst auf ein Gut im formalen Sinne. Sie ist bei Thomas aber auch Folge einer Wesensform (I–II,8,1). Die handlungstheoretische Analyse des Willens ist daher bei Thomas eingebettet in eine Metaphysik des Seins gemäß dem Diktum, daß das Handeln aus dem Sein (des Menschen) folge ("agere sequitur esse"). Zugrundegelegt ist dann bei Thomas eine Metaphysik der

Perfektibilität. Dabei unterscheidet Thomas beim Menschen dezidiert vegetatives, sensitives und rationales Streben (I–II,8,1). Beim sensitiven und beim rationalen Streben ist die Möglichkeit der Täuschung gegeben. Entscheidend aber wird bei Thomas nicht, daß etwas gut ist, sondern daß etwas als gut erfaßt wird (I–II,8,1). Thomas führt die Begriffe des Guten, des Schlechten und des Schein-Guten formal und mittels von Konsistenz-Kriterien ein. So ist der Begriff des Guten bei Thomas zunächst als handlungstheoretisch-analytischer Begriff über eine Explikation der formalen Struktur des Wollens bestimmt worden. Eine Metaphysik des handelnden Subjektes findet sich auf dieser Untersuchungsebene noch nicht.

Bedeutsam sind auch die thomanischen Überlegungen zu Mittel und Ziel (I–II,8,2). Das Wollen gehe dem Akt nach nur auf das Ziel. Jedoch nach der Potenz, durch die wir wollen können, erstrecke es sich auch auf die Mittel (I–II,8,2). Der Wille erfasse nur die ersten Prinzipien des Handelns, nicht alle Mittel. Zur konkreten Bestimmung des Handelns sind aber Ziele und Mittel zu berücksichtigen. Um eine konkrete Verpflichtung als Vorschrift für eine Entscheidung eruieren zu können, entwirft Thomas von Aquin zumindest im Umriß die Konzeption eines praktischen Syllogismus in Parallelität zu dem in der Zweiten Analytik des Aristoteles entwickelten logischen Schlußverfahren (I–II,8,2).[74] Die erste Prämisse des praktischen Syllogismus enthält die Zielbestimmung, die zweite eine Mittelbewertung. Die Conclusio ergibt dann ein sittliches Urteil, das eine gewisse Handlungsverpflichtung konstatiert. Ziele werden nach ihrer Sittlichkeit beurteilt, Mittel nach ihrer Nützlichkeit.

Nützliches und Sittliches verhalten sich bei Thomas nicht nach gleicher Weise, gehören aber zur gleichen Potenz (I–II,8,2). Sittliches (Ziel) und Nützliches (Mittel) sind bei Thomas zwei verschiedene Artbegriffe des Guten (I–II,8,3). Das Ziel wird um seiner selbst willen gewollt, die Mittel jedoch werden immer durch das Ziel qualifiziert. Der praktische Syllogismus stimmt den Schlußfolgerungen wegen der Sittlichkeit der Prinzipien zu, daher sind Nützliches und Sittliches nicht Bestimmungen gleichrangiger Art. Wer das Ziel will, will nicht notwendig ein bestimmtes Mittel. Es ist daher ein eigener Akt, die Mittel zu erwählen. Dennoch sind sie im praktischen Syllogismus aufeinander bezogen (I–II,8,3). Die Konklusion muß daher Wirkursache und Zielursache berücksichtigen.

Eine für die Anthropozentrik wichtige Bestimmung diskutiert Thomas in der Quaestio 9, nämlich ob der Wille vom Verstand oder von den Affekten zum Handeln motiviert wird. Thomas unterscheidet im Anschluß an Aristoteles (De Anima, Kap 3) die Motivation des Willens in zweifacher Hinsicht: (1) hinsichtlich der Ausübung des Aktes (die Entscheidung des Subjektes zu handeln oder nicht zu handeln) und (2) hinsichtlich der Bestimmung des Aktes (nach seinem Objekt; die Entscheidung, dies oder das zu tun). Die Tätigkeit eines Subjektes ist durch ein Ziel bestimmt. Dieses muß gewußt werden. Davon zu unterscheiden ist das Wissen, was zum Ziel führt. Dieses ist Gegenstand des Verstandes. Daß überhaupt eine Handlung anhebt, ist Sache des Willens. Die Spezifikation jedoch der Willensentscheidung, dies oder das zu tun, geht vom Intellekt aus. Denn der Verstand bewegt den Willen durch Aufzeigen des Objektes oder des Zieles. Hinsichtliche der

Handlung bewegen Wille und Intellekt sich gegenseitig unter je anderer Rücksicht. Der Wille veranlaßt den Intellekt, das konkrete Ziel zu bestimmen. Das Ziel wiederum veranlaßt den Willen zur konkreten Handlung. Der Intellekt ist als ratio practica und nicht als ratio speculativa zu verstehen. Das Gute und das Angemessene bewegen den Willen. Dieses wird vom Intellekt bestimmt. Aber die Erkenntnis des Zieles hängt vom Charakter und der Disposition des handelnden Menschen ab. Damit erhalten Affekte einen Einfluß auf die Bestimmung des Handlungszieles. So wird der Wille zuweilen von den Affekten bewegt. Die Ratio ist kein despotisches, sondern ein königliches Prinzip: Zuwiderhandlungen sind möglich (I–II,9,2). Der Wille ist Herr seines Aktes. Er bewegt sich selbst dadurch, daß der Wille ein Ziel will. Der Wille veranlaßt sich selbst zum Wollen dessen, was zum Ziele führt. Damit formuliert Thomas eine gewisse Priorität des Willens. Thomas deutet die Selbstgegenwärtigkeit des Willens als Bedingung der Möglichkeit von Freiheit an. Dabei ist das Vermögen zur Selbstaktuierung stets vorhanden, wird aber nicht immer vollzogen (I–II,9,3). Freiwilligkeit und Selbstbestimmung des Willens zum Wollen gehören zusammen. Dies schließt eine Anregung von außen nicht aus. Das Wollen-Wollen, der Wille, ist ein Apriori. Nehme ich dieses Apriori nicht an und ersetze es durch eine Determination von außen, so gerate ich in einen unendlichen Regress. Was ich aber konkret will, wird vom Verstand im praktischen Syllogismus bestimmt. Ist das Wollen-Wollen ausgeschaltet, so liegt Gewalt vor. Aber nicht jede Motivation von außen ist Gewalt (I–II,9,4).

Die natürliche Weise des Wollens ist ein komplexes Gefüge von Strebungen. Natur wird aber nach Thomas in vielfachem Sinn ausgesagt: als inneres Bewegungsprinzip, als Forma materialis, als Materie, als beliebige Substanz oder Seiendes. Thomas vollzieht an dieser Stelle den Übergang von der Natur des Willens zur Natur des Menschen. Der Mensch will. Der Wille ist daher in der menschlichen Natur fundiert. Thomas unterscheidet beim Menschen drei Ebenen der "inclinationes naturales": Vegetatives, Sensitives und Rationales. Eigentlich bestimmt die Vernunft den Willen. Aber die "inclinationes naturales" unterhalb der Vernunft gehören zu den Randbedingungen der Handlung (I–II,10,1).

Die vernünftige Weise des Wollens ist dem Menschen vorbehalten. Thomas bestimmt den Willen als vernünftiges Vermögen. Er unterscheidet beim Willen: (1) die Ausführung des Aktes und die Entscheidung darüber, (2) die spezifische Bestimmung des Aktes. Zur Bestimmung eines Aktes bedarf es eines Objektes. Wenn nun dem Willen ein Objekt vorgestellt wird, das in jeder Hinsicht gut ist, so wird der Wille mit Notwendigkeit, d. h. kategorisch bestimmt (1). Es ist das letzte Ziel, das den Willen mit Notwendigkeit bestimmt. Thomas nennt dieses formale Ziel Glückseligkeit. Er identifiziert diese mit der Schau Gottes, nun nicht mehr in der formal-analytischen Ebene. Davon zu unterscheiden sind partikuläre Güter und Ziele, die den Willen nicht mit Notwendigkeit, sondern nur möglicherweise bestimmen (2). Thomas gibt hier in Ansätzen eine Modaltheorie des Willens (ein Wille, der möglicherweise oder notwendigerweise gut ist). Letztlich ist es aber der "finis ultimus" (die Schau Gottes), der den Willen kategorisch bestimmt, und nicht die inclinationes naturales (I–II,10,2). Die göttliche Vorsehung handelt aber unter Bewahrung der menschlichen Natur. Da der Wille wirklich frei ist, wird er von Gott nicht mit Notwendigkeit bewegt. Gott achtet die Freiheit des Willens, weil die Freiheit zu den natürlichen Bedingungen des Menschseins gehört (I–II,10,4).

Thomas unterscheidet in Bezug auf das Ziel vier Willensakte: Beraten, Wählen, Beschließen, Gebrauchen. Der erste Schritt zur Bestimmung des Ziels ist die Beratung. Die Beratung begründet sich aus der diskursiven Vernunft, denn sie bewegt sich im Raum des Zufälligen und einzelnen, weil Handeln selbst sich im Raum des Kontingent-Zufälligen bewegt. Hinter dem Prozeß der Zielbestimmung steht das Modell des praktischen Syllogismus, der eher an ein empirisches Urteil erinnert und keine deduktive Schlußfolgerung impliziert. Thomas propagiert keine Deduktionsmoral, auch kein analytisches Vorgehen in Sachen Ethikbegründung. Im praktischen Syllogismus ist viel Unsicheres enthalten. Das Beraten als Akt der Vernunft bezieht sich auf die Mittel, die zu einem Ziel führen. Hilfestellung bietet dabei die Wissenschaft mit ihren Schlußfolgerungen aus der Erörterung der Wirkungen und Ursachen (I–II,14,1).

Ohne Ziel gibt es keinen praktischen Diskurs (I–II,14,2). Beraten (consilium) kommt vom Zusammensitzen (considium), vom Zusammentragen und setzt ein Vergleichen voraus. Die Umstände sind nicht leicht zu erfassen. Darum ist – modern gesprochen – der Diskurs nützlich, um die Mittel zu erfassen und das Ziel zu erreichen. Denn Handlungen spielen sich im kontingenten Bereich ab (I–II,14,3). Man kann sich beraten über alles, was im Zweifel steht. Dabei weisen gewisse Künste sichere Wege des Handelns. Es gibt allerdings auch Handlungen, die so sicher sind, daß es einer Beratung nicht bedarf (I–II,14,4). Der Beratungsprozeß vollzieht sich nicht im luftleeren Raum. Er muß zu einem Ziel kommen. Das Unendliche zu durchschreiten ist unmöglich. Wäre aber eine Ratsuche unmöglich, so würde niemand mit der Beratschlagung anfangen. Die Ratsuche ist endlich hinsichtlich des Prinzips und des Endurteils. Daher endet die Beratschlagung mit der letzten Schlußfolgerung (I–II,14,6). Thomas entwickelt an dieser Stelle eine Art Diskurslogik, die empirische Aussagen über die Natur des Menschen und der menschlichen Handlungen einschließt. Diese Diskurslogik enthält (1) ein formales Prinzip ("Das gute ist zu tun!"), (2) materiale Voraussetzungen (die Strebungen des Menschen), (3) normative Vorgaben, (4) wissenschaftliche Urteile und (5) faktische Urteile. Der Diskurs ist abschließbar, jedoch nicht mit Gewißheit. Ihn richtig zu beenden ist Sache der Klugheit und Gegenstand der Diskurs-Logik.

Thomas geht von der Parallelität der theoretischen und der praktischen Vernunft aus. Dennoch gibt es Unterschiede. Der theoretische Syllogismus zielt ab auf Notwendigkeit, auf Spekulation. Der praktische Syllogismus vollzieht sich als Diskurs, geht als Prozeß des Sich-Beratens auf Konkretes. Wählen setzt Vergleichen oder Schlußfolgern voraus. Dies sind Akte der Vernunft. Doch die Wahl selbst ist ein Wunsch, also ein Wollen. Für Thomas ist das Wählen ein intellektuelles Streben, das auf eine Güterabwägung abzielt, also eine gemischte Sache. Wille und Vernunft befinden sich in einem perichoretischen Verhältnis. Inhaltlich gesehen ist die Ausrichtung am Ziel eine Sache des Willens, formal der Vernunft. Im Bewußtsein einer praktischen Frage treffe ich eine theoretische Entscheidung aufgrund einer Güterabwägung. So ist das Wählen ein Ineinander von Wollen und Intellekt. Zwar führt der praktische Syllogismus zu einer Wahl, von der Substanz des Aktes her jedoch ist Wählen ein Wollen (I–II,13,1).

Tiere streben nach einem Ziel. Sie scheinen vorzuziehen und Vorsicht walten zu lassen, also gleichsam einem logischen Schluß zu verwenden. Dann müßte Tieren das Wählen zukommen. Die Wahl aber setzt Alternativen voraus. Tiere jedoch sind zu einem Verhalten determiniert. Der Mensch hingegen weist eine spezifische Unbestimmtheit auf. Thomas unterscheidet zwischen dem sinnlichen Streben und dem Willen. Aber nicht jedes Streben ist Wählen. Denn Tiere haben keinen Verstand (I–II,13,2). Die Wahl folgt einem sittlichen Urteil oder einem tätigkeitsbezogenen Syllogismus. Sie ist gleichsam die Schlußfolgerung aus einem praktischen Syllogismus. Das Ziel aber ist das Prinzip, nicht die Conclusio eines praktischen Syllogismus. Daher fällt das Endziel nicht unter die Wahl (I–II,13,3).

Nur im Umriß möchte ich die Durchführung der Ethik im Rahmen seiner Handlungstheorie vorstellen. Thomas unterscheidet bei der Betrachtung der menschlichen Handlungen unter der Differenz von Gut und Böse innere Akte von äußeren Handlungen. Dabei setzt Thomas voraus, daß wir über Gutheit und Schlechtigkeit von Handlungen genauso sprechen können wie bei Dingen (I–II,18,1). Bei menschlichen Handlungen wird "gut" oder "schlecht" im praktischen Syllogismus unter Maßgabe der Vernunft prädiziert (I–II,18,5). Die sittliche Gutheit einer Handlung hängt von vier Bestimmungsmomenten ab. Sie bemißt sich nach (1) dem Seinsgehalt oder Grund einer Handlung, also dem Urteil über ihre Gattungszugehörigkeit, (2) nach dem spezifischen Gegenstand einer Handlung, also dem Urteil über ihre Artzugehörigkeit, (3) nach den Umständen einer Handlung und (4) nach dem Ziel einer Handlung. Die letztgenannte Hinsicht ist nach Thomas die wichtigste. Gut ist – so Thomas – eine Handlung, wenn auf allen vier Ebenen das sittliche Urteil positiv ausfällt. Der Mangel bereits in einem Bereich führe jedoch dazu, daß die Handlung als schlecht beurteilt werden müsse (I–II,18,4). Damit erhalte die menschliche Handlung ihre Moralität von der Vernunft (I–II,18,8).

Gut und Böse sind nach Thomas wesentliche Differenzen des Willensaktes. Sie werden nach dem Gegenstand des Willens beurteilt (I–II,19,1). Das Gute gehöre ursprünglich eher dem Willen zu als der Vernunft (I–II,19,2), dennoch sei das Richtmaß des menschlichen Willens die Vernunft. Diese wiederum gründet für den Theologen Thomas im Ewigen Gesetz (I–II,19,4). Damit ist ein weiteres wesentliches Element christlicher Anthropozentrik bei Thomas benannt. Letztlich sind Sittlichkeit und Vernunft integral eingebettet in die Schöpfungsordnung. Doch im endlichen menschlichen Vollzug sind sie zwei unterschiedliche Aspekte, die im Gewissensurteil als Ausdruck sittlicher Vernunft verknüpft werden: Das Gewissen ist gewissermaßen ein Ausspruch der Vernunft (I–II,19,5), so lautet die prägnante Zusammenfassung seiner Lehre von der sittlichen Vernunft. Dies hat zur Konsequenz, daß auch ein irrendes Gewissen verpflichtet (I–II,19,5), wenn es auch nicht in allen Fällen entschuldigt (I–II,19,6). Nur unverschuldetes Nichtwissen ohne Nachlässigkeit erkennt Thomas an. Das Verdienst einer Handlung hängt letztlich von der Intention, also vom Ziel ab. Indirekt ausgerichtet ist jeder gute Willensakt auf das höchste Gut (summum bonum) als seinem Endziel (finis ultimus), also auf Gott (I–II,19,9).

Das Gutsein einer Handlung wird also vom Ziel her bestimmt. Daher hängt die sittliche Gutheit einer Handlung eher vom Willen ab. Andererseits bemißt sich die Gutheit eines äußeren Aktes eher nach den Umständen und damit nach der Vernunft. Die sittliche Qualität der inneren Handlung bestimmt der Wille, der äußeren Handlung die Vernunft. Für Thomas sind Wille und Vernunft gleichberechtigt (I–II,20,1), wechselseitig aufeinander bezogen. Denn äußerer und innerer Willensakt sind durch ein und dasselbe Ziel bestimmt (I–II,20,3). Einzig ein solcher Wille ist vollkommen, der dann handelt, wenn die Gelegenheit da ist (I–II,20,4). Dies bedeutet, daß die Folgen abgeschätzt werden müssen.[75] Sind sie vorhergesehen worden oder waren sie zumindest vorhersehbar, dann sind sie für das sittliche Urteil relevant. Sind sie zufällig oder treten derartige Folgen nur in seltenen Fällen ein, so sind sie für die Sittlichkeit einer Handlung nicht ausschlaggebend. (I–II,20,5).

Das Maß einer Handlung besteht gemäß der Konzeption des Thomas von Aquin darin, ob sie sich einem Ziel zuneigt, das gemäß der Natur ist (I–II,21,1). Damit wird der Naturbegriff hier handlungstheoretisch ausgedeutet, ähnlich wie bei den "inclinationes naturales" im Horizont von Thomas Naturrechtslehre im "Lex"-Traktat, den ich bereits im dritten Abschnitt analysiert habe. Natürliche Tugend verstehe sich als Hinordnung zum Ziel gemäß den natürlichen Hinneigungen (inclinationes naturales; I–II,21,1). Das Mittlere zwischen zwei Extremen als die geordnete Hinwendung auf ein Ziel bestimme jedoch die Vernunft. Somit ist bei Thomas wie bei Aristoteles das Maß des Willens die menschliche Vernunft. Letztlich sind Vernunft und Wille hingeordnet auf die höchste Regel, die "lex aeterna". Im Horizont des thomanischen theologischen Ansatzes werden Vernunft und Natur als Einheit aufgefaßt. Bei Thomas ist also christliche Anthropozentrik der Garant für die heute wieder häufig geforderte Einheit von Vernunft und Natur, allerdings nach Maßgabe der Vernunft und der Schöpfungsordnung Gottes. Dabei bemessen sich Verdienst und Tadel einer Handlung nach der Gerechtigkeit, vorausgesetzt, die Handlung war zurechenbar (I–II,21,3). Jede Handlung aber muß auf das Gemeinwohl und letztlich auf Gott bezogen sein (I–II,21,4).

Im Rahmen seiner Handlungstheorie, wie sie die Quaestionen 6 bis 21 der Prima Secundae der "Summa theologiae" entworfen haben, wie in der Tugendethik als Klugheitsethik, die sich in den Quaestiones 47, 57 und 58 der Secunda Secundae finden, erhält die Klugheitslehre, der praktische Syllogismus und die Konzeption des Gewissensurteils einen bevorzugten Platz in der Ethik. Dies ist nicht verwunderlich, denn die Klugheitsethik hat zwei Vorzüge. Zum einen verknüpft die Konzeption des praktischen Syllogismus oder Gewissensurteils größte Nähe zum Einzelfall mit der Bewahrung des Wissenschaftscharakters der Ethik. Zum anderen wird in der thomanischen Ausdeutung der Klugheitsethik als Tugendethik die Bewertung einer Handlung abhängig gemacht von der Verfaßtheit des Handelnden.[76] Des weiteren ist die Konzeption des praktischen Syllogismus als Konkretisierung der

Klugheitsethik zwischen Kasuistik und Situationsethik angesiedelt. Allerdings ist die Klugheitsethik um Prinzipien des Handelns gruppiert, nicht um den Grundsatz einer systematischen Ethik. Um eine solche geht es der thomanischen Handlungstheorie als Grundlegung einer Ethik auch nicht. Als Alternative zu dieser Klugheitsethik empfiehlt sich eine Gesetzesethik, die sich um Vernunft- und Handlungsregeln gruppiert.[77] Ihr Wissenschaftscharakter ist zwar noch höher anzusetzen, aber für eine am Individuellen orientierte Ethik ist die Klugheitsethik angemessener. Daher spielt der Pflichtbegriff bei Thomas keine wesentliche Rolle. Und der Gesetzesbegriff herrscht nur bei der Lehre von den "naturhaften Neigungen" (inclinationes naturales) vor,[78] die bereits im Zusammenhang mit der thomanischen Naturrechtskonzeption erwähnt wurden.

Wie lassen sich nun naturhafte Neigungen und christliche Anthropozentrik zusammendenken? Dies ist eine entscheidende Frage für eine christliche Umweltethik, die ich für eine geläuterte Anthropozentrik im neunten Abschnitt wiederaufnehmen werde. Das Grundproblem soll allerdings bereits an dieser Stelle erläutert werden, weil der Ertrag dieser Überlegungen die Basis meiner weiteren geistesgeschichtlichen Rekonstruktion des Anthropozentrik-Themas darstellt. Daher ist nun nach dem Naturbegriff der "inclinationes naturales" zu fragen. Entgegen einer langen Tradition neuscholastischer Naturrechtslehre[79] sind diese naturhaften Neigungen nicht notwendigerweise metaphysisch auszulegen, denn die "lex naturalis", das natürliche Gesetz wird bei Thomas nicht aus einer vorhergehenden Erkenntnis metaphysischer Art abgeleitet, sondern bestimmt sich theologisch durch Teilhabe am natürlichen Gesetz.[80] Genau genommen faßt Thomas im Gesetzestraktat metaphysisch zu nennende Interpretationen und rein praktisch-ethische Argumentationen in einem theologischen Horizont zusammen. Letztere werden jedoch nicht aus ersteren abgeleitet, wie die traditionelle Interpretation dies behauptete.

Die Metaphysik des handelnden Subjektes, die ebenfalls bei Thomas eine wichtige Rolle spielt, begreift die Natur des Menschen als sein Sein-Können. Die Neigungen des Menschen gehören zu diesem. Sie intendieren Ziele und Güter. Allerdings ist bei Thomas der Gegenstand der praktischen Vernunft nicht die Natur, sondern das Gute. Aber als praktische Vernunft ist sie nicht rein, sondern eingebunden in vorstrukturierte, auch nichtvernünftige und evolutionär gewachsene Antriebe.[81] Diese können relevant werden, wenn beurteilt werden soll, ob eine Handlung zum Gelingen menschlichen Lebens beiträgt oder nicht. Allerdings gibt bei genuin sittlichen Fragestellungen die entscheidenden Antworten eine Klugheitsethik. Fragen der Handlungslehre und des Gewissens sind Themen der Ethik, nicht des Naturrechtes. Trotz gewisser Spannungen zwischen seiner Handlungstheorie und seiner Konzeption des Naturrechts müssen beide jedoch nicht als völlig unvereinbar miteinander angesehen werden. Denn Thomas' Konzeption der "inclinationes naturales" besagt nicht, daß er ein System des Naturrechtes entwickelt und metaphysisch gerechtfertigt hätte.[82] Vielmehr enthalten seine Überlegungen zur "lex naturalis" lebensweltliche Vorgaben.[83] Diese integriert er zusammen mit praktisch-ethischen Überlegungen in einen theologischen Horizont, in die Schöpfungsordnung.

Thomas verwendet den Begriff der "inclinatio naturalis" in Weisen, die in eine Ethik integriert werden können, und in Formen, bei denen dies nicht so einfach möglich ist. Denn bei Thomas hat zum einen der Stein eine natürliche Neigung, zu Boden zu fallen, genauso wie es eine Triebstruktur von Tieren oder eine Bedürfnisstruktur beim Menschen gibt. Der Begriff der "natürlichen Neigungen" ist bei Thomas auf sehr vielfältigen Ebenen angesetzt und beschreibt die Wirkungsweise eines Dinges, Tieres oder einer menschlichen Handlung. Und zugegebenermaßen kann die Wirkung eines fallenden Steines und einer niederfahrenden Faust durchaus ähnlich ausfallen. Andererseits spricht Thomas von der "natürlichen Neigung des Menschen" zu Vernunft und Freiheit. Damit aber entstehen methodische Probleme, vor allem aus neuzeitlicher Sicht vor dem Hintergrund des Humeschen Gesetzes und der Konzeption vom naturalistischen Fehlschluß. Für uns heute gibt es zwei unterschiedliche Weisen der Argumentation, nämlich deskriptive Aussagen über die Natur und über Wirkungen, die empirisch gerechtfertigt werden, und präskriptive Aussagen, die von der sittlichen Vernunft zu begründen sind. Ihre methodische Unterscheidung muß aber nicht notwendigerweise als völlige Trennung der beiden Argumentationsebenen verstanden werden.[84]

Bei Thomas ist der Ausgangspunkt seiner Handlungstheorie bei Vernunft und Wille hinreichend deutlich hervorgehoben. Dennoch sind seine Aussagen zur Ethik aus neuzeitlicher Perspektive nicht immer eindeutig. Das liegt nicht zuletzt daran, daß in Thomas Konzeption der "natürlichen Neigungen" deskriptive und normative Aussageebene bisweilen nicht deutlich genug unterschieden sind. Daher kann es zu Interpretationsproblemen kommen. Der Bestimmung dessen, was wir von Natur aus sind, haftet ein normativer Zug an. Zu den menschlichen "inclinationes naturales" gehören sowohl Vernunft und Freiheit wie Bedürfnisse und Triebe, etwa Selbsterhaltung, Nahrungsaufnahme und Sexualität. Daher genügt bei hinreichend genauer Lektüre und Interpretation auch die thomanische Konzeption der "natürlichen Neigungen" modernen methodologischen Anforderungen. Thomas unterscheidet zwischen der "natürlichen Neigung" des Menschen zu Freiheit und Vernunft einerseits und den triebhaften "natürlichen Neigungen" andererseits.

Thomas' Klugheitsethik und Konzeption des praktischen Syllogismus ist noch eindeutiger der Ebene sittlicher Rationalität zuzuordnen als die Konzeption der "inclinationes naturales". Erstere verdienen daher m. E. den Vorzug vor dem Naturrecht im Rahmen einer Grundlegung der Ethik im Anschluß an Thomas von Aquin. Der Begriff der "inclinationes naturales" bezeichnet Unterschiedliches, bisweilen einen spekulativen, manchmal einen empirischen Begriff. Unter ihm lassen sich daher nicht biologisch-empirisch feststellbare Bedürfnisse und Interessen subsumieren, obwohl er auch diese umfaßt. Angesichts der Naturalisierungsbestrebungen in der gegenwärtigen Diskussion um eine ökologisch orientierte Ethik müßte heute über Thomas hinausgehend sowohl die Gemeinsamkeiten der drei Ebenen im Begriff der "inclinationes naturales" betont wie ihre Unterschiede deutlich herausgearbeitet werden. Im Begriff der "inclinationes naturales" denkt Thomas die Natur im Hinblick auf die Wirkung eines Aktes nach Art einer Handlung. Diese Bestimmung der Natur ist außerordentlich interessant für ein Ethos ökologisch orientierter Humanität, setzt er doch den Gedanken der Einfühlung voraus, indem die Natur nach dem Vorbild des Menschen gedacht wird. Diese Interpretation setzt einen umgreifenden Zusammenhang von Natur und Handlung voraus, eine Sichtweise der Realität aus der Perspektive des Glaubens oder eine Metaphysik.

Der Ethiker muß aus der Perspektive der Gegenwart die metaethische Problematik bei Thomas zuspitzen. Natur und Vernunft sind bei Thomas nicht getrennt, nicht einmal ausreichend unterschieden. Vielmehr erscheint Natur als ein minder selbstbewußter Teil der Vernunft, von anderer Ordnungsstruktur. Daher sind die "inclinationes" mit den Begriffen "Trieb" oder "Bedürfnis" nicht exakt wiedergegeben, weil Thomas diese immer als von der Vernunft durchgriffen denkt, zumindest dann, wenn von menschlichen Bedürfnissen und Trieben die Rede ist. Diese Bedeutungsdimension hat der Bedürfnisbegriff heute verloren. Er ist von sich aus nicht mehr normativ. Wir müssen daher die Frage nach den "wahren Bedürfnissen" stellen. Bei Thomas sind Vernunft und Freiheit "inclinationes naturales" wie der Selbsterhaltungstrieb oder der Fortpflanzungstrieb. Letztere sind jedoch auch für Thomas auf einer anderen Ebene angesiedelt, weil diese triebhaften "inclinationes" durch Sittlichkeit erst noch geleitet werden müssen. Für eine neuzeitliche Ethik stellt Triebhaftigkeit darum eher eine Grenze für sittliches Handeln dar, etwa im Sinne des Diktums "ultra posse nemo tenetur" (über sein Können hinaus ist niemand sittlich zu verpflichten).

Unter der menschlichen Natur subsumiert Thomas zwei Ebenen, die methodisch zu unterscheiden sind, nämlich die naturale und die personale Ebene. Darin liegt eine Chance, weil eben aus der thomanischen Ethik als sittlich nicht relevant eo ipso nichts ausgegrenzt wird, auch nicht das Triebhafte und Irrationale. Problematisch allerdings könnte erscheinen, daß sie methodischem Unterschleif Vorschub leistet, wenn eben die Argumentationsebenen nicht sauber unterschieden werden. Eine Lösung könnte sein, das Naturrecht als Personrecht umzuinterpretieren. Dafür spricht auch die Bedeutung der Handlungstheorie bei Thomas. Hier hat Thomas den Kerngehalt christlicher Personalität entdeckt. Materiale Anthropozentrik im Gedanken sittlich verantwortlicher Personalität des Menschen und Anthropozentrik als Ethosform in seiner Gewissenskonzeption verbinden sich zu einer Konzeption christlicher Anthropozentrik, in der sich in der Willenskonzeption sogar Ansätze zu einer methodischen Anthropozentrik finden.

Von dort her begründen sich die zentrale Rolle des Gewissens und die Bedeutung der Ratio im praktischen Urteil. Wenn vom Menschen die Rede ist, meint Natur bei Thomas immer menschliche Natur. Und die ist personal gekennzeichnet. Die "inclinationes naturales" werden durch die ratio reguliert. Daher ist Vernunft der zentrale Begriff des thomanischen Naturrechtes wie seiner Handlungstheorie. So ist die Klammer von Handlungstheorie und Naturrecht bei Thomas die Konzeption der praktischen Vernunft als sittliches Urteil und praktischer Syllogismus. Diese stehen unter der formalen Differenz von Gut und Böse. Praktische Vernunft urteilt: dies Ziel ist gut; sie schließt: die Handlung ist zu tun. Daher profiliert sich praktische Vernunft als eigenes Zentrum von Maßstäblichkeit. Sie bleibt aber als Abglanz der lex aeterna in einen theologischen Horizont eingebunden.

Nach der Quaestio 94.2 der Prima Secundae im Lex-Traktat[85] ist das erste Prinzip der Ethik die Differenz von Gutem und Bösem: Das Gute ist zu tun, das Böse zu lassen. Dies ist als die in allen konkreten praktischen Urteilen enthaltene formale Struktur zu verstehen.[86] Die Verpflichtungskraft stammt aus der Weisung der Vernunft, nicht aus den "inclinationes naturales", die ein unbeliebig offenes Finalitätssystem darstellen, aber nicht die Quelle der Sittlichkeit sind. Der praktische Syllogismus unterscheidet sich von der theoretischen Schlußfolgerung, weil er es nicht mit unverträglichen Sachverhalten zu tun hat. Eine streng allgemeingültige und notwendige Erkenntnis gibt es im Bereich des Handelns nur bezüglich der obersten allgemeinen Prinzipien.[87] Die thomanische Konzeption läuft so auf eine Mehrstufigkeit der Ethik hinaus. Sie umfaßt die Prinzipienebene und ihre Anwendung auf den Einzelfall im sittlichen Urteil. Ethik erwächst aus dem Vollzugsablauf praktischer Vernunft, nicht aus dem Stufenbau der Wirklichkeit eines naturrechtlichen Schemas.[88] Daher deutet Ludger Honnefelder das natürliche Gesetz bei Thomas als praktische Vernunft des Menschen.[89]

Der Mehrstufigkeit der praktischen Vernunft korrespondiert die Gewissenskonzeption des Thomas. Die Unterscheidung von Urgewissen (synteresis oder synderesis) und Gewissen (conscientia) findet ihre Parallele in der Zweistufigkeit des praktischen Urteils.[90] Der Differenz zwischen Urgewissen und Gewissensurteil entspricht die zwischen praktischem Prinzip und partikulärem praktischen Urteil. Das Gewissen ist nicht subjektive Willkür, sondern fordert, dem Urteil der eigenen Vernunft zu folgen. So liegt das Gute nicht einfach in der "inclinatio naturalis", sondern in der Beurteilung des Ziels im Gewissensurteil.[91] Systematisch gesehen wird die Doppelbedeutung von Mitwissen und Selbstbewußtsein im Gewissensbegriff höchst bedeutsam. Denn erst dieses Selbstverhältnis ermöglicht Planung und deutet auf die Dimension methodischer Anthropozentrik hin. Die Stoa und Aristoteles hatten noch keine Theorie des Gewissensurteils. Erst Thomas entwickelte diese im Anschluß an Peter Abaelard. Diese Perspektivenverschiebung scheint mir eine Folge christlicher Anthropozentrik zu sein, die sich nicht mehr auf eine materiale Anthropozentrik beschränkt. Sie macht den mittelalterlichen Theologen deutlich, daß die Würde des Menschen darin liegt, daß er selbst Ursprung seines Handelns ist und daß darin ein Moment von Unbedingtheit aufscheint. Aus der Struktur der praktischen Vernunft ergibt sich so die Letztinstanzlichkeit des individuellen Gewissens.[92]

Allerdings darf die Betonung der praktischen Vernunft und des Gewissensurteils eine Einsicht nicht verstellen. Die Entdeckung sittlicher Autonomie ist bei Thomas zumindest keine Emanzipation von der Natur. In der Konzeption der "inclinationes naturales" sind naturhaft-triebhafte und sittliche Ebene wohl unterschieden, aber nicht scharf getrennt. Dies könnte einer christlichen Umweltethik eine bedeutsame Erkenntnis vermitteln. Begreift sich Vernunft als wesentlich autonom, so übersieht sie leicht, daß Natur der sie tragende Grund ist:

"Damit ist exakt der Punkt benannt, wo Vernunft im Umgang mit der Wirklichkeit sich in ihr Gegenteil verkehrt und aufhört, Kriterium der Universalität des Sittlichen zu sein. Dies geschieht überall dort, wo Vernunft aufhört, sich in ihrem Gegenüber zur Natur zugleich auch als Funktion dieser Natur zu verstehen und so Natur zum bloßen Objekt, zum beliebig verwertbaren Material degenerieren läßt."[93]

Christliche Anthropozentrik impliziert als Ethosform diese Entwicklung nicht per se. Daher läßt sich christliche Anthropozentrik verstanden als Personalität und sittliche Autonomie nicht an sich für die neuzeitliche Entwicklung und ihren Dualismus, für ein objektivierendes Naturverständnis und eine instrumentelle Weltsicht verantwortlich machen. Allerdings bleiben ungeklärte Probleme in der Position des Thomas, die eine christliche Anthropozentrik neu aufzunehmen hat. Individuelle sittliche Autonomie, praktische Rationalität und Natur werden nur durch den theologischen Horizont des thomanischen Denkens zusammengehalten und miteinander verklammert. Das heilsgeschichtliche Konzept verhindert es, daß das fragile Gleichgewicht zwischen Natur und Vernunft trotz des individuellen Ansatzes bei dem Gewissen und dem praktischen Syllogismus auseinanderbricht. Daher ist es legitim, nach dem Beitrag christlicher Anthropozentrik zur ökologischen Problematik zu fragen, obwohl bislang alles darauf hindeutet, daß von den Kritikern der christlichen Anthropozentrik falsche Vorwürfe erhoben werden. Zudem ist noch ungeklärt, was sie genau unter der Vokabel "Anthropozentrismus" ablehnen. Um hier zu einem klareren Verständnis der Sachlage zu gelangen, wende ich mich nun dem Phänomen Neuzeit zu, um herauszuarbeiten, welche Bedeutung Anthropozentrik hier aufweist und in welchem Denkhorizont sie anzusetzen ist.

Anmerkungen

1 Vgl. Eugen Drewermann; Mit dem alten Geist brechen; in: Theologie der Umwelt – Kontrovers. Ist der Mensch die Krone der Schöpfung? Publik-Forum-Sonderdruck 14.Jg., Nr.11/12 (31.5.85), 5
2 Wolfgang Windelband, Heinz Heimsoeth; Lehrbuch der Geschichte der Philosophie; Tübingen [15]1957, 223
3 H. J. Birkner; Art. Anthropozentrisch; in: Joachim Ritter (Hg.); Historisches Wörterbuch der Philosophie Bd. 1; Basel 1971, 380
4 Vgl. Karl Rahner; Art. Anthropozentrik; in: LThK I, 632
5 Vgl. ebd. 633
6 Vgl. Carl Amery; Das Ende der Vorsehung. Die gnadenlosen Folgen des Christentums; Reinbek bei Hamburg [2]1974 ([1]1972), 19
7 Ebd. 16
8 Ebd. 17
9 Vgl. ebd. 54
10 Ebd. 68
11 Ebd. 193
12 Ebd. 200
13 Ebd. 205
14 Daniel Degenhardt; Christentum und Ökologie; Starnberg 1979, 8f
15 Ebd. 14
16 Ebd. 27
17 Vgl. ebd. 107

18 Ebd. 127
19 Ebd. 129
20 Ebd.
21 Ebd. 136
22 Ebd. 141f
23 Udo Krolzik; Umweltkrise – Folge des Christentums?; Stuttgart, Berlin 1979, 43
24 Vgl. ebd. 44f
25 Ebd. 46
26 Ebd. 48
27 Vgl. ebd. 71
28 Ebd. 76
29 Ebd. 77
30 Vgl. ebd. 84
31 Vgl. bereits den Titel des Werkes von Johann Jacob Beckmann; Anleitung zur Technologie, oder zur Kenntnis der Handwerke, Fabriken und Manufacturen, vornehmlich derer, die mit der Landwirtschaft, Polizey- und Cameralwissenschaft in Verbindung stehn. Nebst Beyträgen zur Kunstgeschichte; Göttingen 1777
32 E. Drewermann; Der tödliche Fortschritt. Von der Zerstörung der Erde und des Menschen im Erbe des Christentums; Regensburg [3]1983, 7
33 Vgl. H. M. Baumgartner, B. Irrgang; Zur These vom Ende der Neuzeit; in: Dies. (Hg.) Am Ende der Neuzeit? Die Forderung eines fundamentalen Wertwandels und ihre Probleme; Würzburg 1985, 14–18, u. dort zitierte Literatur
34 Vgl. E. Drewermann; Der tödliche . . .; a. a. O. 62
35 Vgl. ebd. 68–71
36 Vgl. ebd. 87
37 Ebd. 132
38 Vgl. ebd. 154
39 E. Drewermann; Mit dem alten . . .; a. a. O. 5
40 E. Drewermann; Der tödliche . . .; a. a. O. 68
41 Protagoras: Fr. B 1 in: H. Diels, W. Kranz; Die Fragmente der Vorsokratiker, Bd. 2; o. O. [16]1972, 263
42 Vgl. Platon; Theaitetos, 151 e 3, 152 a 1–4
43 Kurt v. Fritz; Art. Protagoras; in: Pauly/Wissowa; Realencyclopädie der classischen Altertumswissenschaften, Bd. 45; Stuttgart 1957, 914
44 Vgl. Platon; Theait., 170 d 7f
45 K. v. Fritz; a. a. O. 914
46 Ebd. 916
47 Platon; Theait., 175 c 2
48 Ebd. 176 b 1f
49 Platon; Nomoi, 716 c 4–6
50 Siehe Georg Wilhelm Friedrich Hegel: Vorlesungen über die Geschichte der Philosophie; Erster Teil: Griechische Philosophie; 2. Kapitel: Die Sophisten; 1. Protagoras
51 Eine genaue Abgrenzung der Begriffe Anthropozentrik und Anthropozentrismus entwickele ich im Abschnitt (8) "Instrumentelle Rationalität: zur Diagnose der Moderne" unter der Überschrift "Positivismus und moderne Technologie".
52 Cicero, Marcus Tullius; De natura Deorum II,133; in: H. Rackham (Hg.); Werke in 24 Bden; Bd. 19 (lateinisch/englisch) Cambridge (Mass.)/London [7]1979, 250: "hi sunt di et homines, quibus profecto nihil est melius, ratio est enim quae praestet omnibus. Ita fit credibile deorum et hominum causa factum esse mundum quaequae in eo [mundo] sint omnia".
53 Vgl. ebd. II,150; a. a. O. 266
54 Vgl. ebd. II,151; a. a. O. 268

55 Vgl. ebd. II,152; a. a. O. 268–270: "nostris denique manibus in rerum natura quasi alteram naturam efficere conamur".
56 Anselm von Canterbury; Proslogion Kap 2 und 3;
57 Vgl. Johannes Baptist Metz; Christliche Anthropozentrik. Über die Denkform des Thomas von Aquin; München 1962, 21f
58 Ebd. 22
59 Alle Begriffe finden sich ebd. 31
60 Ebd. 33
61 Vgl. ebd. 36–38
62 Vgl. ebd. 47
63 Vgl. ebd. 49f
64 Ebd. 52
65 Vgl. ebd. 57–59
66 Vgl. ebd. 60–63
67 Vgl. ebd. 92
68 Vgl. ebd. 112f
69 Vgl. ebd. 128
70 Aristoteles; Eth. Nic. VI,5,3 (1140 b 2) und VI,5,7 (1140 b 21)
71 Kunst und Technik, für uns heute nahezu entgegengesetzte Begriffe, wurden bis zum ausgehenden 18. Jahrhundert unter dem Begriff der "ars" im Sinne etwa des Kunsthandwerks zusammengefaßt. Malen galt wohl bis ins Mittelalter hinein als technische Fertigkeit wie die Architektur, während Maschinen oft als Kunst- und Wunderwerke konzipiert waren. So war der Begriff Kunstgeschichte im 18. Jahrhundert noch als Bezeichnung der Geschichte der Ingenieurskunst zu verwenden, bis zu Beginn des 19. Jahrhunderts unter Einfluß des Gegensatzes von Romantik und Positivismus sie unabdingbar und endgültig getrennt wurden. Eine Veränderung scheint sich hier gegenwärtig anzubahnen, wenn Werke von Bildhauern von diesen selbst als Installationen bezeichnet werden. (Vgl. hierzu: Wilfried Seibicke; Technik. Versuch einer Geschichte der Wortfamilie um techne in Deutschland vom 16. Jahrhundert bis etwa 1830; Düsseldorf 1968.) Der Differenzierungsprozeß zwischen Kunst und Technik, der erst zu Beginn des 19. Jahrhunderts völlig abgeschlossen war, begann in der Renaissance. Dort fand ein bedeutsamer Umschwung im Selbstverständnis des Künstlers bereits zu Beginn des 15. Jahrhunderts etwa bei den historischen Kunstbetrachtungen Albertis und Ghibertis statt. Antonio Manettis Biographie Brunelleschis und Giorgo Vasari (1550) umreißen das Stoffgebiet der Kunstgeschichte als Künstler-Viten nach dem Vorbild der Antike. Einen eigentümlichen künstlerischen Gegenstandsbereich der Kunstgeschichte reklamieren auch die Kunstbetrachtungen Diderots und Lessings Laokoon-Streit um 1750. In Johann Joachim Winckelmanns "Gedanken über die Nachahmung der Griechischen Werke" (1756) und seiner "Geschichte der Kunst des Altertums" (1764) ist die Trennung von Kunst und Technik aus der Sicht der Künstler endgültig vollzogen. Vgl. hierzu Udo Kultermann; Geschichte der Kunstgeschichte. Der Weg einer Wissenschaft; Basel, Berlin, Wien [2]1981 ([1]1966), besonders 18, 29, 79 und 96. Die Verknüpfung von Kunst und Technik wurde zwar noch einmal exemplarisch durch die Künstler-Ingenieure der Renaissance, etwa in Leonardo da Vinci offenbar, dennoch wird z. B. im Selbstbildnis Albrecht Dürers in der Alten Pinakotek in München deutlich, daß dieser Mann sich nicht als Handwerker oder Techniker verstand. Von Seiten der Techniker und Ingeniure dauerte dieser Ablösungsprozeß länger. Erst Ende des 18. Jahrhunderts begreift sich Technik nicht mehr als "ars", sondern als Technologie, d. h. in zunehmender Verschränkung von der Wissenschaft her.
72 Zur Konzeption des praktischen Syllogismus vgl. Ludger Honnefelder; Wahrheit und Sittlichkeit. Zur Bedeutung der Wahrheit in der Ethik; in: Emerich Coreth

(Hg.); Wahrheit in Einheit und Vielheit. Beiträge zur Theologie und Religionswissenschaft; Düsseldorf 1987, 147–169

73 Vgl. Johannes Gründel; Die Lehre von den Umständen der menschlichen Handlung im Mittelalter; Münster 1963
74 Vgl. hierzu Anselm W. Müller; Praktisches Folgern und Selbstgestaltung nach Aristoteles; Freiburg, München 1982 und Markus H. Wörner; Das Ethische in der Rhetorik des Aristoteles; Freiburg, München 1990
75 Dieses Thema kann ich hier nicht ausführen; näheres findet sich bei: Ludger Honnefelder; Güterabwägung und Folgenabschätzung. Zur Bestimmung des sittlich Guten bei Thomas von Aquin; in: D. Schwab, D. Giesen, J. Liste, H.-W. Strätz (Hg.); Staat, Kirche, Wissenschaft in einer pluralistischen Gesellschaft, Fschr. zum 65. Geburtstag von Paul Mikat; Berlin 1989, 81–98
76 Vgl. Wolfgang Kluxen; Philosophische Ethik bei Thomas von Aquin; Hamburg ²1980, 218
77 Vgl. ebd. 225
78 Vgl. ebd. 229
79 Vgl. hierzu Franz Horner; Die neuscholastische Naturrechtslehre: Möglichkeiten und Grenzen; in: M. W. Fischer, E. Mock, H. Schreiner (Hg.); Worauf kann man sich noch berufen?; Stuttgart 1987, 19–33
80 Wolfgang Kluxen; Anmerkungen zur thomistischen Naturrechtslehre; in: D. Schwab et. al.; Staat, Kirche, Wissenschaft . . .; a. a. O. 119–128, hier 123
81 Vgl. ebd. 124
82 Vgl. ebd. 126
83 Vgl. ebd. 128
84 Vgl. Josef Fuchs; Für eine menschliche Moral. Grundfragen der theologischen Ethik Bd. 1, Freiburg i. Ue, Freiburg, Wien 1988,293
85 Zur Interpretation dieser Stelle verweise ich auf Abschnitt (3) "'Rechtsgemeinschaft der Natur' oder Anthropozentrik in der Umweltethik?" unter der Überschrift "Zur Systematik naturrechtlicher Argumente".
86 Vgl. Ludger Honnefelder; Die ethische Rationalität des mittelalterlichen Naturrechts. Max Webers und Ernst Troeltschs Deutung des mittelalterlichen Naturrechts und die Bedeutung der Lehre vom natürlichen Gesetz bei Thomas von Aquin; in: Wolfgang Schluchter (Hg.); Max Webers Sicht des okzidentalen Christentums; Frankfurt 1988, 254–275, hier 261
87 Vgl. ebd. 264
88 Vgl. ebd. 265
89 Vgl. ebd. 267
90 Vgl. Ludger Honnefelder; Conscientia sive ratio. Thomas von Aquin und die Entwicklung des Gewissensbegriffs; in: Joseph Szöverffy (Hg.); Mittelalterliche Komponenten des europäischen Bewußtseins; Berlin 1983, 8–19; hier 10
91 Vgl. ebd. 13
92 Vgl. ebd. 14
93 Vgl. Wilhelm Korff; Natur oder Vernunft als Kriterium der Universalität des Sittlichen?; Concilium 17 (1981), 832

7. Konstitutionsbedingungen neuzeitlicher Ratiozentrik und Anthropozentrik

In diesem Abschnitt möchte ich die transzendentalhermeneutische Zugangsweise nicht nur für Thomas fruchtbar machen, sondern auch für die Neuzeit, um das Problem Anthropozentrik in allen seinen Bedeutungsebenen analysieren und für eine christliche Umweltethik fruchtbar machen zu können. Die im christlichen Horizont entwickelte Idee individueller Personalität entfaltet in der Neuzeit ihre eigene Virulenz. Allerdings erfolgte bereits in der Mitte des 16. Jahrhunderts durch die Wissenschaft ein erster Angriff auf die materiale Seite der Anthropozentrik durch Kopernikus: Der Mensch steht nicht mehr im Zentrum des Universums, weil das geozentrische Weltbild an den empirischen Daten der Astronomie scheiterte. Menschliche Individualität und Personalität werden daraufhin akzentuiert und geben den inhaltlichen Vorstellungen von Anthropozentrik eine spezifische Ausprägung. Zudem geht im 16. Jahrhundert die Einheit der Konfession des westlichen Christentums verloren. Die schrecklichen Religionskriege verstärken vorhandene Zweifel an vorgegebenen festen Ordnungen.

Nun ist der Zweifel ja nichts unbedingt Neuzeitliches. Zweifel als Form der individuellen Suche nach Gott fand sich bereits im Mittelalter, nämlich z. B. im "Parzival" Wolframs von Eschenbach. Zu verweisen ist auch auf die breite Strömung der Skepsis in der hellenistischen Philosophie von der Akademischen bis zur Pyrrhonischen Skepsis eines Sextus Empiricus im zweiten nachchristlichen Jahrhundert. Doch die antike Skepsis diente nicht zur Profilierung des Individuellen und Personalen. Und Parzivals Suche endet durch die Aufnahme und Einfügung in die vorgegebene Heilsordnung des Grals. Dies ist im 16. Jahrhundert anders. Denn nun ist der Zweifel an der Gültigkeit vorgegebener Ordnungen, die lebensweltlich motivierte Skepsis gegenüber vorfindlichen Traditionen selbst zum Mittel der Emanzipation des Individuellen und Personalen geworden. Christliche Anthropozentrik und der anwachsende Zweifel zu Beginn der Neuzeit verstärken sich wechselseitig und betonen gemeinsam das Moment des Individuellen im menschlichen Selbstverständnis.

Die Neuzeit antwortet auf das durch den Zweifel und die Skepsis mit zusätzlicher Dynamik ausgestattete Konzept der Individualität und Personalität mit einem ausgeprägten Methodenbewußtsein und einem umfassenden Rationalitätsmodell. So etabliert sich eine Art Ratiozentrik im Horizont einer "philosophia perennis" und das Paradigma des Mechanismus für die Naturphiosophie. Neuzeitliche Metaphysiken entstehen als Systemphilosophien. Allerdings bedarf es zur Begründung der Ratiozentrik ihrerseits der methodischen Anthropozentrik; bei Descartes kommt der unhintergehbare Rückverweis auf das Subjekt in der Formulierung des "cogito ergo sum" in die Rechtfertigung seiner Methodenkonzeption. Descartes Explikation der kritischen Vernunft ergibt – wie noch in diesem Abschnitt genauer auszuweisen ist – mit unwiderlegbarer Gewißheit: Im Prozeß der Vorurteilskritik, in der skeptischen Überprüfung, im Zweifel und im kritisch reflektierten Erkennen bleibt als unerschütterliches Fundament der Rückbezug auf das erkennende Subjekt allein unbezweifelbar. Denn nur diesen Rückbezug kann der Gegner kritischer Rationalität nicht mehr argumentativ bezweifeln, ohne sich selbst den Boden für die Kritik zu entziehen.

Auch in der praktischen Vernunft setzt sich der Gedanke der Anthropozentrik durch, nämlich in der Formulierung und Rechtfertigung des Menschenrechtsethos. Dabei spielt auch hier die Skepsis eine nicht unerhebliche Rolle. Als fundamentale Voraussetzung für die Gewährung von Menschenrechten fordert neuzeitliche Ethik zuallererst Toleranz. Denn nimmt man die Freiheit und Individualität des Menschen ernst, dann muß dem Menschen auch zugestanden werden, für sich selbst den Inhalt dessen formulieren zu dürfen, was Menschenrechte ihm bedeuten. Dem einen nämlich bedeutet Freiheit als unveräußerliches Recht mehr, dem anderen Gerechtigkeit. Und dies muß nicht nur individuell, sondern kann durchaus auch gruppenspezifisch unterschiedlich sein. Daher gibt es kein inhaltlich normiertes, material bestimmtes und für alle Menschen in bestimmten Vorstellungen übereinstimmendes Menschenrecht. Vielmehr erhält das Menschenrechts-Ethos eine kritisch ausgrenzende Funktion und wird überall dort reklamiert, wo es verletzt wird.

Bei Thomas war noch der letzte Vermittlungshorizont z. B. von Natur und Vernunft schöpfungstheologischer Natur und mußte daher von der Vernunft nicht mehr selbst eigens ausgewiesen werden. Der methodische Zweifel nimmt derartige vorgegebene Horizonte nicht mehr fraglos hin. Daher steht in der neuzeitlichen Philosophie ein Konzept von Rationalität im Vordergrund, das Vorgegebenes nicht mehr anerkennt, sondern in einen ständig fortlaufenden Prozeß der kritischen Überprüfung hineinzieht. Methodischer Fortschritt, ständiger Überstieg, letztlich permanentes Wirtschaftswachstum treten an die Stelle vorgegebener Horizonte. Das Prinzip der permanenten Innovation in Wissenschaft, Technik und Wirtschaft hat eine ungeheuere Dynamik entbunden und Kreativität, Reichtum persönliche Autonomie freigesetzt. Dieser Freisetzungs-Prozeß hat aber auch seinen Preis. Nicht erst die ökologische Krise hat die immanente Dynamik neuzeitlicher Theorie und Praxis in ihren Schattenseiten offengelegt. Früher nannte man dies "Dialektik der Aufklärung". Die Nachteile der ständigen Innovation müsse die menschliche Psyche und zunehmend auch die Natur auf sich nehmen, so lautet der Vorwurf gegen das der Neuzeit zugrundeliegende Konzept. Daher stellen die Kritiker dieses ständigen Fortschritts die Frage nach der Legitimität der Neuzeit. Unter psychologischer und religiöser Rücksicht lautet der Einwand folgendermaßen: Die permanente Innovation führe den neuzeitlichen Menschen von Gott weg und in eine diesseitsorientierte Autonomie, die nur als sein Gotteskomplex, als sein Allmachtswahn bezeichnet werden könne. Die dabei vorgelegte Argumentation soll nun in ihrem Grundansatz rekonstruiert und überprüft werden.

Der Gotteskomplex – eine Anfrage an die Neuzeit?

Horst Eberhard Richter – er unterstellt der Neuzeit einen Gotteskomplex – führt die Umweltzerstörung auf eine untergründig heillose Angststimmung zurück, die den neuzeitlichen Menschen befallen habe, seitdem er seine

Sicherheit in Gott verloren habe.[1] Diese Angst führe zu einer verfehlten Grundhaltung zur Welt, zu einem einseitigen Selbstverständnis des Menschen und zu jenem zügellosen Bemächtigungsdrang des westlichen Fortschrittsmythos. Bemerkenswert ist das moralisierende Vokabular Richters, das die Analyse des Gemeinten und die Kritik am Vorgebrachten erschwert. Angst nämlich kann sich in vielfältigen Formen manifestieren, von leichten Formen der Depression bis hin zu einem Existential oder einer Grundbefindlichkeit des Menschen. Letztere ist jedoch nicht neuzeitspezifisch. Einen Hinweis gibt Richter: "Das Entsetzen vor einer unerträglichen Verlorenheit und Ohnmacht in der Welt ist somit die eigentliche Antriebsenergie, die sich hinter dem Drang nach technischer Allmacht verbirgt."[2] Damit ergibt sich eine nicht uninteressante Variante des Anthropozentrismusvorwurfs. Denn nun ist nicht mehr die materiale Anthropozentrik, der Glaube an die Sonderstellung des Menschen vor Gott, im Universum oder in der Evolution für unseren Allmachtswahn verantwortlich, sondern gerade deren Kränkung durch das geozentrische Weltbild, durch die Evolutionstheorie, durch die Entdeckung des Unbewußten und heute vielleicht noch durch das Projekt einer "Künstlichen Intelligenz".

Den Ansatzpunkt für die Rechtfertigung seiner Analyse gewinnt Richter dadurch, daß er ein kindliches Verhaltensmuster auf den Übergang vom Mittelalter zur Neuzeit überträgt. Er beschreibt das Reaktionsschema folgendermaßen: "Wenn kleine Kinder ihren Eltern mißtrauen und eine gewisse intellektuelle Wachheit erreicht haben, reagieren sie oftmals in einer konsequenten, aber der Umwelt schwer verständlichen Weise. Objektiv abhängig vom Schutz der Eltern, versetzt es sie in Panik, daß sie sich dieses Schutzes nicht mehr sicher fühlen. Ihr erwachtes Ich begreift, was der Mangel an Schutz bedeutet. In ihrer Angst versuchen sie selbst die totale Kontrolle der Situation zu übernehmen. [...] Es läßt sich vermuten, daß sich in den Europäern beim Übergang vom Mittelalter in die Neuzeit Prozesse abgespielt haben, die dem hier erläuterten kindlichen Reaktionsmuster verwandt sind."[3] Inwiefern und mit welchen Grenzen es erlaubt sein könnte, kindliche Verhaltensmuster auf menschheitliche Entwicklungen zu übertragen, erörtert Richter nicht. Ich halte dieses Vorgehen methodisch gesehen nicht für adäquat.

Hinzu kommt, daß Richter kein analytisches Instrumentarium zur Rekonstruktion der Konstitutionsbedingungen einer neuzeitlichen Denk- oder Verhaltensformen entwickelt. Allerdings verweist Richter auf einen konkreten Problemtopos, nämlich auf die Prädestinationslehre Augustins. Denn diese Konzeption habe die absolute Sicherheit der Gotteskindschaft mit dem Zweifel verbunden, da ja niemand hätte sicher sein können, zu den Erwählten zu gehören.[4] Daß diese Position des späten Augustinus ein theologisches und philosophisches Problem darstellt, will ich nicht leugnen. Auch gebe ich zu, daß selbst heute noch in bestimmten kirchlichen Kreisen ein strafender Gott verkündigt wird. Nur frage ich mich, warum das Neuzeitsyndrom mit seinem Allmachtswahn nicht unmittelbar nach Augustinus eingesetzt hat. Zudem war gerade im Mittelalter durch den Gedankenkomplex einer christlichen Anthropozentrik diese Extremposition korrigiert worden, ohne dem Menschen Gelegenheit zu geben, in Allmachtsphantasien zu verfallen. Biblisch begründet ist Augustins extrem ausformulierte Prädestinationslehre nicht. Dies wird besonders deutlich, wenn man an die Anerkennung des gefallenen Menschen durch Gott im Noah-Bund denkt. Dieser Hinweis Richters auf Augustinus begründet also m. E. für seine These nichts.

Diese lautet: Aus Sorge vor dem bösen, strafenden Gott kam es zur Flucht aus narzißtischer Ohnmacht in narzißtische Allmacht.[5] Es gibt diesen von Richter beschworenen Willkürgott im Rahmen der nominalistischen spätmittelalterlichen Theologie bei Wilhelm von Ockham. Doch m. E. sind die Hinweise darauf, daß die voluntaristische Gottesvorstellung die philosophische Idee der Neuzeit konstituiert habe, zu sporadisch, um über die Legitimation der Neuzeit zu entscheiden.[6] Sehr aufschlußreich ist auch Richters Descartes-Interpretation: *"Das individuelle Ich wird zum Abbild Gottes. Die höchste und zentrale Wahrheit steckt infolgedessen in dem berühmten Satz: Cogito ergo sum; ich denke, also bin ich. Was wie ein logischer Schluß aussieht, ist im Grunde eine intuitive Entscheidung. Das Ich setzt seine Selbstgewißheit obenan."*[7] Diese Interpretation ist schlichtweg falsch. Ihr liegt eine Verwechslung von materialer und methodischer Anthropozentrik zugrunde. Dies werde ich noch in diesem Abschnitt ausweisen können. Auch im cartesischen Gottesbeweis sieht Richter nur "eine rationalisierende Verleugnung der tatsächlichen Entmachtung Gottes [. . .]. In Wirklichkeit vertraut dieser Beweis nicht auf Gott, sondern auf die Unfehlbarkeit des eigenen Intellekts."[8]

Richters Kritik verkennt die Bedeutsamkeit der methodischen Anthropozentrik für einen Gottesbeweis. Denn jeder Beweis, selbst wenn er von Gott handelt, richtet sich nicht an Gott – er ist seiner Existenz auch ohne Beweis gewiß –, sondern an den Menschen. Methodische Anthropozentrik ist hier argumentationslogisch gefordert und damit kein Zeichen für die Entmachtung Gottes. Zudem trifft der von Richter unterstellte Antagonismus von Glaube und Vernunft für Descartes nicht zu und ist m. E. ein unzureichendes Instrumentarium zur Analyse der Konstitutionsbedingungen der Neuzeit. Außerdem übersieht Richter die Bedeutsamkeit des ontologischen Gottesbeweises für Descartes' System: Der Erweis der Realität der Außenwelt hängt an ihm. Das heißt nun explizit, daß Descartes in seinem System nicht auf die Idee Gottes verzichten kann, ohne den Weltbezug zu verlieren. Eine Entmachtung Gottes kann ich darin nicht sehen.

Kehren wir wieder zur eigentlichen Domäne Richters zurück, zur Psychologie und zum Vergleich narzißtisch gekränkter Kinder mit der Psychopathologie der Neuzeit. Solche Kinder bleiben in der Regel hartnäckige Egozentriker. Richter überträgt das Schema dieser krankhaften Kindheitsentwicklung auf die Philosophiegeschichte des 17. und 18. Jahrhunderts. Er kommt zu dem Schluß: Daher verwandele sich der Mensch der Aufklärung selbst in Gott. Die Monadenlehre von Bruno und Leibniz, das neue durch Egoismus gekennzeichnete Menschenbild bei Hobbes, Kants abgrundtiefes Mißtrauen gegenüber natürlichen Gefühlen und die Überhöhung des Sittengesetzes als Quasi-Repräsentanz Gottes bis hin zu Nietzsches Übermensch, der egoistisch seine schrankenlose Willkür genießt,[9] sie alle sind für Richter Ausdruck des Psychodramas der Neuzeit. Allerdings scheint es mir methodisch fragwürdig, so unterschiedliche, ja gegensätzliche Konzeptionen wie die von

Leibniz und Kant einerseits und Hobbes und Nietzsche andererseits unter derselben Direktive zu versammeln. Damit zeigt das Schema nur, daß es alles und nichts erklärt. Ich vermute daher, daß hinter der neuzeitlichen Subjektbezogenheit, in der modernen Form von Anthropozentrik, recht verschiedene Konzeptionen und Ausrichtungen rekonstruiert werden können. Das Erklärungsschema "Kompensation narzißtischer Kränkung" als gesamtmenschliche Erfahrung der Aufklärung ist m. E. viel zu linear gedacht, um der umfassenden Dynamik der Neuzeit gerecht zu werden.

Richters Aussagen über die Psychopathologie der Menschen kann ich nicht bewerten. Da aber der philosophische Argumentationsgang gerade bei Denkern des 17. und 18. Jahrhunderts von Horst Eberhard Richter völlig unzureichend erfaßt wurde, ist es m. E. äußerst fragwürdig, wenn die Beschwörung des Psychodramas der Neuzeit die genaue und saubere Analyse wenigstens einiger der Konstitutionsbedingungen der Neuzeit ersetzen soll. Diese Analyse soll nun wenigstens schlaglichtartig nachgeholt werden. Eine besondere Rolle wird hierbei natürlich der Themenkomplex Anthropozentrik in seinen unterschiedlichen Aspekten spielen.

Kosmozentrik und Anthropozentrik in der Renaissance

Soll im folgenden die Denkform der Neuzeit im Umriß rekonstruiert werden, so reicht ein Psychogramm nicht aus. Vielmehr weist ihre Entstehung zurück auf ein Faktorengeflecht, in dem Gelehrsamkeit, Wissenschaft, Kunst und Technik ineinandergreifen. Der Ablösungsprozeß zur Konstitution der Neuzeit führte in drei Stufen vom Spätmittelalter bis in die Aufklärung. Dabei begann sich die Philosophie nicht ohne innere Spannungen im 13. und 14. Jahrhundert im Universalienstreit vor allem durch nominalistische Positionen von der Theologie zu trennen. In der Renaissance treffen die Traditionen der Gelehrten und der Handwerker zusammen, die eine neue Weltsicht, manifest im Gedanken der Zentralperspektive, vorbereiten. In der dritten Phase erfährt im 17. Jahrhundert die experimentelle Philosophie ihre Ausformung und soziale Institutionalisierung.[10]

Ein derartiges Schema – im einzelnen durchaus noch ergänzungsbedürftig und verbesserungsfähig – kann wenigstens in den großen Linien eine nicht geringe Plausibilität für sich verbuchen. Im Konstitutionsprozeß der Neuzeit wurde ein erster Durchbruch zwischen 1250 und 1350 erreicht. Ihn hatte ich bereits im letzten Abschnitt angedeutet. In der zweiten Phase – der Renaissance – lassen sich zwar kaum große wissenschaftliche und technische Innovationen aufweisen. Dennoch müssen die Indikatoren des sich vollziehenden geistigen Umbruchs anerkannt werden, nämlich "daß eine neue Form der Religiosität und ein neues Weltbild entstanden sind oder daß der Entdecker- und Unternehmergeist des Menschen freigesetzt worden ist".[11] Und sieht man "auf die Veränderungen der Erkenntnisprozesse, also die Modi der Ergebniserzeugung, dann bleibt die Renaissance eine Epoche der Veränderung auch des wissenschaftlichen Denkens".[12] Ein solches Resultat ist nicht weiter verwunderlich, denn in der Renaissance stand weder Gelehrsamkeit noch Wissenschaft im Zeichen des Umbruchs, sondern vielmehr Kunst und Technik, wenn auch in der Weise einer Konvergenz mit Tendenzen in der

Wissenschaftsentwicklung. "Die Umstrukturierung einer Weltanschauung ist etwas anderes als die Akkumulation wissenschaftlicher Erkenntnis."[13] Gerade diese Ebene – Metz hatte sie mit Denkform umschrieben – ist aber ausschlaggebend für die Frage nach der Anthropozentrik in der Neuzeit.

Im frühen 17. Jahrhundert ist mit der Idee des wissenschaftlichen Fortschritts der Konstitutionsprozeß der Neuzeit als Epoche abgeschlossen. Die in der ersten Hälfte des 17. Jahrhunderts vorliegende Methode und die ihr zugrundeliegende Denkungsart deckt in den Ereignissen der Natur Gesetze auf. Die Erkenntnis von Gesetzen wird, wenn möglich, experimentell betrieben. Die Formulierung neuer Gesetze gilt als Erkenntnisfortschritt. Nun ist ein Stadium erreicht, "an dem die Kennzeichen der neuzeitlichen Wissenschaft (a) vorhanden, (b) reflexiv thematisiert und (c) normativ ausgezeichnet worden sind".[14]

Nach diesen etwas allgemeineren Überlegungen zu den Konstitutionsphasen der Neuzeit soll nun der Zusammenhang von neuzeitlicher Anthropozentrik und Renaissancephilosophie näher analysiert werden. Edmund Husserl formuliert ihn emphatisch so: "In dem die Renaissance leitenden Ideal ist der antike Mensch der sich in freier Vernunft einsichtig Formende: [...] es gilt, nicht nur sich selbst ethisch, sondern die ganze menschliche Umwelt, das politische, das soziale Dasein der Menschheit auf freier Vernunft, aus den Einsichten einer universalen Philosophie neu zu gestalten."[15] Auch Egon Friedell begreift in seiner "Kulturgeschichte der Neuzeit" den Ansatz der Renaissance in diesem Sinne: "Dies ist offenbar der ursprüngliche Sinn der Renaissance: die Wiedergeburt des Menschen zur Gottähnlichkeit. In diesem Gedanken liegt eine ungeheure Hybris, wie sie dem Mittelalter fremd war, aber auch ein ungeheurer geistiger Aufschwung, wie er nur der Neuzeit eigen ist."[16] Friedell beruft sich dabei auf das 1486 erschienene Buch "De dignitate hominis" von Pico della Mirandola.

Die eigentliche Geburtsstunde der Renaissance ist etwa 70 Jahre früher zu datieren. Auf dem Weg in die Renaissance wurde in Florenz der erste Schritt von Werkstätten getan, die mit dem Bau und der Ausstattung von Stiftungen bürgerlicher Körperschaften beauftragt waren.[17] Im Zusammenhang mit den Überlegungen zur Architektur erfolgte eine Entdeckung, die die Struktur des Wahrnehmens und Erkennens selbst veränderte. Brunelleschi erkannte die Bedeutung der Zentralperspektive, als er zwischen 1418 und 1420 das letzte Zwischenstück der Kuppelschale des Florentiner Doms fertigstellte. Brunelleschis Architektur gipfelte 1426 in der Capella Pazzi, einem Raum von klarer Schönheit und ebenmäßiger Harmonie, in dem die Geistigkeit von Mathematik und Geometrie in seltener Lauterkeit ihren Sieg über die Materie feierte: "Maß, Zahl und Überschaubarkeit sollten dem Raum jene vollkommene Ruhe sichern, die als Schwerelosigkeit erlebt wurde."[18]

Von Anthropozentrik ist in der Florentiner Frührenaissance nicht die Rede. Am Anfang steht ein neues Raumgefühl, ein verändertes Verhältnis zur Natur und zum Kosmos. Raum, Natur und Kosmos werden nach den Gesetzen der Mathematik in einer neuen Harmonie erfaßt. Außerhalb der Universitäten verband sich künstlerisches Schaffen mit wissenschaftlicher Erkenntnis in der Lehre von der Zentralperspektive oder von den Proportionen in organischen Leibern, entdeckt aufgrund anatomischer Studien. So lehrten

Architektur und Kunst eine neue Art zu sehen, veränderten die Struktur der Erfahrung, indem sie Wahrnehmungen mit Gesetzen der Optik und der Geometrie begriffen und nahezu einen Traktat wissenschaftlicher Architektur und Malerei entwickelten: "Malerei, Plastik und Architektur strebten, da sie nun auf wissenschaftliche Methoden gründeten, nichts weniger an als den Rang der alten Artes liberales."[19] Seine Originalität und Kraft bezog dabei der Stil des frühen Quattrocento aus dem Gesetz der Einheitlichkeit, Einfachheit, der rationalen Haltung und der Kraftlinien. Nicht Anthropozentrik ist das Signum der frühen Renaissance, sondern eher Kosmozentrik, eine neue Dignität der Natur, insofern sie harmonisch ist und mathematischen Proportionen genügt. Kurzum, Natur wurde hier im neuplatonischen Sinn als Chiffre für eine höhere Ordnung gelesen.

Allerdings wird auch der Mensch in der Renaissance anders gesehen. Ausdruck dieser veränderten Perspektive ist Donatellos David von 1442, der Hirtenknabe in Siegerpose, die erste freistehende Aktfigur seit der Antike.[20] Obwohl als biblischer Held bezeigt, provozierte diese Figur: "Die Nacktheit hat hier, obwohl kindlich-unschuldig, etwas Programmatisches und Herausforderndes, da sie weder aus der alttestamentarischen Geschichte noch aus der ikonographischen Tradition Rechtfertigung bezieht."[21] Allerdings geriet dieses Weltbild – basierend auf der mathematisch gegliederten Wahrnehmung – schon bald ins Wanken, mußte die soeben gefundene neue Struktur der Erfahrung wieder in Zweifel gezogen werden: "Einmal erkannten Piero della Francesa und nach ihm Leonardo, daß es eine solche Klarheit der perspektivischen Linien in der Natur selbst nicht gäbe. Sie werden durch die Luft, das Licht und auch den Dunst gebrochen. Zum zweiten wurden sich die Künstler bewußt, daß die Antike die Natur keineswegs so, wie sie erscheint, wiedergegeben habe, vielmehr verändert durch das eigene Stil- und Kunstempfinden. Naturnachahmung und Antikennähe widersprachen sich."[22]

Die Denkform der Renaissance wirkt durchaus widersprüchlich. Sie kann als religiös und christlich gesehen werden, aber auch als an der Antike orientierte "heidnische Revolte der Sinne und der Vernunft, durch den sich die mittelalterliche Bindung an die übersinnliche Welt aufhob, so daß es möglich geworden war, den selbständig gewordenen Menschen in den Mittelpunkt des von ihm entdeckten Kosmos zu stellen".[23] Allerdings sollte der heute übliche und festverwurzelte Glaube an den mit der Renaissance verbundenen Neubeginn überprüft werden, "zumal wenn man die unterdessen von Wirtschaftstheoretikern vorgenommenen Untersuchungen der ökonomischen Verhältnisse der Zeit berücksichtigt".[24] Obwohl nur von kleinen Elite-Gruppen getragen und den widrigen Zeiten "zum Trotz ließen sich die Humanisten von dem unerschütterlichen Glauben leiten, der menschliche Geist, stütze er sich nur auf die antike Überlieferung, sei zur Beherrschung der Natur fähig".[25]

Betrachtet man die Denkform der neuen Epoche insgesamt, dann kann von einer Anthropozentrik zumindest in der Florentiner Frührenaissance nicht die Rede sein. Allerdings werden sehr dezidierte Vorstellungen auf der Ebene materialer Anthropozentrik in der Renaissance vorbereitet. Die Rezeption antiken Gedankengutes vor dem Hintergrund des christlichen Verständnisses von Personalität im Geist des Renaissance-Aufbruchs, inspiriert vom Typus der genialen Künstlerpersönlichkeit, führt zu einer Überbewertung der menschlichen Persönlichkeit. Orientiert an einer mathematisch gedeuteten Natur und Leiblichkeit wird im Bereich der materialen Anthropozentrik der Kerngehalt christlicher Anthropozentrik transformiert. Es läßt sich eine Problemlinie nachzeichnen, die zu Pico della Mirandola führt.

Dieser Entwicklung zur autonomen Personalität des Menschen wollte Nikolaus von Kues entgegenwirken. Dennoch, als er um die Mitte des 15. Jahrhunderts den "Beryll" schrieb, lebte er in Rom und blieb nicht unbeeinflußt von dem geistigen Aufbruch um ihn herum. So versuchte er noch einmal, die Einheit und Geschlossenheit des mittelalterlichen Weltbildes unter den Bedingungen der Umbruchszeit zu formulieren. Mittels des Gleichnisses vom konvex und konkav geschliffenen Edelstein Beryll zeigt er auf, daß die Vernunft durch die Perspektive der "coincidentia oppositorum", der übergegensätzlichen Einheit aller Gegensätze, Gott als Schöpfer der Welt und sich selbst zu begreifen vermag. Cusanus geht von vier Denkprinzipien als Grundlage einer sich zu Gott erhebenden Vernunftbewegung aus, von denen die beiden letzten von erheblichem sachlichen Interesse für unsere Fragestellung sind. Diese lauten: (1) Das Eine sei erster Ursprung, nach Anaxogoras die Vernunft. (2) Was nicht wahr oder wahrscheinlich ist, ist nicht. (3) Der Mensch ist das Maß aller Dinge nach Protagoras. (4) Der Mensch ist ein zweiter Gott gemäß dem Ausspruch des Hermes Trismegistos (De Beryllo 3–6).[26]

Auf den ersten Blick könnte man meinen, hier würden zwei Problemlinien verknüpft, welche die Behauptung vom Ursprung des neuzeitlichen Anthropozentrismus in der christlichen Anthropozentrik rechtfertigen. Denn worauf sonst sollten die beiden Bestimmungen des Menschen als Maß aller Dinge und als zweiter Gott denn hinauslaufen? Dem Menschen wird hier keine unbedeutende Stelle am Rande des Universums – ein solcher Gedanke wird überhaupt erst ein halbes Jahrhundert später durch Kopernikus möglich – zugesprochen. Dennoch erscheint das Menschenbild des Nikolaus von Kues als gelungenes Beispiel, wie christliche Anthropozentrik ohne Untertöne eines instrumentellen Herrschaftsbewußtseins verstanden werden kann.

Den Satz des Protagoras interpretiert der Cusaner im erkenntnistheoretischen Sinn. Das Wahrnehmbare ergreife der Mensch durch die Sinne, das Einsehbare durch das Verstehen und alles andere durch eine diese beiden Bereiche überschreitende Denkbewegung. Seine Schlußfolgerung lautet: "Darum findet der Mensch in sich selbst gleichsam als der messenden Wesensbestimmung alles Geschaffene."[27] Der Mensch erkennt nach seinen eigenen Prämissen, er mißt das Geschaffene gemäß seiner eigenen Natur. Um aber die Interpretationsdifferenzen im Menschenbild zu überwinden, greift der Mann aus Kues auf Hermes Trismegistos und dessen Bestimmungen des Menschen als "zweiter Gott" zurück. Er legt sie im Sinne des AT als Abbild Gottes und Befähigung zum Begriffsschöpfertum aus. Das "Abbild Gottes" bezieht sich darauf, daß der Mensch die Dinge erkennt und begreift. Sein Vernunft-Denken hat Ähnlichkeit mit dem Göttlichen und zwar im "schöpferischen Tun".[28] Der Cusaner faßt zusammen: "Daher mißt er sein Denken durch die Mächtigkeit und Möglichkeit seiner Werke und gewinnt danach ein Maß für das göttliche Denken in ähnlicher Weise, wie die Wahrheit durch ihr Bild gemessen wird. Und das ist gleichnishaftes Wissen. Der Mensch hat einen zutiefst dringenden Blick, mit dem er sieht, daß das Gleichnis ein Gleichnis der Wahrheit ist, so daß er weiß, daß das die Wahrheit ist, die nicht in irgendeinem Gleichnis darstellbar ist."[29] Der Kosmos, die Natur, der Mensch selbst, sie alle werden damit zum Gleichnis Gottes, der Mensch aber darüber hinaus zu Gottes Abbild.

Damit wird dem Menschen im Sinne einer materialen Anthropozentrik zwar eine hervorgehobene Stellung zugebilligt. Jedoch ist er nicht abgetrennt oder gar im Gegensatz zur ganzen übrigen Schöpfung zu sehen. Wenn auch die Einschränkung auf den Begriffsschöpfer das ursprüngliche Verständnis bei Hermes Trismegistos nicht trifft, in einem sieht der Cusaner ganz richtig, daß die Bestimmung "der Mensch sei ein zweiter Gott (hominem esse secundum deum)" nicht nur das Zahlwort "zwei" enthält, sondern "secundus" im Sinne der Nachahmung und auch der Ähnlichkeit gemeint ist. Denn, "er machte den Menschen sowohl zum Nachahmer seiner Vernunft wie seines Wohlwollens."[30] Auch hier läßt sich trotz der anthropozentrischen Einfärbung dieser Aussagen ein instrumentell interpretierter Herrschaftsauftrag des Menschen nicht herauslesen.

Mit seiner Position hätte sich der Cusaner auch auf Augustinus berufen können, der explizit sagt: "Die Menschen sind Götter, aber sie werden dies durch die Teilhabe an jenem einen, der wahrer Gott ist."[31] Für die christliche Tradition konstituiert sich das Menschsein in der Nachfolge der Imago-Dei-Lehre aus Gen 1,26f darin, daß der Mensch dem Gesetz Gottes folgt, ein Gesetz, das nicht von dieser Welt ist, durch Nikolaus von Kues zunehmend dahingehend interpretiert wird, daß es gleichnishaft in der Natur aufscheint. Denn er kritisiert an Platon und Aristoteles, daß sie aus der Naturnotwendigkeit heraus dächten (De Beryllo 23). Mit Aristoteles sieht er die Wesensbestimmung des Menschen im Erkennen, allerdings zielt er darauf ab, daß in den sichtbaren Dingen Gott erkannt wird (De Beryllo 36). Erkennend ist der Mensch das Maß aller Dinge (De Beryllo 37), nicht instrumentell verändernd.

Liest man allein die Bestimmung des Menschen als "zweiten Gott" bei Cusanus, so könnte man auf den ersten Blick geneigt sein, christliche Anthropozentrik als Vorstufe des neuzeitlichen Anthropozentrismus zu verstehen. Wenn aber der "zweite Gott" Gott werden will (der beschriebene "Gotteskomplex", der der Neuzeit unterstellt wird), dann ist der Boden christlicher Anthropozentrik verlassen. Eine christliche Anthropozentrik ohne Gott ist nicht mehr christlich. Daher könnte man der Kirche zwar vorwerfen, sie habe in der Neuzeit nicht mehr die Kraft gehabt, genügend Glauben in den Menschen zu wecken – eine sehr fragwürdige These, wenn man andere Abschnitte der Kirchengeschichte betrachtet –, aber nicht behaupten, daß die Systematik christlicher Anthropozentrik aus sich heraus den neuzeitlichen Anthropozentrismus hervorbringen mußte. Andere, nichtchristliche Motive waren hier wirksam, die es zu eruieren gilt. Diese These möchte ich in diesem und im nächsten Abschnitt näher begründen.

Mit dem etwa dreißig Jahre später verfaßten Werk "De Hominis Dignitate" von Pico della Mirandola setzt dann allerdings auf der Ebene der materialen Anthropozentrik ein Umschwung ein. Dieses Werk, in Florenz geschrieben, wo sich seit der Entdeckung Brunelleschis Ansätze einer mathematisch-instrumentellen Denkweise in Architektur, Kunst und Mechanik entwickeln konnten, beginnt mit der Bestimmung: "nichts Bewunderungswürdigeres als der Mensch scheine zu sein".[32] Dabei beruft auch er sich auf das Corpus Hermeticum. Ihm reicht es nicht mehr, den Menschen bloß als "naturae interpretem" zu betrachten, sondern er glaubt, Gott habe den Menschen in die Mitte der Welt gestellt, damit er "gleichsam willkürlich und in allen Ehren sich selbst Bildhauern und Dichter"[33] werde und sich selbst seine eigene Form gebe. Mit Händen greifen läßt sich dahinter das Künstler-Ideal der frühen Renaissance. Der Mensch könne tiefer herabsinken als die Tiere, aber es stehe ebenso in seiner Macht, sich in die höchsten göttlichen Ebenen aus eigenem Entschluß seiner Seele zu erheben.

Gepriesen wird die Freiheit Gottes und das höchste Glück des Menschen, "dem es gegeben ist, das zu haben, was er wünscht, das zu sein, was er will".[34] Allumfassende Möglichkeiten sind dem "Chamäleon" und "Proteus" unter den Lebewesen verliehen, da er auf verschiedenen Stufen existieren kann, sogar die Befähigung besitzt, sich in die dunkle Einzigartigkeit Gottes zurückzuziehen, wenn er mit dem Schicksal aller anderen Geschöpfe nicht zufrieden ist. So formuliert Pico den Grundgedanken des neuzeitlichen Autonomieexperiment. Dieser liegt auf der Ebene materialer Anthropozentrik und läuft darauf hinaus, daß "wir das seien, was zu sein wir wollen".[35]

In dieser Formulierung artikuliert sich der epochale Versuch, Menschsein durch die Selbstbestimmung zu begreifen, dadurch, daß der Mensch sich selbst das Gesetz seines eigenen Seins gibt. Er ist ein Gott mit Fleisch umkleidet. Und damit wird der Mensch erstmals zum Maß seiner selbst, ausgestattet mit der Schöpferkraft des als Künstler gedachten christlichen Gottes, der die Welt ex nihilo schafft, ein "kleiner" Unterschied zu den menschlichen Fähigkeiten, der sich mit dem Voranschreiten des Autonomieexperimentes zunehmend verwischt. Und diese Bestimmung der Kreativität und Schöpfungspotenz unterscheidet den Satz des Protagoras von der Künstler-Autonomie des Renaissance-Genies. So deutet Pico christliche Anthropozentrik um in den Gedanken, daß der Mensch Welt- und Selbstschöpfer sei. Damit formuliert er den Gehalt einer neuzeitlichen materialen Anthropozentrik mit Anklängen an die methodische Anthropozentrik. Er begründet durch die Verknüpfung der Gottebenbildlichkeit mit einem Freiheitsverständnis, in dem die thomanische Selbstmächtigkeit und Selbstgestaltung in eine kreative Selbstbestimmung umgedeutet wird, den neuzeitlichen Gedanken der Menschenwürde.

Menschenwürde und Menschenrechte

Bei Thomas von Aquin war die Würde des Menschen noch in der Auszeichnung des Menschen als Ebenbild Gottes begründet. Dieser Gedanke findet sich in der Secunda Secundae seiner "Summe Theologiae" in der Quaestio 102 (II–II,102). Bereits Cicero hatte in Anlehnung an die Stoa von der Würde einer Person als Kennzeichen seiner Stellung und Geltung in der Öffentlichkeit geschrieben.[36] Nun war aber durch Pico der Freiheitsgedanke und die Idee der Selbstbestimmung – den Autonomiegedanken der Aufklärung vorbereitend – in die Bestimmung der Würde des Menschen hereingebracht worden. Mit der beginnenden Neuzeit rückt bei der Auszeichnung seiner Würde erneut die Vernunft und der gesellschaftliche Kontext in den Vordergrund. Dies hat geschichtliche Gründe, die in den Religionskriegen zu suchen sind. Der Gedanke der Menschenwürde artikuliert sich zunächst in dem des Menschenrechtes. Die historischen Zusammenhänge hat Wolfgang Fikentscher[37] untersucht.

Aus den Glaubensauseinandersetzungen des 16. Jahrhunderts entstanden auf christlicher Grundlage die denkerischen und verfassungsrechtlichen Voraussetzungen für die Grundrechts- und Menschenrechtsdemokratie.[38] Verfolgt man die Ursprungsgeschichte dieser Idee, so kommt man zu folgender Problemlinie: "Geht man in der Geschichte schrittweise zurück, so stützt sich die Französische Revolution auf die Enzyklopädisten, diese auf die Founding Fathers, die Founding Fathers auf John Locke, John Locke auf Edward Coke und beide auf Richard Hooker, [...], und Richard Hooker (1546–1600) auf die niederländische Revolution, die ihren Beginn um das Jahr 1566 hat. So nimmt es nicht Wunder, daß die erste in einer 'verfassungsgebenden Versammlung' verbriefte Grundrechtsgewährung die Zubilligung der Religions- und Versammlungsfreiheit auf der Dordrechter Ständeversammlung vom 15./16. Juli 1572 war, die am Anfang der Republik der Niederlande steht."[39] Unterstützt wurden dabei die Aufständischen von Wilhelm von Oranien, der die Gewährung religiöser Bekenntnisfreiheit und die dazugehörigen Freiheiten seiner christlichen Überzeugung schuldig zu sein glaubte.

Fikentscher rekonstruiert den Hintergrund für das Grundrechtsdenken im reformierten Glaubensverständnis:

"Der durch Luther, Zwingli, Calvin u. a. reformierte, d. h. versuchsweise auf seinen ursprünglichen Inhalt zurückgeführte Glaube besagte im wesentlichen: Der Mensch muß hinsichtlich seines Schicksals und der Beurteilung seines Handelns voll auf Gott vertrauen. Er kann sich weder im Diesseits noch im Jenseits durch Einsatz noch so großer Kräfte geistliche Vorteile verdienen. Andererseits ist ihm von Gott eine gerechte Beurteilung seiner Leistungen, umfassender: seines Schicksal-Schuld-Verhältnisses zugesagt. [...] Vertrauensbegriff, Rechtfertigung durch den Glauben statt durch Werke, christliche Vergebung und freies Handeln in der Zeit, sind vier Aspekte der gleichen Sache. Dabei wird trotz der Angewiesenheit auf Gott als den Herrn des Lebens wegen des stets möglichen Neubeginns, so lange diese Zeit besteht, eine prinzipielle Offenheit der Zukunft, also ein Indeterminismus mit legitimen Risikogehalt und entsprechenden Vertrauensanforderungen erreicht. Mit der Emanzipation des glaubenden Menschen und der 'neuen Methode' war der Zweifel wieder wissenschaftlich legitim geworden. [...] Politisch mußte das in einer Ordnung seinen Niederschlag finden, die den christlichen Zweifel institutionalisierte. Diese Umsetzung des christlichen Zweifels in Organisation heißt Grundrechtsdemokratie. [...] Im Kreise der Theoretiker um Wilhelm setzte sich der 'sokratische Zweifel' an der Trennbarkeit von Unkraut und Weizen durch [...]. Bei Richard Hooker wird der Zweifel zu einer vollständigen Rechts- und Staatstheorie ausgebaut (1586–1592), die sich über John Locke Weltgeltung als 'Demokratie' verschaffte."[40]

Daher ist bei Hooker das Gewissen maßgeblicher als das Naturgemäße. Hooker widerlegt also durch sein Werk die Annahme, "daß die Grundrechtsdemokratie der Klassik oder dem Humanismus entstammt".[41] Er formuliert die rechtlichen Voraussetzungen für das Menschenrechtsethos als neuzeitliche Version einer Anthropozentrik als Ethosform. Sie ist christlich-reformierten Ursprungs und kann sich auf Thomas' Gewissenslehre berufen. Neuzeitliche und thomanische Anthropozentrik als Ethosform hängen zusammen. Sie begründen in beiden Fällen ein Ethos der Gewissensfreiheit und nicht ein instrumentell-ausbeuterisches Verhältnis zu Natur.[42] Bedeutsam ist die Rolle der Skepsis hinsichtlich einer absoluten Erkennbarkeit des sittlich Richtigen. Denn sie begründet den Gedanken der Toleranz, ohne den ein Menschenrechtsethos und die Berufung auf das Gewissen nicht auskommt.

Methodische Anthropozentrik bei René Descartes

Der Zweifel blieb nicht auf die religiösen und sittlichen Bereiche im 16. Jahrhundert beschränkt. Er weitete sich zu einer breiten skeptischen Grundströmung aus. Ihre Vertreter in Frankreich nennen wir heute die französischen Moralisten. Als ihr Protagonist darf Michel de Montaigne gelten. Gründe für die anwachsende Skepsis gab es allemal. So führte der Verlust des Glaubens an eine zutreffende Gotteserkenntnis aufgrund der konfessionellen Aufspaltungen zur Skepsis in Bezug auf die Möglichkeit einer vernunftbegründeten Theologie. In den Religionskriegen wurde darüber hinaus – Descartes hatte am Dreißigjährigen Krieg teilgenommen – die gemeinsame sittliche Basis und politische Ordnung zerstört. Eine neue Ordnung bildete sich im Menschenrechtsethos und im Gedanken der Demokratie als Regierungsform nur ganz langsam aus. Drittens führte die Astronomie mit Kopernikus und Kepler zur Auflösung des geozentrischen Weltbildes und zum Verlust des Glaubens an die Richtigkeit unserer sinnlichen Wahrnehmung und Alltagserfahrung. Denn wir sehen die Sonne jeden Tag auf- und untergehen. Das aber stimmte nicht, zumindest nicht aus kosmischer Perspektive betrachtet. Dies führte nicht zuletzt zu erheblichen Zweifeln an der tradierten aristotelischen Wissenschaftskonzeption. Ein neues Paradigma war gefragt.

Descartes fand es im experimentierenden Vorgehen Galileis und seiner Analytischen Geometrie. Dabei sollte die Verknüpfung von Algebra und Geometrie dazu dienen, die experimentelle Methode metaphysisch zu begründen, um so Philosophie, nicht zuletzt Naturphilosophie, auf ein sicheres Fundament zu stellen. Dies führte zu einer Schwerpunktverlagerung im Verständnis von Anthropozentrik auf allen drei von mir unterschiedenen Bedeutungsebenen. Das neue Verständnis von Anthropozentrik war zwar vorbereitet durch den philosophisch-theologischen Aufbruch im 12. und 13. Jahrhundert, wie ich ihn insbesondere anhand von Thomas von Aquin analysiert habe. Es ging dann aber auch über die Aufwertung der autonomen Künstler-Persönlichkeit der Renaissance hinaus. Der Ansatz beim Experimentieren führte nämlich zu neuen Akzenten beim Durchdenken der Anthropozentrik.

Das Experiment ist anders als die bloße Beobachtung durch menschliches Handeln bewußt herbeigeführte Erfahrung.[43] Es ist als Handlung gemäß dem thomanischen Ansatz sittlich qualifiziert und muß nach Ziel und Umständen bzw. Folgen in der Planung (Intention) wie in der Durchführung sittlich verantwortet werden. Doch diese handlungstheoretische Ausdeutung des Experimentierens, die eigentlich nahegelegen hätte, wurde unterlaufen durch die Einordnung des Experimentes in ein technisch-handwerkliches Verfahren. Diese instrumentelle Deutung des Experimentes ist zwar durchaus legitim, verlangten doch viele Experimente geschickt konstruierte Apparate. So sah bereits Francis Bacon methodisch geordnete Versuchsreihen als Grundlage einer systematischen Beherrschung der Natur an und gab Prinzipien für diese Versuchsreihen an, die durch planmäßige Abänderung der Bedingungen eine bestimmte Erscheinung ergeben würden. Allerdings darf m. E. die technisch-instrumentelle Auslegung des Experimentes dessen sittlich-handlungstheoretische Interpretation als die umfassendere Perspektive nicht ausschließen. Vielmehr wären beide aufeinander zu beziehen wie die Zieldiskussion und die Bewertung der Mittel im praktischen Syllogismus des Thomas von Aquin.[44]

Bis zur Renaissance waren Erfahrung (experientia) und Experiment (experimentum) noch weitgehend synonym verwendet worden.[45] Dann aber wurde das Experiment als bewußtes Finden von Neuem, als kontrollierte, gesteuerte, zielgerichtete Erfahrung begriffen, um – mit Bacon – Naturbeherrschung und den darin implizierten Fortschritt möglich zu machen. Experimentelle Philosophie entstand, die das Experiment mit dem Prozeß der Kritik und der Skepsis verband. Nur nebenbei erwähnt sei, daß die experimentelle Methode im 13. Jahrhundert mit Robert Grosseteste, Roger Bacon und Petrus Peregrinus in der Oxford-Schule ihre Vorläufer hatte.[46]

Nun kann man den methodischen Zweifel auch als Experiment des Denkens mit sich selbst auffassen. Die Methode erhellt sich selbst – und es entsteht im cartesischen "cogito ergo sum" die Einsicht in die Unhintergehbarkeit der methodischen Anthropozentrik. Diesen Gedanken möchte ich nun durch Rekonstruktion des Gedankengangs der beginnenden "Meditationes de Prima Philosophia"[47] als Argumentationszusammenhang nachvollziehen. Dabei lassen sich mittels des Gedankens der Bezweifelbarkeit vier Stufen der Gewißheit unterscheiden. In der Meditatio I,1 wird das Programm der Vorurteilskritik formuliert, eines radikalen Umsturzes aller vorgefaßten Meinungen mittels einer methodischen Zurückhaltung gegenüber allem, was nur irgendwie unsicher erscheint (Med. I,2; AT VII,17). Dabei wird Descartes' Versuch, das zweifelnde, experimentierende, induktive und Vorurteile ausschließende Denken auf die Ebene unbezweifelbarer Gewißheit zu heben, geleitet von der Suche nach einem Argument, das keine Gelegenheit bietet, in Zweifel gezogen zu werden.

Die erste Phase der Abscheidung von Ungewissem und Gewisserem zielt darauf ab, die Vernunft von der Sinnlichkeit wegzuführen, weil die Sinne ungewisser sind als die Vernunft.[48] In einer zweiten Stufe der Erfahrungsanalyse wird die Realität der Außenwelt mittels des Traumargumentes (Med. I,4–6; AT VII,18f) in Zweifel gezogen. In der dritten Ebene der Abscheidung (Med. I,9; AT VII,21) werden arithmetische und geometrische Fundamentalsätze, sicheres Wissen wie die Verknüpfung $2 + 2 = 4$, des weiteren Kategorien (Med. I,6) und fundamentale Bewußtseinstatsachen, die Traum und Wachen gemeinsam sind und schließlich die Anschauungsformen Raum und Zeit (med. I,7 und I,8) vom methodischen Zweifel erfaßt.

Descartes greift dazu auf die alte Vorstellung eines allmächtigen Schöpfergottes zurück und wandelt diese Idee den eigenen Intentionen gemäß in den Gedanken eines "genius malignus" um. Descartes versteht ihn als böswilligen Dämon, der uns täuscht, wo immer dies nur möglich ist. Die generelle Zweifelsvermutung und der dritte Schritt der Reduktion der Erfahrung explizieren nun die argumentierende und zweifelnde Vernunft im Gedanken eines weitestmöglichen Zweifels selbst.[49] Es geht nicht um konkrete Zweifel, sondern um die Explikation des Zweifelns selbst. Der Ertrag dieser methodischen Überlegungen[50] lautet: es bleibt in jedem Getäuscht-Werden-Können der Rückbezug auf das erkennende Subjekt erhalten, den auch ein "genius malignus" nicht zu zerstören vermag. Dies ist der methodologische Gehalt des Gedankens des "cogito ergo sum" und der Ansatz der methodischen Anthropozentrik. Denn: Selbst wenn es den Betrügergott gäbe, niemals wird er erreichen, daß ich nicht bin, solange ich denke (Med. II,3; AT VII,25). Das Zweifeln ist vom Ich nicht zu trennen (Med. II,6; AT VII,27).

Descartes' methodischer Zweifel ist als argumentativer Abscheidungsprozeß im Sinne der Explikation menschlichen Wissens zu verstehen. Er ist die Methode der Selbsterhellung der Innenperspektive[51] des menschlichen Wissens. Nach Descartes ist philosophische Erkenntnistheorie diejenige Art von grundlegender Argumentation zum Thema Erkennen und Wissen, die ihren eigenen Argumentationsstatus mitreflektiert. Der methodische Zweifel erweist, daß eine Perspektive von außen auf die menschliche Erkenntnis methodisch gesehen fiktiv, zumindest jedoch wesentlich weniger sicher ist. So ist das "cogito ergo sum" Ausdruck der unhintergehbaren Gewißheit, daß universelle Täuschung unmöglich ist. Das Resultat des methodischen Zweifels besteht in der Erkenntnis, daß Repräsentation nicht das allein Ausschlaggebende am menschlichen Wissen ist, sondern der Subjektrückbezug in der Intentionalität. Diese Erkenntnis kann man in der von mir vorgeschlagenen Terminologie methodische Anthropozentrik nennen. Das Denken, das reflektierende Bewußtsein ist nun aber dem Menschen näher als sein Körper. Diesen kann das Bewußtsein nur sinnlich erfahren und das Denken nur begrifflich erfassen. Der Leib ist dem Bewußtsein im Prinzip nicht gewisser als die Realität der Außenwelt, so zumindest nach Descartes. Leib und Bewußtsein sind in methodischer Hinsicht hinsichtlich ihres Gewißheitsgrades zu unterscheiden. Diese Unterscheidung führt – ontologisch interpretiert – in den cartesischen Leib-Seele-Dualismus. Allerdings ist es systematisch gesehen höchst fragwürdig, eine methodische Differenz zu vergegenständlichen und zu einem seinsmäßigen Dualismus werden zu lassen.

Der Kerngehalt des Zweifels ist methodischer Natur. Die Meditatio II,6 hatte festgehalten, daß alles Körperliche bezweifelt werden könne, das Zweifeln selbst jedoch vom Ich nicht zu trennen ist. Hier liegt Descartes' Argument für den Dualismus offen zutage. Die Selbstgegebenheit des Bewußtseins ist gemäß dem methodischen Zweifel evident, die Existenz des Körpers hingegen nur eine Hypothese.[52] Damit konstatiert Descartes zu Recht eine Abstufung in der Existenzweise von Körperlichkeit und Bewußtsein. Er schließt aus diesem methodischen Unterschied auf eine reale Differenz zwischen "res cogitans" und "res extensa". In dieser Schlußfolgerung findet ein methodisch unerlaubter Übergang vom epistemisch zum objektiv Möglichen statt.[53]

Nach Descartes kann ich das Körperliche, meinen Leib, als von mir getrennt denken. Dieses Argument überzeugt, nicht jedoch sein Schluß auf einen Leib-Seele-Dualismus. Hier begeht Descartes einen argumentativen Fehler. Zwar kann ich meinen eigenen Leib als von mir getrennt denken, dies berechtigt mich aber nicht, ihn zu leugnen.[54] Diesen weitergehenden Argumentationsschritt hat Descartes nicht bewiesen. Der cartesische Dualismus ist damit von ihm nicht bewiesen worden, gleichwohl ist es a priori nicht auszuschließen, daß seine ontologische Interpretation des Dualismus nicht doch zutreffen könnte. Allerdings entsteht das bei Descartes und im folgenden ungelöste Kommerz-Problem, die Frage nach der Leib-Seele-Verknüpfung, die er mit Hinweis auf die Zirbeldrüse im menschlichen Gehirn plausibel machen möchte, obwohl die Schwierigkeit metaphysisch letztlich damit nicht behoben werden konnte. Diese Probleme lassen allerdings einen ontologisch verstandenen Leib-Seele-Dualismus als wenig wahrscheinlich erscheinen.

Das Denken allein kann von mir nicht getrennt werden. So formuliert Descartes die Einsicht, daß unter der generellen Zweifelsvermutung die Realität der Außenwelt a priori nicht mehr bewiesen werden kann. Das cartesische Argumentieren zeigt hier auf, daß unter den Bedingungen der philosophischen Skepsis ein methodologischer Solipsismus unaufhebbar ist, die Außenperspektive auf menschliches Erkennen eine Illusion ist.[55] Descartes selbst kann die Realität der Außenwelt darum auch nur noch mit Hilfe der Gottesidee und seines ontologischen Gottesbeweises demonstrieren. Fällt dieser nach der kantischen Kritik[56] in sich zusammen, dann bleibt nur noch ein Glaube an die Realität der Außenwelt, für den eine pragmatische Vernünftigkeitsargumentation vorgelegt werden kann,[57] mehr nicht.

Nach Descartes kommt "realitas objectiva" (Med. III,16; AT VII,42) einer Idee nur dann zu, wenn deren Ursache nicht das Ich sein kann, sondern Gott sein muß (Med. III,22; AT VII,46). Der unbezweifelbare Gegenstandsbezug einer Idee begründet so ihre Geltung,[58] die allerdings infrage gestellt ist, wenn der Gottesbeweis selbst bezweifelt werden kann. Ein derartiger Zweifel ist nun möglich aufgrund der Einsicht, daß der Gehalt des Gedankens Gott im Rahmen des ontologisch Argumentes nur dann greift, wenn eine Metaphysik des menschlichen Geistes vorausgesetzt wird, die der methodische Zweifel gerade hinterfragt. Denn im Gedanken eines "genius malignus" steht die Vernünftigkeit unserer Vernunft selbst infrage. Descartes braucht Gott, um die Abbildfunktion der Erkenntnis beizubehalten, die der methodische Zweifel zerstört hat. Dieser wiederum macht seinen Gottesbeweis aus methodischen Gründen unmöglich.

Descartes' Argumentationen im Rahmen seiner "Meditationen über die Erste Philosophie" erweisen so genau besehen die Unmöglichkeit einer neuzeitlichen Metaphysik als radikale Skepsiswiderlegung im Horizont des methodischen Zweifels. Experimentelle Philosophie läßt sich metaphysisch nicht begründen. Hier hat sich Descartes mit den selbst auferlegten Rechtfertigungsverpflichtungen zweifelsohne übernommen. Eine philosophische

Erkenntnistheorie, die den methodischen Zweifel ernst nimmt, weiß, daß an die Realität der Außenwelt in den Augen des Skeptikers nur geglaubt werden kann. Dieser Glaube ist geradezu unumgänglich, wenn naturwissenschaftlich gearbeitet werden soll. Die eigentliche Einsicht des methodischen Zweifels besteht jedoch im Wissen um den Subjektrückbezug menschlichen Wissens. Dies ist ein Gedanke, der die methodische Anthropozentrik vorbereitet.

In ähnlicher Weise interpretiert Edmund Husserl Descartes. Für ihn ist entscheidend die "philosophische Daseinsform",

"das frei sich selbst, seinem ganzen Leben, seine Regel aus reiner Vernunft, aus der Philosophie Geben. Theoretische Philosophie ist das Erste. Eine überlegene Weltbetrachtung, [. . .] eine universale Welt- und Menschenkenntnis in absoluter Vorurteilslosigkeit [. . .], sie macht jeden philosophischen Gebildeten frei. Der theoretischen Autonomie folgt die praktische. [. . .] es gilt, nicht nur sich selbst ethisch, sondern die ganze menschliche Umwelt, das politische, soziale Dasein der Menschheit aus freier Vernunft aus den Einsichten einer universalen Philosophie neu zu gestalten."[59]

So faszinierend die Idee der absoluten Vorurteilslosigkeit auch ist, sie ist letztlich verantwortlich für die "innere Auflösung"[60] der philosophischen Idee der Neuzeit, führte sie doch zu einem neuen Vorurteil, daß Subjektlosigkeit Vorurteilsfreiheit garantiere. Absolute Vorurteilslosigkeit, Unbezweifelbarkeit und Exaktheit wurden Synonyme für ein philosophisches Denken als Wissenschaft und mündeten in einen Objektivismus und Positivismus, aus dem das Subjekt verschwand. Diese Entwicklung bahnte sich in rudimentären Ansätzen bereits im 16. und 17. Jahrhundert an.

Der Prozeß der Vernunft und die Dimensionen des neuzeitlichen Autonomiebegriffes

In der ontologisierenden Form des Dualismus wurde der Gehalt der methodischen Anthropozentrik im Anschluß an Descartes nicht gleich erkannt. Daher betrachteten eine Reihe von Philosophen Vernunft in der Außenperspektive und unter dem Mechanismusgedanken. So begriff Thomas Hobbes mittels eines sehr einfachen Modells Vernunft als Addieren und Subtrahieren von Argumenten. In einem ähnlichen Sinne ist es zu lesen, wenn Leibniz zur Überwindung des faktischen Streites die "ratio recta" im Sinne einer rechnenden Vernunft probabilistische Kalküle heranzieht, trotz seines metaphysischen Versuchs, in seiner Monadenkonzeption[61] Innen- und Außenperspektive des menschlichen Wissens zur Deckung zu bringen.

Seine Konzeption, die menschliche Ratio mit der Fähigkeit des Rechnens zu identifizieren, führt Hobbes direkt auf die Römer und ihren Hang zu Handel und Buchführung zurück. Die "ratio ratiocinans" steht von Anfang an im Horizont ökonomisch-zweckrationaler und instrumenteller Rationalität. Die zweite Traditionslinie verweise auf die Griechen, die unter dem Begriff "Syllogismus" ein Zusammenzählen der Folgerungen aus Argumenten verstanden hätten.[62] Daher kommt Hobbes zu folgender Definition: "Denken heißt nichts anderes als sich eine Gesamtsumme durch Addition von Teilen oder einen Rest durch Subtraktion einer Summe vorstellen. [. . .] Wo Addition und Subtraktion am Platze sind, da ist auch Vernunft am

Platze, und wo sie nicht am Platze sind, hat Vernunft überhaupt nichts zu suchen."[63] Allerdings führt diese Konzeption zu einem Problem: "Und deshalb müssen die Parteien bei einem Streit über eine Rechnung durch eigene Übereinkunft die Vernunft eines Schiedsrichters oder Richters, zu dessen Urteil sie beide stehen wollen, als rechte Vernunft einführen, oder ihr Streit muß entweder zu Handgreiflichkeiten führen oder unentschieden bleiben."[64] Die Konsequenz rechnend-instrumenteller Rationalität ist für Hobbes ein Dezisionismus oder Konventionalismus.

An einer ähnlichen Problematik knüpfen Leibniz' methodische Überlegungen an, nämlich bei der Thematisierung der "ratio recta" im Zusammenhang mit der Frage nach der richtenden Instanz in Streitigkeiten.[65] Sein Programm einer umgestalteten Kunst des Disputierens, die ihren Wert im Auflösen von Schwierigkeiten und Aporien erweist und so einen methodischen Fortschrittsbegriff grundlegt,[66] bereiten den Gedanken einer Kontroversmethode und den von Spinoza übernommenen und uminterpretierten Begriff der "Emendation" im Sinne einer wissenschaftlich erarbeiteten Verbesserung der Ergebnisse vor. Damit wird der Fortschrittsbegriff in einem methodischen Sinne grundgelegt. Die Kombinatorik einer neuen Logik des Kalküls, entworfen in Leibniz Schrift zur "Ars characteristica" dient der Vorurteilsverhinderung und einer mathematisch exakten Beschreibung des Denkens.[67]

Alle diese Bemühungen gipfeln bei Leibniz in der "Scientia generalis", die eine exakte Verknüpfung alles wissenschaftlichen Wissens nach dem Satz vom Grunde anstrebt, einer mathematischen Verknüpfung als Systematik des Wissens (Kette der Kenntnisse) im Sinne einer mechanischen Veranschaulichung argumentativer Zusammenhänge.[68] Diese Wissenschaft ist die vollständige Entfaltung der Natur der Wahrheit durch ein System der Folgerungen und Argumentationen, die sich systematisieren und berechnen lassen. Die logische Stringenz des Wissens ist mathematisch darstellbar. Dadurch wird die immanente Vernünftigkeit menschlichen Wissens demonstriert.[69] Im Begründungszusammenhang des Wissens soll das Gewußte durch die Erhellung der Bedingungen des Wissens aufscheinen.

Dieser Aufgabe dient die Logik Leibnizens. Sie entwickelt Kalküle, die als formale Regelsysteme logische Gesetzmäßigkeiten in mathematisch formulierbare und somit beweisbare Theoreme überführen soll.[70] Ziel ist der Aufweis mathematischer Ordnungszusammenhänge zwischen Kenntnissen und Argumentationen. Nur wo uns eine vollständige Mathematisierung des Wissens aufgrund der Komplexität nicht möglich ist, greift Leibniz mittels des Gedankens der "petites perceptiones" auf das Lebensweltthema zurück.[71] Allerdings bleibt ihm bewußt, daß die Kontroverse über die Art, Kontroversen auszutragen und zu beenden, selbst noch nicht beendet ist und hier letztlich nur argumentative Rechtfertigung weiterhelfen kann.[72]

Letztendlich führt jedoch bei Leibniz die Berücksichtigung des Subjektrückbezuges des Wissens als Leistung der menschlichen Vernunft gemäß dem Gedanken der methodischen Anthropozentrik im Konzept der Perspektivität und Phänomenalität des Wissens in einen Zwiespalt in der Methode. Denn aufgrund der Doppeldeutigkeit des Satzes vom Grunde kann nun Begründen einesteils Argumentieren, andererseits Berechnen des kausalen Mechanismus heißen. Rechtfertigung geschieht nun zum einen durch antiskeptische Argumentation im Sinne der Auflösung von Antinomien und der Emendation,[73] anderenteils durch mechanische Rekonstruktion des Geschehenen.[74] Letztlich jedoch lassen sich beide Verfahren formalisieren und in der "Scientia generalis" mathematisch beschreiben. So versucht Leibniz, den Dualismus der Vernunftkonzeptionen methodisch durch eine Parallelisierung der Beschreibungsweisen zu neutralisieren. Der Subjektrückbezug des menschlichen Wissens bereitet seine Monadenkonzeption vor, die einem ontologischen Solipsismus nur durch den Gedanken der Zentralmonade "Gott" und der "prästabilierten Harmonie" zu entkommen vermag. Die neuzeitliche Problematik des menschlichen Wissens läßt sich also offenbar nur sehr schwer im Sinne einer metaphysisch konsistenten Theorie bewältigen. Neuzeitliche Metaphysik zerbricht an systemimmanenter Selbstüberforderung.

Nicht mehr Interpret der Natur zu sein, das war Descartes' Programm. Auch er begründet den Fortschrittsgedanken methodisch, indem er die radikale Vorurteilskritik mit der Sicherheit gewährenden Philosophie ineinander zu denken versucht. Es geht nicht mehr wie bei Pico darum, daß der Mensch sich selbst bestimmt nach dem, was er aus sich machen will. Vielmehr wird der Mensch nach Descartes bestimmt durch die von ihm verwendeten Methoden, z. B. durch die Vorgehensweise einer "praktischen Philosophie" jenseits aller Spekulation, die naturwissenschaftliches Experimentieren, mechanisches Wissen, technische Kenntnisse der Handwerker zusammenbringt und uns so zu "Meistern und Eigentümern" der Natur erhebt.[75]

Der Prozeß, im frühen Quattrocento in Florenz begonnen, hat rund zweihundert Jahre später ein solches Eigenleben entwickelt, daß der Mensch zum Opfer seiner Entdeckung, des methodisch erzeugten Fortschritts zu werden droht, indem er einen Teil der gerade entdeckten Autonomie einbüßt. Pointiert formuliert: Als Sklave seiner Methode wird der Mensch zum Herrscher über die Natur. Da jedoch die Methode bei Descartes dem Menschen vorgeordnet ist, greift der Vorwurf eines radikalen Anthropozentrismus hier nicht. Die Idee der Konstitution der Neuzeit ist mit einer expliziten Abhängigkeit von der Methode und damit der Ratiozentrik verbunden. Was Descartes an der oben zitierten Stelle über den Menschen als "Meister und Eigentümer" der Natur propagiert, ist das Programm einer "mathematischen Vernunft". Folgerichtig bestimmt Descartes Vernunft als ein "Universalinstrument",[76] welches Einsicht in die Maschinennatur unserer sichtbaren Welt verleihe.

Descartes' mechanische Naturphilosophie wurde sehr bald an vielen Stellen bezweifelt. Auch seine metaphysische Fundierung der experimentellen Methode im Gedanken des "cogito ergo sum" verfiel der Kritik. Was von Descartes' Ansatz blieb, war sein Programm eines allgemeinen Umsturzes der Vormeinungen. Dieses wurde später als Prozeß der Vorurteilskritik bezeichnet und von Kant als "Revolution der Denkungsart" umschrieben. Vorurteile entlarvte die "geometrische Methode" in der Naturphilosophie. Sie vermag die mechanischen Gesetze auszurechnen und in den Dienst des Menschen zu stellen. Daher bestimmt Hobbes neuzeitliche Vernunft als ein "Rechnen". Diese konstruierend-ausrechnende Vernunft muß dann in der

Politik – im "Leviathan" – über alle gewachsenen und geoffenbarten Strukturen hinweg ein politisches Gebilde entwerfen, in dem z. B. Religionskriege nicht mehr möglich sind.

Der Fortschrittsbegriff, wie ihn die Aufklärung konzipierte, ist mit den Wachsttumsraten der Industriegesellschaft nicht identisch. Er bemüht sich um die Etablierung eines methodischen Horizontes, in dem Gesellschaft und Menschenbild kritisierbar werden. Wenn daher kritisch gegenüber dem neuzeitlichen Weg gefordert wird, die eingeschliffenen Wahrnehmungs- und Verhaltensweisen der Industriegesellschaft zu verlassen und die Welt vorurteilslos zu betrachten,[77] so ist das im Grunde genommen ein aufklärerisches Programm.

Neuzeitlich wird seit Descartes Fortschritt als Universalgeschichte konzipiert, die mit der Vergangenheit bricht, weil die neue Methodik der Menschheit eine bessere Zukunft verspricht. Paradigmatisch dafür steht Francis Bacon. Die Emanzipation des Verstandes ist für Bacon an der Naturbeherrschung wie am glücklichen Zustand der Menschheit abzulesen.[78] Herrschaft über die Natur in Kunst und Wissenschaft sei aber nur durch Unterwerfung unter ihre Gesetze zu erreichen.[79] Die Wiederherstellung der im Sündenfall verlorenen Herrschaft über die Natur mittels des wissenschaftlichen Fortschritts sei göttlicher Auftrag.[80] Herrschaft über die Natur versucht Bacon mittels seines Induktionsverfahrens zu erreichen, das er jeweils methodisch und systematisch durchführt. Bereits im 13. Jahrhundert hatte Roger Bacon in eine ähnliche Richtung gedacht. Er stellte die "Invention", das methodische Finden, also die auf Mathematik, Erfahrung und Experiment begründete Methode des entdeckenden Erkennens in den Vordergrund. Es ging ihm um die Vermehrung der Einsicht und deren Anwendung in instrumentellen Erfindungen.[81]

Mit der Deutung der Fortschrittsidee als linearer methodischer Progression im Rahmen eines Induktionsverständnisses (Francis Bacon) oder experimenteller Philosophie (Descartes) läßt die Wissenschaftsidee der Neuzeit den erkennenden Menschen außer acht, obwohl Descartes im Gedanken der methodischen Anthropozentrik eigentlich erkannt haben müßte, daß dies nicht möglich ist. Mit diesem Ansatz entfällt auch die Wertung ihrer Gegenstände hinsichtlich Wissenswürdigem und Beliebigem. Die unendliche methodische Progression berücksichtigt nämlich ihrer Idee nach die endliche Zeit des Forschens nicht.[82] Das Einzelindividuum wird dem als unendliche Progression gedachten Fortschrittsprozeß untergeordnet.

Das Endziel der Wissenschaft, am Anfang der Neuzeit die Wahrheit, nimmt nun methodisch-funktional gesehen den Platz ein, den in der heilsgeschichtlichen Konzeption Augustins Gott innehatte. Zum Problem wird dieser Fortschrittsbegriff, wenn er sich im Unterschied zu Augustinus aus dem Unendlichkeitshorizont des christlichen Gottesbegriffs herauslöst. Dann entfällt nämlich die Idee eines fest umrissenen Endzustandes. Dies bedeutet, daß "rein formal [..] die Neuzeit in ihrem Selbstverständnis die christliche Konzeption eines einmaligen Einschnittes und epochalen Neubeginns wiederholen" sollte.[83] Durch den Gedanken der Progression ist Fortschritt neuzeitlich allein durch das Anwachsen der Zeit definiert und nicht durch die in ihr gewonnene Wahrheit oder Wirklichkeit des Menschen. Die Maßstäbe für den Fortschrittsprozeß liegen nicht in diesem selbst. In einem solchen Modell ist Dekadenz genau so unmöglich wie das Erreichen eines definitiven Ziels. Man kann sich ihm nur durch Ausscheiden entziehen.

Gibt es aber diese autonome und kritische Wissenschaft, als die sie sich im Anschluß an Descartes in der Aufklärung verstanden hat? Ist es nicht vielmehr die Ökonomie oder die Natur, die diese ausrichtet, nachdem es die Idee der Sittlichkeit oder Menschlichkeit offenbar nicht ist, da das einzelne Individuum nur als Randbedingung im Prozeß methodisch erzeugten Fortschritts vorkommt? So ist es nicht die Anthropozentrik, sondern ihre Eliminierung in der methodischen Progression, die Wissenschaft maßlos hat werden lassen. Dies zeigt sich bereits deutlich im 18. Jahrhundert. Grundsätzliche Schwierigkeiten, dem Prozeß selbst einen Sinn zu verleihen, ihn sittlich einzubinden oder auszurichten, werden deutlich in der materialistischen Anthropologie im Anschluß an La Mettrie.[84] Wie Descartes dem Mechanismus-Paradigma folgend, versucht Julien Offray de la Mettrie, den Menschen und die Naturgeschichte nach dem Vorbild mechanistischer Kausalität zu deuten. Die empirische Anthropologie begreift den Menschen als ein Bedürfniswesen, nicht als sittliches Subjekt. Die Außenperspektive wird zum leitenden Paradigma trotz der cartesischen Einsicht in die Unhintergehbarkeit des erkennenden Subjektes.

Das neuzeitliche Autonomie-Experiment ist damit in eine neue Phase eingetreten, in der nicht mehr die Selbstbestimmung des einzelnen Individuums im Vordergrund steht, sondern umfassendere Prozesse. Paradigmatisches Beispiel dafür ist die Behandlung der Theodizeefrage in der ersten Hälfte des 18. Jahrhunderts. Sie ist zugleich Ausdruck dafür, daß die im 17. Jahrhundert neu begründete Metaphysik an der ihr innewohnenden Selbstüberforderung zerbricht. Es beginnt sich abzuzeichnen, daß rechnende Vernunft Themen wie Tod und Negativität nicht zu bewältigen vermag. Daher avanciert die Theodizeeproblematik mit dem Beginn des 18. Jahrhunderts immer mehr zu einer Schlüsselfrage im Selbstverständnis der Aufklärung: Mit den Mitteln der Vernunft wird Gott angesichts der Übel in der Welt der Prozeß gemacht. Theodizee als Vernunftprozeß und Verfahren der Vorurteilskritik wird implizit zur Selbstthematisierung der Aufklärung als Methode und als Säkulum. Methodisch erzeugter Fortschritt wird zur Naturgeschichte oder zur Menschheitsgeschichte umgedeutet. Dadurch wird das im 17. Jahrhundert formulierte optimistische Programm in sein Gegenteil verkehrt. Denn sowohl die Natur- wie die Menschheitsgeschichte sind von Übeln und Katastrophen gekennzeichnet.

Die in der zweiten Hälfte des "siècle des lumières" radikal durchgeführte Theodizee hat nicht mehr die Verteidigung Gottes und der Vernunft zu ihrem Ziel, vielmehr führt sie zur Verabschiedung Gottes. Der "Atheismus ad maiorem Dei gloriam" verleitet zur Flucht in Entlastungs-Ideologien, weil er dem Menschen alle Verantwortung für die Übel in der Welt überträgt.[85] Um Gott zu entlasten, verurteilte man den Menschen. Aber das erwies sich nicht als gelungener Ausweg. Denn war der Mensch schwach, hilflos und unsittlich, wer sollte dann für die Verbesserung der Verhältnisse, für die Durchführung des aufklärerisch-optimistischen Programms sorgen? Die Vernunft in der Geschichte mußte den Platz einneh-

die Geschichte der handelnden Menschheit zurückzubinden. Dann wird Wissenschaft auch aus sittlicher Perspektive bewertbar. Das Modell der Aufklärung, Geschichte nach Maßgabe methodischer Progression zu deuten, hat in ein Problem geführt. Denn die in der aufklärerischen Fortschrittstheorie vorausgesetzte Automatik der Verbindung von wissenschaftlichem Fortschritt mit gesellschaftlicher Entwicklung, sittlicher Vervollkommnung und der Vermehrung von Glück hat sich zunehmend als Illusion erwiesen.[96]

Um die damit verbundene Problematik besser erklären zu können, möchte ich den neuzeitlichen Autonomiegedanken differenzieren und spezifizieren. Autonomie im 18. und 19. Jahrhundert kann auf drei Ebenen angesetzt werden. Alle drei Bedeutungsvarianten erfahren in der Spätaufklärung, etwa zwischen 1780 und 1790 einen grundlegenden Wandel. Die erste Ebene ist die der Vernunft als methodischer Progression und Innovation. Sie ist nicht anthropozentrisch, sondern ratiozentrisch und steht im 18. Jahrhundert im Vordergrund, bis sie in Wissenschaftslehre (Auguste Comte), Naturphilosophie (La Mettrie), Paul Thiry d'Holbach), Ökonomie (Adam Smith) und Geschichtsphilosophie (Claude Adrien Helvetius, Condorcet) nach Maßgabe des Entwicklungsgedankens umschlägt. Die zweite Ebene ist die Autonomie des großen Individuums und prometheischen Subjektes. Derartige Vorstellungen gehören in den Bereich materialer Anthropozentrik. Dieser Bedeutungsgehalt tritt mit ihren Vertretern Goethe, Schiller, Feuerbach und Nitzsche erst um 1780 auf. Die dritte Ebene ist die der Autonomie des Sittlichen, die insbesondere in der Ethik Kants eine herausragende Bedeutung in der Neuzeit gewonnen hat. Die "Grundlegung der Metaphysik der Sitten" erscheint 1785 und inauguriert eine Ethiktradition, die zwar seither nie verstummt ist, sich aber auch nicht vollständig durchsetzen konnte. Inwiefern sie anthropozentrisch genannt werden darf und ob sie ein Korrektiv für die Autonomie der Ratiozentrik darstellen kann, werde ich im nächsten Kapitel untersuchen.

Das Problem in der Frage nach der Legitimität der Neuzeit besteht nun darin, daß die drei Bedeutungsebenen neuzeitlicher Autonomie seit der Spätaufklärung auseinanderzudriften beginnen und bis heute nicht wieder in ein integrales Konzept gefügt werden konnten. Georg Wilhelm Friedrich Hegel mit seinem Versuch, die drei Ebenen des neuzeitlichen Autonomiebegriffes ineinander zu verfugen und in ein System der "Enzyklopädie des Wissens" zu integrieren, gilt als gescheitert. Seinen Nachfolgern – sie beschränkten sich wie Marx nur auf Teilbereiche – scheint es nicht besser ergangen zu sein. So klaffen heute Wissenschaftsexpansion, ökonomisches Wachstum, gesellschaftliche Entwicklung sowie der Stand des moralischen Bewußtseins wie der sittlichen Argumentation zunehmend auseinander. Fortschritt in einen Segment bedeutet noch nicht notwendigerweise Weiterentwicklung im anderen Bereich. Kritisiert wird vor allem das Ungenügen des sittlichen Bewußtseins, es könne mit dem exponentiellen Wachstum von Wissenschaft, Technik und Ökonomie nicht mehr Schritt halten. Dies äußere sich nicht zuletzt in der ökologischen Krise. Daher wird eine Steuerung des technisch-wissenschaftlichen Fortschritts gefordert.[97]

Allerdings hat die Spätaufklärung ein Modell entwickelt, alle drei Ebenen neuzeitlicher Autonomie in autonomer Weise sich selbst steuern zu lassen.

Exponent dieses Vorschlags ist Adam Smith. Er entwickelt ein Modell, den technisch-wissenschaftlich-ökonomischen Fortschritt sich selbst steuern zu lassen. Adam Smiths Werk "Der Wohlstand der Nationen" erschien erstmals 1776 und ist in vielfacher Hinsicht ein aufschlußreiches Buch. Denn der schottische Moralphilosoph und Vertreter der Common-Sense-Philosophie entwickelt hier die der marktwirtschaftlichen Ökonomie inhärente formale Gerechtigkeitsvorstellung im Sinne eines Konsenses als Selbststeuerungsprozeß. Wettbewerb ist sein geeignetster Ausdruck in der Ökonomie.[98] Den philosophischen Rahmen für Smiths ökonomische Theorie bildet eine Kulturgeschichte. Sein Ziel ist eine Rekonstruktion des Ursprungs und der Entwicklung der modernen Tausch- und Marktwirtschaft über die vier Stadien des Jägerdaseins, des Hirtentums, des Ackerbaus bis hin zur Entwicklung von Handel und Gewerbe. In diesem Rahmen setzt er seine Theorie der Arbeitsteilung, der Wohlstandssteigerung, des technischen Fortschritts, des Preismechanismus, die funktionale Distributionstheorie mit den Ideen von Tauschwert- und Tauschgerechtigkeit sowie seine Besteuerungstheorie an.

Für das sinnvolle Ineinandergreifen dieser disparaten Bereiche muß er allerdings die "Vorsehung" im Sinne einer "unsichtbaren Hand" in Anspruch nehmen. Kein rationales apriorisches Prinzip kann eine Garantie für das Funktionieren dieses Mechanismus geben, insbesondere in dem Sinne, daß privater Egoismus die Wohlfahrt des Gemeinwesens notwendigerweise fördert. Hinter dieser Vorstellung steht aber keine Mystifikation, nichts Irrationales, sondern die Idee der inneren und äußeren Selbststeuerung eines marktwirtschaftlichen Systems. Durch den Wettbewerb steuert sich die Marktwirtschaft selbst in äußerst effektiver Weise. Smith scheint den ökonomischen Selbststeuerungsprozeß in Analogie zu einem sich selbst regulierenden Gleichgewichtsmechanismus in der Natur zu begreifen.

Nach diesen Gesetzmäßigkeiten funktioniert auch der Tausch, Smiths Äquivalent für die Gerechtigkeitskonzeption. Smith betrachtet den Tausch als Anthropologicum. Aus der hier erforderlichen Gegenseitigkeit könne eine Art Gerechtigkeit herausgelesen werden, die dann eintritt, wenn der Tausch zustandekomme. Da jeder Mensch einen Sinn für Gerechtigkeit habe, würde ihn dieser beim Tausch leiten. Dieser Sinn ist genauso ein Anthropologicum wie die Eigenliebe, die den Motor für den anwachsenden Wohlstand darstelle.[99] Die von Smith zugrundegelegten "natürlichen Regeln" der Gerechtigkeit bestehen in einem "Ausfeilschen",[100] einer Art Konsensbildung über den Tauschwert einer Sache, der sich annähernd durch die aufgewendete Arbeitsmenge bestimmt.

Gemäß seiner ökonomisch-anthropologischen Theorie zentriert sich Smiths Moralphilosphie um das einzelne Individuum. Nächstenliebe als wichtigstes Motiv für menschliches Verhalten zu erwarten oder gar zu fordern, verstoße gegen die menschliche Natur. Eine Verpflichtung zur Fürsorge bestehe zunächst einmal für sich selbst und für die eigene Gesundheit.[101] Gegenüber anderen richte sich die Fürsorgepflicht nach dem Verwandtschaftsgrad, den persönlichen Eigenschaften des Empfängers oder nach dessen früheren Dienstleistungen. Was letztlich als Sittlichkeit zu gelten habe, "das muß durchaus der Entscheidung des Menschen in unserer Brust überlassen werden, der Entscheidung jenes vorgestellten unparteiischen Zuschauers, des großen Richters und Schiedsherrn über unser Verhalten".[102] Trotz seines individualistischen Ansatzes hält Smith an einem universellen Wohlwollen fest, denn unser guter Wille ist einer, der durch keine Gesetze eingeschränkt ist.[103]

Smith postuliert eine Art von Generalisierung und ein Transsubjektivitätsprinzip, das er allerdings wiederum psychologisch in der menschlichen Natur verankert. In der Sympathie und im Mitleid werde die Glückseligkeit des anderen zum eigenen Bedürfnis.[104] Daraus entstünden Wohltätigkeit und Gerechtigkeit, die bisweilen in das Ausfeilschen im ökonomischen Bereich eingreifen sollten. Auch hierfür gibt es ein Gesetz. Die Gerechtigkeit als Rechtlichkeit verhindere meistens nur, daß dem Nachbarn Schaden zugefügt werde. Die Wiedervergeltung des Gleichen mit Gleichen scheine das große Gesetz zu sein, das durch den Gedanken der Gegenseitigkeit den anderen in Spiel bringe.[105] Denn die gegenseitige Schädigung könne nicht Prinzip einer Gesellschaft sein.[106]

Smiths Ethik als Theorie des menschlichen Urteilens über das Verhalten aufgrund von moralischen Gefühlen, die er psychologisch erklärt, ist in seine Konzeption der Ökonomie integriert. Dabei schlägt Smith vor, die Zuordnung der drei Ebenen des neuzeitlichen Autonomieverständnisses nach dem Modell der Selbststeuerung autonom zu organisieren. Sympathie und Gerechtigkeitssinn leiten die ökonomischen Akteure beim Tauschprozeß, insofern sie Menschen sind. Allerdings ist angesichts der ökologischen Krise das Modell der Selbststeuerung problematisch geworden, obwohl es personal ausgerichtet und durchaus im Sinne einer Anthropozentrik als Ethosform interpretiert zu werden vermag. Heute ist das Vertrauen in den Standpunkt der Common-Sense-Moral, des persönlichen und intuitiven richtigen sittlichen Instinktes genauso im Schwinden begriffen wie in das Modell der Selbststeuerung bei Prozessen, die nicht mehr auf der persönlichen Ebene ablaufen. Heute wächst zudem das Wissen, daß Selbststeuerung in der Natur wie in der Ökonomie nur dann funktioniert, wenn gewisse Rahmenbedingungen gewährleistet sind.

Um diese Rahmenbedingungen und deren Sittlichkeit müßte es in einer ökologisch orientierten Ethik gehen, auch wenn sie das von Smith vorgeschlagene Modell der Selbststeuerung akzeptiert, weil es personal und anthropozentrisch ausgerichtet ist. Beides käme einer christlichen Umweltethik entgegen. Sie ist allerdings gerade durch ihr Ethos in der Lage, sittliche Rahmenbedingungen für den Selbststeuerungsprozeß zu formulieren. Zu diesen Rahmenbedingungen gehört neben dem Ethos ökologisch orientierter Humanität insbesondere der Gedanke der Humanität.

Kants Begründung der Menschenwürde

Wann aber darf ein Handeln als sittlich gut qualifiziert werden? Für Smith gab Antwort auf diese Frage ein ethisches Urteil aufgrund eines moralischen Gefühls. Kant könnte diesem Vorschlag nicht zustimmen, da sich immer noch die Frage nach dem Abgrenzungskriterium zwischen sittlichen und nichtsittlichen Gefühlen stelle. Es sieht das Abgrenzungskriterium in der Idee der Autonomie der Sittlichkeit, ihrer völligen Unabhängigkeit von Gefühlen, Neigungen und anderen anthropologischen Charakteristika. Kant versucht in der Ableitung des Kategorischen Imperatives und in der Begründung des Gedankens der Menschenwürde dieser Autonomie eine inhaltliche Ausrichtung zu geben. Um diese knapp rekonstruieren zu können, schlage ich eine Analyse seiner ersten und wegweisenden Schrift zur Ethik, seiner "Grundlegung zur Metaphysik der Sitten"[107] aus dem Jahre 1785 vor. Ich beschränke mich auf wenige grundsätzliche Problemstellungen, nämlich (1) auf die Rekonstruktion des Ansatzes von Kants Ethik, (2) auf das Verhältnis von hypothetischen und kategorischen Imperativen, (3) auf das Verhältnis von Preis und Würde sowie (4) auf die Ableitung von drei wichtigen Formulierungen des Kategorischen Imperatives.

Kants Anliegen in der "Grundlegung" ist, eine Ethik auszuweisen, die den Namen einer Wissenschaft verdient. Dazu ist darzulegen, daß eine Verpflichtung, eine Verbindlichkeit, Kant nennt sie auch Pflicht, mit absoluter Notwendigkeit geboten sein muß (GMS BA VIII), wenn sie Gegenstand einer wissenschaftlichen Ethik sein soll. Um dieses ausweisen zu können, bedarf es einer Erhellung des obersten Prinzipes der Moralität (GMS BA XV), dessen, was Kant später den Kategorischen Imperativ nennen wird. Der kantische Ausgangspunkt bei einer absolut sicheren Basis für Ethik und ihre Begründung schränkt seine Möglichkeiten sittlicher Argumentation ein. Denn weder liegen die Folgen des Handelns in der Macht des Handelnden, noch reicht allein die gute Gesinnung oder Absicht aus, vielmehr wird zum Ausgangspunkt von Kants Ethik die Regel oder Maxime, nach der eine Handlung beschlossen wird (GMS BA 13). Das Beurteilungskriterium ergibt sich aus der Frage, unter welcher Bedingung ein vernunftgeleiteter Wille an sich gut, also sittlich gut ist. Das Prüfungsverfahren besteht in der Generalisierung der jeweiligen Handlungsmaxime. Zu untersuchen ist, ob sie ein allgemeines Gesetz werden könne (GMS BA 17). Für Kant ist die Generalisierung ein einfach zu handhabendes Verfahren (GMS BA 19f). Von erheblicher Wichtigkeit ist, daß das Prüfungsverfahren mittels Identifikation und Ausschluß des Unsittlichen erfolgt.

Auf dieser Basis kann Kant nun hypothetische und kategorische Imperative unterscheiden (GMS BA 39). Hypothetische Imperative oder Klugheitsregeln haben immer nur praktische Notwendigkeit für sich. Sie sind bedingt. Denn alle Klugheit und Raffinesse in der Macht eines Verbrechers ist zwar hochwirksam, aber unsittlich. Die Sittlichkeit eines Handelns bringt wieder das Prüfungsverfahren ans Tageslicht: Verbrechen lassen sich nicht generalisieren, da sie universal praktiziert zur Zerstörung der Gesellschaft und damit der Lebensvoraussetzungen auch des Verbrechers führen würden. Kant lehnt hypothetische Imperative nicht ab, er bestreitet auch nicht, daß einige hypothetische oder bedingte Imperative auch sittlich sein mögen, allerdings bestreitet er, daß wir in der Tat endgültig wissen können, ob hypothetische Imperative mit Notwendigkeit sittlich sind oder nicht. Aber nur sittliche Aussagen mit absoluter Notwendigkeit sind im strengen kantischen Sinne wissenschaftlich. Kant unterscheidet daher Regeln der Geschicklichkeit, Ratschläge der Klugheit oder Gesetze bzw. Gebote der Sittlichkeit, also technische, pragmatische und moralische Imperative (GMS BA 43f). Dies ist keine Herabwürdigung der hypothetischen Imperative oder der Klugheit wie der Geschicklichkeit. Doch ist festzuhalten, daß sittlich ausgezeichnet nur der Kategorische Imperativ ist, weil nur die Handlungsregel, die durch das Feuer der Generalisierung gegangen ist, auf seine Sittlichkeit hin wissenschaftlich überprüft wurde.

Ganz ähnlich verfährt Kant, wenn er hinsichtlich des Menschen Preis und Würde unterscheidet (GMS BA 77). Natürlich kann es klug oder geschickt sein, einen anderen Menschen ausschließlich als ein Mittel zu gebrauchen, ihn auszunutzen, auszubeuten oder zu versklaven. Aber sittlich ist das nicht. Denn, so argumentiert Kant, eine derart ausschließliche Betrachtung des Menschen zerstört seine Freiheit und damit seine Sittlichkeit. Sie entzieht der Ethik den Boden, zerstört das Humane am Menschen und läßt sich nicht generalisieren. Eine Theorie, und sei sie noch so klug und geschickt, selbst unter Einbezug aller erdenklichen hypothetischen Imperative bleibt unsittlich, wenn sie den Menschen ausschließlich nach seinem Marktpreis bewertet. Damit bereitet Kant den systematisch wichtigen und für die Begründung der Menschenwürde zentralen Gedanken der "Selbstzweckformel" vor.

Um die Ableitung des Kategorischen Imperatives und vor allem um die Anzahl seiner Formeln besteht eine umfangreiche und ausgeprägte Diskussion. Seit Paton hat man sich daran gewöhnt, fünf Formeln zu unterscheiden.[108] Ich möchte mich hier auf die drei Formeln beschränken, die Kant in der "Grundlegung" selbst erwähnt, ohne damit ausschließen zu wollen, daß es mehr als drei Formeln des Kategorischen Imperatives, mithin Prinzipien der sittlichen Rationalität geben könnte. Doch dieses Problem steht hier nicht zur Debatte. Ich wende mich wieder der "Grundlegung" zu. Dort behauptet Kant, daß es nur einen Kategorischen Imperativ gibt. Allerdings formuliert er im folgenden drei Versionen, wobei die ersten beiden nahe verwandt klingen und aus der Generalisierungsregel abgeleitet erscheinen, während die "Selbstzweckformel" aus der Struktur der sittlichen Handlung und des ihr zugrundeliegenden Subjektes entwickelt wird. Zunächst aber sind die drei Versionen zu benennen, die Kant in der "Grundlegung" entwickelt. Sie lauten:

(1) "Handle nur nach derjenigen Maxime, durch die du zugleich wollen kannst, daß sie ein allgemeines Gesetz werde" (GMS BA 52).
(2) "Handle so, als ob die Maxime deiner Handlung durch deinen Willen zum allgemeinen Naturgesetze werden sollte" (GMS BA 52).
(3) "Handle so, daß du die Menschheit, sowohl in deiner Person, als in der Person eines jeden anderen, jederzeit zugleich als Zweck, niemals bloß als Mittel brauchest" (GMS BA 66f).

Dabei führt die letzte Version des Kategorischen Imperatives, die "Selbstzweckformel", die von einigen Interpreten als die wichtigste Auslegung des Kategorischen Imperatives begriffen wird,[109] weil sie die kantische Ethik selbst noch einmal begründet, direkt in den Gedanken eines "Reiches der Zwecke" (GMS BA 77), in dem gemäß der Dichotomie von instrumenteller und sittlicher Rationalität alles entweder einen Preis oder eine Würde hat (GMS BA 77).

Aber auch die anderen beiden Formeln sind nicht unwichtig, denn die erste, die um die Formulierung eines "allgemeinen Gesetzes" kreist, enthält in sich die Formulierung des "Transsubjektivitätsprinzipes". Dieses formuliert den sittlichen Entschluß, sich nicht mit instrumentell restringierten Formen menschlichen Handelns zufrieden zu geben, sondern einen Standpunkt einzunehmen, der die eigenen Interessen transzendiert.[110] Während den hypothetischen Imperativen Zweckrationalität zugrundeliegt, die in der Sprache der Preise ausgedrückt werden kann, betont die zweite Formel dann die "Allgemeinheit des Sittengesetzes" in der "Naturgesetzformel".[111] So begründen – modern formuliert – (1) die "Transsubjektivitätsformel", (2) die "Naturgesetzformel" und (3) die "Selbstzweckformel" die Würde des Menschen und seine Sittlichkeit. In ihnen explizieren sich die obersten, kategorischen Prinzipien sittlicher Rationalität in Abgrenzung zur instrumentellen Rationalität der hypothetischen Imperative. Abgrenzungskriterium ist das Universalisierungsverfahren, mit dessen Hilfe Kant auch die Struktur sittlicher Vernunft expliziert und aufweist, daß diese sich in mindestens drei Grundsätzen artikuliert.

Die Universalisierungsregel als Überprüfungsinstrument der Sittlichkeit zielt nun ähnlich wie der methodische Zweifel in der theoretischen Reflexion darauf ab, ein schlechthin Unbedingtes im Sittlichen festzustellen. Was sich universalisieren läßt, ist notwendig, schlechterdings und unbedingt sittlich verpflichtend. Allen voran gilt dies für die Selbstzweckformel und die Begründung der Menschenwürde. Als potentiell sittlich handelnder Mensch kann ich weder bei mir noch bei anderen Menschen wollen, daß Menschenwürde als Voraussetzung für sittliches Handeln aufgehoben wird, weil dies einen praktischen Widerspruch implizieren würde. Damit ist der Gedanke einer methodischen Anthropozentrik auch für die Ethik formuliert. Dort allerdings, wo das Universalisierungs-Kriterium nicht greift, darf man durchaus wie Thomas auf die Umstände der Handlung zurückgreifen und nach dem Zusammenhang von technischen, pragmatischen und kategorischen Imperativen fragen.

Die unbefriedigte Aufklärung

In der Neuzeit verändert sich vor dem Hintergrund der Unterscheidung der drei Ebenen der Autonomie die Idee der Ethik. Die neue Instanz ist das Subjekt, und Legitimation der Ethik geschieht durch Vernunft und Einsicht.[112] Im Gebrauch der Vernunft, dem der Vollzug einer fundamentalen Freiheit zugrundeliegt, ist der Mensch Abbild Gottes. Doch in der Entwicklung der neuzeitlichen Wissenschaftskonzeption komme es zu einer Ausklammerung des Individuums. Die aufklärerische Hoffnung auf eine Parallelisierung von wissenschaftlichem und sittlichem Fortschritt scheitert im positivistischen Selbstmißverständnis der Wissenschaft systemimmanent. Damit wird auch der von Smith erhobene Anspruch auf Selbststeuerung bei ihm des ökonomischen Prozesses obsolet. Die große Stunde sittlich autonomer Vernunft scheint angebrochen, den Steuerungsprozeß von Wissenschaft, Technik und Ökonomie nach Prinzipien zu übernehmen.

Doch auch die Idee sittlich motivierter Rationalität gerät am Ende des 18. Jahrhunderts in eine Krise. Läßt sich nämlich die menschliche Natur nicht mehr unter einem einzigen, die gesamte Natur beherrschenden Gesetz erfassen, sondern nur noch in der Perspektivität und Pluralität ansatzgebundener Theorien, so löst dies eine Krise der ethischen Vernunft durch einen Zuwachs an Rationalität wie einen Prozeß neuer Aufklärung aus.[113] Denn mit der Entdeckung ihrer naturalen, geschichtlichen, gesellschaftlichen und ökonomischen Bedingtheit erkennt die Vernunft ihre Grenzen. Rationalität steht sowohl für Selbstaufklärung und Selbstfindung, aber auch für Irrtum und Selbstentfremdung. Ein um seine Grenzen wissender Vernunftgebrauch setzt an bei der Idee der Korrigierbarkeit, beim prinzipiell unabgeschlossenen Prozeß der Erkenntnis.[114] Entscheidend ist die Frage, welches Modell, welche ansatzgebundene Theorie von Rationalität zugrundegelegt werden soll, um die humane und solidarische Selbsterhaltung des Menschlichen nicht zu gefährden.

Als die der Neuzeit und Aufklärung zugrunde liegende Denkform im Metz'schen Sinne kann die Anthropozentrik nicht gelten. Denn die Methode oder die Vernunft steht in der Neuzeit im Vordergrund. Allerdings stellt sich heraus, daß sowohl in der theoretischen Vernunft bei Descartes wie in der praktischen Vernunft bei Kant methodische Anthropozentrik unhintergehbar ist. Zudem übernimmt die Neuzeit einen der Kerngehalt christlicher Anthropozentrik im Menschenrechtsethos, aber auch dort nur unter sehr spezifischen Voraussetzungen. Christliche Anthropozentrik würde – in den Kontext der Neuzeit übersetzt – eine personal rückgebundene und verortete Vernunft implizieren. Doch die Methodenorientiertheit der Aufklärung verhindert ein derartiges Verständnis, ermöglicht aber andererseits die Einsicht: Der Rückbezug auf den Menschen ist für den wissenschaftlichen Fortschritt unhintergehbar.

Darf aber nun die Ratiozentrik der neuzeitlichen wissenschaftlichen Methode als Indiz für den Gotteskomplex des aufklärerischen Menschen gewertet werden? Ich kann diese Frage hier nicht definitiv beantworten und möchte mich auf einige Bemerkungen mit Rücksicht auf die Anthropozentrik-Diskussion beschränken. Im Laufe des 18. Jahrhunderts übte die Aufklärung zunehmen skeptische Bescheidung bei den Grenzen des Wissens und propagierte die Bereitschaft zur ständigen Selbstkorrektur. Anhand von Goethes "Faust" kann deutlich werden, daß der Unendlichkeitsdrang nicht aus der Aufklärung selbst stammt. Aufklärung, für die eher der Stubengelehrte und Famulus Wagner steht, wird am Ende des 18. Jahrhunderts als zu eng empfunden. Das Ungenügen an dieser reflektierten Skepsis der späten Aufklärung entstammt nicht der Aufklärung selbst, sondern einem metaphysischen Bedürfnis nach Unendlichkeit und Ganzheit, das die Aufklärung in ihrem Fortschrittsbegriff als unerreichbar qualifiziert hat. Es sind daher eher die Romantik und der Deutsche Idealismus, die den Weg zum Gotteskomplex, sofern die Neuzeit überhaupt einen solchen im spezifischen Sinne aufweist, geebnet haben. Der Sturm-und-Drang-Mensch ist es, der unbefriedigt von der Rationalität über die Aufklärung hinausgeht. Nicht die Aufklärung selbst, das wissenschaftliche Streben ist es, daß in den Gotteskomplex führt, sondern die Maßlosigkeit eines von der Aufklärung unbefriedigten Menschseins.

Auch die Antwort auf die Frage nach dem Beitrag der neuzeitlichen Ratiozentrik und der aufklärerischen Methodik zur ökologischen Krise kann nicht ganz geradlinig ausfallen. In der Neuzeit kam es zur Verknüpfung der handwerklichen Tradition mit der Mathematik und zu einer Konzeption des Experimentes und der Methodik, das ein technisches Verständnis von Experiment, Methodik und Vernunft begünstigt. Verstärkt wurde diese Tendenz durch das Scheitern der neuzeitlichen Metaphysiken. Enzyklopädie, Popularphilosophie und Eklektik trafen sich in dem Punkt, daß der Prozeß der ständigen Vorurteils-Kritik letztlich nicht mehr zu einem ausweisbaren Wahrheitskriterium führte. Vielmehr wurde Erfolg zum Kriterium experimenteller Philosophie. So bereitete die späte Aufklärung eine pragmatisch-instrumentelle Wende vor, die zunächst verdeckt vom Deutschen Idealismus in den Positivismus, Historismus und Utilitarismus des 19. Jahrhunderts führte.

Auch Hobbes Konzeption einer rechnenden Vernunft, die instrumentell eingesetzt wurde und ein materialistisch-mechanistisches Vernunftsverständnis entband, führte zu einer Ausweitung der instrumentellen Vernunft ab der Mitte des 18. Jahrhunderts. Im "Leviathan" beginnt sich ein technisches Verständnis des Praktischen und Politischen anzubahnen. Die menschlichen Bedürfnisse werden als berechenbar gedacht, der Staat als Balance der Kräfte verstanden. Andererseits kommt es auch zu einer Ausweitung und Verstärkung der Sittlichkeit. Die Formulierung des Menschenrechtsethos im 16. Jahrhundert und Kants Begründung der Menschenwürde gehören im Bereich der ethischen Theoriebildung dazu. Hinzu kamen viele praktische Verbesserungen, nicht zuletzt die Abschaffung der Sklaverei.

Der Gedanke der methodischen Anthropozentrik kam – vorbereitet durch Descartes – im 18. Jahrhundert zum Durchbruch. Kant unterschied Natur und Freiheit, legte sie aber nicht ontisch-dualistisch aus. Er betrachtete den Unterschied als unhintergehbare Dualität der Perspektiven, die bei der menschlichen Selbsterkenntnis und Reflexion der sittlichen Handlung berücksichtigt werden müssen. Dieser Gedanke ist nicht zu verwechseln mit dem sogenannten neuzeitlichen oder cartesischen Dualismus, der nicht vom Christentum, wie immer behauptet, sondern vom Platonismus in die Philosophiegeschichte eingebracht wurde. Herrschaft der Seele über den Körper ist ein platonisierendes Denkmotiv, kein Signum der Neuzeit, denn der Unterschied von Innen- und Außenperspektive von Vernunft und von Freiheit ist methodischer Natur, auch wenn er von Descartes selbst wohl nicht zuletzt im Fahrwasser eines vom Platonismus geprägten Augustinismus dualistisch ausgelegt wurde.

Die Bewertung der Zeit zwischen 1400 und 1800 fällt also zwiespältig aus. Jedoch scheint es mir als erwiesen, daß es nicht die neuzeitliche Anthropozentrik war, die in den Gotteskomplex und Allmachtswahn des neuzeitlichen Menschen führte, sondern eher das überzogene Vertrauen in eine wissenschaftliche Methode, die den Subjektbezug des Wissens, also die Anthropozentrik weitgehend eliminierte, obwohl sich der Gedanke der methodischen Anthropozentrik allmählich herausbildete. Ein Punkt, der weiterer Überlegung bedarf, ist die Wende zum pragmatischen, technisch-instrumentellen Verständnis von Vernunft und der Methode und zunehmend auch des sittlich-politischen Handelns. Diesem eher im 19. und 20. Jahrhundert anzusiedelnden Problem möchte ich mich nun zuwenden.

Anmerkungen

1 Vgl. Horst E. Richter; Der Gotteskomplex. Die Geburt und die Krise des Glaubens an die Allmacht des Menschen; Reinbek bei Hamburg[2] 1986, 5
2 Ebd.
3 Ebd. 19–21
4 Vgl. ebd. 21
5 Vgl. ebd. 23
6 Vgl. zu diesem Problem Hans Blumenberg; Der Prozeß der theoretischen Neugierde. Erweiterte und überarbeitete Neuausgabe von "Die Legitimität der Neuzeit", Teil 3; Frankfurt 1973, 184f; Ders.; Säkularisierung und Selbstbehauptung. Erweiterte und überarbeitete Neuausgabe von "Die Legitimität der Neuzeit", Teil 1 u. 2; Frankfurt 1974, 168, 216, 218 und mein Buch: Skepsis in der Aufklärung; Frankfurt 1982, 51f
7 H. Richter; Gotteskomplex; a. a. O. 27
8 Ebd. 28
9 Vgl. ebd. 32–58
10 Vgl. Gernot Böhme, Wolfgang van den Daele, Wolfgang Krohn; Experimentelle Philosophie. Ursprünge autonomer Wissenschaftsentwicklung; Frankfurt 1977, 7f
11 Ebd. 17
12 Ebd.
13 Ebd. 27
14 Ebd. 33
15 Edmund Husserl; Die Krisis der europäischen Wissenschaften und die transzendentale Phänomenologie; Husserliana, Bd. VI, hrsg. von W. Biemel; Den Haag [2]1976, 6
16 Egon Friedell; Kulturgeschichte des Neuzeit. Die Krisis der europäischen Seele von der schwarzen Pest bis zum Ersten Weltkrieg; München o. J., 179
17 Vgl. Jan Bialostocki (Hg.); Propyläen Kunstgeschichte, Bd. 7; Berlin o. J., 179
18 Wolfgang Braunfels; Kleine italienische Kunstgeschichte, Köln 1984, 224
19 Bialostocki, a. a. O. 76
20 Vgl. Braunfels, a. a. O. 232
21 Bialostocki, a. a. O. 80
22 Braunfels, a. a. O. 220f
23 Bialostocki, a. a. O. 67
24 Ebd. 71
25 Ebd.
26 Vgl. Nikolaus von Kues: Philosophisch-theologische Schriften; hrsg. von L. Gabriel, übers. v. D. u. W. Dupré; Bd. 3, Wien 1967, 5–9
27 "Unde in se homo reperit quasi in ratione mensurante omnia creata"; ebd. 6f
28 Ebd. 9
29 Ebd.
30 "[. . .] et rationis imitatorem et diligentiae facit hominem"; Hermes Trismegiste, Corpus Hermeticum, Bd. II, Asclepius; ed. von A. D. Nock u. A. J. Festugière, Buch I, 8, Paris [3]1973, 304f
31 "[. . .] sunt homines dii, sed fiunt participando illius unius qui verus est Deus"; Aurelius Augustinus, Ennarationes in Psalmos, 118, XVI, 1; in: Obras de San Agustin Bd. XXII; ed. B. M. Perez; Madrid 1967, 100
32 "nihil spectari homine admirabilius"; Pico della Mirandola; De Hominis Dignitate; hrsg. von Eugeno Garin, Florenz 1942, 103
33 "in mundi positum meditullio [. . .] ipsius, quasi arbitrarius honorariusque plastes et fictor"; ebd. 104
34 "cui datum id habere quod optat, id esse quod velit"; ebd. 106
35 "ut id simus quod esse volumus"; vgl. ebd.

36 Vgl. R. P. Horstmann; Art. Menschenwürde; in: Historisches Wörterbuch der Philosophie; a. a. O. Bd. 5 (1980), 1124
37 Vgl. Wolfgang Fikentscher; Die heutige Bedeutung des nichtsäkularen Ursprungs der Grundrechte; in: E. W. Böckenförde, R. Spaemann (Hg.); Menschenrechte und Menschenwürde. Historische Voraussetzungen – säkulare Gestalt – christliches Verständnis; Stuttgart 1987, 43–73
38 Vgl. ebd. 44
39 Ebd. 45f
40 Ebd. 47–49
41 Ebd. 51
42 Das katholische Glaubensverständnis war allerdings in der Gott-Mensch-Beziehung weniger individualistisch ausgerichtet als die reformierte Theologie. Insgesamt vertraute die katholische Traditionslinie mehr der Erkenntniskraft der Vernunft und der Erkennbarkeit der Natur. Sie hielt trotz der Ansätze einer Handlungstheorie und Gewissenslehre bei Thomas von Aquin am scholastisch orientierten Naturrecht auch in der Neuzeit fest und fand nur zögernd zur Anerkennung des Menschenrechtsethos im 20. Jahrhundert. Der methodisch strittige Punkt blieb aber der, ob und wie weit die menschliche Vernunft die Schöpfungsordnung als sittlich maßgeblich zu erfassen vermag.
43 Vgl. hierzu G. Frey; Art. Experiment; in: Historisches Wörterbuch der Philosophie; a. a. O. Bd. 3 (1972), 868
44 Näher ausgeführt wird dieser Gedanke in Abschnitt (9) "Natur und Schöpfung" unter der Überschrift "Das Experiment in handlungstheoretischer Interpretation".
45 Vgl. R. Kuhlen, U. Schneider; Art. Experimentalphilosophie; in: Historisches Wörterbuch der Philosophie; a. a. O. Bd. 3 (1972), 870
46 Vgl. ebd. 872
47 Zitiert wird im Text mit "Med." für "Meditationes de prima philosophia" jeweils nach Buch und Kapitel, sowie abgekürzt mit "AT" nach der Normausgabe von Adam und Tannery, Paris 1973, nach Band und Seitenzahl
48 René Descartes, Meditationes . . . , 2. Resp., AT VII, 132
49 Näheres hierzu und zur Idee des "genius malignus" findet sich in meinem Buch: Skepsis in der Aufklärung; Frankfurt 1982, 55
50 Vgl. ebd. 65
51 Vgl. Peter Bieri; Evolution, Erkenntnis und Kognition. Zweifel an der evolutionären Erkenntnistheorie; in: W. Lütterfelds (Hg.); Transzendentale oder Evolutionäre Erkenntnistheorie; Darmstadt 1987, 117–147, bes. 136
52 Vgl. Wilhlem Halbfaß; Descartes' Frage nach der Existenz der Welt – Untersuchungen über die cartesianische Denkpraxis und Metaphysik; Meisenheim/Glan 1968, 140
53 Vgl. A. Beckermann; Descartes' metaphysischer Beweis für den Dualismus; Freiburg, München 1986, 149
54 Vgl. ebd. 119
55 Vgl. Peter Bieri: Evolution . . .; a. a. O. 128
56 Vgl. Dieter Henrich; Der ontologische Gottesbeweis; Tübingen 1960, 137–155
57 Vgl. Heiner Rutte; Der Realismus, das Wahrnehmungsproblem und die Ansprüche der naturalistischen Erkenntnistheorie; in: W. Lütterfelds (Hg.); Transzendentale . . .; a. a. O. 148–179, bes. 156
58 Vgl. Hans Wagner; Kritische Philosophie; Würzburg 1980, 281, 284
59 Edmund Husserl; Die Krisis . . .; a. a. O. 5f
60 Ebd. 10
61 Vgl. meinen Artikel: Monadologie; in: F. Volpi, J. Nida-Rümelin (Hg.); Lexikon der philosophischen Werke, Stuttgart 1988, 457f

62 Vgl. Thomas Hobbes, Leviathan oder Stoff, Form und Gewalt eines bürgerlichen Staates, hrsg. I. Fetscher, Frankfurt, Berlin, Wien [2]1976, 29

63 Ebd. 32

64 Ebd. 33

65 Nähere Angaben hierzu finden sich in meinem Buch: Skepsis...; a. a. O. 132f

66 Vgl. ebd. 118, 124

67 Vgl. ebd. 134–137

68 Vgl. ebd. 149f

69 Vgl. Klaus Erich Kaehler; Leibniz' Position der Rationalität. Die Logik im metaphysischen Wissen der "natürlichen Vernunft"; Freiburg, München 1990, 79

70 Vgl. ebd. 82

71 Vgl. mein Buch; Skepsis...; a. a. O. 150

72 Vgl. ebd. 157

73 Vgl. meinen Artikel: Nouveaux essais sur l'entendement humain; in: Lexikon der philosophischen Werke, a. a. O. 477f

74 Vgl. mein Buch: Skepsis...; a. a. O. 161, 169

75 Vgl. René Descartes; Discours de la méthode, VI,2; hrsg. von Lüder Gäbe, Hamburg [2]1969, 100

76 Ebd. V,10; a. a. O. 92

77 Vgl. Johanno Strasser, Klaus Traube; Die Zukunft des Fortschritts. Der Sozialismus und die Krise des Industrialismus; Bonn 1981, 8

78 Vgl. Francis Bacon; Neues Organ der Wissenschaften II,52; übers. v. A. Th. Brück; Darmstadt 1974, 236

79 Vgl. ders.; Neues Organ I,129; a. a. O. 96

80 gl. ders.; Neues Organ II,52; a. a. O. 236

81 Vgl. Joachim Ritter; Art. Fortschritt; in: Historisches Wörterbuch der Philosophie; a. a. O. Bd. 2 (1972), 1036

82 Vgl. Hans Blumenberg; Der Prozeß...; a. a. O. 114

83 Vgl. Hans Blumenberg; Aspekte der Epochenschwelle: Cusaner und Nolaner. Erweiterte und überarbeitete Neuausgabe von "Die Legitimität der Neuzeit", Teil 4; Frankfurt 1976, 113

84 Vgl. mein Buch; Skepsis...; a. a. O. 233–294

85 Vgl. Odo Marquard; Schwierigkeiten mit der Geschichtsphilosophie; Frankfurt 1973; Ders.; Abschied vom Prinzipiellen; Stuttgart 1981; Ders.: Theodizee, Geschichtsphilosophie, Gnosis; in: Fschr. für Jacob Taubes; Würzburg 1984

86 Näheres hierzu findet sich im Abschnitt (8) "Instrumentelle Rationalität: zur Diagnose der Moderne".

87 Immanuel Kant; Kritik der reinen Vernunft; B XI

88 Ebd. B XIII

89 Vgl. ebd A XI

90 Vgl. Hartmut Böhme, Gernot Böhme; Das Andere der Vernunft. Zur Entwicklung von Rationalitätsstrukturen am Beispiel Kants; Frankfurt [2]1985, 290

91 Ebd. 291f

92 Max Horkheimer, Theodor W. Adorno; Dialektik der Aufklärung. Philosophische Fragmente; Amsterdam 1947

93 H. Böhme, G. Böhme; Das Andere der Vernunft; a. a. O. 273

94 Vgl. mein Buch; Skepsis...; a. a. O. 367–390

95 Condorcet (Marie-Jean-Antoine-Nicolas Caritat, Marquis de Condorcet); Entwurf einer historischen Darstellung der Fortschritte des menschlichen Geistes; übers. v. W. Alff; Frankfurt 1976, 31f

96 Vgl. Joachim Ritter; Art. Fortschritt; a. a. O. 1056

97 Vgl. zu dieser Forderung den Abschnitt "Alternative Naturwissenschaft" im achten Kapitel "Instrumentelle Rationalität. Zur Diagnose der Moderne".

98 Vgl. Adam Smith; Der Wohlstand der Nationen; hrsg. von H. C. Recktenwald; München ²1978, 48–53 und 272

99 Vgl. ebd. 16f

100 Vgl. ebd. 29

101 Vgl. A. Smith; Theorie der ethischen Gefühle; hrsg. von W. Eckstein; Leipzig 1926, 360

102 Ebd. 385

103 Vgl. ebd. 397

104 Vgl. ebd. 1

105 Vgl. ebd. 121

106 Vgl. ebd. 128

107 Immanuel Kant; Grundlegung zur Metaphysik der Sitten; im Text abgekürzte mit GMS, A für die erste Auflage von 1785, B für die zweite Auflage von 1786; BA bedeutet, daß die Stelle in beiden Auflagen identisch ist; zitiert nach der Weischedel-Ausgabe Darmstadt ⁴1975

108 Vgl. J. H. Paton; Der Kategorische Imperativ. Eine Untersuchung über Kants Moralphilosophie; Berlin 1962

109 Vgl. Friedo Ricken; Die Menschheit als Zweck an sich selbst. Kants Begründung einer materialen Ethik; in: Hochschule für Philosophie München. Philosophische Fakultät S.J. Jahresbericht 1987/88, München 1988, 1–11; Vgl. auch: Christian Schröer; Naturbegriff und Moralbegründung. Die Grundlegung der Ethik bei Christian Wolff und deren Kritik durch Immanuel Kant; Stuttgart 1988, 200f u. 215

110 Vgl. hierzu Reiner Wimmer; Universalisierung in der Ethik. Analyse, Kritik und Rekonstruktion ethischer Rationalisierungsansprüche; Frankfurt 1980, 193

111 Ebd. 175

112 Vgl. Ludger Honnefelder; Die ethische Rationalität der Neuzeit, in: Handbuch der christlichen Ethik, ed. von A. Hertz, W. Korff, T. Rendtorff, H. Ringeling, Bd. 1 Freiburg, Basel, Wien, Gütersloh ²1979, 19–45, bes. 26

113 Vgl. ebd. 39f

114 Vgl. ebd. 44f

8. Instrumentelle Rationalität: Zur Diagnose der Moderne

Die Neuzeit kennzeichnete eher eine Ratio – denn eine Anthropozentrik, obwohl sich Elemente materialer Anthropozentrik und einer Anthropozentrik als Ethosform durchaus fanden, sich sogar der Gedanke einer methodischen Anthropozentrik in seiner endgültigen Gestalt ausprägte. Inwiefern sich die Problemlage im 19. und 20. Jahrhundert geändert hat, ist nun zu untersuchen. Vor allem ist abzuklären, worin der moderne Anthropozentrismus besteht und ob christliche Anthropozentrik mit ihm zu identifizieren ist. Denn von den Kritikern an diesem Anthropozentrismus und seinen christlichen Ursprüngen waren kaum genauere Definitionen zu erfahren gewesen. Um den Begriff zu klären und die Kritik zu überprüfen, soll im folgenden das treibende Motiv aufgedeckt werden, das sich hinter dem sogenannten neuzeitlichen Autonomieexperiment[1] verbirgt.

Horst Eberhard Richter hatte das Autonomieexperiment als Psychodrama interpretiert und als den Gotteskomplex des neuzeitlichen Menschen bezeichnet. Daß dies für das 17. und 18. Jahrhundert nicht zutrifft, konnte ich nachweisen. Allerdings erhält das neuzeitliche Autonomieexperiment seine endgültige Gestalt wohl erst im 19. Jahrhundert. Je nach Standpunkt des Verfassers wird Ende des 18. oder Anfang des 19. Jahrhunderts die Neuzeit von der Moderne abgelöst.[2] Die Abgrenzungsfrage der beiden Epochen ist für die Herausarbeitung des Bedeutungsspektrums von Anthropozentrik irrelevant, nicht jedoch Nietzsches Formulierung des neuzeitlichen Autonomieexperimentes. Nietzsche bestimmt dessen Inhalt unter dem Bild des Prometheus so: "Das herrliche 'Können' des großen Genius, das selbst mit ewigem Leid zu gering bezahlt ist, der herbe Stolz des Künstlers [...] die Würde, die er dem Frevel erteilt."[3] Der Frevel als "ein Raub an der göttlichen Natur" wird von Nietzsche – durchaus ungriechisch, aber konsequent im Sinne der Moderne – positiv gesehen.

Doch diese Form von Autonomie hat nichts mehr mit christlicher Anthropozentrik zu tun, sondern läßt sie gerade hinter sich. Es wird daher zu untersuchen sein, welche Bedeutungen im Kontext des 19. und 20. Jahrhunderts der Begriff Anthropozentrismus annehmen kann bzw. in welchem Umfeld er anzusiedeln ist. Außerdem ist zu überprüfen, inwiefern er sich für die Bemühungen um eine christliche Umweltethik fruchtbar machen läßt.

Zur Kritik rechnend-instrumenteller Rationalität

Die *Kritische Theorie,* insbesondere einer ihrer Hauptvertreter, nämlich Max Horkheimer, macht für die Krise der Moderne nicht einen Anthropozentrismus verantwortlich, sondern die "Dialektik der Aufklärung", nämlich den Umschlag der Vernunft in "instrumentelle Rationalität". Allerdings meint Horkheimer auch nicht die ökologische, sondern die gesellschaftliche Krise, die sich insbesondere in den inhumanen Ideologien des 20. Jahrhunderts ausdrückt. Die Kritik der neuzeitlichen Anthropozentrik steht jedoch – so die These dieser Untersuchung – in derselben Traditionslinie wie die Analysen der Kritischen Theorie. Übersetzt in die Situation des ausgehenden zweiten Jahrtausend besagt die Kritik neuzeitlicher Anthropozentrik folgendes: Der technische Humanismus in Verbindung mit einer marktwirtschaftlichen Theorie der Ökonomie als Antwort auf die Ideologie dieses Jahrhunderts habe nun seinerseits eine Krise heraufbeschworen, vergleichbar dem zweiten Weltkrieg, nämlich in den Krieg der Hochtechnologie gegen die Natur als konsequente Fortsetzung der Tendenzen der Neuzeit, die auch in die totalitären Ideologien geführt hätten.

Die Analyse der Wurzeln neuzeitlicher Anthropozentrik und die Prüfung der These, daß diese in der christlichen Anthropozentrik vorgeprägt sei, kann sich einer Auseinandersetzung mit der Kritischen Theorie und ihrem Verständnis von Neuzeit und Aufklärung nicht entziehen. Eine umfassendere Analyse ihrer Deutung der Aufklärung habe ich an anderer Stelle vorgelegt.[4] Ich beschränke mich daher hier auf die Thesen von *Max Horkheimer* und *Theodor W. Adorno,* die zur Legitimation der Kritik an der neuzeitlichen Anthropozentrik herangezogen werden können.

Den Grund für die Krise der Humanität und für die damit verbundene

Selbstzerstörung der Aufklärung im 20. Jahrhundert sehen Horkheimer und Adorno im Positivismus, dessen Wurzeln bis in die Aufklärung reichen würden.[5] Um den Rückfall der Aufklärung in Mythologie zu verhindern, sollte Aufklärung sich auf sich selbst besinnen.[6] Der Positivismus begründe eine Szientokratie: Er versuche durch Rationalisierung und Naturwissenschaft Herrschaft über die Natur auszuüben. Und diese Herrschaft über die Natur schlage um in Herrschaft über den Menschen.

"Das Wissen, das Macht ist, kennt keine Schranken, weder in der Versklavung der Kreatur, noch in der Willfährigkeit gegen die Herren der Welt. [...] Technik ist das Wesen dieses Wissens. Es zielt nicht auf Begriffe und Bilder, nicht auf das Glück der Einsicht, sondern auf Methode, Ausnutzung der Arbeit anderer, Kapital. [...] Was die Menschen von der Natur lernen wollen, ist, sie anzuwenden, um sie und die Menschen vollends zu beherrschen."[7]

In dieser geistigen Gemengelage entsteht das Syndrom, das Horkheimer und Adorno "Dialektik der Aufklärung" nennen. Etwas Ähnliches scheint in der Diskussion um ökologische Ethik gemeint zu sein, wenn vom modernen Anthropozentrismus die Rede ist. Die Kritische Theorie beschreibt die "Dialektik der Aufklärung" folgendermaßen:

"Das Erwachen des Subjektes wird erkauft durch die Anerkennung der Macht als des Prinzips aller Beziehungen. Gegenüber der Einheit solcher Vernunft sinkt die Scheidung von Gott und Mensch zu jener Irrelevanz herab, auf welche sie unbeirrbar seit der ältesten Homerkritik schon hinwies. Als Gebieter über Natur gleichen sich der schaffende Gott und der ordnende Geist. Die Gottesebenbildlichkeit des Menschen besteht in der Souveränität übers Dasein, im Blick des Herrn, im Kommando. [...] Die Aufklärung verhält sich zu den Dingen wie der Diktator zu den Menschen. Er kennt sie, insofern er sie manipulieren kann. Der Mann der Wissenschaft kennt die Dinge, insofern er sie machen kann."[8]

Dazu nutze eine depravierte Aufklärungsphilosophie die Herrschaft des Begriffs, durch die die Menschen von der Natur distanziert und damit "an die blinde ökonomische Tendenz gefesselt"[9] würden. In nichts anderem aber besteht der Vorwurf des Anthropozentrismus. Er wird allerdings mit der Schwerpunktverlagerung erhoben, daß nicht mehr die Herrschaft über den Menschen wie in der Kritischen Theorie sondern die Herrschaft über die Natur ins Zentrum der Kritik gerückt sei.

Pointiert bringt Horkheimer in einer späteren Schrift seine Kritik auf den Punkt: "Positivismus ist philosophische Technokratie. [...] Die Positivisten passen [..] die Philosophie an die Wissenschaft an, d. h. an die Erfordernisse der Praxis, anstatt die Praxis an die Philosophie anzupassen."[10] Exemplarisch lasse sich das an Friedrich Nietzsche demonstrieren: Vernunft komme erst dann zu sich selbst, wenn sie ihre eigene Absolutheit negiere und sich als bloßes Instrument verstehe. Nietzsche denunziere den Glauben an die autonome Vernunft.[11] Wenn man nun den Begriff untersucht, der gegenwärtiger industrieller Kultur zugrundeliege, so komme man zu dem Schluß, daß der technische Fortschritt das Ziel zunichte zu machen drohe, das er eigentlich verwirklichen sollte, nämlich die Idee des Menschen.[12]

Für die Krise der Vernunft ist nach Horkheimer die Aufklärung verantwortlich. Diese habe die Metaphysik und ihren objektiven Begriff der Vernunft zerstört. Objektive Vernunft als methodisches philosophisches Denken werde ebenfalls von der Aufklärung beargwöhnt. Ihre Toleranzidee führe zudem in Neutralität und Relativismus. So werde Vernunft zum Instrument, gänzlich eingespannt in den gesellschaftlichen Prozeß. Als Werkzeug für alle Unternehmen in der Gesellschaft diene Vernunft dem Partikularen, sei es nun gut oder schlecht.[13] Kurzum zusammengefaßt, alle skeptischen Tendenzen in der Aufklärung führen nach Horkheimer in ihren Umschlag in den Positivismus, in ihre Dialektik. Daß diese These für das 17. und 18. Jahrhundert nicht zutrifft, weil sich in dieser Epoche zunehmend ein selbstkritischer, kein positivistischer Begriff von Vernunft durchgesetzt hat, habe ich an anderer Stelle nachgewiesen.[14]

Die Positivisten als Epigonen der Aufklärung hätten Vernunft zum Herrschaftsinstrument gemacht. Dies aber führe zur Liquidation des Subjektes: "Naturbeherrschung schließt Menschenbeherrschung ein".[15] So manifestiere sich die Krise der Vernunft in der Krise des Subjektes. Erziehung gerinne zur Technik. Das neue Idol sei das Prinzip der Herrschaft, dem alles geopfert werde.[16] Da aber auch die traditionellen affirmativen Lehren der objektiven Vernunft eine Affinität zu Ideologie und Lüge hätten, werde Vernunft auf das bloße Verfolgen von Zielen restringiert.[17] Daher würden an die Stelle der moralischen Substanz Anweisungen, Rezepte, Leitbilder treten.[18]

Diese Kritik ist im Grundriß nicht völlig unberechtigt. Doch besteht das Problem der Kritischen Theorie mit ihren Hauptvertretern Horkheimer und Adorno darin, daß sie als soziologische Disziplin selbst der Traditionslinie des Positivismus entstammt. Denn Auguste Comte, der Begründer des Positivismus in Frankreich, schuf diese Disziplin. Die Kritische Theorie kritisiert im Positivismus den Boden, auf dem sie selbst steht. Diese Vorgehensweise ist unumgänglich, insofern sie kritisch sein will. Dennoch bringt die Kritik am Positivismus die Kritische Theorie in ein Dilemma, insofern sie die soziologisch-positivistischen Prämissen teilt, die sie eigentlich kritisieren müßte. Kritische Theorie löst dieses Problem, indem sie ihre Kritik auf den Positivismus als Form des Szientismus beschränkt und die Verflechtung von naturwissenschaftlicher Methodologie, technischer Vorgehensweise und ökonomischer Verwertung in ihrer Wirkung auf die Gesellschaft kritisiert. Herrschaft, ursprünglich Phänomen einer zwischenmenschlichen Beziehung, wird anthropomorphisierend einer Methode zugeschrieben. Damit aber entzieht Kritische Theorie ihrer Kritik an der Verdinglichung des Menschen den Boden.

Das Dilemma der Positivismuskritik der Kritischen Theorie, kritisch gegenüber dem Positivismus sein zu müssen, damit aber zugleich den Boden ihrer eigenen Kritik implizit anzugreifen, da aufgrund der Rezeption der Gesellschaftstheorie von Karl Marx ein positivistischer Unterton in ihrer Konzeption unüberhörbar ist, scheint mir nur dann lösbar zu sein, wenn man ihre Grundannahme, die Vernachlässigung der methodischen Anthropozentrik, rückgängig macht. Denn die Kritik an der Verdinglichung des Menschen ist m. E. ohne Rückgriff auf die kantische Selbstzweckformel, ohne die Denkform der methodischen Anthropozentrik theoretisch nicht zu begründen. Horkheimer hingegen scheint mir an Nietzsches Kritik der autonomen Vernunft festzuhalten.

Es ist nun also zu untersuchen, ob mit einer anderen philosophischen Position, die der instrumentellen Rationalität kritisch gegenüber eingestellt ist, der Positivismus begründeter in Zweifel gezogen werden kann. Hier ist zunächst an die Philosophie *Martin Heideggers* zu denken. Er klagt in seinen Schriften nach dem zweiten Weltkrieg, in denen sich seine Abkehr von der europäischen Leitidee der Subjektivität und Rationalität orientiert am Satz vom Grund manifestiert, das "Rasende der Kybernetik" an. Er fordert nach dem "Ende der Philosophie" ein neues nüchternes Denken jenseits von Rationalismus und Irrationalismus. Ausgangspunkt seiner Überlegungen ist das Unheimliche unserer epochalen Selbstbeschreibung als Atomzeitalter: "Der Mensch bestimmt eine Epoche seines geschichtlich-geistigen Daseins aus dem Andrang und der Beistellung einer Naturenergie."[19] Damit hat Heidegger den technologischen Charakter neuzeitlicher Wissenschaft erkannt und formuliert.[20]

In der technisch-wissenschaftlichen Weltkonstruktion sieht Heidegger eine große Gefahr. Sie entbinde ein rechnendes Denken, das wir ohne Besinnung befolgen würden: "Dieses axiomatische Denken ist bereits dabei, ohne daß wir dies merken [...], das Denken des Menschen so zu verändern, daß es sich dem Wesen der modernen Technik anpaßt."[21] Widerspruchsfreie Satzsysteme garantieren aber noch nicht den Gegenstandsbezug. Philosophie werde unmöglich: "Heute wächst bei uns nichts mehr. Warum? Weil die Möglichkeiten eines denkenden Gesprächs mit einer uns erregenden, fördersamen Überlieferung fehlen, weil wir statt dessen unser Sprechen in die elektronischen Denk- und Rechenmaschinen hineinschicken, ein Vorgang, der die moderne Technik und Wissenschaft zu völlig neuen Verfahrensweisen und unabsehbaren Erfolgen führen wird, die vermutlich das besinnliche Denken als etwas Unnützes und darum Entbehrliches abdrängen."[22]

Das technische Zeitalter sei von einer unheimlichen Rationalität, die sich durch effizientes Rechnen auslege:

"Der eigentliche Sinn von 'rechnen' ist nicht notwendig auf Zahlen bezogen. Dies gilt auch von dem, was man Kalkül nennt. Calculus ist der Spielstein beim Brettspiel, dann auch der Rechenstein. Kalkulation ist Rechnen als Überlegen: eines wird dem anderen vergleichend, abschätzend gegenübergelegt. [...] Durch solches Rechnen kommt etwas heraus; eventus und efficere gehören so in den Bereich der ratio."[23]

Auch ein Rechenschaft gebendes Argumentieren verfalle der "Raserei des ausschließlich rechnenden Denkens und seiner riesenhaften Erfolge".[24] So zieht Heidegger folgendes Fazit: "Die Neuzeit ist nicht zu Ende. Sie beginnt erst ihre Vollendung, insofern sie sich auf die vollständige Zustellbarkeit von allem, was ist und sein kann, einrichtet."[25]

Für Heidegger besteht das Wesen der modernen Technik in ihrem Umschlag in Eigengeltung. Sie diene nicht mehr dem Menschen, sondern beherrsche ihn und die Natur.[26] Schuld daran sei der Kausalitätsbegriff der abendländischen Metaphysik, von der aristotelischen Vier-Ursachen-Lehre über Descartes' Konzeption der "causa efficiens" (bewirkende Ursache) hinein in das Mechanismus-Konzept des 17. und 18. Jahrhunderts.[27] Diese Idee der Kausalität in ihrer Verrechenbarkeit habe die Philosophie an ihr Ende gebracht.[28] Erklärung ersetze Begründung, Hypothesen die fragende Suche.

Philosophie werde durch Anthropologie, Psychologie, Soziologie, Logistik und Sprachphilosophie verdrängt. Nach der Transformation der Philosophie in das kybernetische Denken sei sie nicht länger die große Schlüsselattitüde unserer Zeit.[29] Zukunftsweisende Aussagen könnten von ihr nicht mehr erwartet werden. Für Heidegger eröffnet das Ende der Philosophie Raum für ein neues Denken, inspiriert von der Kunst und der "griechischen Phänomenologie", in der die neuzeitliche Trennung von Subjekt und Objekt noch nicht aufgetreten war.[30]

Die These vom Ende der Philosophie impliziert aber auch, daß sich Ethik mit dem Konzept theoretischer Gewißheit in die Ausweglosigkeit einer metaphysischen Tradition seit Sokrates verrannt habe. Sie teile den Kardinalfehler der abendländischen Philosophie, die sich einer Sache im tätigen Zugriff bemächtigen möchte. Dagegen plädiert Heidegger für ein Sich-Öffnen für die Selbstmitteilung der Sache. Alles Denken in Werten ist ihm daher Blasphemie. Denn Werte ließen sich als Vergegenständlichungen menschlicher Bedürfnisse lesen.[31] Der wertsetzende Mensch als Mittelpunkt des Philosophie – das sei eine Folge der Entwertung des Seins im Fahrwasser der Idee einer Beherrschbarkeit der Natur. Dagegen will Heidegger wieder lernen, die Fülle des Seins erneut sprechen zu lassen.

Angesichts dieser Entwicklung neuzeitlicher Philosophie und ihrem Umschlag in Technologie geht es Heidegger um die Eröffnung eines vom gegenwärtigen verschiedenen Weges, um die Entbindung eines "anderen Denkens"[32] und um die Entwicklung eines "seinsgeschicklichen Denkens". Anders als in der Ethik dekretiert er nicht Normen und entwirft keine Werte, sondern propagiert ein versammelndes "Schicken ins Denken", das für den Menschen zugleich ein Geschickt-Werden als Geschenk des Seins darstelle.[33] Der radikale Abschied Heideggers vom Leitentwurf der Ratio und der Subjektivität eröffnet zwar den Horizont eines neuen Selbstverständnisses des Menschseins. Er birgt aber auch die Gefahr in sich, aufgrund der Offenheit ins Beliebige und Willkürliche abzugleiten.

Als Gegenentwurf zu Heideggers Konzeption kann *Edmund Husserls* Schrift "Die Krisis der europäischen Wissenschaften"[34] gelesen werden. Sein geschichtsphilosophischer Entwurf rekonstruiert die philosophische Idee der Neuzeit und deckt den Grund ihrer Auflösung auf. Die Besinnung auf die Ursprünge unserer wissenschaftlichen Einstellung führe zum Renaissance-Humanismus und der Idee universaler Wissenschaft in absoluter Vorurteilslosigkeit. Um diesem Ideal zu genügen, sei es als Folge des von Galilei und Descartes entworfenen Wissenschaftskonzeptes zu einer "Verkleidung"[35] der Natur wie des Menschen gekommen. Denn die Vertretung der Wirklichkeit durch mathematische Symbole und der Maßstab quantitativer Methoden habe nur ein formalisiertes Bild der Natur geliefert. Ideologien seien entstanden, etwa der Positivismus, der Historismus und Psychologismus, und hätten in die Krise der europäischen Wissenschaften geführt.

Gegen den bloß konstruierenden Objektivismus der Natur in der neuzeitlichen Wissenschaft empfiehlt Husserl die Rückbesinnung auf die diese Konstrukte leistende Subjektivität. Gegen die Restriktion auf instrumentelle Rationalität stellt er die Wiedergewinnung eines Vollbegriffs von Vernünftigkeit und ihrer Grundlegung in der Lebenswelt der natürlichen Einstellung vorwissenschaftlicher Erfahrung. Die wechselseitige Kritik von wissenschaftlicher und lebensweltlicher Erkenntnis könne nämlich einen Prozeß der Selbstklärung der Vernunft und des neuzeitlichen Humanitätsideal auslösen, der dem "Ende der Philosophie" Einhalt gebieten könnte: Husserl sieht diese Gefahr durch die Auflösung der Philosophie in die Einzelwissenschaften gegeben.[36] Dagegen stellt er aus cartesischer Innenperspektive des Wissens die leistende Subjektivität in ihrer lebensweltlichen Fundiertheit.

Husserls bewahrende Kritik an der philosophischen Idee der Neuzeit läßt ihn den lebensweltlichen Boden der Vernunft und im Hinblick auf Ethik den Bereich des Emotionalen entdecken. Husserl geht von einer Analyse der wertenden Akte, die in der Idee des vollkommenen Vernunftlebens enthalten sind, aus. Hier setzt er gemäß der Grundthese seiner Phänomenologie eine wesensmäßige Korrelation zwischen Wirklichkeit und aktuellem Bewußtsein voraus. In der Rekonstruktion von Alois Roth besteht Husserls fundamentale Voraussetzung auch in der Ethik von der Überzeugung von der Einheit der Vernunft, aus der die Parallelität der erkennenden und wertend-wollenden Vernunftakte[37] und eine Gefühlslogik[38] folgen. Der letzte, alles fundierende Wert sie die Liebe.[39] Sie führe zur Idee eines sozialen Subjektes, die allen Egoismus überwinde.[40] So ist Husserl der einzige der hier zitierten Kritiker der instrumentellen Vernunft und des Positivismus, der an methodischer Anthropozentrik und Anthropozentrik als Ethosform festhält.

Positivismus und moderne Technologie

Sowohl Horkheimer und Adorno wie Heidegger und Husserl stimmten in ihrer Kritik an der Neuzeit in einem Punkt überein: Im Positivismus gipfele ein Natur- und Menschenverständnis, das zu einem Umschlag der philosophischen Intentionen der Neuzeit in ihr Gegenteil geführt habe. Eine der Konsequenzen dieses Umschlags manifestiere sich in der ökologische Krise, so lautet zumindest die Kritik vieler Vertreter der ökologischen Ethik an der Neuzeit. Diese These ist nun anhand der Problementwicklung im 19. Jahrhundert zu überprüfen. Dazu muß zunächst als deren Ausgangspunkt das Programm des Positivismus im Umriß rekonstruiert werden.

Eines scheint zumindest zuzutreffen: Der ältere Positivismus reicht bis in die Aufklärung zurück. Bacon, Berkeley, Hume, d'Alembert und Turgot gehören zu seinen Vertretern. Sie betrachten Erkenntnis als Instrument von Prognosen und Tatsachen und arbeiteten auf wissenschaftlichen Fortschritt hin.[41] Der Positivismus des 19. Jahrhunderts hingegen setzt ab etwa 1830 grundsätzlicher an. Denn der technisch-wissenschaftliche Fortschritt hat zumindest für deren Protagonisten Fragen der Metaphysik als nicht lösbare Scheinprobleme erwiesen. Deskription, Exaktheit, gesetzesmäßige Zusammenhänge, Erklärung und Prognose sind die Konstituentien des Wissens.

Dies reicht aber nicht aus, um die grundsätzliche Relativität des Wissens zu überwinden. Das eigentliche Potential liegt nicht im Wissen, sondern im technischen Können. Wissenschaft potenziert die technische Verfügungsgewalt über Natur und Menschen. So wird statt der Selbstreflexion des erkennenden Subjektes die Methodologie der Wissenschaften zum Sinnkriterium.[42] Damit läßt sich eine Hypothese über den Begriffsinhalt des modernen Anthropozentrismus formulieren. Im 19. Jahrhundert wird gemäß den Prinzipien des Positivismus an der Bedeutung und dem Gehalt materialer Anthropozentrik festgehalten. Allerdings berücksichtigt der Positivismus aufgrund des ihm innewohnenden Naturalismus weder methodische Anthropozentrik noch Anthropozentrik als Ethosform. Diese Arbeitshypothese möchte ich nun anhand eines programmatischen Textes von *Auguste Comte* erhärten. Er war der Begründer der Form des Positivismus, die im 19. Jahrhundert zum Durchbruch kam.

Ins Zentrum meiner Überlegungen stelle ich Comtes 1844 verfaßte "Rede über den Geist des Positivismus". Zwar hatte Comte seine grundlegenden Gedanken wie das Drei-Stadien-Gesetz und das enzyklopädische Gesetz über die Rangordnung der Wissenschaften im Anschluß an Turgot und Condorcet bereits 1822 formuliert. Die "Rede" führt in prägnanter und knapper Form in den Positivismus ein, ist daher für die hier erforderlichen Zwecke bestens geeignet. Zunächst ist jedoch zu klären, was das Drei-Stadien-Gesetz besagt. Bei Comte sind Theologie, Metaphysik und positive Wissenschaften notwendig aufeinander folgende Formen der Naturerklärung. Zu Beginn des 19. Jahrhunderts sei das letzte Stadium erreicht worden. Comte entwickelt wie Hegel eine spekulative Geschichtsdeutung, die nicht positivistisch vorgeht. Auch Comte postuliert eine Art Vernunft in der Geschichte. Allerdings liege der Fortschritt der Menschheit in der Wissenschaft, nicht in der Ethik. Ein zweiter wichtiger Grundzug von Comtes Positivismus betrifft die Rangordnung der Wissenschaften. Sie reicht mit abnehmendem Grad an Genauigkeit von der Mathematik über Astronomie, Physik, Chemie und Biologie bis zur Soziologie.

Mit dem 19. Jahrhundert sie das Stadium positiver Rationalität nach einem langen Zeitraum der Vorurteile erreicht (GP 25).[43] Anstelle der reinen Einbildungskraft in Theologie und Metaphysik ziele Philosophie nun ab auf die Erforschung der Gesetzmäßigkeiten und Phänomene. Der Positivismus beschränke sich auf die wirklich erreichbaren, wenn auch relativen Erkenntnisse, die unseren tatsächlichen Bedürfnissen angemessen seien (GP 27). Die positiven Wissenschaften könne man nicht als Abstraktion der Vernunft auffassen, vielmehr seien diese von unserer sinnlichen Ausstattung als Gattungswesen abhängig (GP 31). Außerdem diene der Positivismus der ständigen Befriedigung der Bedürfnisse unseres theoretischen wie praktischen Lebens (GP 41). Damit ist der zentrale Gedanke des modernen Anthropozentrismus definiert. Die uns zugängliche Erkenntnis hängt von uns ab. Und Erkenntnissuche bemißt sich nach unseren menschlichen Bedürfnissen. Der moderne Anthropozentrismus ist daher eine Form von Ratiozentrik, die auf die Bedürfnisse des Menschen zugeschnitten ist.

Damit endlich ist ein klarer Begriffsinhalt des modernen Anthropozentrismus herausgearbeitet. Zugleich wird aber deutlich, daß dieser Ansatz mit christlicher Anthropozentrik kaum etwas gemeinsam hat. Denn weder Ratiozentrik noch die Bedürfnisse des Menschen stehen im Christentum im Mittelpunkt der Anthropologie. Dies ist unschwer am Gleichnis von den Lilien auf dem Felde zu erkennen. Denn dort wird die allzugroße Sorge um die Bedürfniserfüllung als unchristlich aufgezeigt. Auch im AT hieß Anthropozentrik nicht, daß das Bedürfniswesen Mensch im Vordergrund stand, sondern das sittliche Subjekt in seiner Verantwortung. Anthropozentrik als Ethosform klammert jedoch der positivistisch motivierte moderne Anthropozentrismus aus.

Dennoch verdient auch der Positivismus eine faire Darstellung. Die Verpflichtung, all unsere Theorien auf wirklich erreichbare Forschung, auf objektive Gesetzeserkenntnis zu begrenzen (GP 47), ist nicht nur negativ zu bewerten. Comte glaubt, daß diese Kenntnis für unsere wahrhaften Bedürfnisse der Kontemplation wie der Lenkung unseres Verhaltens ausreiche (GP 47). Dabei liege die Einheit einer universellen Naturerklärung nicht in der Natur begründet, sondern in der Einheit der Methode (GP 51). All diese Theorien seien als Erzeugnisse unserer Intelligenz aufzufassen. Sie wären dazu bestimmt, unsere verschiedenen Grundbedürfnisse zu befriedigen (GP 53).

Dem Positivismus gehe es nicht um Unterdrückung der Menschen, sondern um die Idee der Menschheit. Die positive Methode solle eine geistige Systematisierungsleistung entbinden, die den Summen der mittelalterlichen Theologie unter dem Gottesbegriff entspreche (GP 53). Logische und methodische Geschlossenheit zeichneten die positivistisch vorgehenden Wissenschaften neben der Bedürfnisbefriedigung aus, nicht Herrschaft über die Natur oder den Menschen. Comte betont, daß positivistische Theorien nicht auf unmittelbare Nützlichkeit beschränkt werden dürften (GP 59). Dabei impliziere die rationale Auffassung vom Einwirken des Menschen auf die Natur nicht nur eine Verbesserung der Natur, sondern auch der Gesellschaft (GP 61). Diese soll die spontane Solidarität von Wissenschaft und Technik erreichen. Der Positivismus ziele auf Technologie im Sinne einer eigentümlichen Tendenz zur unmittelbaren Herstellung von vollständiger Harmonie zwischen theoretischem und aktivem Leben (GP 63).

Im Positivismus wird die theoretische Reflexion nicht in dem Maße unterdrückt, wie es die These von der instrumentellen Rationalität der Kritischen Theorie behaupten muß. Vielmehr hängt die Präzision bei der Entdeckung der Naturgesetze von den Bedürfnissen des Menschen ab. Technologie und Wissenschaft hat im Positivismus ein Maß, nämlich das menschliche Bedürfnis. Dies allerdings tendiert dazu, wenn man es nicht sittlich, sondern faktisch nimmt, zur Maßlosigkeit zu führen. Dies ist der Weg in den modernen Anthropozentrismus. So kann sich das erklärte Ziel des Positivismus einer Förderung des individuellen Lebens (GP 65) und sein Streben nach praktischer Verbesserung der menschlichen Lage (GP 67) in ihr Gegenteil verkehren. Dies muß allerdings nicht zwangsläufig geschehen, wie dies die These von der instrumentellen Rationalität im Rahmen der Kritischen Theorie unterstellt.

Der Positivismus gilt als Wegbereiter der Technologie, die sich in der Mitte des 20. Jahrhunderts zu einem eigenen Zeitalter ausgewachsen habe. Unter Technologie versteht man ganz allgemein "eine Wissenschaft vom Handeln, die Handlungsmöglichkeiten aufgrund von theoretischem Wissen erschließt".[44] Spezieller wird Technologie als Lehre von der Technik verstanden, genauer von den technischen Produktionsverfahren.[45] Neuerdings werde häufig keine scharfe Abgrenzung zwischen Technik und Technologie mehr vorgenommen, da auch Ingenieure ihr Verfahren zunehmend als Technologie verstünden.[46] Zusammenfassend läßt sich feststellen: Unter Technologie versteht man einesteils das Zusammenspiel verschiedener Aktionsbereiche, allgemein die Gesamtheit der Arbeitsvorgänge, die zur Herstellung eines technischen Produktes erforderlich sind. Andererseits bezeichnet Technologie die Lehre von der Gewinnung oder Verarbeitung von Rohstoffen oder Werkstoffen zu technischen Produkten, also die Methodenlehre oder Verfahrenskunde eines einzelnen Fertigungsablaufs oder eines ganzen Gebietes. Schließlich lasse sich die Objektebene der Technologie von der Metaebene der Technologie abgrenzen.[47]

Der Positivismus hatte auch eine besondere Nähe von Wissenschaft und Technik propagiert, die ihm heute oft von ökologischer Seite Kritik einträgt. Doch ist diese Verknüpfung kein spezifisch neuzeitliches oder gar modernes Phänomen. Denn zumindest im Ansatz geht bereits bei Platon und Aristoteles "techne" wissenschaftlich vor.[48] Technisches Handeln lasse sich systemtheoretisch als Handlungssystem begreifen und in eine ausgearbeitete Systemtheorie der Technik integrieren.[49] Die Verwissenschaftlichung, Industrialisierung, Generalisierung und Funktionalisierung sowie Informationskontrolle und Ausdehnung der Merkmale der modernen Technik würden dann als Technologie zusammengefaßt. Sie führe zu Superstrukturen und zur Technokratie, zumindest in der Terminologie ihrer Kritiker.[50] Trotz der engen Verknüpfung von Wissenschaft und Technik in der Gegenwart bleibe jedoch auch bei einigen Überlappungen der Unterschied von Forschung und Technologie prinzipiell erhalten, weil sich Technologie auf das beschränke, was man herstellen könne.[51]

Ich möchte die vom Positivismus angeregte und für moderne Technologie charakteristische Verknüpfung von empirischer Naturwissenschaft, Technik und ökonomischer Verwertung anhand der Entwicklung der Synthetischen Biologie verdeutlichen. Zum einen ist gerade die Biotechnologie für das Umweltthema sehr wichtig, zum anderen ist die exemplarische Beschränkung auf eine der Schlüsseltechnologien vom Thema und Umfang der Arbeit gefordert. Seit den 80er Jahren dieses Jahrhunderts vollzieht die Biologie mit dem Übergang in eine synthetisierende Phase einen ähnlichen Paradigmenwechsel wie die Chemie im 19. Jahrhundert und davor die Physik. Damit folgt Biotechnologie nun einer ihr bislang eher fremden Leitvorstellung, nämlich der der Ingenieurskunst. Erfindungen lösen Entdeckungen, Technik löst Natur ab. Die Biologie erlangt damit das höchste technische Niveau, welche eine Naturwissenschaft erreichen kann: Das Naturphänomen kann vollständig durch ein künstliches Produkt ersetzt werden. Die synthetische Biologie ist wie jede Ingenieurskunst durch ihre Methoden, also durch die Verfahren der Produktion bestimmter – hier biologischer – Artefakte definiert. Die neue Leitvorstellung lautet: Eine biochemische Maschine ist dann vollständig erklärt, wenn sie im Labor hergestellt werden kann. Damit scheint die Idee einer Versöhnung von Natur und Technik durch die technische Konstruktion der Natur in greifbare Nähe gerückt zu sein.[52]

Bei einer Ingenieurskunst sind Ziele Konstruktionsziele. Die Projekte werden nach wissenschaftlichen, praktischen, ökonomischen und technischen Handlungszielen geleitet. Das Ziel der Optimierung wird von der Natur selbst nicht vorgegeben. In gewisser Weise sind auch Anpassungsvorgänge in der

Natur Optimierungsvorgänge. Allerdings fallen diese nicht aus der genetisch fixierten naturgeschichtlichen "Erfahrung" eines Codierungsprogrammes heraus. Hier verbessernd einzugreifen ist das Ziel der Gentechnik. Doch woran orientiert sich der Eingriff? Sind es Normen der Herstellbarkeit, Zwekke des ökonomischen Nutzenkalküls oder gar sittliche Zielvorgaben, an denen die Veränderungen gemessen werden? Bei derartigen Fragestellungen setzt das Problem einer sittlichen Orientierung von Forschung und Produktion auch im biotechnologischen Bereich an. Sie sind auch Gegenstand der ökologischen Ethik. Diese fordert, dem Zwang zu technischen oder ökonomischen Zielvorgaben zu entgehen und diese in umfassendere, sittliche Bewertungshorizonte zu stellen. Angesichts des Ineinandergreifens von Laborwissenschaft, industrieller Produktionsweise und Ökonomie[53] muß sie allerdings deutlich machen, wo Ethik hier überhaupt noch einzugreifen vermag.

Aber hinter dem pragmatischen Zwang zur Thematisierung der sittlichen Dimension biotechnologischer Forschung – zumindest am Menschen wird Berechtigung der ethischen Fragestellung ja bereitwillig zugegeben – taucht ein fundamentales philosophisches Problem der Gegenstands- und Weltkonstitution moderner Wissenschaft und Technologie auf. Die Konstruktion einer "zweiten Natur" aus Menschenhand wird verbunden sein mit der ganzen Ambivalenz, die dem menschlichen Freiheits- und Erkenntnisstreben eigen ist. Sie wird die Spuren der Aporien des Handelns tragen. Bereits die Schöpfungsgeschichte weiß von ihnen zu berichten. So wird die zweite Natur diese Ambivalenz ebenfalls aufweisen. Naturkatastrophen aus Menschenhand sind denkbar. Die Verantwortung dafür lastet man dann den Forschenden und den Ingenieuren an, eine Bürde, die anwächst und kaum noch zu ertragen ist. Mit der Vollendung des neuzeitlichen Wissenschaftskonzeptes werden seine Grenzen deutlich. Sie sprechen sich aus im Leitbild einer Fortsetzung der irdischen Evolution in menschlicher, vielleicht einmal menschheitlicher Regie. Die Anwendung der am Paradigma Proto-Physik orientierten Laborwissenschaft auf die Mikrobiologie und die Erhebung der Biotechnologie zur Forschungsstrategie in der "synthetischen Biologie" zeigen die enormen Möglichkeiten wie Grenzen neuzeitlicher Verknüpfung von Technik und Wissenschaft auf. So tauchen Forderungen nach einer alternativen Naturwissenschaft auf.

Der modernen Technologie korrespondiert eine Veränderung im Paradigma Natur. Die Natur wird zunehmend abhängig von den Ideen, die einzelne Menschen oder die Menschheit von ihr haben. Das Urbild des Bereichs, der der menschlichen Verfügungsgewalt entzogen war, gerät unter das Leitbild menschlicher Zwecksetzung. Die Tendenz des technologischen Imperatives, das Mögliche auch durchzuführen, geht von einer Quasi-Naturwüchsigkeit der Zwecke aus. Es sind dann anonyme Mächte wie politische Institutionen oder Unternehmen, die der Natur ihre Zwecke vorschreiben. Häufig ist in der Biotechnologie ein solcher Zweck Krankheits- oder Schädlingsresistenz. Jedenfalls handelt es sich um eine gezielte Beeinflussung für Zwecke, die der Mensch vorgibt. Das Paradigma Natur ändert sich. Die über Artgrenzen hinweg konstruierten Idealpflanzen und Idealtiere könnten mittels Klonierung "in Serie gehen".[54]

Grundlegenden Charakteristika der Evolution, nämlich (1) der zunehmenden Individualisierung in der Evolution der lebenden Organismen, (2) der Widerständigkeit von Naturprozessen gegenüber menschlichen Bedürfnissen und Planungen, letztlich (3) der Selbständigkeit eines Gegenübers, dem wir uns bisher immer noch anzupassen hatten, könnte durch einen technischen Naturbegriff der Boden entzogen werden.[55] Zu einem Zeitpunkt, an dem uns die Evolutionstheorie gerade die Einsicht in unsere biologische Verwandtschaft mit den anderen Organismen nahegebracht hat, etabliert sich die "Rache" des neuzeitlichen Paradigmas der Laborwissenschaft in dem Versuch, dieses Bewußtsein der Verwandtschaft wieder zurückzudrängen. Gelingt das Vorhaben, die technische Natur an sittlich legitimen Zielen auszurichten, so kann sich der Mensch gegenüber der Natur vielleicht ein neues Maß an Freiheit zuschreiben. Folgt er aber den Sachzwängen, so bedeutet die zunehmende Befreiung von der Natur die wachsende Versklavung der Natur und des Menschen durch Menschen, durch Institutionen und durch verschleierte Zwecke. In der Entindividualisierung genetisch optimierter Nutztiere treffen wir letztlich unser menschliches Selbstverständnis, denn leugnen läßt sich die biologische Verwandtschaft zwischen Mensch und Tier nicht.

Als Technologie ist Wissenschaft gemäß den Analysen von Hans Peter Schreiber nahezu identisch geworden mit dem Prozeß wissenschaftlich-technischer Innovation.[56] In Großforschung und Spitzentechnologie werde es immer schwieriger, zwischen Grundlagenforschung und angewandter Technologie genau zu trennen. Auch der Unterschied zwischen einer natürlichen Natur und einer Natur unter technischen Bedingungen sei kaum noch zu erkennen. Und schließlich wirke die Verflechtung von wissenschaftlichen Erkenntnisinteressen mit wirtschaftlichem Umsatz- und Gewinnstreben auf den Status der Wissenschaften selbst zurück.[57] Vor dem Hintergrund dieser wissenschaftsstrukturell bedingten Konvergenz von Grundlagenforschung und technologischer Anwendung, wie sie mit der "anwendungsorientierten Grundlagenforschung" vom Forschungsministerium der Bundesrepublik propagiert werde, verliere aber die These von der Neutralität der Wissenschaft an Plausibilität.[58] Daher werde die Forderung einer sittlichen Orientierung oder politischen Steuerung der Technologieentwicklung zu Recht neu erhoben.

Die experimentelle Methode, die aufklärerische Idee vom methodischen Fortschritt, das positivistische Programm des wissenschaftlichen Fortschritts und der Technikentwicklung zur menschlichen Bedürfnisbefriedigung greifen ineinander. In der gegenwärtigen Biotechnologie wird das Programm vollendet. Joachim Spangenberg hat die Grundtendenz der synthetischen Biologie sehr prägnant folgendermaßen zusammengefaßt:

"Naturwissenschaft als instrumentelles Herrschaftswissen über eine als dem Menschen äußerlich verstandene Natur hat seit seiner Entstehung diese Anwendung zum Ziel gehabt mit dem Zweck, Teile des natürlichen Prozesses in steuerbare Formen zu bringen, die deshalb von größerem Wert, besser strukturiert und geordnet sind als im ursprünglichen Zustand. Diese 'Wertverbesserung' der Natur zeigt sich als Zielvorstellung so deutlich wie wohl niemals zuvor in den Zielkatalogen der Gentechnologen, die die von ihnen angestrebte Schaffung einer zweiten Natur als Optimierung der ersten darstellen und verstehen. [. . .] nie geht es um ein Verständnis komplexer Fließgleichgewichte in ökologischen Systemen, sondern immer um die Optimierung eines Einzelfaktors im Sinne der Wertsteigerung durch bessere Verwertbarkeit. [...] Wenn heute Ökologen als Warner vor dem Anwendungsbegehren der Gentechnologen auftauchen, so nicht deshalb, weil ihnen diese Intention fremd wäre, sondern vielmehr deshalb, weil die Kenntnisse der Ökologen die instrumentelle Phase noch lange nicht erreicht haben. Sollte ihnen diese Kenntnis gegen Beginn des nächsten Jahrtausends zuwachsen, so würde durch die Beherrschbarkeit weitaus komplexerer Systeme gleichzeitig eine weitaus konsequentere Steuerungsmöglichkeit und damit Konstruierbarkeit von Natur erzielt. Wenn sich die Biologie jetzt also zumindest in Teilbereichen in einer Phase des Übergangs zur Konstruktionswissenschaft befindet bzw. diesen bereits vollzogen hat, dann ist dies weder ein Mißbrauch der Wissenschaft noch mangelnder Respekt vor dem Leben, sondern die notwendige Entwicklung auf der Grundlage jahrhundertealter Zielsetzungen."[59]

Die neue anwendungsorientierte Grundlagenforschung wird somit nun auch in der Biologie zu einem Teil der Technologie. Damit stellt sich für eine Ethik der Technologieentwicklung wie für eine ökologische Ethik die Frage: nach welchen Zielen wird deren Entwicklung gesteuert? Oder ist gar instrumentelle Vernunft allein in der Lage, entsprechende Zielvorgaben zu entwickeln und zu rechtfertigen.

Friedrich Nietzsche und die Krise materialer Anthropozentrik

Die Aporien eines instrumentellen und positivistischen Verständnisses von Vernunft und Sittlichkeit werden bereits im 19. Jahrhundert bei Friedrich Nietzsche deutlich. Denn unter dem Einfluß des Positivismus und des Darwinismus und zum Teil Freud vorwegnehmend erfaßte Nietzsche die Kränkung von inhaltlichen Vorstellungen im Bereich der Anthropozentrik als Wurzel des europäischen Nihilismus. Nietzsche schreibt:

"Ist nicht gerade die Selbstverkleinerung des Menschen, sein *Wille* zur Selbstverkleinerung seit Kopernikus in einem unaufhaltsamen Fortschritt? Ach der Glaube an seine Würde, Einzigkeit, Unersetzlichkeit in der Rangabfolge der Wesen ist dahin, – er ist *Thier* geworden, Thier ohne Gleichnis, Abzug und Vorbehalt, er, der in seinem früheren Glauben beinahe Gott ('Kind Gottes', 'Gottmensch') war ... Seit Kopernikus scheint der Mensch auf eine schiefe Ebene geraten, – er rollt immer schneller nunmehr aus dem Mittelpunkt weg – wohin? in's Nichts?" (Zur Genealogie der Moral, III § 25, WW 5,404).[60]

Nietzsche hat die Krise materialer Anthropozentrik durchaus zutreffend diagnostiziert. Im Prinzip hat sich an dieser Problemlage bis heute auch nichts verändert, sie wurde durch die Entwicklung nur verschärft. Sie läßt sich m. E. nur durch den Rückgriff auf methodische Anthropozentrik oder durch Anthropozentrik als Ethosform bewältigen, wie dieses auch eine christliche Umweltethik empfiehlt. Doch diesen Ausweg versperrt sich Nietzsche durch seine naturalistische und positivistische Denkweise.

   Nietzsche geht von einer Naturalisierung der menschlichen Ratio und Moralität unter den Auspizien von Darwins Evolutionstheorie aus. Dieser Ansatz führt zur Auflösung der Ethik: Natur wird zum Vorbild, aber eines Lebens jenseits von Gut und Böse. Moral gerinnt schließlich zu einer Sache des Triebes. Nietzsches Moralkritik gipfelt in der Aussage: "Es gibt gar keine moralischen Phänomene, sondern nur eine moralische Ausdeutung von Phänomenen..." (Jenseits von Gut und Böse § 108, WW 5,92). Die Naturgeschichte der Moral hat ihre Voraussetzungen in einer Naturgeschichte des menschlichen Erkennens. Letztlich wird für Nietzsche alles zur Interpretation:

"Man vergebe es mir als einem alten Philologen, der von der Bosheit nicht lassen kann, auf schlechte Interpretations-Künste den Finger zu legen: aber jene 'Gesetzmäßigkeit der Natur', von der ihr Physiker so stolz redet, [...] sie ist kein Tatbestand, kein 'Text' [...] das ist Interpretation [...]. Gesetzt, daß auch dies nur Interpretation ist [...] – nun um so besser" (Jenseits von Gut und Böse § 22, WW 5,37).

Nietzsche formuliert die Konsequenzen einer Naturalisierung des menschlichen Erkennens in wünschenswerter Klarheit. Wissen werde zur grundsätzlich überholbaren Interpretation.

Nietzsches Behauptung über das Erkennen trifft auf jede Version einer naturalistischen Erkenntnistheorie zu, insofern sie das Argumentieren aufgegeben hat und eine Naturgeschichte des menschlichen Erkennens erzählt, methodisch feiner ausgedrückt, rekonstruiert. Eine derartige Naturgeschichte des menschlichen Erkennens entwirft Nietzsche in seiner Schrift "Über Wahrheit und Lüge im aussermoralischen Sinne" von 1873 im Umriß. Sie beginnt mit folgender Passage:

"In irgend einem abgelegenen Winkel des in zahllosen Sonnensystemen flimmernd ausgegossenen Weltalls gab es einmal ein Gestirn, auf dem kluge Thiere das Erkennen erfanden. Es war die hochmüthigste und verlogenste Minute der 'Weltgeschichte': aber doch nur eine Minute. Nach wenigen Athemzügen der Natur erstarrte das Gestirn, und die klugen Thiere mussten sterben – So könnte Jemand eine Fabel erfinden und würde doch nicht genügend illustriert haben, wie kläglich, wie schattenhaft und flüchtig, wie zwecklos und beliebig sich der menschliche Intellekt innerhalb der Natur ausnimmt" (WW 1, 875).

Die "Wahrheiten sind Illusionen, von denen man vergessen hat, dass sie welche sind, Metaphern, die abgenutzt und sinnlich kraftlos geworden sind" (WW 1,880f). Vernunft ist in Nietzsches Interpretation das Starr-Werden dieser Metaphern. Sie tritt auf, wenn "der Mensch sich als Subjekt und zwar als *künstlerisch schaffendes* Subjekt vergisst" (WW 1,883). Erkennen sei eigentlich "*ästhetisches* Verhalten" (WW 1,883), da zwischen zwei völlig getrennten Sphären wie zwischen Subjekt und Objekt keine kausale Beziehung bestehen könne. Der freigewordene Intellekt befände sich auf dem Weg zum Übermenschen, der sich von der selbstverständlichen Tradition befreit habe: "Jenes ungeheure Gebälk und Bretterwerk der Begriffe, an das sich klammernd der bedürftige Mensch sich durch das Leben rettet, ist dem freigewordenen Intellekt nur ein Gerüst und ein Spielzeug für seine verwegensten Kunststücke" (WW 1,888).

Nach Nietzsche sind es die menschlichen Triebe, die "sein Wesen contruiren" (WW 3,111). Diese Einsicht sei von der Philosophie und der Moral zwangsläufig verdrängt worden. Der Leidensdruck der verdrängten Triebe erkläre die Wende der abendländischen Philosophie zur Vernunft, die europäische Tragödie, die mit Sokrates begonnen habe:

"Wenn man nöthig hat, aus der *Vernunft* einen Tyrannen zu machen, wie Sokrates es that, so muss die Gefahr nicht klein sein, dass etwas Andres den Tyrannen macht.

[...] Der Fanatismus, mit dem sich das ganze griechische Nachdenken auf die Vernünftigkeit wirft, verräth eine Nothlage [...]. Der Moralismus der griechischen Philosophen von Plato ab ist pathologisch bedingt; ebenso ihre Schätzung der Dialektik. Vernunft=Tugend=Glück heisst bloss: man muss es dem Sokrates nachmachen und gegen die dunklen Begehrungen ein *Tageslicht* in Permanenz herstellen – das Tageslicht der Vernunft. Man muss klug, klar, hell um jeden Preis sein: jedes Nachgeben an die Instinkte, an's Unbewusste führt *hinab...*" (Götzendämmerung I § 10, WW 6,72).

Die Vernunft stelle den Gegen-Tyrann gegen Instinkte und Triebe dar. Nietzsches Ablehnung der philosophischen Konzeption der Vernunft ist der eigentliche Grund für seine narrative Erkenntnistheorie, die er nicht weiter rechtfertigt. Da er dies auch gar nicht kann, argumentiert Nietzsche nicht, sondern er dekretiert und denunziert.

Den Gedanken der Naturgeschichte wendet Nietzsche auch auf Moral an. Sittlichkeit lasse sich ohne weiteres auf natürliche Triebe zurückzuführen:

"Bei allem Wollen handelt es sich schlechterdings um Befehlen und Gehorchen, auf der Grundlage [...] eines Gesellschaftsbaus vieler 'Seelen': weshalb ein Philosoph sich das Recht nehmen sollte, Wollen an sich schon unter den Gesichtskreis der Moral zu fassen: Moral nämlich als Lehre von den Herrschafts-Verhältnissen verstanden, unter denen das Phänomen 'Leben' entsteht" (Jenseits von Gut und Böse § 19; WW 5,33f). Sprachkritik und Moralkritik greifen vor dem Hintergrund einer naturalen Fundierung von Vernunft und Moral ineinander: "Wenn die Unterdrückten, Niedergetretenen, Vergewaltigten aus der rachsüchtigen List der Ohnmacht heraus sich zureden: 'lasst uns anders sein als die Bösen, nämlich gut! [...]' – so heisst das, kalt und ohne Voreingenommenheit angehört, eigentlich nichts weiter als: 'wir Schwachen sind nun einmal schwach; es ist gut, wenn wir nichts thun, *wozu wir nicht stark genug sind*' – aber dieser herbe Thatbestand [...] hat sich dank jener Falschmünzerei und Selbstverlogenheit der Ohnmacht in den Prunk der entsagenden stillen abwartenden Tugend gekleidet, gleich als ob die Schwäche des Schwachen [...] eine freiwillige Leistung [...], ein *Verdienst* sei" (Zur Genealogie der Moral I § 13, WW 5,280).

Nietzsche erklärt Moral durch Rekonstruktion ihrer Naturgeschichte. Das Ressentiment der Schwachen gegenüber den Starken, die sie beherrschen, ist die Ursache der Sklavenmoral.

Die Naturalisierung von erkennender und handelnder Vernunft degradiert den Intellekt zum Mittel des Überlebens und die Moral zum Ausdruck des Willens zur Macht. Unter diesen Bedingungen wird Vernunft zur strategischen Rationalität, der Prozeß einer "Dialektik der Aufklärung" befindet sich auf seinem Höhepunkt und eine kritisch-entlarvende Vernunft schlägt in ihr Gegenteil um. Natur wird nun begriffen als Evolution unter den Gesetzen der Konkurrenz und des "Kampfes ums Dasein". Nietzsche untersucht daher, unter welchen Bedingungen sich der "Mensch jene Werthurtheile gut und böse" erfand (Zur Genealogie der Moral, Vorr. § 3; WW 5,249f). Er beruft sich daher auf den "positiven Geist", der "an Stelle des Unwahrscheinlichen das Wahrscheinlichere" im Sinne von "Herkunfts-Hypothesen" setzt (Zur Genealogie der Moral, Vorr. § 4; WW 5,251). Es ist der Geist des Positivismus. Furcht ist für Nietzsche die Mutter der Moral (Jenseits von Gut und Böse § 201, WW 5,122). Und das Gewissen gilt ihm als Verinnerlichung jenes Instinktes, der grausam sein will, es aber aufgrund äußerer Umstände nicht sein darf (Zur Genealogie der Moral, II § 16; WW 5,332). Die Psychologie der älteren Menschheit führt in Nietzsches Interpretation zu dem Resultat, daß Schuld von Schulden kommt (Zur Genealogie der Moral, II § 4; WW 5,298). Insgesamt ist Sündhaftigkeit die "Interpretation eines Thatbestandes, nämlich einer physiologischen Verstimmung" (Zur Genealogie der Moral, III § 16; WW 5,376).

Das Dilemma von Nietzsches Interpretation des Menschen im Zeichen einer Naturgeschichte des menschlichen Erkennens und Handelns besteht darin, daß er einerseits den Menschen als Übermenschen begreift, der zur "autonomischen That" befähigt und berufen ist, andererseits aber als ressentimentbeladenes Tier. Daher postuliert Nietzsche zwei Arten oder Rassen von Menschen, die nichts miteinander zu tun hätten. Unter positivistischem und naturalistischem Vorzeichen manifestiert sich bei Nietzsche die Krise materialer Anthropozentrik. Den Fehler Nietzsches hinsichtlich der Anthropozentrik rekapitulieren auch heute noch eine Reihe von ökologischen Ethiken. Denn wenn man den Menschen ausschließlich aus der Perspektive seiner Naturgeschichte versteht und diese instrumentell-positivistisch interpretiert, so wird Sittlichkeit zur Maske. Sie liefert nur einem instrumentell gedeuteten Willen zur Macht gesellschaftliche Schein-Legitimität.

Nietzsche selbst versucht im Gedanken des Übermenschen diese Interpretation ästhetisch im "herrlichen Können des großen Genius" zu durchbrechen und zu überwinden. Die Frage allerdings bleibt, ob das "amor fati", die Einstimmung in das verhängte Geschick die richtige Antwort ist. Denn sie ist identisch mit dem Gewährenlassen einer quasi naturwüchsig verstandenen Entwicklung, sowohl in der Gesellschaft, wie auch in Wissenschaft und Technologie. Eine Ethik ist auf dieser Basis nicht zu betreiben. Vielleicht hatte Camus doch die zutreffendere, weil humanere Antwort auf die Krise inhaltlicher Vorstellungen über den Menschen in der Natur, also im Bereich materialer Anthropozentrik, wenn er in Anlehnung an Descartes behauptet: "Ich empöre mich, also sind wir."[61]

Arbeiten – Herstellen – Handeln

Angesichts der seit dem 19. Jahrhundert andauernden Krise im Bereich materialer Anthropozentrik stellt sich die Frage: Gibt es eine Möglichkeit, den Siegeszug des Paradigmas instrumenteller Vernunft aufzuhalten? Christliche Anthropozentrik im Rahmen einer Umweltethik legt nahe, die Antwort im glaubenden und handelnden Menschen und damit im Personalen zu suchen. Der Begriff der Technologie als allgemeine Handlungswissenschaft insbesondere auf der Metaebene verstanden schließt Ethik nicht aus, auch wenn er heute auf der Objektebene im wesentlichen als Verfahrenskunde und damit praktisch ethikfrei konzipiert wird. Einige grundsätzliche Überlegungen zum Thema Handeln im Zusammenhang mit instrumenteller Rationalität scheinen darum angebracht.

Aus umweltethischer Perspektive empfiehlt sich als Zugang zum philosophischen Begriff der Handlung oder der Praxis die Unterscheidung von Arbeiten, Herstellen und Handeln. Im Anschluß an *Hannah Arendt* möchte ich zunächst die zugrundegelegten Begriffe aus ihrem problemgeschichtlichen Horizont heraus bestimmen. In der Antike habe die Verachtung allen Tätigkeiten gegolten, die der Notdurft des Lebens dienten. Ein Unterschied zwischen Arbeiten und Herstellen sei nicht gemacht worden. Arbeiten und Konsumieren seien als zwei Stadien im Kreislauf des biologischen Lebensprozesses verstanden worden.[62] Das Arbeiten sei zunächst wie das Konsumieren ein primär verzehrender Prozeß. Allerdings sei das Herstellen vom Haushalt der Natur aus betrachtet im Unterschied zur Arbeit destruktiv, weil die Produktion verbrauche, ohne an den Kreislauf zurückzugeben. Unter Arbeit verstehe man keine heroischen Heldentaten, sondern den täglichen Kampf im Kleinen und die Mühsal des Arbeitens und Gebärens, die der Aufrechterhaltung des Lebens dienten.[63] Marx sah in der Arbeit die produktivste, eigentlich weltbildende Fähigkeit des Menschen, identifizierte sie nach Hannah Arendt aber fälschlicherweise mit dem Herstellen.[64] Arbeit habe jedoch nicht die Gegenständlichkeit und Dauerhaftigkeit des Herstellens.

Arbeit sei die Präparierung von Gütern für den Konsum. Sie unterliege so nicht der Trennung von Zweck und Mittel. Anders sei das beim Herstellen. Dieses habe zudem einen definitiven Anfang und ein definitives Ende. Herstellung tendiere per se zur Vervielfältigung und sei durch große Verläßlichkeit ausgezeichnet. Allerdings müsse sie als gewalttätig, als Vergewaltigung eines Teiles der Natur angesehen werden.[65] Was von Menschenhand geschaffen sei, könne durch Menschenhand auch wieder zerstört werden. Durch die Produktion werde aus dem Gebrauchen in der Arbeit ein Verbrauchen. Hergestellte Produkte würden sich durch ihren Nutzen definieren.

Hannah Arendt wertet das Herstellen negativ, insbesondere in seiner neuzeitlichen Variante. Denn der Herstellungs- und Akkumulationsprozeß sei potentiell unendlich. Voraussetzung für beide sei die ungeheuere Steigerung der Arbeitsproduktivität in der Neuzeit, die ihrerseits instrumentell bedingt sei. Denn die Instrumente, die uns die Arbeit erleichterten, seien nicht Produkte der Arbeit, sondern des Herstellens. Dies führe in die automatisierte Produktion, die ihrerseits nur durch ständigen Konsum, also durch die Konsumgesellschaft garantiert werden könne.

Das Leitbild des Herstellens hat nach Hannah Arendt in den praktischen Utilitarismus des 18. Jahrhunderts geführt. Es artikuliere sich in der einseitig zielbewußten Werk-Mentalität des Homo faber. Ich halte diese Interpretation Arendts für ein Mißverständnis des 18. Jahrhunderts. Dieses manifestiert sich auch darin, daß Arendt die kantische Bestimmung des Menschen als Selbst- und Endzweck als "größten und großartigsten Ausdruck" des "anthropozentrischen Utilitarismus des Homo faber"[66] versteht. Ohne utilitaristische Tendenzen in der Popular- und Common-Sense-Philosophie des ausgehenden 18. Jahrhunderts leugnen zu wollen, Utilitarismus und Positivismus sind Strömungen des 19. Jahrhunderts. Und die kantische Selbstzweckformel rechtfertigt den sittlich handelnden, nicht den instrumentell herstellenden Menschen.

Hannah Arendt macht keinen Hehl daraus, daß der Homo faber für sie Inbegriff des Zerstörerischen ist. Dieser kenne nichts als seine vorgefaßten Zwecke, "zu deren Realisierung er alle Dinge zu Mitteln degradiert. [...] Worum es sich hier handelt, ist natürlich nicht die Zweckdienlichkeit als solche, der Gebrauch von Mitteln für einen bestimmten Zweck, sondern vielmehr die Verallgemeinerung der für die Herstellung gültigen Erfahrungen, in welcher Nutzen und Nützlichkeit die eigentlichen Maßstäbe für das Leben und die Welt der Menschen werden."[67] Die Aporie des utilitaristischen Denkens liege in der Blindheit für das Sinnproblem. Der Tauschmarkt sei die Öffentlichkeit des Homo faber. Dies führe zu einer universalen Relativierung und Austauschbarkeit, da alles zu Waren und zu Tauschwerten gemacht werde.[68]

Vom Arbeiten und Herstellen ist nach Hannah Arendt das Handeln zu unterscheiden. Sprechend und handelnd würden wir uns in die Welt einschalten, indem wir einen Anfang setzten und uns offenbarten. Beide Vorgänge würden keine greifbaren Resultate und Endprodukte hinterlassen. Eine grundlegende Aporie des Handelns bestehe in der Unabsehbarkeit der Folgen. So entstünde in der theoretischen Diskussion über das Handeln des Menschen das Problem des Drahtziehers. Es beinhalte, daß Geschichte, wie wohl offenbar durch menschliches Handeln entstanden, doch von Menschen nicht gemacht werde. Die Bedeutung einer vom Handeln erzeugten Geschichte, auch einer Lebensgeschichte, enthülle sich erst am Ende.[69] Zudem hänge über den Sinn der Tat und des Redens nicht am Erfolg. Denn das Handeln werde nie so sehr in seine Folgen verstrickt, daß es den eigenständigen Charakter verliere. Die Aporien des Handelns kennzeichne eine spezifische Dialektik:

"Die dem Handeln eigentümlichen Aporien, die Unabsehbarkeit der Konsequenzen, das Nicht-wieder-rückgängig-machen-können der einmal begonnenen Prozesse und die Unmöglichkeit, für das Entstandene je einen einzelnen verantwortlich zu machen, sind so elementarer Natur, daß sie die Aufmerksamkeit sehr früh auf sich gezogen haben. [. . .] Daß die zur Lösung dieser Aporien vorgeschlagenen Versuche im Grunde immer auf das Gleiche hinauslaufen, zeigt, wie einfach elementarer Natur die Aporien selbst sind. Allgemein gesprochen, handelt es sich nämlich immer darum, das Handeln der Vielen durch eine Tätigkeit zu ersetzen, für die es nur eines Mannes bedarf, der, abgesondert von den Störungen durch die anderen, von Anfang bis Ende Herr seines Tuns bleibt. Dieser Versuch, ein Tun im Modus des Herstellens an die Stelle des Handelns zu setzen, zieht sich wie ein roter Faden durch die uralte Geschichte der Polemik gegen die Demokratie."[70]

Da man aufgrund der Aporien und der Unsicherheit des Handelns der Freiheit mißtraue, ersetze man das Handeln durch Formen instrumenteller Vernunft. Auch Gesetzgebung sei ein Handeln in Form der Herstellung. Allerdings ist das nicht für die Neuzeit oder die Moderne spezifisch. Heilmittel gegen die Unwiderruflichkeit und die Aporien des menschlichen Handelns sind nach Hannah Arendt das Versprechen und das Verzeihen. Da man Geschehenes nicht ungeschehen machen könne, helfe nur, einem Menschen die Folgen einer Tat nicht zuzurechnen, obwohl er sie doch kausal verursacht hat. Das Verzeihen von Schuld, die Grundlage der christlichen Religion, ist zwar philosophisch nicht mehr einzuholen und verpflichtend zu machen. Denn Liebe läßt sich nicht gebieten. Dennoch sieht Hannah Arendt hierin – zu Recht – den einzigen menschenwürdigen Ausweg aus den Aporien des Handelns.

Er ist ständig durch eine Gesetzesmoral bedroht, in der jeder durch Gesetzesbefolgung gerechtfertigt ist und des Verzeihens gar nicht bedarf. Hierzu neigt eine dogmatische Vernunft-Konzeption, die sich selbst verabsolutierend die Folgen einer Tat nicht berücksichtigen will. Dies ist vielleicht der Grund, warum Hannah Arendt hier auf Jesus zurückgreift, der wie kein anderer das Verzeihen und die Verläßlichkeit vorgelebt habe.[71] Das Versprechen aber impliziert Verantwortlichkeit und das Verzeihen Liebe. Jesus hat nach Hannah Arendt insbesondere in der Bergpredigt das Wesen des Handelns in seinen Tiefendimensionen aufgedeckt und eine individualethische Antwort auf die Aporien des Handelns angeboten. So verstanden, erscheint der Rückgriff auf das Ethos Jesu durchaus konsequent, er läßt sich philosophisch gesehen aber nicht vollständig einholen.

Das Wesen tyrannischer Herrschaft ist für Hannah Arendt nicht ihre Grausamkeit, sondern ihr Bestreben, Handeln durch Herstellen zu ersetzen.[72] So werden die Aporien des Handelns in menschenunwürdiger Form gelöst. Der Kampf aber gegen die Vergesetzlichung des Handelns durch eine tyrannisch-instrumentelle Vernunft wird immer dringlicher, je mehr der religiöse Hintergrund des Verzeihens und des Versprechens verblaßt. Hier liegt für Arendt der Kern ihrer Kritik an der Neuzeit, denn für sie ist der neuzeitliche Glaubensverlust nicht religiösen Ursprungs. Er sei eine Folge des cartesischen Zweifels, weil in ihm der Mensch auf sich selbst zurückgeworfen werde. Hannah Arendt übersieht, daß der cartesische Zweifel selbst eine Reaktion auf den Verlust der Glaubwürdigkeit der Religion wie der sinnlichen Erkenntnis darstellte. Weltentfremdung, nicht Selbstentfremdung sei Signum der Neuzeit.[73] Dies wendet Arendt auch gegen Marx ein. Schuld an dieser ganzen Entwicklung sei die neuzeitliche Astronomie, die den Menschen gelehrt habe, einen Standpunkt außerhalb der Erde, einen archimedischen Punkt einnehmen zu wollen.

Allerdings kennzeichnet die Neuzeit auch eine entgegengesetzte Denkbewegung, die Hannah Arendt offensichtlich in ihrer Bedeutung nicht erkennt. Das Experiment verweist auf den Menschen zurück. Doch Arendt konstatiert nur, daß auch dem Experiment ein Element des Herstellens innewohne.[74] So laufe Wissenschaft darauf hinaus, Natur noch einmal herzustellen. Nimmt man Arendts Analyse ernst, so ist die moderne Biotechnologie ganz konsequent, verwischt allerdings zunehmend – wie angedeutet – den Unterschied zwischen Herstellen und Handeln. Diesen Vorgang kann Hannah Arendt mit ihrem Instrumentarium nun nicht mehr erklären. Daher schlage ich vor, auch das Herstellen als eine bestimmte Form des Handelns unter vorgegebenen Rahmenbedingungen zu begreifen. Ich werde diesen Gedanken im nächsten Abschnitt wieder aufgreifen, wenn ich eine handlungstheoretische Deutung des Experimentes zu entwickeln versuche.

Hannah Arendt hat m. E. den Unterschied zwischen handwerklichem Herstellen und technologischer Produktion nicht deutlich genug herausgearbeitet. Die Massenhaftigkeit und Grenzenlosigkeit der Produktion wie die Weltlosigkeit des neuzeitlichen Menschen sind keine ausreichenden Interpretationsschemata für Produktionsprozesse. Zwar kann tendenzielle Grenzenlosigkeit bisweilen das Gefährdungspotential eines Herstellungsprozesses für Mensch und Natur erhöhen, wenn dieser bereits ohnehin mit Risiken behaftet war. Allerdings scheint mir Produktion als solche nicht jenen naturwidrigen Automatismus und jene menschenfeindliche Zwanghaftigkeit aufzuweisen, die Hannah Arendt ihr unterstellt, um ihre negative Wertung instrumenteller Rationalität in der Neuzeit rechtfertigen zu können. Auch hier soll ein Blick in die problemgeschichtliche Entwicklung des Begriffsfeldes von Produktion größere Klarheit bringen.

Wegweisend für die Unterscheidung von Natur und Produktion, die den Horizont für die Bewertung von Arbeiten und Herstellen abgibt, wurde die aristotelische Unterscheidung von naturhaftem Hervorgehen und technischem Herstellen. Dabei war der Begriff der "productio" im Horizont der neuplatonischen Konzeption der Emanation, des Herausfließens des Kosmos aus dem Einen als Urprinzip, ursprünglich ein naturphilosophischer Begriff, der Kausalität beschrieb.[75] So läßt sich die Bedeutung von Produzieren als Bewirken noch bis in die "Encyclopédie" d'Alemberts und Diderots hinein verfolgen, wobei insbesondere im aufklärerischen Materialismus die Natur als das Produzierende begriffen wurde. Sie war das Umgestaltende. Da sie immer Neues hervorbrachte, war auch der Mensch ihr Produkt.[76]

Bei Hume und Kant wird Kausalität allerdings nicht mehr als Naturkraft verstanden, sondern als produktive Leistung des erkennenden Subjektes. Ein Perspektivenwechsel bahnt sich an. Nun wird von der Produktivität des Menschen und des Künstlers gesprochen.[77] Erst Schelling verlagerte den Produktionsprozeß gespiegelt an der Vorstellung des schöpferischen Subjektes wieder in die Natur zurück. Schelling geht hierzu gemäß dem Grundaxiom des Deutschen Idealismus von der Identität von Wissen und Gewußtem im Rahmen seiner spekulativen Naturphilosophie aus und begreift Natur nicht mehr als toten Mechanismus, sondern als produzierendes Ganzes.[78]

Eine im engeren Sinn ökonomische Bedeutung der Begriffe "Produkt" und "Produzieren" läßt sich nicht vor Ende des 17. Jahrhunderts feststellen. Christian Wolff gehört zu den ersten, die handwerkliche Werktätigkeit als Produktion bezeichnen.[79] Dennoch wird im allgemeinen Verständnis vorrangig die Naturtätigkeit als Produktion begriffen. So waren auch noch die Physiokraten als Vertreter eines bestimmten Wirtschaftssystems im 18. Jahrhundert der Meinung, daß wertschöpfende Arbeit allein die Natur ermögliche. John Locke entwickelte dann die Auffassung, die Arbeit und der Boden seien wertschöpfende Faktoren.[80] Erst Adam Smith entwarf im ausgehenden 18. Jahrhundert eine systematische Theorie der gesellschaftlichen Produktion und stellte fest, daß der Konsum das Ziel der Produktion ist.[81] Schließlich kam es im 20. Jahrhundert zu einer Akzentverlagerung unter den wertschöpfenden Faktoren zugunsten des Faktors Wissenschaft.[82]

Angesichts der ökologischen Folgen der Industriegesellschaft unter dem leitenden Paradigma der instrumentellen Rationalität ist in der letzten Dekade eine Revitalisierung der praktischen Philosophie gefordert worden. Sie soll die Entwicklung der Technologie steuern helfen, um den negativen Folgen unseres Wirtschaftens zu entgehen oder eine vollständige Änderung der Technologie- und Wirtschaftsausrichtung herbeizuführen. Seitdem hat Ethik Konjunktur. Angestrebt wird eine Lösung des praktischen Handelns aus der Umklammerung durch die technische und instrumentelle Vernunft.[83] Um diese bemühen sich die Strömungen des Neo-Aristotelismus, der Hermeneutik und der Phänomenologie sowie die Erlanger Konstruktivisten und die Diskurstheorie. Mein eigener Vorschlag, transzendentalhermeneutisch vorzugehen, reiht sich hier nahtlos ein. Ich kann nicht auf alle diese unterschiedlichen Ansätze eingehen und ihre Vor- und Nachteile abwägen, glaube aber ausgewiesen zu haben, daß die Wiedergewinnung einer von christlicher Anthropozentrik inspirierten Sichtweise ein entscheidendes Kriterium für das Gelingen einer Revitalisierung der praktischen Philosophie darstellt.

So muß es für eine Umweltethik darauf ankommen, die Komplementarität von instrumenteller und sittlicher Perspektive mit Überordnung ethischer Gesichtspunkte im Herstellen, Experimentieren und Handeln zu erweisen. Unverzichtbar hierfür erscheint eine Wiederbelebung methodischer Anthropozentrik und einer Anthropozentrik als Ethosform. Hannah Arendt steht mit ihren Analysen in einer Problemlinie, die über Max Webers Trennung von Zweckrationalität und reflexiver Rationalität und Max Horkheimers Kritik an der instrumentellen Vernunft zu einer Entgegensetzung von technisch-instrumenteller oder strategischer Rationalität und sittlich-ethischer Kommunikationsrationalität[84] geführt hat. Das Verhältnis dieser beiden Rationalitätstypen ist bis heute noch nicht ausreichend geklärt. Handelt es sich um zwei radikal getrennte, unüberbrückbare Rationalitätstypen, dann hat Hannah Arendt Recht. Allerdings leugnet man bei ihrer Entgegenstellung entweder die Berechtigung der instrumentellen oder die Wirksamkeit sittlicher Rationalität. Die geforderte Revitalisierung praktischer Philosophie stieße dann aber ins Leere.

Die strenge Trennung von instrumenteller und kommunikativ-sittlicher Rationalität wurde von der "Kritischen Theorie" vorangetrieben. Max Horkheimer und Theodor W. Adorno kritisieren neuzeitliche Vernunft als Organ der Kalkulation und des Plans, das gegen Ziele neutral sei.[85] Die Massenkultur und die Kulturindustrie als Ideologie[86] sowie die positivistische Wissenschaft, die Berechenbarkeit und Nützlichkeit in den Vordergrund stelle,[87] seien Ausdruck der instrumentellen Vernunft. Nicht die Solidarität, sondern die Einheit von Kollektivität und Herrschaft kennzeichneten die Gesellschaft im Zeitalter der instrumentellen Vernunft. In diesem Vorgang bestehe die Dialektik der Aufklärung. Einen Ausweg aus dieser Entwicklung weist die "Kritische Theorie" nicht.

Jürgen Habermas knüpft mit seiner Kritik an der verdinglichenden Tendenz instrumenteller Vernunft bei Horkheimer und Adorno an. Er bemängelt jedoch, daß diese noch dem Modell der instrumentellen Vernunft verhaftet bleibe.[88] Deutlich werde dies an den Schwierigkeiten der "Kritischen Theorie", über ihre eigenen normativen Grundlagen Rechenschaft zu geben. Da Rationalität nur ein Instrument zur Beherrschung der menschlichen und außermenschlichen Natur sei, gelinge es der Kritischen Theorie nicht, einen umfassenden Begriff von Vernunft zu rehabilitieren.[89] Dies liege daran, daß sie dem Paradigma der Bewußtseinsphilosophie verhaftet bleibe.[90] Aber erst der Paradigmenwechsel zur Kommunikationstheorie löse nach Habermas die Ansprüche der "Kritischen Theorie" ein, an deren Begründung Horkheimer und Adorno gescheitert seien.[91] Denn die Diskurstheorie erlaube es, den kognitiv-instrumentellen Teilaspekt in eine umfassendere kommunikative Rationalität einzuordnen. Interaktion und Verständigung, so lautete das neue Paradigma der Vernunft. Verständigung sei als Prozeß gegenseitigen Überzeugens zu verstehen und stelle keinen empirischen Vorgang dar.[92]

Zwei Probleme allerdings löst die Position von Habermas m. E. nicht. Erstens ist zu fragen, ob mit einer derartigen Konzeption die Eigenständigkeit der instrumentellen Vernunft ernst genommen wird, wenn Habermas einen Gegensatz zwischen instrumenteller und kommunikativer Rationalität errichtet. Zweitens ist zu bezweifeln, daß allein der Diskurs Sittlichkeit garantiere, obwohl er ein wichtiges Instrument zur Überprüfung sittlicher Geltungsansprüche darstellt. Nun ist nicht zu leugnen, daß instrumentelle und sittliche Rationalität auf unterschiedlichen Ebenen angesiedelt sind. Denn sittlicher Rationalität geht es um die Legitimität von Handlungszielen. Da diese Rechtfertigung der Ziele bevorzugt argumentativ geschieht, wird sie sich normalerweise im Diskurs, also im Horizont kommunikativer Rationalität vollziehen. Instrumentelle Rationalität hingegen sucht die funktional passenden Mittel, um ein bestimmtes Ziel technisch oder ökonomisch zu verwirklichen. Es scheint selbstverständlich, daß die Realisierbarkeit eines Vorhabens in die Zielbestimmung mit eingeht. Dies geschieht zwar nicht immer, aber damit ist noch kein Gegensatz zwischen instrumenteller und sittlicher Vernunft postuliert.

Die Vertreter der Kritischen Theorie behaupten nun, die Entwicklung unseres technischen Könnens, die ständig zunehmende Zahl von Mitteln und die wachsenden funktionalen Fähigkeiten moderner Gesellschaften im Umgang mit technologisch-ökonomischen Systemen hätten zu einer Verselbständigung instrumenteller Vernunft geführt. Letztlich gerate die hypertrophierende instrumentelle Rationalität in einen Gegensatz zur sittlichen und kommunikativen Vernunft. Diese These der Kritischen Theorie, die auch Habermas teilt, ist nicht unproblematisch.

Daher spitzt Wilhelm Korff das Problem, das mit der Entgegensetzung von instrumenteller und sittlicher Rationalität verbunden ist, im Anschluß an die Naturrechtslehre von Thomas von Aquin auf den springenden Punkt zu:

"Der Mensch ist von Natur verantwortungs- und sittlichkeitsfähig. [...] Alle Kritik am Mißbrauch der instrumentellen Vernunft kann somit immer nur als Kritik am tatsächlich geübten Verhalten, als Mangel an moralischem Verantwortungsbewußtsein gefaßt werden, nicht aber als Infragestellung der sittlichen Kompetenz und Verantwortungsfähigkeit des Menschen überhaupt. Es irren also jene, die von dem faktischen Fehlverhalten des Menschen auf eine grundsätzliche, unaufhebbare Dysfunktionalität zwischen sittlicher und instrumenteller Vernunft schließen und im Namen der sittlichen Vernunft eine neue, *gegen* die instrumentelle Vernunft gerichtete Ethik fordern."[93]

Philosophie im Fahrwasser der Kritischen Theorie bemüht sich daher häufig um eine Rehabilitierung der praktischen Philosophie, die gegen die instrumentelle Vernunft gerichtet ist, diese vollständig steuern und sie sich unterordnen will, ohne auf die Sachgesetzlichkeit der instrumentellen Vernunft zu achten. Die Wiederbelebung der Ethik in ihren vielfältigen Formen, dies impliziert die These von der Rehabilitierung der praktischen Philosophie, soll das offene Problem der "Dialektik der Aufklärung" lösen helfen. Diese Intention ist auch gar nicht weiter strittig. Der Dissens aber über den Ausweg aus der Krise besteht im Steuerungskonzept des technisch-wissenschaftlich-ökonomischen Fortschritts. Er läuft auf die Frage hinaus, ob diese

Steuerung von außen geschehen soll, letztlich also wieder mit den Mitteln der instrumentellen Rationalität, oder durch die an diesen Prozessen beteiligten Menschen. Zur Diskussion steht die Frage, ob instrumentelle und sittliche Rationalität Gegensätze sind, die einander ausschließen oder sich zu ergänzen vermögen. Um hier einen Schritt voranzukommen, schlage ich vor, das Verhältnis von instrumenteller und sittlicher Vernunft neu zu durchdenken.

Dies kann im Anschluß an Kants Unterscheidung von technischen, pragmatischen und sittlichen Imperativen geschehen. Methodisch gesehen besteht zwischen den ersten beiden und dem dritten Imperativ ein entscheidender Unterschied. Nur der letzte gebietet kategorisch und verletzt das Hume'sche Gesetz, das eine Vermischung von deskriptiven und präskriptiven Aussagen verbietet,[94] nicht. Wenn auch im Sinne Kants zum Nachweis des Wissenschaftscharakters der Ethik die Sittlichkeit methodisch ausgezeichnet werden muß, so sind darum die anderen Imperative nicht minder bedeutsam. Dies gilt insbesondere für die Moderne mit ihrer Prävalenz der kognitiv-instrumentellen Rationalität.

Um den Unterschied wie den Zusammenhang zwischen den verschiedenen Rationalitätstypen zu verdeutlichen, schlage ich daher im Anschluß an Kant vor, kognitiv-instrumentelle und sittliche Rationalität in einem Drei-Stufen-Schema zu erfassen. Dieses orientiert sich nicht mehr an Imperativen im Sinne von Regeln oder Maximen des Handelns, sondern versteht sich als Beschreibung des vernünftigen Handelns selbst. Dann lassen sich

(1) instrumentelle und technische Handlungs-Rationalität (Konstruktion, Produktion),
(2) pragmatische Handlungs-Rationalität (Kooperation) und schließlich
(3) sittliche Rationalität (ethische Urteile, sittliche Grundsätze)

unterscheiden. Auch wenn in den ersten beiden Ebenen die von Kant vorgeschlagene Universalisierungsregel nicht greift, wird deutlich, daß vernünftiges menschliches Handeln im Hinblick auf die Folgen auch im technisch-instrumentellen Bereich als Herstellen eine sittliche Dimension aufweist. Kant hat aus methodischen Gründen einen Rationalitätstyp isoliert, nämlich den sittlicher Vernunft. Dieses Vorgehen ist auch heute noch möglich und sinnvoll, gerade zur Vermeidung naturalistischer Fehlschlüsse. Zudem begründet die kantische Argumentation mit der Selbstzweckformel die Kritik der "Kritischen Theorie" an instrumenteller Vernunft und an der Verdinglichung des Menschen.

Allerdings erfordert eine zeitgemäße Umweltethik ein interdisziplinäres Vorgehen und damit eine Neuexplikation des Verhältnisses von technischen, pragmatischen und sittlichen Imperativen. In unseren modernen Industriegesellschaften wachsen die Probleme mit der Generalisierung. Die Universalisierung ist heute kein einfach zu handhabendes Kriterium zur Überprüfung von Handlungsregeln mehr. So kommt es zu einer Aufwertung der hypothetischen Imperative, der eine Theorie des sittlichen Urteils Rechnung trägt. Wir können nicht mehr so leicht beurteilen und kritisch überprüfen, ob sich eine Maxime generalisieren läßt, vor allem nicht, wenn neben den Zielen die Folgen einer Handlung berücksichtigt werden. Hier sind wir auf einen gemeinsamen Prozeß der Bewertung angewiesen. Allerdings kann nicht der faktische Konsens im Diskurs das Wahrheitskriterium sein, so sehr ein Konsens oder ein Kompromiß sittlichen Charakter tragen mag. Die Aufwertung der hypothetischen Imperative, die für Kant nicht dieselbe Wichtigkeit besaßen wie für einen transzendentalhermeneutischen Ansatz, führt zu einer neuen Akzentuierung im Rahmen der Handlungstheorie. Folgenbewertungen ermöglichen nun Aussagen darüber, was sittlich erlaubt oder gar geboten ist.

Eine transzendentalhermeneutische Interpretation der Handlungstheorie ist sich allerdings angesichts der Aporien des Handelns bewußt, daß ein abschließendes Urteil über eine hinreichend komplexe Handlung nicht erreicht werden kann. Aufgrund der Schwierigkeiten in der Bestimmung der jeweiligen Handlungsfolgen und ihrer Zurechenbarkeit muß ein Ethiker sehr vorsichtig sein und sich wohl meist mit Vermutungen der Ungerechtigkeit, der Verletzung der Solidarität und der Personwürde zufrieden geben. Konsens ist für ihn ein nur schwer erreichbares Ziel, wenn die Entscheidungen hinreichend komplex sind. Daher genügt bereits begründeter Widerspruch, berechtigte Vermutungen von Ungerechtigkeit, um die Frage nach Handlungsalternativen aufzuwerfen. So kann eine transzendentalhermeneutisch gerechtfertigte Umweltethik geleitet vom Ethos ökologisch orientierter Humanität auch praktisch werden.

Alternative Naturwissenschaft?

Wo aber hat Umweltethik anzusetzen? Eine Reihe von Autoren sehen den Hauptadressaten in den Naturwissenschaften. Sie fordern eine "alternative Naturwissenschaft". Drei Modelle möchte ich hier im Umriß diskutieren und auf ihr Problemlösungspotential für eine Umweltethik befragen. Dabei steht zunächst die Frage nach der Autonomie der Naturwissenschaften im Vordergrund.

Das erste Modell geht von der These einer *Finalisierung* der naturwissenschaftlich-technologischen Entwicklung, also der politisch-gesellschaftlichen Steuerung dieses Prozesses aus. Die Vertreter dieser These legen ein Drei-Phasen-Modell der Wissenschaftsentwicklung im Anschluß an Thomas S. Kuhn zugrunde. Zu unterscheiden seien: (1) Explorative Phase, (2) paradigmatische Phase und (3) postparadigmatische Phase.[95] Könne für die paradigmatische Phase der Grundlagenforschung, die zur Aufstellung eines Forschungsparadigmas führe, noch eine gewisse Autonomie reklamiert werden, so wirke sich die soziale Formung kognitiver Prozesse bereits in der explorativen Phase in der Problemwahrnehmung und in den Forschungsfragestellungen aus. Im eigentlichen Sinne könne von Finalisierung dann in der postparadigmatischen Phase gesprochen werden, in der externe Zwecke in der Ausformulierung der Theorie und in der Konvergenz von wissenschaftlicher und technischer Innovation im Vordergrund stünden. Hier könnten die Ziele der Wissenschaftsentwicklung in politischen Prozessen gesteuert werden. Dabei verstanden die Mitglieder der ehemaligen Starnberger Forschungsgruppe um Jürgen Habermas unter internen Zwecken derartige Ziele, die sich im Forschungsprozeß selbst ergeben, die also wissenschaftsimmanent sind, unter externen Vorgaben aber die Erwartungen der Gesellschaft oder der Industrie. Finalisierung besagt demnach, die Steuerung der Entwicklung des technisch-ökonomischen Fortschritts nach politisch festgelegten Zielen.

Die Finalisierungsthese setzt eine Aussage über die Reife und Abgeschlossenheit einer Theorie voraus.[96] Wenn eine gewisse Stabilität, Kompaktheit und Vollständigkeit der Theoriebildung erfolgt, ein bestimmter Erfahrungsbereich abgedeckt, eine in gewissem Sinn endgültige Erkenntnis erreicht sei, dann sei die Phase der Grundlagenforschung abgeschlossen. Jetzt werde die Theorie weiter entwickelt. Es erfolge eine Spezialisierung durch komplexere Anwendungsfälle. Für die postparadigmatische Wissenschaftsentwicklung gebe es keine wissenschaftsinternen Kriterien, vielmehr seien bestimmte gesellschaftliche Zwecke ausschlaggebend für die Entwicklung von Spezialtheorien auf der Basis der fundamentalen Theorie. Diese Theorieanwendung sei Theorieentwicklung.

Zur Überprüfung dieser These möchte ich das Finalisierungs-Modell auf die Molekulargenetik anwenden, weil diese das Paradigma für meine Bestimmung von Technologie abgegeben hatte. Gemäß ihren Vertretern ist die Molekulargenetik eine abgeschlossene Theorie.[97] Hier habe ich Zweifel. Denn es ist sehr fraglich, ob eine Theorie, die noch über keine ausreichende Erklärung der Genexpression und des Gentransfers auf molekulargenetischer Ebene verfügt, bereits als reif und vollständig gelten darf. Diese Fragen gehören wohl zur grundlegenden Theorie selbst und nicht nur zur Anwendung. So läßt dieses Beispiel vermuten, daß die Gruppe die paradigmatische Phase zu eng ansetzt, um zur Finalisierung einen breiteren Raum zu erhalten.

Die Abgeschlossenheit einer Theorie lasse sich nur pragmatisch durch historische und systematische Gründe rechtfertigen. Dabei seien Vollständigkeit, exemplarische Anwendung und Gültigkeit für einen weiten Bereich Kriterien für Abgeschlossenheit. Danach verändere gesellschaftliche Nachfrage nach Wissenschaft als Übersetzung der externen Nachfrage in wissenschaftliche Fragestellung die Theoriebildung im Sinne der Finalisierung.[98] Dies zeige sich besonders deutlich in der Auftragsforschung.

Die Autonomie der Wissenschaften widerspreche der Finalisierungsthese nicht. Denn ihre institutionelle Autonomie sei nur ein liberales Abwehrrecht. Häufig jedoch werde mit der Autonomiethese der Anspruch auf Selbstverwaltung und auf gesellschaftliche Finanzierung verbunden. Die Autonomiethese unterstelle ein generalisiertes gesellschaftliches Interesse an neuem Wissen. Sie fordere Freiheit, weil die Produktion von Wissen eine kreative und darum nicht planbare Leistung sei, trotzdem aber einer sachlichen Logik folge. Denn im sozialen System der scientific community bestünden Normen und Kontrollen für den Wissenschaftler. Autonomie jedoch sei als institutionelles Modell zugeschnitten auf Forschungsgelder in der paradigmatischen Phase. Danach jedoch werde Forschung meist an ökonomischen Faktoren extern ausgerichtet. Dagegen wende sich die Finalisierungsthese. Für sie ist der Anspruch auf eine Steuerung der innovativen Tätigkeit der Wissenschaft nach sozialen Bedürfnissen im Prinzip berechtigt und auch erfüllbar.

Gemäß den Aussagen der Befürworter einer Finalisierung auch der

Grundlagenforschung könne Wissenschaft einen repressiven und einen emanzipativen Weg einschlagen. Die neue Wissenschaft müßte die menschliche wie die natürliche Geschichte der Natur in ihr Wissenschaftskonzept integrieren. Denn wegen ihrer Geschichtlichkeit sei in der Natur nichts beliebig wiederholbar. Beispielsweise werde der im Labor ermittelte Satz, daß DDT insektizide Wirkung aufweise, durch die millionenfache Wiederholung des experimentellen Nachweises widerlegt, nämlich durch die Selektion resistenter Insektenstämme. Eine Wissenschaftskonzeption, die das berücksichtige, sei empirisch gehaltvoller. Sie orientiere sich an einem Prototyp neuer Wissenschaftlichkeit mit normativen und strategischen Elementen, die dem Idealtypus der reinen Naturwissenschaften nicht mehr entspreche. Es sei die Ökologie.[99] Das Konzept der normativ finalisierten Wissenschaft sei vom ökologischen Wissenschaftstypus geprägt worden. Dabei bezeichne das Konzept normativer Finalisierung durch einen rational erzeugten Konsens der Gesellschaft einen Weg, der zur sozialen Rekonstruktion der modernen Naturwissenschaften führen könnte.[100] Die Finalisierung der Wissenschaft wolle den autonomen Fortschritt der Wissenschaften beenden, um den Fortschritt der menschlichen Gesellschaft mit den Mitteln der Wissenschaft zu betreiben.

Dieses Konzept, das eine gesellschaftliche Steuerung, nicht nur Orientierung des wissenschaftlichen Fortschritts anstrebt, weist jedoch eine ganze Reihe grundsätzlicher Konzeptionsmängel auf. Zum einen setzt die Finalisierungsthese echte Wahlmöglichkeiten und Alternativen als entscheidungslogische Grundpostulate im Prozeß der Grundlagenforschung voraus. Aber rein wissenschaftsimmanent kognitiv schaltet die Heuristik des Programms jeden Wahlzwang aus.[101] Problematisch an dem Finalisierungs-Modell ist auch die Dichotomie von intern und extern. Denn eine Internalisierung externer Zwecke ist nicht mit Finalisierung und Autonomieverlust zu identifizieren.[102] Verschiedene Weisen der Internalisierung geschehen in der Wissenschaft durchaus nicht selten. Einige von ihnen könnten Modelle für eine sittliche Orientierung von Forschung und Entwicklung abgeben. Zudem läßt sich das Drei-Phasen-Modell der Wissenschaftsentwicklung und der Begriff der Abgeschlossenheit einer Theorie methodisch nicht ausreichend absichern. Wann eine Theorie als vollständig gelten darf, ist nur definitorisch-dezisionistisch festzulegen.[103] Abgeschlossenheit ist unter konsenstheoretischen Voraussetzungen niemals definitiv zu erreichen. Habermas' Konsenstheorie und Kuhns Modell der Wissenschaftsentwicklung lassen sich daher nicht zusammenbringen.[104] Zudem fordert Habermas nicht die Finalisierung der Wissenschaft, sondern eine Rationalisierung der Gesellschaft.

Die Begriffe extern und intern beschreiben die Theoriendynamik nicht adäquat. Die Bezeichnung der postparadigmatischen Phase als Auftragsforschung bei den Befürwortern der Finalisierungsthese ist zumindest stark verkürzt. Zudem sind externe Zwecke nicht notwendigerweise ökonomischer oder politischer Natur. Auch sittliche Urteile können für einen Forschungsprozeß leitend sein. Sie stellen dann keine externen Zielvorgaben dar, obwohl sie nicht allein dem Forschungsprozeß selbst entstammen. Statt dem Fremdsteuerungsmodell der Finalisierungsthese, in dem sich leicht Politiker oder andere gesellschaftliche Gruppen Steuerungskompetenz anmaßen, ohne von der Sache genügend zu verstehen, ist aus sittlicher Perspektive ein Modell zu bevorzugen, das Selbststeuerung und Integration sittlicher Urteile in den Forschungsprozeß befürwortet. Damit braucht die Forschungsplanung nicht aus den Händen der Wissenschaft gegeben werden. Zudem bleiben trotz der Verwissenschaftlichung der Technologie und zunehmender Interaktion zwischen Forschung und Produktion kognitive und technische Disziplinen unterscheidbar.[105] So scheint das Konzept einer Finalisierung der Wissenschaften an den ungeklärten Voraussetzungen dieses Modells gescheitert zu sein. Das Drei-Phasen-Modell mit seinen wissenschaftstheoretischen Grundannahmen ist zu wenig differenziert, um die wissenschaftliche Theoriendynamik im gesellschaftlichen Kontext beschreiben zu können.

Das Nachfolgemodell der Finalisierungsthese ist das Konzept *sozialer Naturwissenschaft*. Dieses geht davon aus, daß die Naturwissenschaft bisher die materielle Aneignung der Natur durch den Menschen nicht adäquat berücksichtigt habe.[106] Die Gruppe um Gernot Böhme geht unbefragt von der Behauptung aus, daß eine Naturwissenschaft, die die Natur zerstöre, nicht wahr sein könne. Naturerkenntnis müsse nämlich nicht Naturaneignung sein. Bei Platon sei sie noch Orientierungswissen gewesen.[107] Mit dem 19. Jahrhundert erst habe die Verwissenschaftlichung des Aneignungsprozesses eingesetzt. Heute habe die materielle Aneignung der Natur durch den Menschen jedoch eine Größenordnung erreicht, daß das Aneignungsverhalten der menschlichen Gesellschaft aus dem Themenbereich der Naturwissenschaften nicht mehr herausgehalten werden könne.

Das Paradigma der Naturwissenschaft müsse geändert werden, denn die Wissenschaft mache eine menschenfreie Natur zum Thema. Der handelnde Mensch komme als konkreter Wirkfaktor in der naturwissenschaftlichen Beschreibung nicht vor.[108] Laborwissenschaft als technisches Modell der Natur betrachte diese wertfrei, positivistisch, unethisch. Daher müsse die klassische Naturwissenschaft um das Konzept des Stoffwechsels Mensch/Natur erweitert werden. Dieser sei als gesellschaftlich organisierter Naturprozeß zu verstehen.[109] Soziale Naturwissenschaft als Frage nach den Normen des Naturumgangs falle in den Bereich einer sozialen Rekonstruktion der Natur nach einem Entwurf von Reproduktionszusammenhängen. Der Prozeß der Normfindung sei ein politischer Prozeß. Die Frage nach der Legitimität und Begründung der sozial gewonnenen oder hergestellten Normen wird allerdings nicht gestellt, sondern dezisionistisch beantwortet. Soziale Naturwissenschaft wird zu einem Zweig der Meinungsforschung, der Soziologie oder der Politologie, nicht aber der Ethik.

Um das Projekt einer sozialen Naturwissenschaft durchführen zu können, sei eine Erweiterung der Ökologie als wissenschaftlicher Disziplin erforderlich. Die theoretische Ökologie könne die in sie gesteckten Erwartungen, Naturpolitik zu legitimieren, nicht erfüllen, da Ökologen für gesellschaftliche Probleme oft nur eine geringe Wertschätzung aufbrächten.[110] In bornierter Weise klammere die Ökologie gesellschaftliche Bedürfnisse und historische Entwicklungsmöglichkeiten und damit die Ethik aus. So sei die Leitvorstellung einer unberührten oder gar asozialen Natur abzulegen, ohne jedoch wiederum auf den problematischen Gedanken eines Natursubjektes zurückzugreifen. Dies allerdings bedeute nicht, daß unser Naturumgang instrumentell gefärbt sein müsse, vielmehr sollte er strategisches, an Partnerschaft orientiertes Handeln sein.[111] Gegen alle Naturmystik hält Böhme allerdings daran fest, daß man die Natur, das Andere verfehlt und nicht richtig behandelt, wenn man es als Subjekt konzipiere. Evolution bleibe auch für den Menschen heute eine bittere Notwendigkeit. Auf dieser Basis sei das Vertrauen auf einen Heilsplan, gemäß dem sich der Mensch harmonisch in die Natur einfügen könne, verstellt.[112]

Weiter als die These von der sozialen Naturwissenschaft geht Arnim von Gleich mit seiner Forschung einer *sanften Naturwissenschaft* als drittes Modell der Steuerung der Wissenschaftsentwicklung. Die Forschertätigkeit der experimentell arbeitenden Naturwissenschaften ist nach von Gleich selbst eine Form des praktischen Umgangs mit der Natur. Von Gleich unterscheidet harte und sanfte Naturwissenschaft nach der Eingriffstiefe. Dies ist aber eine sehr unscharfe Vokabel. Nicht jede Wissenschaft habe den gleichen herrschaftlich-instrumentellen Charakter. Es gäbe auch Naturwissenschaften, die der Hermeneutik nahekämen.[113] Die Naturwissenschaft stehe unter der Herrschaft abstrakter Rationalität und das Experiment sei als praktischer Abstraktionsprozeß aufzufassen. Was dieser Begriff meinen soll, ist mir unklar. Vielleicht versteht von Gleich unter dem praktischen Abstraktionsprozeß den Vorgang der Objektivierung, der Reinigung der Sprache und der Zurichtung der Objekte, wie er sich ausdrückt. Diese Objektivierung gerate sehr oft in direkten Gegensatz zu praktischen Zielen und lebensweltlichem Wissen.[114]

Harte Naturwissenschaften gingen von einem mechanistischen Naturbild aus, stünden auf dem Boden eines methodischen Reduktionismus und konzipierten das Experiment als Folter statt als Dialog.[115] Auch hier dient die blumige Sprache nicht gerade der Präzision. Wahrscheinlich bedeutet diese Metapher, daß die messende Naturwissenschaft ihren Gegenstand zurichte. Auf die Folgen des Eingriffs für den gemessenen Gegenstand werde nicht geachtet und das Subjekt aus dem Experimentieren eliminiert, so daß etwa bei Tierexperimenten ein einfühlender Zugang zum Gegenstand nicht mehr möglich sei.[116] Immer entscheidender aber würden die Störfaktoren, das, wovon im Experiment abstrahiert werde. Hier manifestiere sich die Herrschaft des Rationalen. Rationalität sei zwar exakt und objektiv, nicht aber gegenstandsgemäß. Dies entbinde die Dialektik der Subsumption der konkreten Natur unter die abstrakt allgemeine Denkform der Mathematik, die wesentliche von störenden Faktoren unterscheide. Aber der Glaube, die Probleme mit demselben Ansatz meistern zu können, durch den sie entstanden sind, sei ein Wahn.[117] So propagiert von Gleich eine sanfte Chemie, basierend auf biologischem Pflanzenschutz, Naturfarben, natürlichen Rohstoffen und teilnehmender Beobachtung.

Auch der Systembegriff der Natur ist nach von Gleich noch weitgehend technisiert und liefere daher nur einer ökodiktatorischen Planungs- und Verteilungsvorstellung die ideologischen Waffen. Von Gleich plädiert demgegenüber für das Projekt einer nichtanthropozentrischen Naturethik.[118] Dies ist eine in sich widersprüchliche Forderung, da es eine nichtanthropozentrische Ethik nicht geben kann, höchstens eine, in der der ausbeuterische Mensch nicht mehr die Hauptrolle spielt, sondern das Ethos ökologisch orientierter Humanität. Aber da für von Gleich der Gedanke einer Humanisierung der Natur Ausdruck des Machbarkeitswahns ist, bleibt ihm das hier propagierte Ethos fremd. Er spricht von einer Mitproduktivität der Natur, wohl wissend, daß Produktivität der Natur etwas ganz anderes meint als Produktivität des Menschen. Natürlich bringt die Erde und die Evolution Dinge hervor. Ob etwas aber ein Wert oder Unwert ist, entscheidet der Mensch. In der Natur kann sich höchstens – in gewissen Grenzen – evolutiv Funktionalität im Sinne der Überlebensfähigkeit von Organismen herausbilden.

Sanfte Naturwissenschaft ist nach von Gleich nicht Laborwissenschaft, sondern Feldforschung. Sie habe einen aristotelischen, partnerschaftlichen Naturbegriff. Sanfte Naturwissenschaft sei eher beschreibend phänomenologisch, weise einen qualitativen, evolutionären Naturbegriff auf, sei eher Feldforschung und untersuche bevorzugt die Variation von Phänomenen. Das Experiment spiele eine untergeordnete Rolle. Die zentrale Erkenntniskategorie sei die Ähnlichkeit.[119] Auch das Klassifizieren und Abstrahieren tue den Dingen Gewalt an, aber sie beschränke sich auf den theoretischen Bereich. So fährt der Zug sanfter Naturwissenschaft ab in Richtung griechischer und mittelalterlicher Naturbeobachtung mit all ihren Problemen, Willkürlichkeiten und Ungereimtheiten.

Eher am Rande formuliert von Gleich einen Gedanken, der mir in die richtige Richtung zu weisen scheint. Er fordert ein erweitertes, interdisziplinär angelegtes Wissenschaftsverständnis, in dem sich die Experimente von Ethik leiten ließen.[120] Doch woher nimmt eine nichtanthropozentrische Naturethik die Normen für ihren Eingriff? Auch die Unterscheidung von harten und sanften Naturwissenschaften legitimiert keine normative Grundlage für eine Wertung. Ohne Zweifel gibt es zwei unterschiedliche Paradigmen, zwei Wissenschaftsformen in der Biologie, nämlich das eher aristotelisch klassifikatorisch morphologische und beobachtende Konzept und das darwinistisch kausal erklärende Modell.[121] Jede dieser Wissenschaftsformen hat auf bestimmten Gebieten Stärken, auf anderen jedoch auch Schwächen. Jedenfalls wäre es auf dem Boden der aristotelischen Konzeption nicht möglich, Darwins Evolutionstheorie als Theorie der Mutation und Selektion zu erklären.

Die Eingriffstiefe ist ebenfalls kein klares Unterscheidungskriterium für harte oder weiche Naturwissenschaften. Denn auch mit traditionellen Mitteln und ohne Wissenschaft gelang es dem Menschen, Arten auszurotten. Die aristotelische Wissenschaftskonzeption erlaubt nach von Gleich kein instrumentelles Wissen. Sie vermittele Orientierungswissen. Aber mit Kontemplation alleine bewältigen wir die ökologische Krise nicht. Woran also bemißt sich die Unterscheidung von hart und sanft? Von Gleich benutzt diese Vokabeln im Kontext wertender Urteile. Aber wo liegt der Maßstab? Die Natur selbst ist weder hart noch sanft. Der neuzeitliche Gedanke des Naturgesetzes hat die aristotelische Konzeption des Natürlichen zumindest für ein naturwissenschaftlich-experimentelles Vorgehen unwiderruflich abgelöst. Eine gesetzmäßig konzipierte Natur kann qua Definition kein Orientierungswissen anbieten. Auf der Basis einer empirisch vorgehenden Ökologie ist eine nichtanthropozentrische Naturethik nicht möglich. Die ökologische Krise falsifiziert nicht eine naturwissenschaftliche Methode. Sie dient nicht der Rechtfertigung einer sanften Naturwissenschaft. Die ökologische Krise ist keine Legitimationsinstanz für die Rehabilitierung des aristotelischen Naturbegriffs. Sie rechtfertigt auch nicht die Unterstellung einer Natursubjektivität, einer Personalität der Natur, der wir uns partnerschaftlich auf der gleichen Ebene wie Menschen zuwenden müßten.

Die durch die Industriegesellschaft aufgeworfenen Probleme werden nicht allein durch eine Änderung der naturwissenschaftlichen Methodologie gelöst, sondern eher durch eine neue Weise des gesellschaftlichen Umgangs mit ihr. Die hilflos anmutenden Wiederbelebungsversuche des aristotelischen Naturbegriffs, mystischer und metaphysischer Traditionen oder des Deutschen Idealismus werden die erhoffte Lösung nicht bringen, auch wenn sie auf ihr Potential für heutige Probleme hin befragt werden sollten. Modelle, die das handelnde Subjekt ausklammern oder Ethik instrumentell-funktional in ein Konzept sozialer oder alternativer Naturwissenschaften einbinden, verfehlen den Ansatzpunkt der Veränderung, nämlich den handelnden Menschen. Hierauf hinzuweisen ist eine sinnvolle Aufgabe christlicher Umweltethik. Sie wird diese nur erfüllen können, wenn sie der physiozentrisch-pantheistischen Versuchung widersteht und gegen die Herrschaft instrumenteller Rationalität eine vertieft durchdachte christliche Anthropozentrik setzt.

Anmerkungen

1 Ludwig Feuerbach bezeichnet die Einsicht, das "Geheimnis der Theologie sei die Anthropologie" (Vorläufige Thesen zur Reform der Philosophie 1842; in: Ders.: Sämtliche Werke, hrsg. von Friedrich Jodl, Bd. 2, Stuttgart/Bad Cannstadt ²1959, 222) als die "autonomische That der Menschheit" (ebd. 244), die das dem Menschen zurückgibt, was der Mensch vormals ins Göttliche projiziert habe.

2 Vgl. zur Epochenabgrenzung von Neuzeit und Moderne: H. M. Baumgartner, B. Irrgang (Hg.); Am Ende der Neuzeit? Die Forderung eines fundamentalen Wertwandels und ihre Probleme; Würzburg 1985, 10–14

3 Friedrich Nietzsche: Die Geburt der Tragödie; in: Sämtliche Werke. Kritische Studienausgabe in 15 Bden.; ed. Colli und Montinari; München, Berlin, New York 1980; Bd. 1, 68f

4 Vgl. mein Buch: Skepsis in der Aufklärung; Frankfurt 1982, 1–150, 367–390

5 Vgl. Max Horkheimer, Theodor W. Adorno; Dialektik der Aufklärung; (Amsterdam ¹1947) Frankfurt ²1971, 1

6 Vgl. ebd. 3f

7 Ebd. 8

8 Ebd. 12

9 Ebd. 39

10 Max Horkheimer; Zur Kritik der instrumentellen Vernunft. Aus den Vorträgen und Aufzeichnungen seit Kriegsende; hrsg. von A. Schmidt; Frankfurt 1974, 64

11 Vgl. ebd. 7

12 Vgl. ebd. 13

13 Vgl. ebd. 19–30

14 Vgl. mein Buch: Skepsis . . .; a. a. O. 384–390

15 Horkheimer; Zur Kritik . . .; a. a. O. 94

16 Vgl. ebd. 104

17 Vgl. ebd. 162–165

18 Vgl. ebd. 186

19 Martin Heidegger; Der Satz vom Grund, Pfullingen ⁴1971 (¹1957), 57

20 Vgl. Walther Ch. Zimmerli; Technik als Natur des westlichen Geistes; in: H. P. Dürr, W. Ch. Zimmerli (Hg.); Geist und Natur. Über den Widerspruch zwischen naturwissenschaftlicher Erkenntnis und philosophischer Welterfahrung; München 1989, 389–409, hier 390

21 Heidegger; Satz...; a. a. O. 41

22 Ebd. 32f

23 Ebd. 168

24 Ebd. 210f

25 Ebd. 66

26 Vgl. hierzu meinen Aufsatz: Schonung der Natur oder Anthropozentrik? Zum Begründungsproblem in der Umweltethik; in: B. Irrgang, J. Klawitter, K. Ph. Seif (Hg.); Wege aus der Umweltkrise, Frankfurt, München 1987, 115–137

27 Vgl. Martin Heidegger; Die Technik und die Kehre; Pfullingen ²1962, 8; Vgl. auch Peter Fonk, B. Irrgang; Desiderate der Inhaltlichkeit. Ein problemgeschichtlicher Essay zu Ursprüngen und Chancen der modernen Wertphilosophie; in: H. M. Baumgartner, B. Irrgang; Am Ende...; a. a. O. 147–149

28 Vgl. Martin Heidegger; Das Ende der Philosophie und die Aufgabe des Denkens; in: ders.; Zur Sache des Denkens; Tübingen ²1976, 61–80

29 Vgl. hierzu auch Arnold Gehlen; Über kulturelle Kristallisation; in: ders.; Studien zur Anthropologie und Soziologie; ed. v. H. Maus u. F. Fürstenberg; Neuwied, Berlin 1963, 316; vgl. auch P. Fonk; Transformation der Dialektik; Würzburg 1983, 193–196

30 Vgl. das von Heidegger und Eugen Fink im Wintersemester 1966/67 gehaltene Seminar über Heraklit und die Seminare in Le Thor 1966, 1968 und 1969

31 Vgl. Martin Heidegger; Holzwege; Frankfurt 1950, 93f

32 Werner Marx; Gibt es auf Erden ein Maß? Grundbestimmungen einer nichtmetaphysischen Ethik; Hamburg 1983, XV

33 Ebd. 123

34 Vgl. meinen Aufsatz: Edmund Husserls Rehabilitation einer an der Lebenswelt orientierten Vernünftigkeit. Prolegomena einer Philosophie der Umwelt; in: H. M. Baumgartner, B. Irrgang; Am Ende...; a. a. O. 95–118

35 Edmund Husserl; Die Krisis..., a. a. O. 61 u. 73

36 Vgl. ebd. 63

37 Vgl. Alois Roth; Edmund Husserls ethische Untersuchungen. Dargestellt anhand seiner Vorlesungsmanuskripte; Den Haag 1960, XV

38 Vgl. ebd. 50

39 Vgl. ebd. 119

40 Vgl. ebd. 9

41 Vgl. H. Przybylski; Art. Positivismus; in: Historisches Wörterbuch, a. a. O. Bd. 6, 1120

42 Vgl. ebd. 1119

43 Auguste Comte; Rede über den Geist des Positivismus; übers. von I. Fetscher; Hamburg ²1966 (¹1956); im Text abgekürzt mit GP und Seitenzahl dieser Ausgabe

44 A. Huning; Art. Technologie; in: Edmund Braun, Hans Radermacher (Hg.); Wissenschaftstheoretisches Lexikon; Graz, Wien, Köln 1978, 585

45 Vgl. ebd. 586

46 Vgl. ebd.

47 Vgl. ebd.

48 Vgl. Hans Lenk; Art. Technik und Wissenschaft; in: Josef Speck (Hg.); Handbuch wissenschaftstheoretischer Begriffe Bd. 3; Göttingen 1980, 623
49 Vgl. ebd. 624
50 Vgl. ebd. 625
51 Vgl. ebd. 626
52 Vgl. Rainer Hohlfeld; Biologie als Ingenieurskunst; in: K. Grosch, P. Hampe, J. Schmidt (Hg.); Herstellung der Natur? Frankfurt, New York 1990, 170–179, hier 173
53 Vgl. ebd. 175
54 Ludwig Siep; Gesteuerte Evolution? Philosophische Probleme der Gentechnologie; in: U. Steger (Hg.); Die Herstellung der Natur. Chancen und Risiken der Gentechnologie; Bonn 1985, 126
55 Vgl. ebd. 127
56 Vgl. Hans Peter Schreiber; Die Erprobung des Humanen. Ethische Probleme der Fortpflanzungs- und Gentechnologie; Bern, Stuttgart 1987, 34
57 Vgl. ebd. 35
58 Vgl. ebd. 37
59 Joachim Spangenberg; Forschungsfreiheit und Sozialbindung der Wissenschaft; in: K. Grosch, P. Hampe, J. Schmidt (Hg.); Herstellung . . .; a. a. O. 145–153, hier 147f
60 Die Schriften Nietzsches werden im folgenden mit WW abgekürzt nach Band und Seitenzahl der Sämtlichen Werde a. a. O. angegeben.
61 Albert Camus; Der Mensch in der Revolte; übers. v. J. Streller; Reinbek bei Hamburg [2]1969, 21
62 Vgl. Hannah Arendt; Vita activa. Oder vom täglichen Leben; München [2]1982, 91
63 Vgl. ebd. 104
64 Vgl. ebd. 92f
65 Vgl. hierzu 127–132
66 Ebd. 142
67 Ebd. 143
68 Vgl. ebd. 147–153
69 Vgl. ebd. 165–184
70 Ebd. 214
71 Vgl. ebd. 231–234
72 Vgl. ebd. 216
73 Vgl. ebd. 249
74 Vgl. ebd. 288
75 Vgl. F. Kaulbach; Art. Produktion, Produktivität; in: Historisches Wörterbuch . . .; a. a. O. Bd. 7, 1419
76 Vgl. ebd. 1420
77 Vgl. ebd. 1421f
78 Vgl. ebd. 1423f
79 Vgl. A. Arndt; Art. Produktion, Produktivität . . .; ebd. 1427
80 Vgl. H. J. Krüger; Art. Arbeit; in: Historisches Wörterbuch . . .; a. a. O. Bd. 1, 483f
81 Vgl. A. Arndt; Art. Produktion, Produktivität . . .; a. a. O. 1427
82 Vgl. H. J. Krüger; Art. Arbeit; a. a. O. 486
83 Vgl. H. Kleger; Art. Praxis, praktisch; in: Historisches Wörterbuch . . .; a. a. O. Bd. 7, 1304
84 Vgl. Karl-Otto- Apel; Das Problem einer philosophischen Theorie der Rationalitätstypen; in: H. Schnädelbach (Hg.); Rationalität. Philosophische Beiträge, Frankfurt 1984, 15–31, bes. 28 und Helmut Spinner; Vereinzeln, verbinden, begründen, widerlegen. Zur philosophischen Stellung von Begründungs- und Kritik-

positionen im Rahmen einer Systematik der Erkenntnisstile und Typologie der Rationalitätsformen; in: Forum für Philosophie Bad Homburg (Hg.); Philosophie und Begründung; Frankfurt 1987, 13–83; hier 29

85 Vgl. M. Horkheimer, Th. W. Adorno; Dialektik . . .; a. a. O. 80
86 Vgl. ebd. 136
87 Vgl. ebd. 9
88 Vgl. Jürgen Habermas; Theorie des kommunikativen Handelns Bd. 1; Frankfurt 1981; 521
89 Vgl. ebd. 509
90 Vgl. ebd. 522
91 Vgl. ebd. 518
92 Vgl. ebd. 525
93 Wilhelm Korff; Thomas von Aquin und die Neuzeit; in: J. P. Beckmann, L. Honnefelder, G. Schrimpf, G. Wieland (Hg.); Philosophie im Mittelalter. Entwicklungslinien und Paradigmen, Hamburg 1988, 387–408, hier 407
94 Vgl. hierzu Friedo Ricken; Allgemeine Ethik; Stuttgart 1983, 43–50
95 Vgl. Gernot Böhme, W. van den Daele, R. Hohlfeld, W. Krohn, W. Schäfer, T. Spengler; Die gesellschaftliche Orientierung des wissenschaftlichen Fortschritts; Frankfurt 1978, 12–15
96 Vgl. ebd. 197
97 Vgl. ebd. 220
98 Vgl. ebd. 221–225
99 Vgl. ebd. 389–392
100 Vgl. ebd. 400
101 Vgl. Gerald Eberlein, Norbert Dietrich; Die Finalisierung der Wissenschaften. Analyse und Kritik einer forschungspolitischen Theorie; Freiburg, München 1983, 91
102 Vgl. ebd. 111f
103 Vgl. ebd. 147
104 Vgl. ebd. 208
105 Vgl. ebd. 216
106 Vgl. Gernot Böhme, Engelbert Schramm (Hg.); Soziale Naturwissenschaft. Wege zu einer Erweiterung der Ökologie; Frankfurt 1985, 19
107 Vgl. ebd. 19f
108 Vgl. ebd. 25
109 Vgl. ebd. 29f
110 Vgl. ebd. 109f
111 Vgl. ebd. 111–113
112 Vgl. ebd. 133
113 Vgl. Arnim von Gleich; Der wissenschaftliche Umgang mit der Natur. Über die Vielfalt harter und sanfter Naturwissenschaften; Frankfurt, New York 1989, 13
114 Vgl. ebd. 46f
115 Vgl. ebd. 39
116 Vgl. ebd. 71 u. 80
117 Vgl. ebd. 96
118 Vgl. ebd. 141
119 Vgl. ebd. 149–154
120 Vgl. ebd. 170
121 Vgl. hierzu meinen Aufsatz; "Evolution" im 17. und 18. Jahrhundert Fallstudien zur methodologischen Vorgeschichte von Darwins Theorie; in: Conceptus 42 (1983), 3–28

9. Natur und Schöpfung

Christliche Anthropozentrik ist vom modernen Anthropozentrismus zu unterscheiden, der die Bedürfnisse des Menschen zum Maßstab aller Wissenschaft macht. Zwar können auch Bedürfnisse des Menschen, sofern sie sittlich ausgewiesen sind, eine Ethosform darstellen. Jedoch trat durch die Naturalisierung und Positivierung des Menschen an die Stelle einer Ethosform die Ausrichtung an den faktischen Bedürfnissen des Menschen unabhängig von jeder sittlichen Bewertung. Parallel zur Ausbildung des modernen Anthropozentrismus kam es zur Krise inhaltlicher Vorstellungen vom Menschen als der Spitze der Evolution im 19. und 20. Jahrhundert. Sie ist im wesentlichen durch die Naturwissenschaften, insbesondere durch die Evolutionstheorie hervorgerufen worden. Kopernikanische Wende, Darwinismus und Psychologie veränderten unsere Vorstellungen vom Menschen und seiner Stellung zur Natur. Allerdings verlor mit den alten inhaltlichen Vorstellungen auch die Ethosform und die methodische Anthropozentrik ihre tatsächliche Anerkennung. Die Krise der Vorstellungen vom Menschen in der Natur hält an. Sie zwingt den Theologen, sich nicht bloß auf schöpfungstheologische Aussagen zu beschränken, sondern die Stellung des Menschen im Kosmos und in der Evolution neu zu durchdenken.

War bislang die Untersuchung eher daraufhin angelegt, die genaue Bedeutung christlicher und methodischer Anthropozentrik herauszuarbeiten und gegenüber Mißverständnissen zu verteidigen, so gilt es nun, Momente einer geläuterten Anthropozentrik herauszuarbeiten. Eine der wichtigsten Fragen hierbei lautet: Lassen sich aus der Natur Sinnvorgaben ablesen, ohne das Humesche Gesetz zu verletzen? Um hierauf eine Antwort zu finden, bedarf es einer intensiven Auseinandersetzung mit der Naturwissenschaft, insbesondere mit der Evolutionstheorie.

Der neue Dialog zwischen Naturwissenschaft und Theologie

In diesem Zusammenhang hat Günter Altner angesichts der ökologischen Krise ganz konkret einen neuen Dialog über die Natur und den Menschen zwischen Naturwissenschaft und Theologie gefordert. Motiviert sein sollte diese Auseinandersetzung durch die Frage, ob die gegenwärtige Überlebenskrise nicht durch die Struktur wissenschaftlicher Vernunft hervorgerufen worden sei und auf dem Wirklichkeitsverständnis der Naturwissenschaften beruhe. Da der Glaube an die wertneutrale, rein instrumentelle Vernunft der Naturwissenschaften angesichts ihrer Folgen zerbreche, sei eine ethische Sensibilisierung und ein neuer Wirklichkeitsbezug angebracht.[1] Daher fordert Altner, neue Verhaltensmuster für die Steuerung des technisch-naturwissenschaftlichen Erkenntnisprozesses zu entwickeln, Erkenntnisbegrenzungen durchzusetzen und die Frage nach der Verantwortbarkeit bestimmter Erkenntnisfortschritte zu stellen.[2]

Bei diesem Unternehmen könnte eine christliche Ethik Hilfestellung leisten. Die Ebenbildlichkeit des Menschen sei als Kriterium der Verantwortung zu lesen. Sie ermögliche eine dialogische Gestaltung der Zukunft. Der Mensch sei in die Freiheit des Fragens gerufen und unterwegs auf der Suche nach seiner Menschlichkeit. Dies sei eine riskierte Möglichkeit. So komme es zu Grenzüberschreitungen, zu Schuld und Sünde. Dort, wo Arten ausgerottet, wo Schmerz, Krankheit und Tod Lebewesen unbillig zugefügt, wo das Subjektsein des Menschen verachtet und wo kommende Generationen durch willkürliche Eingriffe ihrer Zukunft beraubt würden, da ereigne sich Schuld.[3] Die Überlebenskrise sei nicht nur eine Folge des Gewinnstrebens, sondern auch einer bestimmten naturwissenschaftlich induzierten Vernunftauffassung und der dadurch gewonnenen Herrschaftsmöglichkeiten über die Natur.

Altner betont die Irreversibilität der Zeit und natürlicher Prozesse sowie die innere Entwicklung in einer Welt des Nichtgleichgewichts.[4] In der Evolutionstheorie verwandele die Auslese den Zufall in Plan. Dabei sei in der Evolutionstheorie der Gedanke der Geschichtlichkeit zu betonen, nicht der des Mechanismus. Mit Teilhard de Chardin wird für Altner die Dynamik des Weltprozesses zum Anlaß für ein neues Reden von der Schöpfung. Gottes Heilswillen gelte der werdenden Welt als solcher. Dies relativiere die Anthropozentrik und die Exklusivität des Heilsgeschehens in Jesus Christus.[5] Die von Hoimar von Ditfurth übernommenen Aussagen machen aber indirekt auch auf eine Gefahr aufmerksam, die vor allem in einer vorschnellen Rezeption der Theorie von der "Selbstorganisation des Universums" und deren Übernahme in die Schöpfungstheologie liegen. Pantheismus und eine Preisgabe des spezifisch Christlichen dürfen aus theologischer Perspektive keine Nebenfolgen des Gesprächs zwischen Naturwissenschaft und Theologie werden. Um Grenzüberschreitungen zu vermeiden, ist zu überprüfen, welchen Stellenwert naturwissenschaftliche Aussagen in einer christlichen Umweltethik haben können.

Evolutionstheorien und Ökologiekonzeptionen

Altner macht sich den Dialog zwischen Naturwissenschaft und Theologie zu einfach, wenn er ohne jede weitere Begründung an die These von der Selbstorganisation des Universums anknüpft. Denn diese Interpretation von Evolution ist selbst unter Naturwissenschaftlern nicht unumstritten. Allein in bezug auf die Interpretation der biologischen Evolution lassen sich nämlich mindestens vier unterschiedliche Varianten des Verständnisses von Mutation und Selektion herausarbeiten. Um entscheiden zu können, wo genau der Dialog zwischen Evolutionstheorie und Theologie anzusetzen habe, sind Gemeinsamkeiten wie Unterschiede dieser Modelle herauszuarbeiten.

Es soll dabei klar werden, wo die Schwierigkeiten dieses Dialoges heute liegen und ob die Suche nach einer Sinnvorgabe in der Natur aus naturwissenschaftlicher Perspektive erfolgreich sein kann. Lassen sich also Werte in der Natur finden oder aus ihr ablesen? Zudem stellt sich die Frage: Welcher Begriff von Natur kann bei diesem Dialog zugrundegelegt werden? Dabei dürfte bereits vorab einsichtig sein, daß sich der Dialog nicht auf der Ebene der klassischen Physikotheologie abspielen kann, die sich bis ins 18. Jahrhundert hinein großer Beliebtheit erfreute. Ihr Kernstück war der sogenannte teleologische Gottesbeweis, der von den Vollkommenheiten und Zweckmäßigkeiten in der Natur auf einen Endzweck und eine höchste Vollkommenheit schloß. Abgesehen von der Frage, ob man auf diesem Wege überhaupt eine transzendente Ursache der Schöpfung erschließen konnte und eigentlich nicht immer einen weltimmanenten Grund der Welt postuliert, Darwins Mutations- und Selektionstheorie hat diese Argumentation obsolet gemacht, denn die erklärt die Zweckmäßigkeiten in der Natur kausal und nicht final.

Eine weitere Schwierigkeit des Dialogs liegt in der anwachsenden Abstraktheit naturwissenschaftlicher Theoriebildung. Kann man sich die Höherentwicklung des organischen Lebens bis hin zum Menschen immer noch konkret vorstellen und mit dem Bildgehalt der Bibel in Beziehung setzen, so fällt dies angesichts der Konzeption des Lebendigen als eines durch biochemische Moleküle (durch die DNS) gesteuerten Prozesses der Proteinsynthese und dessen Evolution schwer. Dieser Dialog hat also seine immanenten Probleme auch methodischer Art, die nicht zu unterschätzen sind. Sie verstärken sich noch, wenn man nicht ignoriert, daß selbst eine naturwissenschaftlich verstandene Evolution organismischen Lebens unterschiedlich aufgefaßt wird. Dabei wird die für den Dialog zwischen Naturwissenschaften und Theologie nicht unerhebliche Frage, welche Rolle *Zufall und Notwendigkeit* spielen, ganz unterschiedlich beantwortet.

Bereits die klassisch zu nennende *Synthetische Theorie der Evolution* stellt als Modell (1) die Kombination von Mutation und Selektion, von zufälliger Merkmalsveränderung und ihrer funktional-zweckmäßigen Auswahl im Evolutionsprozeß in den Mittelpunkt. Als Verknüpfung von Darwins Theorie der Selektion nach dem Modell der bewußten Zuchtwahl des Menschen und der Mutation gemäß den Vorstellungen der Genetik besagt sie, daß Mutation auf molekularer Ebene in der DNS zufällig entstehen, deren Träger aber auf der Ebene des Phänotyps durch positive Selektion ausgelesen werden. Zufällig entstandene Mutationen würden phänotypisch in der Selektion einer Kontrollinstanz unterworfen.[6] So entstehe langsam, gleichsam nebenbei eine Verbesserung und Ausdifferenzierung der Lebewesen. Nach diesem Modell stellt sich Evolution als ungerichteter Versuch genetischer Variation und als Ausmerzung des Irrtums durch Selektion dar. Die Meßlatte für selektiven Erfolg ist das Überleben des Organismus beziehungsweise seine Fortpflanzungsrate.

Die Aussagen dieses Modells werden durch die *Neutralitätstheorie* (2) von Motoo Kimura noch verstärkt. Als Hauptursache der evolutiven Veränderungen auf molekularer Ebene gilt in dieser Konzeption die Zufallsfixierung von selektiv neutralen oder beinahe neutralen Mutanten und die positive Selektion Darwins.[7] Mit diesem Ansatz kann die Neutralitätstheorie auch das Entstehen funktionsloser Pseudogene erklären.[8] Letztendlich sei die Fixierung von Mutationen nicht gerade häufig und brauche sehr lange.[9] Für das zweite Evolutionsmodell funktioniert die Selektion auf molekularer Ebene ebenfalls nach dem Modell der Zufallsdrift, obwohl in gewissem Umfang die Eliminierung von Evolutionsirrtümern zugegeben wird. Es läßt daher nur Punktmutationen und deren Kumulierung als Motor der Evolution gelten.

Richard Dawkins als Vertreter eines dritten Modells (3) kritisiert Mutationismus wie Neutralismus. Denn die Zufallshypothese könne den Wandel biologischer Anpassung nicht erklären. Zwar entstünden Mutationen zufällig. Gelenkt aber werde der Evolutionsprozeß durch nicht-zufälliges Überleben, durch *kumulative Selektion*.[10] Dabei "besteht ein gewaltiger Unterschied zwischen der kumulativen Selektion (bei der jede Verbesserung, so klein sie auch sein mag, für den weiteren Aufbau benutzt wird) und der Ein-Schritt-Selektion (bei der jeder neue 'Versuch' völlig neu ist)."[11] Kumulative Selektion sei ein leistungsfähiges Suchverfahren, das mit schöpferischer Intelligenz verwechselt werden könne.[12] Darum würde der Evolutionsprozeß auch immer wieder teleologisch als von einer Endursache aus gesteuert interpretiert. Allerdings seien diese "Wunder" eine Sache der Wahrscheinlichkeit, denn kumulative Selektion verbinde eine Reihe von akzeptablen und glücklichen Zufallsmutationen miteinander zu einer nicht-zufälligen Sequenz.[13] So komme es letztlich zur Ausbildung von Evolutionsmustern und Lebensformtypen, zu ähnlichen Strukturen bei unterschiedlichen Arten.[14] An eine in der Evolution wirkende Endursache sei aber trotz aller scheinbaren Zielgerichtetheit des Prozesses nicht zu denken.

Das vierte Modell begreift Evolution als *Systemprozeß* (4). Daran knüpft das *Autopoiesis-Konzept* von Maturana und Varela an. Für dieses Modell ist Leben durch seine Organisation bestimmt.[15] Eine bloße Aufzählung der Eigenschaften genüge nicht. Autopoiesis bestehe darin, daß ein Organismus sich "mittels seiner eigenen Dynamik als unterschiedlich vom umliegenden Milieu konstituiert."[16] Ein Lebewesen sei ein System, das "im Operieren seine ganze Phänomenologie hervorbringt".[17] Die Autonomie und die Einheit der Organismen gehörten zu den unabdingbaren Voraussetzungen der Evolution. Die Einheit eines jeden Lebewesens werde durch dessen Interaktion mit seiner Umwelt konstituiert.[18] Autopoietische Maschinen erzeugten durch ihr Operieren fortwährend ihre eigene Organisation.[19] Auch alle biologischen Merkmale einer Zelle seien durch ihre Autopoiese, durch ihre Einheit bestimmt. Daher würden auch nicht einzelne Merkmale der Selektion unterworfen. Vielmehr setze die Auslese an bestimmten autopoietischen Einheiten an. Selektion sei somit als "Transformation der reproduzierbaren Organisationsmuster"[20] zu verstehen.

In allen vier Modellen wird Evolution durch die Mechanismen von Mutation und Selektion gedeutet. In der Diskussion umstritten ist aber, ob Selektion mehr oder weniger zufällig bewirkt wird oder ein dynamisches Prinzip darstellt, nach dem aufgrund von Systemeigenschaften von Organismen in einer bestimmten Umgebung Lebewesen überleben. Dabei wirkt selbst positive Auslese ausmerzend-negativ. Denn genetische Programme mit gravierenden Mängeln führen zu Organismen, die bereits während der Embryonalentwicklung, kurz nach der Geburt oder noch vor Erreichen ihrer Fortpflanzungsfähigkeit sterben oder getötet werden, weil sie zu schwach zum Überleben sind. Je stärker dabei das Zufallsmoment je nach Modell in Ansatz gebracht wird, umso gravierender wird auch das Ausmaß der Auslese angenommen.

Gemeinsam in allen vier Modellen das Reduktionismusproblem. Reduktionismus beinhaltet eine Erklärung im Sinne einer restlosen Zurückführung der jeweils höheren Analyseebene auf die darunter liegende, also z. B. eine Erklärung der Biologie durch Chemie oder der Chemie durch Physik. Reduktionismus ist nicht jeder Versuch einer kausalen Erklärung der Evolution durch Veränderungen in der DNS-Sequenz. Aber er entsteht, wenn wie in der Neutralitätstheorie versucht wird, die Selektion, die am phänotypischen Individuum ansetzt, vollständig auf die molekulargenetische Ebene der DNS-Sequenz zurückzuführen, ohne daß die genetische Steuerung der Phänotypausbildung bekannt ist. Da die Selektionsmechanismen eine kausale Erklärung verlangen, ist der Reduktionismus eine ständige Versuchung der genetischen Begründung der Evolutionsmechanismen. Reduktionistisch sind Evolutionstheorien, wenn sie sich nicht bewußt sind, daß zwischen DNS-Sequenz und ihrer Transkription in Boten-RNS sowie zwischen der Proteinsynthese und der Merkmalsausprägung kein lückenloser deterministischer Zusammenhang hergestellt werden kann. Es ist nicht einmal auszuschließen, daß hier grundsätzliche Indeterminiertheiten auftreten.

Da es nun aber mindestens vier verschiedene Interpretationsmodelle für das Funktionieren von Mutation und Selektion gibt, muß akzeptiert werden, daß es *den* Dialog zwischen der Naturwissenschaft und der Theologie nicht gibt, sondern daß hier immer bestimmte Deutungen der Evolution mit biblischen Modellen ins Gespräch gebracht werden müssen, denn auch in der Bibel gibt es unterschiedliche Entwürfe für den Umgang mit der Schöpfung. Zudem kann, wenn Natur oder Evolution derart verschieden ausgelegt zu werden vermag, niemand zu Recht behaupten, aus dieser empirisch erfaßten Natur absolut gültige Verpflichtungen ablesen zu können, da konkurrierende Deutungen der Natur offenbar immer möglich sind. Das hat auch Auswirkungen auf den Versuch, Ökologie als empirisch verfahrende Naturwissenschaft zur Grundlage einer Ethik der Natur zu erheben.

In allen Theorien aber spielt der Zufall und eine gewisse Indeterminiertheit des Evolutionsprozesses eine nicht unbedeutende Rolle. Eine Teleologie des Prozesses im Sinne einer Zielursache wird von keinem Modell angenommen, sondern ausgeschlossen. Dies gilt selbst für die Autopoiesis-Konzeption. Denn auch sie versteht sich als kausale Theorie. Diese klare methodische Vorgabe der Naturwissenschaften hinsichtlich der Deutung der Evolution hat die Theologie zu respektieren.

Die unterschiedlichen Modelle von Evolution führen zu verschiedenen Konzeptionen von Ökologie. Der zentrale Begriff der Ökologie ist die *Anpassung*, die Ko-Evolution. Um den Begriff der Anpassung zu erklären, interessieren sich die Darwinisten eher für den Bau eines Organismus, wohingegen sich die Ökologen überwiegend mit dem Verhalten eines Lebewesens in bezug auf die Umwelt beschäftigen. Zum Überleben brauchen alle Lebewesen die Fähigkeit, sich Neuem anzupassen. Hierzu muß ein Organismus in gewisser Weise "antizipieren" können, was möglicherweise geschieht. Antizipation und Reaktion, also Aktivitätsmuster in der Zeit charakterisieren die Evolution. Nach dieser so interpretierten Evolutionstheorie stellen Organismen ihre biologischen Uhren ständig um. Und an bestimmten kritischen Schwellen führen die verbesserten zeitlichen Anpassungsleistungen zur Umwandlung in ein neues, komplexeres Zeitvermögen, es kommt zur Evolution einer neuen Art.

Auch bei der Interpretation des Phänomens Anpassung lassen sich vier Modelle unterscheiden. Modell (1) versteht Anpassung als Optimierung aufgrund von Selektion, Modell (2) als Homöostase. Die dritte Konzeption (3) interpretiert das System Organismus/Umwelt im Sinne einer offenen Koevolution, während die "Kritische Ökologie" die Koevolution unter besonderer Berücksichtigung der menschlich-technischen Eingriffe rekonstruiert (4). Die Begriffe Anpassung und "ökologische Nische" gehören zum Grundinstrumentarium der Ökologie. Allerdings ist der Beitrag der Ökologie zur Evolutionstheorie nach Rolf Siewing "in Anbetracht des fundamentalen, existenzbegrenzenden Charakters dieser Beziehungen für das Verständnis der biologischen Evolution von grundlegender Bedeutung".[21] Besondere Berücksichtigung verdient im Rahmen ökologischer Analysen der Energiefluß, etwa der Nahrungskreislauf.

Aber nicht nur die Organisation des Nahrungsflusses ist ein Ergebnis der Anpassung. Auch andere lebensnotwendige Faktoren wie Raum und Nistmöglichkeiten stehen nicht in beliebiger Menge zur Verfügung. Aufgrund von Konkurrenz entsteht "natürliche Auslese". Dabei ist wegen der Ähnlichkeit des Bedarfs die innerartliche Konkurrenz am größten, die zwischen den Arten pendelt sich aus. Arten nämlich können nur koexistieren, wenn sie sich biologisch in ihren Lebensweisen und -ansprüchen hinreichend voneinander abheben und daher unterschiedliche ökologische Nischen besetzen. Dadurch "werden die verfügbaren lebensnotwendigen Faktoren unter den koexistierenden Arten so aufgeteilt, daß Konkurrenz möglichst vermieden wird, was auch bedeutet, daß mit zunehmender Anzahl koexistierender Arten die Nischen immer spezieller sein müssen".[22] Anpassung zielt auf Koexistenz ab und vermindert Konkurrenz. Damit scheinen Arten eine biologische Funktion zu haben, die gewissermaßen als Sinnvorgabe der Natur verstanden werden kann, die sittliche Relevanz beanspruchen darf. Doch lassen sich aus der Natur wirklich in sittlichen Urteilen berücksichtigenswerte Gesichtspunkte herausarbeiten?

Die Besetzung einer Nische geschieht durch Anpassung aufgrund von Selektion. Dabei ist nach dem ersten Modell, dem *Standard-Modell,* Selektion der einzige Faktor, der Anpassung bewirken kann:

"Da weithin bei der Anpassung Informationen über die Umwelt in die Konstruktion und Arbeitsweise von Organen eingeht (z. B. die aerodynamischen Gesetze in den Aufbau und die Funktionsweise von Insekten/Vogelflügeln), wirkt der Evolutionsmechanismus auch als informationssammelndes System nach dem Prinzip von 'Versuch und Irrtum'. Die durch die positiv verlaufenen 'Versuche' gewonnene Information kann in den biologischen Informationsträgern, also im 'Gedächtnis der Art' gespeichert werden."[23]

Damit ist Evolution insgesamt ein Systemoptimierungsprozeß. Die biologische Eignung eines Organismus wird von der ökologischen Nische bestimmt. Dieser Ausleseprozeß vollzieht sich kausal, die Steuerung durch die Selektion bewirkt, daß in der Natur fast alles in die Umwelt eingepaßt ist.

Das zweite Modell, das *Autopoiesis-Konzept,* zielt auf homöostatische Kreisläufe ab. Gregory Bateson als einer der ersten Vertreter des Autopoiesis-Konzeptes setzt mit einer fundamentalen Kritik an Darwins Selektionsprinzip ein: "Die Einheit des Überlebens besteht aus *Umwelt* plus *Organismus.* Wir lernen durch bittere Erfahrungen, daß der Organismus, der seine

Umwelt zerstört, sich selbst zerstört."²⁴ An die Stelle von "Versuch und Irrtum" trete die Selbstregulation eines Systems, die beide Elemente umschließe. Sie setze zunächst am Phänomen der somatischen Anpassungsfähigkeit an. Diese sein genetisch fixiert. Die kausale Determination für die genetische Festlegung verdanke sich zwei Faktoren, denn in der Evolution wirkten zwei Kontrollsysteme: die Homöostasen des Körpers und die Entwicklung der natürlichen Selektion auf die nicht lebensfähigen Mitglieder der Population.²⁵ Zu entwickeln sei eine Hierarchie der somatischen Anpassung.²⁶ Gemäß dem Autopoiesis-Konzept werden einmal erreichte stabile Organisationsformen erhalten, wenn sie Anpassungen an ein Milieu darstellen. So gibt es zwar sehr verschiedene Arten des Schwimmens, aber keine kann als besser oder schlechter angepaßt gelten. Sicher kann ein externer Beobachter dabei größere oder geringere Arten der Effizienz feststellen. Doch der Wirksamkeitsgrad hat nichts mit Anpassung zu tun. Nicht der Angepaßtere überlebt, sondern der Angepaßte.

Als Grundschema der Evolution sei weder Konkurrenz noch der Altruismus, sondern die Erhaltung der Anpassung anzunehmen.²⁷ Dem diene insbesondere kommunikatives Verhalten bei Tier und Mensch, schließlich auch die menschliche Kultur. Der Begriff der Anpassung bedeutet im Modell (2) nicht dasselbe wie im Darwinismus. Vielmehr wird Ko-Evolution hier als ein Interaktions- oder Rückkoppelungsprozeß zwischen Organismus und Umwelt, nicht als Auslese von Organismen durch die Umwelt verstanden. Trotzdem darf dieser Prozeß der Erhaltung der Anpassung zumindest zur Zeit höchstens als eine heuristische Hypothese gelten, die noch nicht durch eine genügend große Anzahl von beobachteten und erklärten Einzeltatsachen als einigermaßen bestätigt ist. Denn wie sich die Rückkoppelungsschleifen des Autopoiesis-Modells im einzelnen organisieren, ist bislang fraglich.

Ähnlich setzt Erich Jantsch mit seinem *Konzept der Ko-Evolution* (3) an. Allerdings betont er das Moment der Destruktion und die Offenheit des Selbstregulations-Prozesses mehr. Was bei Maturana und Varela noch "korrelativer Wandel" hieß, wird nun unter der griffigeren Formel der Ko-Evolution abgehandelt. Erich Jantsch verweist auf die erstaunlich realistische Beschreibung der Dynamik soziobiologischer und soziokultureller Systeme mittels der Selbstorganisations-Kategorie.²⁸ Er versteht Ko-Evolution nach dem Vorbild symbiotischer Prozesse, z. B. nach dem Jäger-Beute-System.²⁹ Hier zögen Veränderungen im einen Teil des Systems Veränderungen im anderen nach sich. Dieses Modell lasse sich auf die Evolution insgesamt übertragen. Dabei seien Symmetriebrüche Ansatzpunkte und Möglichkeitsbedingungen für anwachsende Komplexität. Als gutes Beispiel erscheine die Entstehung des freien Sauerstoffes. Er sei seinerzeit von Organismen produziert worden, die sich selbst dadurch eliminiert hätten. Zugleich aber hätten sie die Umwelt für Lebewesen radikal verändert und so erst die Bedingungen für die Evolution komplexer Lebensformen geschaffen.³⁰

Koevolution besage, daß ökologische Nischen nicht durch die zufällige Ausnutzung eines Angebots von Beziehungen entstünden, "sondern durch aktive Gestaltung eines Beziehungsraumes, der neu geschaffen wird und die Komplexität des Gesamtsystems erhöht".³¹ An diese Autonomie in der Gestaltung der Außenwelt füge sich menschliche Kulturtätigkeit als besondere Ausgestaltung geistiger Tätigkeit nahtlos, wenn auch in einer die übrigen Organismen überbietenden Form ein. Das Modell von Jantsch betont die Offenheit und Nichtvorhersehbarkeit der Effekte der Koevolution im Bereich der Ökologie sowie die Möglichkeit zur Selbstdestruktion als Selektionsfaktor.[32] Die mechanistische Forderung nach Totalerklärung und vollständiger Prognostizierbarkeit ökologischer Folgen sei nicht einlösbar,[33] vielmehr müßten wir mit Inseln und Netzen gesetzesartiger Bedingtheiten[34] zufrieden sein.

An diese Aussagen knüpft die *kritische Ökologie* als Modell (4) an. Für sie ist die Natur kein Gleichgewichtssystem, in das der Mensch von außen störend eingreife.[35] Im Bewußtsein, daß heutige Naturwissenschaft an die Grenzen ihrer wissenschaftlichen Theoriebildung stoße, indem sie sich präzise an das Individuelle, Nicht-Reproduzierbare annähere und von Emergenz, Selbstorganisation und Verfall, von offenen Systemen, von Prozeß und Chaos, insgesamt von der Katastrophentheorie und der Synergetik ausgehe,[36] entwickelt dieses Modell ein kritisches Bewußtsein, das sich gegen allen Reduktionismus wendet. Die traditionelle Ökologie unterscheide zwischen natürlichen und künstlichen Systemen. Sie sehne sich nach einer Homöostase, in die der Mensch nicht störend eingreife. Eine derartige Konzeption aber übersehe die Dynamik der Ökologie.

Die kritische Ökologie kenne diese idealisierende Unterscheidung in "künstlich" und "natürlich" nicht. Für die kritische Ökologie stelle das Errichten künstlicher Systeme "in jedem Falle immer zugleich eine mehr oder minder gravierende Veränderung einer lokalen Umwelt wie auch – und das ist entscheidend – die Schaffung einer *neuen lokalen Umwelt* dar. [...] Kritische Ökologie ist Ökologie unter dem Primat der Evolution."[37] Der Ökologe als Naturschützer schaffe eine bloß künstliche Natürlichkeit. Die gesamte Erdgeschichte jedoch und die Evolution sei durch teils langzyklisch aufeinanderfolgende, teils durch singuläre Katastrophen gekennzeichnet. Durch große Umwälzungen aber entstünden neue Arten, Mannigfaltigkeit und Variabilität; nicht durch statische Gleichgewichtszustände.[38]

Kritische Ökologie gründe in einer allgemeinen Theorie der Emergenz. Jede Umwelt sei ursprünglich aus einer lokalen Störung oder Zerstörung einer anderen Umwelt hervorgegangen. Sie bezieht zudem konsequent den Menschen in die Kreisläufe der Natur mit ein. Derartige Forderungen, den Menschen als konstitutiven Bestandteil der Natur zu begreifen, werden jedoch nicht nur von philosophischer Seite erhoben, sondern auch in der empirisch arbeitenden Ökologie berücksichtigt. Der Ansatz der Ökologie entwickelt sich nach Remmert aus dem Gedanken der Konkurrenz und der Anpassung: "Dieser Konkurrenz können Organismen auf zwei verschiedene Weisen entgehen. Infolge der Selektion werden sie entweder an die Gegebenheiten eines anderen Lebensraumes angepaßt, oder es wird eine andere Biologie, es werden andere ökologische Ansprüche im gleichen Lebensraum entwickelt."[39] Artbildung und sexuelle Isolation gehören zu den Mechanismen, die Konkurrenz mindern. Selektion als Optimierung der Anpassung zielt auf eine Minimierung des Anpassungspreises ab. Dies geschieht durch Ausbildung einer ökologischen Nische und von Lebensformtypen.[40]

Den letzten integrierenden Schritt des Modells (4) leistet der Begriff der Koevolution: Die Organismen haben sich in der Evolution immer besser an ihre Umwelt angepaßt und umgekehrt. In einem Ökosystem haben die hier lebenden Organismen sich miteinander entwickelt. Eine derartige Evolution muß notgedrungen in Richtung auf eine Form der Optimierung des Ökosystems laufen. Sie haben ein sehr verschiedenes Alter. Die ältesten, die heute noch Bestand haben, sind wohl das Korallenriff und der tropische Regenwald. Beide zeichnen sich durch hohe Artenzahl und hohe Konstanz aus, durch einen schnellen Umsatz von Stoff und Energie, durch eine Bindung fast aller lebensnotwendigen Stoffe in den Organismen und durch ein vollständiges Recycling der biologisch wesentlichen Stoffe. Jüngere Systeme enthalten weniger Arten; bei ihnen liegt ein vollständiges Recycling wie etwa bei den Hochmooren häufig nicht vor.[41]

Allerdings bedeutet Koevolution der Organismen nicht, daß ein Ausbrechen aus ihr unmöglich wäre. In diesem Falle kommt es zu Neuerungen in der Anpassungsstruktur des Ökosystems.[42] Grundsätzlich muß der Mensch in viele der Ökosysteme mit einbezogen werden. Dies gilt zwar weniger für alte Systeme wie das Korallenriff oder den tropischen Regenwald, trifft aber insbesondere für Mitteleuropa zu. Dort griff der Mensch nach der Eiszeit in die Umwelt und ihre Entwicklung ein. Hier ist der Mensch Bestandteil des Ökosystems: "Naiv wird oft von natürlichen Ökosystemen gesprochen, die nicht dem Einfluß des Menschen unterliegen. Heute gibt es solche natürlichen Systeme nicht mehr."[43]

So scheint sich hier in gewisser Weise eine "Sinnvorgabe" in der Natur, eine normative Grenze der Legitimität von Eingriffen finden zu lassen. Der tropische Regenwald und das Korallenriff sind alte Ökosysteme, die ohne den Menschen bestehen können, aber offenbar nur bedingt Veränderungen vertragen, ohne zusammenzubrechen. Jüngere Ökosysteme sind flexibler, da sie weniger in sich geschlossen und nicht ohne menschliche Einwirkung entstanden sind. Menschliche Eingriffe in den Tropenwald oder das Korallenriff sollten daher sehr behutsam ausfallen, wenn wir Menschen funktionale Größen in der Natur als berücksichtigenswert (ein besserer Ausdruck für das Wort "Sinnvorgabe", das eine bloß passiv-ablesende sittliche Vernunft unterstellt) akzeptieren, was auch gemäß dem Ethos ökologisch orientierter Humanität gefordert ist.

Läßt man die vier Modelle von Anpassung Revue passieren, so stellt sich heraus, daß Anpassung eine Kategorie der Population oder des Ökosystems darstellt, nicht von Individuen, obwohl hier zunächst die Selektion ansetzt. Modell (1) begreift Anpassung von Populationen als Systemoptimierungsprozeß geleitet von der Auslese. Interpretationsschema (2) bestimmt Anpassung des Systems Umwelt und Organismus als Selbstregulationsprozeß. Modell (3) geht aus von der Entfaltung von Komplexität in einer offenen Koevolution zwischen Population und ökologischer Nische, also eines Ökosystems. Und die Kritische Ökologie als Konzeption (4) knüpft mit ihrem dynamischen Verständnis der Ökologie an die Katastrophentheorie an und bezieht den Menschen als konstitutiven Faktor der Entwicklung von Ökosystemen mit ein. Koevolution und korrelativer Wandel müssen in konkreten Fallstudien genauer und umfassender beschrieben werden. Dabei mehren sich in letzter Zeit die Anzeichen dafür, daß viele Ökosysteme doch recht stabil bis zu bestimmten Schwellen sind, an denen die Auflösung dann allerdings rasch einsetzt. Diese Aussage gilt nicht für kleine Populationen. Hier führt genetische Drift häufig zu plötzlichem Aussterben.

Die Suche nach einer Sinnvorgabe in der Natur für unser Eingreifen in die Evolution scheint daher nicht recht erfolgreich gewesen zu sein. Da es selbst im Horizont der Naturwissenschaften mindestens vier Deutungen der Evolution und der Organismus-Umwelt-Beziehung gibt, dürfte es aussichtslos sein, absolut sichere Normen aus einer empirisch feststellbaren Natur ableiten zu wollen. Denn erstens ließen sich, selbst wenn das Humesche Gesetz keine Gültigkeit besäße, aufgrund von empirisch zweifelhaften Tatsachenbehauptungen höchstens hypothetische Verpflichtungen rechtfertigen. Zweitens bedarf es im praktischen Syllogismus, der einen feststellenden und einen vorschreibenden Satz umfaßt, des Rekurses auf eine sittlich qualifizierte Prämisse, eines stittlichen Grundsatzes (etwa der Lebensgerechtigkeit) oder eines ethischen Urteils, um eine konkrete Forderung zu begründen. Eine naturwissenschaftlich erfaßte Natur kann wegen der Sein-Sollen-Dichotomie, dem Humeschen Gesetz, nicht zur alleinigen oder nur bevorzugten Grundlage einer Umweltethik erhoben werden. Unbeschadet dessen lassen sich für sittliche Urteile relevante Kriterien erarbeiten, etwa der Art, daß menschliche Eingriffe in alte Ökosysteme wegen der vorhersehbaren Folgen überlegter und vorsichtiger vorgenommen werden müssen als bei jüngeren, bei denen bereits eine Ko-Evolution mit dem Menschen existiert.

Warum aber Arten nicht durch den Menschen massenhaft ausgerottet werden sollten, können wir aus der Natur nicht rechtfertigen. Dort kam es in erdgeschichtlichen Umbruchszeiten immer wieder zu massenhaftem Aussterben. Wir Menschen dürfen dies nicht nachzuahmen versuchen, weil wir sittlich verantwortliche, keine bloß natürlichen Wesen sind. Ein Gleichgewicht stellt sich jeweils neu ein. Ob wir den anderen Zustand als schlechter, ärmer oder sonstwie wertend betrachten, ist unser Urteil und darum von uns zu begründen. Daher muß auch eine ökologisch orientierte Ethik beim menschlichen Selbstverständnis ansetzen, bei einer anthropozentrischen Version der Umweltethik. Dies kommt den Forderungen einer christlichen Umweltethik entgegen, die personal ausgerichtet sein sollte. Aber auch der Ansatz beim menschlichen Selbstverständnis ist nicht in eindeutiger Weise zu vollziehen, denn neben dem personalistischen Bild vom Menschen gibt es noch ein naturalistisches Menschenbild, das häufig von Naturwissenschaftlern vertreten wird. Ihm möchte ich mich nun zuwenden, indem ich, wie häufig gefordert, überprüfe, ob eine Evolutionäre Ethik, eine Ethik der Natur Grundlage für die christliche Umweltethik werden kann.

Evolutionäre Ethik als Grundlage christlicher Umweltethik?

In besonders eindeutiger Weise behauptet Evolutionäre Ethik, Sinnvorgaben und Werte in der Natur vorfinden zu können, denn für sie ist menschliche Moral etwas, das stammesgeschichtlich entstanden ist. Im Fahrwasser von Darwins Deszendenztheorie formulierte *Edward O. Wilson* mit erheblicher Breitenwirkung die "neue naturalistische Lehre"[44] vom Menschen. Die

Soziobiologie erschließe die Grundfragen der Ethik einer materialistischen Untersuchung. In dieser Perspektive sei Geist ein Mittel des Überlebens und der Reproduktion.[45] Moral wird wie bei Nietzsche auf einen Instinkt reduziert. Es geht um die Erklärung von faktischen Verhaltensweisen bei Tier und Mensch, nicht um sittliche Verpflichtung oder Umkehr zu einem neuen Verhältnis zur Natur, wie es von der ökologischen Ethik immer wieder gefordert wurde.

Trotz dieser methodischen Beschränkung auf das tatsächliche Verhalten und seine Erklärung, das in einer Handlungstheorie auch eine gewisse Rolle spielt, lebt dieser Ansatz vorläufig noch vom Vorgriff auf zukünftige Forschungsergebnisse: Nach Wilson gibt es im Gehirn angeborene Zensoren und Motivatoren, die unsere moralischen Grundlagen tiefgehend und für uns unbewußt beeinflussen. Aus diesen Wurzeln entwickele sich Moral. Für Wilson sind die inneren Führer, die Zensoren und Motivatoren, der Kern unserer Humanität. Sie seien nicht identisch mit dem Glauben an eine spirituelle Sonderstellung des Menschen. Emotionale, biologisch ererbte Führer würden uns von Computern unterscheiden.[46] Doch unter der Hand geht auch Wilson von der Sonderstellung des Menschen aus, indem er behauptet: "Unser Schicksal selbst zu bestimmen heißt, daß wir von einer auf unseren biologischen Eigenschaften beruhenden automatischen Kontrolle zu einer auf biologischer Erkenntnis beruhenden Präzisionssteuerung übergehen müssen."[47] Die Herkunft dieser erstaunlichen Fähigkeiten des Bewußtseins und des menschlichen Ichs bleibt bei Wilsons naturalistischer Anthropologie jedoch im Dunkeln.

An diese offene Fragestellung knüpft *Roger Sperry* an. Sein Ansatz in der Geist-Gehirn-Forschung läuft auf eine neue kausale Deutung der bewußten Erfahrung im Paradigma emergenter Verursachung hinaus.[48] Bewußtsein und geistige Kräfte bleiben bei Sperry nicht länger als Erklärungsmodelle aus der Naturwissenschaft ausgeklammert. Gemäß der neuen Sichtweise werden subjektive Werte wie andere geistige Phänomene zu einem integralen Bestandteil der objektiven Vorgänge im Gehirn.[49] Zwar hätten wir die neuronalen Netzwerke noch nicht verstanden. Dennoch ist es für Sperry unvorstellbar, "ein vollständiges objektives Erklärungsmodell der Hirnfunktionen zu entwerfen, ohne das Bewußtsein in diese Kausalkette einzubeziehen".[50] Sperry stellt sich die zentrale, emergente, psychische Kraft im Gehirn als Funktionsmuster vor, "das in völlig neuen Begriffen erarbeitet werden muß, nämlich in Begriffen der funktionalen Verschaltungen des Gehirns."[51] Dieses Modell sieht einen hohen Grad an Unabhängigkeit von äußeren Kräften vor und erlaubt uns einen Begriff von Willensfreiheit und Selbstbestimmung.[52] Sperry beruft sich auf die moderne Hirnforschung, die zu ganz erstaunlichen Ergebnissen gekommen sei. Doch auch Sperrys Ansatz beschränkt sich bestenfalls auf eine deskriptive Beschreibung und Erklärung von Verhaltensweisen wie der Genese von Werteinstellungen, die wir dann als moralisch oder unmoralisch bewerten können. Eine normative Ethik läßt sich so nicht begründen.

Die Gedanken von Wilson und Sperry werden aufgenommen in einer jüngst entstandenen Disziplin, der *Evolutionären Ethik*. *Hans Mohr* gehört zu ihren Vertretern. Daher möchte ich mit seiner Hilfe einen Vorbegriff einer Evolutionären Ethik entwickeln.[53] Für Mohr ist Kultur eine Einengung der Verhaltensmöglichkeiten des Menschen durch Moral, durch verläßliche sittliche Normen.[54] Dies ist ein recht eingeschränkter Begriff von Sittlichkeit. Evolutionäre Ethik beschäftige sich mit plausiblen Erklärungen unserer menschlichen Defizite angesichts globaler Bedrohungen. Diese Defizite hätten eine kognitive und eine ethische Seite. Für beide Bereiche sei Biologie in einem erheblichen Maße zuständig. Für die Erkenntnisseite liege der Wert der Evolutionären Erkenntnistheorie darin, aufgezeigt zu haben, daß die Anpassung unserer kognitiven Strukturen an unsere Umwelt eng begrenzt sei. Der Beitrag der Evolutionären Ethik hingegen bestehe in der Einsicht, daß der Ethiker mit Grenzen der Formbarkeit und Belastbarkeit des Menschen durch moralische Vorschriften und kulturelle Normen rechnen müsse.[55] Damit scheint sich nun in der Tat eine Konvergenz zwischen Evolutionärer Ethik und Umweltethik abzuzeichnen.

Doch angesichts der Wichtigkeit der Fragestellung empfiehlt sich ein genauer Blick. Zwar sei Moral im wesentlichen ein Phänomen der kulturellen Evolution, aber die Wurzeln unseres Verhaltens würden in der biologischen Basis verankert bleiben. Ein lapidares Fazit läßt sich bereits ziehen: Evolutionäre Ethik erklärt menschliches Fehlverhalten, nicht aber, was angesichts der ökologischen Krise besser gemacht werden sollte.

So stellen nach Mohr die aggressiven Neigungen des Menschen keine Legitimation für moralisches Fehlverhalten dar. Denn aus dem Sein folge nicht das Sollen, wohl aber die Einsicht in die Grenzen des Sollens.[56] Auch hier ist Mohr etwas ungenau. Einhergehen ist im genannten Beispiel der Aggression nämlich nicht das Sollen selbst, sondern die Durchsetzbarkeit einer Weisung. Insgesamt sieht Mohr in der Evolutionären Ethik einen Beitrag zur Beantwortung der Frage, "inwieweit es uns gelingt, die in der modernen Welt obsolet gewordenen biologischen Determinanten bei unserem tatsächlichen Handeln *durch Vernunft* zu modifizieren".[57] So bleibt das nach Mohr auch für eine Evolutionäre Ethik entscheidende Element die vernünftige Begründung, da die evolutionär gewachsene Intuition insbesondere im Hinblick auf die Abschätzung der Zukunft ein Vorurteil darstelle, sich als unangemessener kategorialer Apparat erweise.

Im Anschluß an Mohr und vor dem Hintergrund der gegenwärtigen Ethikdiskussion muß dieser Vorbegriff von Evolutionärer Ethik vertieft werden, um überprüfen zu können, ob sie sich als Grundlage einer christlichen Umweltethik eigne. Ich schlage vor, vier grundsätzliche Frage- und Untersuchungsrichtungen zu unterscheiden, wenn es um die Beurteilung der naturalen Basis von Normen und Werten geht. Zu untersuchen ist

(1) die Herkunft von bestimmten moralischen Vorstellungen, Normen und Werten, die sich biologisch, psychologisch oder soziologisch beantworten läßt und einen Beitrag zur Erhellung der sozialen Geltung und faktischen Anerkennung von bestimmten Leitlinien darstellt. Davon zu unterscheiden ist

(2) die Ebene der argumentativen Begründung und Rechtfertigung von Sollensansprüchen, die bei einer nicht bloß formalen Ethik von einem Menschenbild abhängig ist und eine Bestimmung des Subjekt- und Personbe-

griffs voraussetzt. Hier stellt sich die Frage nach der Möglichkeit einer anthropologischen Fundierung der Moral und ihrem Verhältnis zur Ethik. Dazu kommt

(3) – von Mohr nicht eigens thematisiert – die Analyse der Strukturen von Handlungen und Entscheidungen, also handlungstheoretische Überlegungen. Aus der Perspektive der Evolutionären Ethik besonders wichtig ist letztlich

(4) die Reflexion auf die Durchführungsmöglichkeiten und Einlösungschancen von Sollensansprüchen, die ihrerseits wieder von einem Menschenbild oder einer Gesellschaftskonzeption abhängig sind.

Der Beitrag der Evolutionären Ethik zur allgemeinen Ethikdiskussion ist unterschiedlich. Von der Gewichtigkeit ihres Beitrags zur Ethik überhaupt wird auch ihr Wert für eine Umweltethik abhängen. Wenn nun auf der Ebene (1) meines Schemas die Herkunft von Normen und Werten aufgezeigt werden soll, so hat Soziobiologie neben Neurophysiologie, Psychologie und Soziologie hier ein wichtiges Aufgabenfeld. Es besteht im Aufweis der Evolution menschlichen Sozialverhaltens bei der gemeinsamen Jagd, bei der Arbeitsteilung, bei den Geschlechtsrollen oder in der Brutpflege. Evolutionäre Ethik kann zeigen, daß auch bestimmte moralische Werte naturale Vorbedingungen aufweisen. Dabei kann das Wissen um Phänomene wie die Artentstehung und die Besetzung von ökologischen Nischen in diesem Bereich die Augen öffnen für den Zusammenhang von Umwelt und Verhalten. Dies kann dazu beitragen, ökologisch vertretbares Handeln auch als sittliche Verpflichtung modellhaft zu entwerfen und rechtfertigen.

Damit kann Evolutionäre Ethik auch Hilfestellungen für die zweite Ebene geben, in der argumentative und vernünftige Begründung und Rechtfertigung von Sollensansprüchen geleistet werden soll. Für Fragen der Fundamentalethik und der Ethikprinzipien sind ihre Ergebnisse jedoch insgesamt nur von begrenztem Wert und haben im wesentlichen heuristische Funktion. Daher wird sie nicht selten von Biologen geleugnet oder in ihrer Bedeutung herabgespielt. Gegen den Verzicht auf Begründung sittlicher Sollensansprüche durch so manche Vertreter einer naturalistischen Ethik muß eine philosophische wie eine christliche Ethik Einspruch erheben. Sie muß versuchen, sich in der Formulierung der Autonomie des sittlichen Subjektes, mittels Universalisierungsregeln wie dem Kategorischen Imperativ, durch die Selbstzweckformel und Menschenwürde oder in christlich-religiöser Perspektive durch den Gedanken der Verantwortung vor einem transzendenten Gott unter Berufung auf Anthropozentrik als Ethosform in einer Weise zu begründen, die die naturale Basis der Verhaltensweisen hinter sich läßt. Evolutionäre Ethik kann hier nur auf die Grenzen der Erfüllbarkeit sittlicher Verpflichtungen hinweisen, damit allzu ideale Normen, hochgesteckte Sollensansprüche und sittliche Forderungen nicht unmenschlich werden. Ohne Begründungen aber scheint mir eine Umweltethik nicht auszukommen, denn wie anders soll die Verpflichtung zur Umkehr oder zu einem anderen Verhalten ausgewiesen werden, wenn nicht in irgendeiner Form mit präskriptiv-normativen Aussagen oder Urteilen.

Auf der dritten Ebene, d. h. bei der Analyse von Handlung und sittlicher

Entscheidung, sind insbesondere die Beiträge der Gehirnforschung gefragt. Wichtig sind in diesem Zusammenhang ihre Hinweise auf das Emotionale als wesentliches Element bei der Entstehung von Werten sowie auf Einflußmöglichkeiten des Emotionalen und Instinkthaften auf sittliche Entscheidungen. Beachtung finden muß die große Bedeutung der Individualität im sittlichen Handeln. Allerdings ersetzt eine deskriptive Handlungs- und Entscheidungstheorie nicht das sittliche Urteil, so daß auch auf dieser Ebene wegen der Beschränkung der Evolutionären Ethik auf deskriptive Aussagen sich ihr Wert für eine Umweltethik in Grenzen hält.

Die letzte Ebene, in der die Ethik ihre Durchführungsmöglichkeiten und Grenzen reflektiert, gehört zu den wichtigen Forschungsgebieten der Evolutionären Ethik. Neben Politik, Jurisprudenz, Psychologie und Soziologie sorgt sie für die Überprüfung der Anwendbarkeit ethischer Modelle und Entwürfe. Die Soziobiologie analysiert die Stammesgeschichte menschlicher Kooperation und Aggression. Sie fragt nach dem anthropologischen Grund des Rechts und der Institutionen und leistet bei der Frage nach der gesellschaftlichen Verwirklichung von Werten gute Dienste.

Ethik im strengen Sinn ist Evolutionäre Ethik jedoch nicht. Vielmehr stellt sie den Versuch dar, kausal Elemente unserer Moral und unseres Verhaltens, auch des faktischen Fehlverhaltens untereinander und gegenüber der Natur zu rekonstruieren. Doch stoßen Soziobiologie und Evolutionäre Ethik sehr schnell an Grenzen, wenn es um den Menschen geht. Ohne einer reduktionistischen Ethik zuarbeiten zu wollen, die wie E. O. Wilson Moral als Instinkt betrachtet,[58] dürfen wir m. E. eine naturale Basis für eine Reihe von sittlichen Werten begründet vermuten, ohne allerdings im einzelnen immer sagen zu können, bei welchen dies zutrifft, sofern damit nicht unter der Hand der Sein-Sollen-Unterschied aufgehoben werden soll.

Evolutionäre Ethik kann also nicht die Grundlage einer christlichen Umweltethik abgeben. Sie ist keine Ethik, sondern Erklärung und Beschreibung faktischen Verhaltens von Tier und Mensch. Evolutionäre Ethik kann mit ihrem Methodenarsenal keine normativen Aussagen rechtfertigen, ohne den ihr eigentümlichen Boden der kausalen Rekonstruktion zu verlassen. Eine Umweltethik aber, die verändernd auf menschliches Verhalten einwirken soll, kann sich nicht auf die Deskription faktischen Verhaltens beschränken, selbst wenn es sich um Fehlverhalten handelt. Daher muß eine normative Ethik, also Ethik im eigentlichen Sinn und nicht eine evolutionäre Morallehre Grundlage für eine Umweltethik werden. Diese hinwiederum ist notwendig anthropozentrisch.

Das Experiment in handlungstheoretischer Interpretation

Um dieser naturalistischen Verkürzung des Menschen vorzubeugen und zur Vorbereitung der Antwort auf die Frage, woher die Sinnvorgaben denn stammen, die aus der Natur herausgelesen werden, ist nun ein Blick auf die naturwissenschaftliche Methodologie unumgänglich. Sie ist dies auch im Hinblick auf die Forderung nach einer Alternativen Naturwissenschaft.

Allerdings ist genau darauf zu achten, auf welcher Ebene Anthropozentrik angesetzt wird und was man unter ihr versteht. Im Bereich der inhaltlichen

Vorstellungen, der materialen Anthropozentrik, hat das naturalistische Bild des Menschen und die Evolutionäre Ethik nur einen begrenzten Beitrag zur Umweltethik leisten können. Ich schlage daher vor, die Argumentationsebene zu wechseln und das neuzeitliche Wissenschaftskonzept selbst zu untersuchen. Hier wird die Frage nach der Anthropozentrik sinnvoll zu stellen sein. Das neuzeitliche Konzept der Experimentalwissenschaft ist nämlich – wie es sich im Positivismus zeigte – hinsichtlich des Menschenbildes mit einem eigentümlichen Paradox behaftet. Während durch die Kopernikanische Wende, Darwins Evolutionstheorie und Freuds Psychoanalyse die Bedeutung des Menschen im Kosmos abnahm, also materiale Anthropozentrik in immer umfangreicherer Weise bezweifelt wurde, begann mit der zentralen Stellung des Experimentes im neuzeitlichen Wissenschaftskonzept die Bedeutung der Anthropozentrik in methodischer Hinsicht anzuwachsen und bewußt zu werden. Dieses Paradox führte zudem einerseits zur Krise inhaltlich anthropozentrischer Vorstellungen vom Menschen im Kosmos und andererseits zum modernen Anthropozentrismus im Paradigma des Positivismus, der Wissenschaft an menschlichen Bedürfnissen orientierte.

Im Experiment befragt der Mensch gezielt die Natur und erhält Antworten, die er verwerten kann. Wie bedeutsam der Beobachter- bzw. Experimentatorstatus bei der Interpretation des Quantenprinzips geworden ist, hat John Archibald Wheeler aufgezeigt, wenn er schreibt: "Genauer gesagt ist es sinnlos, von dem Phänomen zu reden, ehe es durch einen irreversiblen Akt der Verstärkung zum Abschluß gekommen ist."[59] Dies impliziert, daß im Bereich der Elementarteilchen, also der sehr kleinen "Gegenstände", der Experimentator durch sein Instrumentarium entscheidet, wann und wie etwas als Gegenstand zu betrachten sei. Ähnlich verhält es sich mit dem Welle-Teilchen-Dualismus bei der physikalischen Beschreibung des Lichtes. Je nach Art des Experimentes läßt sich dasselbe Phänomen mit einem anderen Instrumentarium erfassen. Die Art des experimentellen Umgangs ist zumindest im Bereich der sehr kleinen Gegenstände bisweilen dafür ausschlaggebend, was uns als Gegenstand erscheint.

Wissenschaft ist nicht mehr wie bei den Griechen betrachtend-theoretisch, sondern eine Sache des praktischen Umgangs mit der Natur geworden. In der Reflexion auf die Bedeutung von Heisenbergs Unschärferelation wird zudem deutlich, daß im praktisch-instrumentellen Umgang mit der Natur der Mensch sich selbst begegnet.[60] Diese These ist nun nicht im Sinne des Deutschen Idealismus zu lesen. Vielmehr interpretiert die Selbstbegegnungsthese die Grenzen des Verfahrens instrumenteller Erfahrung. Sie ist auf der Ebene der instrumentellen Rationalität dasselbe wie der methodische Zweifel, jetzt allerdings als Reflex einer Wirklichkeit, der man sich im Experiment zu nähern sucht. Natürlich liegt aufgrund des experimentell-instrumentellen Zugangs hier keine methodische Anthropozentrik vor, aber Heisenbergs Unschärferelation kann auf der Ebene instrumentell-experimentierender Rationalität als korrespondierend dem Gedanken der methodischen Anthropozentrik auf einer anderen Ebene reflektierender und argumentierender Rationalität konzipiert werden. Dies heißt: Der Mensch als ein sinnliches und instrumentell-praktisches Wesen ist zugleich ein Teil der Natur und steht ihr gegenüber. Eine Komplementarität der Betrachtungsweisen ist erforderlich.

Allerdings ist dies kein Einwand gegen die instrumentell-experimentelle Vorgehensweise der Naturwissenschaften. Denn in Heisenbergs Unschärferelation wird mit den Methoden instrumenteller Rationalität der Gültigkeitsbereich dieser Zugangsweise erhellt. Mit der mathematisch-experimentellen Methode läßt sich auch noch die Grenze ihres Gültigkeitsbereiches feststellen und mathematisch exakt beschreiben. Dies ist keine Widerlegung dieses Vorgehens, denn die instrumentell mathematische Deutung des Experimentes ist stringent und in sich konsistent.

Theologen sind schlecht beraten, wenn sie modisch gängigem Halbwissen über naturwissenschaftliche Methoden aufsitzen und diese zum Ausgangspunkt für umweltethische Überlegungen machen. Daher soll nun die Bedeutung des Experimentes und der Laborwissenschaft auch in der Biologie erhellt werden. Dies wird nebenbei zu einer Erklärung dafür führen, warum es mindestens vier Deutungen der Evolutionstheorie gibt. Zugleich erlauben diese Überlegungen ein begründetes Urteil über die Forderung nach einer alternativen Naturwissenschaft.

Betrachtet man die Evolutionstheorie, so lassen sich zwei grundsätzlich zu unterscheidende Verfahrensweisen konstatieren. Es ist dies zum einen die rekonstruktiv verfahrende Naturgeschichtsschreibung und zum anderen die Naturwissenschaft im Sinne aktueller Laborforschung.[61] Während aber die Laborforschung irgendwann zu einem eindeutigen Ergebnis kommt, ist die Rekonstruktion wesentlich offener. So verwundert es nicht, daß Evolution, die im Labor nicht ausgetestet werden kann, etwa in der vorgeschichtlichen Zeit abgelaufene Prozesse, für unterschiedliche Interpretationen offen ist.

Gültige Naturgesetze gibt es erst mit der Wissenschaft, die sie auffindet, und das ist die Laborwissenschaft. Die Geltung von Naturgesetzen betrifft allein in Sätze gefaßtes menschliches Wissen und ist an experimentell-wissenschaftliche Überprüfungsverfahren, an das Experiment als technische Reproduzierbarkeit eines Vorgangs gebunden. Naturgeschichte ist keine Überprüfungsinstanz, da sie prinzipiell hypothetische Extrapolationen enthält.[62]

Der ungeheure Erfolg der Laborwissenschaft beruht auf diesem Gesetzesverständnis. Auch die Naturgeschichte, mithin alternative Naturwissenschaft, bedarf des im Labor erzeugten Kausalwissens, um Indizien für Verläufe und Vorgänge zu finden und so hypothetische Extrapolationen überhaupt vornehmen zu können.[63] Das Kausalwissen ist letztlich auch für jede Naturgeschichtsschreibung entscheidend.[64] Die Kenntnis von Gesetzen, charakterisiert durch Wiederholbarkeit, ist für die Ebene der Modellbildung unverzichtbar. So ist zur Erzeugung von Tatsachen selbst bei einer einfachen Kausalerklärung eine technische Praxis Voraussetzung.[65] Die Bedeutung des Paradigmas Experiment und Laborwissenschaft zugunsten alternativer Naturwissenschaft aufgeben zu wollen, wie dies insbesondere Arnim von Gleich gefordert hatte, erscheint daher als Holzweg. Erfolgversprechender ist die handlungstheoretische Explikation des Kausalwissens, ob es nun Gesetzeswissen oder Erfahrungswissen ist.[66]

Um die Bedeutung der handlungstheoretischen Interpretation des Experimentes und des Kausalwissens für eine christliche Umweltethik zu erfassen, möchte ich den Gedankengang noch einmal auf die "inclinationes naturales" und den Naturbegriff des Thomas von Aquin zurücklenken. Thomas hatte die Natur wie unsere Handlungen als kausal und teleologisch aufgefaßt. Es gelang ihm damit, Natur, Technik und menschlich-sittliche Handlungen nach einem Strukturgesetz zu deuten, dem Paradigma des Handelns. Neuzeitlich ist es methodisch nicht mehr möglich, die Natur selbst kausal und teleologisch zu interpretieren, trotz aller Wiederbelebungsversuche des Interpretationsschemas Teleologie. Allerdings lassen sich durch die handlungstheoretische Deutung des Experimentes nun die Beschreibung der Natur im Experiment, Technik als Herstellen und Sittlichkeit als Handeln nach einem Strukturgesetz verstehen, nämlich dem des Handelns. Wenn sich dieses Schema als fruchtbar erweist, ist christliche Umweltethik auf der Basis einer methodischen Anthropozentrik und einer Anthropozentrik als Ethosform möglich, ohne in Widerspruch mit einer kausal erklärenden Naturwissenschaft zu geraten.

Die handlungstheoretische Ausdeutung des Experimentes weist einen Weg der sittlichen Orientierung der Grundlagenforschung und der Technologieentwicklung. Das traditionelle Wissenschaftsverständnis betrachtete Wissenschaft als System von Sätzen und stritt sich um deren Geltung. Die Art der Erzeugung dieses Wissens, die Experimente, wurden nur als Bestätigung bzw. Falsifikation dieses Wissens zugelassen, damit im strengen Sinn als irrelevant für das Wissen und seine Geltung betrachtet. Das besagt das klassische Objektivitätsideal der empirischen Naturwissenschaften. Dieses Wissen ist wertfrei, wohl aber die Art seiner Erzeugung oder Überprüfung im Experiment. Denn Experimente sind Handlungen mit Folgen und mit davon Betroffenen. Handlungen unterliegen daher sittlichen Maßstäben des Gelingens und Verfehlens. Die wertfreie und objektivistische Interpretation moderner Naturwissenschaft und Technik läßt sich nur aufrechterhalten, wenn man von der Art der Erzeugung ihres Wissens absieht. Methodisch gesehen ist es legitim, in der Beschreibung des Gesetzeswissens vom methodischen Zugang abzusehen, nicht aber wenn es um die sittliche Bewertung von Forschung und Technologieentwicklung geht. Die Vorstellungen eines subjektlosen Forschungsprozesses und eines menschenlosen technischen Herstellens werden durch die handlungstheoretische Deutung des Forschens und Herstellens überzeugend in Zweifel gezogen.

Dazu muß entgegen der Unterscheidung von Herstellen und Handeln bei Hannah Arendt und von instrumenteller und kommunikativer Rationalität in der Kritischen Theorie in einer handlungstheoretischen Deutung des Herstellens und Experimentierens der alte Gegensatz überwunden werden. Einen ersten Hinweis bietet die moderne Biotechnologie in der Synthetischen Biologie. Denn mit der Erzeugung von lebenden Artefakten z. B. in Gestalt einer Freisetzung genetisch manipulierter Mikroorganismen verlieren die technischen Produkte ihren Produktcharakter, nämlich die definitive Abgeschlossenheit und die Rückholbarkeit, zwei der wesentlichen Charakteristika des Herstellens nach Hannah Arendt.

Experimentieren und Produzieren ist gemäß dieser Deutung Handeln unter spezifisch zweckrationalen, somit festgelegten Rahmenbedingungen. Damit tragen wir Verantwortung auch für unser Experimentieren und Produzieren, zumindest und zuvorderst für diese Bedingungen. Und dies impliziert eine Rückgewinnung der anthropozentrisch-sittlichen Dimension gegenüber einer instrumentellen Auslegung des Experimentierens wie Produzierens. Doch tauchen hier gewisse, nicht zu leugnende Schwierigkeiten auf. Sie liegen in der kollektiven Organisation von Forschungsprojekten wie der technologischen Produktion. Trotz kollektiver Entscheidungen, trotz der Anonymität von Entscheidungsprozessen, trotz der Strukturierung unserer Steuerungsprozesse in Forschung und Wirtschaft nach den Vorgaben der Entscheidungstheorie, wodurch zunehmend Expertensysteme im Rahmen computerunterstützter Entscheidungen (CAD = computer aided decision)[67] dem Menschen auf der Faktenebene eigene Entscheidungen erleichtern, bleibt letztlich der einzelne verantwortlich, auch wenn er sich durch eine instrumentell-rationale Deutung des Experimentierens, Produzierens und Entscheidens davon zu entlasten sucht.

Daher ist Entscheidungstheorie in meiner Interpretation die Variante einer Handlungstheorie, die sich durch zweckrationale Einschränkungen methodisch legitim selbst beschränkt, wenn sie nicht gleichzeitig behauptet, allen Handlungen lägen derartige Entscheidungen zugrunde. Das übergreifende Element zwischen zweckrationaler Entscheidungs- und sittlicher Handlungstheorie sehe ich übrigens in einer Theorie des sittlichen Urteils und des praktischen Syllogismus.

Herstellen ist menschliches Handeln unter bestimmten einengenden Zielvorgaben. Diese Einschränkungen aber verhindern nicht die Folgen und schützen auch Betroffene nicht, sie gelten nur der Sicherheit der Objektivität wissenschaftlicher Aussagen. Für die Folgen einer Handlung, die zur Erzeugung von objektivem Wissen erforderlich ist, ist der Experimentator wie jeder andere Handelnde verantwortlich, also für die Konsequenzen seines Experimentierens und Produzierens, sofern sie für ihn zumindest im Prinzip vorhersehbar waren. Auch Thomas fordert keine Zurechenbarkeit von Handlungsfolgen, die aufgrund ihrer Zufälligkeit nicht prognostizierbar waren. Zurechenbar ist jedoch, was nicht vorhergesehen wurde, aber grundsätzlich vorhergesehen werden konnte. Das Problem hierbei ist allerdings nicht das naturwissenschaftlich erzeugte Kausalwissen, also die Laborwissenschaft als solche, sondern das noch nicht erzeugte genaue Wissen der Folgen dieses Wissens. Denn wie bei vielen Handlungen ist die Folgenabschätzung von Experimenten nicht immer vollständig durchzuführen.

Gemäß der handlungstheoretischen Deutung des Forschens und Produzierens hat der Entscheidungsträger über ein Projekt die Verantwortung sowohl für eine positive Entscheidung wie für eine Unterlassung wie auch für den richtigen Zeitpunkt dieser Entscheidung. Die Rückgewinnung der Anthropozentrik als Ethosform im Rahmen einer handlungstheoretischen Deutung des Experimentierens und Herstellens wird zwar nicht verhindern, daß Technik als zweite Natur auch die Ambivalenzen aufweist, die durch die Aporien des Handelns mitgegeben sind, aber sie wird dazu führen, verantwortungsbewußt mit Handeln und Unterlassen umzugehen. Christliche Anthropozentrik in einer personal ausgerichteten Umweltethik macht so allerdings auch bewußt, daß einfache Lösungen nach dem Paradigma instrumenteller Rationalität der Komplexität sittlichen Handelns nicht mehr angemessen sind.

Natürliche Neigungen bei Mensch und Tier: Leiblichkeit als Paradigma werthaft empfundener Natur

Die Suche nach Sinnvorgaben in der Natur hat auf den handelnden, beobachtenden und experimentierenden Menschen zurückgeführt. Dies ist zwar eine weitere Bestätigung meiner These von der Unhintergehbarkeit der Anthropozentrik auch für eine Umweltethik, läßt aber noch nicht den Ansatzpunkt für eine geläuterte Anthropozentrik erkennen. Um diesen herauszuarbeiten, wende ich mich noch einmal den Aussagen zu den "inclinationes naturales" von Thomas von Aquin zu.

Bei Thomas ist die handlungstheoretische Analyse eingebettet in eine Metaphysik des Seins, in eine Konzeption der "natürlichen Strebungen" (I–II, 8,1). Dabei unterscheidet Thomas einen weiteren und einen engeren Begriff der natürlichen Neigungen bei Tier und Mensch. Der engere Begriff ist dem Menschen und seinem Willen, verbunden mit der Fähigkeit zu einer vernünftigen Wahl vorbehalten. Gemäß dem weiteren Begriff der Strebungen richten sich alle Neigungen an dem formalen Begriff des Guten aus, nicht jedoch am Begriff des sittlich Guten. Letzteres kann nur der Mensch intendieren, während sich offenbar die Neigungen der Tiere – in unsere Sprache übersetzt – am funktional Zweckmäßigen orientieren.

Thomas kennt drei Ebenen der "inclinationes naturales", nämlich Vegetatives, Sensitives und Rationales (I–II 10,1). Er unterscheidet an dieser Stelle zudem drei Begriffe der Natur, nämlich (1) Natur als inneres Prinzip der Bewegung, (2) als "forma materialis" und (3) als das, was einer Sache der Substanz nach zukommt. Der Wille ist an die menschliche Natur gebunden, aber von ihr unterschieden, denn die Natur zielt auf nur Eines, der Wille aber ist frei. In diesem Sinne ist auch zu verstehen, wenn Thomas sagt, die "Natur" intendiere ein Ziel (I–II 12,5). Thomas denkt hierbei zunächst nicht an das Endziel der Evolution, sondern an die Struktur der Selbsterhaltung, die jedes Tier zu verwirklichen sucht, ohne an ein Endziel zu denken. Thomas legt hier einen nichtanthropomorphen Teleologiebegriff zugrunde und denkt wohl an die stoische Oikeiosis-Lehre, deren Ansatz im Umriß rekonstruiert werden soll.

Unter Oikeiosis versteht die Stoa nach Maximilian Forschner die natürliche Entwicklung eines Organismus, den Prozeß, durch den ein Lebewesen sich seiner selbst schrittweise inne und mit sich vertraut wird.[68] Dabei betont Cicero, bei dem sich diese Lehre besonders ausgefaltet findet, den Innen- und Außenaspekt dieser Entwicklung, wobei er den ersten Schritt dieser Entwicklung als intakte Natur begreift, weil diese von außen noch unbeeinflußt sei. Die stoische Oikeiosis-Lehre basiert auf dem Prinzip der Selbsterhaltung, der Erhaltung des artspezifisch geprägten konkreten Daseins eines jeden Organismus, auch des Menschen.[69]

Bei Cicero machte die Gottheit das Lebewesen vom Augenblick der Geburt an sich selbst zugehörig. Dies ist eine metaphysische Hypothese, die in der Antike bestritten wurde. Nach Epikur ist nicht Selbsterhaltung die

Grundstruktur jedes Organismus, sondern Lust.[70] Oikeion meint ursprünglich das, was zum eigenen Hauswesen gehört. Es drückt Liebe und Selbstbejahung des Lebens aus. Für die Stoa ist das wertvoll, was naturwüchsig erstrebt wird. Dies gilt auch für die Tiere. Die natürliche Selbstliebe des Menschen bestimme diesen aber zur bedingungslosen Liebe zum eigenen Vernünftig-Sein.[71] Darin artikuliert sich das Ziel eines artspezifisch gelungenen menschlichen Lebens.

Das stoische Konzept der Selbstliebe der Vernunft umfaßt drei Elemente: (1) Moral ist im Horizont der naturwüchsigen Entstehung sittlicher Vorgriffe zu sehen; (2) werden die ursprünglich animalischen Triebe allmählich von einem Vernunftinteresse überlagert; und (3) bezieht die Selbstkonstituierung der sittlichen Person durch reflexive Klärung auch die vorsittlichen Stufen mit ein.[72] Auch bei Thomas untersteht der Mensch wie jedes andere Naturding einer naturhaften Hinneigung zu seinem artspezifischen Ziel. Der Mensch jedoch bringt neben seinen animalischen Neigungen die Tendenz mit, vernünftig zu sein. Daher unterstellt Thomas eine natürliche Tendenz zur Erkenntnis bei allen normalsinnigen erwachsenen Menschen.

Selbsterhaltung, Sexualität und Erkenntnistrieb gehören zu den "inclinationes naturales". Thomas nimmt an, daß diese Neigungen gut auch im sittlichen Sinne sind, solange sie nicht durch eine verdorbene Vernunft verführt werden. Dies ist aufgrund der erbsündlichen Natur des Menschen immer möglich. Über den Grad der Perversion oder der Depravierung der natürlichen Neigungen besteht ein Dissens nicht nur zwischen den Konfessionen, daher bedarf es zur Feststellung der unverfälschten Natürlichkeit der "inclinationes naturales" beim Menschen wiederum der Vernunft, die zu den natürlichen Neigungen des Menschen gehört.[73]

Die Frage, wie wir zu einem Verständnis der naturalen Strebungen bei Tieren etwa durch Analogiebildungen kommen, stellt sich weder die Stoa noch Thomas von Aquin. Sie ist aber heute unumgänglich, gerade für eine christliche Umweltethik. Thomas kann noch unbefangen sagen: Die Natur intendiere ein Ziel. Dieser Satz ist heute vom Boden einer naturwissenschaftlichen Evolutionstheorie aus nicht mehr einschränkungslos nachzuvollziehen, selbst wenn er sich nur auf Selbsterhaltung bezieht. Denn die moderne Verhaltensforschung kann nur behaupten, ein Lebewesen verhalte sich so, als ob es nach Selbsterhaltung strebe.

Für die moderne Naturwissenschaft ist Leben und seine Evolution ein biochemisch gesteuerter Prozeß. Er wird verändert durch gerichtete Selektion im Sinne von Rückkoppelungsprozessen, in der aber durch die Mutation der Zufall eingebaut ist. Das artspezifische Ziel der natürlichen Neigungen ist nicht mehr eindeutig, zumindest im Übergangsfeld der Entstehung neuer Arten. Einer Teleologie der Natur im Sinne des Thomas von Aquin kann die Evolutionstheorie nicht zustimmen. Denn auch Emergenz – gebündelt auftretende überlebensrelevante Mutationen, die zu einer Weiterentwicklung führen – ist nicht im Sinne einer causa finalis zu interpretieren. Dies ist ein Postulat der Objektivität der naturwissenschaftlichen Methode, die Experiment und Gesetzeswissen miteinander verknüpft.

Woher aber kommt dann das menschliche Wissen um die Zielgerichtetheit natürlicher Strebungen? Aus der Selbsterfahrung des Menschen. Wenn der

Mensch sich selbst als naturales Wesen erlebt, dann stellt dies – anders als naturwissenschaftlich garantierte Objektivität – einen unmittelbaren und darum stets durch Subjektivismen gefährdeten Zugang zur Natur dar. Beide Wege sind selbstkritisch zur Konvergenz und zur Korrespondenz zu bringen, darauf läuft die These dieser Arbeit hinaus. Hilfestellung leistet hierbei Husserls Theorie der Einfühlung. Ziel jedoch ist eine Handlungstheorie, die im Anschluß an Thomas von Aquin durch eine Theorie sittlichen Urteilens in eine Konzeption des sittlich-praktischen Diskurses mündet. Das Naturverständnis, das auf der Selbsterfahrung des Menschen als eines handelnden Wesens beruht, das Ziele erstrebt, ist heute zu restituieren, ohne die naturwissenschaftliche Methode über Bord zu werfen.

Eine Natur beschrieben in den Kategorien empirisch vorgehender Naturwissenschaft kann keine Sinnvorgaben entwickeln. Anders ist das mit der Selbsterfahrung des Menschen. Doch hier ist Vorsicht geboten. Nach der Konzeption der "inclinationes naturales" ist wertvoll nur, was naturwüchsig erstrebt wird. Und dies gilt zumindest beim Menschen nur für die vollkommene Natur, nicht für die "natura corrupta". Um aber bestimmen zu können, wann eine Natur intakt oder verdorben ist, bräuchten wir ein Wissen um die Totalität aller Zusammenhänge in der Natur. Diese Erkenntnis haben wir nicht. Und solange dies gilt – es wird wohl kaum außer Kraft gesetzt werden können –, können wir absolute Werte weder aus der Natur noch aus der Selbsterfahrung der Natur in uns ableiten.

Daß die Natur ein Ziel intendiert, können wir mit Gewißheit aus der Natur herauslesen. Aber als handelnde Wesen sind wir an unseren Leib gebunden, streben wir nach der artspezifischen Erfüllung unserer "inclinationes naturales". Ähnliche Neigungen können wir zumindest höher organisierten Lebewesen durchaus begründet mit gewissen Unsicherheitsfaktoren unterstellen. Zudem gebietet der Gott der Offenbarung im Noahbund den Respekt vor allen Tieren, in eminenter Weise jedoch vor dem menschlichen Leben. Dieses biblische Modell korrespondiert unserer Selbsterfahrung. Daher ist der Versuch zu unternehmen, unser Wissen um die Evolution der Natur in Korrespondenz zu zentralen biblischen Modellen für den Umgang mit der Natur zu bringen.

Dabei ist die Teleologie der Natur nicht als causa finalis mehr im Sinne einer rückwirkenden Verursachung vom letzten Ziel her im streng deterministischen Sinn zu verstehen. Die Offenheit der Evolution – im Deutungsschema der Emergenz – und die Freiheit des Menschen entsprechen einander. Gott muß so gedacht werden, daß er mit der Offenheit der Evolution wie der Geschichte umgehen kann. Damit ist der christliche Gott nicht die Evolution, er ist nicht in der Evolution, er ist aber auch nicht bloß der erste unbewegte Beweger, sondern er befindet sich im Dialog mit seiner evolvierenden Schöpfung. Nur so ist Offenbarung möglich.

Wenn aber die Offenheit der Schöpfung und der Menschheitsgeschichte einander korrespondieren, dann ist es möglich, im Bewußtsein der in der Anthropozentrik begründeten Sonderstellung des Menschen in der Schöpfung zu leben. Die transzendentalhermeneutische Methode und die Erhellung der Anthropozentrik läßt sich dann in einer evolutionär gedachten Schöpfungstheologie rechtfertigen. Sie kann Sinnvorgaben in der Natur annehmen, aber keine absoluten Werte aus der Natur begründen. Paradigma einer so verstandenen geläuterten Anthropozentrik ist der menschliche Leib.

Der Mensch als handelnder ist das Sinnziel der Welt, indem er die Gestalt der Welt verändert. Dies heißt: Der Mensch ist durch seinen Zukunftshorizont bestimmt. Die Offenbarung will in Gestalt der Schöpfungstheologie den Menschen nicht über den Kosmos und die anderen Geschöpfe belehren, sondern über ihn selbst.[74] Die Schöpfung ist nicht die Gegebenheit einer vorfindlichen Natur, die der Mensch nur abzulesen braucht, um sein Handeln danach auszurichten. Die zentrale Kategorie der Schöpfungslehre ist vielmehr die Selbst-Aufgegebenheit des Menschen als eines geschichtlich-handelnden Wesens.[75] Diese Aufgegebenheit bezieht sich auf die Leibhaftigkeit des Menschen, seine Innerweltlichkeit und Mitmenschlichkeit. Daher ist vor allem Person-Sein Gabe und Aufgabe. In jeder Personbegegnung, in jeder Weltbegegnung verwirklicht sich der Schöpfungsakt konkret. Personsein heißt Antwort geben auf den immer schon zugrundeliegenden Schöpfungsanruf Gottes.[76] Person ist aber genauso auf die Vermittlung mit der Welt angewiesen. Leibhaftigkeit impliziert so das Verhältnis der geschwisterlichen Liebe und den kritisch-befreienden Dienst an der Welt.[77] Für eine Theologie der Leiblichkeit des Menschen ist entscheidend, wie die Evolution des geistbeseelten menschlichen Organismus aus einem hochentwickelten, aber vormenschlichen Lebewesen zu denken ist. Diese Frage ist zu stellen gemäß der Offenbarungsaussage, der Mensch sei auch dem Leibe nach von Gott erschaffen.[78]

Karl Rahner versuchte, dieses schwierige und zentrale Problem christlicher Theologie und einer christlichen Umweltethik im Anschluß an Thomas von Aquin im Sinne der methodischen Anthropozentrik zu lösen. Er entwickelt dazu eine dialektische Denkform, in der Leib und Seele als zwei Pole in gegenseitiger Durchdringung zwar als unterschieden, aber nicht als getrennt betrachtet werden müssen. Leiblich sei ein notwendiges Element der Geistwerdung. Die Vollendung des Geistes bedeute im christlichen Sinne keine Absonderung von der Materie.[79] Die Fleischwerdung des Logos meine weltliche Geistigkeit. Die Materie sei daher interpretiert als Schöpfung offen für das in-Erscheinung-Bringen des personalen Geistes und sogar des Gottessohnes. Daher bestehe eine Verwandtschaft und gegenseitige Bezogenheit von endlichem Geist und Materie.[80] Nur am Rande möchte ich darauf hinweisen, daß das Ethos einer ökologisch orientierten Humanität als inhaltlich erweiterte Auslegung des paradoxalen Leibverständnisses von Karl Rahner gedeutet werden kann. Denn dieses versucht zusammenzudenken, daß der Mensch in der Außenperspektive einer naturalistischen Rekonstruktion einen peripheren Platz im Kosmos einnimmt, aber in der Innenperspektive Zentrum der Weltkonstruktion und der sittlichen Entscheidung ist.[81]

Leib ist nach Rahner ein Stück Vorgeschichte der Seele. Beide müssen dialektisch aufeinander bezogen werden.[82] Gott schaffe nicht ständig neu, aber er trage die Welt in dauernder schöpferischer Tätigkeit. Er sei die Bedingung der Ermöglichung der aktiven Selbsttranszendenz des endlichen Seienden durch sich selbst.[83] Damit aber zeige sich das Paradoxale an der christlichen Interpretation des Menschen: Wir kämen zwar nie über eine

Doppeltheit in der methodischen Einstellung bei der Erfassung des Personalen hinaus, müßten aber immer zugleich aus ihrer Einheit heraus denken,[84] sofern wir Christen bleiben wollen. Der Umgang mit dem Leib und der leibhaften Verfassung anderer ist das Paradigma für den menschlichen Umgang mit der Natur. Der Leib sollte eine bewohnbare Stätte des Geistes bleiben.

Leiblichkeit und Personalität sind aufeinander bezogen. Personalität ist wiederum biblisch gesehen von Gemeinschaft nicht zu trennen. Die paradoxale christliche Anthropologie, die sich aufgrund biblischer Quellen in der Sprache griechischer Philosophie herausgebildet hat, ist gekennzeichnet durch eine Weltoffenheit und Gottoffenheit, die eine Gestaltung der Welt nicht nur erlaubt, sondern geradezu erforderlich macht. Der angebliche "Sündenfall" der Hellenisierung des Christentums habe als geschichtliche Herausforderung deutlich gemacht, daß die Natur beherrscht werden müßte. Allerdings wurde dadurch der Aspekt der Mitkreatürlichkeit bislang vernachlässigt.[85] Dies muß jedoch nicht notwendigerweise so bleiben. Eine biblisch gegründete Ethik im hier eruierten Sinn ist offen für ein Ethos der Mitkreatürlichkeit. In erster Linie geht es ihr zwar um die Rettung und das Heil des Menschen. Dennoch läßt sich eine schöpfungstheologische Ausrichtung unserer Verantwortung biblisch begründen.[86] Auch eine Ausweitung des Liebesgebotes als Unparteilichkeitsforderung anderen Lebewesen gegenüber ist mit der Grundintention der Bibel wohl vereinbar.[87] So wird die Forderung nach einer neuen Theologie der Natur verständlich, die sich von einer Metaphysik der Natur befreit hat. Anstelle der Metaphysik solle nun die universale Reichweite der Herrschaft Gottes, der biblische Universalismus treten.[88]

Christliche Umweltethik verknüpft Anthropozentrik als Ethosform mit dem Ethos eines biblisch begründeten Respektes vor dem Leben, wie dies Gott im Noahbund vom Menschen fordert. Das von mir entwickelte Ethos ökologisch orientierter Humanität umfaßt beide Pole und kann darum als zeitgemäße Übersetzung des biblisch geforderten Ethos gelten. Gegen alle Naturalisierungstendenzen im Rahmen der Diskussion um ökologische Ethik muß christliche Umweltethik die Bedeutsamkeit des Personalen und des handelnden Menschen in den Mittelpunkt ihrer Bemühungen stellen. In der Diskussion um die Möglichkeit einer Umweltethik werden bestimmte inhaltliche anthropozentrische Vorstellungen und der Anthropozentrismus häufig kritisiert. Diese Kritik ist nicht immer unberechtigt, insbesondere wenn sie die natural-ausbeuterische Interpretation des Herrschaftsauftrages oder die positivistische Betonung menschlicher Bedürfnisse betrifft. Die eigentliche Problemdimension der Anthropozentrik im Rahmen einer christlichen Umweltethik ist davon nicht betroffen. Sie läßt sich erst durch metaethische Überlegungen eruieren und entscheiden. Anthropozentrik als Ethosform impliziert eine sittliche Handlungstheorie. Daher geht eine christliche Umweltethik von der handlungstheoretischen Deutung des Experimentes und der Produktion aus, um Forschung, Entwicklung, Produktion und Konsum im Dienste der Umwelt sittlich zu orientieren, nicht von einer Ethik der Natur.

Evolution und Schöpfung: Kann man Gott aus der Natur erkennen?

Der Dialog zwischen Evolutionstheorie und Theologie zu Grundlegung einer christlichen Umweltethik hat beim handelnden Menschen anzusetzen. Das Gelingen dieses Dialoges hängt nun nicht so sehr von der Einigung auf eine inhaltliche Vorstellung von der Stellung des Menschen in der Evolution und im Kosmos ab. Vielmehr wird der Gesichtspunkt entscheidend, inwiefern es gelingt, den Gedanken einer methodischen Anthropozentrik und einer Anthropozentrik als Ethosform für die Diskussion fruchtbar zu machen. Die soziobiologische Rekonstruktion menschlichen Verhaltens und Handelns auf einer naturalen Basis sowie die Analyse der Evolutionären Ethik haben ergeben, daß sie das normative Element vermissen lassen, das zur Umkehr verpflichten soll. Die "Ethik der Natur" argumentiert häufig auf der Ebene inhaltlicher Vorstellungen. Sie betont die Gemeinsamkeit des Menschen mit allen Lebewesen, spielt seine Sonderstellung herunter und relativiert damit implizit auch seinen Herrschaftsanspruch. Andererseits aber besteht dadurch die Gefahr einer Naturalisierung des Menschen und die Aufhebung des Tier-Mensch-Unterschiedes. Wenn aber dem Menschen als sittliches Subjekt die Berechtigung abgesprochen wird, kann man nicht mehr an seine sittliche Kraft appellieren, Grenzen zu respektieren. Daher darf bei aller berechtigten Kritik an inhaltlichen anthropozentrischen Vorstellungen nicht Anthropozentrik als Ethosform und methodische Anthropozentrik im Dialog zwischen Naturwissenschaft und Theologie geopfert werden.

Woher gewinnt also eine christliche Umweltethik ihre normativen Vorgaben? Legitimiert sie diese aus der Evolution der Natur oder aus den klassischen materialen Erkenntnisquellen der Moraltheologie, nämlich den offenbarungstheologischen Aussagen der Bibel über Schöpfung und der Vernunft wie der Erfahrung? Wie sind beide Aussageebenen aufeinander zu beziehen, einander zuzuordnen oder zu korrelieren? Diese Fragen gehören wohl zu den entscheidenden methodischen Problemen einer christlichen Umweltethik. Sie sind ohne Rückgriff auf den handelnden Menschen nicht zu lösen, der sich einerseits experimentell-instrumentell der Natur nähert, andererseits glaubend sittlich handelt und entscheidet.

Betrachten wir das Verhältnis von Evolutionstheorie und Schöpfungstheologie ganz allgemein, so läßt sich nach Gerd Teißen ein gewisser Gegensatz nicht verhehlen. Das Christentum impliziere nämlich mit dem Liebesgebot eine Absage an naturale Verhaltensprogramme im Menschen. Dies bedeute eine Abmilderung, ja Aufhebung des Selektionsprinzipes mit all der mit ihm verbundenen Gewalt. Angesichts des immer möglichen Rückfalls in naturale Verhaltensprogramme – etwa in Terror, Gewalttat und Krieg[89] – fordere das Christentum eine Minderung der Auswirkungen des Selektionsprinzipes in der menschlichen Gesellschaft durch Solidarität, Feindesliebe und Gottesliebe. Jesus lebe dieses Programm vor: Seine Botschaft richte sich nicht an den Starken und den Gewinner, der sich durchsetzt, sondern an die Schwachen, Unterdrückten, Entrechteten, Kranken. Der Glaube enthalte keine Beschreibung der Realität wie die Evolutionsmodelle, sondern fordere eine emotional eingefärbte Antwort auf die Brutalität einer Realität unter dem

Selektionsaspekt.[90] Der Mensch werde unmenschlich, asozial, wenn er sich bloß natural verhalte.

Das Selektionsprinzip treibe Theologie und Biologie in gewisser Weise in die Konfrontation. Doch Teißens allzuscharfer Protest gegen das Selektionsprinzip könnte sich nach Manfred Josuttis als inkonsequent erweisen.[91] Denn das Programm einer Ausweitung in der Zuerkennung von Lebenschancen kann nicht eindeutig als Protest gegen das Selektionsprinzip angesehen werden, weil es – auf die Entstehungsgeschichte der christlichen Religion angewandt – seinerseits das Durchsetzungspotential der entstehenden christlichen Religion immens gesteigert habe.[92] Die notwendige Begrenzung des Selektionsprinzips in einer humanen Gesellschaft muß nicht zwangsläufig nach dem antagonistischen Modell des Protestes ablaufen.[93]

Die Evolutionstheorie geht zudem davon aus, daß der Evolutionsprozeß nicht zielgerichtet verläuft. Denn selbst beim Modell einer evolutionären Selbststeuerung in der Autopoiesis-Konzeption erzeugt sich das immanente Woraufhin des Prozesses im Prozeß immer neu. Schöpfung jedoch ist anders als Evolution eschatologisch und damit durch Zielgerichtetheit gekennzeichnet, auch wenn der Mensch dieses Ziel nicht vollständig kennt. Schöpfungstheologie ist durch ihre Grundausrichtung auf Heil charakterisiert. Die Spannung zwischen der Utopie des Schöpfungsfriedens oder dem geforderten Ethos eines Respektes vor dem Leben und die real erfahrene naturale wie soziale Selektion bei Mensch und Tier konstituiert eine sittlich relevante Differenz, die als Sollensanspruch erfahren werden kann. Hier setzt christliche Umweltethik an.

Naturwissenschaft und Theologie sind und bleiben unterschiedliche Aussagensysteme, aber sie beziehen sich – zumindest in den Aussagen über die Schöpfung – auf die gleiche Realität, nämlich den Prozeß der kosmischen und organismischen Evolution. Dies heißt nicht, daß der Dialog zwischen Naturwissenschaft und Glaube einen neuen normativen Naturbegriff restituieren sollte und könnte. Denn dann müßte in der Evolution entgegen allen empirischen Evolutionstheorien eine Teleologie oder immanente Zielhaftigkeit postuliert werden können. Dieser Einwand richtet sich nicht gegen Konzeptionen einer bloß formalen oder scheinbaren Teleologie wie im Begriff der Teleonomie. Der teleologische Ansatz in der Theorie der Entstehung des Lebens, der von M. Polanyi, W. Elsasser und E. Wigner vertreten wird, ist daher kein Einwand gegen mein Argument, da deren Konzeptionen auf der Ebene formaler Teleologie angesiedelt sind.[94]

Allerdings wirft dieses Problem ein gewisses Licht auf Moltmanns Versuch, Gott in der Natur zu denken. Er scheint mir nämlich darauf hinauszulaufen, Gott als innerweltliche Endursache in der Natur zu denken. Gott kann aber zur Vollendung der Schöpfung, schon um die Freiheit des Menschen zu wahren, nur am Ende von außen an die Natur herantreten. Das Endziel der Schöpfung als bereits in der Natur als kausal determinierend zu denken, ist mit gewissen methodischen Schwierigkeiten verbunden. Wenn aber die creatio continua nicht als eine der Natur immanente Endursache verstanden werden darf, dann haben wir kein Kriterium mehr, zu unterscheiden, welches Phänomen auf einen Eingriff Gottes zurückzuführen ist und welches nicht. Dann aber können wir nicht mit dem Willen Gottes argumentieren, der sich forlaufend in der Natur offenbare.

Eine derart materiale Teleologie wäre die unabdingbare Voraussetzung für ein Naturrecht, das aus der Natur und ihren Prozessen absolute sittliche Forderungen zu begründen vermag. Daher läßt sich ein neues Naturrecht, das aus der Natur selbst Werte zur Begrenzung der Technologien ableiten möchte, weder ökologisch begründen noch theologisch fordern. Aber immerhin sollte der Versuch unternommen werden, unterschiedliche Deutungsschemata aufeinander zu beziehen, wenn sie vergleichbare Gegenstandsbereiche haben. Natur und Schöpfung sind nicht zu identifizieren. Die Differenz beider Beschreibungsebenen nimmt die Offenheit des Evolutionsprozesses und die Freiheit des Menschen ernst und macht den sittlichen Sollensanspruch deutlich, dem ein Christ hinsichtlich der Schöpfung unterliegt. Evolutionstheorien sind so eine Herausforderung an Philosophie und Theologie, auf der anderen Seite aber beinhalten Schöpfungsverständnis und christliches Menschenbild eine Aufforderung an die Naturwissenschaften, in Bewertungsfragen ein bloß deskriptives Evolutionsverständnis zu überwinden. Auch die handlungstheoretische Deutung des Experimentes und des Produzierens lebt von dem Spannungsverhältnis zwischen der deskriptiven Ebene instrumenteller Rationalität und der normativen Ebene des präskriptiven Urteils.

Der ermöglichende Grund für den Dialog zwischen Naturwissenschaft und Philosophie bzw. Theologie zur Grundlegung einer christlichen Umweltethik liegt nicht in einer spezifischen inhaltlichen anthropozentrischen Vorstellung, sondern im Gedanken der methodischen Anthropozentrik. Sie ist naturwissenschaftlichen wie theologischen Aussagen gemeinsam, wenn man das Experiment handlungstheoretisch auslegt. Es ist nicht eine spezifische Vorstellung im Rahmen materialer Anthropozentrik, etwa der Gedanke des Menschen als Krone der Schöpfung, der hier vermitteln kann, sondern die Auffassung vom Menschen, der in einer als Schöpfung interpretierten Natur sittlich handeln muß, will er nicht seine eigentliche Bestimmung verfehlen, der sich aber auch nicht einfach über die Gesetzmäßigkeiten der Evolution hinwegsetzen kann. In diesem Spannungsverhältnis, welches methodische Anthropozentrik auszeichnet, kann christliche Umweltethik abgesichert ansetzen. Der Mensch muß seiner Sonderstellung als Subjekt sittlicher Verantwortung und Verpflichtung gegen alle evolutionär-reduktionistischen Rekonstruktionen des Menschen verteidigen, sonst wird er angesichts der Technologieentwicklung Entscheidungen treffen, die nach wie vor gegenüber Mensch und Natur natural-ausbeuterisch ausfallen.

Natur ist nicht mit der "gefallenen Schöpfung", der "Schöpfung nach dem Sündenfall" im theologischen Sinn gleichzusetzen. Das naturwissenschaftliche Aussagensystem beschränkt sich auf die Beschreibung von Aussagen über kausales Wissen und rekonstruiert hypothetische Modelle sich evolutiv vollziehender Naturgeschichte. Glaubensaussagen beziehen sich auf das Sinnziel der Natur als Schöpfung in Gott. Schöpfung ist und bleibt eine heilsgeschichtliche Kategorie, die als solche bereits normative Aussagen enthält. Wenn also aus der Art der Schöpfung sittliche Ansprüche wie der

Respekt vor dem Leben (Noahbund) abgeleitet werden, so liegt hier kein naturalistischer Fehlschluß vor. Allerdings sollte man sich davor hüten, die Schöpfungsordnung mit einer naturwissenschaftlich-evolutionären Deutung des Kosmos zu identifizieren. Die Ergebnisse der Evolutionsbiologie und Soziobiologie laufen darauf hinaus, daß Egoismus und Konkurrenz Grundprinzipien der belebten Natur sind, sich zwischen Organismen auch Kooperation und Symbiosen herausbilden können. Die Schöpfungsordnung hingegen ist durch Respekt vor dem Leben, Liebe und Gerechtigkeit gekennzeichnet, allerdings auch durch menschliche Freiheit, die sich unsittlich verwirklichen kann. Ihr ist die Vollendung in einem universalen Frieden verheißen. Der Sündenfall aber besteht darin, daß der Mensch seine Freiheit mißbraucht.

Natur und Schöpfung sind zwei grundlegend unterschiedliche Aussageebenen, die sich nicht ineinander auflösen lassen. Die Naturwissenschaft argumentiert deskriptiv-real und kausal, die Schöpfungstheologie religiös und sittlich. Zur Deckung bringen lassen sich beide erst in der Verwirklichung des endzeitlichen Heils, also in der freien Tat Gottes. Als Bild Gottes kann der Mensch im kleinen in jeder sittlich verantwortbaren konkreten Tat der Weltgestaltung dieses nachahmen. Belebte Natur war – nach unseren Kenntnissen – auch vor dem Auftreten des Menschen durch Selektion und Mutation bestimmt. Durch diese Mechanismen wurde zwar Krankes, Nicht-Überlebensfähiges ausgemustert, durch sie fand aber auch Entwicklung zu Neuem statt.

Die Natur ist wohl nicht erst nachträglich dem Menschen feindlich geworden, wenn es auch durchaus plausibel erscheint, daß ein zunächst eher hilfloses Wesen wie der Mensch an einem Ort und zu einer Zeit entstanden ist, an dem die Wirksamkeit des Selektionsprinzips eingeschränkt war. Aber die Bibel will keine paläontologische Beschreibung des Prozesses der Hominisation anbieten, sondern sie konstatiert: Aus heilsgeschichtlicher Perspektive resultiert die Veränderung der Einstellung des Menschen zur Natur aus einer Verkehrung des Glaubens an Gott. Schöpfung enthält daher keine Aussagen über die Natur an sich, sondern über die Bedeutung der Natur für uns und der Natur in uns. Dies drückt die Kategorie Geschöpflichkeit aus.

Auf die Frage, ob man Gott aus der Natur erkennen könne, antwortete der katholische Theologe traditionell mit Ja, der Naturwissenschaftler mit Nein und der evangelische Theologe stellte sich die Frage nicht.[95] Der Standpunkt methodisch reflektierter christlicher Anthropozentrik ist hier sehr vorsichtig. Weder ein eindeutiges Ja noch ein eindeutiges Nein lassen sich methodisch ausweisen. Aber die Schwierigkeit löst sich auch nicht, wenn man sie nicht zur Kenntnis nimmt. Das Wunderbare und das Staunenswerte, das die Evolution offenbart, muß genauso wahrgenommen werden wie das Sinnwidrige, das Leiden und das Unglück. In der Patristik und in der mittelalterlichen Theologie wurde Natur als Offenbarung gelesen, aber es war ein Kosmos der Ordnung, der Vollkommenheit und der Ruhe ohne Evolution. Teilhard de Chardin versuchte nun in unserem Jahrhundert, das klassische Weltbild der Theologie auf dem Boden der Evolutionstheorie wieder neu zu formulieren. Sein Werk kann gleichsam als eine evolutionäre Hermeneutik der Schöpfung mit Christus als Punkt Omega gelesen werden.[96]

Im Dialog zwischen Naturwissenschaftlern und Theologen ist der reduktionistische Standpunkt, der in der Natur Gott nicht erkennen will, nicht mehr unbestritten. Der Kosmos nämlich scheint nicht zufällig entstanden zu sein, sondern genau die Bedingungen aufzuweisen, die Voraussetzung für eine Evolution organischen Lebens darstellen. Carsten Bresch nennt dies das ALPHA-Prinzip der Natur, das eine "Evolution auf dem Drahtseil" ermögliche[97], Reinhard Breuer bezeichnet dasselbe Phänomen als "anthropisches Prinzip"[98]. Beide Prinzipien besagen, daß organismisches Leben im Kosmos unmöglich wäre, wenn die Größenordnungen der fundamentalen kosmischen Wechselwirkungskräfte nur jeweils um eine Potenz höher oder niedriger wären (bei vier Zehnerpotenzen). Einen Kosmos, dessen Ursprungsbedingungen zu wachsender Komplexität führt, kann man dann im Sinne von Leibniz wohl als die "beste aller möglichen Welten" verstehen, die Gott bei der Schöpfung auswählen mußte, trotz des damit verbundenen Leides – die klassische Antwort auf die Theodizeefrage im 18. Jahrhundert bei Leibniz.

Trotzdem läßt sich eines nicht leugnen. Ein Gott, der mit dem ALPHA-Prinzip identifiziert würde, wäre ein weltimmanenter Gott. Mehr als Spuren eines transzendenten Gottes sind aber gemäß dem christlichen Verständnis in der Schöpfung nicht zu finden. Eine Vergöttlichung der Evolution oder der Schöpfung sind nicht christlich. Daher scheint mir der vorsichtige Standpunkt der methodischen Anthropozentrik, der aus der Natur keine absoluten Werte herausliest, berechtigt. Schöpfungsethik kann sich heute also nicht mehr als Reetablierung einer Theologie der Natur verstehen.[99] Denn eine materiale Teleologie mit naturwissenschaftlichen Mitteln in der Natur aufzufinden, dürfte sehr schwierig sein.

Daher ist die Rückbindung der Erzeugung des Kausalwissens im naturwissenschaftlichen Experiment an den handelnden Menschen und die Anthropozentrik der heilsgeschichtlichen Schöpfungsaussagen der Ort, an dem eine christliche Umweltethik methodisch wie biblisch begründet ansetzen kann. Sie würde damit gegen die neuzeitliche Ratiozentrik und den modernen Anthropozentrismus ein sittliches Handeln des Menschen im Forschen, Herstellen und Entscheiden menschlich-solidarisch einfordern. Ganz in diesem Sinne setzt auch Pannenbergs Versuch, eine Theologie der Natur zu restituieren, nicht bei der Etablierung pseudophysikalischer Konkurrenztheorien an, sondern bei dem Gedanken, daß die Bildung von Hypothesen und Experimenten die christliche Stellung des Menschen im Kosmos voraussetzt.[100] Dies impliziert, daß wir Natur aus schöpfungs- und heilsgeschichtlicher Perspektive heraus verstehen und so in ihr handeln müssen. Der Gedanke einer transzendentalphilosophisch interpretierten Anthropozentrik ist daher ein geeigneter Ansatzpunkt für eine christliche Umweltethik.

Christliche Umweltethik im eschatologischen Horizont

Der vorsichtige Standpunkt methodisch reflektierter Anthropozentrik entspricht auch der eschatologischen Ausrichtung christlicher Schöpfungstheologie und damit christlicher Umweltethik. Sie gibt damit ein Instrumentarium an die Hand, evolutionär motivierten Unheilsprophetien Stand zu halten.

Zu einem ihrer Vertreter gehört Konrad Lorenz mit seinem Werk über die "acht Todsünden" der zivilisierten Menschheit.[101] Für Lorenz trägt mittelbar und unmittelbar die Überbevölkerung zu sämtlichen Übelständen und Verfallserscheinungen bei. Den Glauben, daß man durch entsprechende Konditionierung eine neue Sorte Mensch erschaffen könne, die gegen die üblen Folgen engster Zusammenpferchung gefeit sei, hält Lorenz für einen gefährlichen Wahn.[102] Für ihn ist die Bevölkerungsexplosion ein bösartiger Tumor.[103] Und derartigen Erkrankungen pflegt man mit dem Skalpell oder mit Strahlen zu begegnen. Hier wird bei Lorenz eine Tendenz deutlich, gegen die sich christliche Umweltethik aus sittlicher Verantwortung zur Wehr setzen muß.

Sie kann nicht für Massentötungen, Zwangssterilisierungen, staatlich gelenkte und erzwungene Kontrolle der Nachkommenzahl sittlich motiviert votieren, auch wenn die sittlich unbedenklichen Maßnahmen zur Dämpfung der Bevölkerungsexplosion sehr lange, möglicherweise zu lange brauchen und deshalb weitere Tierarten aussterben. Denn z. B. die Hebung des Bildungsniveaus, die Entwicklung der politischen und gesellschaftlichen Strukturen in den Ländern der Dritten Welt, die Bemühungen um bessere Versorgung und Befriedigung der Grundbedürfnisse, kurz das Postulat einer Entwicklung der Gesellschaftsstrukturen in den Ländern der Dritten Welt zu mehr Humanität greift hinsichtlich der Bevölkerungsentwicklung vermutlich nicht so schnell, wie dies geschehen müßte, um dem Postulaten der physiozentrischen Umweltethiken zu genügen. Trotzdem kann eine christliche Umweltethik nicht für eine restriktive und totalitäre staatliche Familienpolitik eintreten, die die Freiheit und Personalität der Eltern ausschaltet.

Die sittliche Indienstnahme von Forschung, Technik, Wirtschaft und Gesellschaft zur Überwindung der ökologischen Krise, wie sie von einer christlichen Umweltethik im Geiste der Anthropozentrik gefordert wird, braucht Zeit. Daß wir diese Zeit nicht mehr haben, behauptet eine säkulare Unheilsphilosophie globalen Ausmaßes, die unter dem Schlagwort eines "anthropofugalen Denkens" den modernen Anthropozentrismus pervertiert auf die Spitze treibt und somit in sein Gegenteil verkehrt. Das lapidare Fazit, das Ulrich Horstmann in seinem Werk "Das Untier" formuliert, lautet:

"Die Apokalypse steht ins Haus. Wir Untiere wissen es längst, und wir wissen es alle. [. . .] Der wahre Garten Eden – das ist die Öde. Das Ziel der Geschichte – das ist das verwitternde Ruinenfeld. Der Sinn – das ist der durch die Augenhöhlen unter das Schädeldach geblasene, rieselnde Sand."[104]

Horstmanns Plädoyer für eine neue Philosophie, die sich vom archimedischen Punkt des Humanum freimacht und elementar das Ende des Menschen denkt, ist pervertierte Anthropozentrik. Denn das Sinnziel des Menschen sei – so lautet Horstmanns These – die Selbstaufhebung des Menschen durch Technik:

"Das Untier war sich von vornherein nicht selbstverständlich, und es vermochte sich in seiner Urform anthropofugaler Weltwahrnehmung eben diese Welt sehr wohl ohne sich selbst vorzustellen."[105]

Mit der modernen Technik habe der Mensch nun die Mittel dazu, sich seinen geheimsten Wunsch zu erfüllen und das selbstgegebene Sinnziel irdischer Geschichte zu vollstrecken, nämlich die kollektive Selbstvernichtung zu inszenieren. In eindrucksvollen Bildern beschreibt Horstmann das Endziel menschlicher Geschichte:

"Die Geschichte des Untiers ist erfüllt, und in Demut harrt es des doppelten Todes – der physischen Vernichtung und des Auslöschens der Erinnerung an sich selbst. Kein Überlebender wird sein Gedächtnis bewahren, keine Sage wird von den Prüfungen berichten, die es heimsuchten, die Qualen benennen, die es litt, um der großen, der universalen Erlösung willen. Über dem nackten Fels seiner Heimat aber wird Frieden sein, und auf den Steinen liegt der weiße Staub des Organischen wie Reif."[106]

Christliche Umweltethik sieht die Menschheitsgeschichte ganz anders. Denn der Glaubende weiß, daß sich auch durch kollektiven Selbstmord die Menschheit Gott nicht entziehen kann. Die "Lösung" im Konflikt des Menschen mit sich selbst durch Selbstvernichtung ist einer christlichen Umweltethik versperrt. Selbst wenn der atomare Suizid der Menschheit greifbar vor Augen stünde, impliziert christliche Anthropozentrik die Verpflichtung, für eine humane Zukunft der Menschheit zu arbeiten und zu kämpfen. Dies geschieht im Glauben, daß wir uns nicht einmal durch Selbstzerstörung erlösen können. Eine Selbsterlösung der Menschheit in welcher Form auch immer ist nicht nötig, denn der Christ lebt aus der Hoffnung darauf, daß die gesamte Schöpfung ohne menschliche Erlösungsphantasien gerettet wird. Daher darf ein Christ die Apokalypse nicht inszenieren wollen.

Gerade das aber strebt der Mensch nach Günther Anders an.[107] In der Phase der dritten industriellen Revolution seien wir gerade damit beschäftigt, mit unseren spektakulären Produktionsmitteln den Untergang der Menschheit zu produzieren.[108] Den Grund aber für das Versagen der Menschheit sieht Anders in der Diskrepanz zwischen der unendlichen Ausdehnbarkeit des Machens und Herstellens und den Grenzen unserer Verantwortungsfähigkeit wie Vorstellungskraft.[109] Moralische Phantasie könnte einen Ausweg weisen. Stattdessen handelten wir nicht mehr, sondern täten nur noch mit. Wir arbeiteten mit wie die Angestellten in den Vernichtungslagern.[110]

Die unbeschränkte prometheische Freiheit, immer Neues zu zeitigen, lasse den Menschen als Nachzügler dessen erscheinen, was er selbst projektiere und produziere. Diese Tempo-Differenz heißt nach Günther Anders "Antiquiertheit des Menschen".[111] Die Transformation der Geräte gehe in der Industriegesellschaft zu rapide vor sich. Ihre Zumutung an den Menschen treibe die Menschheit in einen kollektiv pathologischen Zustand. Ausdruck dieser Einstellung ist für Anders die prometheische Scham vor der beschämend hohen Qualität der selbstgemachten Dinge.[112] Der Leib stelle eine Fehlkonstruktion dar. Was Kraft, Tempo, Präzision anbelange, sei der Mensch seinen Apparaten unterlegen. Daher sei es das Begehren des heutigen Menschen, ein selfmade-man, ein Produkt zu werden.[113] Dies stelle die äußerste Selbstverdinglichung des Menschen dar.

In dieser Situation kann keine physiozentrisch begründete Umweltethik helfen, sondern nur die Rückbesinnung auf die anthropozentrischen Wurzeln der Ethik. Die drohende Selbstvernichtung des Menschen in seiner Expansivität stellt den Menschen vor die unwiderrufliche Alternative: Umkehr oder Untergang eines nicht unerheblichen Teils der Menschheit.[114] Dabei besteht die Gefahr, daß die Umorientierung eher die Richtung auf einen allgemeinen Fatalismus einschlägt.[115] Hier muß sich christliche Umweltethik bewußt werden, daß Schöpfungstheologie stets im eschatologischen Horizont steht.

Eschatologie[116] im Horizont der Umweltethik sollte in eine Theologie der Hoffnung münden, die die Herausforderung durch den befürchteten Wachstumstod annimmt.[117] Sie relativiert aber auch alle menschlichen Bemühungen um Selbsterhaltung der Menschheit in einem produktiven Sinn. Denn jede bloß ethische Besinnung auf die planetarische Solidarität verfängt sich unweigerlich in den Aporien des Handelns und im Gesetz der Sünde und des Todes. Der eschatologische Horizont christlicher Umweltethik macht bewußt, daß es christlicher Metanoia, christlicher Umkehr, eben doch um anders geht als um die weltweite Umbesinnung zur Selbsterhaltung der Menschheit. Jesu Bußruf befreit aus früheren Bindungen und relativiert alle Bemühungen um menschliche Selbsterhaltung. Oberster Maßstab ist nicht das Fortleben in dieser Welt, sondern die in Christus gestiftete Gemeinschaft in Gott.[118]

Für den Christen geht es nicht allein ums Überleben, sondern um das ewige Leben. In dieser Perspektivenverschiebung wird deutlich, daß selbst die Selbstvernichtung der Menschheit nicht die letzte Sinnlosigkeitserklärung darstellen würde, obwohl wir Menschen als Mitarbeiter Gottes sittlich dazu verpflichtet sind, an der Humanisierung der Gesellschaft und des menschlichen Verhältnisses zur Schöpfung mitzuarbeiten. Aber auch die Mitarbeit an Gottes Schöpfung ist zunächst heilsgeschichtlich zu verstehen und nicht als Eingriff in die Natur. Um den Menschen aber in seiner Verantwortung vor Gott erfassen zu können, muß christliche Umweltethik auf die biblische Vorstellung des Menschen in seiner leib-seelischen Ganzheit, gottebenbildlich geschaffen, verweisen. Zwar ist diese Gottebenbildlichkeit durch die Sünde verdunkelt, von ihrer Minderung oder gar ihrem Verlust nach dem Sündenfall kann jedoch nicht gesprochen werden. Sie ist wesenhafte und bleibende Bezogenheit des Menschen auf Gott und begründet im christlichen Sinn die personale Würde des Menschen, aber auch die Pflicht zu gehorsamem Dienst. Denn der Mensch ist zur Arbeit und zum Schutz des Gartens, der Schöpfung eingesetzt.[119]

Auch die Sünde der Welt als Koexistieren des Menschen in der Sünde wird von einer christlichen Umweltethik in Rechnung zu stellen sein. Das Böse in der Welt ist keine anonyme Macht, kein Fabrikationsfehler, sondern Folge der Sünde, der personalen Entscheidung von Menschen.[120] Die heute gängigen Entschuldigungsmechanismen greifen hier nicht mehr. Christliche Umweltethik wird zwar darauf hinweisen, daß Umkehr und Versöhnung möglich sind, und nach erfolgter Umkehr Schuld nicht angerechnet wird, aber sie betont auch die Verantwortlichkeit des handelnden Menschen für sein Handeln und dessen Folgen.

Eine theologisch interpretierte Ethik der Arbeit und der Technik ist erforderlich. Das christliche Verhältnis zur Materie ist dynamisch und versteht sich als In-Dienstnehmen, als Bearbeiten und als Beherrschen,[121] allerdings in sittlicher Perspektive. Die Würde des arbeitenden Menschen verbietet eine Versklavung durch materielle Güter. Christliche Umweltethik verteufelt die Technik nicht. Sie befürwortet eine Form des Handelns und des Arbeitens verstanden als ein Investieren von Geist in die Materie. In diesem Ringen um Durchdringung und Gestaltung der Materie entwickelt sich der Geist selbst.[122] Technisches Schaffen gilt auch einer christlichen Umweltethik als eine Höchstform von Arbeit.[123] Sie ignoriert die beängstigenden Dimensionen der Technik aufgrund der Disproportion zwischen der Entwicklung der Mittel und der sittlichen Fähigkeiten des Menschen wie seiner gesellschaftlichen Organisation nicht. Christliche Umweltethik plädiert daher für die Bewältigung der Folgen der Technik durch sittliche Anstrengung und gesellschaftliche Kontrolle, nicht durch Abschaffung der Technik.[124]

Christliche Eschatologie antwortet auf die Aporien des menschlichen Handelns mit der unaufhebbaren Relativität alles Geschichtlichen. Das Eschaton ist weder der medizinische Tod noch der Wachstumstod der Menschheit, sondern die Endgültigkeit des Heilshandelns Gottes.[125] Dies formuliert auch der eschatologische Vorbehalt im Rahmen einer christlichen Umweltethik. Unser Handeln kann innerweltlich nie vollständig beurteilt werden. Und: wir können Vollendung und Heil nicht herstellen.

Nach Bruno Schüller habe die eschatologische Ausrichtung christlichen Handelns dem Christentum den Vorwurf eingebracht, an den Verhältnissen in der Welt nicht interessiert zu sein. Die Unabhängigkeit, die in Christus gewonnen sei, sei mit der stoischen Ataraxia verwechselt worden.[126] In der Stoa würden scheinbar angesichts des Unbedingten des Sittlichen die nichtsittlichen Güter zu etwas Gleichgültigem. In ähnlicher Weise könnte nun vermutet werden, daß die Unbedingtheit der christlichen Verheißung zur Indifferenz allen geschaffenen Gütern gegenüber führe. So sei in der Geschichte des Christentums auch der contemptus mundi immer wieder die Kehrseite einer ungeteilten Gottesliebe gewesen.[127] Paulus jedoch fordere Gleichmut und Gelassenheit, nicht Gleichgültigkeit. Der eschatologische Vorbehalt besagt nun nach Schüller, daß es eigentlich nicht in der Macht das Menschen liege, die Welt tatsächlich zu verbessern. Allein in seiner Verfügungskraft stünde es, dies zu wollen. Über die ganzen Folgen einer Handlung könne keiner verfügen. Dies aber impliziere, daß am Mißerfolg niemand zu verzweifeln brauche.[128] Der eschatologische Vorbehalt sei so ein Mittel gegen die Resignation.

Allerdings, ein Problem besteht nach wie vor. Der eschatologische Vorbehalt wie die Kategorie des Mitschöpfertums beziehen sich in erster Linie auf die Heilsgeschichte. Sie stellen keine unmittelbaren Aussagen über Eingriffe in die Natur dar. Daher ist zu fragen, inwiefern das Heil des Menschen und des Kosmos im theologischen Sinn auch die nichtsittlichen Güter mit einschließe. Im AT gebe es Vorbilder für Heilszusagen, die konkrete Schöpfungswirklichkeiten mit einschlössen z. B. in den Verheißungen des Landes und der Nachkommenschaft.[129] Da Land und Nachkommenschaft unmittelbar heilsbedeutsam sind, ist zu klären, ob der Kosmos neutestamentlich in ähnlicher Weise wie die Verheißungen im AT eine soteriologische Relevanz besitzt. Die zitierte Römerbriefstelle legt nahe, dem Kosmos im Hinblick auf Adam und Christus eine derartige Rolle zuzubilligen.

Auf jeden Fall besagt der eschatologische Vorbehalt, daß der Mensch sich nicht selbst erlösen, sich sein Heil nicht herstellen kann. Christliches Handeln unter dem eschatologischen Vorbehalt ist entschieden und ausgerichtet am Ziel der Vollendung der Geschichte durch Gott unter Mitwirkung des Menschen. Der eschatologische Vorbehalt befreit nach dem Vorbild des Gleichnisses vom Unkraut unter dem Weizen (Mt 13, 24–30) von einer skrupulösen Ängstlichkeit und führt zu Toleranz anderen gegenüber. Denn über die sittliche Güte und Beschaffenheit entscheiden nicht Menschen, sondern Gott. Die Intention dieses Gleichnisses erscheint als höchst weise, da die Folgen von Handlungen innerweltlich nicht definitiv bewertet werden können.

Der eschatologische Vorbehalt ist daher auch für eine christliche Umweltethik in entscheidender Weise zu berücksichtigen. Er besagt, daß wir uns bei sittlichen Fragen des Weltethos, zu dem auch die Umwelt gehört, unter die Perspektive innerweltlicher Kriterien stellen müssen. Es ist uns hier nicht erlaubt, den Standpunkt der Vollendung, also eine theozentrische Perspektive einzunehmen. Nimmt man den Impuls des eschatologischen Vorbehaltes ernst, so ist methodische Anthropozentrik unhintergehbar für christliche Umweltethik. Der eschatologische Vorbehalt befreit zudem den Menschen zum Mitschöpfertum am Reiche Gottes. Der Mensch ist Mitarbeiter Gottes, "Cooperator Dei", er ist frei zur Mitarbeit an der unvollendeten Schöpfung.[130] Er ist Mitarbeiter Gottes an seinem Heil und an der Vollendung der Schöpfung, die Gott verheißen hat. Wer christliche Umweltethik fördert oder fordert, um sie dazu benutzen zu können, andere zu richten oder schuldig zu sprechen, mißbraucht sie im Denkschema instrumenteller Vernunft. Er verfällt dem Paradigma, das er kritisiert. Christliche Umweltethik unter dem Leitbild des eschatologischen Vorbehaltes ist keine Rechtfertigung von ökologisch motivierten Glaubenskriegen. Sie ist vielmehr positives, am Personalen ausgerichtetes Modell einer Verantwortung für die Menschen und für die Schöpfung.

Christliche Anthropozentrik besagt nicht, daß der Mensch im Zentrum des Universums steht oder daß er das objektive Maß der Realität darstellt. Vielmehr ist der Mensch Person und als Person für sein Handeln verantwortlich. Und dies gilt auch dort, wo der Mensch Handeln als Herstellen zu begreifen sucht, um sich sittlich zu entlasten. Das biblische Menschenbild stellt den handelnden Menschen in den Mittelpunkt der Schöpfung als Offenbarungsgeschichte. Das ist zugleich der Ausgangspunkt für eine christliche Umweltethik. Physiozentrische Ethiken erneuern nur den Fehler, den sie an der instrumentellen Rationalität kritisieren, wenn sie den Menschen implizit naturalistisch interpretieren. Christliche Anthropozentrik ist hier ein geeignetes Korrektiv. Denn die Geltungsbedingungen heilsgeschichtlicher Aussagen unterliegen nicht technischen Herstellungsbedingungen. Sie sperren sich damit auch gegen die Verdinglichung sowohl der Schöpfung wie des Menschen.

Der eschatologische Vorbehalt in einer christlichen Umweltethik mahnt auch zur Vorsicht gegenüber All-Aussagen, wie sie in holistischen, ganzheitlichen Ethiken häufiger anzutreffen sind. Totalitätsaussagen etwa über die Natur, den Kosmos, die Evolution sind metaphysischer, nicht empirischer Natur und darum mit erheblichem Unsicherheitspotential verbunden. Begründete All-Aussagen über die Natur könnten zwar absolut gültige Verpflichtungen rechtfertigen. Allerdings sind sie naturwissenschaftlich nicht möglich, in der metaphysischen Spekulation nicht zweifelsfrei auszuweisen und stehen zudem aus theologischer Perspektive unter dem eschatologischen Vorbehalt.

Christliche Umweltethik ist keine Verbotsmoral. Sie begründet vielmehr ein positives Modell im Umgang des Menschen mit der Schöpfung. Es ist geprägt durch Respekt vor dem Leben im verantwortungsbewußten Handeln. Dies hatte schon die Interpretation des Noahbundes ergeben. Dieses Ethos kann durchaus handlungsmotivierend sein und läßt sich durch das Ethos ökologisch motivierter Humanität weiter präzisieren, wenn eine Entscheidung in Konfliktfällen erforderlich ist. Christliche Umweltethik gibt uns zugleich die erforderliche Gelassenheit bei der Gestaltung einer humaneren und gerechteren Welt. Denn sie lehrt uns, daß wir uns das Heil nicht erwerben, es nicht herstellen können, sondern es uns von Gott schenken lassen müssen. Zudem besteht das Heil nicht nur in einer intakten Umgebung, sondern in der Ausbildung einer Persönlichkeit. Christliche Umweltethik betont, daß ohne ein geordnetes Verhältnis des Menschen zu sich selbst aus religiöser Perspektive auch kein verantwortliches Handeln für die Schöpfung glücken kann. Darum verweist sie auf die Bedeutung der christlichen Anthropozentrik und vermutet, daß Handeln für die Natur nur dann gelingen wird, wenn die personal-sittliche Dimension im Handeln, Herstellen und Experimentieren wiederentdeckt und zurückgewonnen wird. Das zentrale Problem christlicher Umweltethik ist daher nicht die Natur, sondern der handelnde Mensch. Allerdings sind es nicht seine Bedürfnisse, wie im modernen Anthropozentrismus, sondern die sittliche Idee des Menschen als eines vor Gott in die Verantwortung gerufenen Wesens.

Amery hatte die Anthropozentrik der Erbsündenlehre als Ärgernis empfunden: Warum wurde die Natur um des Menschen willen verflucht und der Schöpfungsfrieden aufgebrochen? Das Problem besteht so lange, wie man nicht konsequent anthropozentrisch denkt. Nun ist die Schöpfungsgeschichte als heilsgeschichtliche und nicht als naturwissenschaftliche Aussage zu lesen. Gottes Fluch über den Acker bedeutet nicht, daß nun erst das Selektionsprinzip wirksam geworden wäre. Denn aus naturwissenschaftlicher Perspektive galt das Prinzip von Mutation und Selektion mit seinen positiven wie negativen Implikationen bereits vor und für den Hominisationsprozeß. Die Sündenfallerzählung ist für eine christliche Umweltethik von nicht geringer Bedeutung. Sie besagt, daß der Mensch als freies und personales Wesen zur Auflehnung gegen Gott fähig und daher in der Lage ist, nachhaltiger als alle anderen Lebewesen sich selbst zu verfehlen und den Naturhaushalt zu stören.

Anhand der Sündenfallerzählung wird deutlich, daß erst der Mensch sittliche Wertungen nach Gut und Böse vornimmt. Erst dann wird die Grausamkeit der Natur als solche bewußt. Der Mensch ist dazu bestimmt, dem Gesetz der biologischen Evolution nicht vollständig unterworfen zu sein. Indem er sich selbst als Person verwirklicht, muß er aber darauf achten, sich nicht zu verfehlen, indem er sich vor Gott, vor den Menschen und der Schöpfung in sich selbst verschließt. Denn der Mensch ist zur Gemeinschaft mit Gott, den Mitmenschen und der Schöpfung berufen. Dies heißt nicht, daß das Liebesgebot auf die Schöpfung ausgedehnt werden müßte, aber eine egoistische Beschränkung auf sich selbst ist nicht christlich zu nennen, auch wenn es um die Schöpfung geht. Denn biblisch gesprochen haben wir Verantwortung für die Tiere, zu denen der Mensch in der Namengebung in ein persönliches Verhältnis treten soll.

Der Mensch soll also nicht als Gott herrschen, sondern wie Gott.[131] Dabei ist das Leiden und der Konflikt in der Welt als Grundlage der Versöhnung der Welt durch Gott wie im Römerbrief so auch in einer christlichen Umweltethik zu akzeptieren. Mit der Kreatürlichkeit alles Natürlichen ist zu rechnen.[132] Dabei kann der Mensch nicht alles Leiden lindern, nicht einmal all das, das durch den Mißbrauch der Kreatur durch den Menschen entsteht. Gemäß der Einfühlung in die außermenschliche Schöpfung oder in die Natur anhand des Ethos ökologisch orientierter Humanität bleibt christliche Umweltethik nicht bei der Nächstenliebe stehen. Rücksichtnahme auf die außermenschliche Schöpfung ist gefordert, wenn auch keine Liebe zur Natur oder Solidarität mit der Schöpfung jeweils im spezifischen Sinn dieser Worte. Denn der Mensch ist gemäß dem Hauptgebot der Gottes- und Nächstenliebe das Zentrum einer christlichen Umweltethik.

Anmerkungen

1 Vgl. Günter Altner; Die Überlebenskrise in der Gegenwart. Ansätze zum Dialog mit der Natur in den Naturwissenschaften und Theologie; Darmstadt 1987, 3
2 Vgl. ebd. 70
3 Vgl. ebd. 81f
4 Vgl. ebd. 89f
5 Vgl. ebd. 126
6 Vgl. Rolf Siewing (Hg.); Evolution. Bedingungen – Resultate – Konsequenzen; Stuttgart, New York ³1987, 138
7 Vgl. Motoo Kimura; Die Neutralitätstheorie der molekularen Evolution; übers. v. M. u. D. Sperlich; Berlin, Hamburg 1987, 5
8 Vgl. ebd. 95
9 Vgl. ebd. 259
10 Vgl. Richard Dawkins; Der blinde Uhrmacher. Ein neues Plädoyer für den Darwinismus; übers. von K. de Sousa Ferreira; München 1987, 61
11 Ebd. 68
12 Vgl. ebd. 87
13 Vgl. ebd. 169
14 Vgl. ebd. 124
15 Vgl. Humberto R. Maturana, Francisco J. Varela; Der Baum der Erkenntnis. Wie wir die Welt durch unsere Wahrnehmung erschaffen – die biologischen Wurzeln menschlichen Erkennens; Bern, München, Wien ²1987, 49
16 Ebd. 54
17 Ebd. 56
18 Vgl. Humberto R. Maturana; Erkennen: Die Organisation und Verkörperung von Wirklichkeit; Braunschweig, Wiesbaden 1982, 164

19 Vgl. ebd. 185
20 Ebd.
21 R. Siewing; Evolution; a. a. O. 327
22 Ebd. 333
23 Ebd. 350
24 Gregory Bateson; Ökologie des Geistes. Anthropologische, psychologische, biologische und epistemologische Perspektiven; übers. von H. G. Holl; Frankfurt ²1985, 620
25 Ebd. 456f
26 Vgl. Gegory Bateson; Geist und Natur. Eine notwendige Einheit; übers. von H. G. Holl; Frankfurt ⁴1984, 193
27 Vgl. ebd. 213
28 Vgl. Erich Jantsch; Erkenntnistheoretische Aspekte der Selbstorganisation natürlicher Systeme; in: Siegfried J. Schmidt (Hg.); Der Diskurs des Radikalen Konstruktivismus; Frankfurt 1987, 159–191, hier 161
29 Vgl. Erich Jantsch; Die Selbstorganisation des Universums. Vom Urknall zum menschlichen Geist; München ²1982, 106
30 Vgl. ebd. 161
31 Ebd. 243–245
32 Vgl. Wolfgang Friedrich Gutmann, Klaus Bonik; Die Dynamik von Selbstorganisation und Destruktion im heutigen Evolutionsverständnis; München 1980, 10
33 Vgl. ebd. 22
34 Vgl. ebd. 28
35 Vgl. Peter Eisenhardt, Dan Kurth, Horst Stiehl; Du steigst nie zweimal in denselben Fluß. Die Grenzen wissenschaftlicher Erkenntnis; Reinbek bei Hamburg 1988, 25
36 Vgl. hierzu ebd. 10, 21, 22, 24, 69 u. 76
37 Ebd. 222, 224
38 Vgl. ebd. 224f
39 Hermann Remmert; Ökologie. Ein Lehrbuch; Berlin, Heidelberg, New York, Tokyo ³1984, 5
40 Vgl. ebd. 8 u. 11
41 Vgl. ebd. 193
42 Vgl. ebd. 194
43 Ebd. 195
44 Edward O. Wilson; Biologie als Schicksal. Die soziobiologischen Grundlagen des menschlichen Verhaltens; Frankfurt, Berlin, Wien 1980, 9
45 Vgl. ebd. 10
46 Vgl. ebd. 14
47 Ebd.
48 Vgl. Roger Sperry; Naturwissenschaft und Wertentscheidung; München, Zürich 1985, 16
49 Vgl. ebd. 29
50 Ebd. 45
51 Ebd. 52
52 Vgl. ebd. 58
53 Eine weit detailliertere Auseinandersetzung mit der Evolutionären Ethik entwickelt mein Aufsatz: Die naturale Basis der Werte. Der Beitrag der Soziobiologie und Gehirnforschung zur Begründung von Normen und Werten; in: B. Irrgang, M. Lutz-Bachmann (Hg.); Begründung von Ethik. Beiträge zur philosophischen Ethik-Diskussion heute; Würzburg 1990, 25–68.
54 Vgl. Hans Mohr; Evolutionäre Ethik; Information Philosophie 4/1986, 4–16, bes. 4

55 Vgl. ebd. 8
56 Vgl. ebd. 14
57 Ebd.
58 Vgl. hierzu meinen Aufsatz: Im Anfang war der Egoismus: Die Soziobiologie als Neubegründung der Sozialphilosophie? in: A. Schöpf (Hg.): Aggression und Gewalt. Anthropologisch-sozialwissenschaftliche Beiträge; Würzburg 1985, 227–245
59 John Archibald Wheeler; Die Experimente der verzögerten Entscheidung und der Dialog zwischen Bohr und Einstein, in: Bernulf Kanitscheider (Hrsg.); Moderne Naturphilosophie; Würzburg 1984, 203–222, hier 218
60 Vgl. hierzu Ferdinand Fellmann; Natur als Grenzbegriff der Geschichte; in: Oswald Schwemmer (Hg.); Über Natur. Philosophische Beiträge zum Naturverständnis; Frankfurt 1987, 75–89, hier 85
61 Vgl. Peter Janich; Naturgeschichte und Naturgesetz; in: O. Schwemmer (Hg.); Über Natur...; a. a. O. 105–122; hier 109
62 Vgl. ebd. 110
63 Vgl. ebd. 111
64 Vgl. ebd. 112
65 Vgl. ebd. 113–116
66 Vgl. ebd. 117
67 Vgl. hierzu Irrgang, Bernhard, Jörg Klawitter (Hg.); Künstliche Intelligenz; Stuttgart 1990, 48–51
68 Vgl. Maximilian Forschner; Über natürliche Neigungen. Die Stoa als Inspirationsquelle der Aufklärung; in: R. Bubner, B. Gladigow, W. Haug (Hg.); Die Trennung von Natur und Geist; München 1990, 93–117; hier 96
69 Vgl. ebd. 96f
70 Vgl. ebd. 98
71 Vgl. 99f
72 Vgl. ebd. 102
73 Vgl. hierzu 104–106
74 Vgl. Johannes Feiner, Magnus Löhrer; Mysterium Salutis. Grundriß heilsgeschichtlicher Dogmatik; 8 Bde., Zürich, Einsiedeln, Köln 1965–1981; Bd. II, Einsiedeln, Zürich, Köln 1967, 559; abgekürzt als MySal
75 Vgl. MySal II, 630
76 Vgl. MySal II, 645f
77 Vgl. MySal II, 632
78 Vgl. MySal II, 567
79 Vgl. Paul Overhage, Karl Rahner; Das Problem der Hominisation. Über den biologischen Ursprung des Menschen; Freiburg, Basel, Wien 1961, 52f
80 Vgl. ebd. 54f
81 Vgl. meinen Aufsatz: Hat die Natur ein Eigenrecht auf Existenz? Anmerkungen zur Umweltethik-Diskussion; in: Philosophisches Jahrbuch 97 (1990), 327–339, bes. 336
82 Vgl. Overhage, Rahner; Hominisation...; a. a. O. 56
83 Vgl. ebd. 61
84 Vgl. ebd. 78
85 Vgl. Hermann Ringeling; Leben im Anspruch der Schöpfung; Freiburg i. Ue., Freiburg i. Br. 1988, 22
86 Vgl. ebd. 85
87 Vgl. ebd.
88 Vgl. Christian Link; Die Welt als Gleichnis Gottes. Studien zum Problem der natürlichen Theologie; München 1976, 72
89 Vgl. Gerd Teißen; Biblischer Glaube in evolutionärer Sicht; München 1984, 32

90 Vgl. ebd. 47
91 Vgl. Manfred Josuttis; Selektion und/oder Ehrfurcht vor dem Leben? in: G. Altner (Hg.); Ökologische Theologie. Perspektiven zur Orientierung; Stuttgart 1989,
   234–251, hier 243
92 Vgl. ebd. 245
93 Vgl. ebd. 251
94 Vgl. Bernd Olaf Küppers; Der Ursprung biologischer Information. Zur Naturphilosophie der Lebensentstehung; München 1986, 110–125
95 Vgl. Carsten Bresch, Sigurd Martin Daecke, Helmut Riedlinger (Hg.); Kann man
   Gott aus der Natur erkennen? Evolution als Offenbarung; Freiburg, Basel, Wien
   1990, 9
96 Vgl. ebd. 15
97 Vgl. ebd. 78
98 Vgl. Reinhard Breuer; Das anthropische Prinzip. Der Mensch im Fadenkreuz der
   Naturgesetze; Frankfurt, Berlin, Wien ²1984
99 Vgl. hierzu aus: Christofer Frey; Die Ethik und die Frage nach dem Ganzen.
   Soziobiologie und evolutionäre Erkenntnistheorie in Konkurrenz zur Schöpfungstheologie und Schöpfungsethik; Zeitschrift für Evangelische Ethik 31 (1987),
   296–316, 296.306
100 Vgl. A. M. Klaus Müller, Wolfhart Pannenberg; Erwägungen zu einer Theologie
    der Natur; Gütersloh 1970, 41
101 Vgl. Konrad Lorenz; Die acht Todsünden der zivilisierten Menschheit; München
    ¹¹1980 (¹1973), 107–109
102 Vgl. ebd. 22
103 Vgl. ebd. 28
104 Ulrich Horstmann; Das Untier. Konturen einer Philosophie der Menschenflucht;
    Frankfurt ²1985, 7f
105 Ebd. 10
106 Ebd. 113
107 Vgl. Günther Anders; Die Antiquiertheit des Menschen Bd. 1; Über die Seele im
    Zeitalter der zweiten industriellen Revolution; München ⁷1987, 239
108 Vgl. ebd. Bd. 2 Über die Zerstörung des Lebens im Zeitalter der dritten indu-
    striellen Revolution; München ⁴1987, 19
109 Vgl. ebd. Bd. 1, 367
110 Vgl. ebd. 291
111 Vgl. ebd. 16
112 Vgl. ebd. 23
113 Vgl. ebd. 25
114 Vgl. Martin Schloemann; Wachstumstod und Eschatologie. Die Herausforderung
    christlicher Theologie durch die Umweltkrise; Stuttgart 1973, 18
115 Vgl. ebd. 25
116 Eschatologie ist die Lehre von den letzten Dingen. Zu unterscheiden sind indivi-
    duelle (Tod und Auferstehung) und universelle Eschatologie (Apokalypse; Welt-
    ende; Parusie).
117 Vgl. Schloemann, a. a. O. 41
118 Vgl. ebd. 52f
119 Vgl. MySal II, 820
120 Vgl. MySal II, 923
121 Vgl. MySal II, 788
122 Vgl. MySal II, 792
123 Vgl. MySal II, 795
124 Vgl. MySal II, 796f
125 Vgl. MySal V. 559

126 Vgl. Bruno Schüller; Die Begründung sittlicher Urteile: Typen ethischer Argumentation in der Moraltheologie, Düsseldorf (¹1973), ²1980, 143
127 Vgl. ebd. 147
128 Vgl. ebd. 151
129 Vgl. ebd. 152
130 Vgl. H. Denzinger, A. Schönmetzer; Enchiridion Symbolorum defititionum et
declarationum de rebus fidei et morum; Freiburg 1965, DS 1554 ("cooperatio");
DS 1535 ("cooperante fide bonis operis") und DS 1525 ("cooperando"); S. 370,
373 u. 378
131 Vgl. Christian Link; Die Welt als Gleichnis Gottes. Studien zum Problem der
natürlichen Theologie; München 1976, 111
132 Vgl. ebd. 333

Schluß: Gestaltung der Evolution durch Gentechnik – neue Aufgaben für die Umweltethik

Zur Beurteilung der Anthropozentrik im Rahmen einer christlichen Umweltethik sind materiale wie methodische Anthropozentrik sowie Anthropozentrik als Ethosform vom modernen Anthropozentrismus zu unterscheiden. Christliche Anthropozentrik ist in erster Linie eine Ethosform. Sie
braucht zu ihrer Ergänzung eine Handlungstheorie, insbesondere eine Ethik
der Ziel- und Folgenbewertung. Der Kerngehalt christlicher Anthropozentrik besteht darin, daß der Mensch von Gott als freiheitlich-personales Wesen in die Verantwortung gerufen ist, die Welt sittlich vertretbar zu gestalten. Die Sonderstellung des Menschen wird sich daher für einen Christen
auch in der leiblichen Gestalt des Menschen ausdrücken, besteht aber nicht
ausschließlich in ihr. Denn sie liegt in der religiös rückgebundenen Ethosform menschlicher Existenz, seiner Verantwortung vor Gott und der unhintergehbaren Personhaftigkeit des glaubenden und handelnden Menschen.

Jede Ethosform ist dabei jeweils eingebunden in einen bestimmten Horizont. Wir leben mit einer anwachsenden ökologischen Gefährdung höher
organisierten Lebens auf der Erde durch den Menschen. Das durch christliche Anthropozentrik gekennzeichnete Ethos ist daher verpflichtet, sich auf
diese Situation einzulassen. Daher muß die Theologie eine Umweltethik
entwickeln, auch wenn der biblische Befund über grundlegende Leitlinien
wie das Modell eines geforderten Respektes vor dem Leben nicht hinausgeht
und uns keine Patentrezepte für die Nutzung der Schöpfung an die Hand
gibt. Im Zentrum der Ethik steht der handelnde Mensch, nicht die Evolution
oder die Natur. Ethik ist unhintergehbar anthropozentrisch, auch wenn der
Mensch nicht im Zentrum des Universums steht oder sogar der Delphin das
differenzierteste Produkt der Evolution wäre.

Die Forderung, aus sittlichen Gründen die anthropozentrische Perspektive für eine Umweltethik aufzugeben, impliziert einen praktischen Selbstwiderspruch und kann nicht erwarten, ernst genommen zu werden. Sie läßt
sich auch nicht aus der Offenbarung begründen. Andererseits ist der moderne Anthropozentrismus, der die faktischen Bedürfnisse des Menschen zum

letzten Sinnziel der Wissenschafts- und Technikentwicklung erhebt, weder christlich noch sittlich, da ein Faktum als solches noch kein Ethos begründet. Die Sittlichkeit dieser Bedürfnisse müßte erst ausgewiesen werden.

Allerdings ist die materiale Seite christlicher Anthropozentrik so zu formulieren, daß sie für die moderne Naturwissenschaft akzeptabel und der ökologischen Krise angemessen ist. Biblisch gesehen muß sie von der Sonderstellung des glaubenden und handelnden Menschen ausgehen. Daher ist die Aussage, der Mensch stehe im Zentrum des Universums, angesichts der Relativitätstheorie in einem kosmozentrischen Sinne nicht aufrechtzuerhalten. Dieser Forderung nach einer verständlichen Interpretation der Anthropozentrik versucht das Ethos ökologisch orientierter Humanität gerecht zu werden. Dieses ist mit christlicher Anthropozentrik kompatibel, wenn es theonom begründet wird. Gegen eine theologische Begründung des Ethos ökologisch orientierter Humanität sperrt sich dieses nicht. Vielmehr weist dieses Ethos eine Reihe gemeinsamer Strukturmerkmale mit einer christlichen Anthropozentrik auf. Auch eine Theozentrik läßt sich nicht gegen eine inhaltliche oder methodische Anthropozentrik anführen, denn Gott steht weder im Zentrum des Universums noch an der Spitze der Evolution, weil er bei aller Immanenz letztlich als transzendent gedacht werden muß.

Eine Neuformulierung materialer christlicher Anthropozentrik etwa des Herrschaftsauftrages oder der Vorstellung des Menschen als Krone der Schöpfung kann angesichts der ökologischen Krise sittlich motiviert gefordert werden. Die Notwendigkeit, christliche Anthropozentrik im Sinne eines theonom ausgerichteten Ethos ökologisch orientierter Humanität auszudeuten, ist heute offenkundig. Anthropozentrik als Ethosform hingegen kann sittlich motiviert nicht abgeschafft werden, ohne daß sich diese Forderung selbst den Boden entzieht. Methodische Anthropozentrik schließlich läßt sich nur ignorieren, aber nicht widerlegen. Wer sie jedoch nicht zur Kenntnis nimmt, verfällt einem objektivistischen, rationalistischen, naturalistischen oder instrumentellen Weltbild, welches instrumentelle Rationalität nicht mehr begründet zu kritisieren vermag. Die Kritik an der Verdinglichung des Menschen und seines Bezuges zur Natur ist methodisch begründet nur auf dem Boden methodischer Anthropozentrik möglich.

Für eine christliche Ethik ist Personalität von der Struktur der Offenbarung wie von ihrem Inhalt her unhintergehbarer Ausgangspunkt. Ich halte es daher sittlich nicht für vertretbar, christliche Anthropozentrik einer naturalistisch begründeten "Ethik" zu opfern, weil diese keine Ethik mehr im Vollsinn des Wortes sein kann. Wenn zudem ein Steuerungsfanatismus als Ausgeburt instrumenteller Vernunft, den viele Öko-Kritiker zu bekämpfen vorgeben, sittliches Handeln ersetzen soll, und die ökologische Krise nur als Vorwand dafür dient, Freiheit abzuschaffen, dann ist das Votum für Anthropozentrik sogar sittlich geboten. Denn es liegt in der Sachlogik einer naturalistischen Umweltethik, insofern sie von Eigenrechten der Natur ausgeht, daß angesichts der Bevölkerungsexplosion über das Recht auf Weiterleben zumindest von einer bestimmten Anzahl von Menschen abgestimmt werden könnte. Derartige Implikationen halte ich für unsittlich, und zwar auch dann, wenn durch das sittliche Verbot einer gewaltsamen Bremsung der Bevölkerungsexplosion weitere Tierarten ausgerottet werden. Aber eine biblisch begründete Ethik kann in dieser Frage keine andere Position einnehmen.

Christliche Umweltethik muß Augenmaß bewahren und realistisch bleiben. Sie verteufelt daher weder die menschliche Arbeit noch die Technik. Der "Homo faber ist kein Irrläufer der Evolution", so formuliert pointiert Wilhelm Korff die Position der christlichen Sozialethik zum Technikverständnis.[1] Vielmehr gehöre Technik zum Wesen des Menschen. Sie stelle eine artspezifische genuine Eigenschaft des Menschen dar. Allerdings sei eine Fortentwicklung von Verantwortungsfähigkeit und moralischer Kompetenz erforderlich[2] und gehöre zum Aufgabenfeld einer christlichen Umweltethik. Dabei verpflichte uns der eschatologische Vorbehalt zum gelassenen Mut einer Verantwortungshaltung.[3]

Auch vor einem voreiligen Moralisieren sollte sich christliche Umweltethik hüten. Gleichfalls reicht eine Beschränkung auf den individuellen Bereich und die hier geforderte Umkehr nicht aus. Denn die meisten ökologischen Probleme tauchen nicht im persönlich überschaubaren Lebensbereich des einzelnen Menschen auf. Vielmehr ergeben sie sich aus dem unkoordinierten Verhalten vieler einzelner Störungen als unbeabsichtigte Nebenwirkungen.[4] Das eigentliche Problem aber stellt im ökonomischen Bereich die Verteilung der Kosten einer Verminderung von Umweltbelastungen dar. Auch darum muß sich eine realistische christliche Umweltethik kümmern. Denn wenn die durch den Umweltschutz auftretenden zusätzlichen Kosten nicht allen zugemutet werden, wächst die Tendenz, sich der Zahlung zu entziehen.[5]

Falls nämlich – um einen Fall aus der ökologisch orientierten Wirtschaftsethik herauszugreifen – ein Unternehmer als erster Umweltschutzmaßnahmen mit hohen Kostenbelastungen ergreift, kann das die Verdrängung vom Markt bedeuten, wenn er daraus keinen Profit zieht. Alle – Unternehmer wie Konsumenten – wissen in irgendeiner Form um das Gemeinwohl. Aber sie verhalten sich anders, nicht nur, weil sie unsittlich sind, sondern aus durchaus verständlichen Gründen. Daher sind Strukturreformen erforderlich.[6] Die Katholische Soziallehre votiert zwar für ein freiheitliches Wirtschaftssystem, allerdings mit Betonung der sozialen Gerechtigkeit.[7] Hier kann angesetzt werden, um eine fruchtbare Umweltethik zu entwickeln, wenn das Ethos ökologisch orientierter Humanität den Gedanken sozialer Gerechtigkeit interpretiert.

In diesem Sinne betont Wilhelm Korff, daß sich auf Dauer kein Fortschritt auszahlt, der gegen das Strukturgefüge der Natur verläuft.[8] Die Natur werde neuzeitlich vom Menschen als das ihn umgebende Potential und als schöpferische Chance seiner eigenen Entfaltung als Vernunft- und Freiheitswesen aufgefaßt. Allerdings habe der Mensch zu respektieren, daß die Natur nicht ausschließlich für ihn da sei. Der Natur komme ein Überhang an Eigenbedeutung zu.[9] Aufgrund der Selbstaufgegebenheit des Menschen könne der Mensch nicht mehr zurück zur Natur. Aber er habe für ein je und je herzustellendes möglichst stabiles Fließgleichgewicht zwischen Ökonomie und Ökologie zu sorgen.[10] Initiator hierfür sei der Staat als Sachwalter des Gemeinwohls. Er habe die Rahmenbedingungen zur Sicherung der Umwelt zu setzen. Aber zur Verbesserung der Umweltverträglichkeit bräuchten wir keinen staatlichen Dirigismus, sondern Innovation. Die Frage nach einer Ethik der Technik rücke ins Zentrum der Wirtschaftsethik.[11] Und beide sind notwendige Anwendungsfelder einer christlichen Umweltethik. Letztlich klaffe aber – so Korff – zwischen moralischer und technischer Vernunft kein evolutionsgeschichtlich bedingter, unüberbrückbarer Abgrund. Vielmehr vermöge der Mensch das technisch Mögliche auch moralisch zu steuern.[12]

Physiozentrische Ansätze in der Umweltethik erscheinen als verfehlt. Denn zum einen konstruieren sie einen Gegensatz zwischen Natur und zumindest der modernen Technologie. Zum anderen postulieren sie eine Natürlichkeit des Menschen, die die Abschaffung der modernen Technologie zugunsten der Natürlichkeit einer Natur legitimieren soll, die aber sowieso nicht mehr besteht. Da der Mensch sich von anderen Lebewesen gerade darin unterscheidet, daß er die Folgen seines Tuns einsehen und abschätzen kann, darf er nicht nach dem Vorbild der Natur verfahren,[13] die nach dem Prinzip von Versuch und Irrtum ungerichtet vorgeht. Je weniger der Mensch weiß, je unüberlegter er handelt, je weiter die Gegenwartsfixierung ausgeprägt ist, desto eher kann Unheil passieren.

Daher fordert christliche Umweltethik trotz ihres Plädoyers für eine sittliche Einbettung von Experimentieren und Produzieren in ein Ethos ökologisch orientierter Humanität keine Einschränkung des naturwissenschaftlichen Kausalwissens per se oder eine alternative Naturwissenschaft. Allerdings müssen Handlungen bzw. Experimente, die Wissen herbeiführen sollen, angesichts ihrer Folgen verantwortbar sein. Sittliche Maßstäbe gewinnt eine Umweltethik nicht aus der Natur, sondern aus sittlicher Vernunft und empirischer Erfahrung von der Natur. Beide Perspektiven ernst zu nehmen und in komplementärer Sichtweise vor dem Hintergrund des eschatologischen Vorbehaltes zu praktizieren, dies zeichnet christliche Anthropozentrik aus. Sie vermag durchaus, eine wirksame Umweltethik zu begründen, ohne ideologischen Verkürzungen anheimzufallen. Anthropozentrik ist daher nicht der Gegenspieler christlicher Umweltethik, sondern ihr methodisches Prinzip. Und eine theologische Ethik hat die häufig vernachlässigte Dimension des Personalen in der Umweltethik zu betonen.

Ohne christliche Anthropozentrik ist der Gedanke der Inkarnation des Gottessohnes in der Welt nicht zu denken. Sie ist daher für den christlichen Glauben nicht verzichtbar. Andererseits besagt der Eingang Gottes in die Schöpfung in der Menschwerdung Gottes eine nicht zu gering einzuschätzende Aufwertung eben dieser Schöpfung. Auch von daher legt sich also der Gedanke einer geläuterten Anthropozentrik für eine christliche Umweltethik nahe. Reflektierte christliche Anthropozentrik erkennt die Rückgebundenheit des Menschen an die Schöpfung und seine Verwurzelung in Gott an. Dabei heißt Anthropozentrik nur, daß der Mensch sich im Umgang mit der Natur selbst als personal und nicht als naturhaft oder bloß instrumentell versteht. Christliche Anthropozentrik impliziert zunächst eine Aussage über den Menschen und nicht über die Natur.

Anthropozentrik läßt sich ohne Rückgriff auf eine transzendentale Denkform methodisch reflektiert nicht rechtfertigen. Man gelangt ohne sie nicht einmal zu einem umfassenden Begriff von Anthropozentrik. Daher wird oft die Anthropozentrik kritisiert, aber es ist eigentlich der moderne Anthropozentrismus gemeint. Ohne Anthropozentrik aber und einen transzendental begründeten Begriff der Vernunft wie der Menschenwürde ist eine ausgewiesene Kritik an instrumenteller Vernunft und damit am Anthropozentrismus nicht zu leisten, ohne sich dabei in Widersprüche zu verwickeln. Anthropozentrik impliziert zwar einen Dualismus von Mensch und Welt in methodischer Hinsicht. Damit ist aber keinesfalls einer ontologisch verstandenen Leib-Seele-Dualität das Wort geredet. Daher hat die geläuterte Anthropozentrik eine Form des Dualismus zu entwickeln, die unhintergehbar ist, aber nicht die restlose Ausbeutung und Ausnutzung der Natur und der Erde impliziert. Diesem Ziel dient das Ethos ökologisch orientierter Humanität.

Ein ökologisch orientiertes Ethos, das weder den Glauben an Gott noch eine Ethik unmöglich macht, ist ohne Anthropozentrik methodisch konsistent nicht zu denken. Die neuzeitliche Naturwissenschaft als Urheber einer technischen, rationalen und instrumentellen Weltsicht kann uns die handlungsleitenden Ziele nicht vorgeben, schon allein durch ihre Methodik. Viele erhoffen sich dieses Orientierungswissen von der Ökologie. Aber Ökologie ist keine Alternative Naturwissenschaft, sondern eine empirische Disziplin, die ihr synthetisches Stadium anders als die Biotechnologie noch nicht erreicht hat. Sie kann daher die Konstruktionsziele z. B. für die Biotechnologie und die Gentechnik nicht vorgeben. Ziele können überhaupt nicht und Zwecke nur bedingt durch Naturwissenschaften vorgegeben werden, ohne dabei dem naturalistischen Fehlschluß zu verfallen.

Daher sind hier Ethik und Religion, also christliche Umweltethik gefragt. Eine feste Grundhaltung, basierend auf einer geläuterten, methodisch durchdachten Anthropozentrik, die sich im Ethos ökologisch orientierter Humanität artikuliert, die aus Verantwortung vor Gott für die Schöpfung entscheidet und handelt, ist der Ausgangspunkt für eine christliche Umweltethik. Diese hat sich angesichts der durch die Gentechnik zunehmend zur Verfügung stehenden Mittel zur Umgestaltung und zum Umbau der Evolution neu zu bewähren. Zwar hat der Mensch schon immer verändernd in die Umwelt physikalisch, chemisch und biologisch eingegriffen. Doch nun ist ein Gentransfer über Artgrenzen hinweg möglich geworden. Eine ungeheure Steigerung der Züchtungsgeschwindigkeit ist erreicht, so daß die Umgestaltung der Evolution in menschlicher Regie ein immer größeres Ausmaß annimmt.

Nach dem biblischen Verständnis hat Gott jede Art für sich geschaffen und ihr einen Lebensraum zugewiesen. Das biblische Modell des Noahbundes erlaubt dem Menschen, die Tiere zu nutzen, auch zu Nahrungszwecken, solange dabei die Grundeinstellung des "Respektes vor dem Leben" gewahrt bleibt. Woher aber kommen die konkreten Normen für den Umgang mit der Natur und den Lebewesen? Biblische Modelle geben eine Grundeinstellung, ein Ethos vor, idealorientiert wie in der Paradieserzählung, realorientiert wie im Noahbund-Modell. Unabhängig davon sind wir aber auf unsere Vernunft angewiesen, die Natur auf das in ihr Zweckmäßige, funktional Sinnvolle und Zuträgliche befragt. Diese hypothetischen Imperative, die sich z. B. auch in "natürlichen Strebungen", in tierischen Trieben usw. artikulieren, müssen dann von der Vernunft im praktischen Diskurs auf ihre Sittlichkeit hin befragt werden.

Korrespondierend zum Ethos ökologisch orientierter Humanität muß christliche Umweltethik eine Handlungstheorie entwickeln, die Ziele und Folgen von Eingriffen in die Schöpfung abschätzt und bewertet. Eine derartige Handlungstheorie verdanken wir im Umriß Thomas von Aquin. Die Ziele der Umgestaltung der Evolution und die Bewertung der Folgen des damit verbundenen Eingriffs muß im Rahmen einer Handlungstheorie geschehen. Eine Grundhaltung, ein Ethos ist wichtig, aber sie genügt nicht. Die richtige Entscheidung muß gefällt, der Kairos erfaßt und die Umstände müssen berücksichtigt werden. Situationsgerechtes Handeln ist gefordert, nicht nur eine Grundhaltung. Die Klugheit, die "recta ratio" als gesunde Vernunft, spielt in der thomanischen Handlungstheorie eine eminente Rolle und demonstriert die finale Ausrichtung der thomanischen Ethik.[14] Die "recta ratio" artikuliert sich besonders in der Wahl der rechten Mittel zum Ziel.[15] Allerdings betont Thomas auch das Unsicherheits- und das Wagnismoment, das jeder Entscheidung innewohnt.[16]

Ein neues Aufgabenfeld wächst der Umweltethik durch die Gentechnik im Rahmen der Biotechnologie zu. Die Möglichkeiten der "synthetischen Biologie" scheinen so faszinierend, daß der Titel eines Aufsatzes von Ernst Ludwig Winnacker – ohne dessen Zustimmung – sogar von "achten Tag der Schöpfung" sprach.[17] Die Tatsache, daß 1976 Har Gobind Khorana in einer lebenden Zelle ein künstliches Gen zum Sprechen gebracht hat, bezeichnet er als die Geburtsstunde einer neuen Industrie. Damit gelingt es, in lebenden Zellen vom Menschen erwünschte Proteine herstellen zu lassen. Die Zelle, häufig ein Bakterium, produziert ein ihr völlig fremdes Protein, auf dem Reißbrett entworfen.[18] Bio-Computer werden zunehmend in die Lage versetzt, Baustein für Baustein eines neuen Gens zu synthetisieren. So "ersetzt der Kopf des Protein-Designers den Anpassungsprozeß im Laufe der Evolution".[19]

Mit den wachsenden Eingriffsmöglichkeiten des Menschen in die Evolution, die eine wesentliche Wandlung der Produktions- und Forschungsstruktur der chemisch-pharmazeutischen Industrie impliziert, wächst die Verantwortung des forschenden und produzierenden Menschen. Mit den Mittel der "synthetischen Biologie" kann der Forscher vorläufig nur ansatzweise Mutation und Selektion, durch seinen Entwurf, durch seine Planung ersetzen. Konstruktion tritt an die Stelle des Zufalls. Und dies erscheint zunächst als positiv, als Fortschreiten in einer sinnvoll gestalteten Umwelt des Menschen. Doch ist Vorsicht geboten. Zu umwälzend dürften die Veränderungen sein, die sich abzeichnen. Denn der Mensch macht auf den Weg in ein neuerliches Experiment, das sein Selbst- und Naturverständnis radikal verwandeln kann.

Wie "synthetische Biologie" arbeitet, läßt sich an der Herstellung des Somatostatins ablesen. Dies ist ein einfach gebautes Polipeptid im Vorderlappen der Hypophyse, der Hirnanhangdrüse von Wirbeltieren, das ein Wachstumshormon, Somatotropin, hemmt. Da das Gen zum Aufbau dieses Eiweißmoleküls nicht bekannt war, es sich aber um eine einfache organische Verbindung handelt, orientierten sich die Forscher an der Struktur von Somatostatin: "Die Kenntnis des genetischen Codes erlaubte ihnen, für jede der 14 Aminosäuren die entsprechende Dreierkombination von Nukleotiden zurückzuübersetzen. Und da für jede der 14 Aminosäuren mehrere Dreierkombinationen infragekommen, konnten sie sogar die praktischste Kombination heraussuchen. Auf diese Weise wurde ein Somatostatin-Gen geschaffen, das in dieser Form in der Natur gar nicht existierte".[20] Aber nicht nur die Neukonzeption eines Gens ist bei diesem Vorgang zu beachten, sondern auch der Gedanke einer Optimierung des Gens. Das künstliche Gen produziert das Eiweißmolekül also der Idee nach effektiver, zumindest mit geringerem Codierungs-Aufwand als die Natur. Die Rekonstruktion der genetischen Grundlage lebender Materie aber ist eine Handlung und muß daher verantwortbar sein.

Herkömmliche Züchtungsmethoden versuchten, die Selektion zu steuern. Diese Eingriffsmöglichkeiten werden nun auf die Mutation ausgedehnt. Dies bedeutet einen Zuwachs an Können und Verantwortung. Bereits die bislang üblichen Kulturleistungen und Züchtungserfolge waren ein Experiment der Menschheit mit der Evolution und rechtfertigungsbedürftig. Nun wächst das Eingriffspotential und die Verantwortung. Das kulturell-technische Eingreifen gehört zum Menschen und ist ihm aus sittlichen Gründen nicht von vorne herein zu verbieten. Doch müssen die neuartigen Fragestellungen, die mit der "synthetischen Biologie" gegeben sind, unter sittlicher Perspektive durchdacht werden. Zum zweiten entsteht das Problem, das wir bei der Konstruktion neuer Lebewesen offenbar zwei Beschreibungsebenen der Organismen nicht mehr auf einen Nenner bringen können. Die lebensweltliche Wahrnehmung von Lebewesen, Tieren, Säugetieren, denen wir in der Einfühlung in gewisser Weise eigene Erfahrungen zuordnen können, können wir immer weniger mit der wissenschaftlichen Einstellung in Einklang bringen. Letztere betrachtet den genetischen Code als DNS-Struktur, also als biochemischen Bauplan, als unbelebte Materie und Material, das wir technisch manipulieren und optimieren können. Die Auswirkungen zeigen sich aber an einem Lebewesen, ob Tier oder Mensch. Blenden wir die lebensweltliche Betrachtungsweise aus, so lassen sich viele Forschungen ohne Skrupel vornehmen.

Für Rainer Hohlfeld ist die Leitvorstellung der synthetischen Biologie die Ingenieurskunst.[21] Die experimentelle Methode erziele genau definierte Effekte unter bestimmten Bedingungen. Die mechanistisch-deterministische Auffassung vom Lebendigen glaubte darüber hinaus, das Geheimnis des Lebens im genetischen Code chemisch entschlüsselt zu haben. So könnten durch die Technik der beliebigen Neukombination von DNS Organismen konstruiert werden. Die Leitvorstellung der synthetischen Biologie laufe darauf hinaus, das Naturphänomen durch ein künstliches Produkt zu ersetzen. Allerdings handele es sich um Artefakte, die sich vermehren.[22] Die erfindende Ingenieurskunst sei prinzipiell grenzenlos. Sie geschieht allerdings um den Preis einer völligen Loslösung der Labornatur von der Welt der natürlichen Phänomene. Die Ziele der Ingenieurskunst seien Konstruktionsziele, praktische, ökonomische, technische, aber nicht natürliche Handlungsziele.[23] So werde die Natur an die Produktion angepaßt. Allerdings sind die Wechselwirkungen zwischen Labornatur und Restnatur unbekannt. Das Risiko gentechnischer Manipulationen aber entstehe aus der Unkenntnis der Bedingungen einer möglichen Koexistenz zwischen den beiden Naturen.

Mit der Bestimmung der Naturwissenschaft als experimentelle Wissenschaft rückt die Grundvorstellung einer Laborwissenschaft mit dem Leitbild der Herstellbarkeit von Effekten in den Vordergrund. War zunächst das Paradigma der Physik maßgebend, die Proto-Physik wissenschaftstheoretisches Leitbild der Neuzeit schlechthin, so rückt jetzt Molekularbiologie als "Protobiotechnologie" für den belebten Teil der Natur an ihre Seite. Das neuzeitliche naturwissenschaftliche Weltbild beginnt sich zu schließen. Seine Wahrheit, nicht nur seine Effektivität müßte sich nun erweisen. Dies bedeutet, die Grundannahme der Laborwissenschaften, daß die im Labor "hergestellten" Naturgesetze und Experimentalmodelle nicht nur über Analogieschlüsse mit den natürlichen Phänomenen verbunden werden könnten, sondern daß Naturgesetze und Theorien die Struktur der Wirklichkeit abbilden, müßte jetzt begründet werden können. Diese realistische Grundannahme aber hält der philosophischen Kritik nicht stand und könnte in der Biotechnologie fatale Folgen haben, wenn z. B. im Gewächshaus simulierte "Freisetzungsversuche" in die Natur entlassen werden und sich die Zweifel am zugrundegelegten Paradigma als berechtigt erweisen.

Denn Laborbedingungen lassen sich in der Natur nicht herstellen.[24] Wenn man z. B. Pflanzen an ideale Laborbedingungen anpaßt, und sie dann in die Natur entläßt, so zeigt sich die Problematik dieses Vorgehens. Immer neue Schädlinge widerlegen diese Annahme, daß in der Natur Laborbedingungen hergestellt werden könnten für unsere Hochleistungssorten. So bleiben berechtigte Ängste, wenn die kontrollierbaren und definierbaren Laborbedingungen auf die Natur übertragen werden, daß etwas Unvorhergesehenes und Unvorhersehbares eintrifft. Nach der überkommenen Ethik müssen wir allerdings unser Handeln an den vorhersehbaren Folgen unseres Handelns ausrichten. Aber dürfen wir derart eingreifen, wenn unser Nichtwissen Folgen nicht vorhersehen läßt, die möglicherweise Epidemien auslösen? Zwar kann man Baupläne von Organismen gezielt verändern, eine künstliche Umwelt für diese im Labor herstellen und ihre Reaktion austesten, die Freisetzung aber unterwirft das manipulierte Lebewesen, das unter Umgehen der Gesetze der natürlichen Evolution verändert worden war, wieder genau diesen Gesetzen, die vorher ausgeschaltet worden waren. Hält aber die realistische Grundannahme, daß sich natürliche Evolution im Labor simulieren lasse, dem Druck der Wirklichkeit nicht stand, so könnten sich daraus fatale Konsequenzen für viele Ökosysteme ergeben.

Eine Ingenieurskunst weist aber noch ein weiteres Charakteristikum auf. Ihre Ziele sind Konstruktionsziele, eigentlich nur Zwecke. Die Projekte werden von wissenschaftlichen, praktischen, ökonomischen und technischen Handlungszielen geleitet. Das Ziel der Optimierung wird von der Natur selbst nicht vorgegeben. In gewisser Weise sind Anpassungsvorgänge in der Natur Optimierungsvorgänge, allerdings fallen diese nicht aus der genetisch fixierten naturgeschichtlichen "Erfahrung" eines Codierungsprogrammes heraus. Hier verbessernd einzugreifen ist das Ziel der Gentechnologie. Doch woran orientiert sich der Eingriff? Sind es Normen der Herstellbarkeit,

Zwecke des ökonomischen Nutzenkalküls oder gar sittliche Zielvorgaben, an denen die Veränderungen gemessen werden? Oder müßten nicht auch ethische Gesichtspunkte berücksichtigt werden?

Naturkatastrophen aus Menschenhand und die Verantwortung dafür könnte den Forschenden und den Ingenieuren zuwachsen. Christliche Umweltethik hat die Aufgabe, im interdisziplinären Diskurs Kriterien der Verantwortbarkeit zu entwickeln. Die neuzeitliche Verknüpfung von Technik und Wissenschaft in der Experimentalmethode finden in der Biotechnologie und Gentechnik ihren konsequenten Ausdruck. Sie führt zur "Erfindung von Lebewesen". Hier tritt ein Problem auf. Ein technisch erzeugter Apparat funktioniert, bis er mit einem Defekt ausscheidet, der sich zu reparieren nicht mehr lohnt. Aber erfundene Lebewesen, vielleicht gar neue Arten stoppen nicht notwendig ihre Reproduktionstätigkeit, wenn der Mensch es will oder die Aufgabe erfüllt ist. Auch künstlich hergestellte Lebewesen unterliegen weiterhin den natürlichen Gesetzen der Evolution.[25] Damit können Folgen eintreten, die der Experimentator nicht unmittelbar hervorgerufen hat. Ist er für diese verantwortlich? Eine handlungstheoretisch orientierte Ethik bejaht diese Frage dann, wenn die Folgen vorhersehbar waren oder zumindest vermutet werden konnten.

Das Patentrecht über eine Art – am 2. März 1978 wurde das erste Patent auf eine neugeschaffene Art dem amerikanischen General Electric-Konzern für Erdöl abbauende Pseudomonas-Bakterien zugesprochen[26] –, ordnet diese Gruppe dem Bereich der Sachen, der "toten" Materie zu. Aber die Erzeugnisse der Geningenieure sind eben nicht mit toten Sachen zu vergleichen.[27] Die Frage, ob Artefakte, die patentfähig sind und sich vermehren, überhaupt denkbar sind, ist noch zu beantworten. Denn die Eigenschaft der Reproduktion, die unter den Bedingungen der natürlichen Selektion zu Mutanten führt, die das ursprüngliche Artefakt unvorhergesehen verändern, hebt die ursprüngliche Bestimmung des Artefaktes auf.

Damit wird die Veränderung im Paradigma Natur deutlich, die mit der "synthetischen Biologie" verbunden ist. Abgesehen von den Störfällen aufgrund der Widerständigkeit einer Natur, die wir noch nicht im Griff haben, wird die Natur zunehmend abhängig von der Idee, die einzelne Menschen oder die Menschheit von ihr haben. Das Urbild des Bereichs, der der menschlichen Verfügungsgewalt entzogen war, gerät unter das Leitbild menschlicher Zwecksetzung. Die Gewalt des technologischen Imperatives, das Mögliche auch durchzuführen, geht von einer Quasi-Naturwüchsigkeit der Zwecke aus. Es sind dann anonyme Mächte wie politische Institutionen oder Unternehmen, die der Natur ihre Zwecke vorschreiben. Häufig ist ein solcher Zweck Ertragssteigerung oder Bewahrung vor Schädlingsbefall. Jedenfalls handelt es sich um eine gezielte Beeinflussung für Zwecke, die der Mensch vorgibt. Damit ändert sich das Paradigma Natur. Denn die über Artgrenzen hinweg konstruierten Idealpflanzen und Idealtiere könnten mittels Klonierung "in Serie gehen".[28] Genetisch optimierte Haustiere und andere konstruierte Lebewesen könnten so hergestellt werden, daß sie keine erkennbare Individualität mehr besitzen.

So ergeben sich für das Verständnis der Natur zwei ineinander greifende Konsequenzen. Der Traum der Neuzeit, einen rationalen Kosmos technisch zu erschaffen, rundet sich ab. Die rationale Rekonstruktion der Natur hat nach der Physik und Chemie nun die Biologie ergriffen. Dabei wirft die Optimierung der genetischen Ausstattung von Organismen die Frage nach den Zielen und Zwecken des Eingriffs und seiner Legitimität auf. Zum zweiten stellt sich die Frage, ob der Mensch in der Tat selbst mit Computerunterstützung den Anpassungsprozeß der natürlichen Evolution zumindest in einigen Teilbereichen ersetzen kann. Läßt sich zudem ein derartiges Unternehmen verantworten, und wenn ja, unter welchen Bedingungen? Das klassische evolutionäre Schema von Versuch und Irrtum greift angesichts der irreversibel freigesetzten und möglicherweise pathogenen Organismen als Folgen menschlicher Eingriffe nicht mehr. Belebte Natur und Evolution in menschheitlicher Regie muß jetzt verantwortet werden. Die Aufgaben der Umweltethik wachsen.

Ein konkretes Beispiel der gerade sich etablierenden Fragen für die Umweltethik ist erst seit wenigen Jahren im Zusammenhang mit der gentechnischen Umstrukturierung von Labortieren zu Versuchszwecken aufgetaucht. Es handelt sich um transgene Tiere,[29] gentechnisch konstruierte Tiere, die eine spezifisch menschliche Krankheit modellieren sollen. Am bekanntesten sind die sogenannte Krebsmaus,[30] an der Krebsentstehung wie Krebstherapie erprobt wird, und die SCID-Maus, eine Maus ohne Immunsystem, die die menschliche Krankheit AIDS im Modell darstellen soll. Es geht zudem um die Erforschung von Tumorbildung und Krebsentstehung, um die Behandlung von und die Impfstoffentwicklung gegen AIDS[31], um Krankheitsentstehung[32], um die Erforschung der Embryonalentwicklung[33], um Organentstehung und -entwicklung (z. B. Bauchspeicheldrüse), um ein Modell für Bluthochdruck sowie für die Entstehung von Nervenzellen und den Aufbau des Gehirns.[34] Verwendet werden insbesondere Mäuse[35] und Schweine[36] wegen der Übertragbarkeit der gewonnenen Ergebnisse auf den Menschen, aber auch Pferde[37], Kaninchen, Hunde, Katzen und Affen[38].

Das ethische Problem besteht nun darin, daß für therapeutische Zwecke und für die Grundlagenforschung bewußt Tiere erzeugt und geradezu daraufhin konstruiert werden, daß sie stellvertretend für uns Menschen leiden. Es handelt sich um zumeist hochentwickelte Säugetiere, Tiere, die bereits seit längerer Zeit in der näheren Umgebung des Menschen leben, für die wir also auch eine besondere Sorgfaltsverpflichtung haben. Sie sind häufig wie etwa Schimpansen dem Menschen nahe verwandt, haben wohl Schmerzempfindungen, die den unsrigen nicht unähnlich sein dürften, und können mit uns Verhaltensweisen austauschen. Diese Tiere müssen nun an menschlichen Krankheiten leiden, die sie sonst nicht erhalten hätten, und werden häufig an ihnen sterben.

Die Vertreter der Biozentrik und der Physiozentrik, die von Eigenrechten der Natur ausgehen, müßten transgene Tiere im biomedizinischen Experiment als in sich verwerflich ansehen. Denn wir erzeugen hier bewußt Tiere, deren einziger Daseinszweck darin besteht, stellvertretend für Menschen zu sterben und zu leiden. Dies erscheint jenen Vertretern als ungerechtfertigt, denn das Recht auf Existenz, auf Leben und Leidensfreiheit sei basaler als potentieller therapeutischer Nutzen für den Menschen oder gar bloße Befriedigung seiner Neugierde. Und einen grundsätzlichen Unterschied zwischen Tier und Mensch gibt es ja gemäß dieser Position nicht.

Für die klassische Anthropozentrik wären diese Tiermodelle eigentlich kein Problem. Denn daß sie zur Verrohung des Menschen beitragen, ist unwahrscheinlich, der therapeutische Nutzen winkt zumindest potentiell und auch die Befriedigung der Neugierde und das Stillen des Wissenstriebes stellt für einen klassischen Anthropozentriker einen Wert dar, dem Tiere geopfert werden dürfen. Die geläuterte Anthropozentrik mit ihrem Ethos ökologisch orientierter Humanität muß sich um einen Mittelweg bemühen. Für eine christliche Umweltethik können Tiere keine reinen Sachen sein, allerdings stehen sie auch nicht auf gleicher Stufe wie die Menschen. Prüfen wir daher die Sachlage nach den eruierten Grundsätzen.

Krankheiten werden durch das Zusammenspiel von mehreren genetischen und Umweltfaktoren hervorgerufen. Dies läßt sich trotz Einwände der Tierversuchsgegner nicht allein durch Beobachtung, sondern nur durch Experimente herausfinden. Als Ethiker scheint es mir plausibel, daß die Aufklärung kausaler Wirkungsketten einen Beitrag zum Verständnis von Krankheiten und damit zu potentiellen Therapieformen leistet. Die Grenzen des kausalanalytischen Modells bei der Behandlung von Patienten rechtfertigen m. E. nicht die Einstellung dieser experimentellen Forschung. Das Kausalwissen legitimiert allerdings auch keinen willkürlichen Umgang mit Versuchstieren. Kausale Betrachtungsweisen sind bei transgenen Tiermodellen besonders wichtig. Hier könnten – bei vorsichtigem Umgang mit den erzielten Resultaten – transgene Tiere zu besseren Ergebnissen führen als herkömmliche, gezüchtete Tiermodelle.

Ein weiterer strittiger, aber dennoch sittlich relevanter Gesichtspunkt für die Bewertung transgener Tiermodelle stellt die Übertragbarkeit der am Tier gewonnenen Erkenntnisse auf den Menschen dar. Hier mahnt uns ein methodisches Dilemma zur Vorsicht. Wenn man die Übertragbarkeit tierexperimentell gewonnener Ergebnisse auf den Menschen leugnet und einen nahezu absoluten Tier-Mensch-Unterschied postuliert, dann zerstört man die Grundlage des Gleichbehandlungsgrundsatzes und damit eine wesentliche Säule in der Begründung unserer Verpflichtung, schonend mit Tieren umzugehen. Ebnen wir aber den Tier-Mensch-Unterschied wegen des Gleichbehandlungsgrundsatzes zu sehr ein, dann unterstellen wir eine hohe Übertragbarkeit der Ergebnisse, was wiederum eine gewisse Zahl von dringlichen Versuchen rechtfertigen würde.

Daher empfiehlt sich aus sittlicher Perspektive und für eine christliche Umweltethik eine vorsichtige Verwendung des Übertragbarkeits-Kriteriums. Wenn sich schon eine Wirksubstanz an Zellkulturen und bzw. oder in Tierversuchen als toxisch erwiesen hat, sollten wir sie am Menschen nicht auch überprüfen, es sei denn, es gäbe Anhaltspunkte dafür, daß diese Substanzen im Menschen anders wirken. Hinsichtlich der Übertragbarkeit gibt es im Tierreich kein ideales Modell für den Menschen. Transgene Tiere könnten die Übertragbarkeit der Erkenntnisse durch gezielte Erzeugung von Modellen verbessern. Daher könnte die Verknüpfung von Alternativ-Methoden und transgenen Tiermodellen in vielen Bereichen belastende Versuche (gerade bei Krebs und bei Neuropharmaka) verringern helfen. Hier erhebt sich die ethische Forderung, den Einsparungsaspekt als wesentliches Bewertungskriterium in die Entwicklungsprojekte transgener Tiermodelle aufzunehmen.

Die entscheidenden Aussagen über alle möglichen Nebenwirkungen im Menschen lassen sich durch Experimente am Tier nicht gewinnen. Entsprechend vorsichtig muß bei der Übertragung vorgegangen werden. Die Übertragung auf den Menschen beinhaltet ein Risiko, bei herkömmlichen Tiermodellen noch größer als bei transgenen, doch auch hier läßt es sich niemals ganz ausschließen. Tierversuche sind ein Vorauswahlverfahren, um Risiken für den Menschen zu vermindern, so wie in-vitro-Methoden das Risiko für die Tiere minimieren sollten. Denn eines bleibt sicher zutreffend: Auch noch so gut zurecht gezimmerte Tiermodelle können immer nur einen Teilaspekt repräsentieren. Allerdings muß der sittlich verantwortlich handelnde Forscher sich fragen, ob die Unterlassung der Experimente am Tiermodell angesichts der Folgen für den Menschen und für die Versuchstiere zu rechtfertigen ist.

Werden transgene Tiere im biomedizinischen Experiment verwendet, die beim Vesuch nicht sterben oder übermäßig Schmerz empfinden, aber Forschungsergebnisse erzielt, die sich therapeutisch (für Tier und Mensch) verwerten lassen, so halte ich deren Verwendung für sittlich gerechtfertigt, solange Alternativen nicht zur Verfügung stehen. Wenn zudem durch gezielten Gentransfer das Auftreten ungewollt letaler oder schwer krankhafter Formen gegenüber der Züchtung traditioneller Tiermodelle vermindert werden kann, wenn also durch den Einsatz transgener Tiermodelle die Anzahl der Tierversuche mit schwerer Belastung deutlich zurückgeht, so scheint mir das ein zusätzliches Argument für die Legitimität ihrer Verwendung. Wenn weiterhin der Nutzen für den Menschen und möglichst auch für Tiere groß erscheint, wäre dies ein drittes Argument für die Durchführung dieser Versuche, sofern Alternativen nicht zur Verfügung stehen.

Wenn bei Exprimenten mit transgenen Tieren ein Wissen und Können erworben werden soll, das menschliches und bisweilen auch tierisches Leid, Schmerzen und verfrühten Tod zu verhindern hilft, dann sind auch beim Menschen basale Interessen und Bedürfnisse betroffen. Transgene Tiere im biomedizinischen Experiment werden nicht menschlichen Luxusbedürfnissen geopfert. Und selbst Bluthochdruck, eine Zivilisationskrankheit, bei der nicht selten ein Mitverschulden des Erkrankten vorliegt, rechtfertigt m. E. nicht, die Entwicklung von Therapieformen zu stoppen. Zu behaupten, ein Herzinfarktpatient habe durch seine Lebensweise sein Recht auf medizinische Hilfe verwirkt, wenn deshalb Tiere sterben müssen, ist zynisch und nicht sittlich. Zudem gibt es auch hier Erscheinungsformen der Krankheit, bei denen die Lebensumstände eine geringere Rolle spielen.

Da also bei unmittelbar zu erwartender therapeutischer Anwendung – etwa bei der Prüfung von Krebstherapeutika oder AIDS-Impfstoffen – basale Bedürfnisse von Menschen gegen basale Strebungen bei Tieren stehen, kann eine Position wie die geläuterte Anthropozentrik ein bedingtes Ja zu transgenen Tieren im biomedizinischen Experiment sagen. Dies gilt unter einigen, bereits genannten einschränkenden Bedingungen, da nicht nur die Ziele dieser Forschung sittlich vertretbar sein müssen, sondern auch die zu erwartenden Folgen, nämlich die Heilung oder Linderung menschlicher, lebensbedrohender Krankheiten. Da es sich um biologisch uns nahestehende Tiere handelt, die zudem meist noch Haus- oder Nutztiere sind, haben wir auf dem Boden des Ethos ökologisch orientierter Humanität die Verpflichtung, diese zu erhalten, es sei denn, sehr triftige Gründe sprechen dagegen. Wenn sich aber konkrete Heilungschancen abzeichnen, dann scheint mir dieses Ziel sittlich legitim.

Allerdings sind wir verpflichtet, den Einsatz transgener Tiere, die erheblich leiden und für uns sterben müssen, so klein wie möglich zu halten. Damit wir diese Versuchs-Handlungen sittlich verantworten können, ist von der hier entwickelten christlichen Umweltethik zu fordern, daß die Alternativen zum Tierversuch – etwa Zellkulturen, Computersimulationen usw. – einigermaßen ausgeschöpft sind und daß die Übertragbarkeit der am Tiermodell gewonnenen Ergebnisse mit hoher Wahrscheinlichkeit auch gewährleistet ist. Zudem sollten transgene Tiere, wenn sie schon unumgänglich für uns leiden müssen, narkotisiert werden, wenn es der Versuchszweck erlaubt, um so die Schmerzen für die Versuchstiere zu minimieren.

In der Grundlagenforschung scheinen mir Ziele, die mittels Experimenten erreicht werden sollen, dann vertretbar, wenn ein therapeutischer Nutzen begründet zu erwarten ist. Eine reine Befriedigung menschlicher Neugierde oder gar unsittliche Ziele – möglicherweise in der militärischen Forschung – rechtfertigen den Einsatz transgener Tiere im medizinischen Experiment nicht. Überprüfen muß man hier jeden Einzelfall, jede Experimentalanordnung für sich. Verlangt wird vom Forscher eine Abschätzung der Forschungsfolgen, und zwar auf die Versuchstiere, auf die Entwicklung der Medizin und der so gewonnenen Ergebnisse auf den Patienten. Dabei ist er verpflichtet, die vorhersehbaren Folgen zu erfassen und einzubeziehen und diese Folgenabschätzung sehr sorgfältig vorzunehmen. Die Bewertung der Ziele wie der vorhersehbaren Folgen sollte dann im interdisziplinären Diskurs erfolgen.

Klar vorhersehbaren Schaden zu vermeiden und klar vorhersehbaren Nutzen für Mensch und Tier nach unterschiedlicher Dringlichkeit zu erreichen ist Ziel der medizinischen Forschung. Dabei sind wertende und deskriptive Prämissen in einem ethischen Urteil zu unterscheiden. Die strittigsten Punkte bei der Verwendung transgener Tiere wie allgemein in der Umweltethik scheinen mir übrigens bei Tatsachenfragen zu liegen, etwa die Validität des Kausalmodells oder die Übertragbarkeit auf den Menschen betreffend. Hier sind weitere Ergebnisse, auch Tierversuche erforderlich. Die Grundausrichtung, Tierversuche mit Belastungen durch Schmerzen weitmöglich zu reduzieren, scheint mir als Grundvoraussetzung einer christlichen Umweltethik als Forschungsethik für das biomedizinische Experiment von den meisten anerkannt.

Transgene Tiere im biomedizinischen Experiment sind nur ein Bereich der neu aufkommenden Probleme für die Umweltethik. Alles spricht dafür, daß die Aufgaben der Umweltethik, selbstverständlich auch der christlichen Umweltethik, anwachsen werden. Eine Umweltethik auf der Basis einer geläuterten Anthropozentrik scheint mir in der Lage, methodisch abgesichert die zukünftig in diesen Handlungsfeldern entstehenden Fragen angehen zu können. So ist theologische Ethik in der Lage, einen wichtigen Beitrag zu drängenden Zeitfragen zu leisten.

Anmerkungen

1 Vgl. Wilhelm Korff; Leitlinien verantworteter Technik; in: Münchener Theologische Zeitschrift 38 (1987), 134–142, hier 140

2 Vgl. ebd. 139

3 Vgl. ebd. 142

4 Vgl. Joachim Wiemeyer; Sozialethische Überlegungen zur Umweltproblematik; in: Jahrbuch für christliche Sozialwissenschaften 26 (1985), 195–220; hier 200

5 Vgl. ebd. 202

6 Vgl. ebd. 207

7 Vgl. ebd. 208

8 Vgl. Wilhelm Korff; Die Wirtschaft vor der Herausforderung der Umweltkrise; in: Energiewirtschaftliche Tagesfragen 40 (1990), 27–35; hier 30

9 Vgl. ebd.

10 Vgl. ebd. 31

11 Vgl. ebd. 34

12 Vgl. ebd.

13 Vgl. Wolfgang Wickler; Biologische Deutung der Erbsünde; in: Rudolf Schnakkenburg (Hg.); Die Macht des Bösen und der Glaube der Kirche; Düsseldorf 1979, 98–106, hier 105

14 Vgl. Johannes Gründel; Die Lehre von den Umständen der menschlichen Handlung im Mittelalter; Münster 1963, 580–646, bes. 632

15 Vgl. ebd. 635

16 Vgl. ebd. 643

17 Ernst Ludwig Winnacker, Der achte Tag der Schöpfung, in: Bild der Wissenschaft 2/87, 38–48, hier 39

18 Ebd. 42

19 Ebd. 48

20 Jost Herbig; Die Gen-Ingenieure. Durch Revolutionierung der Natur zum Neuen Menschen?; München, Wien 1978, 193

21 Rainer Hohlfeld; Biologie als Ingenieurskunst. Zur Dialektik von Naturbeherrschung und synthetischer Biologie; in: Ästhetik und Kommunikation, 18. Jg. (1988), H. 69, 61–69, hier 61

22 Vgl. ebd. 63

23 Vgl. ebd. 64

24 Vgl. Rainer Hohlfeld; Biologie als Ingenieurskunst; in: Klaus Grosch, Peter Hampe, Joachim Schmidt (Hg.); Herstellung der Natur? Stellungnahmen zum Bericht der Enquete-Kommission "Chancen und Risiken der Gentechnologie"; Frankfurt, New York 1990, 170–179; hier 177

25 Hans Lenk; Homo Faber – Demiurg der Natur? Kritische Bemerkungen zu neueren naturalistischen Fehlschlüssen; in: Bernulf Kanitscheider (Hg.): Moderne Naturphilosophie, Würzburg 1983, 107–123, hier 123

26 Vgl. J. Herbig; Die Gen-Ingenieure...; a. a. O. 208

27 Vgl. ebd. 244

28 Ludwig Siep; Gesteuerte Evolution? Philosophische Probleme der Gentechnologie; in: U. Steger (Hg.); Die Herstellung der Natur. Chancen und Risiken der Gentechnologie, Bonn 1985, 126

29 Vgl. Rudolf Jaenisch; Transgenic Animals; in: Science 240 (1988), 1468–1474; John W. Gordon; Transgenic Animals; in: International Review of Cytology 115 (1989), 171–229

30 Vgl. Barbara Hobom; Die patentierte Onkomaus. Transgene Tiere in der medizinischen Forschung – Erkenntnisse und Risiken; in: Fortschr. Med. 107 (1989), 100–102

31 Vgl. M. I. Nerenberg; An HTLV-I Transgenic Mouse Model; Role of the Tax Gene in Pathogenesis in Multiple Organ Systems; in: Current Topics in Microbiology and Immunology 160 (1990), 121–127; Jean Marx; Concerns Raised about Models for AIDS; in: Science 247 (1989), 809; Robert Gallo, P. Lusso, F. Veronese, B. Ensoli, G. Franchini, C. Jemma, S. de Rocco, V. S. Kalyanaraman; Expanded HIV-I Cellular Tropism by Phenotypic Mixing with Murine Endogenous Retroviruses; in: Science 247 (1990), 848–851

32 Vgl. R. M. Evans, L. Swanson, M. G. Rosenfeld; Creation of Transgenic Animals to Study Development and as Models for Human Disease; in: Recent Progress in Hormon Research 41 (1985), 317–338

33 Vgl. Heiner Westphal; Molecular Genetics of Development studied in the transgenic Mouse; in: Annu. Rev. Cell Biol. 1989 5, 181–196

34 Vgl. Kevin A. Kelley; Use of Transgenic Models to Access Neural Lineages in Mammals; in: Methods in Neurosciences 1 (1989), 392–421

35 Vgl. Douglas Hanahan; Transgenic Mice as Probes into complex Systems; in: Science 246 (1989), 1265–1275; Carlisle P. Landel, Shizhong Chen, Glen A. Evans; Reverse Genetics Using transgenic mice; in: Annu. Rev. Physiol. 1990 52, 841–851

36 Vgl. M. E. Tumbleson; Swine in Biomedical Research; New York, London 1986

37 Vgl. L. E. Perryman, N. S. Magnuson, Ch. Bue, C. Wyatt, M. Riggs; Selective Combined Immunodeficiencies in Horses; in: Rygaard, Brümmer, Spang-Thomson (Hg.); Immun-Deficient Animals in Biomedical Research; Kopenhagen 1987, 34–46

38 Vgl. J. L. Vanderberg, S. S. Kalter (Hg.); Genetic Research with nonhuman Primates; in: Genetica 73 (1987), 7–14

Bibliographie

Altner, G.: Schöpfung am Abgrund. Die Theologie vor der Umweltfrage. Neukirchen-Vluyn 1974
- Die Überlebenskrise in der Gegenwart. Ansätze zum Dialog mit der Natur in Naturwissenschaft und Theologie. Darmstadt 1987
- Die große Kollision. Mensch und Natur. Graz, Wien, Köln 1987
- (Hg.): Ökologische Theologie. Stuttgart 1989
Amery, C.: Das Ende der Vorsehung. Die gnadenlosen Folgen des Christentums. Reinbek bei Hamburg [2]1974
Anders, G.: Die Antiquiertheit des Menschen. Bd. 1: Über die Seele im Zeitalter der zweiten industriellen Revolution. München [7]1987. Bd. 2: Über die Zerstörung des Lebens im Zeitalter der dritten industriellen Revolution. München [4]1987
Anzensbacher, A.: Zur Konvergenz von klassisch-naturrechtlicher und formalistischer Ethik. Trierer Theologische Zeitschrift 92 (1983), 292–305
Apel, K.-O.: Das Problem einer philosophischen Theorie der Rationalitätstypen. In: H. Schnädelbach (Hg.): Rationalität. Philosophische Beiträge. Frankfurt a. M. 1984, 15–31
Arendt, H.: Vita activa. Oder Vom tätigen Leben. München [2]1981
Aristoteles: Ethica Nicomachea. Ed. I. Bywater. Oxford [16]1975 ([1]1894); abgekürzt mit Eth. Nic.
Aquin, Thomas von: Summa Theologiae, 5 Bde. Biblioteca de Autores Cristianos. Madrid [3]1961
Attfield, R.: The Ethics of Environmental Concern. New York 1983
Auer, A.: Autonome Moral und christlicher Glaube. Düsseldorf [1]1971
- Umweltethik. Ein theologischer Beitrag zur ökologischen Diskussion. Düsseldorf 1984
Augustinus: Confessiones. Ed. v. J. Bernhart. München 1955
- Ennarationes im Psalmos. In: Obras de San Agustin Bd. XXII. Ed. B. M. Perez. Madrid 1967
Bacon, F.: Neues Organ der Wissenschaften. Übers. v. A. Th. Brück. Darmstadt 1974
- Valerius Terminus. Von der Interpretation der Natur. Hrsg. v. F. Träger. Würzburg 1984
Barth, K.: Die Kirchliche Dogmatik. Bd. III/1: Die Lehre von der Schöpfung. Zürich [2]1947
Bateson, G.: Ökologie des Geistes. Anthropologische, psychologische, biologische und epistemologische Perspektiven. Übers. von H. G. Holl. Frankfurt a. M. 1985
- Geist und Natur. Eine notwendige Einheit. Übers. von H. G. Holl. Frankfurt a. M. [4]1984
Baumgartner, H. M., Irrgang, B. (Hg.): Am Ende der Neuzeit? Die Forderung eines fundamentalen Wertwandels und ihre Probleme. Würzburg 1985
Bayertz, K.: Technik, Ökologie und Ethik. Fünf Dialoge über die moralischen Grenzen der Technik und über die Schwierigkeiten einer nicht-anthropozentrischen Ethik. In: G. Bechmann, W. Rammert (Hg.): Technik und Gesellschaft. Jahrbuch 4. Frankfurt a. M., New York 1986, 215–232
- Naturphilosophie als Ethik. Zur Vereinigung von Natur- und Moralphilosophie im Zeichen der ökologischen Krise. Philosophia Naturalis 24 (1987), 157–185
- (Hg.): Ökologische Ethik. München, Zürich 1988
Beckermann, A.: Descartes' metaphysischer Beweis für den Dualismus. Freiburg, München 1986
Beckmann, J. J.: Anleitung zur Technologie, oder zur Kenntnis der Handwerke, Fabriken und Manufacturen, vornehmlich derer, die mit der Landwirtschaft, Polizey-

und Cameralwissenschaft in Verbindung stehn. Nebst Beyträgen zur Kunstgeschichte. Göttingen 1777

Bentham, J. : An Introduction to the Principles of Morals and Legislation. Hg. v. J. H. Burns u. H. L. A. Hart. London 1970

Bialostocki, J. (Hg.): Propyläen Kunstgeschichte, Bd. 7. Berlin o.J.

Bieri, P. : Evolution, Erkenntnis und Kognition. Zweifel an der evolutionären Erkenntnistheorie. In: W. Lütterfelds (Hg.): Transzendentale oder Evolutionäre Erkenntnistheorie. Darmstadt 1987, 117–147

Biesenbach, H. : Zur Logik der moralischen Argumentation. Die Theorie Richard M. Hares und die Entwicklung der analytischen Ethik. Düsseldorf 1982

Birnbacher, D. (Hg.): Ökologie und Ethik. Stuttgart 1980
– Verantwortung für zukünftige Generationen. Stuttgart 1988

Blumenberg, H. : Säkularisierung und Selbstbehauptung. Erweiterte und überarbeitete Neuausgabe von "Die Legitimität der Neuzeit", Teil 1 u. 2. Frankfurt a. M. 1974
– Der Prozeß der theoretischen Neugierde. Erweiterte und überarbeitete Neuausgabe von "Die Legitimität der Neuzeit", Teil 3. Frankfurt a. M. 1973
– Aspekte der Epochenschwelle: Cusaner und Nolaner. Erweiterte und überarbeitete Neuausgabe von "Die Legitimität der Neuzeit", Teil 4. Frankfurt a. M. 1976

Böckle, Franz (Hg.): Das Naturrecht im Disput. Düsseldorf 1966
– Fundamentalmoral. München ([1]1977) [2]1978

Böhme, G. , van den Daele, W. , Krohn, W. (Hg.): Experimentelle Philosophie. Ursprünge autonomer Wissenschaftsentwicklung. Frankfurt a. M. 1977
–, van den Daele, W. , Hohlfeld, R. , Krohn, W. , Schäfer, W. , Spengler, T. : Die gesellschaftliche Orientierung des wissenschaftlichen Fortschritts. Frankfurt a. M. 1978
–, Schramm, E. (Hg.): Soziale Naturwissenschaft. Wege zu einer Erweiterung der Ökologie. Frankfurt a. M. 1985

Böhme, H. u. G. : Das Andere der Vernunft. Zur Entwicklung von Rationalitätsstrukturen am Beispiel Kants. Frankfurt a. M. [2]1985

Bondolfi, A. : Tier-"Rechte" und Tierversuche. Concilium 25 (1989), 267–273

Bosshard, S. N. : Erschafft die Welt sich selbst? Die Selbstorganisation von Natur und Mensch aus naturwissenschaftlicher, philosophischer und theologischer Sicht. Freiburg, Basel, Wien 1985

Bresch, C. , Daecke, S. M. , Riedlinger, H. (Hg.): Kann man Gott aus der Natur erkennen? Evolution als Offenbarung. Freiburg, Basel, Wien 1990

Breuer, R. : Das anthropische Prinzip. Der Mensch im Fadenkreuz der Naturgesetze. Frankfurt a. M., Berlin, Wien [2]1984

Bujo, B. : Die Begründung des Sittlichen. Zur Frage des Eudaimonismus bei Thomas von Aquin. Paderborn, München, Wien, Zürich 1984

Camus, A. : Der Mensch in der Revolte. Übers. v. J. Streller. Reinbek bei Hamburg [2]1969

Cicero: Werke in 24 Bänden. Bd. 19. Ed. H. Rackham. De Natura Deorum, Academica (lateinisch/englisch) Cambridge (Mass.). London [7]1979 ([1]1933)

Comte, A. : Rede über den Geist des Positivismus. Übers. v. I. Fetscher. Hamburg [2]1966 ([1]1956)

Condorcet: Entwurf einer historischen Darstellung der Fortschritte des menschlichen Geistes. Übers. v. W. Alff. Frankfurt a. M. 1976

Dawkins, R. : Der blinde Uhrmacher. Ein neues Plädoyer für den Darwinismus. Übers. v. K. de Sousa Ferreira. München 1987

Degenhardt, D. : Christentum und Ökologie. Starnberg 1979

Deissler, A. : Zwölf Propheten. Hosea, Joel, Amos. Die neue Echter Bibel. Würzburg 1981

Demmer, K. : Deuten und Handeln. Grundlagen und Grundfragen der Fundamentalmoral. Freiburg i. Ue., Freiburg i. Br. 1985

Denzinger, H., Schönmetzer, A.: Enchiridion Symbolorum defititionum et declarationum de rebus fidei et morum. Freiburg 1965

Descartes, R.: Meditationes de prima philosophia. Hrsg. v. L. Gäbe. Hamburg 1959
– Discours de la méthode. Hrsg. v. L. Gäbe. Hamburg ²1969

Deutscher Bundestag, Referat für Öffentlichkeitsarbeit (Hg.): Schutz der Erdatmosphäre: Eine internationale Herausforderung; Zwischenbericht der Enquete-Komm. des 11. Deutschen Bundestages "Vorsorge zum Schutz der Erdatmosphäre". Zur Sache 88/5. Bonn 1988

Diels, H., Kranz, W. (Hg.): Die Fragmente der Vorsokratiker. 3 Bde. Zürich ¹⁷1974 (¹1903)

Drewermann, E.: Der tödliche Fortschritt. Von der Zerstörung der Erde und des Menschen im Erbe des Christentums. Regensburg ³1983
– Strukturen des Bösen. Bd. 1: Die jahwistische Urgeschichte in exegetischer Sicht. Paderborn, München, Wien, Zürich ⁵1984; Bd. 2: Die jahwistische Urgeschichte in psychoanalytischer Sicht. Paderborn, München, Wien, Zürich ⁵1985. Bd. 3: Die jahwistische Urgeschichte in philosophischer Sicht. Paderborn, München, Wien, Zürich ⁵1986
– Mit dem alten Geist brechen. In: Theologie der Umwelt-Kontrovers. Ist der Mensch die Krone der Schöpfung? Publik-Forum-Sonderdruck Nr. 11/12, 14. Jg., 31.05.85

Eberlein, G., Dietrich, N.: Die Finalisierung der Wissenschaften. Analyse und Kritik einer forschungspolitischen Theorie. Freiburg, München 1983

Eisenhardt, P., Kurth, D., Stiehl, H.: Du steigst nie zweimal in denselben Fluß. Die Grenzen wissenschaftlicher Erkenntnis. Reinbek bei Hamburg 1988

Elsässer, A.: Lassen sich Tierversuche ethisch rechtfertigen? In: Stimmen der Zeit 222 (1986), 723–732

Evans, R. M., Swanson, L., Rosenfeld, M. G.: Creation of Transgenic Animals to Study Development and as Models for Human Disease. Recent Progress in Hormon Research 41 (1985), 317–338

Evers, T.: Schöpfung als Rechtssubjekt? Hofgeismarer Protokolle Nr. 269. Hofgeismar 1990

Feiner, J., Löhrer, M. (Hg.): Mysterium Salutis. Grundriß heilsgeschichtlicher Dogmatik. 8 Bde. Zürich, Einsiedeln, Köln 1965–1981

Fellmann, F.: Natur als Grenzbegriff der Geschichte; In: O. Schwemmer (Hg.): Über Natur. Philosophische Beiträge zum Naturverständnis. Frankfurt a. M. 1987, 75–89

Feuerbach, L.: Vorläufige Thesen zur Reform der Philosophie (1842). In: Sämtliche Werke, hrsg. v. F. Jodl, Bd. 2. Stuttgart, Bad Cannstadt ²1959

Fikentscher, W.: Die heutige Bedeutung des nichtsäkularen Ursprungs der Grundrechte. In: E. W. Böckenförde, R. Spaemann (Hg.): Menschenrechte und Menschenwürde. Historische Voraussetzungen – säkulare Gestalt – christliches Verständnis. Stuttgart 1987, 43–73

Fischer, W., de Primo, J. C., Sassin, W.: Das Klimaproblem. Ansätze einer politischen Lösung. Energiewirtschaftliche Tagesfragen, 39 (1989), 278–283

Fonk, P.: Transformation der Dialektik. Würzburg 1983

Forschner, M.: Über natürliche Neigungen. Die Stoa als Inspirationsquelle der Aufklärung. In: R. Bubner, B. Gladigow, W. Haug (Hg.): Die Trennung von Natur und Geist. München 1990, 93–117

Frankena, W.: Analytische Ethik. München 1972 (engl. 1963)
– Der naturalistische Fehlschluß. In: G. Grewendorf, G. Meggle (Hg.): Seminar: Sprache und Ethik. Zur Entwicklung der Metaethik. Frankfurt a. M. 1974, 83–99

Frey, Ch.: Die Ethik und die Frage nach dem Ganzen. Soziobiologie und evolutionäre Erkenntnistheorie in Konkurrenz zur Schöpfungstheologie und Schöpfungsethik. Zeitschrift für Evangelische Ethik 31 (1987), 296–316

Friedell, E.: Kulturgeschichte der Neuzeit. Die Krisis der europäischen Seele von der schwarzen Pest bis zum Ersten Weltkrieg. München o.J.

Fritz, K. v.: Artikel Protagoras. In: Pauly/Wissowa: Realencyclopädie der classischen Altertumswissenschaften, Bd. 45. Stuttgart 1957

Fromm, E.: Die Furcht vor der Freiheit (Escape from Freedom, 1941), dt. Zürich ¹1945

Fuchs, J.: Für eine menschliche Moral. Grundfragen der theologischen Ethik, Bd. 1. Freiburg i. Ue. Freiburg, Wien 1988

Galling, K. (Hg.): Die Religion in Geschichte und Gegenwart., 7 Bde. Abgekürzt als RGG. Tübingen ³1957–1965

Gallo, R., Lusso, P., Veronese, F., Ensoli, B., Franchini, G., Jemma, C., de Rocco, S., Kalyanaraman, V. S.: Expanded HIV-I Cellular Tropism by Phenotypic Mixing with Murine Endogenous Retroviruses. Science 247 (1990), 848–851

Ganoczy. A.: Theologie der Natur. Zürich, Einsiedeln, Köln 1982
– Schöpfungslehre. Düsseldorf ²1987

Gehlen, A.: Über kulturelle Kristallisation. In: Studien zur Anthropologie und Soziologie, ed. v. H. Maus u. F. Fürstenberg. Neuwied, Berlin 1963

Gleich, A. v.: Der wissenschaftliche Umgang mit der Natur. Über die Vielfalt harter und sanfter Naturwissenschaften. Frankfurt a. M., New York 1989

Gnilka, J.: Das Matthäus-Evangelium. Erster Teil. Herders Theologischer Kommentar. Freiburg, Basel, Wien 1986

Gölz, W.: Begründungsprobleme der praktischen Philosophie. Stuttgart, Bad Cannstadt 1978

Görg, M.: Das Menschenbild der Priesterschrift. Bibel und Kirche 42 (1987), 21–29

Gordon, J. W.: Transgenic Animals. International Review of Cytology 115 (1989), 171–229

Gründel, J.: Die Lehre von den Umständen der menschlichen Handlung im Mittelalter. Münster 1963
– Die Bedeutung einer Konvergenzargumentation für die Gewißheitsbildung und für die Zustimmung zur absoluten Geltung einzelner sittlicher Normen. In: L. Scheffzyk et al. (Hg.): Wahrheit und Verkündigung. Fschr. f. Michael Schmaus. München 1967, 1607–1630
– Art. Naturrecht. In: Sacramentum Mundi, Bd. 3. Freiburg, Basel, Wien 1969, 707–719
– Die Kategorie der Schöpfung. In: A. Hertz, W. Korff, R. Rendtorff, H. Ringeling (Hg.): Handbuch der christlichen Ethik, Bd. 1. Freiburg, Basel, Wien, Gütersloh ²1979, (¹1978), 407–421
– Normen im Wandel. Eine Orientierungshilfe für christliches Leben heute. München 1980
– Die Bergpredigt als Orientierung für unser Handeln. Zur Erneuerung der Moraltheologie "aus der Lehre der Schrift". In: R. Schnackenburg (Hg.): Die Bergpredigt. Utopische Vision oder Handlungsunterweisung. Düsseldorf 1982, 81–125
– Die Erde unserer Sorge anvertraut. Meitingen, Freising 1984
– Schuld und Versöhnung. Mainz 1985

Gutmann, W. F., Bonik, K.: Die Dynamik von Selbstorganisation und Destruktion im heutigen Evolutionsverständnis. München 1980

Haag, H., Haas, A.. Hirzeler, J.: Evolution und Bibel. Luzern, München 1962

Habermas, J.: Theorie des kommunikativen Handelns. 2 Bde. Frankfurt a. M. 1981
– Moralbewußtsein und kommunikatives Handeln. Frankfurt a. M. 1983
– Nachmetaphysisches Denken. Philosophische Aufsätze. Frankfurt a. M. 1988

Halbfaß, W.: Descartes' Frage nach der Existenz der Welt – Untersuchungen über die cartesianische Denkpraxis und Metaphysik. Meisenheim/Glan 1968

Hanahan, D.: Transgenic Mice as Probes into Complex Systems. Science 246 (1989), 1265–1275

Händel, U. M. (Hg.): Tierschutz. Testfall unserer Menschlichkeit. Frankfurt a. M. 1984

Heidegger, M.: Holzwege. Frankfurt a. M. [3]1957
- Die Technik und die Kehre. Pfullingen [2]1962
- Der Satz vom Grund. Pfullingen [4]1971 ([1]1957)
- Sein und Zeit. Tübingen [12]1972
- Das Ende der Philosophie und die Aufgabe des Denkens. In: Zur Sache des Denkens. Tübingen [2]1976, 61–80
Henrich, D.: Der ontologische Gottesbeweis. Tübingen 1960
Herbig, J.: Die Gen-Ingenieure. Durch Revolutionierung der Natur zum Neuen Menschen? München, Wien 1978
Hermes Trismegiste, Corpus Hermeticum, Bd. II, Asclepius. Ed. v. A. D. Nock u. A. J. Festugière. Paris [3]1973
Herrlich, P.: Gentec pop onc. Antworten der Genforschung auf menschliche Ängste. Berlin 1985
Hertz, A., Korff, W., Rendtorff, T., Ringeling, H. (Hg.): Handbuch der christlichen Ethik. 3 Bde. Freiburg, Basel, Wien, Gütersloh [2]1979 ([1]1978)
Hintersberger, B.: Theologische Ethik und Verhaltensforschung. München 1978
Hobbes, T.: Leviathan oder Stoff, Form und Gewalt eines bürgerlichen Staates. Hrsg. I. Fetscher. Frankfurt a. M., Berlin, Wien [2]1976
Hobom, B.: Die patentierte Onkomaus. Transgene Tiere in der medizinischen Forschung – Erkenntnisse und Risiken. Fortschr. Med. 107 (1989), 100–102
Höfer, J., Rahner, K. (Hg.): Lexikon für Theologie und Kirche, 14 Bde. Abgekürzt als LThK. Freiburg [2]1957–1968
Höffe, O.: Sittlich-politische Diskurse. Philosophische Grundlagen. Politische Ethik. Biomedizinische Ethik. Frankfurt a. M. 1981
- Der wissenschaftliche Tierversuch. Eine bioethische Fallstudie. In: Ethik der Wissenschaften? Philosophische Fragen. Ed. v. Elisabeth Ströker. Paderborn, München, Wien, Zürich 1984, 117–150
- Strategien der Humanität. Zur Ethik öffentlicher Entscheidungsprozesse. Frankfurt a. M. 1985
Hoffmann, P., Eid, V.: Jesus von Nazareth und eine christliche Moral. Freiburg 1975
Hoerster, N.: Utilitaristische Ethik und Verallgemeinerung. Freiburg, München ([1]1971) [2]1977
Hohlfeld, R.: Biologie als Ingenieurskunst. Zur Dialektik von Naturbeherrschung und synthetischer Biologie. Ästhetik und Kommunikation, 18. Jg. (1988), H. 69, 61–69
- Biologie als Ingenieurskunst. In: K. Grosch, P. Hampe, J. Schmidt (Hg.): Herstellung der Natur? Frankfurt a. M., New York 1990, 170–179
Honnefelder, L.: Die ethische Rationalität der Neuzeit. In: Handbuch der christlichen Ethik. Ed. v. A. Hertz, W. Korff, T. Rendtorff, H. Ringeling, Bd. 1. Freiburg, Basel, Wien, Gütersloh [2]1979, 19–45
- Conscientia sive ratio. Thomas von Aquin und die Entwicklung des Gewissensbegriffs. In: J. Szöverffy (Hg.): Mittelalterliche Komponenten des europäischen Bewußtseins. Berlin 1983, 8–19
- Wahrheit und Sittlichkeit. Zur Bedeutung der Wahrheit in der Ethik. In: E. Coreth (Hg.): Wahrheit in Einheit und Vielheit. Beiträge zur Theologie und Religionswissenschaft. Düsseldorf 1987, 147–169
- Die ethische Rationalität des mittelalterlichen Naturrechts. Max Webers und Ernst Troeltschs Deutung des mittelalterlichen Naturrechts und die Bedeutung der Lehre vom natürlichen Gesetz bei Thomas von Aquin. In: W. Schluchter (Hg.): Max Webers Sicht des okzidentalen Christentums. Frankfurt a. M. 1988, 254–27
- Güterabwägung und Folgenabschätzung. Zur Bestimmung des sittlich Guten bei Thomas von Aquin. In: D. Schwab, D. Giesen, J. Liste, H.-W. Strätz (Hg.): Staat, Kirche, Wissenschaft in einer pluralistischen Gesellschaft. Fschr. zum 65. Geburtstag von Paul Mikat. Berlin 1989, 81–98

Horkheimer, M.: Zur Kritik der instrumentellen Vernunft. Aus den Vorträgen und Aufzeichnungen seit Kriegsende. Hrsg. v. A. Schmidt. Frankfurt a. M. 1974
–, Adorno, T. W.: Dialektik der Aufklärung. Philosophische Fragmente. (Amsterdam 1947), Frankfurt a. M. ²1971
Horner, F.: Die neuscholastische Naturrechtslehre: Möglichkeiten und Grenzen. In: M. W. Fischer, E. Mock, H. Schreiner (Hg.): Worauf kann man sich noch berufen? Stuttgart 1987, 19–33
Horstmann, U.: Das Untier. Konturen einer Philosophie der Menschenflucht. Frankfurt a. M. ²1985
Hume, D.: Ein Traktat über die menschliche Natur. Übers. v. Th. Lipps u. ed. v. R. Brandt, 2 Bde. Hamburg 1973
Huning, A.: Art. Technologie. In: E. Braun, H. Radermacher (Hg.): Wissenschaftstheoretisches Lexikon. Graz, Wien, Köln 1978, 585–587
Husserl, E.: Ideen zu einer reinen Phänomenologie und phänomenologischen Philosophie. Bd. 2. Ed. M. Biemel. Husserliana Bd. IV. Den Haag 1952
– Zur Phänomenologie der Intersubjektivität. Texte aus dem Nachlaß. Teil 2 (1921–1928). Ed. v. I. Kern. Husserliana Bd. XIV. Den Haag 1973
– Die Krisis der europäischen Wissenschaften und die transzendentale Phänomenologie. Ed. W. Biemel. Husserliana Bd. VI. Den Haag ²1976
Irrgang, Bernhard: Skepsis in der Aufklärung. Frankfurt a. M. 1982
– "Evolution" im 17. und 18. Jahrhundert – Fallstudien zur methodologischen Vorgeschichte von Darwins Theorie. Conceptus 42 (1983), 3–28
– Im Anfang war der Egoismus: Die Soziobiologie als Neubegründung der Sozialphilosophie? In: A. Schöpf (Hg.): Aggression und Gewalt. Anthropologisch-sozialwissenschaftliche Betriebe. Würzburg 1985, 227–245
– Tiefstand der Moral – Konjunktur der Ethik? Orientierungsmarken für die praktische Philosophie. Mensch, Natur, Gesellschaft 3. Jg. (1986), H. 1, 26–28
– Biologie als Erste Philosophie? Überlegungen zur Voraussetzungsproblematik und zum Theoriestatus einer Evolutionären Erkenntnistheorie. Philosophische Rundschau 33 (1986), 103–121
– Krisis, Verabschiedung und Neuformulierung der Vernunft. Mensch, Natur, Gesellschaft 3. Jg. (1986), H. 2, 24–25
– Zur Problemgeschichte des Topos "christliche Anthropozentrik" und seine Bedeutung für eine Umweltethik. Münchener Theologische Zeitschrift 37 (1986), 185–203
– Technologisches Zeitalter oder Postmoderne. Zeitschrift für philosophische Forschung 41 (1987), 291–295
– Am Ende der Neuzeit. Epochenproblematik, Rationalitätskritik, Ökologische Kommunikation, Technikphilosophie und die Suche nach den Grundlagen eines neuen Weltbildes. Mensch, Natur, Gesellschaft 5. Jg. (1988), H. 1, 65–68
– Das Ethische als bloße Funktion des Religiösen? Eine Auseinandersetzung mit Eugen Drewermanns Interpretation der J-Urgeschichte. Münchener Theologische Zeitschrift 39 (1988), 139–143
– Art. Monadologie. In: F. Volpi, J. Nida-Rümelin (Hg.): Lexikon der philosophischen Werke. Stuttgart 1988, 457f, und Art. Nouveaux essais sur l'entendement humain, ebd. 477f
– Bewertung der Gentechnologie aus ethisch-theologischer Perspektive. Methodische Grundlegung einer Ethik der Gentechnologie. BioEngineering, 5. Jg. (1989), H. 1, 36–40; H. 2, 73–76; H. 3, 68–72
– Sittliche Orientierung der Grundlagenforschung? Hirschberg 42 (1989), 371–377
– Ethische Implikationen globaler Energieversorgung. Stimmen der Zeit 207 (1989), 607–620
–, Lutz-Bachmann, M. (Hg.): Begründung von Ethik. Beiträge zur philosophischen Ethik-Diskussion heute. Würzburg 1990
– Solidarität mit der Natur? Eine Ortsbestimmung umweltethischen Denkens. In: J.

Klawitter, R. Kümmel, G. Maier-Rigaud (Hg.): Natur und Industriegesellschaft. Berlin, Frankfurt a. M., New York 1990, 91–111

– Das Konzept des Regelkonsequentialismus als Grundlegung einer Wirtschaftsethik. In: M. Wörz, P. Dingwerth, R. Öhlschläger (Hg.): Moral als Kapital. Perspektiven des Dialogs zwischen Wirtschaft und Ethik. Stuttgart 1990, 235–252

– Naturrecht als Entscheidungshilfe? Am Beispiel der Bewertung gentechnologischer Verfahren aus ethisch-theologischer Perspektive. In: M. Heimbach-Steins (Hg.): Naturrecht im ethischen Diskurs. Münster 1990, 67–98

– Hat die Natur ein Eigenrecht auf Existenz? Anmerkungen zum Standort der Umweltethik-Diskussion. Philosophisches Jahrbuch 97 (1990), 327–339

– Leitlinien einer Ethik der Gentechnik. Vorüberlegungen zu einer Ethik der Biotechnologie. Naturwissenschaften 77 (1990), 569–577

– Zum Ansatz einer Forschungs- und Standesethik für die Gentechnik. In: H. Lenk, M. Maring (Hg.): Technikverantwortung. Güterabwägung, Risikobewertung, Verhaltenskodizes. Frankfurt a. M., New York 1991, 263–284

– Sittliche Fragestellungen und Grenzziehungen bei der Anwendung der Biotechnologie in der Tierproduktion. Züchtungskunde 63 (3), 1991, 247–257

– Sittliche Bewertungs-Kriterien der Human-Gentechnik. Stimmen der Zeit 209 (1991), 239–253

–, Klawitter, J., Seif, K.-Ph. (Hg.): Wege aus der Umweltkrise. Frankfurt a. M., München 1987

–, Klawitter, J.: Künstliche Intelligenz. Stuttgart 1990

Janich, P.: Naturgeschichte und Naturgesetz. In: O. Schwemmer (Hg.): Über Natur. Philosophische Beiträge zum Naturverständnis. Frankfurt a. M. 1987, 105–122

Jaenisch, R.: Transgenic Animals. Science 240 (1988), 1468–1474

Jantsch, E.: Erkenntnistheoretische Aspekte der Selbstorganisation natürlicher Systeme. In: S. J. Schmidt (Hg.): Der Diskurs des Radikalen Konstruktivismus. Frankfurt a. M. 1987, 159–191

– Die Selbstorganisation des Universums. Vom Urknall zum menschlichen Geist. München ²1982

Josuttis, M.: Selektion und/oder Ehrfurcht vor dem Leben? In: G. Altner (Hg.): Ökologische Theologie. Perspektiven zur Orientierung. Stuttgart 1989, 234–251

Kaehler, K.E.: Leibniz' Position der Rationalität. Die Logik im metaphysischen Wissen der "natürlichen Vernunft". Freiburg, München 1989

Kant, I.: Grundlegung zur Metaphysik der Sitten. In: Werke Bd. 6. Ed. W. Weischedel. Wiesbaden ⁴1956

– Metaphysik der Sitten. In: Werke Bd. 7. Ed. W. Weischedel. Darmstadt ⁴1956

– Moralphilosophie Collins. Vorlesungen Bd. 4, Akademieausgabe Bd. XXVII 1. Berlin 1974

Kelley, A.: Use of Transgenic Models to Access Neural Lineages in Mammals. Methods in Neurosciences 1 (1989), 392–421

Kilian, R.: Jesaja 1–12. Die neue Echterbibel. Würzburg 1986

Kimura, M.: Die Neutralitätstheorie der molekularen Evolution. Übers. v. M. u. D. Sperlich. Berlin, Hamburg 1987

Kirchenamt der Evangelischen Kirche Deutschlands, Sekretariat der Deutschen Bischofskonferenz (Hg.): Verantwortung wahrnehmen für die Schöpfung. Gemeinsame Erklärung des Rates der Evangelischen Kirche in Deutschland und der Deutschen Bischofskonferenz. Gütersloh 1985

Klages, L.: Sämtliche Werke. Bd. 3. Philosophische Schriften. Bonn 1974

Klawitter, J.: Traktat zum Topos Verantwortung – Grundlinien für eine historisch-systematische Untersuchung mit Rücksicht auf neuzeitliche Perspektiven. In: Wissen und Gewissen. Festschrift zum 60. Geburtstag von Franz Wiedmann. Hrsg. v. W. Baumgartner. Würzburg 1987

Klopries, B., Beckmann G.: Der Anstieg der Kohlendioxidkonzentration in der Troposphärenluft – ein Kardinalproblem der Menschheit. Forst und Holz, 44. Jg. , Nr. 8 (25.4.1989), 191–199

Kluxen, W. : Ethik des Ethos. Freiburg, München 1974
– Philosophische Ethik bei Thomas von Aquin. Hamburg ²1980
– Anmerkungen zur thomistischen Naturrechtslehre. In: D. Schwab, D. Giesen, J. Liste, H.-W. Strätz (Hg.) : Staat, Kirche, Wissenschaft in einer pluralistischen Gesellschaft. Fschr. zum 65. Geburtstag von Paul Mikat. Berlin 1989, 119–128

Korff, W. : Natur oder Vernunft als Kriterium der Universalität des Sittlichen? Concilium 17 (1981), 831–836
– Norm und Sittlichkeit. Freiburg, München ²1985
– Wie kann der Mensch glücken? Perspektiven der Ethik. München, Zürich 1985
– Der Rückgriff auf die Natur. Eine Rekonstruktion der thomanischen Lehre vom natürlichen Gesetz. Philosophisches Jahrbuch 94 (1987), 285–296
– Thomas von Aquin und die Neuzeit. In: J. P. Beckmann, L. Honnefelder, G. Schrimpf, G. Wieland (Hg.) : Philosophie im Mittelalter. Entwicklungslinien und Paradigmen. Hamburg 1987, 387–408
– Leitlinien verantworteter Technik. Münchener Theologische Zeitschrift 38 (1987), 134–142
– Was ist Sozialethik? Münchener Theologische Zeitschrift 38 (1987), 327–338
–, Alois Baumgartner (Hg.) : Solidarität – die Antwort auf das Elend in der heutigen Welt. Papst Johannes Paul II. Enzyklika Sollicitudo Rei Socialis. Freiburg, Basel, Wien 1988
– Die Wirtschaft vor der Herausforderung der Umweltkrise. Energiewirtschaftliche Tagesfragen 40 (1990), 27–35

Krolzik, U. : Umweltkrise – Folge des Christentums? Stuttgart, Berlin 1979
Küppers, B.O. : Der Ursprung biologischer Information. Zur Naturphilosophie der Lebensentstehung. München 1986
Kues, Nikolaus von: Philosophisch-theologische Schriften. 3 Bde. Hrsg. von L. Gabriel; übers. v. D. u. W. Dupré. Wien 1967
Kultermann, U. : Geschichte der Kunstgeschichte. Der Weg einer Wissenschaft. Basel, Berlin, Wien ²1981 (¹1966)
Kutschera, F. v.: Grundlagen der Ethik. Berlin, New York 1982
Landel, C. P., Shizhong Chen, Evans, G. A.: Reverse Genetics Using transgenic Mice. Annu. Rev. Physiol. 1990 52, 841–851
Leimbacher, J. : Die Rechte der Natur. Basel, Frankfurt 1988
Leipert, C. : Grundfragen einer ökologisch ausgerichteten Wirtschafts- und Umweltpolitik. In: Aus Politik und Zeitgeschichte. Beilage zur Wochenzeitung Das Parlament B 27/88, 29–37
Lenk, H. : Philosophie im technologischen Zeitalter. Stuttgart 1971
– Art. Technik und Wissenschaft. Wissenschaftstheoretische Probleme der Technikwissenschaften. In: J. Speck (Hg.) : Handbuch wissenschaftstheoretischer Begriffe Bd. 3. Göttingen 1980, 623–632
– Erweiterte Verantwortung. Natur und künftige Generationen als ethische Gegenstände. In: D. Mayer-Maly, P. M. Simons (Hg.) : Das Naturrechtsdenken heute und morgen. Berlin 1983
– Homo Faber – Demiurg der Natur? Kritische Bemerkungen zu neueren naturalistischen Fehlschlüssen. In: B. Kanitscheider (Hg.) : Moderne Naturphilosophie. Würzburg 1983, 107–123
–, Ropohl, G. (Hg.) : Technik und Ethik. Stuttgart 1987
Lewontin, R.C. , Rose, S. , Kamin, L.J. : Die Gene sind es nicht . . . Biologie, Ideologie und menschliche Natur. Übers. v. H. Skowronek u. K. Juhl. München, Weinheim 1988
Lieb, E. : Biologie und Ethik. Über zwei Versuche einer evolutionsbiologischen "Erklärung der Ethik". Zeitschrift für Evangelische Ethik 34 (1990), 62–76

Liedke, G. : Im Bauch des Fisches: Ökologische Theologie. Stuttgart 1979

Link, C. : Die Welt als Gleichnis Gottes. Studien zum Problem der natürlichen Theologie. München 1976

Lohfink, N. : Die Priesterschrift und die Grenzen des Wachstums. Stimmen der Zeit 192 (1974), 435–450

– "Macht euch die Erde untertan?" Orientierung 38 (1974), 137–142

Lorenz, K. : Die acht Todsünden der zivilisierten Menschheit. München ¹¹1980 (¹1973)

Lübke, H. , Ströker, E. (Hg.) : Ökologische Probleme im kulturellen Wandel (Ethik der Wissenschaften Bd. 5). München, Paderborn 1986

Luhmann, N. : Ökologische Kommunikation. Opladen 1986

MacIntyre, A. : Der Verlust der Tugend. Zur moralischen Krise der Gegenwart. Übers. v. W. Rhiel: Frankfurt a. M., New York 1987

Marquard, O. : Schwierigkeiten mit der Geschichtsphilosophie. Frankfurt a. M. 1973

– Abschied vom Prinzipiellen. Stuttgart 1981

Marx, J. : Concerns Raised about Models for AIDS. Science 247 (1989), 809

Marx, W. : Gibt es auf Erden ein Maß? Grundbestimmungen einer nichtmetaphysischen Ethik. Hamburg 1983

Maturana, H.R. : Erkennen: Die Organisation und Verkörperung von Wirklichkeit. Braunschweig, Wiesbaden 1982

–, Varela, J. : Der Baum der Erkenntnis. Wie wir die Welt durch unsere Wahrnehmung erschaffen – die biologischen Wurzeln menschlichen Erkennens. Bern, München, Wien ²1987

Mayr, E. : Grundlagen der zoologischen Systematik. Übers. v. O. Kraus. Hamburg, Berlin 1975

Melle, U. : Tiere in der Ethik. Die Frage nach der Grenze der moralischen Gemeinschaft. Zeitschrift für philosophische Forschung 42 (1988), 247–273

Merks, K.–W. : Theologische Grundlegung der sittlichen Autonomie. Düsseldorf 1978

Metz, J.B. : Christliche Anthropozentrik. Über die Denkform des Thomas von Aquin. München 1962

Meyer, T. , Miller, S. (Hg.) : Zukunftsethik und Industriegesellschaft. München 1986

Meyer-Abich, K. (Hg.) : Frieden mit der Natur. Freiburg, Basel, Wien 1979

– Wege zum Frieden mit der Natur. Praktische Naturphilosophie für die Umweltpolitik. München, Wien 1984

–, Birnbacher, D. (Hg.) : Was braucht der Mensch, um glücklich zu sein? München 1979

Mohr, H. : Evolutionäre Ethik. Information Philosophie 4/1986, 4–16

Moltmann, J. (Hg.) : Versöhnung mit der Natur? München 1986

– Gott in der Schöpfung. Ökologische Schöpfungslehre. München (¹1985) ³1987

– Gerechtigkeit schafft Zukunft. Friedenspolitik und Schöpfungsethik in einer bedrohten Welt. München, Mainz 1989

Moore, G.E. : Principia Ethica. Übers. v. B. Wisser. Stuttgart ²1984

Morant, P. : Die Anfänge der Menschheit. Eine Auslegung der ersten elf Genesis-Kapitel. Luzern 1959

Müller, A.W. : Praktisches Folgern und Selbstgestaltung nach Aristoteles. Freiburg, München 1982

Müller, A.M.K. , Pannenberg, W. : Erwägungen zu einer Theologie der Natur. Gütersloh 1970

Nerenberg, M. I. : An HTLV-I Transgenic Mouse Model. Role of the Tax Gene in Pathogenesis in Multiple Organ Systems. Current Topics in Microbiology and Immunology 160 (1990), 121–127

Newman, J.H. : Entwurf einer Zustimmungslehre. Übers. v. Th. Haecker. Mainz 1961

Nietzsche, F.: Sämtliche Werke. Kritische Studienausgabe in 15 Bänden. Ed. Colli und Montinari. München, Berlin, New York 1980

Obermeier, O.P.: Zweck-Funktion-System. Kritisch konstruktive Untersuchungen zu Niklas Luhmanns Theoriekonzeption. Freiburg, München 1988

Overhage, P., Rahner, K.: Das Problem der Hominisation. Über den biologischen Ursprung des Menschen. Freiburg, Basel, Wien 1961

Papst Johannes Paul II: Enzyklika über die menschliche Arbeit. In: O. v. Nell-Breuning SJ (Hg.): Der Wert der Arbeit und der Weg zur Gerechtigkeit. Freiburg, Basel, Wien ²1981

Papst Johannes Paul II: Enzyklika Sollicitudo Rei Socialis. Zwanzig Jahre nach der Enzyklika Populorum Progressio vom 30. Dezember 1987. Hrsg. v. Sekretariat der Deutschen Bischofskonferenz. Bonn 1987

Partridge, E. (Hg.): Responsibilities To Future Generations. Environmental Ethics. Buffalo (N. Y.) 1981

Paton, H. J.: Der Kategorische Imperativ. Eine Untersuchung über Kants Moralphilosophie. Berlin 1962

Patzig, G.: Ein Plädoyer für utilitaristische Grundsätze in der Ethik. In: Neue Sammlung. Göttinger Zeitschrift für Erziehung und Gesellschaft 13 (1973), 488–500

– Ökologische Ethik – innerhalb der Grenzen bloßer Vernunft. Göttingen 1983

Perryman, L. E., Magnuson, N. S., Bue, Ch., Wyatt, C., Riggs, M.: Selective Combined Immunodeficiencies in Horses. In: Rygaard, Brümmer, Spang-Thomson (Hg.): Immun-Deficient Animals in Biomedical Research. Kopenhagen 1987, 34–46

Pico della Mirandola: De Hominis Dignitate. Hrsg. von Eugeno Garin. Florenz 1942

Platon: Theaitetos. Werke in 8 Bänden. Hrsg. v. G. Eigler. Bd. 6. Abgekürzt als Theait. Darmstadt 1970

Rawls, J.: Eine Theorie der Gerechtigkeit. Frankfurt a. M. 1975

Rahner, K., Vorgrimmler, H.: Kleines Konzilskompendium. Freiburg, Basel, Wien 1966

Regan, T.: The Case for Animal Rights. Berkeley, Los Angeles 1983

Remmert, H.: Ökologie. Ein Lehrbuch. Berlin, Heidelberg, New York, Tokyo ³1984

Renckens, H.: Urgeschichte und Heilsgeschichte. Israels Schau in die Vergangenheit. Mainz 1959

Rendtorff, T.: Der achte Tag der Schöpfung. Zeitschrift für Evangelische Ethik 31 (1987), 245–249

Rescher, N.: Induktion. Zur Rechtfertigung induktiven Schließens. Übers. v. G. Schaeffner. München, Wien 1987

Richter, H.E.: Der Gotteskomplex. Die Geburt und die Krise des Glaubens an die Allmacht des Menschen. Reinbek bei Hamburg ²1986

Ricken, F.: Allgemeine Ethik. Stuttgart, Berlin, Köln, Mainz 1983

– Anthropozentrismus oder Biozentrismus? Begründungsprobleme der ökologischen Ethik. Theologie und Philosophie 62 (1987), 1–21

– Die Menschheit als Zweck an sich selbst. Kants Begründung einer materialen Ethik. In: Hochschule für Philosophie München. Philosophische Fakultät SJ Jahresbericht 1987/88; München 1988, 1–11

Ringeling, H.: Leben im Anspruch der Schöpfung. Freiburg i. Ue., Freiburg i. Br. 1988

Ritter J., Gründer, K. (Hg.): Historisches Wörterbuch der Philosophie. Bd. 1, Basel 1971; Bd. 7 Basel 1989

Röd, W.: Absolutes Wissen oder kritische Rationalität. Platos Auseinandersetzung mit der Sophistik. In: H. Poser (Hg.): Wandel des Vernunftbegriffs. Freiburg, München 1981, 67–106

Roth, A.: Edmund Husserls ethische Untersuchungen. Dargestellt anhand seiner Vorlesungsmanuskripte. Den Haag 1960

Ruh, U.: Bausteine für eine ökologische Schöpfungslehre. Herder Korrespondenz 39 (1985), 472–475

Rust, A.: Ist das Leib-Seele-Problem ein wissenschaftliches Problem? Studia philosophica 46 (1987), 113–134

Rutte, H.: Der Realismus, das Wahrnehmungsproblem und die Ansprüche der naturalistischen Erkenntnistheorie. In: W. Lütterfelds (Hg.): Transzendentale oder Evolutionäre Erkenntnistheorie. Darmstadt 1987, 148–179

Schedl, C.: Zur Theologie des Alten Testamentes. Der göttliche Sprachvorgang. Wien, Freiburg, Basel 1986

Schleip, H. (Hg.): Zurück zur Naturreligion? Wege zur Ehrfurcht vor allem Leben. Freiburg 1986

Schloemann, M.: Wachstumstod und Eschatologie. Die Herausforderung christlicher Theologie durch die Umweltkrise. Stuttgart 1973

Schmidt, W.H.: Was ist der Mensch? Anthropologische Einsichten des Alten Testamentes. Bibel und Kirche 42 (1987), 2–15

Schmitz, P.: Ist die Schöpfung noch zu retten? Umweltkrise und christliche Verantwortung. Würzburg 1985

Schnackenburg, R.: Die sittliche Botschaft des Neuen Testamentes. 2 Bde. Freiburg, Basel, Wien 1986

Schneider, G.: Die Apostelgeschichte, Teil II. Herders Theologische Kommentare. Freiburg, Basel, Wien 1982

Schönwiese, Ch.-D.: Spurengasemissionen und ihre Auswirkungen in Europa. In: J. Klawitter, R. Kümmel (Hg.): Umweltschutz und Marktwirtschaft aus der Sicht unterschiedlicher Disziplinen. Würzburg 1989, 83–100

Schrage, W.: Ethik des Neuen Testaments. Göttingen [2]1989

Schreiber, H.P.: Die Erprobung des Humanen. Ethische Probleme der Fortpflanzungs- und Gentechnologie. Bern, Stuttgart 1987

Schröer, Ch.: Naturbegriff und Moralbegründung. Die Grundlegung der Ethik bei Christian Wolff und deren Kritik durch Immanuel Kant. Stuttgart 1988

Schüller, B.: Die Begründung sittlicher Urteile: Typen ethischer Argumentation in der Moraltheologie. Düsseldorf ([1]1973), [2]1980

– Die Reductio ad absurdum in philosophischer und theologischer Ethik. Zur Moral wissenschaftlicher Kontroversen über Moral. In: B. Fraling, R. Hasenstab (Hg.): Die Wahrheit tun. Zur Umsetzung ethischer Einsicht. Georg Teichtweier zum 70. Geburtstag. Würzburg 1983, 217–238

Schulz, S.: Neutestamentliche Ethik. Zürich 1987

Schweitzer, A.: Die Lehre von der Ehrfurcht vor dem Leben. Grundthesen aus fünf Jahrzehnten. Hrsg. v. H. W. Bähr. München 1966

– Gesammelte Werke in 5 Bänden. Bd. 2. München (o. J., 1974)

Schwemmer, O. (Hg.): Über Natur. Philosophische Beiträge zum Naturverständnis. Frankfurt a. M. 1987

Searle, J.: Sprechakte. Ein sprachphilosophischer Essay. Frankfurt a. M. 1971

– Geist, Gehirn, Programm. In: D. C. Dennett, D. R. Hofstadter (Hg.): Einsicht ins Ich. Stuttgart o.J., 337–356

– Intentionalität. Eine Abhandlung zur Philosophie des Geistes. Übers. v. H. P. Gavagai. Frankfurt a. M. 1987

Seibicke, W.: Technik. Versuch einer Geschichte der Wortfamilie um techne in Deutschland vom 16. Jahrhundert bis etwa 1830. Düsseldorf 1968

Sekretariat der Deutschen Bischofskonferenz (Hg.): Die Deutschen Bischöfe 28: Zukunft der Schöpfung – Zukunft der Menschheit. Erklärung der Deutschen Bischofskonferenz zu Fragen der Umwelt und der Energieversorgung. Bonn 1980

Sekretariat der Deutschen Bischofskonferenz (Hg.): Arbeitshilfen Nr. 62: Gottes Gaben – Unsere Aufgabe. Die Erklärung von Stuttgart vom 22. Oktober 1988

Sekretariat der Deutschen Bischofskonferenz (Hg.): Arbeitshilfen Nr. 70: Europäische Ökumenische Versammlung Frieden in Gerechtigkeit. Basel, 15.–21. Mai 1989. Bonn 1989

Siep, L.: Gesteuerte Evolution? Philosophische Probleme der Gentechnologie. In: U. Steger (Hg.): Die Herstellung der Natur. Chancen und Risiken der Gentechnologie. Bonn 1985, 121–134

Siewing, R. (Hg.): Evolution. Bedingungen – Resultate – Konsequenzen. Stuttgart, New York ³1987

Simonis, U.E.: Ökonomie und Ökologie. Auswege aus einem Konflikt. Karlsruhe ²1983

Singer, P.: Befreiung der Tiere. München 1982
– Praktische Ethik. Übers. v. J. C. Wolf. Stuttgart 1984
– In Defence of Animals. Oxford 1985. Dt.: Verteidigt die Tiere. Überlegungen für eine neue Menschlichkeit. Wien 1986

Sitter, B.: Plädoyer für das Naturrechtsdenken. Zur Anerkennung von Eigenrechten in der Natur. Basel 1984
– Wie läßt sich ökologische Gerechtigkeit denken? Zeitschrift für Evangelische Ethik 31 (1987), 271–294

Smith, A.: Theorie der ethischen Gefühle. Hrsg. v. W. Eckstein. Leipzig 1926
– Der Wohlstand der Nationen. Hrsg. v. H. C. Recktenwald. München ²1978

Sölle, D.: Lieben und Arbeiten. Eine Theologie der Schöpfung. Stuttgart 1985

Spaemann, R.: Das Natürliche und das Vernünftige. Aufsätze zur Anthropologie. München, Zürich 1987
– Sind 'natürlich' und 'unnatürlich' moralisch relevante Begriffe? In: Venanz Schubert (Hg.): Was lehrt uns die Natur? Die Natur in den Künsten und Wissenschaften. St. Ottilien 1989, 253–279

Spangenberg, J.: Forschungsfreiheit und Sozialbindung der Wissenschaft. In: K. Grosch, P. Hampe, J. Schmidt (Hg.): Herstellung der Natur? Frankfurt a. M., New York 1990, 145–153

Spinner, H.: Vereinzeln, verbinden, begründen, widerlegen. Zur philosophischen Stellung von Begründungs- und Kritikpositionen im Rahmen einer Systematik der Erkenntnisstile und Typologie der Rationalitätsformen. In: Forum für Philosophie Bad Homburg (Hg.): Philosophie und Begründung. Frankfurt a. M. 1987, 13–83

Sperry, R.: Naturwissenschaft und Wertentscheidung. München, Zürich 1985

Stählin, G.: Die Apostelgeschichte. Göttingen 1962

Stendebach, F.J.: Das Menschenbild des Jahwisten. Bibel und Kirche 42 (1987), 15–20

Stent, G.S.: Ethische Dilemmas der Biologie. In: Max-Planck- Gesellschaft (Hg.): Verantwortung und Ethik in den Wissenschaften. München 1984, 88–102

Strasser, J., Traube, K.: Die Zukunft des Fortschritts. Der Sozialismus und die Krise des Industrialismus. Bonn 1981

Taylor, P.W.: In Defence of Biocentrism. Environmental Ethics 5 (1983), 237–243
– Respect for nature. A theory of environmental ethics. Princeton N. J. 1986

Teißen, G.: Biblischer Glaube in evolutionärer Sicht. München 1984

Teutsch, G.M.: Tierversuche und Tierschutz. München 1983
– Lexikon der Umweltethik. Göttingen 1985

Trapp, R.W.: "Nicht-klassischer" Utilitarismus. Eine Theorie der Gerechtigkeit. Frankfurt a. M. 1988

Tumbleson, M. E.: Swine in Biomedical Research. New York, London 1986

Vanderberg, J. L., Kalter, S. S. (Hg.): Genetic Research with nonhuman Primates. Genetica 73 (1973), 7–14

Wagner, H.: Kritische Philosophie. Würzburg 1980

Weber, M.: Gesammelte Aufsätze zur Wissenschaftslehre. Ed. v. J. Winkelmann. Tübingen ⁵1982

Wellmer, A.: Ethik und Dialog. Frankfurt a. M. 1986

Wenz, G.: Welt als Gesprächsstoff; Erwägungen zum Naturverhältnis des neuzeitlichen Menschen. Zeitschrift für Evangelische Ethik 31 (1987), 250–269

Westermann, C.: Am Anfang. 1 Mose. Neukirchen-Vluyn 1986

341

Westphal, H. : Molecular Genetics of Development Studied in the Transgenic Mouse. Annu. Rev. Cell Biol. 1989 5, 181–196

Wheeler, J.A. : Die Experimente der verzögerten Entscheidung und der Dialog zwischen Bohr und Einstein. In: B. Kanitscheider (Hg.) : Moderne Naturphilosophie. Würzburg 1984, 203–222

Wickler, W. : Biologische Deutung der Erbsünde. In: R. Schnackenburg (Hg.) : Die Macht des Bösen und der Glaube der Kirche. Düsseldorf 1979, 98–106

Wiemeyer, J. : Sozialethische Überlegungen zur Umweltproblematik. Jahrbuch für christliche Sozialwissenschaften 26 (1985), 195–220

Wilckens, U. : Der Brief an die Römer, Bd. 2; EKK VI/2. Neukirchen-Vluyn 1980

Wildberger, H. : Jesaja, Bd. 1; Biblischer Kommentar X/1. Neukirchen-Vluyn 1972

Wilson, E.O. : Biologie als Schicksal. Die soziobiologischen Grundlagen des menschlichen Verhaltens. Frankfurt a. M. , Berlin, Wien 1980

Wimmer, R. : Universalisierung in der Ethik. Analyse, Kritik und Rekonstruktion ethischer Rationalitätsansprüche. Frankfurt a. M. 1980

Windelband, W. , Heimsoeth, H. : Lehrbuch der Geschichte der Philosophie. Tübingen [15]1957

Winnacker, E.L. : Der achte Tag der Schöpfung. Bild der Wissenschaft 2/87, 38–48

Wörner, M.H. : Das Ethische in der Rhetorik des Aristoteles. Freiburg, München 1990

Wolf, U. : Haben wir moralische Verpflichtungen gegen Tiere? Zeitschrift für philosophische Forschung 42 (1988), 222–246

Zenger, E. : Gottes Bogen in den Wolken. Untersuchungen zu Komposition und Theologie der priesterschriftlichen Urgeschichte. Stuttgart 1987

– Der Mensch als Mitschöpfer. Bibeltheologische Überlegungen zur menschlichen Verantwortung für das Leben. In: V. Braun, D. Mieth, K. Steigleder (Hg.) : Ethische und rechtliche Fragen den Gentechnologie und der Reproduktionsmedizin. München 1987, 305–317

Zilleßen, H. : Die normativen Voraussetzungen der Umweltpolitik. Zur Wiederannäherung von Ethik und Politik. Aus Politik und Zeitgeschichte B 27/88, 3–14

Zimmerli, W. Ch. : Folgenabschätzung in Technik und Naturwissenschaft als Aufgabe der Philosophie. In: Wechselwirkungen zwischen Naturwissenschaft und Technik und der Gegenwartsphilosophie. DVT-Schriften 13 (1981), 7–19

– Prognose und Wert: Grenzen einer Philosophie des 'Technology Assessment'. In: F. Rapp, P. T. Durbin (Hg.) : Technikphilosophie in der Diskussion. Braunschweig, Wiesbaden 1982, 139–156

– Mut zur Furcht? Facetten technischer Humanität in Vergangenheit und Zukunft. Mitteilungen der Technischen Universität Carolo-Wilhelmina zu Braunschweig XIX/1 (1984), 33–40

– Können oder Dürfen. Gibt es ethische Grenzen des Technischen? In: botschaft und dienst, Nr. 3. Ende der Ethik? Ethik am Ende? Mai/Juni 1987, 38–49

– Kausalität versus Teleologie. Zur Geschichte und Leistungsfähigkeit unseres Naturdenkens. In: Burrichter, Inhetveen, Kötter (Hg.) : Zum Wandel des Naturverständnisses. Paderborn, München, Wien, Zürich 1987, 137–159

– Technik als Natur des westlichen Geistes. In: H.-P. Dürr, W. Ch. Zimmerli (Hg.) : Geist und Natur. Über den Widerspruch zwischen naturwissenschaftlicher Erkenntnis und philosophischer Welterfahrung. München 1989, 389–409

– Läßt die Ethik eine Technisierung der Natur zu? Concilium 25 (1989), 280–288

Personenverzeichnis

Sachverzeichnis

UTB
FÜR WISSEN
SCHAFT

Auswahl Fachbereich
Theologie/Religionswissenschaft

Andresen (Hrsg.): Handbuch der
Dogmen- und Theologiegeschichte
UTB-GROSSE REIHE
(Vandenhoeck). Studienausgabe
3 Bände. 1988. DM 228,––

RGG – Die Religion in Geschichte
und Gegenwart
UTB-GROSSE REIHE
(J.C.B. Mohr). Nachdruck 1987 der
3. Aufl. DM 550,––

Waldenfels: Kontextuelle
Fundamentaltheologie
UTB-GROSSE REIHE
(Schöningh). 2. Aufl. 1988.
DM 58,––

52 Conzelmann/Lindemann:
Arbeitsbuch zum Neuen Testament
(J.C.B. Mohr). 10. Aufl. 1991.
DM 24,80

224 Maier: Die Qumran-Essener
(E. Reinhardt). 2. Aufl. 1991.
DM 26,80

658 Berger:
Exegese des Neuen Testaments
(Quelle & Meyer). 3. Aufl. 1991.
DM 29,80

708 Fohrer: Geschichte Israels
(Quelle & Meyer). 5. Aufl. 1990.
DM 29,80

850 Goppelt: Theologie des
Neuen Testaments
(Vandenhoeck). 3. Aufl. 1978
(Nachdruck 1991). DM 31,80

885 Fohrer:
Glaube und Leben im Judentum
(Quelle & Meyer). 3. Aufl. 1991.
DM 24,80

887/972 Preuß/Berger: Bibelkunde
des Alten u. Neuen Testaments 1/2
(Quelle & Meyer). 4. Aufl. 1989 /
4. Aufl. 1991. Je Band DM 29,80

905 Moeller:
Geschichte des Christentums in
Grundzügen
(Vandenhoeck). 5. Aufl. 1992.
Ca. DM 28,80

1046 Mühlenberg: Epochen
der Kirchengeschichte
(Quelle & Meyer). 2. Aufl. 1991.
DM 29,80

1253 Strecker/Schnelle:
Einführung in die
neutestamentliche Exegese
(Vandenhoeck). 3. Aufl. 1989.
DM 18,80

1336 Joest: Dogmatik, Band 1:
Die Wirklichkeit Gottes
(Vandenhoeck). 3. Aufl. 1989.
DM 26,80

1355 Wallmann: Kirchengeschichte
Deutschlands seit der Reformation
(J.C.B. Mohr). 3. Aufl. 1988.
DM 9,80

1382 Scharfenberg: Einführung
in die Pastoralpsychologie
(Vandenhoeck). 2. Aufl. 1990.
DM 27,80

1400 Grane:
Die Confessio Augustana
(Vandenhoeck). 4. Aufl. 1990.
DM 21,80

1413 Joest: Dogmatik 2
(Vandenhoeck). 2. Aufl. 1990.
DM 29,80

Preisänderungen vorbehalten.